實事救國

실사구국의 한국역사문화학 2

일상에서 만년역사 우리 조국을 생각하는 그대에게

차옥덕車玉德 지음

한국예맥기획

실생활을 직시해 보면 일할 게 보인다

바로 오늘 이 삶 현장에서

9216(2019년 4월 24일 수요일)

1. 서울시 용산구청: 성당 순례길을 살리고, 바로 이어진 용산전자상가의 쇼핑길도 살릴 수 있다. 전자상가는 요즘 생활이 인터넷 구매시대로 흘러, 가장 활성화를 요하는 정책대상에 넣어, 관에서도 적극적인 분위기를 조성해 줘야 하는 곳이다. 소비자가 찾아가서 쉴 용산 전자상가의 공원화와 관리가 군데군데 절실한 곳이다. 대기업에서도 그곳 센터들을 활용하여 학생들의 IT교육과 체험 기회를 넓힌다 하니 이때 같이 움직이는 것이 더욱 효율적이고 유익하겠다.

2. 마이크를 들고 외치는 어머니 한 분을 어제 추나치료를 받고 오며 보았고 들었다. 거기에 왜 가냐? 하는 소리 억울한 일을 같은 국민이 안들어 주면 누가 들어주나 하고 뒷전으로 하고, 마음이 아파 오늘 시간을 내어 얼른 다녀왔다. 군대에서 준 약물로 의문사한 아들을 군에서 사인을 왜곡하는 바람에 바로 잡으려 노력했다. 부모 마음은 같아서 가슴이 아파 싣는다. 항의의 글에 의하면 적폐의 대상인 모모씨를 이 사건의 무마 대책 관련 위원장으로 앉혀 위장 은폐 조작케 한것에 대해 더 분함을 느끼는 것으로 보인다. 육군참모장의 답글도 붙었다. 좋게 맞대면하고 이야기와 요구사항을 다 듣고 (군대 내에도 그런 전문가가 필요하다) 바르게 응하고, 타협도 협상도 설득도 하자!

3. '지상천국'이 웬 홀로 몇 년간이나, 국민에 혐오감을 주는 쓰레기 천국으로 내버릴까 – 옆에는 서울시가 젊은이가 집 짓고 있는데 – 1층문 입구에는 최근에 천국사진까지 붙여 두었다. 고양이와 쥐에게는 아슬한 천국일 수도 있겠다.

4. 엘리베이터 기계 상자 안에도, 내려서 철로 육교 길위에도 미세먼지가 가득! 엘리베이터 안과 그 앞길도 하루에 수시로 정기적인 청소 담당분이 있으면 좋겠다. 깨끗하면 아예 덜 버린다.

5. 유리 쓰레기를 몇 달이나 쓰레기통 옆에 모아두는 기업이 옆에 있다.

쓰레기통을 새로 갈아도 그것은 안 버린다. 집에 있는 쌀포대와 신문지와 망치와 장갑을 들고 그 곳 대표를 만나서 같이 깨고 치우고 한 번 해야겠다.

두 번은 내가 하고 안하면 직접 하겠지! 동네 젊은이가 와서 유리에 그 회사 주소가 종이에 붙어 있다고 알려줘서 자기네 공장주소가 유리에 찍혀 있다고 오늘 가서 말했더니 자기가 전근 온 지 얼마 안되었으니 알아보고 내일 처리하겠다고 한다. 내가 나가서 다니니 동네 쓰레기를 우리집 앞에 다 모아 두길래 1년간 참다가, 추석 전날 제 집 앞에 돌려주는 일을 한 번 했더니, 이제 자기집 앞에 다들 분리수거의 시간을 잘 지킨다.

6 ☀ 나는 싱크대부터 돌려 시간을 절약해서, 현부모양부처賢父母良夫妻 노릇을 하려면 현부양부賢父良夫가 요구되는 시대이다.

나는 2,000년도 KBS TV에서 新사고 제 1번으로 뽑힌 여자이다. (싱크대부터 돌립시다 – 여성부에서 강의해 달라고 해서 해 주었더니, 영국인가 어딘가에 제안해서 상을 받았다는 소리는 들었으나. 공무원들 제밥벌이 챙기느라 저작권은? … 전국 지자체를 돌며 여성리더쉽을 교육하러 가는 동시에 그 지방의 문제나 관광화 제안도 자주 했다. 간헐적으로 10여 년간 패널로 나간 KBS 아침마당에서도 마찬가지로 - 이 책에서 50여 년간 공부하고 느끼고 본 것으로 많은 아이템을 언급한다. 싱크대부터 돌리고 현모양처만 못하겠고, 현부모양부처賢父母良夫妻 노릇은 살짝씩 하고, 혼자서도 잘 돌아다닌다. 슈퍼우먼 콤플렉스나 일 중독에 걸렸는지도 모르겠다. 나중에 확인 점검해 봐야지.

7. 싱크대를 돌리고 부엌에서 일하니 TV 생방송으로 지금 이게 방영되고 있다. 관심이 가는 주제라 얼른 사진을 찍었다. 상생방송에 전화해서 쓰도 되느냐고 물어보았더니 미리 알려주고 사용해도 된다고 한다.

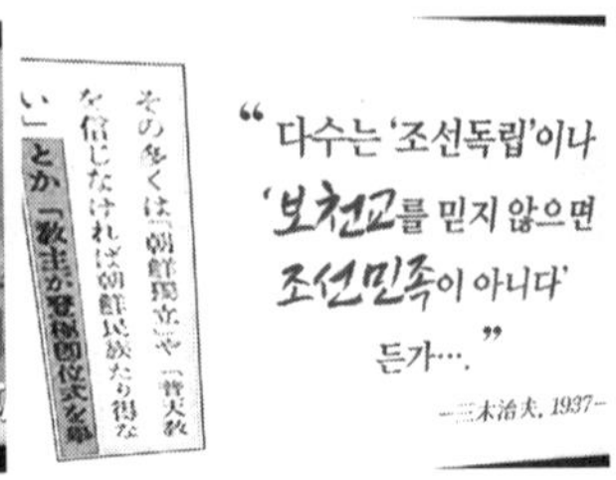

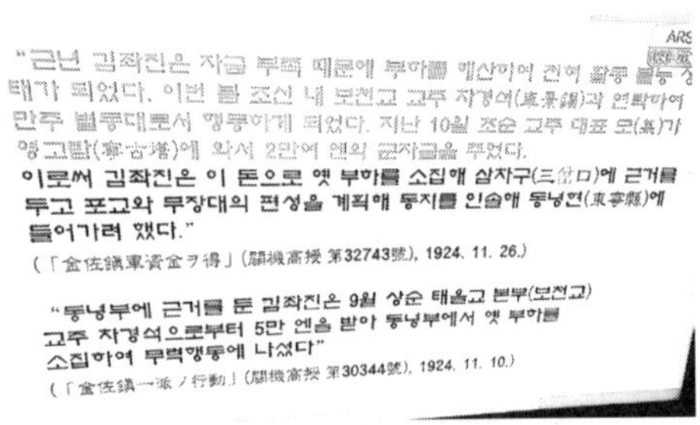

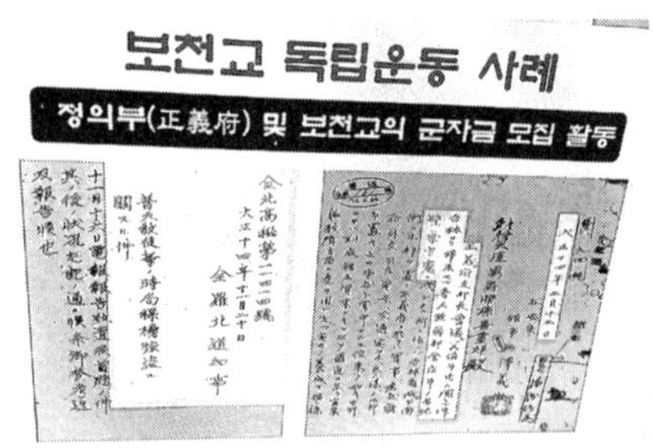

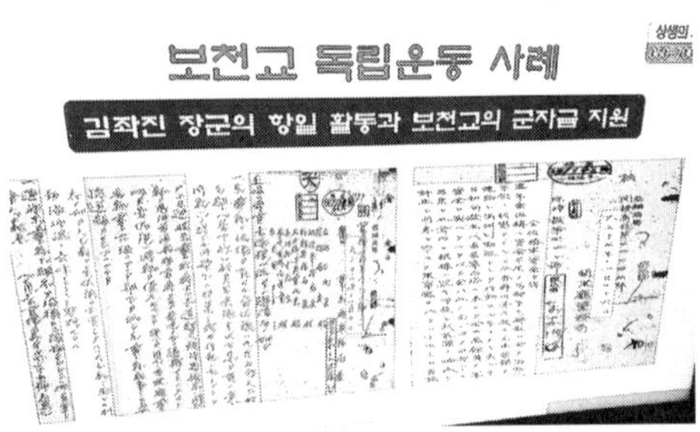

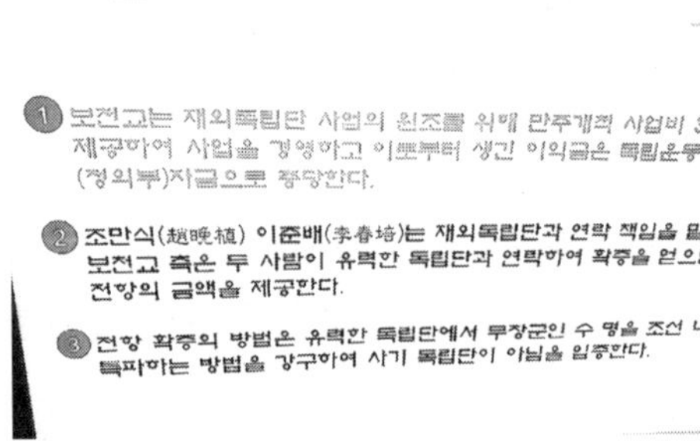

8. 일제의 압제시 조선인으로 보화보천교(정읍 대흥동이 본부)를 안믿는 사람이 없고, 민족 종교는 독립운동을 했다. 보화보천교는 만주 김좌진 장군에게 요즘 돈 20억원이 넘는 돈을 지원했다고 한다. 보화보천교인 중에는 의열단 단원으로 자금 및 신조 운동원 모집 및 확보를 담당하기도 했으니 차츰 더 자료가 나올 것 같다 한다. 이름을 변조해서 운동을 했으니. (보천교의 항일독립운동은 숨겨진 역사 - 김철수교수)보화보천교 도인들은 그들의 직감이나 영감으로 조선독립을 믿었다. 우리는 단군의 자손이다.(보화보천교)

9 ★ 전북 정읍 부안 17세기 환웅상 · 단군왕검상

맥족 '桓雄'환웅 뒷면 '九龍淵'구룡연

'王儉'왕검(단군) 뒷면 '長白山'장백산

사진 1234장 사진 12 34순으로요

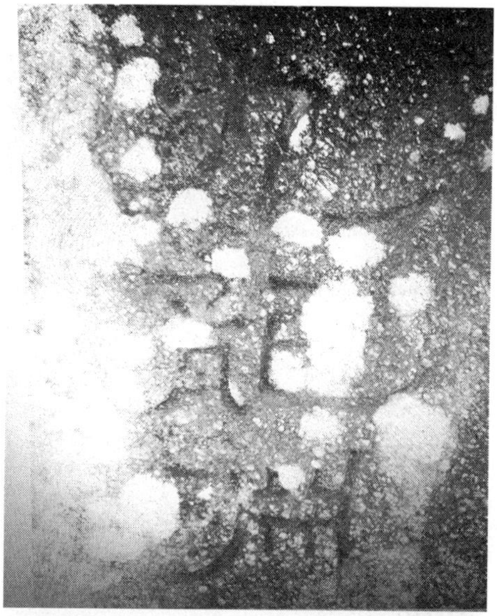

10. 일제하 조선이 다시 독립하리라는 예언을 믿은 1/3 백성들은 보천교서 독립운동을 했고 신문명한다며 조선은 독립을 못한다고 믿은 사람들은 대개 친일파가 되었다.

"가지 많은 나무 바람 잘 날 없다"하나, 이 정부도 그만 내로남불하기를!
하도 어수선하니 한국에 좋은 소리한 것들이 마침 TV에 나오니 챙겨본다.

11. 돈의문을 복원해야 국민도 유네스코도 환영한다. 영명한 정조의 돈의문 찬양시 대기업 삼성병원이 자리를 차지하고 있는 돈의문(기다란 쪽 벽)

12. 우리 한국은 아시아 북방에서부터 인도 이란 이라크 슈메르와 중원 한머리(한반도) 왜 땅 등등까지도 – 대륙의 문명을 창시하고 전래시킨 탁월한 종족들의 후손이다. 그래서 북방 DNA를 간직한 내몽골(현재 중국령) 홍산문화는 우리 환국 예맥족(동이)의 것이다. 그런데 광의의 홍산문화가 중국역사가 되면, 환인환웅 단군이 중국인이 되고 한국 우리의 뿌리가...그래도 한국정부가 단 한 군데도 환인환웅 단군을 모실 곳을 세우지 못하고, 기독교는 계속 반대하고 한국의 국조 환웅 · 단군의 목을 자르는데 수수방관만 할 것인가?

13. 중국정부가 단군조선의 역사도 중국 것으로 한 발 더 나간 탐원공정 단군 전후의 한국 역사가 중국 역사에 포함 되게 하는 중국정부의 시책을 한국은 수수방관?

지난 8월 8일, 중국 내몽고 자치구의 적봉 박물관이 거대하게 신축돼 개관됐다... 현재 중국령 내몽고에는 박물관 신축과 개관, 확장이 유행처럼 번진다. 적봉시 인근의 오한기敖漢旗 · 임서林西박물관은 신축을 마치고 올해 후반기에 이전한다. 극십극등기克什克騰旗 역사박물관과 파림좌기巴林左旗의 요상경遼上京박물관은 몇 해 전 신축해 개관됐다. 요하를 중심으로 발견된 고고학적 성과, 즉 홍산문화를 정점으로 하는 요하문명을 집중 전시한다... 요하문명의 주요 거점인 조양시 골동품 거리 벽면에는 흥미로운 문구가 있다. "중화문명 1000년 역사를 보려면 북경을, 3000년 역사를 보려면 서안을, 5000년 역사를 보려면 조양을 보라." 요하문명은 명실상부한 중화문명의 기원지로 자리를 잡아 간다. 중국 땅에서 발견된 고고학적 성과를 집중 전시하는 데는 문제가 없어 보인다. 그러나 그렇지 않다. 고구려 · 발해사를 왜곡해 심각한 역사 전쟁을 일으킨 동북공정보다 더 심각한 '중화문명 탐원공정中華文明探源工程'이 주도하는 새로운 역사관이 자리하고 있기 때문이다.

1982년 중국 내몽고 자치구의 적봉시 오한기 보국토향 흥륭와촌에서 옥 귀걸이를 비롯해 수십 점의 옥기가 발굴됐다. 기원전 6200년 전의 것. 엄청난 발견이었다. 흥륭와문화라는 이름이 붙었다. 한참 뒤인 2004년 7월 24~28일 적봉에서 열린 제 1회 홍산문화 국제학술 연토회에선 이 옥 귀걸이가 '세계에서 가장 오래된 옥 귀걸이'이자 '중국 옥문화의 기원'이라고 발표됐다. 같은 해 요녕성 서부 의무려산 동쪽의 부신 몽고족 자치현에서는 일곱 차례에 걸친 발굴 끝에 돌로 쌓은 용 형상물인 석소룡이 발견되었다. 발굴은 계속됐다. 8000년 전 치아 수술도 해: 1987년에는 내몽고 적봉시에서 서북쪽으로 조금 떨어진 오한기 소하서촌에선 요서 지역의 역사지도를 바꾸는 발굴이 이뤄졌다. 반땅굴식 주거 유적에서 기원전 7000년께의 '흙으로 만든 얼굴상陶塑人面像'이 발굴됐다. 동북아 최초의 것이었다.

유적지는 '소하서문화'로 명명됐다. 요하문명이 토해 내는 놀라운 유물은 끝이 없었다. 가장 오래된 '복골(점치는 뼈)'이 발견된 부하문화(기원전 5200~5000년)...2010년 8월 8일 개관된 중국 내몽고 자치구 적봉박물관. 황하문명보다 오래된 39요하 · 홍산문화39를 중국 문화의 기원으로 선전하기 위한 것이다. 그러나 이 문명은 한반도 선조 민족이 건설한 단군조선의 뿌리 문명이기도 하다. (1권 409쪽 ~ 참조)

우리의 할 일이 많은 위대한 조국 대한민국의 금수강산에 태어난 것
어머님 할머님의 마음도 갖고 이화여대도 가게 여성으로 태어난 것
자료를 보완하기 쉽게 다음 네이버가 있는 인터넷시대에 태어난 것
환단 72천황 · 춘천 맥국중도 · 용산민족역사공원을 찾는 시대 태어난 것
에 깊이 감사드립니다.

“위대한 맥 환단 대한의 역사는
善한 공동체, 홍익으로 향하는 인류의 나침반이다”

선한 당신이 지금 당장 선택한 의지와 행동이 바로 역사이다.
천손 맥족 시원역사는 화석동물 맥과 함께하는 화석인류 ‘맥국 춘천중도’에서,
과거 현재 미래 융합의 역사는 ‘용산민족역사공원’에서 빛을 발한다.
DNA에서 우러나오는 역사성 있는 문화라야 사람과 사회를 밝힌다.

– 차(배)옥덕

한국의 정체성을 사랑하는 이들에 의해, 한국의 모든 정책이나 역사문화가 현재와 미래의 한국을 위해 이루어져야 한다.

문학박사 차(배)옥덕

머리말

14. 중국에 맥족문화랑 견줄 춘천 맥국 중도에 영국레고를 허가? 또 신석기 홍산여신묘랑 견줄 한반도 유일한 〈평창 여왕(여신)묘〉 발굴 후 그 위에 단독 건물 1동을 허가? 속히 귀한 보물 자리의 보존을 조치하시길! 강원도는 건물을 지을 땅도 넓던데

15. 한국 국민들의 국혼을 집결시키는 원동력?

한국 국민들의 충성 대상은? 그 실행방법은?

누구에 대한 존경과 단결을? 4~5년만에 딱 한 번, 한국을 일으킨 역사적 영령들이 합사되어 있는 동작동 국립묘지를 참배하는 것으로 기도는 되며 국민을 합심시킬 것인가? 대통령이나 높은 사람이 되면 그곳에 간다. 나도 대학 3학년 때 학생회장이 되어 임원들 데리고 공식 참배를 하러 갔다.

실생활에서 바로 오늘 " 박사님, 요즘 역사 어찌 되어 갑니까?... 어떻게든 이번 대통령과 정부는 전쟁을 막겠다는 일념으로 움직이는데, 6 · 25 한 번 안 겪어 본 세대들이나 다른 당에서 돕지는 못할망정 좌우익 어쩌고 하는 것이 국익에 도움이 됩니까? 우리가 핵을 못가지고 있는게 한입니다... 역사얘기 전쟁방지 얘기를 좀 시원하게 자주 좀 들려 주세요" 청파동 80대 꽃집 할배께서

16. 한 마디로 한국의 국혼國魂의 뿌리는 무엇이며 어디에 두는가?

한국은 일제식민지 후 왕정 폐지 이승만정권 독재로 인한 명예스럽지 못한 퇴진의 연속으로 대통령은 더 이상 존경의 대상이 아니었다. "3~5년짜리 00들로"... 각 외래 특히 서양종교의 침입도 오히려 한국 국혼의 뿌리를 뽑는데 기여했다.

일본은 전후에도 장군들이 자신들의 목숨으로 천황을 살려 천황중심의 국혼의 뿌리를 뽑지 않고 오히려 옹립하는 계기를 마련했다.

이제 우리 대한민국 국민들은 일본국과 우리나라가 어떻게 다른가를 찾아내고 그에 상응하는 한국의 역사문화관에 따른 국가관 및 한국인 정체성의 핵을 다시 올곧게 정립하여야 할 때이다.

17. 한국인은 태초 천산에서부터 활활 뛰는 맥을 가져 '맥족'이다. 맥脈(혈맥 · 수로 · 줄기 · 연닮 · 잇닿음)이 뛰어야 생명체도 맥나라 맥국도 산다.

한국 맥(특히 역사)이 다시 뛸 때 각종 예언처럼 한민족의 덕으로 세계 홍익의 천지가 다시 살아난다. 지구에 맥같은 개천족 · 천손 맥족 – 맥족을 지키고 더불어 사는 화석동물 '맥', 그 먹이인 고기와 연어와 민어, 민어의 부레를 풀로 만든 화살을 '맥궁'(조선궁, 고구려궁)이라 한다. 그 나라가 '맥국' · 오늘날에 주민에 의해 이름 남은 곳은 '맥이곳'(원주민은 멕이곳이라 하고, 미국인은 멕시코)라 함과 '고마'이다.

18. 환국인 맥 정체성= 조화 교화 치화 인화 문화 의화 보화 국민성을 살려낸 금수강산 만년역사 한국인들

맥은 그 뿌리에 있어 한민족은 예맥 禮脈 · 禮貊 · 濊貊 · 穢貊X족이다. 중국에 헌원이 자오지 환웅에게 약 50차례 덤벼서 패배한 이후 헌원이 자오지를 어리석을 · 벌레 치'蚩'치+특히 우'尤', 蚩尤로, 우리를 더러울 穢 자로 쓰는 穢貊X으로, 또 진시황이 우리를 동쪽 오랑캐'東夷'로 (동서남북 모두 오랑캐나 도적의 야만인으로) 부르는 것은 모두, 중원 중국 자국 중심의 중화주의이므로, 주변국을 하대하는 '穢貊'과 '東夷'의 호칭을 지금 이 자리에서 우리 자신부터 동조하지 말고 거부해야 한다. 역사전쟁 시대가 되어 중국이 동이라 하대하던 4대 태우 환웅의 막내아들인 태호복희씨도 인문의 시조로 신격화하여 숭앙하고, 자오지 14대 환웅(치우)도 자신들의 최고 3조상에 넣어 삼조당을 지어 모시고 숭상하고 있다.

반면 한국엔 유사 이래 조화 교화 치화 인화 문화 의화 보화의 한국인 정체성의 상징인 환단 천황들을, 갖은 전략으로 뒤흔들며, 나라를 지배해 온 외래종교들이 핵심적 인물의 목을 자르는 등 망언과 망발을 하니 큰 문제이다. 불교와 유교에 이은 현재 가장 지배적인 기독교인 구교 카톨릭 · 개신교 – 자살하면 지옥간다는 것을 가르치는 교회 무덤 상징 십자가(저녁엔 붉은 전등까지 켜는)가 한국에는 100m 이내에 몇 개씩 있다. 고인돌 무덤이 많은 곳이라 그런지? 十가 무덤의 상징이니 이제 죽은자의 무덤인 十자를 떼어내고, 산자의 홍익仁和 공간으로 거듭나야 하는 환단시대로 돌입했다. 환기9216(2019)년이다. 그러니 기독교도 불교도 구조조정과 환골탈태를 강구해야 할 시점이다. 자살률 1위인 한국의 종교 중 가장 많은 신도를 자랑하는 교회가 어떤 기능에 집중하고 있어 그럴까? 교회장로 대통령들은 또 한국 카톨릭은 천손나라인 한국에 어떤 기여를 했나, 무엇에 집중했나? 기여한 부분도 없지 않으니 지금부터라도 한국인의 정체성 훼손은 하지 않는 것이 한국의 수많은 종교들이 상생 · 회생 하는 길이다.

19. 평양에서의 7분 연설에서 민족을 10번이나 언급한 문대통령! 춘천맥국 중도에서도, 120년만에 찾는 서울 용산민족역사공원에서도 '민족'을 찾는 일관성을 보여줄 것인가?

이 용산민족역사공원만이라도 한국역사 민족정체성을 아는 한국인들을 믿고 기획 설계 건축시공 자문까지 한국인에게 하게 하여 한국이 추구해야 할 세계가 살아나갈 만년 환단 홍익이화세계 그 방향을 분명히 살려야 한다. 돈과 건축 지배권만 욕심내 조경전문 외국인들이 무슨 한국 역사민족? 홍익 천손민족의 분명한 실체를 드러내는 일은 그간 한국 민족역사의 뿌리를 드러내는 일인데, 그동안 거부해 온 한국의 기독교 신도들도 〈천손의 천국 뿌리를 찾는 이번 일은 같이 할 만할 것이다〉. 이 땅에서도 천손의 맥을 지닌 한민족 만년역사, 천손 민족의 걸어온 족적을 용산에 남기면, 더불어 잘 살자는 홍익 천손의 경제도 같이 살아날 것이다.

천손은 자연이치에 밝고 선하고 신의가 있고 능력있고 포용적인 세계 지구 생명과 인류상생 홍익상생이라는 큰 포부가 있어야 한다. 초심을 잃지 않고 스스로가 일을 찾아 해야 식민지 잔재인 노예적 속성을 끊을 수 있다. 한국은 정치 최고지도자 및 공무원의 도덕성과 책임이 민족의 행불행에 가장 큰 영향을 미친다. 왜? 한국인들만큼 지도자가 잘하여 정부가 제대로 하면, 그 말에 잘 따르는 착한 민족이 없다. 그 대신 화가나면 제일 무섭게 의열을 내세우고 실현하는 민족이다. 이러한 〈太仁 太一국 정체성의 초심을 잃지 말자〉

20. 한국 정치인도 한국 삼성휴대폰처럼 조금씩 진화해야 다 같이 산다.

진화에 신경쓸 수 있게 지지자나 단체들도 (자신이 지지한 정치가에게 부담을 주지 않는) 구습을 탈피하고 사리사욕을 버리고 진화하여, 진화할 수 있는 밑거름이 되자. 처음부터 번호를 매겨 나가는 것은 노자의 도덕경처럼 매긴 것이다.

실사에 급한 이런 것으로 序를 대신하니,

이 책의 제목이 차배옥덕 내가 최초로 쓴

『실사구국의 한국역사문화학』이다.

이름자에 '배'는 나를 잘 키워주신 어머니의 성이다.

호는 여러분이 감사해서 '어아가'에서 내가 지은 어아당을 쓴다.

어아당 차배옥덕

이 책을 금수강산 지구에 생명이 있게 한 그 한님과
구석기 전부터 면면히 신토불이하게 지켜온
우리의 조국 맥 고리 맥이 코리아 조상님들과 나의 가문의 조상님들
특히, 이화대학 신입생 기숙사에 큰딸을 데려다 놓고 가시면서도
눈물바람을 하시던 배복순어머님과
오늘날 나를 있게 한 여러분들의 은혜에 감사하며 바칩니다.
사람간의 깊은 정과 信義를 마음바탕에 깔아주고 가신 어머님 아버님!
한 번이라도 더 보고 싶습니다.

"역사문화는 善한 공동체로 향하게 하는 인류의 힘의 나침반이다"
차(배)옥덕

차 례

일러두기

21. 위대한 역사를 가진 한국의 장점과 자원은 남이 안가진 오랜 한류 역사문화이다.

유무형 문화역사사상 유적유물 전체를 - 특히 춘천맥국중도유적 원형을 살리고, 국립최초 용산역사민족공원에 함축시켜 만년역사 자긍심과 자원으로 수익구조이다. 정신이 있는 인류의 삶들로 거듭나게 살리는 길이다.

22. 서울대공원에 전시된 우리의 맥들(말레이 맥) 죽어 해골만

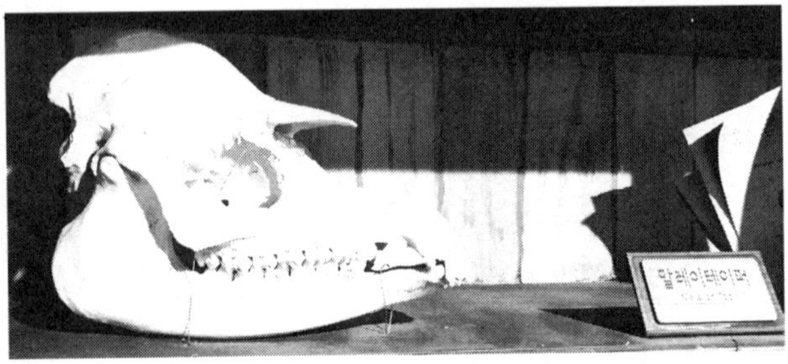

23 ⊙ 인터넷시대에 나도 부호로 가치나 일거리의 방향을 잡아 소통의 시작으로 삼게 되다. (각 각 시작하는 단상 장 . 마침표 대신에 유의미한 부호가 글의 방향이 되어 도움)

☑ 시급한 것 부호: 시급히 처리해야 할 것, 국제적 전국적 시급 결제 요구사항으로 문제시, 말이나 글로서 탄원 항의데모도 가능

예) 불가역적 파괴 위기: 춘천 맥국중도,

미 대사관은 녹사평역 3~4걸음 3 · 4번 출구앞으로 한국이 먼저 한 것인데 중국이 유네스코 등재 준비는 먼저 서두른 "한민족 칠석제: 연인의 날"

한국도 국가적인 활성화 요구

◒ "한민족 우리 조상혼, 우리 한민족이 믿는 것, 한민족이 지키고 싶은 것" - 일본은 천황과 8만 여 개 야스쿠니신사의 일본 충혼들이다. (전쟁패망 후에도 8

명 장군들 자신들이 스스로 총책임이라 하고 사형을 받고 천황을 살렸다→야스쿠니로 모셔지다→어느 나라 누가 뭐라 하든 각료들이 간다←국민들 지지. 힘을 실어 준다) 한국은 어디가 국민국가 신사일까? 어디 어디가 보인다.

우리 속에 믿을만한 것: 가치의 재발견으로 살려내고 확장하면 좋을 것. 중요 유무형문화재 보호와 지속적 창의적 꼼꼼한 관리와 운용 보존이, 나라의 위상과 기강과 개인의 심리적 만족과 수익구조도 되게 하면.

☢ 3의 이치처럼 세계도 비로소 평화공존 완성, 정신이나 물질 사람으로 완성수 삼각, 삼신, 삼 세번... 평화 인류상생에 관한 우리의 것들이나 외국 것을 보고 세계화

★ 칭찬거리 컨텐츠로 홍보 확산, 천연 자연 자랑거리, 희망거리로 '활용 부호' 수익구조가 좋은 아이템 – 특히 건져내서 활용해 보시라는 나의 '살뜰 부호'

⊙ 직접 만들거나 떠오른 새로운 낱말이나 아이디어, '찾아 공유하자 부호' 새로운 이론 기획제안 방법 ⇨ 바로 수익구조 ⇨ 방법, 대안, 위기탈출 대안 해결점 찾자

◘ '수정勇氣부호' 주제 수정 "지금 여기서 나부터" 사대적 식민지적 남성우월적 물질적 지위로 갑질 등 여러 관행적 왜곡과 불법 적폐 잘못된 글자나 사고나 제도는 바로 이 자리에서부터 고치자

☗ 알고 삽시다. '알삽' 풀어야 할 과제 등과 문화재 연구자원 문제 등등을 고쳐야 할 것 '과제 부호' 여타 연구해야 할 문제들을 중심으로 우리 부족 부분 보완, 방향전환

☀ '귀삽'. 귀하게 여기거나 귀하게 삽시다. 힘들게 사는 가운데도 행동거지가 빛나면 인성평가 높다. 의롭고 귀한 행동과 도덕적 삶, 소신, 가치관이 좀 어렵지만 발전을 위해선 해내야 할 것

◈ 시적 단상 ◕ 조금만 더 ◑ 반밖에

@ 연상적으로 이 주제는 많은 생각이 연결되는 표시로 적합해 쓴다. '연상확산 부호' ► 소항목에서 이 방향으로 수정 % 참고자료 * 남의 설 중에 나의 설 끼워 넣기

▣ 확실 규정, 결단력 강한 소신 필요 ⊙원만하게 된 것

24 ◘ 수정

예) 1 ◘ 관습적으로 써 왔더라도 잘못된 사고에 의해 왜곡된 글자는 바로 고쳐 쓴다.

► 桓(환, 韓한)은 韓의 정자이기도 하여, 나는 9천 년 전 환국역사를 지키는 것은 우리 한국 만년역사를 지키는 것이기에 환국의 '환'으로 읽고 쓴다.

► 환인 7분, 환웅 18분, 단군 47분이나 되는데, 우리는 각 1분씩 3분뿐인 줄 들어 왔다. 9,000여 년 전 안파견 환인의 '환국'을 더욱 각인하면 만년역사를 지켜낼 수 있다.

► "(단군)조선"으로 쓴다. (후대가 잘못 번역한『삼국유사』에서 만든 말 '고조선'은 안 쓴다. '옛조선'은 의미는 통하지만 나라이름으로는 부적합하고, 고조선은 아예 나라이름을 고씨조선이나 그것이 원래 이름인 양 착각하게 하는 우를 범한다. 이성계의 "(근세) 조선" 때문에 벌어지는 일이다.)

► 神은 분별해서, 귀신 혼 정신은 神자로, 참하느님 신교는 하느님祌 신 자를 쓴다. 세계종교의 뿌리와 미래는 한국역사의 전통종교 신교라는 비서『祌教總話』신교총화와 율곡선생님 집안의 다물선생님께서 92세에 돌아가시기 전에 바로 내게 보내신 '지성여신至誠如祌'이라는 액자의 글을 깊이 새기며 그런 마음으로 세상과 사람과 주변 자연을 보며 살고 있다. 하느님 '신'祌 은 귀신神 '신'의 원래 옛자이다. 일제 때부터 神자를 썼다.

25 ★ 여성의 분산적인 삶에서 연상적이고 자연스런(때때로 지향적인 글쓰기에도 도움이 된다) 글쓰기로 쓰다 보니, 길라잡이 부호가 본인에게나 독자들 에게도 도움이 되므로 부호(아이콘)를 만들어 쓴다.

@ 쓰기 방법은 나는 내 입장에서 보고 느낀 것을 쓰니, 내가 쓰고자 하는 것에 맞는 낱말을 만들어 쓰게 되고, 소위 개인존중주의, 자연히 여성이니 여성입장에서 또 한민족역사에 예민한 사람으로, 보고 듣고 느끼고 하는 글쓰기를 하게 된다. 쓰는 부호들도 그런 감성과 스타일이 기반이 된다. 어쩌다가 용산에 40여 년을 살다 보니 문학박사 학위를 마치고 사단법인 용산향토문화사학회 회장을 20년간 맡아 별일없이 지냈었는데, 작금에 정부 부처의 ☑ '용산역

사민족공원' 기획 및 설계가 관편의적이고 상투적인 기획안이라(조선일보에 보도된 기사를 보고), 역사전쟁기에 간만의 한국 역사민족공원을 바로 세워, 늦었지만 일부라도 우리 역사 왜곡을 '중국은 60년 준비완료' 상황인데 비해, 우리가 짧은 시간에 신속히 바로 잡을 수도 있는 때와, 장소와 사람이 왔는데, 기회를 놓쳐 버릴까 봐서, 좌불안석이다 보니 – 내가 편하려면 기우이길 바라지만 민족이 이 시점에 해야 할 일과 너무나 먼 기획안이라 – 춘천 맥국중도 보존 유네스코 등재를 위한 대통령이나 문화재청장 직권으로 불법허가 취소와 유네스코 등재를 촉구하며, 차옥덕 나의 국가 성장동력 제안을 펼친다. 또한 우리 민족이 예맥족이라 맥은 우리의 상징이고 아직 우리 한국에도 있으나 다들 알지 못하는데, 일본은 그 맥으로 한국민의 자신들에 대한 무지를 박장대소하며 큰 돈을 벌어들이고 있는 실정이라, 멸종 가능성이 있는 맥이라는 동물의 종의 보존과 한민족 관련성 홍보와 컨텐츠로의 활용을 위한 노력을 제안하였다. 이러한 한민족 상징과 국가기강에 꼭 필요한 것들을 공무원이 되려는 분들과 공무원 하시는 분들이 좀 깊이 생각해 주길 바라는 일들을 실사구국적 마음으로 한국역사문화학의 기초로 실었다. 이미 우리가 가지고 있는 것의 새발견과 활용 선순환적 홍익 아이디어로 비판적 사고를 통해 제안해 보는 것이다.

이 책에 오자나 인용, 저작권 밝히기 - 특히 일하면서 TV방송을 틀어 놓기에(씽크대와 TV를 서로 볼 수 있게 그렇게 돌려 씽크대에 서 있는 삶의 1/3시간 그냥 보내지 않고 작업이나 자료로 도움을 많이 받는다. (신문활용교육 NIE에 비해 TV활용교육TIE는 TV를 틀어놓고도 다른 일을 할 수 있는 점, 또 많은 시청각적 또 간접 답사의 효과가 있는 사진을 제공받기에 큰 도움이 된다.) 30년간 여러 일을 하며 따온 화면은 주로 방송국 프로그램에 들어 있는 화면과 내가 직접 도로상에서 찍은 사진들이니, 시각에 따라서 문제로 볼 수도 있겠으나, 나라나 개인들에 좋은 일하려고 오랜 기간 걸쳐 쓴 책이니, 교육용으로 보고, 넓은 아량으로 양지해 주시기 바란다.

제1장

대통령 · 교육부장관 · 각 부처 · 서울시장 및 각 지자체장들 공무원들 보완점

외래종교 순례길 챙기듯 이제 한국 국조 단군길도 챙기시길!

26. 대통령과 서울시장께, 성군이 되는 길, 각 부처와 지자체장들께, 한국공무원 공통 인식 공유소

국가위기시 대통합적 의병 국민성 용산역사민족공원 - 한국민족의 역사를 모르는 외국인의 주도는 큰 낭패 춘천맥국 중도 유네스코 인류문화유산 보존으로 만년역사 내몽골홍산 유적과 연계

27 ☑ 미국인 조경건축가의 시각에서 만든 부산시민공원 역사관의 현황. 서울용산민족역사공원도 외국인 주도이면 낭패!

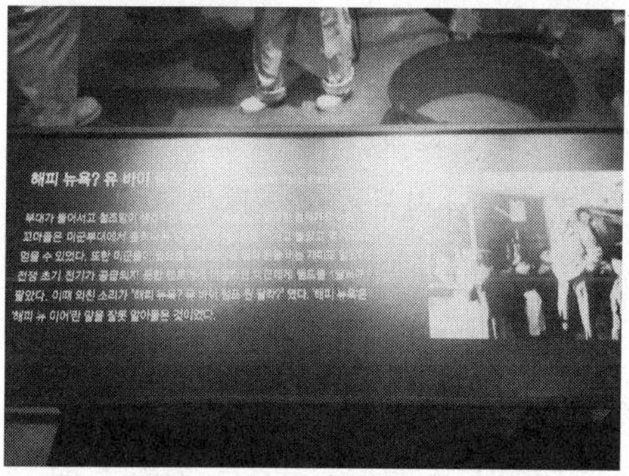

미군이 주둔했던 역사를 기억하고, 생태를 되살린다는 애초의 취지" - 120년간 충분히 약소국 국민임을 상처받으며 기억했다.

청나라와 러시아, 미군이 주둔했던 역사를 기억하고, 생태를 되살린다는 애초의 취지" - 120년간 충분히 약소국 국민임을 상처 받으며 기억했다.

그리고 또 중요한 자리에 미국대사관이 넓게 자리를 차지하면 그것만으로도 특히 중고학생들은 비독립국 국민이라는 스트레스를 엄청 받는다.

부산시민공원이 그 예이다. 미군에 의존해야 하는 전쟁상황에서 겪은 약소국민

의 자존심이 상하는 순간들을 다시 또 보고 체험하고 겪는다는 것은 국민들에게 열등의식과 피해의식 실패의식 의존의식 부정적 상처만 더 키운다. 별로 안 찾아 간다. 감정상 괴로우니 즐겁지 않다. - 생산적이지 못하다. 다이아몬드 같은 120년 만에 내 나라 우리 땅 되는 국가공원 땅에.

서울 생태시민공원들 이미 넓다: "월드컵공원 100만평 송파구 올림픽공원 (50만평)에 이어, 서울에서 세 번째 뚝섬 한강공원은 35만평 큰 규모의 공원이다. 영국 하이드 파크(Hyde Park), 뉴욕 센트럴 파크(Central Park)같이 시민들에게 휴식공간으로 5개의 테마공원이 구성되어 있다."

28 ◘ 한국관에서 하는 공원 기획자들은 대부분 이것을 복사해서 외친다.

영국 하이드 파크(Hyde Park), 미국 뉴욕 센트럴 파크(Central Park)같이 시민들에게 휴식공간을

▼ 한국에서 '역사공원'이란 이름은 100년 된 외세 서양종교 카톨릭에 다 내어주고 (카톨릭 역사공원은 로마에 가서 하게 하세요.) 만년 한국 역사터에 100년 역사 가지고 남의 나라 한국 한복판에 카톨릭 역사 징표들 남기시려고? 빨리 자진 철거하시길! 한국인들이 지금 두고 보고 있어요. 다 밟기운동 하기 전에요.

한국의 변동정치 상황으로 미처 준비를 못해 고대 중세 역사를 다 빼앗기는 전쟁기에, 정작 역사 세워야 할 금수강산 한국에, 또 오랜만에 찾은 '용산역사민족공원 터'에 황무지 개간한 영미식 생태공원? 토목장사치 딱지꾼들 아파트촌 공원? 겨우 용산에 부동산들과 용산구청장만 '용산민족공원'이라고 명명하고 있다. 끝까지 목숨 걸고 투쟁할 한국역사 민족을 지켜나갈 '용산역사민족공원 터'이다.

– 머리 속에들 뭐(일은 한국역사민족 하나도 모르는 영미 조경전문가들 끌어들여 부산시민공원처럼 낭패를 보고 돈? 자리, 이권? 아파트를 짓자는 놈들은 前 대변인처럼 딱지? 표? 자기 선거구 종교권에 칭찬 아부)가 들었는지? 추후 다 밝혀 역적같은 평가를 받게 할 것이다. 울화가 치밀어 가슴이 다 두근거리다가, 그나마 권력권에서, 진영의원이 이명박 박권혜정부 시절 용산의 역사민족공원 터에 아파트촌을 만들려 하는 것을 막아냈다는 얘기를 듣고, 그나마 안심이 되었다. 한국 내에서 카톨릭 역사공원과 영국성공회의 홍보물을 자제하라. 촛불 공로를 다 아니 이 정부에 압력 그만 넣으시길!

각 지자체장들도 조심하시길! 카톨릭 역사공원은 한국에 안됨. 여러 종교들 의 사례와 본을 보면, 한국 정치인은 돈에 취약하고 한국 내 신도수 기독교는 19.7% 카톨릭은 7.9%에 불과하다.(통계청)

29 ▣ 조선조 명군 정조가 만든 규장각 학사들의 근무수칙 – 청와대 근무수칙도 좀 알려주세요.

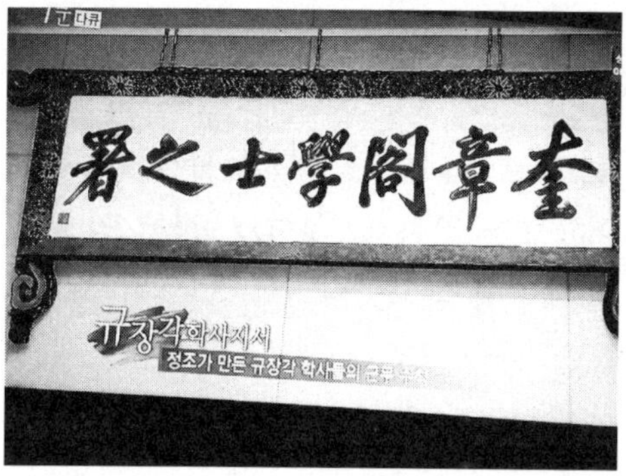

30 ◕ 서울시는 〈공평동 실제 유적 원형관〉 여러 모로 잘 만들어 놓고, 이름은 역사유적 '아카이브'? - 아카이브가 무슨 뜻입니까? 영어를 꼭 쓰야 하나요?

라고 관리하시는 공무원에게 물으니, 자료관이라는 소린데.."서울시 산하이니 다산 콜센터에 전화하셔서 말씀해보세요."하네요. 자료라기보다는 유적 원형 그 자체를 보여준다는 것이고, 원형에다 약간의 현대적 말걸기를 유적을 훼손 하지 않는 범위 내에서 효율적 공간 이용과 함께 조선시대 문화컨텐츠 융합이 돋보인다.

서울시장님과 각 지자체장님들도 자기 관내 시내버스를 한 번 타보세요.

1. 6개월이 지난 모니터 홍보 띠줄 뉴스? - 아예 3개월 전에 미리 신청하여 결정된 서울시나 각 시들이 행사를 미리 홍보하는 게 승객들은 기분이 덜 나쁠 것 같은데. (일반 TV는 시간으로 하던데, 또 예산문제? 성의 부족?)
2. 뽑기 오락실마다 넘쳐나는 일본 기업 포켓몬스터 제품 확인이 요망됩니다. 일본 기업 포켓몬스터 제품에는 예맥족인 한민족을 능멸하는 주인공들이 있습니다. 포켓몬스터 회사는 전쟁광적 야스쿠니 신사를 참배하여 한국과 중국 젊

은이들이 항의하는 일본 메이커입니다. (인터넷 검색요망) 포켓몬스터 제품 연관이 확실한지 알아보시고 알아서들 하세요. 현대판 욱일기입니다. 그런 반 한국적인 회사 광고에 대해서는 조례나 규칙상 제재가 있겠지요? 포켓몬스터의 주인공 "슬리퍼는 실제 '맥의 후예'로 설정되어" 있습니다. '맥'은 실상 한민족의 상징입니다. – 그동안 식민사관 때문에 한국 정체성 관련된 것들을 제대로 배우지도 못했지만요 – 확인해 보시고, 관공서부터 거부운동을 벌여야 할 것인데, 버스 홍보띄줄은 몇 달씩 지난 작년 것도 하면서, 물건 홍보물 '만두몬스터' 등은 최신 것을 하는 이유는 뭡니까? 몬스터 자체가 요괴라는 뜻입니다. 그것도 서울 수도에서. TV에서는 나날이 다른 홍보를 실시간으로 올리는데, 서민이 타는 버스라 그런지? 기술이 없는 것인지? 성의가 없는 것인지?

3. 버스 중간에 타자마자 바로 앉는 곳 즉 버스가 급정거하면 앞으로 치달아 머리가 깨어지게 사고나는 위험한 자리 바로 앞에, 서울시 버스 안전 막이 장치가 아주 오랜만에 이제야 만들어졌더라고요. 버스가 생기고 60여 년 늦었지만 "참 서민들이 믿을 만하고 찾아서 일하는 행정"이라 든든하던데요!

31 ◘ 선순환적 홍익 정치를 꿈꾸는 현 정부 대통령 및 서울시장과 각 지자체장들에 대한 국민들의 기억과 평가는?

어떤 기억으로 남을까? 대한민국 세계로 나아가게 하는 길은 내 사회, 내 동네, 내 집안, 내 집앞, 내 관리에서부터이다.

한국적인 역사문화에 대한 큰 안목의 지도자들이 절실하다! 관행을 탈바꿈 못해 곤욕을 치루는 지자체장들은 옛 관행을 빨리 벗어나시도록! 어디 불안해 살겠습니까? – 자고 나면 펑펑 매일 터지니.

첫째가 도덕道德이고, 둘째가 사업事業, 셋째가 보좌補佐 역이 제 정신인지?

어느 청와대의 측근이었던 분이 아침 방송에 나와 자기는 청렴하려고 살얼음 걷듯 사람도 조심하고 일도 조심하며 살아서 뭐 잡은 것도 없다며 "저는 참 바보처럼 살았군요"라 우스개소리를 하던데, 아니다. 제대로 살은 것이지. – 청와대를 마치고 공영방송에 초대되어 조언할 사람으로 산 것이라면 공직을 잘 지킨 것이다.

마음은 딴 곳에 – 발언한 말뜻 내용은 나는 먼 곳에 – 돈과 헛권위 친지 취직자리 딱지에 중심을 두고 있는지 잘 살펴야 한다. (공직자는 물 위에 작은 배 위에 서

있는 사람처럼 살아라 했다)

16세기에 정사물 선생께서 중국 성현으로 모셔지는 분들(우리 동이족도 포함되어 있다)에 관해 첫째가 도덕道德이고, 둘째가 사업事業, 셋째가 보좌補佐 역이 무엇을 어떻게 했는가 하는 항목으로 설명을 일일이 하신 도통지를 쓰고 그 맨 앞에 성현의 초상까지 그려 책에 넣고, 설명하신 그 마음과 입지를 이제야 나도 깨달은 것이다. 바로 당시 현재였던 조선왕조 왕, 당대 최고지도자의 도덕과 사업과 보좌역의 중요성을 인식하고 잘 하라고, 그 전 성현의 인품 및 족적을 열거하며, 제대로 된 역할을 하도록 성군과 그 보좌역에게 역할모델과 경계심을 보여주고자 한 것이다.

내 조국 내 조상이 내가 어느 나라 국민인가? 뽑아 준 사람은 어느 나라 제대로 된 정신을 가진 국민인지부터 판별하시길! – 지구역사 4천년 운운하는 그런 정신인지 잘 분별해야 한다. 어쩌다가 당선되었으면 지금부터라도 조심하며 (공직은 살얼음 걷듯하며) 한국민으로 제 정신을 찾는 공부부터 시작하자.

정사물 선생의『도통지』대로, 최근 3대통령에 대해, 도덕 · 사업 · 보좌의 세가지 주요 항목으로 각자들 자기 것도 따져 봅시다.

이명박 도덕: 감옥에 있어야 하는 형편이니 부정축재 탈세?니 도덕 행방 묘연?
사업: 4대강? 토목사업
보좌: 비서실장과 교회 지도자들

박근혜 도덕: 감옥에 오랜 기간 있는 형편이니?
사업: 춘천대교?
보좌: 친박들(명단 각자)과 끝에 황교안이다.

문재인 도덕: 자꾸 주변에서 터지니 더 있어봐야 알겠다?
사업: 남북평화협상과 종전(협상)에 기여?
보좌: 비서실장과 수석들과 장관들 (명단 각 자) 문정인교수이다.

역사는 우리 모두 특히 지도자들? 대통령과 그 보좌관들 - 〈또 그 당시 국민들의 판단과 대처〉를 바로 가감 없이 준엄하게 평가할 것이다. 대통령과 그 보좌관들이 이 사회의 지도자급이길 강력하게 기대하고 뽑은 것이다.

지도자가 아닌 지도자 탈을 쓴? 이가 많아, 국민은 기대치가 높은 만큼 수시로 상처 받고, 그래도 배웠다는 자신의 책임과 조국을 위해 해야 할 일로 긴장과 고통을 받았다. 가장 무서운 무기는 국민의 자주정신과 의로운 실천력으로 핵무기도 능가할 수 있다.

1. 국가의 기강을 세우자며 떠 오른 인물들 중 첫째는 47대 고열가 단군 - 나라를 6신하에게 무혈로 내어 주고 산, 자연으로 들어가 신선처럼 살다 간 진인 왕이다.
2. 고구려를 깨끗이 유리에게 내어 주고, 백제를 다른 곳에 가서 더 크게 세운 소서노 어라하,
3. 만고 충신 기개를 갖춘 대석학 부도지까지 남겨준 박제상
4. 자기 시신을 내어 놓고 용이 되어 나라를 지키겠다는 신라 문무왕
5. 고려말 다른 왕조를 섬길 수 없다며 그냥 타죽은 두문동 72충신[1)]
6. 조선조의 혁명아인 정도전과 자기 신분도 무시한 혁명아 허균과 두 번의 백의종군 명령에도 충절을 지켜 나라를 구한 이순신
7. 윤봉길 의사[2)]

32 ◘ 국가기강을 바로 세우는 길을 실생활에서 구국적으로 살펴본다.

① 무엇이 한국 역사문화의 전통정신인지를 밝혀 존중하고 지켜내야 한다.
② 무엇이 대한민국 한국 국가의 방향이고 상징인지를 분명히 하여야 한다.
③ 공무원과 국민이 정직하게 바른 도덕적 삶, 홍익정신과 인의예지신을 잘 실현해야 한다.
④ 후세의 교육과 계승을 위해, 선조가 해야 할 삶의 태도를 반듯이 해야 한다
⑤ 각자 선택하거나 맡은 일을 바르고 꼼꼼히 세계적 수준으로 만들도록 노력해야 한다.
⑥ 금수강산 내 국토 및 직장을 잘 보존하고, 주변을 항상 깨끗하게 잘 관리하고 물려줘야 한다.

국가기강을 바로 세우기 위해 재야에서 어렵사리 사명감으로 노력한 분들에 대해, 간략하게나마 〈1980년대 이후 현대 한국 민족단체 역할 약사〉를 듣고 본대로 적어보고자 한다. 제대로 쓸 사람을 위한 징검다리 역할이라도 할 기록이 언젠가

는 필요할 것 같아서이다.

33 ☢ 성군이 되는 길 〈서효사〉: B.C.E. 2083, 6세 단군 달문 재위 36년 무진원년

임자 35년 여러 汗(한, 칸, 왕)들을 常春에 모이게 하여 삼신께 구월산에서 제사를 올릴 때 신지발리로 하여금 서효사誓效詞를 짓게 하였으니 그 말씀은 다음과 같다.

[六世 檀君 達門 在位 三十六年 戊寅 元年 立 壬子 三十五年 會諸汗 常春 祭三神 于九月山 使神誌 發理 作 其詞曰]

서효사誓效詞

아침 해가 먼저 떠오르는 땅에 삼신께서 빛과 더불어 오셨도다.
환인은 나라에 법을 먼저 만들어
백성들에게 덕을 크고 깊게 심어 놓았고,
여러 신들이 의논하여 (거발한)환웅을 보내니
그 환웅이 하늘의 법대로 처음으로 (땅에도) 하늘을 트시었도다(개천).
치우는 청구에서 일어나 만고에 무력을 떨치고
회와 대가 모두 치우에게 돌아오니
천하가 감히 넘보지 못하는구나!
왕검단군이 대명을 받들자
아홉 환桓이 기뻐하는 소리가 넘치어
물고기가 물을 만난 듯 백성들에게 다시 생기가 돌아오고
풀이 바람에 쏠리듯 덕화가 새로워져
원한을 품은 자는 먼저 원한을 풀게 하고
병든 자는 우선 병부터 낫게 하였더라.
백성들이 한마음으로 어질고 효심을 가지니
나라 안이 모두 태평성대이도다!

진한이 온 나라를 다스리는 도리가 모두 유신이고
모한은 나라의 왼쪽을 보전하고 번한은 그 나라 남쪽을 억제하여

가파른 바위를 네 벽이 에워싸듯 해주니
단군이 새 도읍지로 거동하셨도다.
새로운 도읍지는 마치 저울대 저울추 저울판 모양 같은데
저울판은 백아강이요 저울대는 소밀랑이요 저울추는 안덕향이로다
저울의 앞뒤가 서로 어울려 알맞은 균형을 이루니
그 덕에 힘입어 삼신의 정기를 옹호할 수 있게 되어
나라를 일으켜 태평성대를 만드니
70 나라들이 조공하여 굽히어
길이 세 한의 뜻을 보전하고 왕업이 흥융하더라.

흥망성쇠는 말로서 되는 것이 아니고, 정성으로 삼신을 섬김에 달려 있어
이에 여러 환과 더불어 약속을 정하길
지금 우리 함께 약속한 사람들은
"환국 오훈"과 "신시 오사"를 영원히 준수하기로 하여,
삼신에 제사지냄을 인간의 근본으로 삼고,
나라를 다스림에는 식생활을 우선으로 하여,
농사는 萬事의 근본이고 제사는 五敎의 근원이라 여겨
마땅히 나라사람들과 함께 다스림을 자산으로 삼되
먼저 겨레를 존중하는 마음가짐을 몸에 익혀야 할 것이다.
포로와 죄수들을 풀어주고, 아울러 사형을 없애고 책화로 국경을 지키며,
화백을 공으로 삼고 오로지 이처럼 한결 같이 베풀고 함께 조화를 이루는 마음가짐으로
겸손히 자기를 낮추고 스스로 수양하는 것이 비로소 어진정치의 시작이라 여길 것이다.[3)]

때에 동맹을 맺어 공물을 바쳤던 곳은 大國이 둘이요 小國이 스물이요 허락墟落이 3624곳이었다. 36년 계축에 단군 달문이 붕崩하니 계가鷄加 한율翰栗이 즉위하였다 時執盟貢幣者 大國 二 小國 二十 墟落 三千六百二十四癸丑 三十六年 帝崩 鷄家 翰栗立

34 ★ 동학의 노래(경주 수운 최제우가 하늘로부터 받은 주문의 노래): 지기금지 원위대강 시천주 조화정 영세불망 만사지=3 · 7주(21자)

이것을 외워 소리내어 말하고 그 뜻을 깨달아 실현하면 오래도록 죽지 않는다 하여 장생주長生呪라고 한다. 특히, 앞의 8자를 강령주문降靈呪文이라 하고, 나머지 13자를 본주문本呪文이라고 한다. 하느님의 신령이 직접 인간의 몸에 내려 기화氣化하기를 기원하는 주문이다. '지至'란 지극하다는 뜻이요, '기氣'란 하늘 조화造化의 일원적인 기운을 말한다. '금지今至'는 하느님의 신령 기운이 내 몸에 직접 내려 지피는 것을 아는 것이고, '원위願爲'란 청하여 비는 뜻이다. '대강大降'이란 그 맑고 밝은 신령神靈이 직접 내 몸에 내려 기화하기를 원함이다. 즉, 우주의 생명력이고 만물의 조화력인 지극한 기운이 이제 자신에게 이르러 크게 내리는 것을 청하는 것으로, "몸이 몹시 떨리고 추워 밖으로 지기로서의 그 맑고 밝은 영이 직접 몸에 내려 지피는 기운이 있고, 안으로 말씀이 내리는 가르침이 있었으나, 보아도 보이지 않고 들어도 들리지 않았다."라는 최제우의 종교체험과 연결되어 있는 내용이다. 최제우는 **"13자 지극하면 만권시서萬卷詩書 무엇하리"**라고 <교훈가 敎訓歌>에서 이 부분의 중요성을 평가하고 있다. 그 중에서도 **시천주侍天主의 3자는 '지극히 하느님을 위하는 글至爲天主之字'인 21자 가운데서 가장 핵심적인 의미**를 담고 있다.

최제우는 <논학문 論學文>에서 "하느님을 모신다고 하는 것은 안으로 신령이 있을 뿐만 아니라, 결국 밖으로 기화함이 있게 되는 법인데, **온 세상 사람들이 이를 결코 옮기지 못할 하느님 조화의 지극한 기운, 즉 지기인 것으로 깨달아 앎이다 侍者 內有神靈 外有氣化 一世之人 各知不移者也."라고 하여 지기에 대한 자각을 시천주로 보았다.**

제 2대 교주 최시형崔時亨도 "우리 사람이 생겨나게 된 것은 하늘을 모신 심령 기운으로 생겨나게 된 것이요, 우리 사람의 생활도 하늘을 모신 심령 기운으로 생활하는 것이니라. 어찌 사람만이 홀로 하느님을 모셨다고 이르리오. 천지만물이 다 하느님을 모시지 않은 것이 없느니라. 저 새의 우는 소리 또한 하느님을 모신 심령 기운으로 생겨나는 소리니라吾人之化生 侍天靈氣而化生 吾人之生活 亦侍天靈氣而生活 何必斯人也獨謂侍天主 天地萬物皆莫非侍天主也 彼鳥聲亦是侍天主之聲也."고 하여, 하늘 조화의 지극한 기운으로서의 지기의 자각이 곧 하느님을 모신다는 것임을 밝혔다.

3대 교주 손병희孫秉熙 역시 "하느님을 모신다는 경우의 모실 '시侍'자는 곧 하느님을 자각한다는 뜻이다侍天主之侍字 卽覺天主之意也."라 하였다. 그리고 시천주의 본 자세로 정성[誠] · 공경[敬] · 믿음[信]이 강조된다.

하느님을 모신다고 함은 기실 이미 내 몸에 모시고 있는 '하느님 조화의 참된 그 마음을 고이고이 삼가 지켜 이를 공경하고 믿는 데서 창조의 바른 기운을 살려 내는' 것이기 때문이다.

최시형 역시 **"우리 도는 다만 정성 · 공경 · 믿음의 세 글자에 있으니…… 이 정성 · 공경 · 믿음에 능하면** 성인聖人에 들기가 손바닥을 뒤집는 것과 같다吾道只在誠敬信三字…… 果能誠敬信 入聖如反掌也."라고 하였다. 따라서, 모심[侍]을 떠난 성 · 경 · 신은 있을 수가 없으며, 이 시천주를 떠나면 '하느님 조화의 맑고 밝은 덕에 합함合其德'이 불가능함을 알 수 있다.

또한, 하느님을 모신다고 함은 하느님을 위해爲天主, 하느님의 참된 심기心氣를 제 몸에 이어받아 이를 기르며養天主, 하느님의 뜻과 도리를 따라顧天命 · 順天理 조화를 부릴 수 있게 造化定됨을 의미한다.

35. 사람이 하늘을 모신다고 함은 언제나 하늘과 더불어 같이 생각하고 같이 행한다는 것이니, 최시형의 "사람이 하늘이요 하늘이 사람이니 사람 밖에 하늘이 없고 하늘 밖에 사람이 없다人是天 天是人 人外無天 天外無人."라는 사상이나, 손병희의 인내천사상人乃天思想의 요지가 바로 그것이다.

'나를 향하여 신위神位를 베풀 것向我設位'이지 결코 벽壁을 향하여 신위를 베풀어서는 안 된다고 하는 새로운 제사방법과, '마음으로써 마음을 다스린다以心治心' 또는 '하늘로써 하늘을 먹는다以天食天'라는 표현은 모두 이러한 맥락에서 가능한 것이다.

조화정造化定이란 무궁한 천지조화의 체험에 대한 인간의 창조적 참여를 일컫는다. 이러한 인간의 창조적 참여는 하느님을 모심으로써만 가능하므로, 조화정의 가능 근거는 어디까지나 시천주에 있다. 인도人道는 오직 천도天道로서의 하느님 조화의 정립에 있을 뿐인 것이다. <논학문>에 따르면 "조화란 그저 저절로 됨이요, 정定이란 그 덕에 합하여 마음을 정립함이다造化者 無爲而化也 定者 合其德 定其心也."이라 하였다.

인위적으로 애쓰지 않아도 그저 저절로 되는 바의 '자연적인 됨無爲而化'이며 무궁한 천지의 화육天地之化育이 하느님의 조화인 것이다. 이 '됨'의 이치를 주체적으로 자각하여 '이에 합함'이 바로 합기덕合其德이다. 그 덕에 합하여 마음을 정립하는 것合其德定其心이 바로 조화의 현실적 정립이며, 실지로 사물을 변화시켜 전에 없던 새로운 것을 만드는 것이다.

영세불망永世不忘이란 하느님 조화의 밝고 밝은 덕성德性, 즉 '그저 저절로 됨'이라는 자연적 조화의 이치를 평생토록 잊지 않고 생각하고 또 생각하여, 마침내 지극한 기운에 화化하여 성인에까지 이르게 된다는 것을 나타낸다.

최제우에 따르면 "영세란 사람의 평생이요 불망이란 생각을 둔다는 뜻이다永世者 人之平生也 不忘者 存想之意也." 그런데 사람이 평생토록 생각을 두어 잊지 말아야 할 것은 과연 무엇인가? 그것은 하늘 조화의 밝고 밝은 원元 · 형亨 · 이利 · 정貞의 네 가지 덕, 즉 그저 저절로 된다無爲而化라고 하는 조화성 자체로서의 지기至氣이다.

이미 하느님을 모시고 있는 존재인 인간이 그의 시천영기侍天靈氣를 죽을 때까지 생각하고 생각하여 잊지 않음이 영세불망의 본뜻이라 할 수 있다.

만사지萬事知란 조화의 도리를 깨닫고 이를 역행(力行)에까지 실현시키게 되는 조화의 각행覺行을 나타낸 것이다. <논학문>에 따르면 "만사란 수數의 많음이요, 지란 그 도를 알고서 그 지를 받는 것이다萬事者 數之多也, 知者知其道 而受其知也."라고 풀이되어 있다.

그러면 그 수란 무슨 수이며 그 도란 무슨 도인가? 도는 천도, 즉 조화의 도리를 말하며, 수의 많음이란 현실적 형태로 정립되는 조화정의 온갖 일의 가지수가 많다는 것으로, 조화의 체험으로서의 인간의 창조적 참여사參與事가 많음을 의미한다. 천변만화하는 조화의 수가 많지만, 결코 아무렇게나 되는 것이 아닌 만큼, 그렇게 되는 조화의 도리를 깨달아[知其道], 그 조화를 실제로 부릴 줄 아는 슬기를 받도록[受其知] 하기 위한 뜻이 내포되어 있는 것이다.

그러나 '조화의 도리를 깨달아 안다.'고 함은 지기의 자각을 규정하는 시천주에 다름 아니고, 또 '조화를 실제로 부릴 줄 아는 슬기를 받음'이란 조화의 체험을 규정한 조화정에 불과하다. 따라서, 지기도知其道의 근원은 시천주에 있고 수지기受其知의 근거는 조화정에 있다고 여겨진다.

그래서 최제우는 하느님 조화의 조화성造化性인 지기至氣 자체로써 자각된 사람의 시천영기를 파악하고, 그것을 지기 자체의 궁극적인 자기불연성自己不然性에 의해 정립하는 것이야말로 일만 가지의 일을 행하는 길이 됨을 알아, 평생토록 잊지 말 것을 주문의 내용으로 하여 당부했던 것이다. 이로써 만사지의 지知란 단순한 인식지認識知가 아니라 인식과 실천을 다 포괄하는 조화의 각행임을 알 수 있다.

즉, 몸과 마음을 다하여 하느님을 모심으로써 '그렇지 않은 그것이 그렇다不然其然.'라는 조화를 깨달아 이를 몸소 부릴 수 있도록 주문적으로 규정해 놓은 것이다. 시천주의 자각을 떠나서는 만사지는 물론 조화정의 창조적인 참여도, 영세불망의 존상存想도 있을 수 없겠기 때문이다.

<교훈가>의 "격치만물格致萬物하는 법과 백천만사百千萬事 행하기를 조화중에 시켰으니"라는 부분 및 <흥비가 興比歌>의 "무궁한 그 이치를 불연기연不然其然 살펴내어…… 무궁히 알았으면 무궁한 이 울속에 무궁한 내 아닌가!"라는 부분은 이러한 조화의 각행이 곧 만사지의 주요 내용임을 짐작하게 한다.

결국, 강령주문은 조화의 궁극적인 근거인 지기, 즉 조화성 자체의 체득體得을

기원한 것이요, 본 주문 중 시천주의 석 자는 '사람은 누구나 하느님을 모시고 있음'이라는 자각, 즉 기화지원氣化之願이 이루어진 상태로서의 조화성에 대한 주체적 파악을 규정한 것이며, 조화정은 시천주의 자각하에 인간의 창조적 참여를 규정한 것이고, 영세불망은 인간의 시천영기, 즉 조화성 자체로서의 맑고 밝은 그 덕明明其德의 존상을 나타낸 것이며, 만사지는 조화의 각행을 규정한 것이다.

이상과 같은 자구적 해석字句的解釋과 의미의 파악은 주문으로서의 삼칠주에 대한 성격 파악으로 충분하지 않다. 동학교도나 천도교 신자들에게는 말의 의미뿐만 아니라, 말 그 자체가 갖고 있는 주술적인 힘도 같이 수용되기 때문이다.[4)]

36 ★ 지상천국의 꿈을 꾸며 사람 나라 다 살린 노래 – 일제하 거의 모든 조선인 민족 성인이면 불렀던 仙道教(동학 보화보천교)의 주문으로 거리마다 들렸다 한다.

현재는 증산도가 가져다 쓰는 주문:
훔치훔치 태을천 상원군 훔리치야 도래 훔리함리 사바하
이 주문은 **불교의 구축병마주와 김경흔의 '태을천상원군'에다 강일순의 '훔치훔치'가 덧붙은** 셈이 된다.[5)]

요즘 부엌일 할 때 비용 및 시간 등 가기 어려운 역사관련 지역 역사답사가 많이 나오는 상생방송을 틀어 놓는다. 증산도에서 하는 방송이란다. 동학과도 관계 깊어 가끔씩 나오는 주문을 한 번 알아 본다.

증산교의 종교의식이나 수련생활에는 자기의 소망을 이룰 수 있도록 하는 기원문祈願文으로서 많은 주문을 사용하고 있다. 이 주문들은 문장의 구성이 어려운 한자로 되어 있고 밀교적인 신비를 가지고 있기 때문에 간단히 정의하기는 어려우나, 대체로 **자기의 소원성취를 기원하는 기도문과 남녀노소가 모두 읊고 노래하는 찬송가, 그리고 신명神明에게 고축告祝하고 불사르는 축문의 성격을 띠고 있다.** 또한 '주문'은 읽거나 글로 써서 몸에 지니고 다닐 때에는 사귀(邪鬼)를 쫓는 부적이 되는 것으로 믿는다. 원래 「태을주」는 조선 선조 때 충청도 비인(庇仁)에 살았던 도인道人 김경흔金京訢이 50년간의 도통공부를 마치고 지은 것이라 한다. 그는 모든 주문들을 사용하여 보았지만 효험을 얻지 못하다가 마지막으로

불교에서 쓰이는 「구축병마주驅逐病魔呪」(질병과 잡귀를 몰아내는 주문) "훔리치야도래 훔리함리 사바하吽哩哆耶都來 吽哩喊哩 娑婆訶"를 읽어 비로소 개안開眼이 되었다고 한다. 이 때 신명의 계시가 있어 이 주문의 머리에 '태을천상원군太乙天上元君'을 붙여 읽게 되었으나, 이 주문으로도 완전한 도통을 하지 못하고 다만 『태을경太乙經』이라는 책에 이 사실을 기록하고 죽었다.

증산교의 창시자 강일순姜一淳은 1897년부터 3년간 전국을 돌아다니면서 구도생활을 하던 가운데 이 주문을 얻었다. 그 뒤 강일순은 자기를 따르는 사람들에게 이 주문을 많이 읽도록 권유하면서, **"시천주(侍天呪 : 동학의 주문)는 이미 행세行世되었으니 태을주를 읽으라.", "이 주문을 문 위에 붙이면 신병神兵이 지나가다가 도가道家라 하여 침범하지 아니하고 물러가리라.", "태을주는 역률逆律을 범하였을지라도 옥문이 스스로 열리리라.", "이 주문은 하늘의 으뜸가는 임금이니 5만년 동안 동리동리洞里洞里 각 학교에서 외우리라."고 하며 여러 차례에 걸쳐 태을주가 주요 주문임을 강조하였다.**

증산교에서 사용하는 태을주의 원문은 "훔치훔치 태을천상원군 훔리치야도래 훔리함리 사바하"이다. 따라서, …

'훔'과 '치'는 원래 인도에서 주문에 쓰여지는, 비밀을 가지는 어음語音이다. 구축병마주의 머리자와 다라니진언眞言의 끝자에 '훔'자가 있고, 병마주 속에 '치'자가 들어 있다. '훔치'는 불교의 범어梵語로 된 다라니를 한자로 음역한 것으로 그 뜻도 범어의 다라니의 뜻을 좇아야 분명해진다.

'훔'자는 범어의 'Hu – m'을 중국에서 한역漢譯할 때 취한 것으로서, 이 글자 속에는 제천諸天의 총종자總種子, 일체의 교의敎義, 인왕仁王, 신과의 합치, 여럿의 큰 부르짖음〔犬爭衆吼〕 등의 여러 가지 뜻이 포함된다.

증산교의 한 교파인 태인미륵불교泰仁彌勒佛敎에서는 '훔'자를 겹붙여 '훔훔'을

대중수련의 주문으로 사용하기도 한다.

불경의 다라니에서는 '훔'과 '치'라는 어음은 무한한 공덕의 초자연적인 힘을 가지는 것으로 보고 있다. 「태을주」가 나오기 전에도 우리 나라의 민간에서는 질병, 특히 학질을 몰아내는 데 훔치훔치라는 주문을 사용하였다.

증산교에서는 '훔치'는 송아지가 모태母胎 밖으로 나오면서 우는 소리, 즉 아기가 어머니를 부르는 소리와 같은 신생의 뜻이 있으며, 또한 음양학적으로 보아 송아지는 음성이므로 후천後天을 뜻한다.

따라서, '훔치'로 시작되는 「태을주」를 읽는 것은 후천개벽의 초기에 태어나 도인들이 새 생명을 받으려는 소리와 같으며, 음음陰音으로 된 태을주는 후천종교의 주된 주문이 된다고 한다.

'태을천상원군'은 하늘의 으뜸가는 임금으로서, 『사기史記』 천관서주天官書註에서는 "태을은 천제의 별호이다."라고 하였으며, 우리 겨레의 선민先民인 동이東夷겨레가 받들어 온 '하누님'의 다른 이름으로 해석되기도 한다. 또한, '태을천상원군'은 도가의 신앙대상이기도 하다.

태을주의 끝부분에 있는 '사바하'는 다라니의 'sva – ha – '를 한역한 것으로서, 주문의 끝에 붙여 신에게 소원성취를 구하는 구의究意 · 원만 · 성취 · 산거散去의 뜻이 포함된다고 한다.

「태을주」는 역易 · 불佛 · 선仙의 세 사상이 조화롭게 합쳐져 있으며, 말세의 병마를 내쫓아 후천세계를 개벽한다는 사상이 포함된 것으로 설명되고 있다.

즉, 각종 질병을 내쫓고 선계仙界의 개벽을 '태을천상원군'에게 기원하는 주축呪祝이며, 아울러 부서符書의 뜻을 가진다.

보천교普天敎에서 입으로 전하여 오는 태을주의 해석에는 다음과 같은 것이 있다. 즉, "훔은 화성火星이요, 치는 수성이요, 태을은 손방巽方의 화생문火生門이고 생명을 주관하는 별이요, 천상원군은 괴로움을 구하는 천존성天尊星이요, 훔리는 심경心經의 화기리火氣理를 내리게 하는 것이요, 치야는 신경腎經의 수기리水氣理를 오르게 하는 것이요, 도都는 양陽이고 順이요, 내來는 음陰이고 역逆이요, 훔리는 화성火性을 내려서 서로 사귀게 하는 것이요, 함리는 수기水氣를 오르게 하여 변화하게 하는 것이요, 사바하는 바른 것을 나아가게 하고 사邪된 것을 물러가게 하여 각기 그 성품을 지키게 하는 것이다."라고 하여 오행론적인 해석을 내리고 있다.

증산교가 정식명칭을 갖기 이전인 일제강점기 초에는 일반사회에서 증산교 신도들이 외우는 이 주문의 첫 음을 따라 '훔치교'라고 부르거나, 또는 이 주문을 따라 '태을교'라고도 불렀다. 또한, 증산교의 교파 가운데에는 이 주문과 관련하여 교단 명칭을 '태을교'라고 붙인 것도 여러 개가 있다.[6)]

37 ◘ 한민족 3성경聖經: 천부경 · 참전계경 · 삼일신고에 놀라운 내용 실존

제 3세 가륵단군께서 신지에게 〈녹도전자 16자〉로 자신이 깨달은 바를 적게 하시니 천부경의 원형이다. 최치원은 81자 천부경을 묘향산에 새겨두다.

- 인류 역사상 이처럼 거룩하고 완벽한 가르침은 고구려 을파소의 〈참전계경參佺戒經〉: 〈삼일신고〉와 짝을 이루는데, 366사事로 구성되어 있다.
- 7세기 발해를 세우신 대조영 고왕께선, 동생 대야발에게 어려운 건국의 와중에도 참하늘님과 그 자손의 도리를 해설해 놓은 교화경敎化經인 삼일신고 만들게 하시다.(하늘과 땅사이의 해와 달 우주를 보시는 분 하느님의 존재를 깨우치시고, 참하느님 신 자로 남기셨다.

인류 역사상 이처럼 거룩하고 완벽한 가르침은 고구려 을파소의 〈참전계경參佺戒經〉: 〈삼일신고〉와 짝을 이루는데, 366사事로 구성되어 있다. 참[illegible] 하늘신, 하느님 신 礻+眞=禛이다. 일제부터 쓴 귀신 '神'자 가 아닌 참하늘 신 자로 쓴다. 이 참하늘 참하느님 신참[illegible] 하늘신 자 덕분으로 기독교와 한국의 친연성쪽으로 서로 더욱 이해하게 되고 민족 통합도 일부라도 도모해 볼 수 있겠다.

38 ◘ 국가기강을 바로 세우는 길을 실생활에서 구국적으로 살펴본다.

① 무엇이 한국역사문화 전통정신인지를 밝혀 존중하고 지켜내야 한다.

② 무엇이 대한민국 한국국가 방향이고 상징인지를 분명히 밝히고 알아야 한다.

③ 지도자 및 공무원과 국민이 정직하게 홍익정신과 인의예지신을 잘 실현해야 한다.

④ 후세의 교육과 계승을 위해, 선조가 도덕적이고, 삶의 태도를 반듯이 해야 한다.

⑤ 각 자 선택하거나 맡은 일을 바르고 꼼꼼히 세계적 수준으로 만들도록 노력해야 한다.

⑥ 금수강산 내 국토 및 직장을 잘 보존하고, 주변을 항상 깨끗하게 잘 관리하고 물려줘야 한다.

⑦ 삶의 가치나 취향에서 어떤 아이나 노인도 기쁨으로 맞이해 국가와 이웃이 같이 돌본다. 국민이 없으면 국가도 없다.

더 깊이들 파고 들어가 자신의 것을 확립해보시길!

39 ◘ 인류 역사상 이처럼 거룩하고 완벽한 가르침은 없다.

☀ 천부경을 진짜로 확실히 이해하려면, 먼저 천부경을 아주 여러 번 매일 낭송해 보고, 이어 기록하기 위해 만든 글이라는 한문의 옥편을 먼저 이해해야 한다. 다음은 천부경의 천지인을 바탕으로 만들어졌다는 훈민정음 해례본을 성찰해 보면 더욱 오묘해 기가 막힌다.

훈민정음에서 초성은 가르치는 하늘, 종성은 그 하늘과 연결되어 하나가 되어야 할 땅, 중성은 그 하늘과 땅을 잇는 사람이라 설명하였다. 또 모음에서는 · 아래 아인 마칠 주 자는 완전함을 추구하는 하늘의 모양이고 ㅡ 는 사람들 사이에서 이루어야 할 평화, ㅣ는 하늘과 땅을 잇는 모양이라 했다.

ㄴ은 새 을乙에서 ㄷ은 덮을 혜匸에서 ㄹ은 몸 기己에서 ㅁ은 입 구口에서 ㅅ은 사람 인人에서 ㅈ은 큰 大, ㅊ은 클 太를 ㅇ(이응)는 대원일의 둥글 원圓을 아래 아는 마칠 주丶, 없어진 삼각형은 원방각 중 힘을 상징하는 뿔을, ㅡ 는 천지인으로 일적십거하므로 이루는 평화를 ㅣ는 상하상통이라 하는 곤ㅣ을 이응ㅇ 위에 마칠

주가 하나를 붙이면 이응이 되어, 자기의 마음속을 완성하는 것으로 이응ㅇ 위에, ㅡ를 한 붙이면 타인의 마음을 변화시키기를 시작하는 ㅎ은 타인의 마음변화까지도 마침을 하는 것으로 인생의 목적을 완수하는 것으로 표현하여 한문의 뜻과 모양이 정확히 일치한다. 여기에서 천부경은 우주론이 아닌 본심본 태양앙명인중천이라는 사람의 본심의 근본이 볕으로 커져 밝음에 올라 (마음을 부드럽게 가슴을 따뜻하게 해주는 볕의 역할을 생각해 보면~) 사람 가운데에서 하늘이 되는 것을 목적으로 하는 경전이 된다.

다시 살피면 하나에 하나를 더 쌓아 십으로 커지는 일적십거를 목적으로 천부경이 존재하며 그 십으로 커지는 그 시작으로서의 일이 무에서 시작된다는 뜻이다.

십은 하늘과 동격인데 이 의미가 영어의 십인 텐이 한문 천의 원음인 텬 이었다는 데서 동질성이 있다.[7] 그리고 그것이 이해되면 옥편에서 無부터 十까지 그 뜻을 살펴봐야 한다.

40. 놀랍게도 그 모든 수에 사람의 상태가 있다.

一에는 純也 순전함

二에는 異心 다른 마음

五에는 陰陽中數 마음 가운데에서 음과 양을 살피는 헤아림

그리고 十에는 사거리 가운데에서 낳은 자녀에게 젖을 먹이며 사랑으로 양육하다.

재미있는 것은 十에 있는 그 뜻들이 영어 ten에도 페니키아 문자의 마지막 글자 타브에도 그 타브의 영어인 티T에도 있다는 것[8]

또 천부경의 천지인을 해설하는 삼경전 해설서에도, 역시나 하늘은 사람의 생각속 사상이고 물이고, 땅은 사람의 성품이며 사람은 나무 木자로 상징되는 사람의 의지라고 설명하니, 천부경은 강재이뇌로 이루어지는 일신강충이 사람의 마음속 성품을 광명으로 이끌어 성통공완을 이루게 하여 타인들에게 그 진리를 가르치는 홍익인간으로 타인들의 생각에 스스로 자기 자신을 다스리게 하여 성명정을 바르게 한 후 일신의 성품으로 확립하게 하는 방법을 적은 글이다.

이런 내용들에 페니키아어 천지인이나 영어의 코레(core) 페니키아어의 코레 등등 인류가 사용하는 주요 문자들에 한문이 정의하는 우리 민족의 의미들을 모두 꺼내어 천부경 삼일신고 삼신오제본기에 한문 가림토정음 훈민정음 등등과의 관련

을 연구하면, 우리 민족의 오묘한 지혜와 천손의 위상을 알 수 있을 것이다.

단군시대 천부경에 이어, 단군조선을 잇는 고구려시대에 인류 역사상 이처럼 거룩하고 완벽한 가르침은 없다는 극찬을 받는 농부출신 을파소의 『참전계경參佺戒經』은 『삼일신고』와 짝을 이루는데, 366사事로 구성되어 있다. 필독 성지이다.

41 ◘ 지도자가, 자주사관(9천년 환단역사의 사관으로 한국역사를 지킬 마음 있고), 홍익 국학, 평화와 민족주체성을 항시 중시하면, 의로운 국민은 그대들 편

16~17세기 『도통지道統志』는 정사물(鄭四勿: 1574~1649)이 편찬한 책이다. * 임진왜란1592년(선조 25)부터 1598년까지 2차에 걸쳐서 일어나 6년간이다. … 본인의 1. 도덕성과 2. 주요사업과 3. 보좌補佐한 사람이 누구며 어떠했는지를 일일이 설명하고 있음을 다시금 강조하고 싶다. 중원의 성현들에 대해 쓴다고 해도 첫 번째부터 우리 맥족(동이족) 태호복희씨 상이다.

중국에서 인문의 시조로 신격화되어 있는 태호복희씨 - 8괘 중심에 태극을 그리려 붓을 들고 있다.

▲ 요임금 도당씨

▲ 순임금 유우씨

▲ 하 우왕

▲ 주 무왕

도덕 사업 보좌를 잘 두는 동시에 나라 근본 법도(기강)를 세운다 - 선비의 기개진작과 史學 바로 세움

42 ◘ 항일 독립자금 지원 보천교 전국 600여 만, 1800만 인구에서 1/3 이상, 성인 한국인은 국가 위기 시 모두 단합

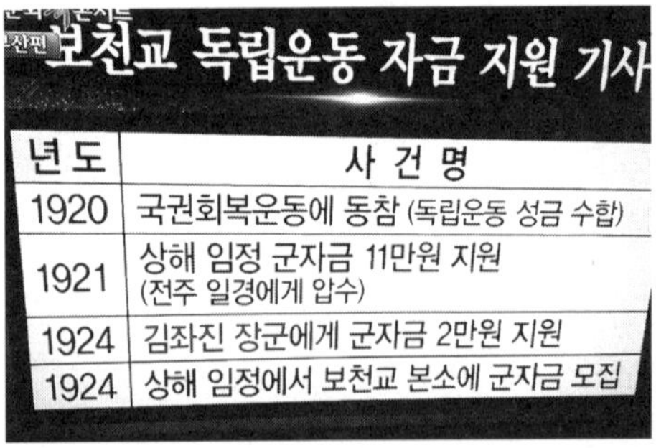

년 도	사 건 명
1920	국권회복운동에 동참 (독립운동 성금 수합)
1921	상해 임정 군자금 11만원 지원 (전주 일경에게 압수)
1924	김좌진 장군에게 군자금 2만원 지원
1924	상해 임정에서 보천교 본소에 군자금 모집

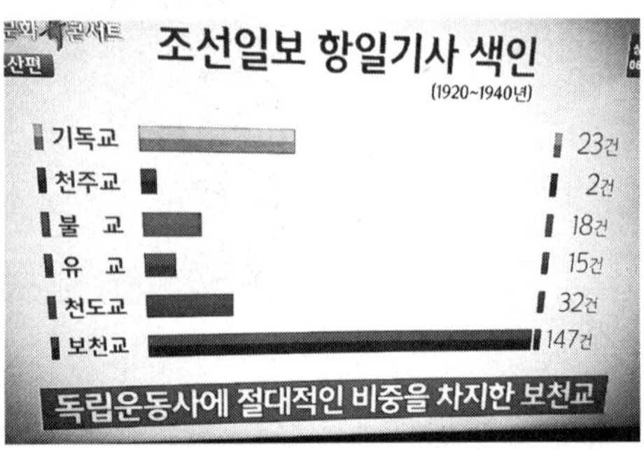

▲ 국민 모두 독립자금 군자금 마련을 위한 물산장려 운동의 길라잡이: 보천교 조만식선생님.

43 ⊙ 한국 국민은 국가위기시에는 대통합 국민성과 의병활동으로 위기를 극복

제주 최초 항일독립운동은 전국 선도교(보천교) 차경석 교주(본부는 전북 정읍)는 휘하 보천교의 김형렬과 불교 곽법경 주지의 제주 대흥사를 인수해, 대흥사 주지로 들어가 벌인 선도교(신교) 항일 식민항쟁운동이다. 독립자금으로 쓰이는 교금을 들여오다 일본경찰에 구속되는 것을 기화로 사건이 터진다. 차경석의 - 조선의 성인 600만 명 이상이 거의 다 믿은 선도교의 실제 조직활동에는 차교주의 외사촌누나로 무님이신 고판례(차경석이 강증산에 소개하여, 하늘로부터 신령스럽게 공수를 받는 일 등으로 강증산의 둘째 부인이 되고 교권을 확대하는 데 크게 기여했다)의 신교적 노력과 덕성이 증산시대부터 많이 기여하여, 차경석 시대는 증산 시대보다 훨씬 더 교세나 모든 것이 크게 발전되었다. 시청각적으로 전달하게.

일제는 민족종교를 유사종교로 분류하여 전근대적인 미신, 사교로 왜곡.

조선인은 1882년 일제에 의해 일제가 만든 '종교'라는 말을 처음으로 듣게 되고, 일제는 신도, 기독교 불교 외는 모두 사이비 종교로 규정하여 미신이라 비하.

그러면서도 보천교 차경석은 〈특 1급 요시찰 인물〉로 지목되어 주변신도들까지 곤욕과 죽음까지 당면할 것으로 차경석교주를 죽도록 압박한다 [9)]

◀ 차경석은 1917년 4월24일 갑종 요시찰인으로 편입되었다. 이는 차경석이 독립운동을 주도하고 있는 것을 일제가 눈치챘다는 것이다. – 일제 하에서 큰 단체가 살아남으려 화해 제스츄어를 잠시 하는 것으로 한국 언론이 차경석을 친일로 매도하곤하였다. 독립운동은 이름도 개명해야지 잘못하면 친일로 매도당하여 자료를 찾기가 더 어렵다. 제주도 법정사 위봉사 항일운동의 주체도 선도교(보화교 후에 일제압박으로 졸지에 직원이 개명다들 '천'자 – 천도교 천주교 등 – 붙여서 억압 좀 피하려고 사무를 보러 갔던 직원이 졸지에 혼자서 보천교로 서류상에 기입)

44 ◘ 나라를 다스리는 근본 법도를 행촌 이암은, 선비의 기개 진작과 사학史學의 바로 세움을 우선한다.

단군세기 서문: 단군세기, 행촌 이암 편

(1) 나라를 다스리는 근본법도

나라를 위하는 길에는 선비의 기개氣槪보다 앞서는 것이 없고,
사학史學보다 더 급한 것이 없음은 무엇 때문인가?

사학史學이 분명하지 않으면 선비의 기개를 진작시킬 수 없고,
선비의 기개가 진작(振作떨쳐 일어남)되지 못하면
국가의 근본(기강)이 흔들리고
나라를 다스리는 법도가 갈라지기 때문이다.
*선비는 학식이 있고 행동과 예절이 바르며, 의리와 원칙을 지키고
관직과 재물을 탐하지 않는 고결한 인품을 지닌 사람을 이르는 말이다.

(2) 사학의 중요성

대개 역사학의 정법이, 폄하할 것은 폄하하고 기릴 것은 칭찬해서 인물을 저울질하여 평가하고, 시대의 모습을 논하여 진단하는 것이니, 만세의 표준이 아닌 것이 없다.

이 백성의 삶은 참으로 유구하다. 새 세상을 열고 질서와 법도를 세운 내용 또한

분명히 밝혀져 있어서, 나라는 역사와 함께 존재하고 사람은 정치와 함께 거론되니, 나라와 역사와 사람과 정치, 이 네 가지는 모두 우리 자신이 우선시하고 소중히 여겨야 할 바로 그것이다.

(3) 자아인식의 중요성

아아! 정치는 그릇과 같고 사람은 도道와 같으니, 그릇이 도를 떠나서 어찌 존재할 수 있으며, 나라는 형체와 같고 역사는 혼과 같으니, 형체가 그 혼을 잃고서 어찌 보전할 수 있겠는가. 도와 그릇을 함께 닦는 자도 나요, 형체와 혼을 함께 키워 나가는 자도 나이다.

그러므로 천하만사는 무엇보다 먼저 나를 아는 데 있다先在知我 그런 즉 나를 알려고 할 진 데 무엇부터 시작해야 하겠는가?

제국주의 침략과 실업구국[10])을 항상 염두에 둔 박은식[11])은 자신의 저서『한국통사』서문에서도 '나라는 形, 역사는 魂'이라는 개념을 인용하였다. 박은식은 "옛 사람이 말하기를, 나라는 멸망할 수 있어도, 역사는 멸망할 수 없다 하였으니 대개 나라는 형체요 역사는 정신이라"라고 하였다) 여기서 "옛 사람"이란 '단군세기'의 저자 이암을 말하는 것으로 본다.[12])

45 ■ 인재를 추천할 줄 아는 고구려의 안류같은 측근이 절실히 필요하다

(왕의 최측근들이 자신을 추천하는 데도, 농부짓하고 있는 을파소를 추천한)

안류가 왕에게 말하길, "하찮은 신은 용렬하고 어리석어 큰 정치를 다룰 수 없습니다. "을파소는 성격이 강직하고 굳세며, 슬기와 지혜가 연못처럼 깊어 저는 그를 추천합니다" 세상이 알아보지 못하기에 혼자 밭을 갈며 살고 있는데, 대왕께서 나라를 다스리려 하신다면 바로 이 사람이 없이는 아니되옵니다." 이렇게 천거된 고구려 고국천왕 때 을파소는 유능하고 큰 재상이 되었다. 을파소乙巴素『참전계경參佺戒經』은 일찍이 묘향산맥 중의 백운산 중에 들어가 기도하던 중 국조 단군檀君 성신聖神으로부터 하늘의 글, 즉 천서天書를 얻게 되었다 한다. 을파소라 농부가 받은 이 천서를 일러 참전계경)이라 하였으니 참전參佺이라 함은 「사람으로서 온전하게 됨을 꾀한다.」는 뜻인 것이다. 고기古記에 따르면, 조화경造化經, 교화경敎化經, 치화경治化經이라 하는 삼화경三化經이 있는데 단군왕검께서 참전계경 366훈으로 가르쳐 뭇 백성을 치화治化하셨던 것이니 참전계경을 치화경이라 한다. 참전계경이 팔八 강령으로 이루어져 있으므로 팔리훈八理訓이라고도 한다. 팔리훈 강령 차례八理訓 綱領 次例 머리글 성령장聖靈章 第一章 성誠 第二章 신信 第三章 애愛 第四章 제濟 第五章 화禍 弟六章 복福 第七章 보報 第八章 응應 1장 허공虛空은 하늘의 본질, 2장 일신一禋은 우주의 주재자, 3장 천궁天宮은 조화로운 하늘나라, 4장 세계世界는 인간과 만물이 존재하는 땅, 5장 인물人物은 인간이 지극하게 존귀하게 완성되는 이치를 정확하게 일러준다.

고국천왕 때 패자 어비류와 평자 좌가려의 무리가 모두 외척으로서 권세를 휘둘러 불의한 짓거리를 하고 다니자, 백성들이 원망하고 분히 여겼다. 왕이 노하여 그들을 잡아 목을 베려 하자 좌가려 등은 모반을 일으켰다. 왕이 그 일당을 잡아 죽이기도 하고 일부는 내치기도 하였다. 그리고 명령하길, "근자에 벼슬이 총애로써 내려지고 덕이 없는 이가 자리에 오르니, 그 독이 백성에게로 흘러들어가고 우리 왕실은 흔들리게 되었다. 이것은 과인이 밝지 못한 탓이다. 그대들 사부에서는 각자 부족의 어질고 착한 이를 추천하라."고 하였다. 그러자 사부에서 모두 동부의 안류를 추천해서 왕이 국정을 맡기기 위해 그를 불렀다. 안류가 왕에게 말하길, "하찮은 신은 용렬하고 어리석어 큰 정치를 다룰 수 없습니다. 서압록곡 좌물촌의 을파소라는 자가 유리왕 때 대신 을소의 후손인데, 성격이 강직하고 굳세며, 슬기와 지혜가 연못처럼 깊습니다. 세상이 알아보지 못하기에 혼자 밭을 갈며 살고 있는데, 대왕께서 나라를 다스리려 하신다면 바로 이 사람이 없이는 아니되옵니다."라고 하였다. 왕이 사람을 보내 겸손한 말과 정중한 예로 초빙해 중외대부에 임명하고 우태의 작위를 주었다. 왕이 말하길, "내 감히 선왕의 자리를 이어받아 신민들의 위에 있게 되었으나 덕이 야박하고 재능이 짧아 다스림이 모자라오. 선생은 재주를 감추고 지혜를 숨겨 궁벽한 풀밭 늪지에 처한 지 오래이나, 지금 나를 저버리지 않고 마음을 돌이켜 이리 와 주니 이것은 나 혼자의 기쁨과 행복일 뿐 아니라 사직과 백성들의 복이올시다. 가르침을 받고자 하니 그대는 마음을 다해 주오." 파소는 비록 나라에 몸바치려 하였으나, 내려진 벼슬자리가 뜻을 이루기에 부족하다고 생각하여 대답하길, "신은 둔하고 굼떠, 엄한 명령을 감당할 수 없사오니, 대왕께서 현량한 자를 고관으로 삼아 대업을 이루시기를 바라옵니다."라고 하였다. 왕이 그 뜻을 알고 이에 국상으로 임명하여 정사를 맡겼다.

이때 조정의 신하들과 왕실 인척들이 파소가 새로 들어와 옛 신하들을 차별한다고 말하며 그를 흠잡았다. 왕이 하교하길, "진실로 국상에게 따르지 않는 자가 있다면 귀천을 따지지 않고 일족을 멸하리라!"라고 하였다. 파소가 물러나와 다른 사람에게 말하길, "때를 만나지 못하면 숨고, 때를 만나면 벼슬을 하는 것이 선비로서 떳떳한 일이다. 금상께서 나를 두텁게 대우하시는데 어찌 다시 숨는 것을 생각하겠는가?"라고 하였다. 그러고는 지성으로 나라를 받들고 정치를 밝히며 상벌을 신중히 하니, 인민들이 편안하고 나라 안팎이 무사했다. 왕이 안류를 불러 말하길, "만약 그대의 말이 없었다면 내 파소를 능히 얻어 함께 나라를 다스릴 수 없었을 것이다. 지금 이루어진 모든 것은 다 그대의 공이다."라고 하고 이에 대사자에 임명하였다. 산상왕 7년 가을 8월에 을파소가 죽으니 백성들이 대단히 슬퍼하며 곡을 했다.

– 『삼국사기』 권 45 을파소 열전

46 ■ 나라를 다스리는 근본법도 세우고, 사학을 바로 세울 일을 하자.

춘천 중도 레고는 불법 허가 취소하도록! 동북아역사재단이 더 제대로 할 일을 할 수 있게 수장을 잘 임명하여 조직 제대로 하여 굳건한 역사 바로 세우도록 실권을 줄 것. – 식민사관을 벗기고, 중국역사 침략을 철저히 대응할 준비를 하도록 하고, 역사를 바로 세우고 한국 정체성 살리기 위해 기독교 위주 정책은 수정토록!

47 ◘ 토론과 논의로 주야로 닦은 실력으로 최고지도자들을 이끈 학파들 현대도 절실

– 오늘날 여론의 질타는 논외로 하고, 국가가 해야 할 일만 찾아 자문 실천하시는 문정인 교수 같으신 분들이다.

퇴계 성학십도와 율곡의 성학집요 : 어린 선조왕께서 주야로 공부하시는 것을 힘들어 하시니, 성군이 되는 공부를 시청각적으로 10폭 병풍으로 바친 퇴계 이황. 고향으로 낙향하며 젊은 율곡에게 이어줄 것을 부탁하여 성군을 만들게 한 성학집요.

– 율곡은 도덕적 마음공부 연마와 정치가로서의 리더쉽 공부까지 담아낸 한국의 마음 거울 (명심보감)

최근 한국사회에 돌연변이처럼 나타나는 잔인한 아이들을 길러낸 부모와 매스컴과 사회, 그 모두의 인성교육에 도움될 것 같다. "둘째 아이가 초등 6학년이 되자 괜히 제가 마음이 급해집니다. 책과 친하지 않은 아이라서 내년에 중학생이 되는데도 아직 바탕 지식도 부족하고 자기가 좋아하는 책만 읽으려고 하는 책 편식도 심하구요. 다양한 책을 두루 읽으면서 아이의 식견도 넓히고 싶은데 어떻게 하면 아이가 거부감 없이 책을 받아들일까 고민하던 중 그동안 아이가 잘 봤던 책들을 떠올려 봤습니다. 아이가 제일 좋아하는 책은 뭐니뭐니 해도 Why? 시리즈 책인데요. 그동안 여러 Why? 시리즈 책을 접했는데 이제는 아이가 조금 어렵다고 느낄 수 있는 인문고전에 도전해보면 어떨까 하는 생각이 들어서 아이에게 예림당에서 나온 Why? 성학십도 성학집요 : 이황 이이를 보여줬습니다. 아이는 책을 보더니 성학십도와 성학집요가 무슨 뜻인지 묻네요.

48 ★ 경복궁 강녕전은 '편안히 홀로 있는 곳에서 자기 수양을 하라'는 의미가 담겨있다.

사정전思政殿은 '신하와 자주 만나 투명한 정치를 하라',

근정전은 정전인데 치국평천하, '치자는 자신이 꼭 부지런해져야 할 일에만 부지런해지고, 즉 인재를 건져 목표치를 완성하라'는 의미를 담고 있었다.

자신들이 신봉해야 하는 이데올로기나 종교에 따라 유가들은 각각 '대학'에 나오는 '성의誠意 · 정심正心' '격물格物 · 치지致知' '치국治國 · 평천하平天下'의 단계를 순서대로 표현한 것이다. “당시 성리학은 불교를 근간으로 했던 고려 500년 구(舊)체제의 더께를 벗어나 새로운 틀을 새롭게 보이려는 쿠데타 세력의 자기 합리화의 이념이었다. **조선과 한양, 경복궁은 '똘기' 충만한 사대부들이 개인적 각성을, 투명하고 공정한 정치의 영역으로까지 확장하려 했던 욕망과 공분을 바탕으로 한 정치체의 결과물이었다.**

49 ◘ 대통령 · 서울시장 및 지자체장들 역사 및 문화인식에 큰 포부의 기개로 실천도 한국 인성교육 지향 수준이다. 일제가 파괴한 돈의문(서대문)=의義를 복원하라.

돈의문 유감敦義門 有感

서울시 3선시장이면 그 누구라도 돈의문복원을 건의했을 텐데. 무사무탈의 범위 안에서만 정책을 하면, 당대에 이루고 넘어가야 할 큰일은 발판을 못 이룬다. 당 태종은 고구려에 패하고 온 다음에야, 자기에게 고구려 정벌을 막는 간언을 올리지 않았다고 하여 가장 신임하는 신하 위징에 대하여 귀양을 보냈다.

가까운 근세조선에서 사람다움의 덕목은 인의예지신이다. 그것을 내포하는 상징으로 한양 5대문 중 돈의문은, 삶의 지표에 제일 중요한 '義'를 강조한 것이다. 삼국지에 관우는 義로와서 그 누구보다 인정받는다 한다. 관우는 외국인 한국에까지 한국 조상당도 없는 나라에서 조상처럼 큰 사당을 지니고 있다.? 그 당시 청나라 힘에 밀려서.

일제 때 음흉하게 우리 4문, 수도의 균형을 깨트리려고 - 단순한 그 문의 균형만이 아니다. - 의도적으로 파괴했고, 현재는 서울시가 일그러진 이빨 빠진 사대문을 복원하지 않으니 상당히 유감이고 문제가 있다. 일제는 얼마나 박장대소하겠는가! 자기들이 승전하여 들어간 숭례문은 국보 1호로 해 놓고, 자기들이 의나 의로운 투사들이 귀찮아 부순 서대문은 아예 없애는 한국을 보고 그 노예근성 어디가나 할 것이다. 3선에도 안하니 심하게 “일제 대신 대기업의 노예인가?”

돈의문 자리 바로 옆과 안으로 들어가도 될 〈서울도시건축건물〉을 재건축해서라도 돈의문을 복원하는 것은, 義, 大義名分, 한국인의 인성 균형을 복원하는 일이기도 하다. 돈의문이 복원되었을 때 한국은 국가기강이 살아날 것이다. 의를 아는 정도와 질서와 법도를 아는 자기 자리에서 지켜야 할 염치와 의리를 실천하는 모범이 되는 사람들의 살맛이 나는 세상을 현재 시장에게 기대해 보는 것은 무리일까? 도심지라 어려움이 조금 높은 사업이라 해도, 수원성을 지을 때 다산 정약용은 기계까지 발명하면서 해냈다. 지금 한국은, 또 서울시장은 그럴 정도의 나라수준은 아니니 분명히 해내기 바란다.

인의예지신仁義禮智信을 상징으로 세우는 것은 바로 국민들이 자신의 수양목표 또, 관은 국민 인성교육의 핵심목표를 제대로 국민에게 백문이 불여일견이요 하고 보여주는 것이다. 서울 5대문의 하나 동서남북 서대문을 두터운 의리 '돈의문'이라 했다.

그런데 그 큰 의미를 담는 돈의문로를, 겨우 100년 전 새문안과 서양교회 새문안 교회를 축에 두고 한국동양의 철학을 서양기독교 교회를 상징하는 '새문안로'로 식민사관적으로 명명하는 데에 기여했다. 또 조선이 근대 서양제국을 받아들이면서 겪는 예속적인 상태같은 맥락일테지만, 경희궁 정문 흥화문 자리는 영국구세군이 차지했다. 이 내용표지판은 하나 세워 두었다. 정신 인성을 먼저. 모든 사업 전에 염두에 두고 일하는 것은 긴 안목으로 볼 때 정치인 본인의 역사적 평가와 장차는 서울시 국가의 볼거리 수익구조나 도시문화 정체성 평가에 영향을 미치고, 의롭고 양심적인 한국정신을 가진 시민의 마음 균형잡기에 의식 무의식적으로도 연계된다. 물론 유네스코 등재에도 걸림돌이 되고. 힘들어도 하시면 시장님께도 서울시에도 국민들에게도 좋은 결과가 올 것입니다.

돈의문을 없애버렸다! 약간 바뀐 자리지만, 서울도시건축 건물을 돈의문으로 재건축하자. 도시건축은 뒷부분 박물관터에 있는 것만으로도 충분할 것 같고, 그 뒤로 공원도 선후가 전도되었으나 뒤 조경과 시설 등은 잘 조성해 두었으니, 박원순 시장님! 본인에게나 인간관계에서 義를 중시하는 분이니 〈현대판 돈의문〉으로 [도시건축] 건물 재건축 구조조정(리노베이션)을 하시면. 더욱 내실 있는 돈의문 열기가 될 것 같다.

마지막 전차시대도 계속 동서남북 중 '서대문'이었는데 길 이름 바꾸는 시대?에 '새문안로'로 내 마음속 지극한 선에는 조상님들의 은혜로운 사랑과 선이 응축되어 있어 얼씨로 자라고 있다.

서울시장님! 경상적인 일과 특별한 일, 양쪽 일을 다 하시기를 바랍니다.

50 ◈ 일하는 원칙 - 뜻의 가성비도 있다. 뜻의 효율성도 있다. 이게 더 큰 그릇, 큰 자리를 원하는 사람의 일이다

사람에게는 공사公私간에 의義와 신信이 가장 중요하다. 그 다음이 仁, 禮, 知이다. 수오지심羞惡之心(부끄러운 줄 아는 게 사람)|의인義仁禮知信: 義理 義兵 〈관우묘| 동묘〉 〈敦義門〉 동양역사에 관우가 장비나 조조 혹은 유방보다 더 높이 숭앙 및 평가를 받는 근원은 의리를 지킨데 있다. 삼국유사에 관한 기록에 있어, 삼국유사 판본에서 國자냐, 因자냐로 혼동할 수 있는 상황에서 '옛날에 환국이 있었다'. 혹은 '옛날에 환인이 있었다'로 볼 것인가에 대해, 일찍이 경주부윤 이계복을 비롯, 1512년 경주에 유가학자들은 한문 실력을 겸한 전문가들로서 '석유환국'으로 분명히 읽혀진다고 보고 그렇게 판각했다. 이후 남구만선생(운로雲路, 약천藥泉,1629 인조 7~1711 숙종 37)을 비롯 우리 고대 최초국가로 '환국'으로 기록했고, 그렇게 읽고 인쇄해 오다가, 일제강점기에 일제나 일제식민사관에 의해 다시 '환인'으로 판각하고 그렇게 읽으려 했으나, 선비정신과 기개가 나라 역사를 지키고 흥망과 관계가 깊어 환국으로 다시 인용시킨 것이다. 이 환국으로 바로 잡는 선비들의 해석에 따라, 9천년 환국은 우리 역사 속으로 들어왔고 인류최초의 국가가 되는 것이다. 따라서 한국은 당당히 환기 9216(2019)년을 쓸 수 있는 것이다. 중국이 우리 동이족의 문물로 4천년 역사에서 9천년 역사로 소급하여 올라갔다. 어느

종교나 나라보다 약소국이면서 더 긴 역사 꿋꿋이 지키려면 하루아침에 바꾸는 데는, 또 그 지긋지긋한 한국역사의 기생충같은 예속적 아류들이 괴물같은 몸부림을 칠테니, 차츰씩 활용해 나가도록 하자. 역사가 확실히 빼앗기면 그때는 후회하며 수용할 것이다. 대기업에 눌려서 할 일을 못하면, 언젠가 누군가는 할 일은 할 것이고 그때 가서 보신주의를 후회해도 소용이없다.

왼쪽 가운데 맞은 편에 바로 서울시의 〈서울시 도시건축 센터〉가 보인다. 여러 번 그 앞을 다니면서도 설마 찻길과 계단 올라가는 길의 뿌연 유리벽에 잘 보이지도 않는 표지판? 정면인 오른쪽에서 보려해 보니, 차들이 다니는 길이라 위험하여 쳐다보러 가지 못하도록 하는 위치에 만들어 놓은 사람이 누굴까? 마지못해 흔적비는 하나 세우면서도 제대로 세우지 않는 공무원들 머리 속엘 들어가 보고 싶다. 어느 나라 어느 기업? 사람일까?

2016년 박원순 시장 시절에 "역사마을을 조성한다" 하면서 구석으로 들어 있어 일하기 편한 경희궁 중심으로, 돈의문은 왜 제외 왜곡 축소? 지금 일제시대도 아니고 예산이나 기계가 없는 것도 아니고 전 국민이 찬성하는 일인데 반대하는 것은 누굴까? 왜? 주위 기업들과 교통문제 때문에 무사무탈하려고? 역사마을을 조성한다며 가장 중심이 되는 돈의문을 제외하는 근시안적인 편의주의 발상은 어디서 나온 것일까? 서울시는 이미 서울역 앞 옥상꽃밭을 조성하며 가장 복잡한 교통문제를 잘 해결한 노하우가 쌓여 있으니, 이번엔 꼭 하시길 바란다. 진정할 일은 안하고 가상 어쩌구? 국민들이 웃는다.

이런 돈의문 사태를 보고 한국인인 나도 기가 막히는데, 돈의문을 훼손하고 균형을 깨어버리고 간 일제는 회심의 미소를 지으며 뭐라 할까? 임란 때 일본장군이 승전군으로 들어온 2개의 문인 남대문과 동대문은 일제 자기들이 훼손하지 않고,

돈의문은 자기들이 철거했더니, 돈의문은 70여 년이 지난 지금도 그대로 철거되어 있고, 일제 자기 장군이 승전한 문이라 남긴 남대문을 즉 〈숭례문은 대한민국 국보 1호〉로 삼고 있는 현대 한국인과, 바로 잡을 역량을 가지고도 안하거나 못하는 정치인!들과 국민들에게, "조센징 바가야로"라는 무시의 소리를 듣고자 하는가?

박원순시장의 서울시는 〈돈의문박물관〉 서울 도시건축 센터 바로 뒤 한 동네를 짓는 곳에도, 또 돈의문박물관 입구나 〈서울도시건축 사무실〉자리에 돈의문을 복구할 기회가 있었는데, 박시장이 역사에 대한 그런 깊은 통찰력이 없었기에 그렇게 무지하게 지나친 것이다. 지금이라도 통째로 새로 복원하면 서울의 이미지가 더 높아질 것이고, 박시장의 일생일대의 사업으로 남을 것이다. 이젠 실명제이다.

2007년 '보이지 않는 문' 설치(서울시장 오세훈),

2016년 돈의문 공원터 서울 도시건축 센터(서울시장 박원순)

51. 조선조 현인(정조대왕, 이덕무)들이 보던 돈의문

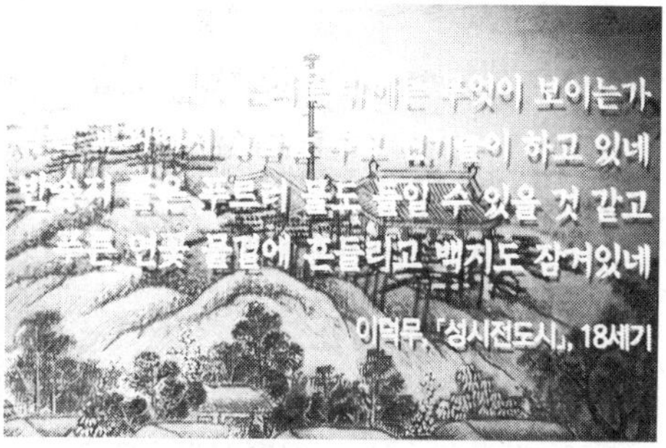

위 그림 속 시에서 정조대왕께서는, 돈의문 밖의 경치를 보며, 신선과 선도 염계 〈무극無極〉까지 연구해 책까지 내려는 듯 하다고 그 운치를 깊게 본 자기심정을 보이고 있다.

52 ◕ 대통령과 서울시장은 일제가 철거한 서대문(돈의문) 복원으로 서울 4대문 완성?한 대통령과 시장으로 기억될까? 아니면 그 큰 예산으로 몇 군데 수리나 땜방이나 하는, 서울시 집안 살림살이는 그런대로 잘한 몇 선 시장으로?

시간은 금방 지난다. 현 정부 및 지도자들에 대한 국민들의 기억은 어떤 것으로 남을까? 문대통령과 서울시장은 서울 사대문인 서대문(돈의문)3/4뿐◕. 즉 의義를 제대로 복원하여, 현대적으로도 義를 강조하는 인성교육 및 서울을 완성한다. 그래야 서울시가 유네스코에도, 관광거리 외모가 일단 완벽해진다.

1. 하나로 세우되
   1) 좀 높이 현재 돈의문 공원입구 서울시 건축사무실 건물을 돈의문으로 재개조
2. 원래 돈의문을 좀 크게 - 그 안으로 차가 다니게.
3. 반쪽식 양쪽에 세울 수도 있다 - 중간에는 고가다리(돈의문 장식들 복원)

53 ◕ 누가 더 많은 스토리 자원을 확보하고 더 나은 작품을 만드느냐에 따라 한 나라의 문화컨텐츠 산업의 성공이 좌우되는 시대에 살고 있다. 이런 깊은 의미(컨텐츠)를 담고 있는 대단한 도시를 서울 말고 세상 그 어떤 곳에서 찾을 수 있을까

★ 서울 경복궁 '근정전勤政殿'을 찾는 사람들은 '근정'이란 이름에 '아, 부지런히 정치를 한다는 뜻이겠구나' 생각한다. 하지만 그 속뜻은 그렇게 단순하지 않다. "경복궁 전각의 이름을 붙였던 정도전은 '서경書經'에서 삼대(三代 · 중국 고대 하 · 은 · 주나라) 군주들의 부지런함을 인용하며 이 이름을 지었다"고 말했다.

'쓸데없이 바쁘게 굴며 자잘한 일에 시시콜콜 간섭하지 말고, 어진 사람을 찾아 임명하는 일처럼 반드시 군주가 해야 할 일에만 부지런해져라'는 심오한 뜻을 담고 있었다는 것이다.

경복궁의 궁궐 배치를 예로 들었다. 안쪽에서부터 침전인 강녕전康寧殿은 '편안히 홀로 있는 곳에서 자기 수양을 하라', 편전인 사정전思政殿은 '신하와 자주 만나 투명한 정치를 하라', 정전인 근정전은 '꼭 부지런해져야 할 일에만 부지런해져라'는 의미를 담고 있었다. 각각 '대학'에 나오는 '성의誠意 · 정심正心' '격물格物 · 치

지致知' '치국治國 · 평천하平天下'의 단계를 순서대로 표현한 것이다. "당시 성리학은 500년 구舊체제의 더께를 벗어나려는 이념이었다. 조선이 경복궁이 있는 한양을 수도로 정한 결정적 요인은 '국토의 중앙이라는 입지와 조운(漕運 · 배로 물건을 실어 나름) 소통이 원활하다는 것'이었다. 인터넷 클릭 몇 번이면 하루 이틀 만에 택배가 되는 시대가 아니었기 때문에 원거리의 세곡稅穀을 수도에 운반하기 위해선 넓은 물길이 필요했고 그것이 한강이었다. 새로운 정치 세력은 상징을 통해 자신들의 이념을 드러내려 하지만, 그것은 시대정신에 부합했을 때만 지속성을 지니게 된다. 개인적 각성을 정치의 영역까지 확장하려 했던 욕망의 결과물"이며 때론 형식과 절차 자체가 이념이 된다며 "조선 건국의 주역들이 새 수도라는 공간에서 펼치려 했던 이념은 성리학이었다"[13)]

"이밖에 재미있는 사실은 홍지문이 그 이름이 숙정문으로 바뀌었을 뿐만 아니라,[14)] 그 문을 열어 놓으면 여성들의 음기淫氣가 강해진다고 하여 평소에는 자주 폐쇄해 놓았습니다. 이는 산속에 있는 그 문을 드나들며 남녀가 숲속에서 풍기문란하게 노는 게 좋지 않다는 생각도 있었을 것 같고, 또 임금님이 계신 곳과 가까운 곳이라 보안상 출입을 봉쇄하기 위한 핑계가 아니었나 생각이 되는군요. 또 하나 재미있는 사실은 조선시대 내내 가뭄이 심해질 때는 반드시 숙정문을 열었다고 합니다. 가뭄이 심해지는 것은 화火 기운이 강해진 것이니, 남쪽의 숭례문을 닫고, 대신 수水 기운이 강한 북쪽의 숙정문을 열어둔 것이지요." 무학대사는 북한산을 기준으로 사대문을 만들고 풍수에 따른, 한양 천도의 여러 예언을 왕(태조 이성계)에게 알렸는데 그 중 숭례문이 전소되면 이 나라의 수도인 한양이 그 운을 다 하고 수명이 다할 것이라고 알립니다. 즉, 이 나라의 국운이 곧 쇠퇴한다고 알렸으며 이 이치는 전 세계적으로도 영향을 미친다고 하였습니다."

2014년 숭례문 화재 이후 이 몇 년간의 사태를 마치 예언한 듯하다.

54 ◕ 우리에겐 문화컨텐츠가 부족하다고 아우성이다. 한류가 세계로 뻗어나가고 있는 반면엔, 영화와 공연계에서는 외국 원작들에 밀려 국내 창작물들이 점차 설 자리를 잃어가고 있다고 우려한다.

그러면서 스토리 산업 규모를 얘기한다. 이미 2010년대를 넘어서면서 전 세계 스토리 산업의 규모는 1조 3,566억 달러로, 자동차 산업의 1조 2,000억 달러를 이미 추월했고, 8,000억 달러인 IT산업의 두 배에 가깝다고 한다. 한 마디로 스토리 산업이 첨단산업의 매출 규모를 뛰어 넘고 있다. 그런데 정작 우리는 우리가 얼마나 많은, 그것도 세계에서 찾아보기 힘들 정도로 훌륭한 스토리 자원을 깔고 앉아 있는지도 모르고, 세계 스토리 사장에서 우리나라 작품이 차지하는 비율이 2.5%에 불과하다고 볼멘소리를 해댄다. 일상생활과 너무 가까이 있으면 오히려 무관심해지기 쉽다. 경복궁이, 광화문이 그리고 사대문이 그렇다. 얼마나 근사한 이야기로 각색하는가 하는 문제가 있지만, 우리는 이미 세계에서 그 유례를 찾기 힘들 정도로 심오한 스토리 컨텐츠를 갖고 있다. 사정전은 깊이 생각하고 세밀하게 살피라는 의미에서 바르게 생각하라는 뜻이며, 침전인 강녕전은 편안할 강에 편안할 녕으로 표기하여, 편히 지내라는 의미 같지만, '안일한 것을 경계하고 공경하며 두려워하는 마음을 가지라'는 의미이다. 사실상 임금에 대한 압박에 다름 아니며, 여기에 한술 더 떠서 강녕전 침실 네 벽에 경전과 역사책에서 글귀를 인용하여 붙이고 교훈을 삼도록 했다. 과연 이렇게 할 수 있었던 신하가 동서고금을 막론하고 누가 있을까?

근정전 앞의 문은 정문이다. 단순히 메인 게이트로서의 정문이 아니라 바른 문이다. 명령과 정교가 모두 이 문을 통해서 나가고, 사특하고 기이한 말은 문을 닫아서 끊으라는 의미이며, 문을 열어서 사방의 어진 인재를 오게 하라는 의미이다. 한마디로 제대로 된 커뮤니케이션을 하라는 의미에서 붙여진 이름이다.

이렇게 경복궁에는 모든 것들의 이름 하나도 허투루 지어진 것이 없다. 동서남북의대문에서 종각까지, 仁義禮智信이 녹아 있어 정도전은 궁궐에 이어 1396년부터 도성 건설에 착수한다. 그는 직접 17㎞의 도성 설계까지 완성했다. 주역 5행 방위에 맞춰 성문 이름을 지었다

55 ■ 잊혀진 세계 최고의 계획도시, 조선 500년의 수도 서울(도 문화컨텐츠 보고이다)

– 돈의문 복원으로 살아날 것이다.

"재개발 이전 청진동, 수송동이 있는 종로통은 어지럽기 그지 않던 난개발 지역이었다. 많은 사람들이 '왕궁에서 가장 가까운 동네가 왜 이럴까?' 또는 '우리 선조들은 원래 이렇게 감각이 없었던 사람들이었을까?' 하는 느낌들을 가졌을 것이다.

나도 오랫동안 그 속에서 일을 해 오며 그렇게 생각했다. 하지만 정도전이라는 인물을 새로이 접한 뒤 내 생각이 얼마나 무지했는지, 또 조선의 수도 한양이 도시 전체 설계에서부터 궁의 작은 문에 이르기까지 얼마나 심혈이 기울여졌는지에 대해 비로소 눈을 떴다. 정도전은 역사에서 제 가치를 인정받지 못하는 인물 중의 한 사람이다. 특히 드라마에서는 왕권을 저해하려는 무리의 수장쯤으로 그려지기도 했는데, 재조명되어야 할 필요가 있다. 한양의 도시계획과 왕궁은 상당한 의미를 담고 있다. 나들이 장소쯤으로 전락해 버린 왕궁이지만, 그 의미를 알고 나서는 경외심이 절로 난다. 백성을 배려하는 마음, 왕과 나라가 잘 되었으면 하는 의미까지 생각한다면 동서고금을 통틀어서 가장 위대한 도시가 바로 한양이 아닐까, 그리고 그 중심에 경복궁이 있다는 생각을 금할 수가 없다. 한양은 국토 중앙에 위치하고 한강과도 연결되어 교통이 편리하고 또 넓다. 북악을 주산으로 좌청룡 낙산과 우백호 인왕상, 안산인 남산이 있으며, 내명당수 청계천과 외명당수 한강이 흘러 풍수상으로도 명당터이다. 거기에 도시계획을 정도전이 총지휘했기 때문에 사대문 구석구석에 그의 숨결과 체취가 스며 있기도 하다. 중심도로인 세종로, 태평로와 종로의 골격도 이때 결정되었는데, 태평로에 해당하는 광화문 남쪽 거리에는 좌우로 6조와 삼군부를 비롯한 중앙관청들이 들어서 있다. 그리고 동대문과 서대문을 연결시키며 중심부를 관통하는 운종가(종로)에는 상인들이 자리잡도록 했다. 이 종로를 중심으로 북쪽은 북촌이라 하며 관청과 상류층 주택가가 형성되었고, 남쪽인 남촌에는 상인이나 하층민의 거주지가 자리잡았다. 이런 대로를 만드는 과정에서 애민사상이 나타난 작품이 바로 피맛골이다. 피맛골은 종로 1가에서 6가까지 큰 길의 가에 말 한 마리가 겨우 다닐 정도의 좁고 긴 뒷길을 말한다. 고관대작들의 행차 같은 번거로움을 피할 수 있도록 한 '서민 전용도로'였다. 불과 얼마 전까지만 해도 피맛골 하면 서울 시내 맛집 거리의 대명사였다.

1395년 10월 7일, 우리는 역사에 이렇게 정확한 년도와 날짜까지도 알 수 있다. 태조는 궁의 완공을 축하하는 연회자리에서 궁의 이름을 지을 것을 명했다. 이에 정도전은 '시경' 주아편에 있는 '이미 술로 취하고 덕으로 배가 불렀으니, 임금이여 만년토록 큰 복을 누리소서 既醉以酒 既飽以德 君子萬年 介爾景福' 하며 한 시를 읊조리며 경복궁으로 지을 것을 청했다. 가장 적절한 구절을 골라낸 정도전의 번뜩이는 천재성이 녹아 있는 궁명이다. 이로써 한양 서울은 인의예지신 다섯 가지의 덕을 상징하는 도시가 된 것이다. 한양은 도시계획에서부터 동네 이름 그리고 각각의 건축물에 이르기까지 유교정치의 이상을 실현하고 국가의 태평성대와 국민의 안녕을 기원하는 마음이 어려 있는 세계 최고의 도시이다. 단언컨대 이런 의미를 담고 있는 대단한 도시를 서울 말고 세상 그 어떤 곳에서 찾을 수 있을까?[15]

56 ⊙ 서울시와 관악구청장께: 사당동 남현동에 〈백제신라 도요지 복원〉 하여 여러 모로 역사문화의 정신을 찾고 관광객을 유치하자.

일본에 여행을 가면 한국(조선)에서 온 도요지를 대개 찾아 본다. 한국 내에 있는 것은? 신라 진덕여왕이 세웠다는 1,000년이 넘은 절인 관악산 관음사 아래 골목에 있는 낮은 산 구릉터, 서울대박물관 비롯, 발굴조사들을 해서 백제 신라 다 언급되었던데….

관과 지역주민 상인들이 살려내는 백제 신라의 문화유적이 나올까?

57 ☀ 각 대통령들의 애민사상이 드러나는 마을이나 이름을 한 번 찾아 봅시다.

★ 2000년대 들어 "비둘기들 전략회의"에 이어, "서울 참새들 전략회의"애서 인간경고 일부 해제〉하여 인간들 〈참새우리 사냥〉으로부터 벗어나기 속도랑 거리를 좀 느슨하게 해도 좋다고 합의를 보았다. 그 이전은 마치 날강도 피하듯 멀리서부터 재빠르게 도망가더니, 이제 덜 빠르게 서서히 움직이는 것이 사람도 좀 정상인으로 보는 모양이라 기분이 좀 나아진다.

이 책을 쓰는 동안 한 도인께서 내게 보내주신 참언같은 글이다.

국사봉에 햇살 들어
불그레 안개 피어나는데
머얼리 바라보니
어허!
바다가
사방팔방 강물을 다 흡수하는데
검고 푸른 독수리
홀로
노래하며 춤추네
바다 파도 구만리
물을 품으니
하늘에서
은하수가 쏟아졌나 보구나[16)]

58 ★ 일상생활에서 義를 최고로 중시하는 남명선생의 당은 '경의당'이다.

덕천서원의 현판 바로 아래에 제일 중요한 경의당 현판이 보인다. 진정한 義 속에는 敬이 바탕으로 되어 있다.

산청군 한국 선비문화 연구원에서 남명 조식 선생님의 일상의 의! 실천교육! 우리가 조상님이나 조상의 인의예지신 정신을 가르치지 않으면서 무엇으로 자식에게 인의예지신을 몸에 익혀 배어서 효를 인간의 근본윤리로 실행하고 가르칠까요?[17)]

59 ★ 우리는 "상주본 훈민정음"을 1,000억원 달래서 못 받아오니 이 시대 간송 전형필은 누굴까?

돈이 없으면 지혜로라도! 재판 결과도 중요하나 보관상태가 큰 걱정이네요.

한국의 국보를 지키신 간송 선생님의 박물관에서 곰 3마리가 서울역사문화 전철역 근방의 박물관에 멋있게 손님맞이하고 있어요.

▲ 간송 전형필 박물관에서 전시장 손님 영접 나온 곰들

60 ◘ 대통령님, 시장님: 평택에 천문학적인 세계 최대 미군기지를 제공하고도, 서울에 미국대사관도 용산중고 앞 중심지?에 또 아주 넓게?

최소한 위치만이라도 녹사평역 3번 출구에서 이태원과 반포를 넘어가는 길쪽 모퉁이 공간으로

– 이젠? 미국 식민지는 아니니? 학생들 비롯 국민 위화감 덜 느끼게

61 ☗ 미국, 계속 못오를 벽인가? 트럼프의 오만방자한 태도에 한국은 바둑돌?

백악관에서 문대통령 발표의 통역 방해는 외교 결례이다. 북미대화 때 김정은에게 트럼프가 한 팔로 어깨를 툭툭 잡거나 치는 것도 자기가 갑이라는 무언의 몸짓 언어이다.

▲ 미군기지내 골프장 – 국립중앙박물관 뒷마당에서 쳐다본 풍경 그림의 떡? 절벽에 맞닿은 꽉 막힌 심정

계속 용산부지를 이전해서라도 한국 용산고등학생, 중학생들께 상처 울화(한국은 미국의 식민지?) 분노의 벽 제공? - 유엔사 맞은편 쪽 사거리 버티고개역 3번과 4번 출구 앞에서 4~5발자국만 가면 바로 기존 미군기지터임. 땅 평수도 세계 최대 미군기지 평수보다는 합리적으로 요구하길 바란다.

62 ◘ 문재인 대통령의 유려한 북한 평양 연설과 남북철도, 개성공단 및 금강산 재개, 저임금과 구조조정 중인 경제 해결. 애완용을 키우는 1000여 만 국민들에게 잘 한 대통령?

몸이 아프도록 열성껏 뛰고 있는 대통령에 반해, 주변의 기대치가 아래였다. 그야말로 하느님 마리아님, "용왕님께서 도우셔서" 착하고 부지런한 대통령님 뜻대로 해외 나라들과 잘 되게 하소서!

63 ◘ 몇 나라 국제관계에서 문대통령 왈 "(한국이 북미에 끼어) 아무것도 할 수 있는 일이 없다" 던 짧은 토로를 뉴스를 통해 잠시 들었다.

역사를 공부한 국민들에겐 가슴 아프게 다가왔으나 아주 소수가 그 말을 알아 들었다. 〈문대통령 북미 중재 역할하기〉가 그나마 위로가…. – "미국의 승인 없이 한국은 아무것도!" - 이제도 그래야 하나? - 역사를 바르게 배울 기회를 교과서나 매스컴을 통해 제공하지 않은 정부 탓이라고 하자. 그래도 하는 사람 하고 울분을 태운다. 국민들이 지금부터라도 스스로들 좀 알아서 할 수 있도록 최대한 용산민족역사공원이나 다른 과정 등을 통해 시청각 역사문화 교육이라도 제공하자.

1. 문재인 정부에 대한 기억과 역사적 평가의 1번은 문대통령의 북한 평양 연설과 남북철도? 개성공단 및 금강산 재개, 저임금.. 북한과의 문제풀기보다 더 힘든 저임금 양자의 문제 경제 구조 조정 해결? 민주적 청렴 모범 대통령? 애완용 강아지와 카톨릭 및 영국성공회에 특별히 잘 한 대통령?
2. 세월호, 청주 목욕탕 화재. 이 정부 이전의 숱한 인재로 인한 국민생명 안전, 미세먼지 등 각 부처들 재난 예방에 비상, 전수조사 절실한 과정을 걸어야 하는 시기에 대통령을 맡았다. 국민들은 한국이 세계의 바둑돌이 안되기 위해선

사고 전환 근본: 화산지진보다 더 무서운 미세먼지도 내 생명과 후손 위해 세밀히 체계적으로 여러 재난을 극복해 나가듯, 한민족에게 분열극복의 재난도 예충효의신을 아는 후손 위한 예비 투자비로, 주변국과 상호 협업하는 각료도 있어야?

3. 문재인정부 청와대 젊은 관료들의 목표는, 법적 사회적 경제적 적폐 청산인 것으로 보인다. 국민들이 피곤해 하고 적폐기간 여당해 온 야당은 불안해서 문제제기 지속적으로 하지만 선도해야 한다.
4. 문재인대통령의 세계적 친화력이 최고 등급의 미소와 북미 조정 과제로 위대한 한국이 드러난다! 미국 측에서 우리 정부에 "북한 다른 방향으로 돌리지 않게 도와 주세요" 했다. - 3월 15일 오전뉴스
5. 나라문화도 그 나라만의 미소와 개성이 있어야 매력적이다. 외래종교 힘에 눌리는 가시적 정책 우려된다. 촛불정부 건립 공로에 대한 대가성? 돈, 제국 종교의 세뇌로부터의 해방을 극복하는 해방된 사고와 행동 절실.
6. 국가의 힘은 뭐냐? 도덕적인 대통령, 믿을만한 보좌관과 열심히 사업하면 믿을 곳은?= 한국 국민이다.
7. 한국과 세계 역사를 이끌어갈 수 있는 힘 구축의 근원은 청렴과 근면과 전수조사하는 걸음걸이로부터.
8. 나라의 성장통을 이해시키고, 위정자 공무원은 적폐 관례의 허물을 빨리 벗길! - 안벗으면 그 누구도 안전치 않다. - 인권, 성추행, 갑질 등에 대한 국민의 척도가 달라졌다.(문화계 문인 학자 교수 공무원 기업인 교사 그 모두….)
9. 국민들에게 부탁사항은? 기업제조업 치밀함의 차이 구분! 公私 낙관적 미래를 위해, 개인부터 내가 만든 상품이 진실해야 신, 상대에 예 바르게 의義 로 얼을 찾는 재출발이 현재 미래 후손의 한국 한국인 발전 성공의 비결
10. 촛불 정부의 적폐청산시대에 피로해도 기다려 줘야 하는 국민들이 이해할 수 있게 주변 가족과 측근 민주당부터 전수 다시 교육 교도 기준 마련

64 ★ 한국과 세계를 이끌 자랑스러운 젊은 총수들 민족의 혼! 우리 힘도 함께 해 주세요.

미래의 한국과 세계인을 향한 또 하나의 붉은악마 치우의 깃발들 사업에 매진해

주길 당부한다! 한국 6대기업이 백두산 기운을 들이키는 것은 아마도 처음일 것인데, 환웅시대로부터 연연히 이어온 민족정기와 기강도 느낄 것이다. 일이 있어 빠진 한 분까지 7분께 기대가 크다. 이제 식민지 구세대 미성숙한 자본주의의 갑질 등은 사양하시고, 한국민이 존경하는 선대 어르신 창업주님들을 이어, 한국과 인류의 미래지향적 사업 대사에 전념해 주시길! 간절히 당부드립니다. 고맙습니다. 국민들은 그대들과 그대들의 상품이 세계 최고라고 믿고 응원합니다.

일반 국민들은 대개 1953년 7월 27일 종전終戰(미국과 유엔, 북한과 중국과의 협상으로 종전협상 - 많은 군인 및 양민이 죽은 남한 대신 미국이 차지)과 남북 휴전협상 등에서 남한이 완전 배제(패싱)된 것도 모르기에, 지금 정부 실무자들의 애로사항을 더욱 모른다. - 역사 홍보 시간부터 늘려라. (용산민족역사공원 시청각 자료관 등 활용토록)

65 ★ 조용히 일과 말과 주변! 알아서 하셔서 국민들에게 인기가 좋은 총리님, 시장님 – 미리미리 점검하세요.

빈도가 높은 아동실종 문제도 잘 알아봐 주세요. 지자체 공무원들이 운동화를 신고 걸어서 구석구석 자기구역을 매일 잘 살펴 스스로 효율적인 생각 실천케 하세요.

66 ◑ 총리님, 국회의장님!

지금 한창 뉴스가 나오네요. 국민 본인이 메르스가 의심되어 설사 및 이상증세를 공항에 신고했어도 방역망 그냥 거르지 못했다고요. 하여

① 국민 본인이 스스로 조금이라도 전염병이 온 것이 의심되면, 바로 혼자

(☎1339)에 전화하고 택시를 이용하도록 법적으로 합시다.

② 병원차를 대기시키면 금상첨화이고요.

③ 병원에 가서 전염병으로 인정되면 바로 영수증의 교통비는 2배로 국가가 지불한다고요. 그 법을 머리빠르게 통과시켜서 예방정책을 펼쳐, 미리 호미로 막아, 많은 생명도 혈세도 시공간도 국력도 국민에너지 관광수입도 그냥 흘러버리지 않게 합시다.

④ 예방법을 발명한 저 같은 국민에게도 수고료를 꼭 많이 주세요! 그래야 다음에도 또. 해외교부 외국지사들도 외국방문 국민들에게 원 시스템으로 메시지가 오던데? 주 일본한국영사관에선 이번엔 왜 왜? - 핸드폰으로 요즘 안전처 폭염, 홍수 안전연락 자동으로 오듯이 자동시스템 퍼뜩퍼뜩! 날라 구축하셔요.

67 ◘ 정부 각 부처 요원님들 의원님들 '쿠팡'에 직접 들어가셔서 물건 한 번 사 보세요. – 그러면 골목 상권이 왜 다 무너지나 대처를 빨리 하게 될 것

한국은 지금 성장통 기간인 여러 자료들도 국민홍보 요망

일자리 경제지수가 팍 줄어드는 근본 구조적 사회변화에 이유가 있다. 장바구니를 들고 서민삶을 살아보면 금방 알 수 있다. 거기에 맞춰서 정책을 입안하고 국민들도 좀 여유를 가지고 기다려 보자. 한 예로 〈다이소〉라는 이름과 같이 서민들이 필요로 하는 오만 가지 물건을 다 파는 가게가 요 2~3년 전에 생겼는데 물건이 모두 몇 백 원부터 5,000원 미만인데 나도 애용한다. (처음에 일본회사라 해서 주춤하고 국민들이 이 가게로 다 가면 골목가게는 어쩌나 하면서도 싸고 다 있으니 자주 간다. 다이소가 일본 것이 아니라고 적극적으로 홍보해서 일본 것이 아닌가 했는데, 올해 무술년 일본 후쿠오카에 갔더니 〈다이소 본부〉가 있어 애매할 뿐 아니라, 실용적으로 소비자의 입장에서 생활 필수 맞춤식 저가의 제품들도 일제가 많다. 자주 애용하면서도 그 구조를 가만히 들여다 보게 되는데, 그 가게 하나 때문에 동네 골목가게가 많이 문 닫았다. 전국적으로 큰 숫자가 될 것이다. 철물점, 문방구, 플라스틱 그릇을 파는 가게, 목욕도구, 조경기구 등등 생활일체 도구…. 오만 가지에 이제 아이스크림도 다이소이다. 소비자는 참 편하고 좋다. 한 곳에서 다 저렴하고 다양하게 다 살 수 있어서 서민들에게는 짱이다. 대부분 한국 중산층이나 비상위 계층이나 중고라도 큰 물건들은(전자제품 및 가구 등등) 몇 년 전에 다 사들였다. 한국도 일본처럼 아주 소형의 물건을 맞춤 제작하듯 만드는 디자인과 제조법을 지원 진흥 등등 해야 한다. 배울 것은 배워야 한다.

쿠팡은 물론이고, 부엌에 청소 설거지나 주변을 씻는 솔도 우리는 하나로 하는데 〈다이소〉에 가면 솔도 여기저기 맞춤형으로 좁은 곳 넓은 곳 등등으로 분류하여 살림해 본 主婦나 主夫(남자든 여자든)가 만든 것이 틀림없는 맞춤제품이 20여 종 이상에 가깝다. 적합하게 잘 쓴다. 병도 여러 크기니 그 크기에 맞게 다 만들어 놓은 곳이 다이소이다. 일본 여행을 가서 산 것은 여행비를 선뜻 준 후원자에게 선물을 해야 하니, 아주 작은 손바닥 안에 들어오는 동전지갑(2,000원 꼴)과 아주 가벼운 우산 겸 양산과 플라스틱으로 만든 부엌칼과 야채깎기이다. (7,000원 정도) 비가 올 듯 말듯 할 때 가볍게 가방에 넣어 가지고 다닐 수 있는 무게와 가격을 며칠 전 뉴스에서 보니 일본에서 낫또 하나를 24가지로 맞춤생산한다고 홍보했다. 그들은 일찌기 만화도 그렇게 나이 성별 직업 등에 맞게 맞춤 제작하더니 모든 부분에서….

서민에겐 싸서 좋은데 가게 이며 일자리는 어떻게 늘리나? 나라의 혈세로 월급받는 분들은 분발하시라! 국민들은, 사회의 여러 구조가 바뀌는 중이니, 새 정부를 좀 기다려 주는, 힘들지만 넉넉한 마음… 덕과 인이 절실한 때이다. 인의예지신! 정말 청와대 신문고나 뭐를 활용해서 전달해도 안될 땐?[18]

68 ◘ 무종교인의 삶의 축? 한국인들은 대부분은 절도가 있다. 고향, 성씨를 묻고, 학교를 물으면 금방 누구 집 몇 대 손 누구라고 나온다. 인의예지신 기본바탕이 튼튼한 이유가 되기도 한다.

예절禮節 : 1. 예의禮儀) 범절凡節이다.

– 예의禮儀 : 준수하기로 합의한 규약(規約 : norm, etiquette)

– 범절凡節 : 상대방을 배려하는 바른 행동(行動 : manner).

인법지人法地 지법천地法天 천법도天法道 도법자연道法自然【노자 25】

사람은 땅을, 땅은 하늘을, 하늘은 도를, 도는 자연을 법도로 삼는다.

본심본태양本心本太陽, 인중천지일人中天地一【천부경天符經】

사람의 본 마음은 태양과 바탕이 같고, 사람에는 천지가 하나이다.

마음을 (태양처럼) 밝힌 사람은 천지인天地人 소우주小宇宙이다.
예필본어천禮必本於天【예기禮記 예운禮運 길례吉禮】
예는 반드시 하늘을 근본根本으로 한다.
천경지위天經地緯【춘추좌씨전左傳 · 昭公二十五年】
하늘의 날줄과 씨줄. 변할 수 없는 도리道理.
예禮 상하지기上下之紀 : 예禮는 상하 지켜야 할 벼리로
천지지경위야天地之經緯也 : 만세불변萬世不變의 진리이다.
예禮 천지경야天之經也 : 예禮는 하늘의 도道이고,
지지의야地之義也 : 땅의 덕德이며,
민지행야民之行也 : 사람이 행하여야 할 일(當爲)이다.
건乾 · 곤坤【주역 계사繫辭 上5 - 2】
성상지위건成象之謂乾 : 象을 이루는 것을 건乾,
효법지위곤效法之謂坤 : (乾의 법을) 본받는 것을 곤坤...이라 한다.
♣ 건乾 : 해日가 솟아오르고, 초목의 싹乙이 올라오는 모양이다.
① 하늘 건 : 건곤乾坤
② 마를 간 : 간乾짜장. 간배乾杯. 간어물乾魚物. 간천乾川
법천합덕法天合德 상지무친象地無親【관자 판법해版法解】
하늘을 법으로 삼아 덕과 합하고, 땅을 거울 삼아 치우치지 않는다.
예자禮者 : 예절禮節이란
治辨之極也 : 나라를 잘 다스리게 하는 용마루이다.
強固之本也 : 강하고 굳세도록 하는 뿌리이고,
威行之道也 : 위세를 펴는 길이며,
功名之總也 : 공적과 명성을 쌓는 요체이다.
人有禮則安 無禮則危 故日 禮者不可不學也.【예기禮記 곡례曲禮上】
사람이 禮를 지키면 안전하고 禮를 어기면 위태롭다.
이 때문에 禮는 배우지 않아서는 안 되는 것이다.
예지본禮之本 예지문禮之文【예기禮記 예기禮器】
충신예지본야忠信 禮之本也 충신은 예의 근본이고
의리 예지문야義理 禮之文也 의리는 예의 문식文飾이다.

무본불립無本不立 근본이 없으면 성립할 수 없고

무문불행無文不行 문식이 없으면 행해지지 않는다.

예지어인야禮之於人也 유주지유얼야猶酒之有蘖也【예기禮記 예운禮運】

대인관계에 있어 예절은 술에 반드시 있어야 하는 누룩과 같다.

예의야자禮義也者 인지대단야人之大端也 소이강신수목所以講信修睦

예의는 대인관계의 실마리이다.

인간은 예를 통하여 신뢰와 친목을 돈독히 한다.

예절禮節은 문명의 꽃이다.

(Good manners are the fine flowers of civilization.)

예문의로禮門義路【맹자孟子 만장萬章下 7 - 5】

부夫 의義 로야義 路也 : 대체로/무릇 의란 사람이 가야할 길이요

예 문야禮 門也 : 예란 사람이 드나들어야 할 문이다.

유군자惟君子 능유시로能由是路 : 오직 군자만이 이 길을 따라 갈 수 있고

출입시문야出入是門也 : 이 문을 통하여 드나들 수 있느니라.

도덕인의道德仁義 비례불성非禮不成【예기禮記 곡례曲禮上】

도덕과 인의는 禮가 아니면 이루어지지 않는다.

부 례자 자비이존인夫 禮者 自卑而尊人【예기禮記 곡례曲禮上】

禮의 본질은 자신을 낮추고 남을 존중하는 것이다.

예다필사禮多必詐【부생육기浮生六記】

나는 고개가 저절로 숙여졌다. 조성학 선생님께서 글 인용을 허가 받는 물음에 보내주신 답을 보고 “알 지知 = 화살 시矢 + 입 구口”

“앎은 단순한 개인 자산이 아니라, 다수가 공유해야 하는 공동자산이다.”

따라서 “화살처럼 빠르게 · 널리 전파하라”는 교훈이 담길 글䂸이다.

본비아물本非我物【려혜경呂惠卿 장자의莊子義】

69 ◘ 한국 국민성과 저력 만년 철학역사 민족 천성 한국인 DNA에서 나온다.

☀ 삼세 번 김노문 대통령과 북한 3김(김대중, 노무현, 문재인, 김일성, 김정일, 김정은)

거기에 정주영회장만이 할 수 있는 특유의 풍류적 소몰이 정치도 한 역할을 하였다. 그들 덕에 혹시나 북한에서 김정은도? 한민족사에 바람직한 새로운 지평을 열 수도 있겠다고 여겼다. 북한은 박근혜대통령 당시 청와대 상공에 무인타격기 드론을 30여 회 이상을 보냈다고 하는 뉴스를 접했었다. 그때 북측이 다른 마음이 있었다면 청와대와 서울 경기도는 아니 우리 남한은 어떻게 되었을까? 지금은 핵전쟁보다 어쩌면 더 한나라의 운명에 더 파괴적일 수 있는 '역사전쟁기'에 - 중한 역사전쟁이 북미 핵무기 폐기 전 때문에 잠시 휴전중이다. 남북(실은 미 · 영 · 러 · 중과 북한) 종전선언도 기다리고 있지만. 어쨌던 핵과 무기 실력을 머릿속에 가진 북한이 더 독립적이고 강하다.

하나 유연하고 부드럽고 안정된 인격에 의한 친화력과 형님같은 문재인대통령의 큰 리더십, 젊고 진보적이고 시대에 맞는 김정은과 그 주변의 리더십[19]에 의지해 통일에의 꿈과 일상의 평정을 되찾아가야 한다.

70 ☗ 삼 세 번 대통령만(이명박 박근혜 문재인)에 용산역사민족공원에 이름에 걸맞는 환인환웅 단군전의 설립으로 우선 한국 고대역사 현창, 우선은 한국역사 국민교육이 역사전쟁에서 시대적으로 시급하다. 한국 국민성과 저력 만년 철학역사 민족 천성 한국인 DNA

"어릴 때 부모님과 살던 곳, 부모님 산소 내 고향 · 우리 조국" ⇨ 1998 정주영회장 방북 - (김영삼 건너뛰고 IMF) - 2006년 김대중 대통령 방북 - 2007 노무현 대통령 방북 - (이명박 감옥 2002년 박근혜 대표 시절 방북 2017 박 탄핵 감옥) - 2018년 문재인 대통령 방북. 북미회담 성공 후 북측 답방?

71 ◘ 예가 지나치면 필시 눈속임이 있게 마련이다.
(Full of courtesy, full of craft.)

예번즉란禮煩則亂【서경書經 열명說命. 예기禮記 제의祭儀】

예번즉란禮煩則亂 : 예의가 번잡하면 도리어 문란해진다.

예번즉부장禮煩則不莊 업번즉무공業煩則無功【여씨춘추呂氏春秋】

예번즉부장禮煩則不莊 : 예의가 너무 번거로우면 도리어 경박해진다.

업번즉무공業煩則無功 : 업무가 너무 번거로우면 잘 풀리지 않는다.

령가즉불청令苛則不聽 : 법령이 가혹하면 도리어 지켜지지 않는다.

금다즉불행禁多則不行 : 금禁하는 것이 많으면 도리어 행해지지 않는다.

예상왕래禮尙往來【禮記 曲禮】 예절은 호상 왕래와 교제를 귀하게 여긴다.

…

본래 내 것은 아무 것도 없다.I have nothing to call my own.

아본무아我本無我 : 본래 나는 없다. 아본비아我本非我 : 나도 내가 아니다.

무아이무물비아無我而無物非我 : 나가 없으니 어느 물物도 내 것이 아니다.

물론입니다. 첨부 "예禮와 법法"도 참고하세요. 여불비餘不備 제례除禮"[20]

72 ☢ 정관정요의 당태종은 동방 한민족을 '동이'라고 부르는 것이, 국제적으로 예禮가 아닌 잘못된 호칭인줄 알고, '異域'으로 (주서周書에서) 당 태종은 조금은 객관적으로 호칭을 매겼다. – 이역, 南蠻 오랑캐 미개, 北狄 오랑캐, 西戎 오랑캐

주서周書 이역전異域傳으로. 동이전(남만, 북적, 서융 등의 부정적 호칭이 아니고)이 아니고, 당 태종에 와서야 비로소 '이역전'이다. 이역'異域'은 다른 지역이라는 무가치적 객관적인 어휘이다.

주서周書는 당나라의 영호덕분 등이 당나라 당 태종의 칙명에 의해서 저술한 기전체의 단대사로, 이십사사 중 하나이다. 서위와 북주의 역사를 기록한 정사이다. 북주서나 후주서라고도 부른다. 50권, 636년 정관 10년에 완성했다.

『주서周書』권49 이역전異域傳 백제, 영과덕분

有仇台者 始國於帶方

구태仇台란 자가 처음으로 대방帶方에 나라를 세웠다. ①[21]

비서승인 영호덕분은 고조 이연의 무덕 연간에 편찬되지 않았던 북제, 북주, 양나라, 진, 수나라의 정사를 편찬한다고 선언했다. 고조는 제신에게 명하여 작업하게 하였지만 결국 완성하지는 못했다. 628년, 정관 2년에 방현령을 총감으로 임명하여 편찬을 시작하여 완성한 다섯 왕조사 중에 하나가 『주서周書』이다. 사론 부분은 잠문본이 담당했다. 주서는 수나라의 우홍이 쓴 『국사』(미완성) 18권을 저본으로 하여 찬술되었다. 본기는 서위의 재상인 우분태로 시작되고 북주 5제의 본기가 계속된다.[22]

73 ■ 남북이 같이 수거령 등 없애 버린 고서 찾기 운동을 늦었지만 펼치자.

고려 공민왕 때 수문하시중(국무총리격)을 지낸 이암 (6왕을 모셨다).

원동중(고려) 삼성기, 북부여기를 쓴 범장(고려)은 친구사이라 전한다.

태백일사를 쓴 이맥은 조선시대 중종실록 찬수관을 역임한 재원才媛 중 재원이다.

생명을 걸고 압록강을 넘나들며 독립군이었던 계연수(1864~1920), 스승 계연수의 비참한 죽음을 목도한 그의 제자이며 환단고기 보존자 이유립[23]까지

원동중을, 고려 충신 두문동杜門洞 72현의 한 사람인 원천석으로 보는 시각이 있다. 원씨 집안에 아무리 찾아봐도 없어, 태종의 왕자 시절 그의 스승을 하기도 한 원천석의 흔적이 가까워, 그의 묘를 찾아보는 중에, 들리는 얘기가 죽기 전에 역사책 6권 - 만년에 야사 6권을 저술하고 "이 책을 가묘에 감추어 두고 잘 지키도록 하라."고 자손들에게 유언하였다. 증손대에 이르러 이 6권의 책이 국사와 저촉되는 점이 많아, 화가 두려워… 라고 한 것으로 보아 역사책일 가능성이 높다.

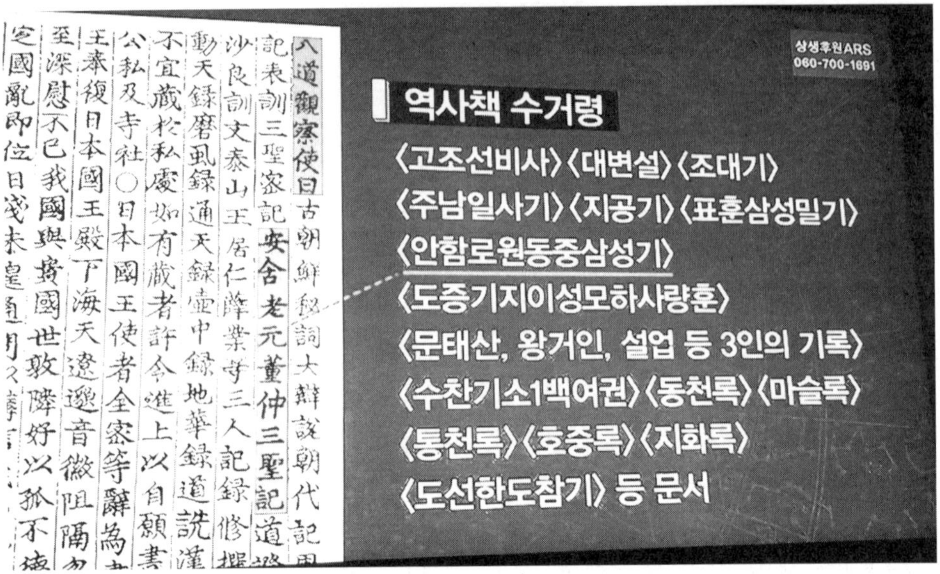

원천석元天錫 1330(충숙왕 17)~? 자정子正, 운곡耘谷, 고려 말 조선 초의 은사隱士. 본관은 원주原州. 자는 자정子正, 호는 운곡耘谷. 두문동杜門洞 72현의 한 사람이다. 할아버지는 정용별장精勇別將 원열元悅이며, 아버지는 종부시령宗簿寺令 원윤적元允迪이다. 원주 원씨의 중시조이다.

어릴 때부터 재명才名이 있었으며, 문장이 여유 있고 학문이 해박해 진사가 되었다. 그러나 고려 말에 정치가 문란함을 보고 개탄하면서, 치악산에 들어가 농사를 지으며 부모를 봉양하고 살았다.

일찍이 이방원李芳遠: 太宗을 왕자 시절에 가르친 적이 있어, 이방원이 왕으로 즉위하여 기용하려고 자주 불렀으나 응하지 않았다. 태종이 원천석의 집을 찾아갔으나 미리 소문을 듣고는 산 속으로 피해버렸다. 왕은 계석溪石에 올라 집을 지키는 할머니를 불러 선물을 후히 준 후 돌아가, 아들 원형元泂을 기천基川: 지금의 豊基 현감으로 임명하였다.

후세 사람들이 그 바위를 태종대太宗臺라 했고 지금도 치악산 각림사覺林寺 곁에 있다. 원천석이 남긴 몇 편의 시문과 시조를 통해, 치악산에 은거하면서 끝내 출사하지 않은 것이 고려에 대한 충의심 때문이었음을 엿볼 수 있다.

시조로는, 망한 고려 왕조를 회고한 것으로 "흥망이 유수하니, 만월대도 추초로

다. 오백 년 왕업이 목적에 부쳤으니, 석양에 지나는 객客이 눈물겨워 하노라."라는 회고시 1수가 전해 온다. 시문들은 뒤에『운곡시사耘谷詩史』라는 문집으로 모아져 전해 온다. 문집에 실린 시 중에는 고려의 쇠망을 애석하게 여기는 몇 편의 시문이 있다.

대표적인 시의 제목으로는, 우리나라 2현賢을 기리는 시문 중에 최영崔瑩을 기린 「전총재육도 도통사 최영前摠宰六道都統使崔瑩」과 우왕 · 창왕을 중 신돈辛旽의 자손이라 해 폐위시켜 서인을 만든 사실에 대해 읊은 「왕부자 이위 신돈자손 폐위 서인王父子以爲辛旽子孫廢位庶人」이 있다. 여기에서 원천석은 만일 왕씨의 혈통으로 참과 거짓이 문제가 된다면 왜 일찍부터 분간하지 않았느냐고 힐문하면서 저 하늘의 감계鑑戒가 밝게 비추리라고 말하였다.

또 만년에 야사 6권을 저술하고 "이 책을 가묘에 감추어 두고 잘 지키도록 하라."고 자손들에게 유언하였다. 그러나 증손대에 이르러 국사와 저촉되는 점이 많아 화가 두려워 불살라 버렸다고 한다. 강원도 횡성의 칠봉서원七峯書院에 제향되었다.[24)]

74 ■ 여성 · 교육부 및 지자체 저출산 문제에 대해서 - 산모 지원 및 출퇴근 시 아이들 맡아줄 보모 지원 폭 넓히도록!

다인종 나문화 이민국가로 물량적이고 의도적 전환보다는 사회안정 취업문 혼인문화, 다산문화 교육적 경제적 법적 삶 지원이 지속적으로 장기간 필요하다.

한류적 대가족제도 행복 자연스런 다산 분위기를 조성해서 행복하게 사는 뒷받침 정책이 필요

– 사고, 공동주택, 여러 양육 돌봄 배려 교육적 지원, 양성평등적 경제적 법적 지원 바탕 다산 포용국가 위한 다산 지원 제도 정비 시급

급식과, 예능 돌봄수업 등은 지원이 많이 늘어나 편리하다고 피부로 느낀다 한다.

예산을 여기저기 쓰기보다, 주거지원과 (장애 치매 독거노인 재택 돌봄하듯이,) 등하교 과제물 준비물 육아 교육 가사도우미가 절실하다. 50년 후를 바라보고 투자 해야 한다. 교육 육아 지원 - 예) 등하교 차 2인 이상 자녀, 영어유치원, 영어태권도

* 출산 후 산후조리원비, 몸매관리비, 출산휴가비 지원 - 가사돌보미 지원(국가

조리원 시설이나 그것도 보험으로 되게 확보)

* 미취학: 출퇴근시 아이를 어린이집에 보내고 찾아다 주고 저녁식사 및 귀가 때까지 시간 및 놀이 교재 관리

* 취학 학생 평일: 등교를 돕고, 저녁에는 어머니의 귀가 때까지 아이들 저녁식사, 과제물 교육적 보조 돌보미.

그 외 시간 부모가 원할 때는, 〈지역 합동 돌봄센터나 광역 놀이터 시설 이용권〉 필요. 장난감, 의료비 지원.

75% 지난해 우리나라의 합계출산율은 0.97로 1.0명 이하로 떨어졌다. 이것은 세계 최초이며, 경제협력개발기구(OECD) 회원국 중에서도 최하위의 출산율이다. 인류 역사상 대규모의 기근 · 전염병 · 전쟁의 시기를 제외하곤 있을 수 없는 일이다. 20여 년 전부터 저출산 문제의 해결이 국가적 과제로 떠오른 이후, 역대 정부는 이 문제 해결을 위해 지난 10여 년 동안 135조 원이 넘는 막대한 예산을 쏟아부었지만, 결국은 밑 빠진 독에 물 붓기에 불과한 것으로 나타났다. 우리나라를 안전하고 풍요롭고 행복한 사회로 개조하지 않는 이상, 당분간 OECD 회원국 중 출산율 최하위에서 벗어나기는 힘들 것이다. 우리나라처럼 심각한 저출산 · 고령화 문제를 안고 있는 일본은 아베 신조安倍晋三 총리 취임 이후, 2050년까지 인구를 최소한 1억 명으로 유지하기 위해 내각에 '일억 총활약 담당상'까지 두어 이 문제에 적극 대처하고 있으며, 한때 세계 출산율 최하위였던 프랑스가 어떻게 해서 유럽연합(EU) 국가 중 합계출산율 최고인 2.0명 이상을 유지하고 있는지를 타산지석으로 삼아야 한다.

76 ◕ 여성부와 교육부에 바란다.

여성부는 "원하지 않는 아이라도 임신되면 몇 개월 외국여행을 온다고 치고 오세요"하는 태아산모 위기관리 자동 지원시스템인 원스톱 센터를 만드세요. 어떤 여성도 자기 아이를 죽이고 나면 깊은 상처로 외상후 스트레스병에 걸리지요. 국가가 공기 좋은 곳에 〈임신후 출산양육까지 원스톱 센터〉를 만들어 생명과 어머니 - 즉 국민을 지켜주세요. 태교 응앙 응얼거림 걸음마 시작 - 모두 귀한 '어린 신과 함께'지요.

77 ◘ 교육부는 홍익인간 철학을 가지고 태교 단동십훈….

기본 인성교육 바탕부터!

나라 발전의 원동력은 국민 숫자이고, 한 사람이라도 진정 나라를 생각하는 국민의 정신이고 국민정신을 바로 세우는 데는 그 정신의 구심점이 있어야 한다. 환국기원 즉 환기 9216(2019)년을 아시나요? 왜 역사가 몇 백 년밖에 안된 나라(미국)가 줄여서 쓰라 한다고 지원금을 좀 받겠다고 줄여 써야 하나요? 그 자체만으로도 우리의 귀한 자산이고 지혜의 보고가 축적된 문화유산입니다.

우리 겨레는 만여 년간 역사를 꾸려 오면서, 그 정신사적 구심점을 바로 "평화로운 세계를 선한 하늘의 이치인 순리대로 되게 하는 (이화세계로 하는 게) 성숙하고 순수한 홍익인간 참하늘 禋신과 같은 인류, 자기, 세상 구축"의 뜻으로 자리매김해 왔다. 하여 우리 스스로를 天孫으로, 수도는 부도符都라 하고, 최고의 통치자는 천왕, 천가한으로 호칭했다. 지역이름도, 하늘에서 내린 왕이라는 뜻과 같은 맥락에서 '천왕'처럼 '천왕'이다. 가까이 지명도 서울 지하철 7호선 "천왕天旺역", 旺: 성할 성, '하늘 기운이 왕성하다'는 뜻이다. 대전 천안天安, 강원도 인제는 '하늘이 내린' 곳으로 홍보하고 있다. 그래서 하늘의 벌을 제일 공평하게 생각하고 누구도 피할 수 없는 벌로 제일 무서워 한다. 이 지상이라는 곳은 하늘이 없는 곳이 없기 때문이다. 또한 영원히 살 것같이 사는 착각의 삶에서, 영원히 죽지 않는 생명이 없다는 하늘의 순리를 수시로 인식하라는 것이다. 천손의 임무!이자 사명이고 권리가 바로 우리 위대한 환 · 한국민족의 구심점이니 그것을 공통분모로 해서 나아가야 위대한 동방 칠성의 비호를 받는 천손 홍익 재세이화하는 한민족의 미래가 있다. 지구에는 생존한 75억 지구인류가 있고, 그간에 칠성을 중심으로 한 우주영혼은 1천억이나 있다고 한다. 천손의 비호를 받았기에 가능한 것들이 긴 역사 · 세뉴다문경 · 가림토 훈민정음 한글 · 넓고 따뜻한 품성 · 한복 한옥 - 온돌 김치 등 한류문화상품들 · 외래사상 종교 등의 평화적 수용 등 한류문화이다. 따뜻한 품성은 때때로 사대나 식민과 자기정신 파괴를 불러왔지만, 몇 백 년밖에 안된 나라들과는 다른 하늘의 비호와 사상의 원천의 힘은 의병으로 끈질기게 살아 왔기에, 한민족에겐 우주적인 큰 다른 역할의 임무가 있다. 특히 세계 지구인의 오랜 역사문화 신앙의 토대를 가진 위대한 민족으로서 지키고 드러내는 것은 참한 하늘의 순리를 증거하는 것이다. 순리 천도를 금수강산에서 지킨 민족이 순리대로 살아가는 과정을 자랑스럽게 구현하는 것이, 세계인이 우주순리에 자족하도록 배우도록 하는 지름길이라 세계적인 천손의 임무이며 권리인 것이다.

그런데 현대 한국인에겐 '위대한 민족'[25]의 국민정신을 바로 세우는 정신적 신앙적 구심점을 잃어버린 것이 가장 큰 문제이다. 언제부터인가 - 사대, 식민, 전쟁, 독재를 겪으며 자학과 피해망상 등으로 실향민도 아닌데 '공동체 가치상실 컴플랙스' - 고구려말 고려말 근세조선말 독재말 서양화 말기 등을 겪으며, 한국인 스스로는 한국인 자신이 가치있는 위대한 민족의 일원이라는 자부심을 잃거나 숨긴 채 살아야 하는 것을, 겨우 외부의 재난과 禍를 면하며 지내는 지혜로운 생존방식으로 여기며 지내 왔다. 한국이 다양한 종교는 인정하더라도, 민족 공통분모에 대한 합의가 역사 및 그 역사문화 정신 인식인데, 식민과 생존적 사대로 인해 그것마저 없으니 혼란과 어지러움을 겪는다. 외국 것에 대한 가치평가도 그들의 위장으로 쉽게 평가하기에 혼란스럽다.

숱한 참상의 전쟁과 식민을 겪어도 민족 공통분모, 명절이 되면, 흩어져 살다가도 어머니에게로 모이는 그 한국 전통문화 보존 정신들이 다른 부분에도 이어져야, 어떤 곤란이 닥치더라도 역사에 길이 남는 위대한 민족으로 남을 수 있고 더욱 찬란한 위대한 한민족 인류문화를 세울 것이다.

78 ☢ 삼신할매(하나님할매)의 생명 점지, 천손 심신 교육 〈단동십훈〉으로 귀한 씨알을 내가, 우리가 받은 것을 지극히 감사해야!

고대어 '매'는 여신이라는 뜻이다. 아직도 경상도는 뜻을 확실히 여신으로 인식하고 부르지는 않지만 경어로 '할매', '아지매'라 부르고 있고, 일본에는 아직도 국가고위층 왕족 제사에서 女神의 뜻으로 사용한다.

2만여 년 전 사람의 화석이 발견된 제주 서귀포와 한라산 설문대 할망 얘기와 지리산 마고제단, 경북 영덕 영해에 있는 '마고산' 등등의 마고할매 설화 및 유물 유적은 역사의 한 증표가 얘기화된 것임을 알게 한다. (고대한국과 일본어에 '매'는 여신을 뜻한다. 일본 중요 나라신사 제사에서 모시는 신인 '아지매'의 '매' - '오게아지매')도 마찬가지이다.

가장 최근 역사의 인신합일된 마고는 12,000년 정도로 본다. 신라귀족 박제상이 쓴『부도지』를 보면 자연에서 자연스럽게 탄생된 마고류 천손 인간의 역사를 남겨주고 있다. 천손이 낳은 아이들에 맞는 교육도 귀한 자연의 속성을 가진 생명체로 존중을 받고 있는 예가 〈檀童 10훈〉으로 오늘날도 특히 경상도나 전라도 남도쪽에서 많이 남아 있다. 3대 이상 모계의 성장지가 경남 진주 부산인 필자도 몇 가지는 어릴 때부터 계속하여 접해 온 것들이다. 하늘님이 사랑하여 금수강산의 천손임을 증명하는 태초 태시의 교육들이다. 천산 및 금수강산류에 천손으로 태어난 아이들은 태어나는 그 어릴 때부터 소통한다. 3×7=21일이면 교육이 가능해진다. 몸의 부위가 제대로 기능할 수 있게 되는 시점과 맞추어 오는 사람 모두의 공동육아가 웃음과 축하인사와 함께 진행된다. 귀여운 어린이들을 보면 쉽게 친숙하게 하던 작은 행동들에 이런 깊은 역사문화적 지혜와 의미가 들어 있다는 것에 자료를 찾고 이 글을 쓰며 생각하며 다시금 놀랐다. 중앙아시아(특히 천산 카자흐스탄을 포함한 스탄 나라들+ 왼쪽인 터키) 및 중국(중원+ 몽골+요동 요서+만주) 역사문화와 우리 역사문화의 밀착에 놀란 것처럼. 유태인의 교육만 대중에 알려진 지혜로운 교육인줄 알았던 무지함에 다시금 대오각성! 서학 기독교 〈모세의 10계명〉은 교회서고와 대중매체 서고에서 배워서 알아도, 우리 동학의 수운 최제우선생의 천상문답은 가르치지도 알려고도 하지 않아 국민 대개가 모른다.

환단시대 〈어아가〉를 이은 〈지기금지 원위대강 시천주 조화정 영세불망 만사지〉에 이어 여러 참말씀이 나온다. 천도교의 동경대전을 참조하고 공부할 일이다. 여기서 천주님은 카톨릭(중국에 머물던 마테오 리치 신부께서)이 빌어가서 현대까지 잘 이용하고 있다.

79 ☢ 한민족의 참지혜와 태교에 이어 단군의 아동檀童 아동인성교육 조기 인간 각성교육이 '각꿍'이고 단동 10훈(檀童십훈)

유대교 아동교육은 배우면서 우리 단군의 아동교육은?

〈우주적 생명보호 인성 덕과 인의예지신 지혜교육 단동십일훈〉: 천손의 임무와 권리를 다 누리게, 오행과 천문으로 사람의 생사를 알고 아이를 가져야 할 날과 시간을 알고, 수태가 되면 바로 아이를 위한 태교를 하니, 이어서 태어나면 어린 아이도 교육이 이어지는게 당연할 것이다. 건강과 덕과 인의예지신의 기본을 어릴 때부터 몸에 익혀 습득되도록 삶의 선배인 어른이 이끌어주는 것이다. 표면적으론 눈

귀 목 다리 엉덩이 머리 팔 등의 운동이다. 속으로는 그 운동이나 뜻하는 바가 인의예지신 덕과 겸양과 감사와 배려심 등 홍익인간의 기본을 가르치는 것이 단군의 아동교육 즉 〈단동십훈〉이다. 자세한 것은 앞장 참조

후대에 들어, 서쪽 마귀의 사상에 현혹되거나 물들어 우리 것을 망각하게 되는 일이 없기를 바라는 의미이나, 균형을 생각하는 후대의 해설로 東道만으로는 안 되니 동도서기東道西器의 조화로 홀로서기, 자주독립을 지속하자는 한단민족 염원이 담겨 있다고도 볼 수 있다.

질라아비활활의秩羅啊備活活議: 직접적으로는 두 손을 뻗어 나팔을 불며 앞뒤로 춤을 추는 동작을 크게 하여 온몸운동으로 몸 전체를 살리는 것을 가르친다. 사람으로 특히 천손으로서의 삶 자체는 크게 축복 받은 것이고 기개를 가지고 전진하듯 즐겁고 행복한 삶을 개척하라는 뜻이다.

환(한)국이 위대한 민족과 조국이고 나와 우리의 후손은 그 자랑스러운 홍익인간 대국 한국의 일원으로 세계에 사명과 권리가 있는 귀한 존재라는 것을 나와 우리를 지켜내지 못하는 언제부터인가 잠시 잊은 듯이 살아야 하니 더욱 잊고 살았다. 이제 먹고 입을 것은 그런대로 해결된 현대 한국에 와서, (사연은 있겠으니 합리적 대책이 가능한 의논할 공기관 절실) 이런 고귀한 씨알인 천손을 얻을 수 있음을 일찍이 포기하거나, 얻게 되었음에도 생명을 끊어버리는 일 즉 '생명의 흔적조차 지워버린다'는 낙태를 하는 것은 하늘이 사람 그대에게 준 선물을 거절하는 일이고, 내리는 벌을 스스로 초래하는 것과 같다. 나라도, 원하지 않는 생명을 잉태한 경우는, 사회나 국가가 양육을 책임져 주는 그런 나라가 되도록 함께 만들어가야겠다. 환단시대부터 조선시대까지는 물론 나라의 큰일을 이룬 분들은 대체로 **태교 단동10훈 어릴 때부터의 수련 명상의 내공과 천자문 소학 격몽요결 사서삼경 역 등에 익숙해 있다.**

80 ◘ 정치후계자들 및 서울시장과 지자체장들은? 발로 골목골목 걸어 다녀보는 사람이 더 적합하다.

★ 대통령과 서울시장은 돈의문을 복원하여, 생활 속에서 의義 인성교육 느끼게 하자.

★ 속 있는 문화관광을 위해 광화문 이순신장군 동상 앞에서

이순신이 임난 중에도 때를 맞추어 의례 제사를 지낸 대로 지내게 지원하자! - 인성함양 및 한국인 정체성, 관광 컨텐츠이다. 덕수궁 수문장 교대식과 더불어 관광거리이다. – 볼거리가 부족하다는 한국관광의 문제점도 일부 보완한다.

인류 제사문화의 본고향 신교(일본신도의 뿌리)한국, 태국, 일본 등과도 비교된다.

81 ◘ 용산민족역사공원을 먼저 구경해 본다.

B.C.E. 500년 평창 하리의 여왕 유해가 나온 땅 - 왕관의 나라 한국, 세계 70% 왕관이 있는 한국, 여아들이 왕관 쓰는 것 자연스럽기까지 하다.

▲ 2018년 5월 국립중앙박물관에서 ☀ 왕관을 만들어 쓰고 여왕으로 즐기기

우리나라는 금관의 왕국 - 세계 70% 이상 - 민족역사공원 세계적으로 빛나는 우리 것 자랑과 체화의 장 9215(2 - 18) 6월 3일 일요일 오후 국립중앙박물관에서 몽골의 왕관은 우리 것보다 나지막하고 덜 화려하네요.

왕관을 쓴 온화한 미소의 인자한 여왕상이 바로 관음보살상이 아닐까! 여왕들이 세운 나라는 유난히 불교와 큰 사찰을 많이 남긴 것도 우연이 아닐 것이다. 소서노의 고구려, 백제, 여왕들의 신라 - 선덕여왕의 분황사, 천곡사, 진덕여왕의 절, 서울사당동 관음사는 아직도 현존하고 있다.

82 ★ 무신교의 조종 황해도 구월산

47대 고열가단군께서도 오랜 임검의 생활을 6부족장께 부탁하여 내려 놓으시고 마지막에 이 산으로 들어가 신선생활을 하신다. 〈삼국유사〉

일제시대 일제가 단군사당 파괴 후 다시 지은 북한 환인 환웅 단군을 모신 삼성사

우리의 용산민족역사공원에도 이보다 더 환국 혼이 깃든 〈세계 홍익 삼성사 · 오성사 · 72천황 성사〉를 바르게 짓기 위해서 한국 무형문화재들과 합의하여, 용산 그 터에 100일 기도 1000일 기도를 익산에 90대 강희목 할배와 할매 부부(흰옷 백벌씩을 나눠주시며 태교 교육을 하고 계신다. 이 원고의 탈고 후 찾아 뵐 것이니 아무쪼록 건강히 계시길 빈다)께서 나눠주시는 흰옷(사정이 생기면 그와 같은 뜻 있는 것이라도)들을 입고 들어가서 활동하면, 그 자체로도 〈세계 홍익정신 챙기기〉로 선한 영향을 미치는 생각거리 볼거리가 될 것이다.

83 ◘ 민족 3경은 알아야지요. 숫자와 漢字를 섞어 81글자로 쓰여진 용산 민족역사공원 내 〈천부경〉 공원

몇 번만 오면, 뜻과 응용 물론 외국인에게도 설명도 할 수 있게 한다.

〈천부경〉은 신시神市 시대에 환웅이 지은 것이라고도 하고, 그보다 더 앞선 환인의 가르침이라고도 하는데 정확한 유래는 확인할 길이 없다. 현재 우리가 알고 있는 〈천부경〉은 통일신라시대에 최치원이 묘향산에 새겨진 비석을 발견하고 한자로 이를 옮긴 것이라고 한다. 내용은 아래 최치원쪽 참조

84 ◕ 너는 조국을 위하여 무엇을 했는가?

85 ◘ 용산민족역사공원 내 실크로드 한국어 한글 흐름 공원 - 관련 민족 특별 초대 같이 놀며 말하기

▣ 실크로드는 환단로드: 한국말 한국글자의 흐름과 영향

① 가림토 문자: 단군조선 시대에는 선대인 배달국으로부터 계속 사용해 온 진서眞書, 즉 녹도문자가 있었다.그러나 배움이 부족한 일반 백성들이 녹도문을 사용하기는 쉽지가 않았다. 또 음문자이며 만물을 형상화한 뜻글자인 녹도문만으로는 완전한 문자체계가 이루어지지 않아 아직 불편한 점이 많았다. 이렇게 해서 제 3대 가륵단군 경자 2년(기원전 2181년)에 단군조선의 문자인 가림토加臨多 문자가 탄생하게 되며, 가림토 문자(38자)를 토대로 더 쉽게 정리하여 4177년 뒤 재창조된 것이 바로 훈민정음(28자)이다.

② 가림토 문자는 훈민정음의 원형: 가림토 문자는 오늘날 사용하고 있는 한글의 원형이다. 그리고 근세조선 시대 세종 때에 이르러 훈민정음訓民正音 28

자로 재창제되었으며, 최근에는 주시경 등에 의해 24자로 재정비되어 오늘에 이르고 있다. 가림토는 단군조선의 강역이었던 일본에도 전해져 신대문자神代文字인 아히루阿比留문자가 되었다. 또 가림토 문자는 단군조선의 분국이었던 몽고로 건너가 "파스파"란 고대문자가 되었으며, 배달국의 분국이 있었으며 그 후예들이 살고 있는 인도로 건너가 산스크리트 알파벳과 구자라트 문자의 원형이 되었다.

▶ 가림토 문자 창제동기: 단군조선 제 3대 갸륵단군 경자 2년(B.C.E. 2181년)에 갸륵 단제께서 하신 말씀은 다음과 같다. "아직 풍속은 하나같지 않았다. 지방마다 말이 서로 다르고 형상으로 뜻을 나타내는 진서眞書가 있다고 해도 열 집이 사는 마을에도 말이 통하지 않는 경우가 많고 백리가 되는 땅의 나라에서도 글을 서로 이해하기 어려웠다. 이에 삼랑 을보륵에게 명하여 정음 38자를 만들어 이를 가림토加臨多라 하니 그 글은 다음과 같다.[26]

▶ 훈민정음 재창제의 증거

① 언문은 모두 옛 글자를 본받아 되었고, 새 글자는 아니다〈非新字也〉. 언문은 전조선 시대에 있었던 것을 빌어다 쓴 것이다. (세종실록 103권 ; 세종 23년에 발표한 글)

② 이 달에 상감께서 친히 스물여덟 자를 지으시니, 그 자는 고전(古篆)을 모방한 것이다.(세종실록 25년 ; 훈민정음 창제 당시의 첫 발표문)

③ 언문은 모두 옛글자를 근본 삼은 것으로 새로운 글자가 아니며 곧 자형은 비록 옛날의 전문을 모방했더라도 용음과 합자가 전혀 옛 것과 반대되는 까닭에 실로 근거할 바가 없는 바입니다.(한글 재창제를 반대하는 최만리와 당대 유학자들의 집단 상소문 중에서)

▶ 해외에 남아 있는 가림토 문자의 흔적들

그러나 가림토 문자의 흔적들은 한단고기 뿐 아니라 일본, 인도, 몽고 등 단군조선의 강역이었던 나라들에 풍부하게 남아 단군조선 시대와 그 영향력을 지금도 우리에게 증언하고 있다. 다만, 우리만 가림토 문자의 존재를 공식화하지 않고 있을 따름이다.

▶ 일본의 신대神代문자: 일본에는 한글을 닮은 고문자가 있다.

대마도의 아히루 가문에서 전해져 왔기 때문에 아히루 문자라고 하며 신들의 시대에 신들이 쓰던 문자라 해서 신대문자라고 한다. 신대문자는 지금도 일본 대마도 이즈하라 대마역사 민속자료관과 일본의 국조신인 천조대신을 모신 이세신궁 등에 아직 보관되어 있다. 일본 이세신궁에 소장된 신대문자의 기록은 서기 708년의 유물이다.서기 700년 무렵은 대조영이 고구려 멸망 후 발해를 건국했을 무렵이며, 세종대왕은 1446년에야 훈민정음을 창제했다. 단군조선 시대가 신화였고, 가림토 문자도 한단고기에 나왔으니 믿을 수가 없다고 전제한다면, 1446년의 훈민정음에서 708년의 신대문자가 나왔다고 말할 수는 없고, 그렇다면 일본의 신대문자에서 훈민정음이 나왔는가? 실제로 일본의 오향청언(吾鄕淸彦 고교 기요히코)이란 학자 등도 708년의 신대문자의 유물을 증거로 들면서 "일본의 신대문자가 조선으로 건너가 훈민정음을 낳게 하였다."고 주장하였다. 그러나 한단고기가 세상에 나오고 그것을 연구한 결과, 자신의 "일본의 아히루 문자가 조선 훈민정음의 뿌리이다."는 주장을 철회하고 "신대문자의 원형인 원시한글이 한단고기에 수록되어 있다."고 인정했다. 일본의 천황가 자체를 비롯, 일본이 단군조선 이래 한국인이 건너가 세운 나라라는 것은 공식적으로 인정하지 않을 뿐 일본인들에게 공공연한 비밀이다. 그러나 일본인들은 그것을 인정하기를 기본적으로 꺼릴 뿐 아니라 오히려 기회만 있으면 거꾸로 왜곡하려고 애를 써왔다.그런데 그런 풍조 속에서 일본의 학자가 그때까지 자신의 주장을 뒤엎고 가림토 문자에서 일본의 아히루 문자가 나왔고 그 뿌리임을 학자적 양심으로 인정한 것이다. 그런데 우리의 정통 사학계와 국어학계에서는 아직도 "훈민정음이 세종대왕 혼자서 만들었는지 신하들과 함께 만들었는지" 논쟁 중인 것이 우리의 현실이다. 가림토 문자는 단군조선의 역사적 실제를 입증해 준다. 단군조선이 있었다면 단군할아버지도 실재하셨던 민족의 조상임을 믿을 수 있고, 가림토 문자가 발견되는 곳은 단군조선의 강역이었음을 알 수 있다. 그리고 단군조선의 가림토가 일본에 보급되어 아히루 문자가 된 것이다.

▶ 인도의 구자라트 문자: 인도의 남방 구자라트 주에서 쓰이는 문자는 우리의 한글과 흡사한데 자음은 상당수가 같고, 모음은 10자가 꼭 같다. (ㄴㄷㅌㅇㅁㅈㅂ 그리고 ㅏㅑㅓㅕㅗㅛ ㅡ ㅣ등) 이 지역은 배달국 시대 우리 민족이 인도로 이동해 가서 세운 인더스 문명의 주인공 드라비다족의 후예가 사는 지역

이다. 그렇기 때문에 구자라트인들이 사용하는 타밀어에 문자뿐 아니라 발음과 뜻이 비슷한 단어들(나 - 난/너 - 니/엄마 - 엄마/아빠 - 아빠/보다 - 봐/날 - 날/오다 - 와/나라 - 나르/너 이리와 - 니 잉게와 등)이 많은 것은 우연이 아니다. 한편 산스크리트어 알파벳은 우리가 국민학교 때 배운 한글과 너무나 흡사하고 (찌커거…, 쪄쳐져…, 떠터더…, 뻐퍼버…, 셔허), 우리 한글처럼 "ㄱ"에서 시작해 "g"으로 끝난다.

86. 터키(특히! - 트어키): 고구려가 녹아 있는 '부뚜막'이란 단어를 지키며. 자기의 고향 원천을 지켜간다. 알타이(금) - 러시아 몽골 카자흐스탄(신라와 절친)…. 스탄들 마을이 옛 터키권이니…. 터키 너머… 그리스 로마 영어권…유럽

▶ 영어와의 관계: 가림토 문자에는 X O M P H I 등 알파벳의 자모도 여러 개 보인다. 가림토 문자가 4177년 전에 만들어진 반면, 알파벳의 역사는 겨우 3000년을 넘지 못한다. 제후국의 왕 또는 어떤 지역의 우두머리를 나타내는 말인 한汗은 하늘을 뜻하는 글자인 한桓에서 나온 이름이다. 즉 한桓에서 한韓, 한漢, 한汗이 나온 것이다. 또 한(汗 : HAN)이 몽고로 건너가 칸

(KHAN : 징기스칸)이 되었으며, 징기스칸의 유럽 정복 때 서구로 건너가 킹(KING)이 되었으며, 그후에 전 세계로 퍼지게 되었다. 이러한 과정은 하버드 대학에서의 연구결과로 발표된 바 있다. 이와 같은 식으로 우리말과 우리의 고문자는 한단시대의 영역을 통해 전 세계로 전파되면서 각 지역의 독특한 환경과 조건들에 따라 변화되어 지금에 이르렀다. 그러나 그 흔적이 지금도 남아 있는 것이다.[27)]

87 ☗ 1333년에 당시 교황 요한 22세가 고려 충숙왕에게 보낸 편지[28)] – 일찌기 고려부터 카톨릭과 교류?

1333년에 당시 교황 요한 22세가 충숙왕에게 보낸 서한의 필사본이 2016년 바티칸 비밀문서고에서 발견되었다. 이 서한이 충숙왕에게 도착했는지는 밝혀지지 않았지만, "왕께서 그곳(고려)의 그리스도인들에게 잘 대해 주신다는 소식을 전해 듣고 무척 기뻤습니다."라는 구절이 있기에 당시 고려에 소수이든 다수이든 간에 그리스도 교인들이 있었다는 것이 확인되었다. 또한 영상에서 라틴어 번역자가 "결론적으로 말하면… '고려 왕 당신은 하느님의 좋은 종(Good Servant)입니다. 왜냐하면 우리가 보낸 신자들을 환대해 주고 있기 때문입니다.'"라고 편지 내용을 요약해 주는데, 만약 '우리가 보낸'이라는 게 번역자가 임의로 붙인 내용이 아니라면, 당시 동아시아에 존재하던 네스토리우스파 신자가 아니라 카톨릭 신자가 고려 땅을 밟은 셈이 된다. 다만 임의로 붙인 내용이라면, 고려 왕실은 몽골 황실과 연결되어 있었고 몽골에서는 네스토리우스파가 황실과 밀접한 관련이 있었으므로 아마도 고려에 거주하던 네스토리우스파 신자들을 가리키고 있을 가능성을 고려해야 한다. 물론 카톨릭이 아니라 네스토리우스파라고 하더라도, 그건 그것 나름대로 의미가 있지만…. 해당 문건은 고려 시대 당시 한반도 내 크리스천이 존재하고 있다는 증거로 봐야 한다.[29)]

88 ◘ 용산민족역사공원 내에 환단천황 72분 조각상을 세워 우리 역사를 지키자. 〈환인 7분, 환웅 18분, 단군 47분〉: 일본 천황 1분

재일교포가 세운 일본 내의 백의민족관에도 여러 분이 모셔져 있다.

– 각 이름을 써고 외워 보기 대회,
뭔가 컨텐츠를 만들고 그리고 탈을 만들어 연극 영화 마음대로 해보기

▲ 식민 사학자들이 '단군신화'로 가는 미성숙한 영향으로 2010년까지도 47대 단군 이름과 행적도 모르니 이런 수준에 머물렀었다. 국가가 제대로 하고자 했다는데, 크고 작은 내외국 기독교인들의 반대로 "단군성전을 못 지었으니 "실존인물"을 운운하는 말들이 나왔다. 박정희 대통령, 염동현 서울시장 때도 기독인들이 반대해, 삼청동공원에 지으려고 설계도까지 해 놓고도 못했다고 한다. 북쪽에서도 금동왕관! 1993년 10월 북측은 충격적인 발표를 했다. 대박산 동남쪽 기슭에서 두 사람의 것으로 보이는 유골 86개와 금동왕관 장식 등을 발견했으며, 감정 결과 유골은 5011년 전에 살았던 단군과 그 부인의 것으로 추정된다는 내용이었다. 석회암지대로 유골이 화석화되어 오랫동안 보존됐다는 설명도 있었다. 북측은 이듬해 10월 단군무덤이 발굴된 현장에서 200여m 위쪽에 단군릉을 개건改建했다. 복원은 불가능했다. 발굴된 무덤의 형태가 고구려식이어서 고구려 때 이장한 것으로 추정돼 당초 단군할아버지가 묻혔던 정확한 지점을 알 수 없었기 때문이다. 북측은 고구려식 무덤에서 연대측정 결과 5000년 된 유골이 나왔으니 이는 분명 고구려 이전의 인물이며, 왕의 소지품이 나온 것으로 미루어 왕이 분명하다고 주장한다. 북측은 나아가 단군릉이 평양에 존재했다는 근거를 댄다. 고려사와 조선시대 기록

에서 평양의 단군릉 존재를 확인할 수 있을 뿐만 아니라 1530년에 완성된 '신증 동국여지승람'에 "현 서쪽 3리에 둘레 410자나 되는 큰 무덤이 있는데 이를 단군묘라고 한다"는 기록을 내세우는 것이다. 또 조선왕조실록에 숙종과 영조 때 강동의 단군묘 수리 - 보수 기록이 적혀 있고, 정조 때 평안감사에게 "강동 사또가 봄가을로 단군묘에 제사 지내는 것을 제도화하라"는 지시사항이 나온다며 자신들이 발굴한 것이 분명 단군릉이라고 주장한다. 따라서 유골의 주인공이 단군할아버지라는 논리인 것이다.

89. 북한 단군릉의 모양은 중국 지린성 지안현에 있는 장군총을 본 따 계단식으로 만들었다.

장군총이 7단인 것과 달리 단군릉은 이보다 크기가 3배가 되며 9층 계단식 돌각담무덤 형식을 취하고 있다. 한 변의 길이가 50m, 높이는 22m 규모로 축조됐다. 여기에 쓰인 화강암 돌은 1994년에 개건됨을 기념해 1994개로 짜 맞추었다고 한다. 네 모서리마다 무서운 표정을 한 돌호랑이 수호상이 있고, 그 앞마다 고조선의 상징적 무기인 〈단군조선(비파)형 동검〉을 높이 7m의 크기로 세웠다. 산 아래부터 능앞 제단까지는 279단의 화강암 돌계단으로 이루어졌다. 돌계단 중간쯤 선돌 모양을 본뜬 돌기둥을 세워 대문을 표시했다. 대문에 들어서면 작은 광장이 나오고 왼쪽엔 단군릉 개건 기념비(높이 8m)가, 오른쪽엔 단군릉 수축비(높이 1.9m)가 있다. 개건 기념비는 뒷면에는 김일성 주석과 김정일 노동당 총비서의 찬양시가 새겨져 있다. 관심을 끄는 것은 단군릉 수축비. - 이 비석은 일제시대인 1936년 뜻 있는 사람들이 전국에서 돈을 모아 세운 것으로, 일제의 억압에 맞서는 민족정신의 상징이 됐다. 일제는 그러나 단군정신을 중심으로 국민들이 세력을 결집한다는데 위기감을 갖고 이를 땅에 묻었는데 단군릉 개건과 함께 북측이 발굴해 다시 세웠다. 훼손이 심각한 상태여서 북측은 유리관 안에 모셔 두고 있다. 작은 광장에서부터 가파르게 능으로 연결된 계단 양쪽에는 공민왕릉의 문신석과 무신석을 본따 단군의 네 아들과 여덟 명의 측근 신하상을 만들어 세웠다. 마지막 계단에 올라서면 거대한 재단이 있고, 거대한 능을 돌아 뒤편 쪽으로 가면 무덤으로 들어가는 문이 있다. 군복을 입은 안내원들이 상시 보초를 서는 문을 통과해 'ㄷ'자형으로 걸어 들어가면 정면 맞은편 벽에 단군의 초상이 걸려 있고, 그 아래 양쪽으로 붉은색

두개의 관이 있다. 오른쪽이 단군왕검이고, 왼쪽이 부인의 유골을 모신 관이다. 이곳은 영구보존해 공개되지 않고, 김일성광장에 있는 역사박물관에 실물크기의 모형을 만들어 공개하고 있다. 유골까지 찾아냈다고 주장하는 북측을 향해 "단군이 정말 실존인물이냐"는 남측방문객들의 질문은 공허하게만 들렸다. 어쨌든 북측은 단군릉 개건으로 '역사현장'을 만들어 내 후세에 전하려 하고 있다. 이대로 시간이 흐른다면 이곳은 단군이 묻힌 곳으로 기정사실화할 것이다. 그쯤되면 단군이 역사 속 실존인물이냐는 논란은 무의미한 일이 될 것이다. 유골이 있는 분을 신화적 존재라고 말하는 것은 어리석은 일이 아닐 수 없기 때문이다. 따라서 단군에 대한 북측의 고고학적 발굴을 남북 양측이 머리를 맞대고 연구하는 일은 마땅히 '역사적 사명'이라는 견해가 많다. 단군릉으로 전해진 무덤에서 유골이 나왔다. 물론 뼈에 단군왕검이라고 써 있는 것은 아니지만 연대측정결과 5011±267년 된 유골이었다.

무덤 형식은 고구려식이다. 고구려 사람들이 이장하면서 고구려식으로 꾸민 것으로 본다.[30)]

90 ☀ 하느님의 축복인 햇빛이 잘 비치는 밝은 산(발산) 항상 하얀 백두와 만년설이 내려있는 태백산 아래, 공룡이 노닐고 구석기가 산재한 한국인 유래지역, 천산시대부터 그 예맥족은 역사가 깊은 '화석 인류'에 속한다.

하늘에서 신단수를 타고 내려온 선택 받은 민족인 천손은 한민족이다. 숱한 동서양의 예언이 한민족 남한에서 인류구원의 빛을 보았고, 말했고, 그렇게 되고 있다. 한국의 국기 태극기는 우주의 그 모든 것을 담고 있는 지구에서 유일한 세계의 국기이고, 9000여 년 개천 전후부터의 환국의 천부경 3 · 1신고, 참전계경 한민족 3성경과 그에 바탕한 홍익인간 이념도 세계적인 인류 축복을 담은 메시지이고 세계 인류의 대경전이다.

서울대 대석학 철학교수가 자기 나라 것인 한국 것은 무시하다가 (경성제대는 친일사관과 친일 문화관을 양성 이식 교육한 곳이었다) **하이데거가 한국의 천부경을 설명해 달라는 바람에 당신네 천부경도 모르나? 망신을 당한 얘기는 유명한 일화이다. 그 석학만의 문제가 아니었다.** 자기네 것은 모르고 서양 유럽 것만 탐하던 조류에 휩쓸려 1970년대야 비로소 서울대에 우리 것 알기와 알리기로 서울대 사회학과 학생들을 중심으로 봉산 탈춤반이 만들어지고, 각 대학으로 확산되고 대활약을 한다. 오늘날 3,1절 100주년 민주화 문화운동에 이르기까지)

91 ◘ 용산민족역사공원 만북 회원 팀 구성 - 대한문 경복궁 교대식처럼 매일 시간을 정해 시연한다.

3 · 1절 100주년 - 9216(2019)년에 서울시민과 전국민과 외국관광객을 열광시킨

"신명천지 풍류천하!" 체험 정기 공연화

"어차피 사람들이 맑아 100세 전후까지 살며, 영성이 자라고 신명을 스스로 깨닫고 활용하기까지 되면 힘들 때나 슬플 때 우리는 자신들의 조상이나 가족 친지 신명들과 교류하며 위로 받아 정서적 안정감도 찾는 그런 신명문화 누리는 세상, 즉 신선처럼 살다 가게 될 것이다."

광화문 아래 시청 옆 만북울리기 현장 속에서 받은 책자에 지성철 DMZ 평화풍류단장 인사말처럼 "신명천지 풍류천하!" 전국 풍물굿 축제 중의 축제였다. 그 열광과 한풀이와 흥겨움의 몇 시간이 그 간의 한국의 전현대적 작태와 고뇌들을 풀어내렸다. 같이 뛰며 웃고 춤추며 장단 맞추며 함께했던 참석자들은 5 · 18때 광주에서 다시 한다고 하니, 이 "전국풍물굿 - 만북치기" 감동과 한류신명인지, 동참자들의 혼인지, 하나됨의 쾌감 때문에라도, 5 · 18 어울림 때 광주에 가야겠다고들 하는 것 같았다. 나도 마찬가지 생각이 들었다. 여행을 가서 좋았어도 바로 그 자리에서 다시 와야지 하기 힘든데, 이 몇 시간이 도심의 각박한 듯한 生에서 가장 감동적인 대중과의 동일감과 나의 혼과 육이 합일의 순간들이었기에 충족하고 가능할 것이다.

92 ◘ 남단복원 민족시원제 기우제 지우제 추모제(용산은 10여 만기의 무덤이 있었던 곳이다) 감사 기원 고사 시연한다. – 인도 태국 일본처럼

환국 천산에서 흘러 내린 흑해(현재 러시아 아무르강) 나나기족의 칼을 들고 공수하는 샤먼 여사제, 한국과 공통점이 많다.

세상에 전하기를 복희는 용으로 관명(용마는 상서로우므로 용으로 관명을 하였

는데, 부르기를 용사라 하며, 즉 춘관은 청룡씨, 하관은 적룡씨, 추관은 백룡씨, 동관은 흑룡씨, 중관은 황룡씨로 하였다)을 세웠다 하고, 또 복희로 동방의 제(帝는 震(東 · 권위)에서 나오므로 춘황 · 창제 · 창정 · 청아라는 것이 이것이다.)라 하고, 또 복희는 구이에서 태어났다는 이야기가 있다. 그러면 우리海東의 용신화는 그 유래가 오래되었다…. 또 **흉노의 풍속에 용신을 섬기며 그 祖先들과 천지귀신에게 제사지내던 곳의 이름도 용성이다.**

93 ◘ 일본인들 북한 단군릉의 도적질에, 훼손에, 왜곡에 - 광개토호태왕비도 일제 때 그렇게 하더니! - 독립심과 자주정신 강화 및 문화재 지키기 체험을 연극으로 해 볼 것이다.

▲ 장지연 선생의『위암문집』에 일본 놈들이 강동의 단군릉을 도굴했다는 기록이 있다. 도굴 당시 무덤 안에 선인仙人으로 묘사된 장수가 있었다는 기록이 있다. 발굴 당시 일본인 도굴범들이 벽화를 모두 깎아버려 확인할 수 없었지만, 단군릉으로 전해져 오는 무덤 안 벽화 속에 선인으로 묘사된 인물은 단군일 수밖에 없다. 우리도 발굴 이전까지는 실존인물이 아닐 것이라고 생각했다. 신화적, 전설적 인물로 생각했었는데, 뼈 연대측정치를 통해 이제는 확고해졌다. – 남측은 DNA 분석이나 전자스핀법 외에 다른 연대측정법을 시도하자는데. 단군 유골 자체는 이제 영구보존되어 할 수 없다. 동시대 것으로 보이는 다른 뼈들은 할 수 있지만… 왜곡의 여러 잔재[31)]

▼ 일본사람들이 고려시대 일연이 몽고가 침입했을 때 민족성을 고양시키고 구심점을 만들기 위해 의도적으로 단군설화를 꾸며낸 것이라고 말했다. 하지만 이는 좋게 보면 무지에서 비롯된 것이고, 냉정하게 보면 단군으로부터 시작된 우리역사를 깎아 내리려는 의도인 것이다.

94 ◘ 용산민족역사공원에서도 "47대 단군"과의 만남 퍼레이드할 것이다. (개천절 방북기) 북한역사박물관에는 "47대 단군"을 명기하고 있어…[32)]

남북한은 한민족인데 왜 이리 역사인식이 다른가? 안타까운 마음에 다시 공지사항으로 올려 봅니다.

아래는 통일뉴스 기사입니다. 개천절 방북단 일원으로 참여한 김상일 교수님의 기고글입니다.

간략히 요약하면 "북한 학계는 규원사화, 한단고기의 사료적 가치를 인정하고 있으며 놀라운 것은 역사박물관 벽면에 47대 단군역대를 기록하고 있다는 사실입니다. 신화를 운운하며 학계 전체가 똘똘 뭉쳐 규원사화, 한단고기 위서론에 입에 거품을 내면서 열을 올리는 우리 학계와 대조된다고 하겠습니다. 누가 옳은지는 자료를 보고 네티즌 여러분들이 스스로 판단할 문제입니다. 중국이 무서워 입을 다물고 있다는 현실도 측은할 따름입니다. 대표적 위서론자인 조O성, 송O정 등은 이 자료를 보았는지 궁금합니다. 박사님들의 머릿속이 궁금합니다. 이하 참고 바랍니다. 감사합니다[33)]

(개천절 방북기) 과연 檀君이 單君임을 확인한 행사였다.

95 ◘ 우리도 한강문화를 따라서 라는 프로그램 진행으로 한강문화 문명 강조

한국은 한강 구석기부터 신석기 청동기 철기 두루 문화를 다 갖춘 완벽한 인류문화유적 세트이다. – 춘천맥국의 중도에 이어진다.

북측 '대동강 문화' 강조 조짐 금년은 단군릉 발굴 10주년 그리고 제 2차 개천절 남북 공동행사가 열리는 해이다. 그래서 남북 학자들은 10월 2일 평양 인문문화궁전에서 오전과 오후로 나누어 오전에는 제 2차 남북학자 발표회가 있었고, 오후에는 단군릉 발굴 10주년 기념 자유토론회가 있었다. 특히 오후의 자유토론회 시간은 남북 학자들이 자유로운 주제로 서로 묻고 대답하는 최초로 갖는 자유토론 행사였다. 남북이 단군과 단군조선 연구에 관한 제한 없는 질문을 던지고 답변을 하는 그야말로 자유토론회였다. 여기서는 오전과 오후의 시간으로 나누어 진행된 발표와 토론의 내용을 요약 정리하기로 한다.

96. 북한의 '대동강 문화' 실체 확인

북측 학자들이 발표한 오전 6편의 논문은 모두 일관되게 '대동강 문화'의 실체를 확인하는 내용이었다. 대동강 문화란 평양 중심의 대동강 유역에 세계 4대 문화와 버금가는, 아니 그것 보다 더 오래된 문명권이 있었다는 것이다. 이미 북한은 '검은모루 유적'을 통해 민족 이동설을 부인하고 자생설을 주장해 왔던 터이다.

『조선전사』 상고사편은 '검은모루 유적지'에 이어 '덕천 력포 사람', 그리고 '승리산 인간'으로 이어지는 고대 문명권을 고고학적으로 입증한 바 있다. 『조선전사』는 남측에서 역사를 기술하는 방법과는 달리 **인간이 역동적으로 살아오는 생활상 중심으로** 서술한 것이 특징이다. 예를 들어 **'원시무리기,' '초기 모계사회,' '모계사회, 부계사회'와 같이** 기술한다. 그러나 남측에서는 우리가 학교에서 배워 온 바 '구석기 시대' '신석기 시대' '청동기 시대'와 같이 인간이 사용한 도구 중심으로 연대기를 분류하는 것이 특징이다. 다분히 남측의 사관에는 실증사학적 연구 방법이 남아 있는 것이 사실이다. 이번 발표에서 **북측학자들은 평양 주변의 고인돌, 조롱박 단지, 그리고 비파형 동검을 예를 들면서 대동강 유역 문화의 실체를 입증하려고** 하였다. 이에 대하여 남측 학자들은 **대동강이 아닌 요동반도설을 주장하였다.**

97. 이형구 교수(선문대)는 대동강과 요동이 고대에는 동일 문화권이었다고 했다. 이 교수의 말에 설득력이 있어 보인다. 요동반도와 대동강 유역을 분리시켜 놓고 요동이 아니고 대동강이라고 하는 주장이나 그 반대로 대동강이 아니고 요동반도라고 하는 주장이, 모두 현재의 정치적 지형 구도를 두고 하는 주장이라고 할 수 있다. **요동과 대동강이 모두 단일 '(발해)문화권'으로서 동쪽 문화권이라 할 수 있다. 이는 한족 중심의 서쪽 문화권과는 다른 문화권으로서 이 동쪽 문화권의 주역이 단군조선이었다고 할 수 있다는** 것이다.

이번 발표를 통하여 남북의 학자들이 현재의 자기 정치적 입장을 떠난 역사 연구가 얼마나 어렵고 결국 **역사는 과거에 있었던 사실이 아니라 지금 현재 여기서 만들어 간다는 사실을 실감하게 되었다.** 알려진 바와 같이 중국이 고구려와 발해를 자기들의 소수민족 역사로 편입하여 가르치고 있고, 심지어는 한글마저 한문에서 유래했다고 하는 마당에 역사는 찾기 쟁탈전의 마당이라 할 수 있다.

98 ◘ 아직도 남측 학자들은 정신을 차리지 못하고 실증 사학에 사로잡혀 한 치도 벗어나지 못하고 있다. 이러다간 우리 역사를 중국이나 일본에 다 빼앗기고 말 것이다.

더욱이 통일을 앞두고 우리는 중국에 대하여 그리고 일본에 대하여 역사 논쟁을 하지 않을 수 없다. 남측 일각에서는 (남북통일을 거론하는 시기에) 상고사 문제를 거론하여 중국의 심기를 건드리는 것을 꺼려하는 분위기마저 있다. 그런데 북측의 역사박물관을 방문하면 안내원들이 한결같이 하는 말이 통일되어 고조선과 고구려의 고토를 다시 찾아야 한다고 누누이 강조한다.

중국과 인접해 있는 북측에서 도리어 당당하게 잃어버린 만주 땅을 다시 찾자고 하는데 남측에서 중국 심기를 운운하며 말 자체를 금기시하고 있으니 역시 주체적 삶을 살고 있느냐 아니냐의 문제라는 것을 절감하게 된다.

신라가 삼국을 통일하는 과정에서 많은 영토를 잃고 말았다. 마찬가지로 다가오는 통일도 그 과정에서 많은 우리 영토를 잃지 않을지 염려가 된다. 일본이 독도를 넘겨다 보고 있고, 중국도 마찬가지로 북방경계의 어느 곳을 앗아가려고 할 것이다. 이 때에 남북의 학자들이 민족적 자각 의식을 가지고 역사 연구를 할 필요가 있다.

여기서 한 가지 지적해 둘 점은 북측 김일성종합대학 교수인 손승환 교수가 남측에서 지금 퍼져 가고 있는 민족해체론에 대하여 일침을 가했다는 점이다. 다시 말해 세계화와 포스트모더니즘의 영향으로 민족 담론 자체를 거부하고 심지어는 반통일 그리고 민족해체론을 주장하는 남측 학자들에 대한 우려를 보냈다. 서양에서 민족주의에 대한 반대는 2차 대전 당시 오스트리아 비엔나 학파의 유대인 학자들을 중심으로 제기된 것이다. 여기서 말하는 민족주의는 히틀러의 나치 민족주의를 두고 하는 말이다. 그런데 서구에서 교육을 받은 한국의 학자들이 한국에 돌아와 서구 지식인들의 목소리를 그대로 내고 있는 데 문제가 있다. 그것도 학술진흥재단에서 엄청난 연구비를 타 민족해체론을 전개하고 있다. - 그들은 어느 민족으로 태어났을까?

우리는 지금 강대국의 위협을 받고 있으며, 분단된 현실 속에 살고 있다.

그리고 이라크 전쟁에서 보는 바와 같이 자유 민주주의라는 담론은 공염불에 불과하고 민족 담론 밖에는 우리에게 선택의 여지가 없다는 것이 극명하게 드러나지 않았던가?

99 ◘ 『환단고기』 지키기 및 제작과정 등을 연극 등으로!

★ 『환단고기』 북측 학자들 강하게 그 사료적 가치성 인정

이번 학술 토론에서 가장 보람이 있었던 것은 그 동안 남측 학계에서 위서로 취급받아 사료적 가치가 없다고 한 『환단고기』를 북측 학자들이 강하게 그 사료적 가치성을 인정하고 나왔다는 점이다.

이는 이미 작년에 김일성종합대학 손영종 교수가 『규원사화』의 사료적 가치성을 인정한 바 있다. 물론 남측에서는 대다수 학자들이 규원사화의 사료적 가치성을 인정하지 않고 있는 실정이다.

손 교수의 발표가 있은 후 남측에서 올라간 학자들 간에 손 교수의 주장에 대하여 이견이 생기게 되었다. 다시 말해 고려대학교의 최강식 교수가 역사비평(2002. 12)에서 손 교수가 규원사화만을 인정했고 환단고기는 인정하지 않았다고 한 데 대하여, 필자는 손 교수가 일단은 규원사화를 연구의 대상으로 삼았지만, 앞으로 환단고기도 같은 방법으로 연구하면 사료적 가치가 인정된다 하였다고 보았다. 사실 이번 방북의 큰 목적 가운데 하나는 최 교수(필자 주: 식민사학의 주류 고려대 사학과 출신)와 필자 김상일 사이의 이견을 확인하기 위한 것이었다.

이에 앞서 2001년도에 금강산에서 있었던 6.15 공동선언 1주년 기념행사에서 필자는 사회과학원 원장 허종호 교수를 만나 환단고기 문제를 심도 있게 토론을 한 바 있다. 그때에 허 교수는 남측 학자들이 환단고기를 왜 위서라고 하는지 이해할 수 없다라고 했다. 북측에서는 이들 위서라고 하는 사료들에 대하여 문헌 비평적 방법으로 연구하는 중이며 지금 상당한 수준에 이르고 있다고 했다. 그 결과가 2002년도 제 1차 학술발표회에서 손 교수가 가지고 나온 논문이라 할 수 있다. 이 논문은 최근호 남측 〈단군학회지〉에 실려 있다. 여기서 이 문제에 대하여 북한 학자들의 입장을 명확하게 정리해 둘 필요가 있어서 안동대 임재해 교수의 현장 기록을 중심으로 적어 두려 한다. 그리고 더 분명한 것은 통일뉴스에 의하여 전 토론 내용이 녹화되어 있다는 점이다. 여기서는 우선 임 교수의 기록 내용을 그대로 전달하려 한다. 환단고기에 대한 북측 학자들의 의견을 물은 질문에 대하여 북측 손승환 교수는 다음과 같이 답변하였다.

100 ★『규원사화』는 상당 부분 인정할 만한 사료이다

(김상일 질문)『규원사화』와『환단고기』의 사회적 가치를 북에서는 어떻게 보는가?

(손승환 선생의 답변 내용: 안동대 임재해 교수 현장기록)

"위서라 생각하는 환단고기와『삼성기』등을 몽땅 위서로 보는가,"

"아니다." "일부는 그렇다." 특히 규원사화는 상당부분 인정할 만한 사료이다. 신빙성 있는 자료가 적다고 하더라도 백제의 건국연대도 고고학적 성과를 참조해서 볼 때에 일치한다. 고고학적 방법, 자연과학적 방법으로 검증되는 것은 철저하게 자료로 이용할 수 있다. 손 교수의 이 말은 손영종 교수의 말과 일치하는 것으로 **환단고기에 대한 사료적 가치를 북측학자들이 인정하고 있음을 시사하는** 것이라 볼 수 있다. 그런데 오후 발표 후 남측 교수들이 모인 자리에서 또 다시 이 문제가 논란이 되었으며 한결 같은 주장은 손 교수가 환단고기를 인정하지 않았다고 했다. 이렇게도 역사가 인간의 현재적 사고와 감정의 지배를 받아야 하는지? 아무튼 이 문제는 독자들이 위 임재해 교수의 녹취록을 통해 판단할 문제이다.

그날 저녁 이 사실을 다시 확인하기 위해 필자는 연회 석상에서 정영훈 교수, 이형구 교수 그리고 필자가 허종호 교수를 만나 다시 다음과 같이 확인하고 기록으로 남겨 두기로 했다.

2003년 10월 3일 양각도 호텔 식당에서 (정영훈, 김상일, 이형구, 허종호 4인)
(김상일) 환단고기에 대한 북한의 입장을 듣고 싶다.

101. 북한에서도 환단고기 (허종호) 사료적 가치가 있는 것이 있다. 그 안에도 전승에 기초한 역사적 가치가 있다. 역사 자료가 하나도 제대로 없는 상황에서 이것저것 다 버릴 수는 없다.『환단고기』속에 신비적인 것이 있지만, 그런 것을 골라내면 사료적인 것도 있다. 신비적인 것이 있다고 역사적 가치가 있는 것마저 다 버릴 수는 없다. 물론 우리가 북측 학자들의 주장에 따라가기 위해서 이런 장황한 기록을 하는 것은 아니다. 식민사관에 찌들어 되도록 우리 역사를 줄이고, 있는 것도 말살하려는 남측 학계의 관습화되어 있는 현실을 고발하기 위한 것이다. 10월 2일 오후 토론회가 끝난 다음 역사박물관을 방문했다. 우리는 그때에 박물관 벽에 환단고기에 나오는 단군 47대 왕들의 목록을 그대로 명시

해 적어 놓은 것을 보았다.

이것은 한마디로 말해서 북에서 규원사화와 환단고기의 역사적 가치를 인정하고 있다는 것을 단적으로 암시하는 것이라 볼 수 있다. 그 밖에 남측 학자들은 단군릉 조사에 탄소동화법을 사용하지 않고 전자상자 공명법을 사용했느냐고 물었다. 이에 대하여 북한 학자들은 전자상자 공명법이 단군릉 조사 방법에는 더 적합하다고 생각했기 때문이라고 대답했다.(결 론)

102. 내년 학술대회는 남측에서 개최할 것을 제의하였다. 이에 대하여 개천절 행사는 단군릉이 있는 북측에서 하는 것이 좋다고 대답했다.

이번 개천절 행사는 남에서 300명이 참가했다. 북측에서도 다른 어느 행사보다도 민족 공조를 해 나가는 데 필요한 것이 개천절 행사라는 사실을 확인했다. 개신교, 천주교 그리고 민족종교 대표들이 대거 참가한 이번 행사는 단군이 과연 檀君임을 확인할 수 있었다. 그리고 작년보다 발전된 학술토론회는 남북 학자들이 공동으로 같은 주제로 연구할 수 있는 실마리를 만들어 주었다.[34)]

103 ◘ 몇 차례 영일동맹과 한국이라는 주제로 해설관 - 연극 체험 글짓기 등 – 용산역사민족공원서

☂ 군사대국화에 제동이 걸린 日, 방위비 인상 명분을 잃은 美 동북아 전통적 협력국 한국과 전례 없는 '안보 갈등'

도쿄=AP 연합뉴스: 미국과 일본이 전통적 안보 협력국인 한국과 전례 없는 군사 관련 갈등을 빚고 있다. 북한이 지난해부터 돌연 도발을 멈추고 오랜 적대국인 한·미와 화해를 시도하면서 벌어지는 일이다. 북 위협이 빌미인 군비軍備를 유지하기 어려워지자 두 나라가 곤혹스런 기색이다. 더 난감한 쪽은 일본인 듯하다. 30일 전문가들에 따르면 팽창하는 중국과 더불어 북한의 핵 위협은 보수 성향 일본 정권이 재무장을 통한 군사대국화를 추구하는데 유용한 구실이었다. 특히 꾸준히 미사일 실험을 해주는 북한은 노골적으로 대립하기 버거운 중국을 직접 표적으로 삼지 않고도 일본이 자위권 강화를 핑계로 군사력을 키울 수 있도록 도와주는 공생 관계의 조력자였다. 개헌을 통해 일본을 전쟁 가능한 국가로 바꾸는 게 우익인 아베 신조安倍晋三 일본 총리의 목표라는 것은 주지의 사실이다. 아베 총리가 이

끄는 자민당이 지난달 임시국회에 자위대 설치를 근거를 명시하는 방향의 개혁안을 내고 논의를 시작하려 했다가 야당 반발에 부딪히기도 했다. 자민당 개헌안에 명기된 영토 보존 조항이 학계에서는 영토 분쟁에 자위대를 동원하기 위한 포석으로 해석되는 분위기이다. 현재 아베 총리는 개헌 성사 여부를 가늠할 '빅 이벤트'를 앞두고 있다. 7월에 치러지는 참의원 선거이다. 선거 승리, 나아가 보통국가화를 가능하게 할 개헌까지 이끌어내고 싶은 아베 정권에게 한반도의 해빙 기류는 이롭지 않다. 자국 보수층을 결집시키는 불쏘시개 노릇을 해주던 북한이 당분간 제 기능을 못하게 됐기 때문이다. 숙원 실현에 제동이 걸릴 상황에서 일본 정부가 선택한 새 동력원이 한국이라는 게 외교가의 대체적 분석이다. 국가안보전략 연구원의 김숙현 대외전략 연구실장과 박병광 책임연구위원은 29일 공개한 보고서 '한일 초계기 갈등의 배경과 시사점'에서 한국 해군 함정 레이더가 일본 해상초계기를 조준했는지, 거꾸로 일본 초계기가 위협 비행을 했는지를 놓고 지난달부터 벌어지고 있는 한일 간 군사 공방 배경에 대해 "아베 정부의 국내 정치적 배경과 야심이 작용하고 있다"고 주장했다. 지난해부터 한반도에 평화 무드가 형성되면서 북 위협 요인이 약화한 가운데 아베 정부가 한일 갈등을 지렛대 삼아 지지층을 모으려 했다는 것이다. 실제 최근 한일간 불화가 심해지면서 일본 내 아베 내각 지지도가 올랐다는 여론조사 결과가 보도되기도 했다. 역시 한반도 대화 국면에서 비롯된 '재팬 패싱'(일본 배제) 불안감이 일본의 한국 공격을 부추겼다는 해석도 나온다. 홍민 통일연구원 북한연구실장은 "애초 형성된 남 · 북 · 미 3각 구도에 북한의 '다자 협상' 거론으로 중국까지 가세하는 모양새가 되자 한반도 및 동북아시아 안보 지형이 재편되는 마당에 자국의 전략적 이해가 반영되지 않은 결과가 초래될지 모른다고 일본이 우려했을 수 있다"며 "남 · 북 · 미 · 중 4자 구도를 깨지 못할 바에야 한국을 건드려 미일 동맹을 재확인하고 북 · 중은 한 번 달래보겠다는 게 일본의 심산일 것"이라고 했다. 마침 불똥이 한국에 튀기에 적합한 조건도 만들어졌다. 문재인 정부 들어 박근혜 정부에서 양국 합의 하에 설립된 일본군 위안부 지원용 화해 · 치유재단 해산이 결정되고 우리 대법원에 의해 일제 강제징용 피해 배상 판결까지 이뤄지면서 일본 입장에서 약속 파기로 여길 만한 과거사 변수가 새삼 떠올랐다. 반면 남북관계에는 엄청난 진전이 있었다. 우방인데도 홀대당했다는 서운함을 많은 일본인들이 느꼈고, 이게 반한(反韓) 감정으로 이어졌다는 평가가 적지 않다. 아베 신조 일본 총리가 침략전쟁 자체를 부인하는 듯한 발언을 하고 야스쿠니 신사 참배에 항의하는 한국과 중국의 반발을 "위협에 굴복하지 않겠다"라고 표현하는 등 연일 도발을 감행하고 있다. 이에 한 · 일 전문가들은 7월 참의원(상원) 선거를 앞두고 보수세력 결집을 위한 아베의 정치적 노림수라고 보는 한편 최근 지지율이 높은 틈을 타 아베 총리가 본색을 일찍 드러냈다는 분석을 내놓고 있다. 기미야 다다시 도쿄대 교수는 "아베 총리가 일본의 침략을 명확하게 인정하지 않는 듯한 발언을 한 것은 잘못된 것"이라며 "처음에는 아베 내각 2기가 1기 때의 실패를 거울삼아 현실적인 외교정책을 펼 것으로 기대했는데 전혀 달라진 게 없다"며 실망감을 드러냈다. 기미야 교수는 "아베 총리의 일련의 행동은 '앞으로 한국이나 중국은 소용없다'라는 태도로 일본의 국익에도 도움이 되지 않는다"고 잘라 말했다.

그는 이어 "앞으로 한 · 일 양국이 대립하면 미국이 중재에 나서겠지만 미국 입장에서도 역사문제에 대해서는 아베 총리와 공감대를 이루지 못하기 때문에 이 문제가 장기화하면 아베 총리가 불리할 수밖에 없을 것"이라고 내다봤다.

와다 하루키 도쿄대 명예교수도 "아베 총리의 발언에서 일본이 벌인 침략전쟁 전체를 부정하고 싶어 하는 아베 총리의 본심이 노출되고 있다"고 분석했다. 와다 교수는 "아베의 지지율이 70%대를 넘는 등 권력기반이 굳어져 본심을 표현한 것이어서 이런 아베의 공세는 언제까지 이어질지 모르는 상황"이라고 우려했다. 그는 "이런 상태가 지속되면 한국, 중국은 물론 미국과도 충돌을 하지 않는다고 볼 수 없다"며 "아베 총리가 자신의 발언을 수정해야 하는데 이번에는 좀처럼 수정하기 어려운 지경에까지 이르게 됐다"고 안타까워했다. 진창수 세종연구소 일본연구센터장은 "아베 총리는 당초 7월 참의원 선거까지는 경제에 집중하고 선거에 승리한 뒤 여유를 가지고 한 · 일 관계를 풀 것으로 예상했는데 지지율이 높고 견제세력이 없자 자신이 하고자 하는 일을 다 할 것"이라고 내다봤다. 진 센터장은 아베 총리가 참의원 선거 이후 헌법 개정이나 집단적 자위권을 추진하고 8 · 15 종전기념일에 야스쿠니 신사를 직접 참배할 가능성도 제기했다. 이에 맞서 우리 정부의 대응 방식과 관련해 "앞으로 5년 동안 역사문제에 대해서는 일본에 원칙적 대응을 하는 게 중요하지만 정경분리 원칙과 다양한 채널을 가동해 한 · 일관계를 완전히 단절시키지는 말아야 할 것"이라고 주문했다.

이원덕 국민대 국제학부 교수는 "작년부터 심해진 동북아 영토 갈등과 북한의 핵

실험, 미사일 도발 등의 와중에 일본사회의 전반적인 보수화 경향이 가속화한 상황에서 아베 총리가 당내 라이벌과 강력한 야당의 부재 속에 지지율이 높자 집권 초반만큼 발언을 자제하지 않고 있다"고 지적했다. 이 교수는 "지금 한 · 일 관계는 교육, 역사인식 후퇴, 헌법개정, 집단적 안전보장 문제 등으로 사사건건 충돌하고 있다"며 "우리는 이들 중 특히 역사인식의 후퇴문제에 대해 집중적으로 문제를 제기하며 상세한 전략을 짜야 할 것"이라고 주문했다.

그는 "일본 전체를 적으로 몰아세우는 건 적절치 않다"며 "참의원 선거 이후 본격화할 아베의 역사 공세에 국제사회와 일본 내의 건전한 시민사회와 연대해 긴 호흡으로 대응할 필요가 있다."고 말했다.[35)]

▼올해부터 적용될 주한미군 주둔비(방위비) 분담 협정을 체결하기 위해 지난해 내내 한국과 협상을 벌인 미국도 북 위협이 줄어드는 바람에 형편이 불편해진 건 일본과 마찬가지였다. 지금은 전반적인 미군 주둔비 분담 원칙 재설정을 염두에 두고 1년으로 입장을 정리했지만 당초 지난해 봄 미국이 요구한 협정 유효기간은 10년이었다. 북미 · 남북 대화가 지속될 경우 아무래도 군사 연습이나 시설과 장비에 투입되는 비용의 감소가 불가피한 만큼 기존 분담금 규모를 최대한 길게 유지하는 편이 더 유리하리라고 판단했을 법하다. 명분이 약해지는 건 방위비 인상뿐 만이 아니다. 지금껏 북한을 겨냥한 여러 군사적 조치들을 축소 조정해야 하는 처지에 미국이 맞닥뜨릴 수 있다. 특히 주한미군을 철수하라는 중국의 공세가 훨씬 거세지리라는 건 명약관화하다는 게 중론이다. 한 국책연구기관 소속 중국 전문가는 "소극적이던 종전 자세를 바꿔 북미 간 한반도 비핵화 · 평화 협상에 적극 개입하는 식으로 중국이 '현상 변경'을 시도할 개연성이 커지고 있다"고 했다.[36)]

104 ◘ 한국은 한강 구석기부터 신석기 청동기 철기 두루 문화를 다 갖춘 완벽한 인류문화유적 세트이다.

한국인은 예맥貊족 · 춘천 맥貊국 중도는 유네스코 등재로 지키자. 120년 만에 광복되는 용산기지 땅은 역사민족공원으로 한국역사 한민족 정체성을 찾는 공간으로 지키자. 춘천맥국 중도를 파괴시키려는 이유가 뭘까? 레고는 별로 장사도 안되는 업종인 것은 다 아는데.. 영국 레고 주인이 영국왕실과 영국성공회이다. - 목적이 뭘까에 대해 혹자들은 〈중도 선사 청동기 유물 유적 도굴, 자기네 스톤헨지 관광객 확보를 위한 경쟁자 중도 파괴, 부정 잘하는 한국공무원 활용 100년내의 한국 적어도 강원도청 춘천시청 식민화 등을 언급한다. 과연 영국은 아직 그런 수준일까? 2011년 중도를 개발한다고 개발 전에 유적조사를 시켜놓고는 2012년에 영일동맹을 맺고 한반도 전시 때 활용하여 전후 이득을 챙기려고? 춘천 중도 건너 비행장도 확보.. 세계 선사유적 문화권 확보?

105 ▼ 영국 아시아에 군사 기지 신설, 해외에서 영국의 군사적 위상을 높이는 것이 목적(일본발 뉴스)

Sunday Telegraph에 의하면, 영국의 개빈 윌리암스 국방장관이 카리브해와 동남아에 새로운 군사기지 두 곳을 만들 계획을 발표했다. Sunday Telegraph 윌리암슨 장관과의 인터뷰를 인용하여, 이 계획은 영국이 유럽 연합을 떠난 후 국제무대에서 역할을 강화함으로서 진정한 글로벌 플레이어가 되려는 노력의 일부라고 했다. 장관은 신문에게, 이 계획은 동남아와 페르시아 걸프에서 군사기지를 철수한 1968년 수에즈의 동쪽 전략을 바꾼 것이라고 했다. 장관은 3,500명의 병력이 대기하고 있다는 자신의 발언은 "모든 것이 원활하게 작동하도록 하기 위한 현명한 계획"이라고 표현했다. 장관은 브렉시트가 영국이 "수에즈의 동쪽" 지역에서 철수하는 1960년대 정책을 변경할 수 있도록 해 주었다고 했다.[37]

[일본반응] 영국 - 아시아에 군사 기지 신설, 해외에서 영국의 군사적 위상을 높이는 것이 목적

106 ■ 부임 100일 맞은 사이먼 스미스 주한 영국 대사

"남북관계 기여할 방법도 찾을 것" 지난 3월 부임한 아시아 · 핵 전문가 6개월 어학연수…한국어 능통

사이먼 스미스 주한 영국대사(사진)는 8일 "영국은 산업과 국방에 많은 강점이 있다"며 "경제와 안보 분야에서 한국과 협력을 강화하기 위해 노력하겠다"고 말했다. 2018년 3월에 부임한 스미스 대사는 한국경제신문과의 인터뷰에서 "영국의 제조업이 약하다고 생각하는 사람이 많은데 그렇지 않다"며 거듭 협력을 강조했다. 그는 "4차 산업혁명 전문가와 기업인들이 참석한 국제 콘퍼런스가 며칠 전에 주한

영국대사관 주최로 열렸다"며 "이 분야에서도 한국과 협력할 일이 많을 것"이라고 말했다. 영국대사관은 지난 4일 '4차 산업혁명의 미래, 한·영 시너지를 담다'를 주제로 국제 콘퍼런스를 열었다.

스미스 대사는 아시아 전문가이자 핵 전문가이다. 1986년부터 외교관으로 일하고 있는 그는 주일 영국대사관 서기관과 영국 외무부 동북아시아·태평양국 심의관을 지냈다. 영국 외무부 핵정책팀장으로 일한 경력이 있고 오스트리아대사로 근무할 땐 국제원자력기구(IAEA) 영국 대표를 맡았다. 동북아·태평양 심의관일 땐 북한에도 다녀왔다. 그는 한반도 정세와 관련, "남북한 관계에 새로운 기회가 열릴 가능성이 있다"면서도 "걱정되는 요인도 있다"고 말했다. 이어 "한국 정부가 어려운 상황에서도 미국과 협력하고 있는데 영국도 기여할 방법을 찾겠다"고 했다.

• 사이먼 스미스 신임 주한 영국대사 "한반도 비핵화에 영국도 힘 보탤 것": 스미스 대사는 한국에 부임하기 전 6개월간 한국에서 어학연수를 했다. 한국어로 일상적인 대화뿐만 아니라 농담도 주고받을 수 있는 수준이다. 한국의 문화와 역사를 이해하려고 염상섭의 장편소설『삼대』를 영어 번역본으로 읽었다. "한국어 실력이 수준급"이라고 하자 "주일 영국대사관에 근무한 것을 계기로 일본어를 공부했는데 한국어를 배우면서 일본어는 거의 다 잊어버렸다"고 농담을 건네기도 했다. 영국의 유럽연합(EU) 탈퇴(브렉시트)와 관련해서는 "영국은 브렉시트 후에도 EU 회원국과 긍정적인 관계를 유지하려고 한다"며 "브렉시트 협상을 어떻게 해 나가느냐가 중요하다"고 말했다. 영국과 EU는 브렉시트 후에도 EU 관세동맹에 남을지, 영국에 거주하는 EU 국민에게 이동의 자유를 보장할지 등 쟁점을 놓고 협상을 벌이고 있다. 스미스 대사는 영국의 자유주의 전통과 다른 유럽 국가들의 국가개입주의 전통의 차이가 영국민이 브렉시트를 선택한 하나의 요인일 가능성이 있다고 설명했다. 그는 "영국과 EU는 자유와 규제를 바라보는 시각에 차이가 있다"며 "EU가 회원국에 가하는 규제가 근본적으로 자유를 중시하는 영국과 맞지 않는 부분이 있다"고 말했다. 스미스 대사는 "런던에도 한국인 공동체가 매우 활성화돼 있다"며 "영국 국민은 한국인에 대해 좋은 인상을 갖고 있다"고 말했다. 또 "10여 년 전만 해도 영국에 일본인 유학생이 훨씬 많았지만 요즘은 한국인 유학생이 많이 늘었다"고 전했다. 스미스 대사는 직장생활을 하는 두 딸을 영국에 두고 부인과 함께 한국에 살고 있다. 오는 8월에 두 딸이 처음으로 한국에 올 예정이다.

107 ☂ 돈황 맥, 막고굴을 은화 몇 푼으로 훔친 영국신사? 스타인이라는 사나이

108. 중도맥국 보존 차옥덕 주최 세미나 포스터

▲ 필자주최: 춘천 맥국중도 항의성 국회 학술세미나

109 ▣ 한국 DNA의 고향 춘천 중도: 문 대통령이나 문화재청장의 직권으로 허가 취소토록.

법에 의한 직권으로 적폐청산자들 문화재청 불법허가 영국 레고 취소토록:

영일 무기 공동제작 동맹과 함께 이루어지는 춘천 영국 레고 1900년대 영일동맹 식민화 재탕은 좌시하지 못할 매국! 맥국 중도는 한민족의 시원적 고향: 구석기 신석기 전후 주거지 1,612채 포함 유적유물 9200여 점+3200m.404m 아시아적 대환호들 절대 원형 보존해서 유네스코 등재로 지역경제도 활성화!

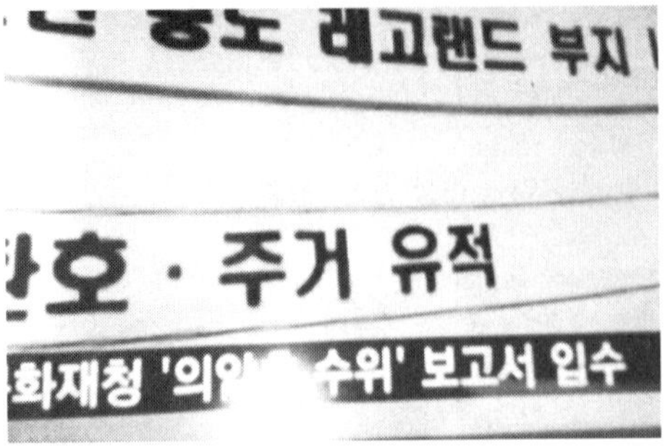

하여 이제는 “문화재청의 결정 자체가 위법하다고 보이기에, 그 자체를 취소시키는 그런 행정소송”을 해야 하고, “국가가 일단 허가 내 준 것” “허가기간이 넘으면 자동 허가 취소”되니.

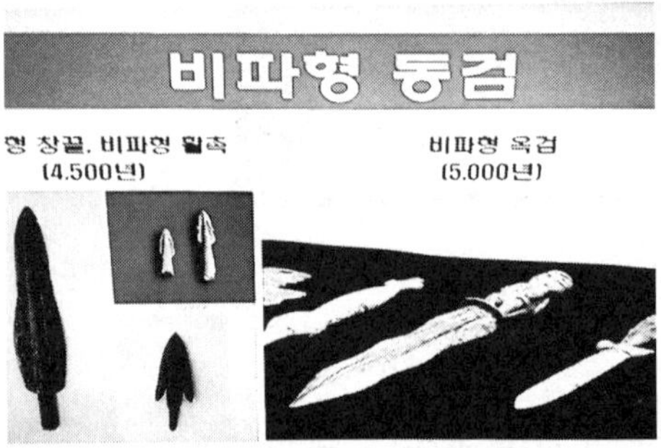

110 ⊙ 내몽골(현재는 중국영토로)은 우리 맥국 예맥족(후에 동이족으로 불림)의 홍산으로 청동기 유적유물이 많이 나왔는데 춘천맥국 중도랑 같다.

춘천맥국 중도에서 유적유물이 나온 것은 우리의 땅이었던 홍산과 같아 더욱 귀중한 국보유적이라 유네스코 등재하여 보존하고, 역사전쟁에서 보루로 삼아야 한다.

111 ☗ 문화재청 요식행위인 관변단체의 중도보존 공청회

▲ 2014년 1월 5일

문화 CULTURE

"유물만 4천점… 춘천 중도 유적지, 레고랜드 사업 철회해야"

▲ 2017년 7월20일

[인터뷰] 차옥덕 상임대표 "유물만 4천점… 춘천 중도 유적지, 레...

| 춘천맥국 중도보전 전국협의회 차옥덕 상임대표] 청동 도끼, 세계 유일의 중도...유네스코 등재로 지역경제 도움 줘야" [38)]

112 ▣ 역사 전쟁기를 인식하고, 한국의 원고대의 역사문화가 있는 것부터 제대로 보존한다는 문화재청장의 판단력과 용기가 관건!

춘천 중도는 선사유적이 많이 나와 이미 보존지역이었고, 또 많이 매장되어 있어 외국이 눈독을 들이는 춘천중도에 영국 레고를 들이는 것은 박근혜대통령이 영국여왕(영국 레고 주인)의 초청을 받아 다녀온 후 며칠 내로 바로 적극적 지원에 나서며 사업에 탄력이 붙기 시작했다. 문화재 심의위원회가 조건부로 사업을 승인했고(조작된 물높이를 눈 감고), 결국 2013년 11월 17일 착공했다. - 공청회 한 번 없이. 시공 후, 문화재청은 관변단체를 통해 중도 레고의 개발을 위한 공청회 준비모임 발표회 2013년 12월 23일, 그 물높이 조작보도와 파괴 외국에 유적 도굴 기회 불공평한 계약 등 (춘천문화 연구회 사무국장 오동철님의 제보로 JTB.C.E. 가 보도하는, 사실을 알고 바로 차옥덕대표 이름으로, 춘천맥국 중도 보존 운동모임에 동의하는 여러 종교단체들과, 감사원에 소청을 2014년 1월 4일에 내었다. 다음 날 국회 관변단체의 중도 레고 개발을 위한 공청회부터 성토를 하지 않을 수 없었다. 토론 좌장은 짧은 토론시간을, 개발을 승인한 심명보 문화재 심의위원장에게만 마이크와 시간을 거의 다 할애하고 끝내려 하여, 청중들이 분노하여 내게 마이크를 할 수 없이 주었다.

113 ⊙ 〈국비 약 850억이나 들인 춘천대교〉에 대한 무개념의 춘천 국회 의원에 대한 나의 질타 결과

… 김진태(춘천) 의원이, 춘천 레고랜드 부지인 중도 일원에 문화재 보존대책을 주장하고 있는 국민의당 소속 유성엽 교육문화체육관광 위원장을 정조준했다. 김 의원은 이날 국회에서 열린 강원도와 새누리당간 예산정책 협의회에서 "국회 교문 위원장이 레고랜드를 방문했다. 위문하러 오는가 했더니 반대하는 시민단체의 사람들을 잔뜩 데리고 왔다"며 "남의 지역구에 와서 왈가왈부하고, 이건 정말 정치도 의에도 반하는 거 아니냐"고 반문, 유 위원장을 비판했다. 이어 "1000억원을 들여 레고랜드의 다리공사를 하고 있다"며 "공정이 80%인데 그것을 하지 말자는 것이다. 이제 와서 그렇게 왔다갔다(하는) 정책은 있을 수 없다"고 주장했다. 김 의원은 "그 교문위원장이 양양에도 들러서 오색 케이블카를 둘러 봤다"며 "우리 강원도 국회의원들이 필요할 경우 전라북도를 항의 방문하는 것도 불사해야 한다"고 강원도의 적극적인 대책을 촉구했다. 유 위원장은 지난 8월 23일 춘천을 방문한 것으로 알려졌다. 유 위원장은 레고랜드 현장에서 발굴된 유물을 근거로 보존대책을 요구하는 등 레고랜드 추진에 부정적인 입장을 보였다. 이에 대해 박지원 국민의당 비상대책위원장이 춘천 레고랜드 사업에 대한 적극적인 지원 의사를 밝혔다. 박 비대위원장은 이날 국회 당 대표실에서 가진 최문순 지사와의 면담에서 이같이 밝혔다고 배석자들이 전했다. 박 위원장은 최 지사가 "국민의당 일각에서 레고랜드 사업 추진에 대해 부정적으로 보는 의원들이 있는데 잘 살펴봐 달라"고 요청하자 "국민의당은 레고랜드에 찬성하고, 적극 지원하겠다"고 밝혔다. 최 지사는 앞서 더불어민주당 유은혜 · 서형수 의원 등과도 면담을 하고 설악산 오색 케이블카 사업의 원활한 추진을 위한 지원을 당부했다. [39]

115. 차옥덕 춘천중도 맥국유적지 보존 상임대표의 답변 – 이 기사 내 김진태 의원 발언에 대한

한국은 고인돌의 나라이고, 중도에 150여 기 이상의 고인돌, 중도 토기, 대환호 그리고 금관의 나라이고, 춘천에 국비로 놓은 다리는 대한민국 국민의 것이고 춘천 시민의 것이다. - 김진태의원은 무식하고 비합리적인 논리를 펴지 말라 | 춘천

중도 맥국유적지 보존 전국협의회 세계문화유산 등재

2016.09.07. 13:00 http://cafe.daum.net/AcademyofKorCulture/R2nL/117

1. 유성엽 국회교육문화체육관광 위원장께서는 교육문화 관광 등 그 상임위 맡은 바 소임을 다하기 위해 중도를 간 것이지, 전라도 국회의원으로 중도를 간 것이 아니다.
2. 이형구 교수와 차옥덕 박사와 오동철 춘천문화연구회 사무국장과 그 회장님은 3년간 중도보존에 연구하고 애써 왔기에 자문을 하기 위해서 갔고, 그 외 춘천 맥국 중도유적지 보존협의회 회원 3명은 다양한 중도의 고인돌과 환호에 대한 애정으로 동행한 것으로 민간단체가 총 7명이 갔다. 동석한 관련 공무원 및 업자들은 약 20 명도 넘어 보였다.
3. '정치 도의'? - 큰 정치인은 자신의 바른 행동에 따를 반발을 예상하고도, 묵묵히 국민과 함께, 다가올 외환을 걱정하며 (중국과의 역사전쟁) 맡은 바 자신의 임무를 다하는 것이고 그것이 국민과 국가에 대한 정치 도의이다.
4. 국회의원의 유치한 수준 대응 - "우리 강원도 국회의원들이 필요할 경우 전라북도를 항의 방문하는 것도 불사해야 한다" 물론 할 일이 있으면 방문도 불사해야 한다. …국회의원이 담당 그 지역 일부의 이익만 위하고, 나라를 위한 일꾼은 아닌가? 그러나 이번은 이러한 대응이나 과격한 도발을 부추기는 용어를 쓸 상황이 아니라, 국민들이 다들 웃어버린다.
5. "1000억원을 들여 레고랜드 다리공사를 하고 있다"며 "공정이 80%인데 그것을 하지 말자는 것이다. 이제 와서 그렇게 왔다갔다(하는) 정책은 있을 수 없다"고 주장했다 - 한국 국민의 피같은 세금인 국비로 놓은 다리가 왜 레고랜드 다리이냐? 춘천역과 중도를 연결하는 '중도유적 관광다리'(더 이쁜 이름 봄내(춘천 옛이름)중도다리? 등 공모해도 된다)라 해도 된다. 그리고 80% 공정을 이룬 다리를 중단하라는 주장은 아무도 하지 않았다. 무엇을 하더라도 그 다리는 놓아야 한다. - 국회의원이 일할 예산 요청 설득 부분이다.
6. 정책 - 개발하려고 유물유적 조사해서 중요유물이 나오면 개발허가 취소가 법적으로도 맞다. 그게 제대로 하는 것이지 '왔다갔다 하는 것'이 아니다.

중도 참고기사: 2015.02.02.

116. 말 많고 탈 많은 글로벌 테마파크 유치 – "~들어온다" 헛바람에 민심 · 땅값만 들썩 일본 · 중국 · 홍콩 · 싱가포르 · 말레이시아에는 있는데 한국에는 없다. 디즈니랜드 · 유니버설스튜디오 · 레고랜드 같은 글로벌 테마파트 얘기이다. 일본 · 중국 등은 테마파크 유치로 경제적인 이득은 물론 국가 브랜드 가치를 높이는데도 도움을 받았다. 이들은 글로벌 테마파크 유치 과정에서 정부 차원의 적극적 구애작전을 벌였다. 한국도 이들 테마파크를 유치하기 위해 여러 번 시도했다. 그러나 결과물이 신통찮다. '특정 테마파크가 들어선다'는 소문에 땅값만 들썩이다 끝난 경우가 대다수이다. 글로벌 테마파크 유치의 현주소를 알아봤다.

117. 부동산 시장에 헛바람만 집어 넣고…

▲ 박근혜 대통령(가운데)이 2013년 7월 강원도 춘천시의 레고랜드 개발 예정부지를 둘러보고 있다.

국내에 추진 중인 글로벌 테마파크 사업 중 그나마 실현 가능성이 큰 곳은 춘천 레고랜드이다. 세계 3대 테마파크 중 하나인 레고랜드가 강원도 춘천 중도 섬에 들어설 예정이다. 1932년 덴마크의 작은 도시에서 탄생한 블록 '레고'는 세계에서 가장 인기가 좋은 교육용 장난감이다. 춘천 레고랜드 사업 역시 우여곡절이 많았다. 원래 레고랜드 건립이 추진된 곳은 경기도 이천으로 시기도 1996년으로 거슬러 올라간다. 당시 한국을 포함한 프랑스 · 독일 · 일본 등이 유치 경쟁에 뛰어들었다.

한국 쪽으로 유리한 상황이 조성됐으나 수도권 규제에 발목이 잡혀 사업이 무산됐다. 결국 레고랜드는 독일에 둥지를 틀었다. 그렇게 세월이 흐른 2008년 강원도(도지사 김진선, 2011년 부터 최문순)가 다시 한 번 레고랜드 측에 러브콜을 보냈다. 양측은 2011년 투자에 합의했고, 2012년 레고랜드 개발을 위한 특수목적법인인 '엘엘개발'이 설립됐다. 이후 2016년 준공, 2017년 3월 개장을 목표로 순항했다. 엘엘개발은 "129만㎡의 부지에 레고랜드가 들어서면 연간 200만 명이 방문할 것으로 예상되며 9883개의 직접 일자리를 창출할 수 있다"고 밝혔다. 10년 동안 생산유발 효과는 5조원, 지방세수는 연간 평균 44억원이 걷힐 것으로 예상했다.

지금까지 국내에 추진됐던 다른 글로벌 테마파크 사업과 달리 조건도 나쁘지 않다. 별도의 로열티 없이 연간 매출이 약 425억원이 넘을 경우 8~12%의 수익을 얻을 수 있다. 현재 영국 · 미국(2곳) · 독일 · 말레이시아 등 세계 6곳의 레고랜드가 있는데, 로열티를 지불하지 않는 곳은 춘천 레고랜드가 유일하다. 테마파크가 들어서는 부지는 레고랜드(멀린)에서 앞으로 50년 최대 100년간 무상 임대하는 조건이며, 나머지 부지는 강원도가 출자 또는 매각하는 것으로 돼 있다. 약간의 잡음도 있다. 춘천 중도를 개발하는 도중 테마파크 부지에서 청동기 시대의 유물이 무더기로 발견된 것이다. 이를 처리하는 방안을 놓고 문화재심의위원회가 수 차례 결정을 미루며 사업이 무기한 연기될 위기에 놓였다.하지만 정부가 적극적 지원에 나서며 사업에 탄력이 붙기 시작했다. 문화재심의위원회가 조건부로 사업을 승인했고, 결국 지난해 11월 17일 착공했다.

118. 중도 관변단체 및 모르거나 속아서 온 단체들의 출범식

레고랜드는 우여곡절 끝에 2014년 11월 착공까지는 성공했으나, 아직 넘어야 할 산이 남았다. 시민단체의 반발이 여전히 거세다. '춘천 중도 고조선 유적지 보존 범국민운동본부'는 지난해 12월 23일 서울 세종문화회관에서 중도 개발을 저지하는 운동의 발대식을 갖고 본격적인 활동에 들어갔다. 국내 역사학자들을 비롯해 전국 민족단체 협의회, 한민족사 연구회 등 100여 곳이 참여했다. 범국민운동본부 측은 "문화재청이 공청회를 한 번도 개최하지 않은 채 중도 개발을 신속히 허가했다"며 법원에 공사 중지 가처분 신청을 내는 방안을 검토 중이다. 또 춘천시민사회단체 네트워크는 "강원도가 도민들의 의견을 듣지 않고 너무 일방적으로 사업을 추진하고 있다"는 주장을 하고 있다. 글로벌 테마파크 유치의 과실이 지역주민들에게 충분히 돌아가지 않을 수 있다는 지적도 나온다. 이에 강원도는 시민들의 의견을 수렴하는 간담회를 열고, 시만단체의 의견을 앞으로의 사업 계획에 반영할 계획이다. 전국 각지에서 추진된 글로벌 테마파크 사업은 최근 7년 동안 수많은 국민의 마음과 전국 부동산 가격을 들썩이게 만들었다. 그나마 순항 중인 곳은 춘천 레고랜드뿐이다. 물론 글로벌 테마파크 유치가 무조건 성공하리라는 보장은 없다. 유치에 성공한 레고랜드 역시 앞으로 해결할 과제가 많다. 하지만 무엇보다 '공약 남발' '치적 홍보' '부동산 투기열풍' '책임 전가' 악순환을 반면교사로 삼을 필요가 있다.[40)]

119 ◘ 각 지자체장님들께

◕ 칠월칠석제 - 한국 연인의 날도 한국정부나 지자체가 중국의 1/30이라도 나서지 않으면 - 한국보다 늦게 시작한 중국이 유네스코 등재준비를 철저히 하고 있어 밀린다.

고대 역사 이래 한국과 형제의 나라인 터키의 항구변 식당 '예맥YEMEK(ER)'이 예맥족 음식을 만들고 있다. 내가 일부러 예맥을 시켜 먹어도 맛이 낯설지 않아 맛있게 먹고 재삼 감탄했다. 오래된 동굴에선 부엌 조리대를 뜻하는 '부뚜막'PUTUMAK이란 이름도 남아 있어 더 기절할 뻔했고.

120 ☗ 교육부가 모두 함께 하여 고칠 것

고구려 건국 연대를 제대로 900년으로 하자! 『삼국사기』 〈고구려본기〉에 따른 북한처럼 현재 900년으로! 남한 교과서도 이번 기회에 수정토록. 추모(주몽)의 고조부 해모수 족보 및 "대부여" 제대로 찾고 단군조선(고조선X), 단군조선 단검비파형단검X)

121 ☀ 하늘이 열린 '이날', 단군후예들은 하나가 된다! 음력개천절 '한겨레 개천대축제' 11~18일(1주일간), 마니산 점화~서울광장 대미

마니산 제천단 근대 이후 첫 성화채화 · 봉송... 통일기원 국민서명 운동도 깃발개천 5910년이자 단기 4345년, 서기 2012년 음력 개천절 기념 'ᄒᆞᆫ 겨레 개천대축제'가 11일부터 18일까지 강화도 마니산과 서울광장 등에서 대대적으로 펼쳐진다.

흔겨레 개천대축제 위원회가 주최하는 이번 대축제는 (사)범민족화합통일운동본부(총재 박영록), 한국무(신)교총연합회(회장 차옥덕), 단법숭조회(회장 김관태), 양백문화재단(이사장 임선정), (사)현정회(이사장 최창기), (사)한민족학세계화본부(이사장 권천문), 삼균학회(이사장 조만제), 한얼역사정신선양연합(총재 박종호), 만년한단개천제보존회(박상문, 송신비), 단수일도학회(이사장 박종구), 우리문화사랑국민연대(상임대표 류병균), 인터넷신문 환타임스(대표 김인배)가 공동 주관한다. 또 (사)단군선열정신연구회(이사장 홍혜수)와 환단역사연구회(회장 한창건), 무천문화연구소(소장 조성제) 등 50여 개에 달하는 민족진영 기관 · 단체들이 하나가 돼 민족 최대의 경축일인 개천절을 자축하고 '홍익인간 이화세계'의 민족혼을 세상에 공명시킨다. 이번 대축제의 서막은 11일 오전 11시부터 오후 1시까지 국조 단군이 천제를 지낸 경기도 강화군 마니산 참성단에서 열리는 천제가 장식한다. 천제를 마친 후에는 성화를 채화, 단군의 세 아들이 쌓았다는 삼랑성 – 전등사와 고려궁지 – 연미정 – 초지진 – 통일전망대 – 임진각 – 사직공원 단군성전으로 이어지는 성화봉송 행사가 12일까지 1박 2일동안 진행되고, 12일 오후에는 임진각에서 통일기원제도 열린다. 예부터 하늘에 제례를 지내온 한민족의 성산 마니산 참성단에서 건국절인 개천절 성화채화와 봉송행사가 이뤄지기는 해방 이후 이번이 처음. 이 행사는 특히 박영록 전 국회부의장(92), 김우전 전 광복회장(92), 박종호(92) 한얼역사정신 선양연합 총재, 조만제 삼균학회 이사장(89) 등 민족운동의 원로 지도자들이 앞장 서고 있어 더욱 뜻이 깊은 것으로 평가된다. 이들 원로는 역사를 바로 세우고 민족혼을 일깨우기 위해 고령에도 불구하고 "역사를 바로 세우고 민족혼을 일깨우는 일에 마지막 열정을 바치겠다"

는 비장한 각오로 성화 채화를 위해 참성단 정상까지 1,200여 계단을 오를 예정이다. 음력 개천절 당일인 16일에는 낮 12시부터 오후 1시까지 서울 사직단 단군성전에 안치된 성화를 광화문 – 시청 – 원구단으로 봉송하는 퍼레이드를 한 후 원구단에서 개천대제를 봉행한다. 다음날인 17일에는 낮 12시부터 오후 6시까지 천도교 수운회관 연회장에서 개천절 기념 학술회의가 이어진다. 마지막 날인 18일에는 오전 11시부터 오후 1시까지 서울광장에서 한국무(신)교총연합회(회장 차옥덕) 주관으로 대축제 개막식이 열린다. 이날 현장에서는 음력 개천절을 민족의 전통 명절로 지정하는 청원운동과 통일기원 국민 서명식도 병행된다. 주최측은 이를 통해 국내외 8000만 동포의 각성을 촉구하고 정부, 국회 등 국가 기관이 올바른 민족문화 창달의 정책수립과 집행에 나서도록 지속적으로 범국민운동을 펼칠 계획이다. 개막식에 이어 이날 밤 10시까지 열리는 축하공연을 끝으로 이번 대축제는 막을 내린다. 축하공연은 경주대 이강식교수의 환국의 실존과 개천이라는 주제로 강의를 필두로, 민족단체와 시민사회단체, 일반시민이 참여한 가운데 송신비 선생의 99계단 작두굿으로 만년한단 개천굿 보존회가 벌이는 개천굿을 비롯 국악, 풍물, 춤, 굿, 창 등 다양한 공연과 시범이 어우러지는 '국민 모두가 함께 하는 축제'로 진행될 예정이다. 개천절은 환웅천왕의 배달국을 계승한 단군 왕검이 B.C.E. 2333년 단군조선을 건국하고 시월 상달 상일(음력 10월 3일) 천제를 올려 하늘에 감사하고 국태민안을 축원한 것을 시작으로 역대 왕조를 거쳐 오며 영고, 동맹 등 제천행사를 통해 면면히 이어온 민족 최대의 국가경축절. 그 후 해방 이후 정부는 양력 10월 3일을 개천절로 지정하였으나 기념식만 하고 하루 쉬는 형식적인 국경일로 그 의미가 퇴색된 실정이다. 이번 대축제를 주도한 한겨레개천 대축제위 박종구 집행위원장(사단법인 동학민족통일회 공동의장)은 "개천의 역사를 바로 알리는 축제를 통해 1만년 이어온 유구한 역사와 찬란한 민족문화에 대한 자긍심으로 통일과 번영을 이룩하고 나아가 세계사의 주역으로 발돋움하는 계기를 만드는 것이 목적"이라고 취지를 설명했다. [김희년 기자]

122 ◑ 덜 번잡한 지방 각 지자체장님들께

요즘 홀로 다니는 대중교통 여행객이나 답사객이 많습니다. 마을버스를 좀 늘려, 예산이 없으면 큰 버스들을 복잡한 코스 아니면 웬만하면 마을버스로 전환하더라

도 좀 자주 다니게 하여 - 1시간 씩 가다리게 하지 마시고 - 시민들과 답사 및 관광객의 시간을 좀 벌어주면 안 될까요?

4~5년 하는 지자체장의 자리지만 시민의 편의를 좀 살펴 걸어다니고 대중교통을 이용해 보고 등등 서민 생활을 해 보시면 필요한 좋은 정책이 나오고, 미래를 좀 생각하는 정책이 될텐데! - 다들 당선되면 자가용만 선호하시는지?

123 ◕ 인천시장과 강화군수님!

올해 4월 12일에 강화에서 일을 보고 오는데 급행버스가 가던 중 에어가 빠졌다고 중간에 멈추길래, 한참 차 안에서 기다리다 다음에 오는 차에 타라고 해서 내렸는데 길에서 10분을 기다리다가 탔어요. 그런데 그날따라 날이 더우니 손님들이 뙤약볕에 있다 들어와 에어컨을 틀어 달라고 하니 고장났다고 하여 창문을 열려고 하니 창문 열리는 것이 - 아니 창문 자체가 하나도 없더라고요. 작년인가 강화 관광의 해 홍보를 운운했는데 이래도 되나요? 자가용 말고 대중교통을 한 번 이용해 보세요. 그리고 강화 마니산 문화재 단군천황께서 살아 계실 적에 참성단 천제를 지내러 가시기 전후에 머무셨다는 천제암 궁터를 찾아가는데, 왜? 버스 정류장이 그 동네 2개나 가까이 있던데, 하나는 '문산리교회', 하나는 '문산리'라 쓰여 있습디다. 정거장 이름을 만드는 조례나 원칙이 문화재 중심이 아닌가요. 문산리, 문산리교회 - 문화재는 빼고?

124 ◕ 서울 강서구청장님!
충신들의 후예 류씨들 고려가 망해도 600여 년을 상사하여 마을을 지키다:

서울 강서구 개화동 상사마을

고려말에 갓 건국을 준비하거나 건국한 당시 조선왕조로부터 생명이 위태로운 고려충신들과 그 가족의 후예 - 두문동 충신 72인의 가족들과 고려 제일의 천문학자 류방택을 비롯한 류씨들은 여차하면 한강을 따라 내려가 개성으로 가든 남쪽 서산 쪽으로 가든 어디로든 도피하여야 상황이었다. 그리하여 선택한 곳이 이곳 상사(고려를 잊지못하는 상사) 류씨 집성촌마을이다. 상사의 나무는 은행나무이다. 암컷과 숫컷이 항상 가까이 한 쌍으로 있다. 천문학자 류방택은 한강(은하수 漢 잇기도 하다)을 은하수로 비정하고 칠성을 염두에 둔다. 그 후손들은 그 맥을 어떻게든 끊지 않는다.

나는 현실적으로 한민족의 칠석제를 염두에 두게 된다. 오늘따라 환상적이게도 칠석에 등장하는 반포조(부모를 돌보는 새) 암수까치도 은행나무에서 이 상사마을을 알아주는 객을 기다린듯 반긴다.

이 은행나무도 아마도 그 때쯤 심었을 것이다. 현재는 460년 정도라 하지만 잉어와 메기(맥이) 등 한강 물고기가 잡힌다고 어부들은 낚시를 위아래에 드리우고

있다. 매운탕 집이 근처에 있다. 어떤 할머니는 한강물이 '개천'에 많이 올라오면 고기도 많다고 자랑하신다. 자급자족, 배산임수의 풍수까지 다 갖춘 마을이다. 옛 생활이 많이 그대로이다. 한 1㎞전인 다른 마을인데도, 이 은행나무를 찾아 간다고 위치를 물으니, 어떤 할머니는 누구 집을 찾아가는지? 하시는데 무척 정겨운 말투였다.

'상사마을' 강의 서쪽이 강서구이니 더욱 지역도 맞다. '칠석맞이'를 할 요건을 다 가지고 있다. (중국이 칠석제 유네스코 등재를 서두르니 마음이 탄다)

경로당 왼쪽 벽에 - 은행보호수를 찾아가는 강서 올레길 팻말이 찾아 들어간 다음 여러 개가 있는데 하나를 떼서 도로에서 볼 수 있게 붙였으면 편리하겠다. 강서구 올레길 보호수 은행나무 옆 약수간을 이렇게? (9호선 개화역에 내려 마을 입구에서 올레길을 걸어 찾아가는 사람 시각과 입장에서 한 번 걸어보면 어디에 안내 표지판을 붙여야 할지 - 차를 타지 말고 걸어보면 - 다 보완할 수 있을 것)

그 모든 충혼들을 따뜻이 품어 안은 듯하다. 갑작스런 인해전술과 전략 무기에 대처할 여력이 없었을 것이다.

125 ◘ 읍참마속보다 전우애가 더욱 새겨지는 현장

제갈공명의 수제자 마속이 공명의 말을 무시하고 산 위에 진지를 쳐 포위당해 1개 부대가 몰살하고 공명이 아무리 아끼는 마속이라도 벌로 참살했다.(읍참마속). 공명의 북벌정책이 실패한 것과 같이, 이 산 위에 있던 1개 부대가 포위를 당해 몰살을 당한 곳이다. 그럼에도 전쟁 시 남북군인이 모두 이 미륵님을 파괴하지 않고 오히려 어떤 아름다운 영혼들이 땅 속으로 묻혀 지금도 치마 아래 1/5 정도가 땅속에 묻혀 있었던 흔적이 남아 있고 그로 인해 살아남으셨을 것이다. 1930년대 일제 때도 미륵전각을 만들었고, 전쟁 후 묻혀 있던 곳에서 좀 아래에 미타암(무속인이 주인이었음)이 차츰 조계종으로 변화되며, 아래 절 미타사로 모신 것이라 한다. 그 위에 현대에 와서 또 갓을 쓴 부처를 거의 일렬로 모심은? 6월 6일 현충일이 좀 지니면 그곳에 주둔하는 부대에서 준비하여 1100명의 위령제를 마을주민들과 함께 올린다 한다.(날짜는 마을에 있는 양씨 아저씨랑 의논해서 정하신단다)

강서구에 사찰이 2개뿐이다. 미타사는 5호선 개화산역 2번 출구를 나와 길 건너 상사마을 입구에 내려 몇 번 물어 걸어가면 절에 다 오면 안내판이 자주 눈에 띈다. 걸어 올라가면 된다. 걸어다니는 올레길 고객은 별로 배려하지 않았다.

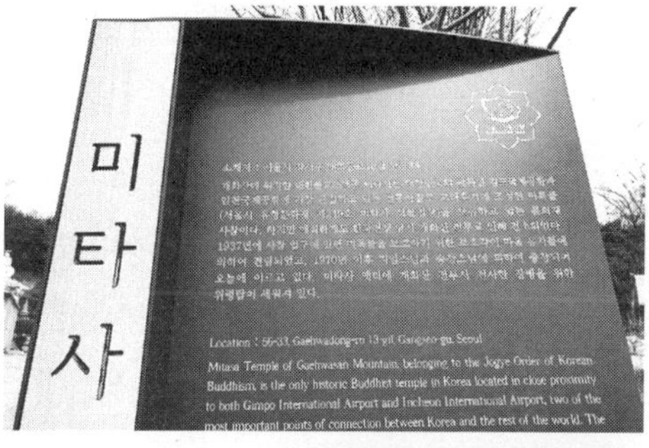

126. 이 산신?도에는 특이하게 산신이 태극을 들고 있다. – 태호복희씨 초상엔 태극이나 '구' - 사각자를 든다. 여와는 콤파스를 든다. 태호복희씨가 태극을 든게, 이 지역이 6.25때 가장 용맹스런 한국군 2개 사단 육군 전진부대 전체가 몰살당한 곳이라 (부대훈 : 충성, 명예, 단결) "태극기는 바로 한국이다." 그런지 더욱 의미롭다. 5월이면 위령탑있는 미타사 근처에서 추모제가 있다.

정체성: 일반적으로 정체성이란 **조직이나 집단 내부에서 개인이 공동체의 구성원으로서 어떠한 지위를 차지하고 있는지, 그 지위에 따른 역할이 무엇이고 그를 잘 수행하고 있는지를 명확하게 인식하고 있는 것을 의미한다. 특히나 국가 정체성은 국가구성원의 일원으로서 개인이 국가생활 속에서 소속감과 그 속에서 자신이 구성원이라는 뚜렷한 신념을 가지고 있는 것을 뜻한다.** 이것은 사회라는 조직 속의 정체성으로부터 시작되어 국가사회로까지 확대된 형태로써 일반적으로 국가 소속의식을 의미한다. 일반 개인에게 국가정체성이 필요한 이유는 국가 정체성은 국민적 단합과 결속력을 강화시키고, 충성심을 기르게 함으로써 국가존속과 발전을 위해 필요한 필수적 요소이기 때문이다.

국가 정체성은 애국심의 형태로 나타나게 되며, 애국심은 국민으로서 국가에 대한 애착심과 국가를 아끼고 사랑하는 마음을 말하는 것이다. 때로는 국가에 대한 헌신과 개인적 희생을 요구할 때도 있지만, 긍정적으로 바라보면 개인의 역할을 충실히 하는데 더 중요한 비중이 있는 것이다. 하지만 국가정체성이 너무 견고하면 다른 국가나 다른 나라의 국민에 대하여 배타적인 태도를 취하게 된다. 우리는 쉽게 일본과의 관계에서 국가 정체성을 엿볼 수 있다.

아래 사진 자료를 유심히 비교해 보시면서 숨은그림 찾기를 해보세요. 왜 제목이 '정체성'인지를,

The GRAND LODGE OF THE STATE of ISRAEL

◀ 태호복희씨는 배달조선 제 5세 단군 '태우의(太虞儀)' 환웅(B.C.E. 3511~B.C.E. 3418, 재위 93년)의 12 아들 중 막내 아들, 그리고 여와씨는 태호복희씨의 여동생[41]

127 ☂ 우리 상징 '맥'도 특히 어린 맥, 귀엽게 디자인대회를 한 번 열어 홍보 교육해야겠다.

상사마을에서 다음 올레길 가는 굴에 환하게 젊은이들이 잘 그려 놓았는데..안 가르쳐 줘도 서울대공원 동물들이 옮겨져 왔는데도 우리의 원숭이 맞은 편 축사에 있는 맥은 보이지 않는다. 중국이 애용하는 팬더곰은 함께 하는데도. 우리 맥도 귀엽게 디자인대회를 한 번 열어 홍보 교육해야겠다.

물과 육지 양 쪽을 다 누비는 저 중앙 동물이 맥에 가까울 수 있는데

128. 한국인도 거의 화석인류에 속한다. 한민족 상징물인 맥이 화석동물인 것처럼 제일 오래 묵은 민족!이다.

묵은 것의 진귀함을 알아, 몇십 년 묵은 된장 간장을 담고 관리하고 귀히 전수하는 민족은 한민족이다. 그게 한류의 근원이다.

과학적으로도 화석동물들은 원초시대의 모습에서 별로 변하지 않는다. 우리 예맥족의 상징이기도 한 그 원초 화석동물이 '맥'이다. - 한국인은 묵을 먹는다. 제사상에 묵을 올린다. 오래 묵으면 보물이 되고 골동품이 되고 때로 신이 된다. 화석동물 맥은 사람을 알아보고 주인을 지킨다. 그 모습은 아직도 무교의 무신도나 사찰 산신각(일반 한국인들은 절에 가도 자신들의 환인 환웅 단군 3분을 모신 삼성각이나 산신각을 찾는다. 불교가 무교 습속을 가져간 것)에 산신을 지키는 호랑이로 남아 있다. 애완용 동물들도 주인과 오랜 기간 같이 묵으면 유사한 행동거지를 보인다.

오래된 맥은 사람의 선악을 알아보고 주인을 지킨다 – 수호천사 호랑이처럼.
천년 묵은 거북과 큰 자라는 사람과 말을 할 수 있고 은혜를 안다.
천년 묵은 여우는 일어서서 미녀가 될 수 있어 사람이 되고자 하였다.
천년 묵은 꿩은 바다에 들어가 조개가 될 수도 있고
천년 묵은 뱀은 용이 되어 하늘을 올라 더 큰 권능을 부릴 수도 있고
몸이 잘려도 다시 재생할 수 있고
백년 묵은 쥐는 사람의 관상을 보고 점을 칠 수도 있다
연수의 지극함이 만들어낸 소치이다.[42)]

129 ☀ 봉황: 이 새는 먹고 마심이 자연의 절도에 맞으며 절로 노래하고 절로 춤추는데,이 새가 나타나면 천하가 평안해진다

남차삼경南次三經의 첫머리는 천우산이라는 곳인데, 기슭에 물이 많아서 올라갈 수가 없다. 다시 동쪽으로 500리를 가면 도과산이라는 곳인데, 산위에서는 금과 옥이 많이 나고 기슭에는 무소와 외뿔소, 코끼리가 많다. 다시 동쪽으로 500리를 가면 단혈산이라는 곳인데 산 위에서는 금과 옥이 많이 난다. 단수가 여기에서 나

와 남쪽으로 발해에 흘러든다. 이 곳의 어떤 새는 생김새가 닭 같은데 오색으로 무늬가 있고 이름을 봉황이라고 한다.

이 봉황새 머리의 무늬는 덕德을, 날개의 무늬는 의義를,
등의 무늬는 예禮를, 가슴의 무늬는 인仁을,
배의 무늬는 신信을 나타낸다.
이 새는 먹고 마심이 자연의 절도에 맞으며 절로 노래하고 절로 춤추는데
이 새가 나타나면 천하가 평안해진다.[43)]

130. 언젠가 어느 시장 때 건설 사업이 많았던 서울시가 복마전이라 했던 적이 있다. 용산구청은 그런 우려가 나올만하게 이제부터 대단위 건설사업이 많다고 구청장은 얼마 전 발표했다. 그 틈바구니에서 담당자들 자기를 이기는 싸움에서 참으로 힘들 것이다. 힘들지만 선택이다. 도덕 사업 보좌진?

131 ◕ 용산구청: 용산내 역사문화공원길 상상 체험 연결 – 용산 마포 부군당 올레길 조성 체험프로그램 필요

서울시 가장 오래된 보호수 군이 용산 원효로 3가에 있다. 당산나무 6?그루. 청나라와 강화회의도 하고 - 상상으로 글짓기 - 보호수들의 밤, 그들의 급수 대화. 수명잇기 놀이, 절하기, 제 지내기 연습체험(한국,일본, 태국 등 각 나라의 절하는 법 체험장) 보호수 앞 제단이 우리 발길에 물 한 잔을 올리는 게 나의 마음을 씻는 의례이다. 나를 위해 제단이 기다리고 있다.

남대천 영화 괴물 체험 코스 및 한강유람 예술 시회 코스 산천당 신령체험 남이장군 사당 이성계 태조당 체험코스 *일본 용왕학교 체험, 天神市, 산신, 귀신학교 체험 – 일본은 만화영화 애니메이션 컨텐츠화 참조.

132 ☀ 천손 화석인류의 영원한 그리움: 천손 중 하늘로부터 공수 받는 특권인 사제는 바로 巫, 인류원형문화

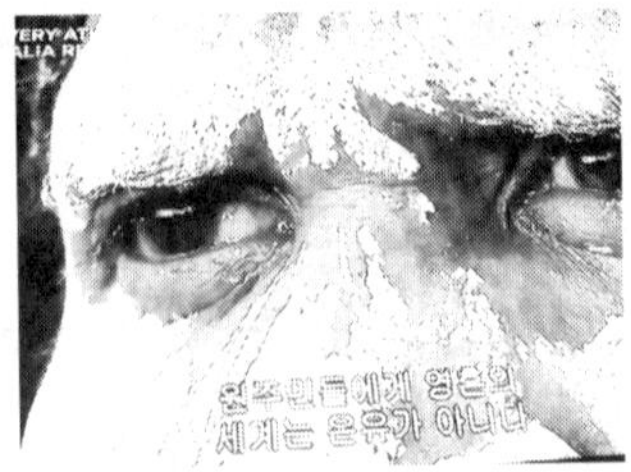

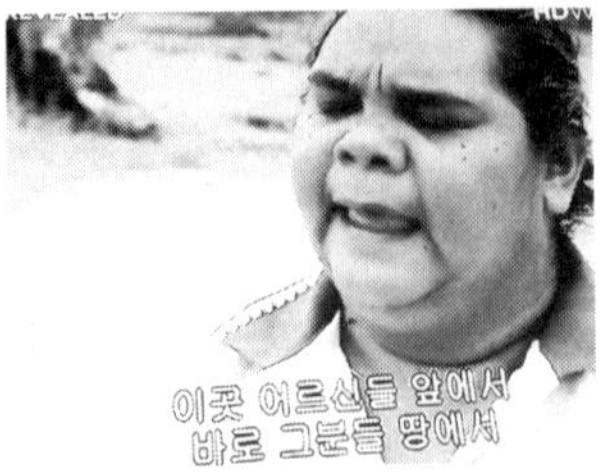

혈연으로 맺어진 관계는 아니지만 그녀는 동경의 대상이 된다. 매우 드문 특권이다. 같은 문화를 공유한다는 공통점이 있다. 사람을 차별하거나 가리지 않습니다. 바티칸이나 메카나 통곡의 벽인 셈이다.

니키 윌리스는 무용단을 만들어서 저희를 배려하고 사랑하고 존경한다. 원주민 문화의 다양성이 각박한 현대에, 미래에 감성적 예술적 인간적 자연적 원시적 숨구멍이 될 수가 있다.

사실 원주민 문화도 아주 다양하나 공통된 것이 있어 서로 공유 - 존중과 사랑과 배려 무용 일이 바탕 - 잃어버린 자기의 한 면을 볼 수 있다. 진솔한 표정들이 나오는 진솔한 바탕이 현실적으로 위장하며 살아가는 자신에게도 있다는 것, 그런 느낌은 반성 성찰거리도 될 것이다. 종교에 폐쇄적인 분들은 재미있는 볼거리로 볼 수도 있다.

133 ◘ 경기도 **광주시는 인조가 사당을 짓고 붙인 원이름 백제 시조 직산에서부터 옮겨온 나라 정체성 있는 고유명사 '온조왕사'로 되찾기를, 일반명사 숭열전崇烈殿보다 여러 모로 의미가 더 있다.**[44] 신동헌 광주시장, 남한산성 숭렬전 제향 봉행

동헌 시장이 지난 12일 남한산성 내 숭렬 전에서 백제 시조 온조대왕과 남한산성 축성 총책임자였던 이서 장군의 혼을 기리는 '숭렬전 제향'을 거행했다. 숭렬전 제향은 매년 음력 8월 초정일에 거행되며 이날 행사는 신 시장을 비롯해 성균관유도회 임원, 시민 등 150여 명이 참석했다. 봉행은 전폐례→초헌례→아헌례→종헌례→음복례→망료례의 순으로 진행됐다. 제향의 초헌관으로 신동헌 시장이, 아헌관에는 시의회 박현철 의장, 종헌관은 이창희 광주문화원장이 맡아 제를 올렸다. 제향을 마친 후 신동헌 시장은 "백제를 창건한 온조대왕의 불굴 의지와 이서 장군의 구국정신은 우리가 가슴깊이 본받아야 할 것"이라고 말했다. 한편, 경기도 유형문화재 제 2호로 지정된 숭렬전은 조선 인조 16년(1638년)에 지어진 사당이다. 백제 시조인 온조대왕과 남한산성 축성 당시 총책임자로서 병자호란(1636년)때 전사한 이서 장군의 위패를 모신 사당이다. 원래 이름은 '온조왕사'였으나 정조 19년(1795년)에 왕이 '숭렬'이라는 현판을 내린 이후 숭렬전으로 불리고 있다. 정조대왕은 왜 이름을 바꾸었을까? 백제 신라 고려 조선, 인조의 패전 치욕과 장군 이사의 충열정신…. 그래도 '백제시조 온조왕사'는 우리역사에 있어야 할 것이고 지켜져야 한다. '숭열'은 여기저기 가끔 있다.

134. 신라 시조 혁거세왕의 〈숭덕전〉, 탈해왕의 〈숭신전〉, 미추왕, 문무왕, 경순왕의 〈숭혜전〉, 백제 시조 온조왕의 〈숭열전〉, 〈숭열전〉[45]은 명주군왕의 5대조인 신라 29대 태종무열왕의 위패를 봉안한 전각으로 서기 1979년 창건하였다. 가락국 시조 김수로왕과 왕비 허씨의 신위를 모신 전각 숭선전, 고려 태조왕太祖王의 숭의전崇義殿, 기자를 모신 숭인전(북한 문화재)

135 ☀ 단군과 고구려의 시조인 동명왕을 모신 신묘神廟 북한 문화재 숭령전(단군묘, 성제사)

평양성 밖 인리방仁里坊, 즉 현재의 기림리에 있다. 고려시대에는 성제사聖帝祠, 조선시대에서는 단군묘檀君廟라는 이름으로 불리다가 1729년(영조 5)에 숭령전으로 바꾸어 부르게 되었다. 고려 때에는 때때로 왕의 특사가 파견되어 제사를 지냈으며, 매달 초하루와 보름에는 현지의 관원이 제사를 지냈는데, 일반 백성들은 특별한 일이 생겼을 때 가서 소원을 빌기도 하였다. 조선시대에 들어와서는 1429년(세종 11)에 처음으로 정전正殿과 동서행랑東西行廊을 지어 봄 · 가을로 향축香祝을 내려 제사를 지냈다. 1456년(세조 1)에는 위판位板을 바꾸어 "조선시조 단군지위朝鮮始祖檀君之位"라 하였고, 1460년에는 세자를 데리고 가서 친히 제사지냈다. 1679년(숙종 5)에는 근신近臣을 보내 제사를 지내고, 1697년에는 단군묘시檀君廟詩를 지어 바쳤다. 1729년 숭령전으로 이름을 바꾸고 참봉 두 사람을 두어 관리하게 하였으며 승지를 보내 제사를 지냈다. 1804년(순조 4) 평양부의 큰 화재로 소실되었으나 곧 복구되었다. 1868년(고종 5)에 경복궁의 중건공사가 준공되자 "금년은 단군께서 나라를 세우신 무진년이라, 동녘 땅에 나라의 큰 기틀을 처음으로 세우사 1000여 년을 다스리셨는 바 이제 마침 이 궁전(경복궁)의 낙성됨을 고하여 하늘의 큰 명命을 맞이해 드리니 우연한 일이 아니니로다."라는 교시敎示를 내리고 평안도 관찰사를 보내어 제사를 지내게 하였다. 그리고 해마다 지내는 세제歲祭 때에는 "참으로 하늘이 덕을 내리사 동녘 땅에 큰 기틀을 처음 세우셨도다. 이에 제사를 드리오니 큰 복을 내리소서."라고 축문을 올렸다는 기록이 있다. 이상의 기록으로 보아 고려 때에 이어 조선시대에 들어와서는 특히 국가적 차원에서 단군을 민족의 시조신으로 봉안하였으며, 숭령전에 모신 단군과 동명왕 중에서도 단군이 중심적 위치에 있었음을 알 수 있다. 숭령전은 구월산의 삼성사三聖祠와 더불어 단군을 봉안한 곳으로 근래에까지 보존된 문화재이다.

136 ◘ 향토문화 연구자들과 재야 민족문화 틈새(강단사학에서 하지 않는) 연구자들 지원 필수!

★ 충남 서산시 지곡면 백제가 일본에 전해준 칠지도 사철 지곡면 줄기찬 향토

문화 연구자들이 찾아 규명하다.

이은우 서산향토문화 연구회 동네 할아버지들께서 망태기를 들고 나서서, 동네인 서산 앞바다의 모래를 퍼서 칠지도의 그 사철을 찾아내 서울대에 의뢰 분석했더니 양이 너무 적다고 하여 또 다시 동네 앞 바다모래가 있는 시간대에 나가, 모두 바구니로 사철을 찾아낸 칠지도 사철 마을 서산 지곡. - 오순제 백제문화 연구회 부회장께서 직접 만나 채록해서 전해주다.[46] 칠지도 제작 야철지 기념비 추진위원회(위원장 박병석)는 7월 14일(목) 기념비가 세워진 서산시 지곡면 도성리 마을회관에서 '칠지도 제작 도장刀匠 추모제'를 가졌다.

이날 추모제는 계속되는 장맛비 속에서도 조만호 지곡면장, 김종길 지곡농협 조합장, 유충식 지곡문학 회장 등 지곡면의 각급 단체장과 도성리 주민 등 100여명이 추모제에 참석하여 국가적 유물 사업 추모제에 함께했다.

'칠지도 제작 야철지 기념비'는 이미 지난해 지역주민들의 오랜 숙원사업이던 가로 1.6m 세로 0.4m 높이 2m 규모로 세워졌으며 기념비에는 칠지도의 모습을 형상화하고 칠지도가 일본으로 전해진 유래와 서산시 지곡면에서 칠지도가 만들어진 배경 등이 새겨져 있다.

137 ■ 한국 공무원 공복 공유소로 최소한 중요 인식 사항

개신교 19.7% 카톨릭 7.9%=27.6%, 한국인 72.4%=비기독교인 한국민 56.1% 무종교 외 민족종교 국민들 하늘 천심과 인간 자연 본성 믿는 분류된 종교 아닌 거의 선유불 전통양식 생활인들이 72.4%이다.

특히 문광부 종무과 및 행안부 각 지자체 종무행정 기도터 보존관리 담당

종교정책에서 27.6%가 서양기독교 인위적이거나 국가적인(심히 제국주의적이었던) 종교라, 조직적이고 체계적으로 움직여 한국 종교예산의 많은 부분을 획득하거나 잠식하고 있다. (추석과 설 일 때 움직이는 것을 국민 80% 이상 대개가 한국전통 천조신 종교를 신앙하는 것을 알 수 있다.) 72.4% 무종교 같은 종교인들에 대한 예산이나 정책도 그 수에 비례해 세워져야 공정한 종교정책 집행이다. 기독

교 구 · 신교의 한국전쟁 전후 기간 교육 의료부분에의 공헌도 인정해야 하나 너무 심하게 예산 및 정치 편향이 심하게 되어 있는 것은, 관에서 통계치를 내어보면 알 수 있고, 72.4%의 비기독인의 국민들은 다들 느끼므로, 통계치도 국민 앞에 내어 놓아야 한다. 종교단체가 아닌 이익단체로 심하게 편중되면 그 종교에도 바람직하지 않다. 지금이라도 기독교도 자체가 구조조정을 하도록 정부가 계도해야 한다. 그렇기 위해 기본이 되어야 할 것은 한국 정치지도자 대통령이나 정치인들과 공무원들이 그들에게 약점이 잡히지 않아야 한다.

대체로 한국인들은 옛부터 천손으로 하늘과 자연과 조상과 부모님을 숭앙하고 따라서 하늘의 심판을 무서워하는 신앙이 밑바닥에 깔려 있다. 하여 하늘과 자연과 자신과의 소통길로, 하늘을 믿는 신교와 하늘자손(천손) 신앙의 증표를 하늘을 향한 안테나격인 '상투'로 상징화하여, 일제가 강력하게 강압해도 안 자르려고 무척이나 거세게 반항하였다. 아직도 상투를 고수하는 한국인 어르신들이 계신다.

통계청이 2016년 6월 발표한 가장 최근인 〈2015년 각 종교별 신자수〉의 발표에 의하면, 개신교 19.7%, 카톨릭 7.9%이다.

대한민국 국민 56.1%가 무종교, 사실상 기독 구신교를 제외하면 74.4%가 된다.

무종교+불교 15.5%=72.6%/원불교 0.2% 유교 0.2% 천도교 0.1% 기타 0.3%(총0.8%) 한국 전통종교 및 여타 종교에 가장 배타적인 종교는 개신교19.7%이다. 카톨릭7.9%는 전략상 한국 전통종교와 습합(제사 및 건축물, 신부 신자 이름까지도 한국적인 것으로 모방)하는 무서운 길을 채택했다.

한국은 종교지향적인 정서가 매우 강한 나라로 꼽힌다. 그런데 통계청의 조사는 종교단체의 가입 여부만 확인하기 때문에, 전통적인 무속종교와 다양한 종교적 성향을 지닌 경우가 반영되지 않았을 가능성이 높다. (일제가 미신이라며 비하한 것이 관행이 되어, 다들 솔직한 자신의 한국적 믿음을 숨기거나 거짓말하게 해 왔으니까) 예를 들어, 한국인이면 안 찾는 이가 없는 화석신앙인 무교(세계적 전통 공유) 외 도교적 점치는 것, 유교적 제사나 조상을 믿는 경우 등이 그렇다. 설과 추석에 조상과 고향의 부모님을 찾아 움직이는 한국인의 행렬을 보면 증명된다. 한국인의 천손 신(무)교 정서가 깊게 배여있는 중국도 마찬가지이다. 그런데 종교정책상 아직도 식민지적 관행을 따르고 있는게 한국문광부 종교정책 실정이다. (그간 권력과 언론과 경제력에서 기득권을 이뤄 온 기독교인의 강한 반 무교적 강제적 억압적 영향력이 큼) 이와 관련 무신교계는 조사 이전의 종교 분류 항목에서 배제된 한국적 주체성과 정확성에 대해 즉 (무)신교 배제에 문제 제기를 하려고 준비하는 상황이다. 이 점은 일본정부가 - 국가종교로서 일본신화의 아마테라스 오미가미를 主神으로 모신 '神道'가 한국신교에 뿌리를 두고 있고, 친서양적 외교를 해왔음에도 - 일본국민의 90%를 넘고 자신들의 전통신앙에 정직하고 당당한 것은 일본국의 정책에 기반하고 있어, 국가기강이나 국가의 종교정책면에서 韓日이 완전히 반대되어 한국인은 부끄러운 측면이다.

138 ⊙ 살아 생전에 꼭 가고 싶은 곳 중에 1위 관광지로 치는 인도 자국의 특색 있는 묘미는 한국에도 있고, 그것은 궁극의 대한민국 국가경쟁력

임에도 무시 배제하는 식민종교관을 갖고 사이비로 치부하고 있으니. 교회를 구경하러 외국 관광객이 한국에 오지 않는 점을 간과한 것이다.

한국민의 56%가 무종교로 통계가 나왔는데 사실 그 한국인들이 종교가 없는 것일까? 밥도 주식이고 빵도 주식인데 빵만 주식으로 치는 것과 같은 오류를 범한다. 쌀은 한국에서 생산하고 빵을 만드는 밀은 외국에서 가져와야 한다. 장차 식량문제로 고생할 여지가 크다.

인도 사람들이 검은 피부를 가지고 있어 어두울 것 같으나, 오히려, 五方색의 화려한 실크나 인조 사리옷(우리로 치면 편한 한복)으로 생명력과 화려한 원색이 검은 피부와 어울려, 오히려 사람들의 五感을 자극하고 그 전통 삶의 기도방법 - 전국토에 어느 곳에나 기도가 가능한 점을 오히려 관광자원화하는 것을 볼 수 있고 정부는 그 효과를 잘 인식하고 존중하는 정책을 쓴다. 심지어 길의 노숙하는 거지들도, 농사 짓는 촌부들도 모두 오방색 화려한 사리들을 입고 의식 무의식적 관습적으로 물가 강가 주택가 편한 곳 어느 바닥도 기도터로 쓰며 관광에 일조한다. 갠지스강에 불교 이전의 자기 전통 힌두교 신앙(국민 80% 이상)을 불교나 외래종교보다 더 강력히 숭상하는 신앙생활의 삶 자체로 누리며 즐기며 관광자원화하여 관광대국이다. 그들의 깊은 영혼이 담긴 신앙과 눈에는, 히말리야 설산의 눈이 녹아 흐르는 듯 하고, 자연 자원인 갠지스 강을 '어머니의 강'으로 '강가' 女神신앙으로 사랑하며 그 강물에 화장도 하고, 빨래도 하면서도 그 물 한 방울이라도 얼굴에 머리에 온몸에 사제들이 신성한 의례로, 직접 또는 같이 있는 자들끼리 바르고 발라주는 것조차도 신성시 여기며, 죽음에 이르러서는 꼭 가고 싶은 곳이 갠지스 바라나시강으로 여긴다. 또 그 신성하다 여기는 물을 한방울이라도 담아 오려 몇 억 개의 토기항아리를 만들어 판다. 나도 그 항아리와 꽃 접시를 사서 연꽃을 저 저승 연화대로 떠 내려보내고, 영원을 담은 물을 담아 한국까지 가지고 오는 인간이면 하고싶은 그 인도 - 우리의 시원지이기도 한 파미르 히말리야 설산의 신성수 물 여신 강가신앙, 힌두교 문화공유를 했다. **기묘한 것은 그 강가의 여신 이름이 우리말도 있는 (필자가 보기에 우리 한국말로 보이는) '강가'이다.**

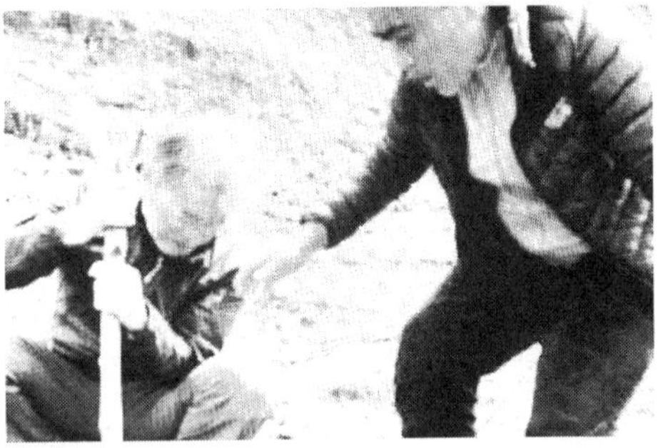

139 ⊙ 한국 · 인도 · 네팔 히말리야 부족들 시원지가 같아 쓰는 말(구자라트어)도, 신앙도 같아 교역도 교류도 외교도 상호 협력이 원활할 수 있다.

현대 한국인 절반 이상이 인도계이다. 현대 한국인 거의 집안 3대 안에 김씨 성을 가지고 있다. 김씨 중 거의 반이 김해 김씨이고 김해 김씨는 허황옥 허씨 할머니의 피를 받은 것이다. 인천 이씨도 김해(허씨 중 태인) 허씨이다. 따라서 인도와 한국은 여러 면에서 친연성이 높다. 우리의 강들에도 '강가'에 나가 자연에 그 자연

속에 조상과 나의 근원에 기도하는 그런 모습을 다시 볼 수 있고, 나도 그렇게 살고 싶어 인도에 가서 자연과 자연 속의 그 어떤 것과 교류하며 만끽하며 살까 하는 생각도 해 봤다. 실제로 어떤 일본 여인이 그 강가에서 집을 사서 작은 민박여관을 경영하는 것을 보았다.

140. 타고르가 한국이 일본 식민지 때 가슴 아파하며 "내 마음의 조국 코리아여 깨어나소서" 한국에 대해 격찬을 아끼지 않은 것도 그런 맥락에서 더했을 것이다.

일찍이 아시아의 황금시기에
빛나던 등불의 하나인 코리아
그 등불 다시 한 번 켜지는 날에
너는 동방의 밝은 빛이 되리라.

마음엔 두려움이 없고
머리는 높이 쳐들린 곳
지식은 자유스럽고
좁다란 담벽으로 세계가 조각조각 갈라지지 않는 곳
진실의 깊은 속에서 말씀이 솟아나는 곳
끊임없는 노력이 완성을 향해 팔을 벌리는 곳
지성의 맑은 흐름이
굳어진 습관의 모래벌판에 길 잃지 않는 곳
무한히 퍼져나가는 생각과 행동으로 우리들의 마음이 인도되는 곳
그러한 자유의 천국으로
내 마음의 조국 코리아여 깨어나소서.

1929년 4월 2일자 『동아일보』에 발표된 자유시이다. 당시 주요한朱耀翰의 번역으로 실린 이 시는 『동방의 등촉燈燭』 또는 『동방의 불꽃』이라는 제목으로도 소개되었다. 1929년 인도의 시성詩聖 라빈드라나드 타고르가 일본을 방문했을 때, 『동

아일보』 기자로부터 한국 방문을 요청받았으나 응하지 못하는 미안한 마음을 대신하여 『동아일보』에 기고한 작품이다. 이 시는 타고르가 한국을 소재로 쓴 두 편의 시 가운데 하나로, 일제 식민치하에 있던 한국인들이 희망을 잃지 말고 꿋꿋하게 싸워 독립을 이루기를 바라는 마음에서 보낸 격려의 송시頌詩이다. 한편, 이 시는 위의 4구절이 전부이지만, 나중에 그 아래의 구절들이 덧붙여졌다. 이 구절들은 타고르의 서정시집 『기탄잘리』에 실린 35번째 시이며, 마지막 구절의 '코리아'는 『기탄잘리』의 원문에도 없는 것이다. 『기탄잘리』의 시는 타고르가 당시 영국의 식민지 지배에 항거하는 인도인들을 위하여 쓴 것인데, 일본의 식민치하에 놓인 한국과 처지가 비슷하여 덧붙인 것으로 보인다. 어쨌든 이 시는 한국 민족문화의 우수성과 강인하고도 유연한 민족성을 '동방의 등불'로 표현하여 당시 일제의 식민치하에 있던 한국 민족에게 큰 격려와 위안을 주었으며, 특히 독립쟁취에 대한 강렬한 기원을 담고 있어 3 · 1운동 이후 실의에 빠져 있던 한국 민족에게 큰 감동과 자긍심을 일깨워준 작품으로 평가된다. 이 작품은 타고르가 한국의 3 · 1 독립 운동이 목적을 달성하지 못함을 보고 지은 노래이다. 일제 강점하에서도 희망을 버리지 않고 꿋꿋하게 살아가는 우리 민족에게 보낸 격려의 송시頌詩이다. 우리 민족 문화의 우수성과 강인하고도 유연한 민족성을 '동방의 밝은 빛'으로 표현하여 우리 민족에게 격려와 위안을 주었다. 영국의 식민 지배를 받고 있던 인도의 시인이 노벨 문학상을 받았다는 사실은 일본의 식민 지배 상태에 있던 우리 민족에게는 커다란 위안이 되었고, 그에 대한 관심도 높았다. 이 작품은 그와 같은 우리 민족의 높은 관심에 대한 화답의 성격을 지닌다. 일제 강점하의 암담한 현실 속에 있었던 우리 민족에게 커다란 위안과 격려를 준 작품이다.

타고르는 우리 나라에 '패자의 노래', '동방의 등불'이라는 두 편의 시를 보내기도 했다. 그의 시는 "청춘", "창조" 등에 소개되었고, 김억에 의해 시집 "기탄잘리", "신월新月", "원정園丁" 등이 번역되었으며 후에 만해 한용운에게 영향을 끼쳤다고 평가되고 있다.[47] 타고르(Rabindranath Tagore, 1861~1941)

인도의 시인 · 사상가 · 교육자. 캘커타 출생. 시 '기탄잘리'로 동양 최초로 노벨 문학상을 수상하였다. 인도주의적 입장에서 예술과 종교에 대한 상념을 그려낸 글을 발표하였다. 시집에 "아침의 노래"(1883), "기탄잘리"(1910), "초승달"(1913), "정원사"(1913), 소설에 '고라'(1910), 평론에 "인간의 종교"(1931), "내셔널리

즘"(1917) 등이 있다.

인도정부는 그 시원적 신앙과 삶의 양식을 - 영국이 식민지를 300년간이나 당했어도 그 신앙 영국 성공회 기독교 때문에 자신들의 고유신앙을 배척하거나 탄압하지 않았고, 오히려 후원 지원한다.

자국의 시원적 신앙을 존중하는 인도에서 한국을 생각하면 한국이 부끄럽고 자존심이 상했다. 영국에서 유학한 간디 수상과 미국에서 유학한 이승만의 자국 신앙과 문화에 대한 정책은 상반되었다.

저녁 7시마다 힌두교식 의례를 올리는 그 자체가 중요 관광자원화되거나 그렇게 정부도 만들어, 모든 여행사들은 그 시간대에 관광객들을 그곳으로 유도하여, 같이 자연 속에 불로 물로 신성한 의례로 하나가 되는 시간을 공유하게 한다.

우리나라의 길고 충분한 자연경관과 혼을 가진 한강을 삭막한 한강변으로 관리하는 우리정부와는 천지 차이이다. 이 부분에서 인도와 한국의 공양물이 꽃이고 음식물인 점에서 차이가 나는 점도 중요하다. 농수산물이 풍부하지 못한 인도는 꽃으로, 농수산물이 풍부한 한국은 음식물로 제사상에 오르는 것이 서로 다르다.

인도는 거의 꽃이 반이나 제사상에 오르고, 또 같은 꽃으로 여신 강가에게 띄우니 강의 오염이 덜하다.

한국은 음식물이 모두 제사상을 채우고 나서 강에도 음식물로 공양하니 강의 오염이 염려된다. 계도 관리하면 된다. 한국 무신교인들도 요즘 계도에 많이 조심들을 하고, 오염에 대해 몇 년간 사회적 문제가 대두되니 이제 스스로들 잘 지킨다.

141 ■ 일본 문부 과학성 문화청 종무과의 종교연감에 따르면 신도가 90% 이상, 불교가 80%…, 기독인 0.5~1% 미만,

– 한국 문체부 종무과 종교연감?에 따르면? 개신교 19.7% 카톨릭 7.9% 그 외 불교 17%, 무교 56.1%, 기타 민족종교

한국도 3면이 바다이고 육지에도 강이나 계곡이 많아 용궁 신앙이 발달되어 있었으나, 배타적이고 지배적인 외래 종교인들의 득세 이후 그들이 몇 번 민원을 올리면 기도도 제대로 못하게 엄단하거나 토속신앙 자체를 없애는데 주력하는, 아주 어리석은 짓을 한다. 식민지 때나 전쟁 전후 침략해 들어온 事大 외래를 좇아가며 살아가는 버릇에 물든 얼빠진 위정자들의 주머니(정치자금)나 단결된 조직의 표를 우선 좇느라, 마음의 여유가 없어서, 대한의 국가정체성을 잃어 한국의 미래를 보면 전체적으로 도움이 안되는 선택을 하고 있는 것이다. 실상은 한국은 무종교인이 56%가 넘는 현실을 망각한 채. 이 태도를 위정자들이 수정하지 않는다면, 이제 그 56% 무교 국민이 선거에서 심판을 하는 날이 바로 올 것이다.

142 ◘ 서울 비롯 각 지자체 문광 담당장들 및 문광부 · 행정안전부 담당자에게 문광부 및 행정안전부 산하 기관에 협조공문 발송 및 계도 및 기도터 관리

한국 무신교인들 기도터 보존 및 제대로 활용을 위한 교육 인가 및 기도터 사용 지원을 당부드린다.

교육을 받은 자에게 수여하는 〈**한국 기도터 활용허가증**〉을 인허가할 것을 제안한다.

주최: 사) 한국여성향토문화문화연구원

주관: 전국) 한국경신연합회 · 한국신교협동조합 · 대한신교협동조합 · 한국무교 협동조합, 산신각협동조합(경기도) · 무속협동조합(경기도)

교육 장소: 전국 시군청 문화원 등 적당한 곳

교육 및 기도터 답사 및 직접 기도 실습

기도터가 문제 있다고 폐쇄로 가는 것보다는 양성적으로 풀고 관리토록 시각을 전환할 필요가 있다.

우선 서울시만 예를 든다. – 한국이 볼거리가 없어 관광객이 준다는데, 기도터는 무한한 관광자원이 된다. 옷 무복만 입고 다니게 해도 볼거리이다.

① 서울시 무악동 인왕산 용궁 및 주변

② 서울시 종로구 삼각산 (국민대학은 옛 기도터부터 훨씬 뒤에 들어왔다)

③ 서울시 중구 남산 거북 기도터 – 무한한 관광자원이 된다.

④ 서울시 중구 남산 단군 기도터 - (남산에 제갈량 기도터는 살았고 - 그 기도터에 늦게나마 작게 지은 단군사당은 땅이 없어 물길 위에다 세워 비만 오면 젖고, 도심지 동묘 중국 관우 기도터는 살아 있고) - 이 나라가 도대체가

뭐야! 나라에서 세운 환인 환웅 단군 기도터 하나 제대로 없으니!

⑤ 서울시 한강변 기도터들 - 환인 환웅 김유신 이성계 남이 장군..

⑥ 서울시 원효로 3가 용산문화원 뒷마당으로 쓰는 〈서울 한강 6그루 당산목 기도터〉

⑦ 뚝섬 자오지(치우)사당 기도터 - 환웅시대 역사도 살린다.

이 시대부터는 환부역조換父易祖하고 스승의 나라를 배신하는 족속들이 나라는 다 없어진다고 한다. '제 애비를 바꾼 놈' 즉 환부역조했다고 하면, 명예와 전통을 중시하는 사람에게 이보다 심한 욕은 없다. 역사는 크게 국가나 민족사에서부터 작게는 가족사가 있다. 중공은 환부역조를 해서라도 영토와 제 땅의 사람을 제 국민으로 지켜 분열을 막겠다는 것이고, 일본은 제 조상이 거의 한국인인데 환부역조보다 더한 직접 자기 조상을 모독하는 행위를 한국에 하고 있으니. 어느 나라는 이것 때문에 언제 망하고 하는 예언들이 맞을 날이 올 것인지 두고 보자. 종교적으로도 자신들의 종교가 설 여지를 만들기 위해 환부역조를 절대적으로 유도하는 종교도 있다. 어쨌든 어디가, 어느 종교가 망해 생명들이 힘들기보다는, 같이 스스로 욕심과 월권과 아집을 조정하여, 어디든 평화롭게 국민들이 안정되게 사람되게 살 수 있기를 바라자는 것이 어머니들의 마음이다.

143 ◘ 패전 · 지진 · 해일 · 화산폭발 · 원자력 사고 등이 난 일본의 무궁한 회복력은 어디서 나올까!

집집이 골골이 신도의 나라신과 조상신을 모신 일본 가정의 가족들의 신도종교 기도 의례 평정 에너지가 사고에서 헤어나오는 평정심과 재기의 회복력으로 역할하고 점층되면 될수록 단련시키는 것 같다.

버릴 것은 안 배우고 배울 것은 배워야지. 참고로 일본의 기독교 종교인은 0.6%~1% 정도라 한다.[48)]

"현재 일본의 기독교인 수는 약 105만 명이다. 이는 일본의 총인구 약 1억 2천만 명 가운데 대략 1%에 해당하는 숫자이다. 약 150년 동안 열심히, 그리고 성실하게 전도해 왔음에도 불구하고 기독교는 지금도 결정적으로 소수파이다." 일본 도시샤 대학교 신학부의 하라 마코토 교수가 숭실대학교 한국 기독교문화 연구원 주최로

12일 오후 숭실대 한경직 기념관에서 열린 '동북아 3국의 기독교 선교' 주제 국제 학술대회에서 발표한 내용의 일부이다. 우리보다 앞서 기독교가 전래됐음에도 왜 일본에선 이토록 기독교 교세가 미약한 것일까? 마코토 교수는 이날 '동아시아에 있어 일본 기독교의 사적 위치와 의의' 일본 메이지 정부는 민족종교인 신도(神道)에 대해 "신사는 종교가 아니다"라며 그것을 국가의 제사로 규정했다. 이후 신도는 불교를 포함한 모든 종교의 최상위에 위치했으며, 천황은 정치와 군사의 총괄자였을 뿐만 아니라 신도를 기반으로 한 신앙의 대상이 되기도 했다. 또 "그런 가운데 종교에 관해서는 1889년에 공포된 대일본제국 헌법 제 28조에서 '일본 신민은 안녕질서를 방해하지 않고, 신민으로서의 의무를 외면하지 않는 한 종교와 신앙이 자유를 갖는다'는 것으로 종교의 자유가 주어졌다"며 "그러나 이 판단과 해석의 권한은 국가에 있었다. 즉, 근대국가로서의 종교의 자유와 개인의 존엄이 보장된 것은 아니다"라고 했다. 그는 "이러한 일본의 근대화는 정확하게 말하면 천황제에 근거한 종교국가, 신정정치의 형성이었다. 기독교 선교사에 의해 설립된 각 교파의 교회가 학교 등과 함께 각지에 설립됐지만, 이런 이유로 기독교는 일반 대중과 가까이 있지 못했다"고 했다. - 이 점이 자신의 정치권력과 정치자금 그 돈의 장악과 정치적 지원을 위해 미국의 기독교에 아부하던 한국 정치권력의 한국 정체성과 미래를 보지 못했던 태도와 다르다. 일본에 의해 한국 왕정은 완전히 파괴되었고, 일본은 왕정을 천황제로 승격시켜 일본의 구심점으로 삼은 차이이기도 하다. 제 2차 세계대전의 중심에 있던 일본 천황이 패망했음에도. 카미카제 등으로 일본 군부가 오히려 천황의 힘을 강화시키는 정책을 사용했다. 그러니 그 전범들이 아니라 그 애국자가 되는 것이고, 국가신사에 봉안되어 영원히 숭앙되는 것이다.

마코토 교수가 인용한 일본 문부 과학성 문화청 종무과의 종교연감에 따르면 신도계가 약 9,126만 명, 불교계가 약 8,690만 명, 기독교계가 약 294만 명, 기타가 약 906만 명으로 총 종교인 수는 1억 9,017만 명이다. 그는 "이 같은 종교인의 숫자는 일본 전체 인구의 약 2배 정도"라며 "그 의미를 제대로 이해하고 인식하는 것이 일본인의 종교의식을 아는 데 매우 중요하다"고 했다. - 이 부분에서도 〈한국인은 종교성향이 강하다는데도 무종교가 56.1% 이상인 점도 한일간에 상당히 차이가 난다.〉

일본은 "메이지 시대 이전 제정일치의 종교정책에 기반한 신도와 불교가 있었고,

민중은 신사 신도인 '타마코'이자 동시에 불교사원의 '단가'이기도 했다"며 "즉, 집에 신단과 불단이 공존하고 있었다는 것이다. 이것이 메이지 이후 신도 국교화 정책으로 불교는 집의 무덤을 지키는 '집'의 종교로 되어 있었다"고 했다.

144 ◘ 한국 역사의 평가도 제대로 꼼꼼히 공정히 하고, 대다수 한국인의 정서에 맞는 신앙문화 정책도 개발 실현! – 전통시장을 살리듯 전통종교에도 신경을 쓰는 것이 정신과 물질이 함께 나아가는 것.

나도 초등학교 시절에 (한국에 TV가 막 나오던 시절이라도) 7남매 장녀(살림밑천)로 무척 바쁘게 학교와 집을 왕복하며 - 집 심부름과 동생을 업어서 봐주기 등으로 - 살았는데도, 어머니께서 시장 심부름을 시키시면, 얼른 뛰어가서 시장을 보고는 시간 아낀 만큼 만화방에서 〈의사까불이〉랑 〈동명성왕〉 등을 다음 편이 나올 때마다 눈치껏 보러 다니며 재미가 있어서 역사공부와 위인 흉내내기가 사회화되었던 것 같다. 하여 애어른처럼 동생들의 모범생으로 살았다. 동생을 업고 책을 보는 나를 보시고 내 부모님이 큰딸이라도 공장이나 돈을 벌러 안보내고, 나는 부산에서 서울 유학까지 올 수 있었을 것이다. … "조선시대 주자학과 성리학 하면 다들 지겨운 사람들끼리 당파싸움이나 조장하여 나라가 임진난 등 오고, 결국에는 식민지까지로 오게 되었다 식의 강의가 이루어진 것 같다."로 일괄적인 일제 식민사관적인 하향 평가와 무력한 조상님들로 낙인 찍은 것의 책임은 누구에게 있을까? 이제부터라도 조국 한국의 지난 역사와 역사인물과 컨텐츠 평가도 제대로 하고, 대다수 한국인 정서에 맞는 한국토속 신앙문화 발발 정책을 개발하고 실현하는 것이 바람직하다.

어느 (출판사를 하는) 학부형의 글이 인터넷에 있다. "무엇보다도 성학십도나 성학집요의 내용이 많이 어려워서 원문을 보게 했다면, 아이는 아마도 전혀 모르는 외국어 책을 보는 것처럼 봤을텐데, 시청각적인 만화로, 또 우리 아이들과 비슷한 수준으로 보이는 꼼지와 엄지에게 설명하듯 어려운 내용을 쉽고 재미있게 알려주고 있어서, 아이가 쉽게 가까이 다가가고, 고전이라고 하면 예전에나 쓸모 있던 이야기 아니냐고 되물을 수 있지만 고전을 통해 사람에 대한 깊은 성찰과 이해를 구할 수 있고 이런 책을 통해 생각을 키울 수 있는 시간이 되어서 우리 아이에게는 특별한 〈유익한 만화 독서시간〉이 되었습니다~" 용산민족역사공원이 이런 가교가 되길 바란다.

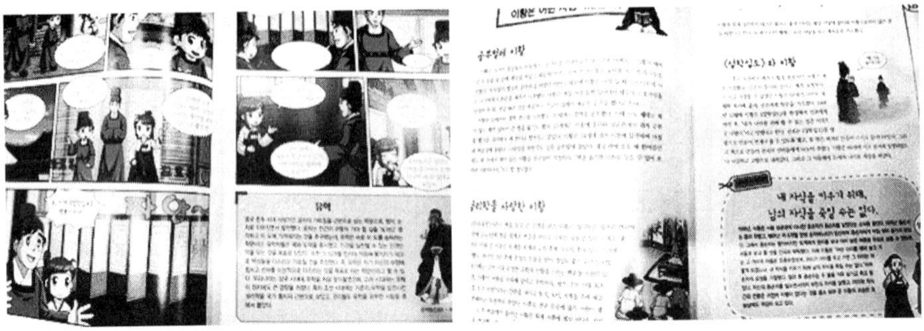

49)

145 ■ 한국은 일본의 신앙 역사 문화의 조상 나라

한국은 일본과는 오랜 역사민족의 하나라는 동질성에서 무의식적 결합: 웅상(신단수신앙)을 왜(일본)에 전해준 "가야(일본서기) 혹은 신라(고사기) 왕자가 일본 신도의 시초"

일본인의 정신을 지배하는 신도神道가 신라 초기 일본에 건너간 것으로 전해지는 신라 천일창天日槍 왕자에 의해 시작됐다는 주장이 제기됐다. 홍윤기 교수는 '동북아 고대사 공통분모 발굴'을 주제로 열리는 국학원 창립 10주년 기념 국제학술회의에서 '단군신도와 천일창 왕자의 태양신 신앙의 일본 전래연구'를 주제로 한 연구논문을 발표한다. 이 논문에서 홍 교수는 일본 게히 신궁의 주신主神은 이사사와케 대신伊奢沙別大神으로 신라 천일창 왕자를 가리킨다면서 "천일창 왕자는 일본 왕실이 제사를 모시는 일본 국가 인격신人格神이 된 최초의 한국인 인간신"이라고 주장했다. '일본서기'에 따르면 천일창 왕자는 일본 제 11대 스이닌 천황 때 일본으로 건너갔으며 곰신熊神을 신주神主로 모신 제단인 곰신단과 붉은 옥 등을 스이닌 천황에게 전해 줬다. 홍 교수는 천일창 왕자년가 원시 채집 생활을 하던 일본 선주민들에게, 선진 벼농사 문화, 철제 제작 기술과 함께 곰신단을 통해 단군 천신天神 신앙의 문화를 전파했으며, 곰신단은 일본 신도神道의 시초가 됐다고 주장했다. .

또 곰신단은 고조선 단군 개국시대 웅족熊族의 귀공녀였던 단군 모친 웅녀의 신주단지로 짐작된다면서 "일본 천황의 신맞이迎神 축문에 나오는 아지메阿知女 여신은 웅녀신이 아닌가 한다"고 추정했다. '백산사상과 단군과 다이쇼'라는 연구논문을 발표하는 일본 리츠메이칸 대학의 혼고 마사쓰구 부총장도 "한반도와 가까운 호쿠리쿠에 있는 백산白山은 정상의 화산호수 등 백두산과 매우 닮아 있다"면서 고대 일본의 백산 신앙은 한반도계 도래인들의 신앙에 영향을 받아 성립됐으며 일본의 천손 강림 신화도 단군 신화의 영향을 받은 것으로 보인다고 추정했다.

몽골 국립대학의 바야샤흐 잠스란 국제교류학장은 '몽골인과 유라시아민족 간의 역사적 연대성'이란 연구논문에서 몽골의 게세르 신화와 단군 신화를 비교했다.

잠스란 학장은 게세르와 단군 모두 하늘로부터 지상으로 내려와 사람들을 도우려 했고, 지상의 인간과 결혼해 자손을 번창시키는 등 공통점을 찾아볼 수 있다고 지적했다.

임재해 안동대 교수는 '고조선 건국 본풀이와 게세르 신화 비교로 본 한 · 몽 고대사의 접점 인식'이란 연구논문에서 "고조선과 몽골은 지리적 영역과 시조의 혈연은 물론 언어와 생업, 문화가 어느 정도 동질성을 지녔으나 역사가 진전될수록 서로 이질화됐다"고 분석했다.[50]

146 ◒ 일본신도는 조선 신교를 이은 것

2002년 3월 20일 '아키히토 일왕'이 "제 50대 간무왕의 생모는 백제 무령왕의 직계 후손이다. 내 몸에도 한국인의 피가 흐르고 있다."라고 기자회견을 하며 밝혔다.

(뉴스위크 : 2002. 3. 20일자 한국어판)

왜에는 애초에 신라왕족이 (제사 사제를 직접 국무로서 시행하던 신라왕족들이) 들여간 곰신단 천손강림 단군 웅녀신화 제사를 하는 신도가 들어가 이미 제사사제 신궁 등의 신사가 활성화되고 있었고, 586년에야 일본으로 몰래 잠입한 백제성왕(동일인물⇒일본 긴메이왕)의 백제권의 왜에 확대정책으로 백제불교가 들어갔다. 새로이 확립하려는 숭불정책으로 신도와 불교 추종자간에 종교전쟁까지 있었다.[51] 백제의 속국 중 하나였던 '오사카'는 지금도 백제(百濟 : 구다라〈日〉)라고 부르는 지명이 많은데, 오사카시의 공립학교인 '남백제南百濟 초등학교'를 비롯하여 철도역인 '백제역'과 시내버스 정류장인 '백제'와 '백제다리(교)' 그리고 백제인 왕족의 신주를 제사를 모시는 큰 사당인 '백제신사' 등 백제와 관련된 흔적들이 너무 많이 남아 있다.

일본 건국신화와 관련 있는, 강원도 춘천 맥국 우두산에 고향을 두고 있는 스사노오미코, 그는 아마테라스 오미가미의 친남동생이라 - 왜에서는 신라 대명신으로 받들어 모시는 오사카 오우미近江 신라선신당에 모셔져 있다. 맥국(추후 신라가 침략하여 다른 곳으로 이주하였기에 그곳이 신라로 귀속) 우두산의 스사노는 따라서 왜인 일본 건국 신화인 바로 그 스사노이고 일본 태양신 아마테라스의 남동생이라 여러 연관성이 제기되어 앞으로 깊은 연구가 필요하다.

주몽은 백제 온조의 아버지로 여겨, 한국인이 쉽게 건너간 이즈모 · 오사카 등에 백제의 시조로 주몽 관련 기사들이 많다. 오사카는 일본의 전라도 백제의 핵심![52] 이다. 천일창은『일본서기』에서 사로국 출신의 왕자라고 주장하는 인물. 11대 스이닌 덴노 시기에 등장하는 인물이다.『고사기』에서는 천지일모天之日矛 즉, 아메노히보코라고 기록되어 있으며 귀화 동기 등도 다르게 기록되어 있다. 또한 신공황후가 그의 후손이라는 기록도 있다.『일본서기』에서 스이닌 덴노 3년(31년) 봄 3월 신라 왕자 천일창天日槍이 귀화했다. 가지고 온 물건은 우태옥羽太玉 1개, 족고옥足高玉 1개, 제록록적석 옥鵜鹿鹿赤石玉 1개, 출석소도出石小刀 1자루, 출석모出石鉾 1자루, 일경(日鏡,청동거울) 1개, 웅신리熊神籬 1개 등 7가지였는데, 다지마국但馬國에 보관하여 항상 신물神物로 삼았다.【일설은 다음과 같다. 처음에 천일창이 작은배를 타고 와서 하리마노쿠니播磨國에 정박하여 파마국 육속읍播磨國 肉粟邑에 있었다. 그 때 덴노가 미와노키미三輪君의 시조 오토모노누시大友主와 야마토쯔키倭直의 시조 나가치長尾市를 하리마播磨에 보내어 천일창天日槍에게, "너는 누구이며, 어느나라 사람인가"라고 물었다. 천일창이, "저는 신라국왕의 아들인데, 일본국日本國에 성황聖皇이 있다는 말을 듣고 나라를 동생 지고知古에게 주고 귀화하였습니다"라 대답하고, 물건을 바쳤는데 엽세주葉細珠, 족고주足高珠, 제록록적석 주鵜鹿鹿赤石珠, 출석도자出石刀子, 출석창出石槍, 일경日鏡, 웅신리熊神籬, 담협천대도膽狹淺大刀 등 8가지였다. 이에 (덴노가) 천일창에게, "하리마노쿠니播磨國 肉粟邑이나 아와지시마 출천읍 淡路島 出淺邑 의 두 읍 중에서 너의 마음대로 살도록 하라"고 조칙을 내렸다. 이 때 천일창天日槍이, "신이 장차 거주할 곳에 대하여 만일 천은天恩을 내려 신이 원하는 곳을 허락하신다면, 신이 직접 여러 나라를 돌아보고 마음에 드는 곳을 지급받고자 합니다"라고 아뢰니, 이를 허락하였다. 이에 천일창이 토도하菟道河로부터 거슬러 올라가 북으로 오미노쿠니近江國 아나무라吾名邑에 들어가 잠시 머물다가 다시 오우미近江으로부터 와카사국若狹國을 거쳐 서쪽으로 다지마국但馬國에 이르러 거주처를 정하였다.

오미노쿠니近江國 경촌곡鏡村谷 도인陶人은 바로 천일창을 따라온 사람이었다. 그러므로 천일창은 타지마국但馬國 출도出嶋의 사람 태이太耳의 딸 마타오麻多烏와 결혼하여 단마제조但馬諸助를 낳았다. 제조諸助는 단마일유저但馬日楢杵를 낳고 일유저日楢杵는 청언淸彦을 낳았으며 청언淸彦은 다지마모리田間守를 낳았다.『고지키古事記』에서는 다음과 같이 전해진다. 옛날 신라의 아구누마阿具奴摩·阿具沼라는 늪에서 한 여인이 낮잠을 자고 있을 때, 햇빛이 무지개처럼 내려와 그녀의 음부에 닿았다고 한다. 여인은 바로 임신하여 붉은 구슬을 낳았다. 이 모습을 보고 있던 어떤 남자가 그 여인에게 간절히 부탁해 구슬을 얻은 후 몸에서 떼는 일 없이 언제나 지니고 다녔다. 어느 날 그 남자가 소를 끌고 음식을 산으로 나르고 있었는데, 지나가던 아메노 히보코가 그 남자를 보고 소를 죽여 먹으려 한다고 착각해 감옥에 가둬 버린다. 그 남자는 아무리 해명을 해도 히보코가 용서를 해주지 않자, 결국 언제나 지니고 다니던 붉은 구슬을 건네주고 나서야 겨우 용서를 받게 된다. 히보코가 그 구슬을 갖고 집에 돌아가 마루에 두자 그 구슬은 아름다운 여인으로 변했다. 히보코는 그 여인을 정실로 삼았으며 그녀는 매일 맛있는 요리를 만들어주었다. 하지만 거만한 성격의 그는 어느 날 아내를 욕하며 비난했고, 그녀는 부모의 나라로 돌아간다는 말을 남기고는 작은 배에 올라 난바의 나루터에 있는 히메코소 신사比売碁曾神社로 떠나버렸다. 히보코는 깊이 반성하고 아내를 찾아 일본으로 향했다. 그러나 난바 해협을 지배하는 신이 방해하여 아내가 있는 곳으로 갈 수 없었기 때문에 다지마에 상륙하고 말았다. 그는 그곳에서 마에쓰미前津見라는 현지 여인과 결혼했다고 한다. (원래 아내의 이름은 아카루히메이다.)

붉은 옥에서 태어났다는 것과 배를 이동하여 지나갔다는 것은 김수로왕과 허황옥 신화와 비슷한 점이 있다. 또한 일본 건국 신화인 스사노와 아마테라스와도 연관성이 제기되는데, 전체적인 스토리 구조가 신라에 강림했던 신인 스사노를 피해 아마테라스가 동굴에 숨었다는 것과 비슷하다.

147. 홍윤기 교수와 그 뒤를 이을 일본과 한국신화 관련 학자 지원 필요

⊙ 일본서기에서는 천일창을 쓰누가 아라시토都怒我阿羅斯等 라는 의부 가락국 즉, 가야의 왕자라고 서술하고 있다. 또한 이나바의 흰토끼 설화와 비슷하다는 의견도 제기된다. 천일창이 신라의 왕자라는 부분을 신뢰하고 나서 한국 기록 삼국사기와 대조해 보면 그나마 천일창과 행적이 유사한 인물이 신라 제 7대왕이 되는 일성 이사금이다. 일성은 3대 유리 이사금의 장남이자 태자였는데 동생(5대 파사 이사금)이 대신 왕위에 올랐다. 그리고 파사가 죽은 후 조카이자 아들이 없던 6대 지마 이사금을 거쳐서 이미 노인이 된 일성이 결국 동생보다 수십 년 늦게서야 왕위에 오르며, 왕위에 오르기 전 젊은 시절 일성의 행적에 대한 기록은 비어 있다. 즉, 신라 왕자라는 부분과 동생에게 왕위를 양보했다는 부분이 일치한다. 단 삼국사기 기록상 일성보다 동생 파사가 먼저 왕위에 오른 건 파사 쪽이 더 위엄과 지혜가 있기 때문이라 쓰고 있다. 물론 다른 정치적인 이유가 있었고 위엄과 지혜는 그냥 은유적으로 둘러댄 것일 수도 있지만 만약 일성=천일창이라면 일본에서 활동하다 말년에 다시 신라로 귀국했고 신라 정계의 사정에 의해 늦게서야 왕위에 올라서 20년을 다스리는 스펙터클한 인생을 살았다는 말인데.. 물론 일성=천일창도 하나의 설일 뿐이다. 삼국사기에는 빠져 있는 역사 기록으로서 의부 가락국(가야)에 대해 쓰여 있는 몇 안 되는 역사 기록이다. 고사기古事記에선 신라 왕자 일본서기에선 가야 왕자라 한 것은 후대에 가야와 신라를 혼동했을 수도 있다. 옛 고대 한반도인들이 일본 열도를 도래한 것에 대한 중요한 역사 기록으로 볼 수 있다. 일본 고대 가야식 토기가 나타나는 것에 대한 증거로도 볼 수 있다. 일설에는 천일창이 일본에 처음 상륙했을 때 바위가 막고 있었으나 이를 칼로 베어냈다는 이야기가 전해지고 있다는 것을 감안해 제철기술자라는 설도 있으며, 기원전 무렵 진한인의 일본 이주 설화로 풀이하거나, 삼국유사의 연오랑과 세오녀 전설처럼 신라에서 일본으로 건너가 왕이 됐다는 점이나 연오랑의 동생인 지고가 등장하는 것을 비교해, 천일창이 바로 연오랑이며 신라의 태양신 신화가 일본으로 넘어간 것을 나타내는 것이라는 주장도 있다.(소재영, 연오랑 세오녀 설화전 1967년)

147. 오사카 속의 백제 구다라

일본 속의 백제 혼을 찾아 현대에서 고대로 떠나는 시간여행은 각별하고 경이롭다. 그 옛날 백제인들이 첫 발을 디딘 이후로 십 수세기의 세월이 흘렀지만 오사카는 '구다라(百濟)'의 정신과 숨결을 오롯이 품고 있다. 오사카의 넓은 뜰은 고대 백제 도래인들의 터전이었음을 웅변하는 흔적이 도처에 남아 있다. 일본에선 백제를 구다라라고 부른다. 일본 사학계의 거두, 우에다 마사하키 교토대 명예교수는 "구다라라는 말은 고대로부터 일본에서 백제를 '큰 나라'라고 부른데서 생긴 말이다"고 했다. 구다라로부터 '구다라나이'라는 말이 나왔다. '백제 물건이 아니면 가치가 없다'는 뜻으로 백제 것만이 최고라는 칭송이다.

'큰 나라' 백제의 흔적은 일본 제 2의 대도시인 오사카에 넓게 펼쳐져 있다. 오사카 철도역인 '백제역', 시내버스 정류장인 '백제'가 있고 오사카시의 공립학교인 남백제 초등학교는 1894년부터 남백제라는 명칭을 쓰고 있다. 백제교라는 교량도 오사카에는 2곳이나 된다.

백제역은 여느 철도역과 다른 게 없는 모습이다. 백제 왕도인 공주, 부여에서 사라진 명칭이 망각의 시간이 흘렀어도 여전히 일본 땅에서 당당히 위용을 뽐내고 있다는 사실이 놀랍다. 그 앞에서 서면 고대 백제인들이 오사카의 땅을 일구며 선진 문물을 전하던 모습을 저절로 떠올리며 머리 숙이게 된다.

오사카는 고대에 백제주(百濟州)로 불렸다고 한다. 일본의 역사서에는 백제군이라는 명칭이 전한다.

◉ 백제 오사카의 왕인 유적

오사카의 백제 유적은 실로 방대하다. 그만큼 고대 백제의 뿌리 깊은 일본 진출을 실감케 한다. 고대 백제인 가운데 가장 뛰어난 업적을 남긴 왕인王仁박사의 유적도 곳곳에 남아 있다. 왕인은 고대 일본의 학문과 인륜의 기초를 세운 인물로 추앙받고 있지만 그 묘를 찾아가는 길은 쉽지 않았다. 오사카 히라카타枚方시의 꼬불꼬불한 주택가 길을 헤맨 끝에 왕인박사의 묘지가 모습을 드러냈다.

1938년 오사카부 사적으로 지정된 600여㎡ 규모의 묘지는 잘 단정돼 있다. 입구에는 5년 전 한일문화 친선협회를 중심으로 기금을 모아 세운 '백제문'이 세워져 있고 그 안으로 들어서자 비석이 보인다. 비석 앞에는 김대중 전 대통령의 서거를 추모하는 글과 함께 꽃이 놓여 있었다. 묘지는 무궁화공원이 감싸고 있고 일본에 논어와 천자문을 전파한 왕인의 위업을 추모하듯 논어와 천자문의 조형물도 세워져 있다. 묘지는 이 마을 주민들로 구성된 '왕인 묘를 지키는 사람들의 모임' 회원 30여명이 매일 청소하며 관리하고 있다고 한다. 오사카 다카이시高石시에는 왕인박사를 모시는 사당도 있다. 국가 사당인 다카이시신사高石神社는 650년에 창건되어 1635년에 재건되었다.오사카부 다카이시시 교육위원회에서 편찬한 문헌집에는 "왕인 박사를 제사 모시는 사당으로 알려져 온다"고 밝히고 있다. 오사카 외에도 왕인 박사의 유적과 유물은 일본 전역에 퍼져 있다시피하고 최근에도 관련 유물이 발굴되고 있다. 일본에서의 왕인박사의 문화사적 위상을 알려주는 대목이다.

오사카 속 백제 이름 오사카 백제왕 신사: 의자왕의 아들 선광왕 신주를 모신 사당:

오사카에는 '백제'라는 명칭을 쓰고 있는 유적이 여럿 있다. 오사카의 한 복판에는 백제왕 신사百濟王神社가 있고 그 옆으로는 '백제사적'이 일본에서의 백제사를 지탱하고 있다. 백제왕 신사는 의자왕의 아들인 선광왕善光王의 신주를 모신 사당이다. 선광왕은 백제 멸망 이전에 일본에 건너와 있다가 백제 멸망 이후에 일본 왕실에서 백제왕이 됐고, 그의 일족들도 높은 벼슬을 차지하는 등 상류 귀족으로서 번성했다는 기록이 일본 문헌을 통해 전한다. 당시 오사카에서는 선광왕족을 중심으로 백제인들의 거주지역이 더욱 확대됐다고 한다. 백제왕 신사는 수 백여 개의 표석들이 신사를 감싸고 있고 중앙에 사당이 있다. 백제왕 신사에서 지금까지도 매년 한 차례씩 궁중아악을 연주하는 행사가 열리고 있다. 백제왕 신사를 방문한 시간은 평일 오후. 주변 주민들로 보이는 사람들이 드문드문 참배를 하고 가는 모습이다.

148 ⊙ 백제가 망한 것이 664년인데 1355년이 지난 지금도, 왜국에서 아직도 참배를 하는 연유가, 요즘의 원 맺힌 듯한 아베와 한일관계를 푸는 한 공유소나 고리가 될 수 있을 것이라 생각하며 더욱 마음에 와 닿는다. 백제왕 신사 옆의 백제사적은 오사카에서는 오사카성과 함께 단 2곳뿐인 국가 지정 특별사적이다. 백제사적도 백제와 인연이 깊다. “일본 조정의 중신이던 백제왕 남전百濟王南典이 서거하자 쇼무왕(聖武王, 724 - 748)이 애통해 하며 사묘祠廟와 백제사를 세우도록 조칙을 내림으로써 일본 왕실이 관장하는 새로운 성지가 됐다”고 전한다. 백제왕 신사와 함께 수 백년 된 소나무로 둘러 쌓인 백제사적은 언덕지대에 위치해 있어 시내를 한 눈에 조망할 수 있다. 가람터에는 주춧돌이 원래 있던 자리에 놓여 있어 금당과 동탑, 석탑, 중문, 서문 등의 위치와 함께 그 웅대한 면모를 한 눈에 살펴볼 수 있다. 1952년 특별사적으로 지정된 뒤 지난 2005년 11월부터 유물 발굴 작업이 계속되고 있다.

오사카의 백제계 유물과 유적은 절과 신사, 고분에 이르기까지 다양하다. 백제계의 후손을 모시는 신사도 구마타신사杭全神社 등 여러 개나 되고 백제계 가문에서 세운 사찰도 후지이데라葛井寺, 노나카데라野中寺 등도 있다. 또 백제의 왕족 출신 또는 귀족 추린 여승들이 불교를 전파했던 백제니사百濟尼寺도 유서 깊은 백제계 유산이다.[53)]

149 ▣ 한국과 같은 뿌리를 증명할 카자흐스탄에서 만든 단군동전

티베트 장족이 특히 신성시하는 황하원[54)]

150 ◘ 만년역사 증명할 "환국"과 환인이 7분, 환웅이 18분, 단군이 47분인 것부터 압시다.

중국에서는 단군상과 웅녀상을 세웠고, 카자흐스탄에서 단군동전(단군 鉭錢)을 만들었다. 이제껏 각 1분씩 합쳐서 3분이라고 배우고 듣고 알게 했으니 교육정책의 책임이 크다. 이제 우리 국민들이 알아서 바로 공부합시다. 용산역사민족공원에 이름에 걸맞는 환인 환웅 단군전 설립이 절실하다.

151 ◘ 한국 충북 청원군 소로리의 고대 벼도 1만 2,500년 전 재확인

금강 주변의 청원군 소로리 유적지에서 출토된 고대 볍씨가 1만 2500여 년 전의 것이라는 기존 연대 측정 결과를 다시 확인해 주는 연구 결과가 나왔다. 이전에는 '유사벼(quasi rice)'로 분류된 볍씨와 토탄(매우 오래 전 늪지대에서 유기물과 뒤섞여 말라 형성된 지층의 흙)의 연대 측정이 이뤄졌는데 이번에는 '고대벼(ancient rice)'로 분류된 볍씨의 연대 측정이 이뤄졌으며, 세 가지 결과가 일치하는 것으로 나타났다는데 연구의 의미가 있다고 연구자들은 전했다. 연구자들은 소로리 벼가 한반도에서 지배적인 자포니카 벼 계통임을 보여준다는 형태 비교와 해석도 덧붙였다. 한국지질자원 연구원의 김경자 박사(지질조사 연구실)와 한국선사문화 연구원의 이융조 이사장, 우종윤 원장, 그리고 미국 애리조나대학 연구자가 참여한 연구팀은 최근 국제 저널 〈핵 계측기기와 방법: 물리학 연구 B〉에 발표한 논문('한국 소로리 고대 볍씨의 방사성 탄소 연대')에서 "소로리 볍씨 유물에 대해 미국 애리조나대학에 있는 '미국과학재단(NSF) 애리조나 가속기 질량분석(AMS) 연구소'에서 탄소 연대 측정을 해보니 [해발 30~32 미터 토탄층에서] 출토된 볍씨와 토탄은 각각 1만 2520년(±150년)과 1만2552년(±90년) 전의 것으로 조사됐다"고 밝혔다. 이런 결과는 2001년에 연구소 두 곳에서 이뤄진 토탄과 유사벼에 대한 연대 측정 결과와 거의 일치하는 것이다.

152 ☢ 용산민족역사공원에서 만나 어릴 때부터 같이 놀 한국의 상징물

환국 천손의 수호신 상징의 강인하고 포용성 강한 심신 : 천지인 삼신, 천부인 3개 삼태성 삼족오 삼태극 삼정(세발 솥)

"태양에 천손을 보호하는 3발 까마귀가 산다는 신앙은 아주 옛부터 있어 왔다. 봉황과 두꺼비, 계수나무에 토끼 한 마리, 문헌적 자료는『초사楚辭』『산해경山海經』에서 볼 수 있는데, 세 발 달린 까마귀 설화는 전한前漢 시대부터 시작된 것 같다. 고유高誘가 쓴『사기史記』나『회남자淮南子』의 주석이 그것을 뒷받침하고 있다. 태양이 하늘을 건너가기 때문에 조류와 관련시킨 얘기는 이집트나 한국의 고구려 벽화에서도 그 예를 찾을 수 있다. 한漢나라 때의 책인『춘추원명포(春秋元命包』는 태양이 양陽이고, 3이 양수陽數이므로 태양에 사는 까마귀의 발이 세 개라고 풀이하고 있다. 이 삼족오 전설은 중국뿐만이 아니라 우리나라 단군신화와도 연관되며, 고구려의 여러 벽화에서도 등장한다. 고구려 벽화의 삼족오는 태양을 상징하는 양陽의 의미이고, 삼三은 양를 가리키는 숫자이므로, 태양에 사는 까마귀는 발이 세 개라는 것이다. 게다가 삼족오는 단군을 상징하는 문양이었다 한다. 예로부터 우리 민족은 까마귀를 '신의 사자使者'로 보았는데, 발이 두 개인 까마귀는 천天과 지地인 신의 뜻만을 전하였으나, 발이 세 개 달린 까마귀는 인간人의 뜻도 전달하는 바로 자연 속의 天巫이다. 즉, 이러한 천지인 조화의 삼태극적 삼재사상이 내재 되어 있는 삼족오는 하늘과 땅과 사람을 이어주는 완전한 태양의 전령인 태양무인 것이다.

2. 고구려 고분의 삼족오: 고구려 고분 벽화는 대략 세 시기로 나눌 수 있는데, 초기인 4, 5세기 무렵에는 주로 고분 주인공의 생활 장면이 주를 이룬다. 중기인 6세기 무렵에는 풍속화적인 장면 묘사가 주를 이루는 가운데, 불교 사상의 영향으로 불교적인 요소가 많이 눈에 띈다. 그러다가 후기인 7세기 무렵에는 도교적인 영향으로 무덤을 소우주로 생각하고 많은 별자리며 해와 달 등 천상의 모든 모습을 담고 있다. 이 오회분은 후기에 속하는 고분으로 무덤의 형태는 간소해지면서 천상 세계를 나타내는 해와 달 등이 매우 선명한 색채로 그려져 있다. : 해를 나타내는 붉은 원 안에는 다리가 세 개 달린 까마귀인 삼족오三足烏가, 달을 상징하는 노란 원 안에는 두꺼비가 그려져 있다. 고대 신화에서 본래 태양은 부상나무라고 하는 나무에 열 개가 달려 있었다. 열 개의 태양이 번갈아 뜨게 되어 있었는데, 어느 날 열 개의 태양이 한꺼번에 뜨자, 가장 활을 잘 쏘는 예라는 사람을 시켜 태양을 쏘아 떨어뜨렸다. 그러자 한 개의 태양만 남아서 지금처럼 알맞게 되었다고 한다. 이때 태양이 떨어진 곳을 보니 다리가 셋 달린 까마귀가 화살을 맞고 죽어 있었다

고 한다. 태양의 신을 그린 이 벽화는 고구려인의 끝없는 우주적인 상상력을 보여주고 있다. 벽면을 이루는 화강암에 직접 그린 것으로, 천 년이 넘은 오늘에도 색채가 무척 선명하고 표현이 아름답다.☀북극성을 유대교에서는 '다윗의 별'이라 한다.

153 ☢ 한국의 역사를 63,182년으로 보는 조대기(태백일사의 한국본기에서 인용)

현재도 말레이시아 도시에서 밀림 쪽으로 가면 6만 3천년 전부터 살아 온 오랑아슬리족이 정글에서 수렵채취로 살고 있다. 먹을게 없어지면 다른 지역으로 옮겨 숫자 파악이 안된다고 한다. 한국역사를 『환단고기 태백일사』 한국본기에서 인용하는 『조대기』에서 6만 3천 1백 82년, 1자리 숫자까지 파악하고 있는 것은 근원이 있는 아주 정확한 것이라고 여겨져 언젠가 누군가는 찾아낼 것이다. "황당하게만 여기던 우리 역사 7만년"이라는 책도 이미 나와 있다.[55] 차츰 숨은 문헌 자료와 고고학이 밝힐 것이다.

▲ 한국의 원시림 허파는 어디에 잘 보존될까? 지구의 원시림 살아있는 허파 속에

동북아에서 아메리카 대륙으로 건너간 인디언

▲ 한류 DNA를 조금이라도 찾아, 보다 적극적인 외교로 대통령이 해외에 나가서도 할 일 있게 만들자.[56)]

154 ◘ 같은 카자흐스탄 황금인간 유물에 대해 러시아는 연대측정에서 2,900년 전, 터키학자는 5,500년 전 유물 이라고 말하고 있다. 5,500년 전이면 시기는 환웅 초기(1대 거발한 환웅시대 5915)시대이다.

높은 봉분식 무덤도 신라 것이랑 거의 같다. 무적의 호위병 군대도 환단시대의 핵랑국 자랑이나 고구려 조의선인과 같이 천손나라와 천황에 대해 지극히 충성스럽다.

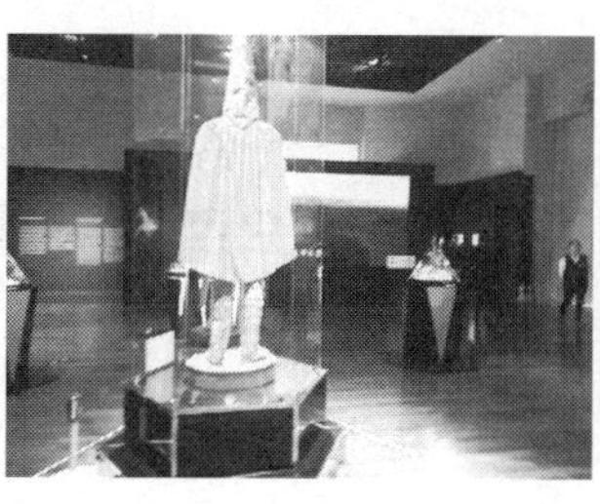

이 코미타투스 집단의 용맹함과 애국심도 몇 십 명의 코미타투스가 수많은 적군을 물리칠 만큼 심신이 강한 것이 신라의 화랑과 같다..아래는 신라 봉분과 신라 계림로의 중앙에 삼태극이 박힌 무늬만 다르고 거의 똑 같은 보검이다.

57)

꼭 우리 손녀같이 생긴 티베트 아이

155 ▣ 고구려 · 백제 · 십제 3개 나라를 세운 소서노 어라하(추모는 소서노를 어라하 즉 여왕女王으로 칭했다)남자왕은 어룩하

성주풀이 애창 민요 속에 살아 있는 소서노 "어라하 만수!" 어라하는 백제어로 여왕이라는 뜻, 민요 성주풀이 - 어라하 만수!(에라 만수가 아니고) 남자왕은 어룩하나 어루하. 세계적인 여대왕 소서노 어라하: 40대(고구려를 세우고 고구려라는 나라를 19년간 운영한 女帝), 소서노 · 온조(10대소년) 백제 건국 - "온조 1년 동명묘부터 건립"하게 한다.(삼국사기).

하남시 검단산 동명성왕 제단터에서 천제를 올리다 : 사)백제문화 연구회원 및 서울시 문화재 관련 인사들과

156 ★ 세계적인 여성학, 성폭력방지법을 낳은 이화여대 본회 한국여성향토문화연구원 소서노 기념사업회는 소서노 석상을 세워 세계 여성지도자들에게 한국의 위대한 여성상이 있음을 알리는 제막식 및 전국 한국 무신교문화 알리기 행사를 열다. 소서노 기념사업회장 겸 세계여성학자 대회 본부 총괄위원으로 차옥덕이 직접 주관하다.

1970년대 초부터 이화여대는 김옥길 총장과 학처장 학생대표로 〈문리대학 학제 개편 위원회〉를 구성하여, 10여 년간 대학개혁과 여성학 과목의 개설을 준비하였다. 대학원 여성학과를 한국에서는 처음으로 만들고 여성학과 학생들은 〈한국 성폭력연구소〉를 만들어, 성폭력특별법을 만드는데 큰 공헌을 하였다. 이어서 2003년에는 제 9차 세계 여성학대회를 한국 이화여대가 유치하여, 세계여성 지도자들과 함께 세계 여성인권 상황의 개선을 위한 노력을 하였고, 한국위안부(일본의 전쟁 성폭력 피해여성) 문제제기도 하여 할머니상 소녀상을 세워 국제 인권위원회와 더불어 세계 여성인권을 위한 일에도 기여하는 오늘날에 이르렀다. 당시 충북 음성 큰바위얼굴 조각공원 한국왕 세계위인들과 나란히 30t 석상 건립. 개막식을 주도하였다. 음성 큰바위얼굴에서 소서노상을 제작해 주셨고, 한국 각 종교 여성지도자들이 대거 나섰고, 전국 무신교 및 전통문화촌 여성주인공 투어는, 안숙선, 안성시 태평무, 줄타기,점심 등을 후원하였고, 인천시에서는 강화도 김금화문화재 만신굿 후원, 남원시, 영양시에서는 200여 명이 성장한 궁휼한 여성다례도 성원을 받았고, 여성주인공 대웅전도 박수를 받았고, 서경욱문화재 최영장군 당에서도 화려하고 의미심장한 무복 쇼로 대환호를 받았다. 시간과 재정이 부족해 아쉬웠으나 다들 만족했다.

정근희이사장, 오른쪽 차옥덕박사, 박정수 원불교 대표 / 왼쪽 신낙균 전문광부장관 손덕수박사

여성신문 전문가 칼럼 21세기에 다시 보는 소서노 리더십 - 도덕적 삶! 차배옥덕

오피니언

전문가 칼럼 / 21세기에 다시 보는 소서노 리더십

도덕적 삶속 갈등·위기 대처능력 탁월

157 ◘ 한국이 칠석제를 유네스코에 등재하려면(중국에 불공평하게 안 빼앗기려면) 중국이 칠석제를 유네스코에 등재하려고 최근 몇 년간 열을 내고 있어, 한국정부도 15회나 칠석제를 거의 사비로 해온 〈한민족 칠석제보존회〉와 국가가 중국1/5이라도 지원해주고 전국 무신교인 합세해 주면 세계 교포들까지 유네스코 등재로 같이 해볼 만하다. 칠석날 한민족은 태초부터 하늘에서는 직녀님과 견우님이 땅에서도 이루어지길 바랬다 하자. 땅에서는 아반과 나만 이 두 분이 첫 남녀로 만남이 이루어졌고, 그 날은 사랑의 시작날로 기념되어 왔기에 한민족 칠석제의 연원은 태초부터이다. 하여 전국 무신교인 50만~120만 명은 신도 1000여 명과 함께(한 무신교인 신당이나 기도터에 10명씩만 잡고도 칠석마다 해 오던 일이시니, 칠석날 깃발만 내어 달아주면 〈칠석날 한국에서부터 SNS시대라 세계로〉 모

든 대소간의 나라 개인 가족내 친구간 노사간의 전쟁도 그 며칠은 휴전이다. 휴전에서 평화의 싹을 찾으시길 바라자.

사람 사람

“칠석제를 한국의 밸런타인 데이로”

70년 만에 행사 재현하는 차옥덕 박사

중앙일보 ⇨ KBS 제1 라디오 ⇨ LA 라디오 서울 2차 앵콜 방송으로⇨ 칠석날 LA교포들도 방송국마당서 칠석제 같이했다는 연락 받았음

⇨

'LA 교포들과 함께하는 칠석 축제' 로

세계의 교포들과 함께할 수 있는 계기를 열다.

차옥덕:2004 칠석제를 한국의 발렌타이데이로 ⇨2010: 칠석제를 세계의 교포들과 함께 할 수 있는 계기 열다

– 칠석 깃발이 사랑으로 이해로 포용으로 조용한 대화로 평화와 밝은 생명으로 감싸진다. 사실 유네스코 등재보다 이것이 더 의미가 깊어서 끙끙 앓아가면서도 15년간 해 왔다. 홍보가 많이 확산되었다. 필자가 대학에 강의하며, 아름다운 별과 사랑에의 염원(善의 바탕을 건져 다지는 조상의 지혜)을 담은 한국 칠석연인의 날을 만들었다. 기존 칠석제를 닦아 온 노중평 선생님의 이론 및 여러 문화예술 분야 분들이 두말 않고 밀어주셔서 가능했다. 칠석제는 하고 나면 바로 내년 것을 준비하고 본격적인 준비는 6개월 이상 준비하므로, 상당히 애로사항이 많았으나 깃발을 든 것만으로도 행복하게 생각한다. 15회를 하고 나니 이젠 좀 국가가 지원해야 하겠다.

일본 제과점 사장의 얄팍한 물신주의 '발렌타인 데이'에 속지 말고, 대신 7월 7일, 칠월칠석을 '한국연인의 날'로 하자고 하여 15년 전에, 재야에서 조그맣게 해오시던 한국역사문화 지킴이 선생님들과 함께 시작하였다.[58] 선행을 닦는 날, 또 그간 멀쭉했던 관계 개선과, 선한 만남 만드는 실천행동"하는 날로 〈한국적인 (할로윈데이)[59] 귀신날〉 매달 있는 절기에 매달 할 수도 있어 관광객 취향에 맞춤관광할 수도 있어, 앞으로 용산역사민족공원서도 같이들 하고 싶다.

칠석제 견우직녀님 벽화가 북한에 평양덕흥리에 광개토태왕 때 만든 것이 있어 우리는 물론, 일본도 그것을 걸어두고 하고 있어 남북한 일본이 함께 유네스코에 등재할 수 있다. 중국도 최근에 한국에서 내가 주최한 것을 보고 가서는 3년 후부터 정부와 4개 성에서 관주도로 대단위 축제로 키우고 있어 자기들이 독자적인 칠석을 유네스코에 등재하려 준비한다. 우리도 내 개인의 행사보다 전 국민이(사실 한국무속인들은 사적私的으로 몇 천 년을 거의 온 국민과 자기 신당들에서 해 온 행사이고, 무속이 무시당하는 동안, 공개적公開的으로는 불교 사찰들이 칠석으로 신도들의 후원을 받아왔다.

158 ★ 중국은 역술인은 있어도, 한국처럼 전국 무속인의 집집마다 칠석은 없다.

중국에도 칠석자료는 좀 있지만 공산주의 하에서 지속적으로 칠석을 지내지 않았다. 뿌리가 잘리고 가지만 나와 있는 나무는 곧 죽는다. 한 민족에게도 마찬가지이다. 민족의 뿌리역사가 잘리면 시들어 죽는다. 경제적 정치적 힘으로 확실히 자르려 하고 있다. 일본과 중국이 한국역사와 문화를 거의 왜곡하고 잘라서, 몇몇 애국지사적 학자나 종교인들과 민중에서 한 뿌리라도 다시 살리는 일부터 하려고 많은 애를 쓰고 있다. 무아봉공 無我奉公이다. 그 생명과 일생을 건 노력은 이제 싹이 펴져 어느덧 전국, 세계 각지에서 함께 하려는 분들의 함성이 높아지고 있다.

"칠석제를 한국의 밸런타인데이로"

159. 고구려 고분벽화의 견우직녀도(평안남도 강서군 덕흥리) 함께

고구려 고분벽화의 견우직녀도(평안남도 강서군 덕흥리)

161. 70년 만에 행사를 재현한 차옥덕 박사[60)]

"1930년대까지도 칠월칠석이 되면 어머니들이 우물 청소를 한 뒤 물을 떠놓고
가족의 무병장수와 풍년을 빌었어요.
선비들은 장마로 눅눅해진 책을 말리고요."
음력 7월 7일인 오는 8월 22일
서울 마포구 선유도 공원에서 칠석제를 재현하는
차옥덕(54.국문학 박사) 한국여성향토문화연구원 이사장.
천안대와 성신여대에 출강 중인 차 이사장은
70여년 만에 이를 복원하기 위해 지난 7년간 밤낮없이 뛰어다녔다.

이번 행사에 참가한 '동북공정에 대응하는 학자들의 모임' '한국 예맥학회' '한국 종교사연구회' 등 약 30개의 단체, 250명의 학자와 전문가들도 그가 끌어들였다. 이번 칠석제는 수박 등을 걸고 소원을 적은 금줄을 매단 뒤 풍물패가 풍물을 치는 것으로 시작된다. 칠석이면 우물 청소를 했던 풍습에 따라 선유도 주변을 물청소한다.

인류의 화합을 기원하는 제사도 모시고 책 말리기와 공부 잘하기 축원식도 연다. 그는 칠석제가 일제의 민족문화 말살 정책의 하나로 사라진 우리의 뿌리깊은 문화 축제라고 강조했다. "평양시 인근에 있는 AD 408년에 만들어진 덕흥리 고구려 고분벽화에는 견우직녀도가 선명하게 남아 있습니다. 조선왕조실록에도 칠석제에 대한 얘기가 100번 이상 나옵니다. 이는 칠석제가 우리 민족의 오랜 문화축제라는 것을 입증하는 겁니다."

*15년 후 추가 – 그는 〈"칠석제의 기원은 칠석에 만난 아반과 나만의 바이칼 천제 · 천문 역법이 일찍 발달한 환웅배달 단군왕검 조선의 1 · 1, 3 · 3, 5 · 5, 7 · 7 '천제'〉에 이어 우리민족의 대동축제이고 백성들의 시장경제 활성화 정책으로도 하늘에 올린 축제였다. 단군조선 · 고구려의 '동맹'은 물론이다".

"중국이 고구려가 중국역사라고 주장하는 때 칠석제를 국민적 문화축제로 승화시켜야 한다"고 말했다. 차 이사장은 "칠석제가 오랜 장마가 끝나기를 기원한 일종의 지우제(遲雨祭)였다"며 "견우와 직녀의 사랑 이야기는 하늘의 별자리를 보고

농사에 대비하던 농경민족이라는 우리민족의 특성이 낳은 설화"라고 해석했다.

모든 의례의 제관이 남성이라는 데 의문을 품게 된 그는 "여성이 제관이 된 의례가 없었을까"하고 칠석제에 관심을 갖게 됐다고 한다. 그래서 고대 제사일수록 여성이 제관인 것이 오히려 자연스럽고, 또 칠석제는 여성 직녀제라 하니, 이번 칠석제의 제관祭官도 자신을 포함해 모두 여성으로 구성했다.

차 이사장은 그동안 역사 속의 여성인물을 찾는 일에도 몰두했다.

최근엔 고구려의 첫 왕비로서 남편 *추모(주몽)을 이끌어 고구려를 건설한 '소서노'라는 인물을 찾아 학계에 발표해 주목받았다. 박사학위 논문도 조선시대의 남장여자였던 '방관주=한림벼슬을 한 방한림'이란 인물을 통해, 조선시대 여성의 삶과 미래여성의 삶으로 변경할 수 밖에 없는 남녀의 시대적 한계를 조명했다. 4년 전부터 한국여성향토문화연구원을 운영 중인 그는 200여명의 회원과 함께 주말이면 역사 속 여성인물 찾기 답사도 꾸준히 하고 있다.

"칠석제를 앞으로 한국의 밸런타인데이로 이끌어갈 것입니다. 국적 없는 행사가 판을 치고 있지만 견우 · 직녀만큼 애절한 사랑 얘기도 없잖습니까?"

중앙일보 문경란 기자

162 ◑ 칠석과 아리랑을 유네스코에 (2011 칠석축제)

명절 7월7석제는 세계로 진출하는 한류로서 민족의 혼이 부르고 있습니다. 결별에서 만남으로, 상처에서 치유로 연인들을 '하나'로 세우고, 갈등에서 화합으로, 상극에서 상생으로 민족들을 통합시켜 왔던 우리 전통문화의 힘과 빛은, 이제 서양문명의 막다른 골목에 서는 현대인들에게 하나의 대안을 제시하고 있습니다. 7 · 7 칠석축제 터는 빈 마음, 빈 곳을 풀고 채워 참사랑을 나누는 자유로운 상생터입니다 - 아리랑은 그 당해에 한국의 문화유산으로 등재되었다.

청계천 광장에서 3일 낮과 밤 동안 펼쳐지는 칠석제 - 예술문화는 견우와 직녀의 Love Story이자, 세상을 사랑하고, 하늘을 공경하며, 자연과 하나되게 하는 진리를 노래와 춤, 설화와 굿으로 만담으로 청중의 가슴을 울리며 인간의 에고를 비우고 하늘의 뜻을 채움으로 견우와 직녀는 21세기의 스승으로 현현하고 있습니다. 3일간 한반도의 각처에서 펼쳐지는 칠월칠석의 축제가 여러분의 삶에 청량제가 되기를 비나이다.

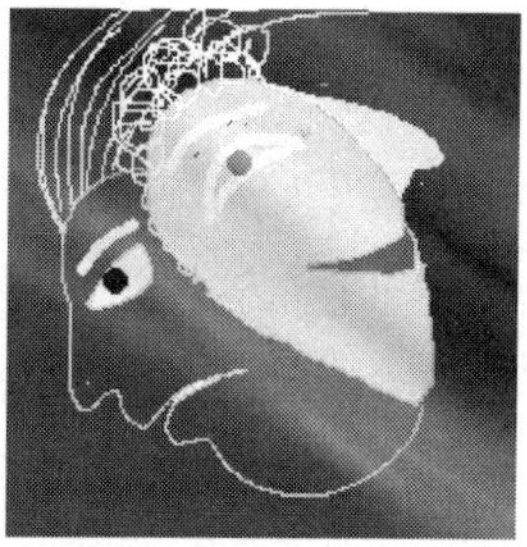

▶주최: 소서노태왕기념사업회
▶주관: 한국여성향토문화연구원 / 7 · 7 칠석제 보존회
일시 ::: 환기 9208년 (2011년) 7월 5일 6일 7일 (3일간)
시간 ::: 10시부터 22시까지
장소 ::: 광화문 청계천 광장 (동아일보사 옆)
식사 ::: 점심+저녁은 조촐한 '연인의 김밥'으로 나눠 드림
사랑하는 님! 중국이 우리 고유의 전통 (아리랑 - 한글)을 도적질하기 시작하고 있습니다.
우리 정부는 무관심인 채 버려 놓고 그래 여성들이 홀로 뛰어다니면서 국가명절인 7월 7석 마당은 〈초종교적〉으로 준비하고 있습니다!
님을 '연인'으로 초대합니다. 힘과 희망이신 연인은 바로 '빛' ! 그 빛으로 명절잔치를 환하게 비춰주십시요! 손이덕수 dream[61]

'연인의 날' 칠월칠석 행사 '풍성'

서울 선유도·경북 문경·충남 부여 전국서 축제

선남선녀 선발·가요제·연꽃 주고받기등 다채

서울 남인사 마당에서 더운 여름 칠석제 때 우룡선사께서 과분하게도 "진자칠석 홍익진인眞慈七夕 弘益眞人"으로 느끼셔서 현장에서 직접 쓰셔서 주시다. 우룡 선사께서는 숭례문화재 화재 시 국민들의 마음을 달래시느라 100회 이상 기도와, 백두산에도 자주 기도와 예를 올리시는 등 나라를 위한 일을 많이 하고 계신다.

163 ◘ 본인 및 우리 무형문화 칠석제 지킴이들이 9214(2017)년 강화참성단 천제암궁터에 칠석날 칠석제를 올리면서:

강화도 천제암궁터는 단군왕족 및 신하들이 참성단 천제를 준비하거나 머물던 행궁같은 곳으로 인천시 문화재로 인정되어 있으니 복원이 필요하다. 북한은 단군릉과 역대 47분의 단군 신위를 박물관에서 잘 관리하고 있다.

164 ◘ 한국 · 북한 · 중 · 일의 공유소 칠석과 삼짇날

칠석제는 "만남과 연인의 날" 칠석축제 같이 살려야 하고, 서울시도 적당한 때에 강서구 강북구 등 칠석구로도, 특히 용산역사민족공원 일부 '칠석공원'으로 (자료

있어 살릴 수 있고), 중국은 칠석을 성 차원에서 3~4곳에 크게 자리를 차지하고, 학자들과 공무원들이 합심하여 정부정책으로 지원하여 공항이나 일반 버스 홍보물 부착 등을 열성적으로 하고 있다.

북한도 평양에 견우직녀 벽화가 있어 공동축제 유네스코 등재가 가능하다. 남측 해인사 북측 보현사 팔만대장경 목판 및 인쇄본도 공동연구 과제.

3월3일 삼짇날도 일본은 그 축제를 가지고 간 조선인으로 인해 명치유신 이후 양력으로 하는 것만 다르고 본질은 거의 같다. 액막이 푸닥거리 축제 '왔소이 축제'이다. 대륙 한반도(한머리땅)에서 왔소다. 일본은 컨텐츠로 살렸고 한국은 기독교 지배세력으로 인해 삼짇날 액막이 '푸닥거리'를 점점 사라지게 방치했다.[62)]

한국도 여기저기 하고는 있으나 컨텐츠 축제로는 작은 규모이다.

165 ★ 용산민족공원: 수익구조가 날 수 있고 정체성 있는 유무형문화재 활용 방안을 모색하자.

일단 자신의 정체성이 생겨야 - 물 속이라도 뿌리가 단단히 박았기에, 자신의 역할이 안정되게 꽃을 피우는 연꽃처럼 - 바로 아름답게 살아간다. 그래도 자기 쓸 돈은 벌어야 더욱 튼튼하지!

덕수궁 수문장 교대식처럼 깊은 역사자료가 없어도 해야 할 것은 해야 되길래 〈소서노 어라하(백제어 王) 기념사업회〉도 한다.

166 ◘ 무종교 56.1% 한국 국민들 속이 깊어, 말이 없다고, 어디 속까지 없으랴!

한참 계속 현재도 거꾸로 가는 열차? 어느 대통령까지? 외래종교를 믿고, 그 외래종교는 그 대통령 권력을 지배하여 자기네 종교로 이 땅까지 영지화하고 - 심지어 광화문 4거리 세종문화회관의 바닥에다 〈카톨릭 신앙증거 표석〉까지 세우는 권력누림의 오만방자함. 나중엔 카톨릭 뭐까지 세울 것인지 두고 보고 찾아보고 그 어느 날 일본 신사 10만 개를 날려 버리듯 날려버릴 것이다!

일본은 조선 각 고을 신사 10만개의 꿈에 대한 미련을 지금은 각 고을 구청마다 SGI를 세워 무슨 구청에서 하는 문화센터인 듯하게 위장해서 전도하고 있다. 이명박 때 이들에게 무슨 상까지 주며 허가해 준 일본우익 남묘호렌게교, 한국 전국 지부는 실제로 무슨 일을 도모하고 있을까? 어디까지 하는지 잘 지켜봐야 한다.

한 손엔 바이블, 한 손엔 칼이나 총을 든 서양무리들을 모방한 머리는 하늘과 소통한다는 의식이 드러나는 한국식 상투식 아미타불을 내면은 서양침략식, 표면은 한국식으로 모방한 18세기 사무라이는 양손에 총칼을 들고 배운 대로 파고 들어왔다. 2018년 10월초 오늘도 아직도 제국주의 욱일기! 를 들고 나오려고 한국과 기싸움

일본 제국주의 메이지유신이 강화한 신도神道라는 일본 종교, 역시 국가가 만들다시피하여 강요하니 애국이 지나쳐 주변국을 비롯 세계에 잔혹하게 고통을 준 전범들을 양성한 것이다. 유유상종 제국주의 영일이 1900년 영일동맹에 100년 후 자기네 선조가 예언한 100년쯤 뒤에 다시금 2012년 〈영일무기 공동제작 동맹〉을 맺고 춘천 중도를 파괴시키고 있다, 영일동맹을 빨리 해체하고 평화적인 우방으로 돌아오라. 영국 레고는 중도에서 유물유적이 많이 나와 스스로 물러나겠다고 하는 것이 세계적인 문화 신사? 영국이 진정한 우방으로 돌아오는 길.

한국인 중에서는 외교적 관례로 영국외교관의 외교행랑을 못 뒤지니 9200여 점이나 나온 중도에서 문화강국 영국이라면 스스로 물러가야지 혹시 근대처럼 유물도굴 도적의도?까지로 괜히? 의심까지 한다.

167 ◘ 우리의 문화재를 반환해 오는 시대 · 우리 내에서 찾기도 하는 시대

복원해 가는 시대에 동시에 찾기도 하자! 박물관과 국립도서관도 보관하는 기록물들 모두 전자 열람이라도 가능케 하자.

이번에 공개하는 인장에는 고종이 대한제국을 선포한 후 만든 국새인 황제지보皇帝之寶를 필두로 순종이 고종에게 존호를 올리면서 만든 어보인 수강 태황제보壽康太皇帝寶가 포함된다. 문화재청은 이들 어보가 “대한제국 시기 황제국의 위엄을 널리 알리고, 자주적인 국가를 세우고자 노력했던 당시의 노력이 담겨 있는 귀중한 우리의 문화유산”이라고 밝혔다.[63)]

그러나 이렇게 만들어진 어보 중 일부는 6•25 당시 전쟁 과정에서 미군에 의해 약탈됐다. 미군의 약탈 기록은 한국전쟁 직후 당시 우리 정부의 반환 요청으로 미국무부가 펼친 조사를 통해 남아 있다. 이같은 사실은 혜문 스님(문화재 제자리찾기 대표)과 김정광 미주 한국불교 문화원장 등이 2009년 메릴랜드 국립문서 보관

소에서 찾아낸 '아델리아 홀 레코드'를 통해 상세히 밝혀졌다. 그 내용에 따르면 1953년 미 국무부 자문관인 아델리아 홀은 미군이 훔쳐간 어보 등 도난품 리스트를 작성하고 반환에 협조했다. 당시 주미 대사였던 양유찬 박사는 미군이 훔쳐간 47개의 어보를 찾기 위해 많은 노력을 기울인 것으로 알려졌다. 그러나 어보들의 반환과정에서 일부가 사라졌다. 그 중 하나가 2008년 LA카운티 미술관에서 발견됐는데, 바로 그것이 문정왕후 어보였다. 문정왕후 어보는 명종 2년(1547년) 중종비인 문정왕후에게 '성렬대왕대비聖烈大王大妃'의 존호를 올리는 것을 기념하기 위해 제작된 것이다. 문화재 제자리 찾기는 이후 100인 위원회를 구성하고 백악관에 청원서를 제출하는 등 캠페인을 전개하고, 어보가 보관돼 있던 LA카운티 박물관과 협상을 하는 등 어보 반환을 위해 노력해 왔다. 그러나 협상 도중 우리 정부가 수사를 의뢰하면서 어보는 미 국토안보 수사국에 압수됐다. 지난 2014년과 2015년 오바마 대통령 방한 당시 환수 조짐이 보였지만 법적 절차 문제로 무산됐고, 마침내 올해 반환 최종 결정이 나와 국내로 환수됐다. 어보는 효종 2년(1651년)에 현종이 왕세자로 책봉되는 것을 기념하기 위해 제작된 것으로, '왕세자지인'이라는 글자가 새겨져 있다. 이 어보는 문정왕후 어보를 2000년 LA카운티미술관에 판매했던 고미술 수집가 로버트 무어씨가 소유하고 있었던 것이다. 2013년 문화재청은 미 국토안보 수사국(HSI)에 수사를 요청했고, 그해 9월 민사몰수 방식을 통해서 압수한 뒤 3년 이상의 시간이 지난 후에야 반환이 결정됐다. 앞서 2014년 4월에는 오바마 미국 대통령이 방한하면서 국새와 어보 등 조선시대 인장 9점을 반환한 바 있다. 대한제국의 국새 11과 중 하나인 황제지보를 비롯해, 고종 황제가 수강 태황제로 받들어지는 의식을 치르는 것을 기념해 제작된 어보인 수강 태황제보가 반환됐다. 당시 오바마 대통령은 문화재 반환 행사에서 "한국전 당시 한국의 인장과 옥새를 미국의 해병대 병사가 가지고 돌아갔다. 그 병사가 이 문화재의 역사적 중요성을 몰랐었던 것 같다"면서 "이것은(반환은) 미국이 한국과 한국 국민을 존경한다는 의미이기도 하다"고 강조하기도 했다.

168 ☗ 신앙은 착하고 진실한 것인데, 제국주의 국가가 만든 종교는 중앙권력 소유지배형으로 폭력적이고 공격적이다.

영국성공회 로마카톨릭 탐욕 종교, 100년을 기획한 식민화라는 악마의 손톱을 숨기고 구한말에 영국구세군[64]에 무력이 약해 왕궁터를 바치고, 영국성공회에 덕수궁 땅(박근혜대통령 때 또 바치고), 국민들 연말에 돈을 바치고, 우리 한글학회와 서울시 종로구 주최로 그 구세군 한쪽 손바닥 땅 후원?으로, 한글학회 간판을 하나 세우고 - 말없이 할머니는 그 가운데서 폐휴지를 주워 생계를 유지하고. 바로 옆 경찰청 박물관의 풍광도 좌우가 돈의문박물관, 오른쪽은 경희궁, 용산역사민족공원 안에 경찰박물관은 다들 사양합니다. 민족역사공원과 뒤편엔 어린이집 기본 임대아파트 만들기도 좁아요.

서울역사박물관 주변 정원들도 상당히 양호하다. 용산에 중복해서 지을 이유가 없다. 오빠는 도시락을 잊어버리고 전차를 타서 애기 업고 빨리 갖다주는 엄마와 여동생의 모습이 우리의 옛 삶을 그대로 보여줘 마음이 정겹다.

169 ◑ 다행히도 부산시민공원 홍보상품 만드는 분들이 제대로 일하여 완성도가 높아 흡족하다

170 ☀ 고대에는 숫자가 중심인 글들이 꽤 있다. 천부경도 숫자가 많은데 그것을 풀며 만년역사 문화도 지킨다.

"목은 이색 문집서 '천부경' 언급… 고려말에 이미 존재한 정황" 최영성 교수 논문서 주장[65]

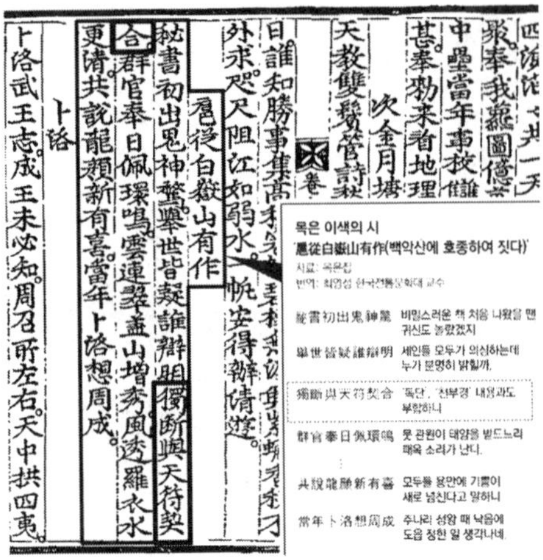

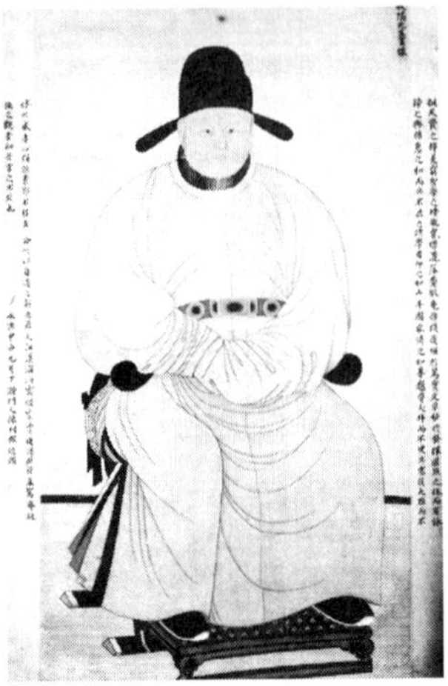

목은 이색 영정

목은 이색의 저술을 모은 '목은집' 가운데 시 '백악산에 호종하여 짓다' 부분(굵은 선 안). '독단여천부계합(獨斷與天符契合)'이 천부경이 언급된 구절이다.[66] 고려 말의 대학자 목은 이색(1328~1396)[67]이 단군조선 이전부터 전해 내려온다는 '천부경'을 공부한 정황을 그의 시편에서 밝힌 연구가 나왔다. 천부경은 환인(桓因)이 환웅(桓雄)에게 전해 백성에게 가르쳤다는 것이며 후에는 대종교의 경전이되었다. 학계에서는 오늘날의 천부경이 20세기 초에 위조됐다고 본다. 하지만 고려 말 '모종의 천부경'이 실존했다는 해석이어서 파장이 예상된다. "비밀스러운 책이 처음 나왔을 땐 귀신도 놀랐겠지秘書初出鬼神驚/…/'독단', '천부경' 내용과도 부합하니獨斷與天符契合"(이색, '백악산 · 白嶽山에 호종扈從하여 짓다'에서)

신라 최치원 사상 연구의 권위자인 최영성 한국전통문화대 교수는 발표 예정인 논문 '목은 이색의 역사의식과 민족사상'에서 "간단한 언급이지만 이 시구에서 이색이 천부경을 공부했다는 것과 당대 천부경의 존재를 알 수 있다"고 26일 밝혔다. '목은집'의 기존 번역에는 이 부분이 "내 독단은 하늘과 부계가 서로 합하고"라고 번역돼 무슨 뜻인지 알기 어렵다. 최 교수는 '독단'은 중국 후한 때 인물 채옹(蔡邕 · 133~192)이 지은 책 이름이기에 '천부'도 천부경을 가리키는 고유명사로 풀어야 옳다고 봤다. '독단'에는 하늘을 아버지로, 땅을 어머니로 하는 '부천모지父天母地)의 사상이 본디 동이족으로부터 시작되었다고 나온다. 이색은 동이족의 천손天孫의식이 서술된 책과 함께 천부경을 거론한 것이다. 최 교수는 "이색은 천부경이 진짜 경전이라고 의도적으로 높이려던 게 아니라, 우리나라가 본디 천자天子의 나라라는 점을 밝히려는 과정에서 자연스럽게 시에 언급한 것"이라고 강조했다. 이색[67]은 조선 성리학의 선구자이면서 선도仙道의 맥을 이었다는 평가도 받는다. 최 교수에 따르면 천부경 등의 내용과 부합한다는 '비밀스러운 책'秘書은 도선국사道詵國師 · 827~898)의 『비기도참秘記圖讖』이고, 이색이 천도遷都와 관련해 공민왕을 호종해 백악산에 갔다는 건 '고려사절요' 기사에서 확인할 수 있다. 최 교수는 "이색은 해동 고려 땅이 천하의 정기가 한군데 뭉친 곳이고, 도읍을 어디에 정하느냐에 따라 고려가…

171 ☀ 민족경전 천부경을 잘 알지도 못하던 시절임에도 노무현 대통령은 인도네시아 대통령이 천부경을 원하셔서 선물하다.

당시로선 노대통령으로서 어려운 결정을 하신 것이었다. 노무현 대통령은 방한한 印尼 대통령에 민족경전 '〈천부경〉『삼성기』를 전통 사경하여 선물했다. 노무현盧武鉉 대통령과 정상회담을 위해 방한하는 수실로 밤방 유도요노 인도네시아 대통령에게 고려시대 전통방식으로 제작한 사경寫經이 전달된다.

사경연구가 김경호(45) 한국 사경연구회장은 22일 **"주한 인도네시아 대사관과 상공회의소의 요청으로** 사경을 제작해 24일 신라호텔에서 전달할 계획"이라면서 "사경은 보통 불경佛經을 대상으로 삼지만 – 외국의 국가 원수에게 전통사경을 선물하는 것이 처음이어서 **우리나라 9천년 역사의 시원始原을 소개하는 내용을 담았다"고 말했다. 김 회장이 제작한 작품은 민족 고유의 경전인 '천부경'과 역사서인 '삼성기'를 합본한 것으로 금가루를 개어 쓴 경전의 글씨와 국조 단군상, 태극무늬 등이 화려하다.** 두루마리 형식으로 제작된 이 작품은 가로 328cm, 세로 31.8cm 크기이다. 고려시대 전통사경을 재현하는 작업에 몰두해 온 김 회장은 지난 5월28 - 31일 중국 산둥山東성 지난濟南시에서 사경전시회를 연데 이어 20일부터는 종로구 경운동 부남미술관에서 전시회를 갖고 있다. 사경은 불경의 내용을 필사筆寫하는 일 또는 그 작품을 말하며, 신앙심과 정진력을 요구하는 일이어서 수행의 한 방법으로 자리를 잡고 있다. [69]

3子國)'의 지위를 누릴 수 있다고 봤다"고 설명했다.[70]

172 ☀ 9세 아술 단군의 어진 철학:

임금께서 어진 덕이 있어 백성 중에 금법을 범한 자가 있으면 반드시 **"분지糞地(오물 구덩이)가 비록 더러우나 비와 이슬이 가리지 않고 내리느니라" 하시고, 죄를 논하지 않으셨다. 금법을 범한 자가 그 덕에 감화되어 순박하고 후덕한 교화가 널리 행해졌다.** 이 날 해가 둘이 나타나 그것을 보는 사람들이 담처럼 늘어서서 큰 행렬을 이루었다.[71]

세계역사에 예수도 공자도 이리 선한 마음을 가지거나 백성을, 인간을 선하다고 믿은 지도자가 없었다.

173 ◘ 전북과 정읍시장: 정읍 '대흥동'과 '천원역' 지명과 여러 전각 이름과 차경석 사당 무덤을 지켜나가는 일도 중요!

⊙ 글을 쓰면 쓸수록 차천자의 영화를 만들어 세계에 우주에 알리고 싶어진다.

강증산(39세 졸)과 고판례(60세 넘게 살다 3번째 부부 만남이 채 1년밖에 안되는데도 종교적인 큰 동반자가 되다)[72]는 한국의 '싸르트르와 보봐르'이고, 하늘에서 맺어준 조선의 한 쌍은, 이들보다 더 재미있게 신명나게 한판 살다 갔다. 이들은 당시 조선 세상을 풍류와 함께 개벽한 상호보완적 한쌍의 동료이며 부부이며 도판친구였다. 강증산" 수부야! 나와라 내가 장구치고 너는 공수하고 한판 놀아보자" 노리 노리 놀다가 도판에 노났다. 소서노(60세 넘게 사시다 두 번째 결혼), 주몽도 39세 졸, 두 번째 부인 - 우연치고는 참! 70년대 정읍 쪽에서 보내준 우리 집 가정부 이름이 고점례였던 것도 우연치고는! (고점례 씨 연락되길… 많이 보고 싶습니다.)

174 ◕ 인천시 강화군: 국민 기도는 보호, 민족 성지는 외국인 특히 일본인에 대한 감독 관리는 철저히, 한민족 성산 참성단을 대하는 한·일의 태도:

강화 참성단은 원방각 천지인 천제단이고 남북의 공동 부분이다.

일제가 이 우물을 훼손하고 간 지 70여 년 더 미룰 수 없다. 참성단 우물 살리기와 관리는 필수이다.

▾ 일본 황실 국무들이 2004년 종묘제례 때 이구씨를 앞세우고 따라 들어와(2004년 한국예산으로 귀빈 대접), 강화참성단에는 비밀리에 누구 앞세워 들어가, 주문을 외고 의식을 행하고 있다.(일본나라를 위해 무엇을 했을까?)[73]

▲ 마니산 참성단에 비상식적으로 들어가 일본국가 황실 종교 신도 주술하다

▲ 한국 자생적 비권력형 선무유불 전지적 포용 무욕의 무신교적 사제 이성실선생의 어질음仁

175 ☗ 중국의 공격적인 소수민족의 역사문화 챙기기: 소련연방의 붕괴[74]와 중국의 붕괴에 대한 우려, 우리도 좀 더 철저히

경제가 잘 돌아가지 않는데 사회주의의 붕괴 때문이죠. 더 이상 사회주의가 그들이 선전한 것과 같지 않다는 것을 알게 되었거든요. 그것이 촉발된 것은 88올림픽이었죠. 당시 대한민국은 자본주의, 북한은 사회주의였는데 6·25전쟁 직후 북한이 경제력 군사력 등 모든 면에서 대한민국보다 훨씬 우위였습니다. 그런데 불과 30여년 만에 역전은 물론 엄청난 차이를 보였죠. 심지어 사회주의 국가 중에서 사회주의 국가의 중심이며 가장 잘 산다는 러시아보다 훨씬 발전이 된 겁니다. 그러니 큰 충격을 받고 사회주의 붕괴가 가속도를 내게 된 것입니다. 그 후에는 소련 즉 소비에트 연방의 나라들이 차례로 독립하면서 소련은 붕괴되고 사회주의도 끝났죠. 무기생산(북한도 마찬가지)에만 열을 올리다 보니 망한 것, 소련도 20년간

아프가니스탄과의 전쟁으로 과도한 군비지출, 전쟁에 패전 - 민족주의, 당시 지도자 고르바초프 대통령은 시대적 물결에 순응하여, 공산주의에 대한 비판을 허용했으며 서구문물을 수용했다. 이미 시장경제 체제에 물든 소련의 대다수 국민들을 공산주의 체제로 이끌어 가기엔 불가능에 가까웠기에 현실적 대처라고 볼 수밖에.[75)]

북한도 이미 핸드폰 300만 대 이상, 작은 시장, 큰 마켓, 교통수단 택시 등 자본주의의 꽃을 눈으로 어느 정도 돌파한 시점인 것을 깨달았다. 즉 마냥 주눅이 들어 살던 북한 시민들도 한 집에 하나 이상씩 소유하여 세계의 민주적 자본주의적 물질적 행복, 삶의 질의 변화와 발전과 이북의 현 상황을 비교분석하고 비판적 도구를 가졌다. 북한 지도자 및 군부, 대중이 세계정보에 노출되어 있는 것이다. 이러한 과정들에 민감한 김정은과 그 주변은, 국제적으로는 대미관계 개선, 특히 수용적인 남한과의 관계개선으로 한계에서 오는 문제들을 탈피해 보려고 노력 중이다. 이번 남북정상 지도자 방북 만남에, 북한이 삼성, LG 회장 등등까지를 초청한 이유도 연계된다...남한은 이제 동서독의 서독처럼, 남북 통일비용의 일부씩을 공개적으로 지출하기 시작한 것이다. 그래도 북한정권과 북한국민들은 핵무기라는 재산카드를 그간 생고생하며 주변국들의 국제적 갑질에 대항해 축적해 두었다. 이젠 바로 역사문화 전쟁으로 넘어갈 시점이 만리장성이 안방까지 들어온 것과 같이 왔다. 미국과 아류 핵을 가진 나라들과의 전쟁에, 또 중국과도 싸울 여력은….

남한의 대한항공에 이은 북한의 고려항공 탑 계단! 여차저차한 여러 돌파구 기대! 우리는 같은 한민족 - 일시무시일 하느님이시여! 한배검이시여! 굽어 살피소서! 일종무종일! 그 쪽이 가진 것과 이 쪽이 가진 것 시너지 효과를 내어 한민족 상생 보완 생존 지속!

176 ▼ 중국에서 최근 단군과 웅녀상을 세우고 있다. 왜일까?

– 한국정부가 환웅개천제 의식 때 대통령이 안 나오고 (못나오는 이유는 무엇일까요? 선거때 개천절을 싫어하는 사람들의 눈치가 보여서라는데) - 중국은 저의가 상당히 깊다. 동북공정, 선사공정, … '중화삼조당' 안에는 5.5m 높이의 치우천황과 염제, 황제의 상을 모셔 이들 모두 중화민족의 조상이라고 우기고 있다. 또한 단군의母 웅녀는, 연변조선족 자치주 왕청현 만천성 국가삼림공원 안에 '백의신녀'라는 이름으로 높이 18미터, 무게 520톤의 거대한 모습으로 자리 잡고 있다. 양 손에 마늘과 쑥을 든 백의선녀는 '한민족의 시조모'가 아니라 중국 소수 민족 가운데 하나인 '조선족의 시조모'로 변신한 것이다. 현재의 중국 땅에 고구려가 건설되었기 때문에 고구려를 중국 역사에 편입시키려는 중국의 입장에서 볼 때, 현재의 중국 땅인 만주지역 토착세력인 웅녀족은 당연히 중국사람?이라는 어이없는 주장을 하고 있다. 웅녀는 중국인을 구성하는 56개 민족(한족과 55개 소수민족) 가운데 하나인 '조선족의 시조모'라는 것으로 중국은 모두 중화민족이라는 주장을 하고 있는 것이다.

중국은 단군상을 세워 '단군도 중국사람'이라고 우기면 단군도 중국인이 되는 것인가?

단군이 우리의 시조인지도 모르고 아직도 실화를 신화로 알고 있으며 웅녀상은 어디에도 없는 이 나라의 현실에서 '단군도 중국사람'이라는 어이없고도 우스운 이야기가 어쩌면 진짜가 될지도 모른다는 생각을 해 본다. 중국은 우리나라를 집어삼키기 위한 준비가 90%는 완성되었다고 주장한다. 오래전부터 큰 눈으로 멀리 내려다 보며 준비한 중국과 새로운 사건이 나올 때마다 허둥지둥 하는 대한민국! 동북공정이 다가 아니란 것을 지금이라도 모든 국민들이 알고 조금 더 관심을 갖고 새로운 시각으로 동북공정을 본다면 중국이 준비했다고 한 90%의 준비는 100% 실패로 돌아가지 않을까 하는 생각이 든다. 한민족의 역사와 문화를 중국의 역사로 만드는 작업을 하고 있다. 이 작업의 시작이 서북공정 등에 이은 (문화)동북공정이고, 계속 이어져 선사공정까지 나아가 교과서까지 다 왜곡 수정 편찬해 두었다. (우실하교수) 중국은 하상주 단대공정→중화문명 탐원공정→동북공정으로 이어지는 일련의 거대한 역사관련 국가 계획을 정부 주도하에 큰 돈과 인력을 들여 오래 전부터 준비해오고 있었다. 러시아의 붕괴를 보면서 56개 소수부족으로 이루어진 중국은 불안감으로 인해 자국역사 세우기(소수민족 역사를 가로채기)에 더욱 박차를 가한 것으로 보인다. 그 결과 단군조선 건국 200년 후 간신히 나라의 모양을 만든 중국의 역사를 무려 1229년이나 앞 당겨 아시아의 최초 문명국을 중국으로 만들려 하는 것이다.[76]

만년역사 환인 환웅 단군의 선양은 안하고 안 세우니까![77] 그 앞에 김산호 선생님 북한 단군릉의 단군상과 4왕자와 중요신하 팽오(남한 강원도 우두산에 홍수를 치수해준 공덕비가 세워져 있었다가 80년대 공사중에 없어졌다고 한다.)

◀ 김산호 화백 웅녀상 앞에서

177 ▲ 황제 헌원의 아내 뉘조 동상 최근에 세우다 비단을 처음 짜다?

가을이 슬슬 오고 새벽녘엔 썰렁하기까지 하여 이불 준비하려고 바느질통을 꺼냈다. 눈이 나빠져 목면실은 없어져 버렸고, 가는 흰실을 끼는데 안끼어져 가만히 들여다 보니 자연실 두 가닥을 꼬아서 실 한 올로 만드는 것이었다. 자연 삼베, 비단 등이 자연섬유는 모두 그런 식으로 만들어졌으니 만년전 환인시대라고 왜 누에고치가 없고 명주(옷감 만들기 전 실 상태)와 비단(錦 옷감 상태)이 없었을까? 싶었다.

178 ▲ 서울 성북구: 성북동 선잠단 복원 제사 복원 적극적으로 하자!

조선조 초기 정종 2년 (태종 영향하) 선잠단先蠶壇[78]을 세워 음력 3월 사일(巳日) 중 길한 날을 골라 서릉西陵씨에게 제사를 지냈다. 당시에는 선농단 제사와 마찬가지로 선잠단 제사도 중사中社로 등급을 매겨 순위가 꽤 높았으니, 조선이 그만큼 양잠산업을 중요하게 여겼음을 알 수 있다. 일제가 고종을 독살한 이후 강점한 시기인 1908년 순종 2년에 서릉씨 신위를 선농씨 신위와 합치면서 선잠단에서는 제사를 지내지 않게 됐으며, 한일합방 이후에는 제사 자체를 없앴다. 지금은 문화유산 체험 차원에서 선잠단 자리에서 왕실 제례에 맞춰 제사를 매년 거행한다. 광복 73주년 이제 성북구가 나서서 제대로 복원 적극적으로 확충하자.

179 ☗ 정부가 세운 (환인 환웅)단군 웅모상 하나 없는 환웅단군 웅모의 나라 용산민족역사공원에 빨리 세우자.

왜 그럴까? 외래종교? 아니 우리 자신의 줏대가 없어서이다. 다 빼앗기고 난 후에야 찾으러 나설 것인가? 소 잃고 외양간 고치기蚩尤도 웅녀熊女도 빼앗겼다. 이제는 단군檀君 공원 만들면서 세운 웅녀상이라고 하지만, 여기에는 몇 가지 생각해 보아야 할 것들이 있다. 환웅이 만주 일대 단군조선 강역의 토착으로, 단군을 낳은 웅녀상이 압록강 위 만주땅 길림성 왕청현 만천성의 천성호 산 능선에 세워져 있다면 여러분들은 믿겠는가. 아니 그곳이 단군을 낳은 웅녀 신화의 근거지라면 여러분들은 믿겠는가. 몇해 전 중국 길림성 정부에서는 길림성 관광특구의 하나로 그곳에 거대한 단군 웅모상을 세운 것이다. 즉 관광 유치사업으로 새로운 관광지로 가꾸어 놓았는데 거기에 어마어마한 크기의 웅모상을 세운 것이다.[79]

180 ★ 한국 민간인 정근희 회장께서 충북 음성군 생극면 큰바위얼굴 조각공원에 세운 단군왕검상 및 고구려 광개토호태왕비

기독교 장로이지만 본인의 정체성은 한국인이고 한국국조는 국조로 보는 것이다. 정근희 회장님은 오래전 중국집안 호태왕비 근처에서(바깥 보호막 설치 이전) 3일을 근처 민박에 묵으면서, 어렵게 탁본해서 한국에 한자본 한글본 빠진 글자 새로 채워넣기도 한 것 등을 두루 다 만드셨다. 처음 중국 그 마을에서 3일간 지내면서 현지 분에게 탁본하게 해서, 한국에 가져 오셔서 침대 밑에 숨기고 잤다고 한다.

181 ◈ 한민족에 대한 여러 예언과 타고르 예언처럼 다시 한 번 빛나는 나라로!

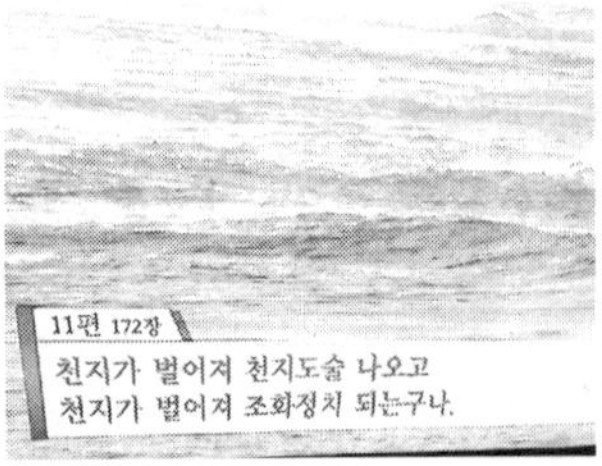

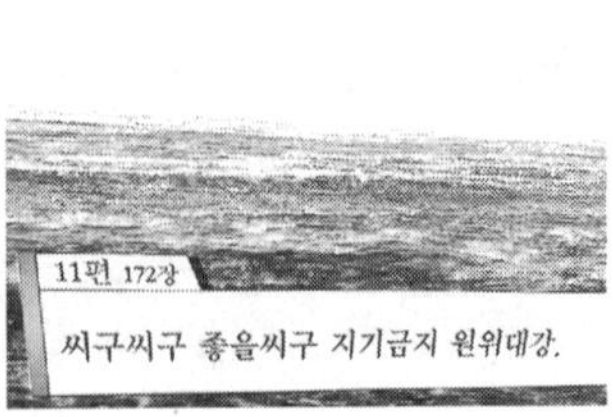

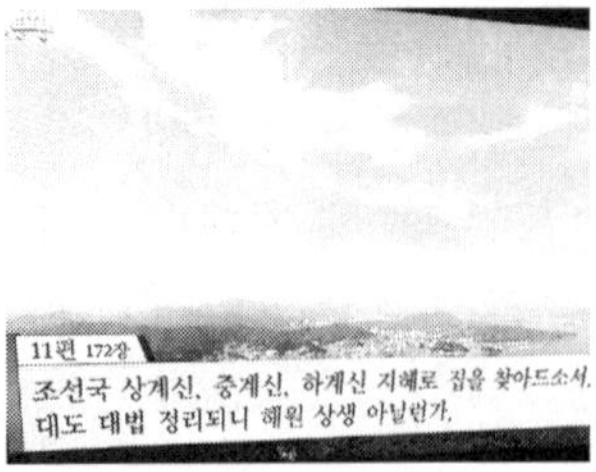

182 ◈ 고려 태조 왕건의 훈요!

태조 신성대왕 천수 2년(919년) 송악 25년에 임금이 훈요 訓要를 지었는데 그 대략은, '오직 우리 동방은 옛날에 당나라풍唐風을 숭모하여 문물과 예악이 다 그 제도를 따랐지만, 지방과 풍토가 다르고 인성이 각각 다르므로 구차하게 동화할 필요가 없다'라고 하셨다.[80] 한국은 1,000여 년이 지난 지금도, 숭모하는 나라만 달라졌을 뿐 거의 해당되는 것이 많아, 이제 하나씩 바로 잡을 것은 바로 잡아야 된다고 본다. 하여 세종은 우리글과 말을 다듬고, 악기를 만들고 음악까지 스스로 작곡하셨나보다.

183 ☗ 환국에 이은 환웅의 신시배달 개천 장소는 천산 곧 삼위태백 태백산이다. (흠정 만주원류고).

- 요동옆 삼위태백은 환인께서 계셨던 곳이라 하나 아직 못갔으니, 다음 답사 계획이다.
- 백두산(백두태백)을 갔을 때도 심장의 맥을 느꼈으며 진신사리를 모셔오듯 산 아래 가게에서 백두산 진신 용암 한 덩어리 백두태백 기운을 팍 품고 모셔와 곁에 두고 모신다. 아니나 다를까 다녀오니 남편은 서울엔 홍수 장마비로 집의 지하실에 비를 퍼냈었다고 투덜대었다.

  며칠 후 중국 서안(장안)가면 학회에서 단체로 가니, 새벽 시간을 내어, 택시를타고라도 환인천황 내려오셨다는
- 서안 태백산은 보고 와야지 한다. (학자들이 서안에 가면서 진시황릉 등 대중적인 곳이나 가고, 태백산도 넣지 못하고 가길래 이미 한마디 했다)

서안 태백산 역사 및 역사문화인물 청동 조각벽

184. 돈황 태백산에 수호지 홍보문 – 문학작품도 관광상품

185 ☀ 옛말이나 맥시코 등엔 '태백'은 山을 지칭하는 일반명사라 하고, 멕이곳(맥시코)을 아직도 쓰는 마음이라, 산도 아직 'OO태백', 'OO태백' 이라고 한다. 페루를 다녀온 제자가 내민 사진을 보니, 출입구에 Entrance라 쓰여진 옆에 알파벳으로 괄호 속에(Salrida)를 내가 가만히 읽어 보니 우리말 '살리다'였다. 내가 그렇게 찾아내어 다들 웃다가 이게 뭐지? 무슨 연유로 우리말을 쓰고 지키는 뜻있는 우리 한민족이라는 뜻이지 했다.

186 ◘ 지자체장들

아이들 문화 속에 제국주의 일본의 포켓몬스터 장난감뽑기 인형과 게임 등은, 우리 한국맥족을 비하한 장난감 등인데 한국아이들이 오락실 뽑기에서 애호하도록 유도하고 있다. 감독이 필요할 것 같다. 우리가 아무리 스스로를 찾으려 우리얼이 천손얼이라 칭찬한다 치더라도, 한국 역사문화 상징의 맥을 잊고 있고, 방심하다가 일본에 뒷통수를 맞은 것이, 야스쿠니 신사 참배까지 하는 회사가 만든 포켓몬스터 제품을 애용하고 있다는 것이다.

일본인: 표면적으로 친절 섬세 부드러운 이면에 강자에 아부만큼 약자에 멸시한다. 세부적으로 청결과 섬세한 미를 알지만, 지진, 해일 태풍 등 때문인지, 할복에 식민지를 다루는 것 등 아주 호전적이고(양이) 잔인하다. 칼 사용에 능하다. 일본이라는 나라를 지속시키기 위해 한국 일본 역사왜곡『고사기』(대화사상)

중국인: 많은 인종이 사는 대륙이라 생존상 전쟁이나 암투, 毒 사용 등등에 능하다. 스케일 그로테스크하게 인육으로 만두를 빚어 먹거나 의자 빼고는 모두 먹는 대홍수, 대기근을 겪는 족. 사건 등 극치『수호지』이나 대륙을 정신적으로 먹여 살리는 人子도 知者도 많다.(중화사상)

한국인: 가장 착하고 소박하고 부지런할 때 일을 많이 한다. 불친절하나 가장 덜 잔인하다. 금수강산 자연주의적이다. 칠성자손 - 자기들 외는 '때놈(중국인)', '왜놈(일본인)'『춘향전』(천손사상)

187 ◘ 용산 유무형 문화재(우리나라 언덕..사람) 보호가 바로 수익구조 ⇨ 생명존중 포용자족 상생

Ⅰ. 일하는 원칙 - 사람이 일하는 이유는 무엇인가? 직업 효율성과 명품화전에 먼저 진정한 마음에서 서로 사람으로 대접하기

★ 3대가 덕을 쌓아야 백두산 천지를 본다는데 한민족 평화 통일의 물꼬를 하늘도 도왔다.

3대가 덕을 쌓아야 백두산 천지를 본다, 이설주 여사: 백두산 전설 용과 99명의 선녀 얘기, 백두산 높이 725m, 천지 깊이 325m. 백두산 천지물 + 한라산 백록담 물 한 병에 담는 의례를 하다. 김정숙 여사: "한라산 물을 미리 한 병 가져가서 반은 백두산에 붓고, 그 빈 반에 백두산 천지물을 담았다." "며칠 있으면 추석이라 아마도 추석 차례상에 그 물을 올릴 것 같다."는 옆 해설자들의 말 "실향민이 아니면 실향민의 그 (그립고 아픈) 마음 모른다."

김위원장님 서울 오시면 한라산으로도 모실께요. 헬리콥터 패드 만들게요….

젊은 재벌총수들의 백두산 접하기 - 재벌총수들 마음도 맑아지고, 한국의 경제 발전에도 큰 도움이 될 것이다.

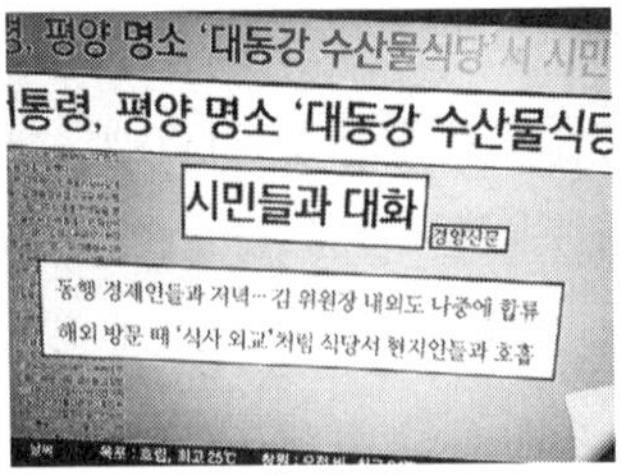

188 ☀ 이번 동계올림픽 개막식 때, 가장 한국적인 것, 한국의 문화유산: 태고의 빛 - 천부경, 단군신화와 역사, 고구려 벽화 사신도(청룡 백호 주작 현무), 아리랑 등을 보신 분들은 호평이 매우 대단하다.

마지막 페럴림픽(장애자) 폐회식 때는, 나도 추위 속에 있었지만, 장애자 자신을 극복하는 장애자 주역 분들과, 그를 만들어 내고 동의한 비장애자들의 정신이 보여 큰 감동을 받았다.

'요단강 건너가 만나'는 그 이스라엘 요단강 물을 최근 몇 년간 근처 농수로 대량 써버려서 수위가 한참 내려가서, 이제 아주 짠(사람까지 둥둥 뜰 정도로) 사해死海 물을 대단위 정수기 공장을 가동하여 걸러 마시는데, 정수공장 파이프에도 소금이 삐져 나온다. 허드레 하수물은 걸러 농수 수영장물 등으로 쓰는 고육지책을 쓴다고 한다. 이 고육지책의 기술도 연마되어 죽음의 바다 그 사해 그 정수물도 물이 귀한 주변국에 수출한다고 한다. 한국 금수강산 가장 큰 천연자원! 어디가도 마실 물 있던 곳을 있는 곳으로 다시 철저히 살려 보존해야 한다.

우리 한국이 가진 정신적 물질적 귀한 것을 알고 챙기고 살려야, 미래의, 현재의 우리도 그렇게 찬탄받고 솟아 오른다. "금수강산"이라 어느 곳이나 기도하는 곳이면 맑은 물이 가까이 있다, 양기가 솟아오르는 첫 새벽물을 떠 놓는다. 물은 곧 생명의 근원이고 곧 생명이다. '주신'의 신들이 주신 자연에 감사한다. 물이 있는 지구에 태어남을 감사한다. 하늘과 소통하기를 원한다. 천수 곧 생명수같이 모든 자연물에 기도를 올리는 촌스러운 만신들의 기도가 대자연 보호이다. 음식물 몇 가지를 공양시킨다고 던지거나 내어 놓는 것을 크게 탓하지 말라. 바로 나와 자연신, 조상신의 한을 풀고, 깨끗하게 닦는 일이고 또 업장을 씻고 겨울엔 자연 인간 생명신들 살리는 일이기도 하다.

하늘 지구 조상 등의 은택에 대한 감사는 인간의 욕구를 조정하는 환국[81]오사 ·

신시오사 · 단군 8칙 · 신라 세속오계, 고려 훈요, 유가의 수신 제가 치국평천하로 이어진다. 가장 넉넉히 너그럽게 국민들은 적용되기를 바라지만, 곧장 학파나 왕도나 정치지도자의 실천에 연결된다.

189 ■ 자기 노래 춤 표정 등등 준비에도 지치는 어린 아이들이, 친일 역사나 역사인물 얼굴도 모른다고 크게 질타하면서 지도자라는 그대들은 어떠하신가?

이제 다들 기본적인 역사보존 정신문화 지표들은 이제 좀 알고 삽시다. 당장 핵전쟁보다 더 무서울 수 있는 역사전쟁기인 것부터 알고 삽시다. 하여 한민족의 만년역사를 증명할 "환국"과 환인 7분, 환웅 18분, 단군 47분인 것부터 압시다.

이 한민족 역사의 시작 '환국'이 너무나 중요하니까, 일본은 '환국'글자를 '환인'으로 변조, 왜곡, 해석하는 방향으로 조치를 취했습니다만 다행히 우리 재야학자들이 근간이 되어 제대로 찾는 노력이 강단사학자들의 질시 속에도 국민 다수의 환호 속에 몇 단체에 의해 확산 중에 있다.

190 ■ 확! 틀과 축을 '얼바탕에 역사문화를 지키며 수익구조로'

용산 역사민족공원과 춘천 중도맥국 유네스코 지역 창설

☀ 한국인들 사흘 밤낮을 음주가무하며 화백축제를 즐기던 예맥 동이족이라, 노래방도 성행하고 노래들을 잘 한다. 나의 동네서 별명은 꽃집 할아버지께서 '역사'라고 부르셔서 '역사'이고, 멀리서 배달 오는 야채가게 아저씨는 '책' 많은 집이라고 '책'으로 명명하니, 나라는 사람은 '강남스타일'은 아니지만 샤이가 부른 '나팔바지' 노래랑은 신이 나고 좋아 같이 흥얼거리고 춤추며 고구려 벽화의 나팔바지 원조를 내심 자랑한다.

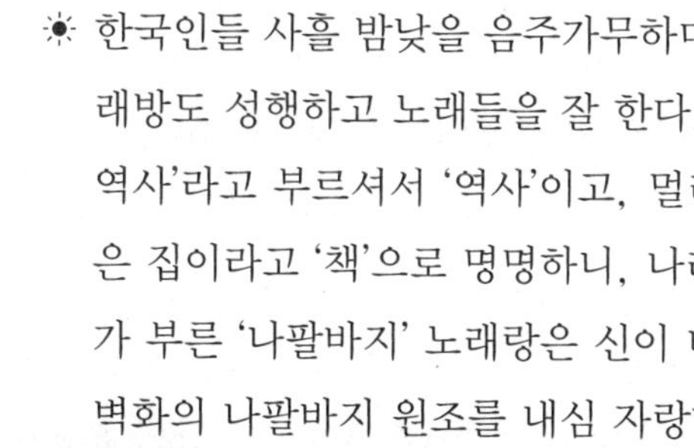

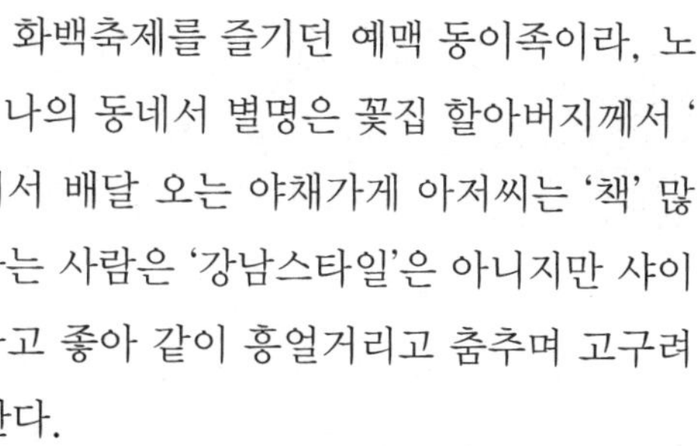

옥류관 냉면, 문재인 대통령의 대중적 애민삶 평양에서도 수산물 식당

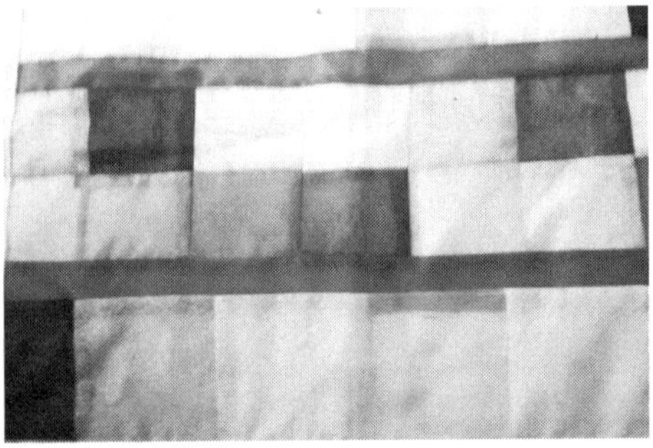

191 ☀ 칠석이면 보내오시는 94세 김순덕 할머님과 박순옥 아픈 따님이 2대를 이어서 만드신 선물들: 다녀오며 "내가 무슨 복을 이리 많이 지었을고" " 또 빚을 지는 것인가?" 양갈래 마음이 들었다. 할머님이 사시는 청주를 다녀왔다. 따님께서 휠체어를 타고 혼자서는 못 일어나시는 분이셨다. 아무 말도 할 수 없어 그저 웃다가 왔다. 평생 수의와 바느질로 만들어 자식을 다 키우셨단다. 서울 종각 버스정류장에서 만난 인연이 이리 아름다울 수가! 이 땅에 하강하신 나의 우리의 직녀님들이시다.

행주치마 · 직접 만드신 비누 · 오색 조각보 · 나의 수의까지 미리 받으며 더 열심히 민족 조상 모시기를 한다. 할머님도 나를 따라서 동네 독립운동가상 앞에서 제를 지내신다고 했다. 설날엔 시골 버스정거장에 나가서 어려운 나라 이주자들에게 한국 돈 5천원씩을 봉투에 넣어 주면 그리 좋아한다고 하셨다.

192 ☀ 나는 한국과 세계 특히, 동양중심으로 걸어다니며 보고 같이 웃고 같이 먹고 특히 역사문화 보존과 관광 교육 에너지 등에 문제가 보이면, 그 자리에서

☗ 말이나 글로서 탄원하고 때때로 항의데모도 하고 로비도 하고 고칠 것 ☀ 지속시킬 것과 수익구조가 좋은 것은 제안하는 글도 쓰고, 또 ◈ 같이 알아야 할 것, ★ 칭찬거리도 알려 컨텐츠로 홍보하자 하고 ◈ 기획제안도 하고, 저작권료도 받아 동료들과 다음 답사비로 연구활동비로 쓴다.

다음엔 한국 세계 '맥' 보존운동과 함께, 환한 민족의 시초지 파미르82)에서⇨ 티벳 바이칼 흥륭와 홍산 시베리아 등등을 동료들과 좀 다녀보고 느끼며 연구하고 싶어 돈도 벌고 싶다. 일본의 대석학 와쯔지 데쯔로는 일본의 국민성을 '조용한 격정과 희생적 전투심' 이라 언급한 바 있는데, 이것이 가족적 결합, 황실을 조상화하는 가족 국가에 크게 기여한 바 있다고 하는데, 이러한 문화적 특성이 일본의 근대화를 앞당기기는 했지만 다분히 일본의 정체성을 강화하는 이데올로기로 작용하여 비판을 받을 수 있는[83] 행동을 아시아인들에게 특히 해 왔다.

193▲ 나는 대학 2학년 과 학생대표 때 전국 학생을 상대로 〈지성과 반지성〉 세미나를 성공적으로 주최하고 주관했다.

'전국 학생대표'로 학생호 배를 진수하고, 슈퍼우먼 콤플렉스에 빠진 여대생이, 아줌마시대부터는 국외여행 자주 못 가니, 간 김에 급하면 만주 고구려 요동 일본도 택시를 타고라도 보고 왔심더… 학생호~ 학생들이 나라를 지켰다 (자기들 야욕만 알고 한국 학생들의 호국 의분을 일으키는 촉진제) 하나는 알고 둘은 몰랐던 유신정권! 진수자 선정 선택과정의 우여곡절이 이제야 눈에 보인다. 그래도 박근혜 영애와 같은 나이인 대학 3학년인데, 먼저가 육영수 여사의 진수식이 있었던 터 때문인지, 위수령시대라 대학이 강요된 휴교라 기숙사도 강요된 휴업이라 지방학생인 나도 집에 내려가 있었다가 연락을 받았다. 어머니는 부산히 움직이셨다. 당시 문교부가 '전국학생대표' 진수자로 나를 뽑았다는 연락을 학교로부터 졸지에 받았다.

뽑힌 이유는 이화여대 문리대 학생회장겸 총학생회 부회장 부산 경남여고 부산사람(울산에서 배를 만들고)으로 국문학과이지만 역사철학을 공부하며, 대학처장님들과 학제개편위원으로 회의를 자주 하니, 처장님들께서 성정이 안심된다고 평가 추천 보증하셨을 것으로 여겨진다. 위수령을 발동한 편치 않은 정권이라 나의 심사가 표정에 드러났으나 조용히 진행했다. 모교인 경남여고 합창단 대표가 꽃을 달아주는 시간에는 겨우 미소로 답했다. 당시 이대 총학생회장들은 계속 법대 재학생으로 최금영은 전라도 학생이었으니 경상도 정권으로서 데모에 앞장서는 법대생이라, 시의상 정책상 등등의 이유로 제외되었을 것이다. 고시공부를 하던 중 먼저 간 최금영의 명복을 빈다. 그때도 상처나 갈등이 많았을 것이다. 몇 년전 양심선언을 하며 내가 학사논문으로 "단군에 관하여"를 써 놓고도 천부경이나 이어야 할 공부를 못했다고 했더니. 〈민족회의〉 젊은 대표는 그 당시 대학생들에게 단군연구는 생각지도 못한 것이었는데, 자기들보다 먼저 단군연구를 했다고 칭찬한다. 나도 잊고 있었지만, 당시 신촌 대학가는 팝송과 외국문물과 - 사회과학적 공부에 도취해 있던 시대였다. - 탈춤반과 노자 도덕경 강의가 시작되고는 있었지만. 나는 학교근처 독방을 얻어준 부모님 덕분에 혼자 여기저기 세미나를 다니며, 근원을 찾는 공부를 하며, 나의 근원, 우리 역사의 시작을 찾는 과정이었을 것이다. 하여 나는 대학 2학년 과 학생대표 때 전국학생을 상대로 〈지성과 반지성〉세미나를 주최하고 주관했다.

진수식

194 ◘ 한국의 기강1: 한국의 남자들은 국방의 의무, 한국의 여성들은?

◀ 거제에서 열린 도산 안창호함 진수식

문재인 대통령이 14일 오후 경남 거제시 두모동 대우조선해양에서 열린 도산 안창호함 진수식에서 축사하고 있다. 도산 안창호함은 우리나라 최초의 3,000톤급 잠수함으로 탄도 미사일을 탑재할 수 있는 최신예 함정이다.

〈축사 전문〉

『사랑하는 해군 장병 여러분, 대우조선해양 임직원과 내빈 여러분.

오늘 국내기술 최초로 건조된 3천t급 잠수함, '도산 안창호함'을 진수하게 되었습니다.

대한민국 대통령으로서 마음 든든하고 자랑스럽습니다.

우리나라가 처음 잠수함을 도입한 것은 1992년 독일에서 온 1천 200t급 장보고함입니다.

이후 26년, 뼈를 깎는 연구개발로 설계 단계에서부터 건조에 이르기까지 우리 기술만으로 3천t급 국가잠수함 시대를 열었습니다. 불과 반세기 전만 해도 소총 한 자루 만들지 못했지만 이제 우리는 전투기, 전차, 잠수함과 같은 첨단 복합무기체계를 직접 개발하고 수출까지 하게 되었습니다.

'도산 안창호함'의 진수는 대한민국 책임국방 의지와 역량을 보여주는 쾌거이자 국방산업 도약의 신호탄이 될 것입니다. 이곳 옥포는 4백여 년 전 임진왜란 당시 충무공 이순신 장군이 첫 승전보를 알린 옥포해전의 전쟁터입니다. 누구도 외침에 대비하지 않고 있을 때 이순신 장군은 거북선과 전함을 만들어 해군력을 키웠습니다. 유비무환 정신으로 풍전등화에 놓인 조국을 구했습니다.

'도산 안창호함'은 안창호 선생의 애국정신을 기려 이름을 지었습니다.

안창호 선생은 "우리가 믿고 바랄 바는 오직 우리의 힘"이라 주장했습니다.

인재양성으로 민족의 미래를 준비하신 분입니다.

오늘 '도산 안창호함'이야 말로 이 시대의 거북선이며 우리 국방의 미래입니다.

잠수함사령부는 가족과 떨어져 좁은 공간, 빛 한 점 없는 수백 미터 깊고 어두운 해저에서 오직 국가안보와 해양주권 수호를 위한 사명감으로 묵묵히 임무를 수행하고 있습니다. 그동안 고생하신 해군 장병과 관계자 여러분, 대우조선해양 기술진과 노동자 여러분께 국군통수권자로서 경의를 표합니다. 국민께서도 큰 격려를 보내주시기 바랍니다.

존경하는 국민 여러분, 경남도민 여러분, 조선산업 관계자 여러분.

바다는 安保이고 경제이며 민생입니다. 우리나라는 바다를 통해 발전해 온 해양국가입니다.

현재 우리나라 수출입 상품 99.7%가 바다를 통하고 있습니다.

우리는 다시 해양강국으로 도약해야 합니다.

세계 1위 조선산업을 다시 일으켜 세워야 합니다. 이곳 거제도는 우리나라 조선산업의 중심지입니다.

거제에서부터 시작하겠습니다. 올해 들어 8월까지 우리나라 조선 수주량이 작년보다 101%, 두 배 이상 증가했습니다. 전 세계에서 발주된 초대형 유조선 38척 중 33척을 우리가 수주했고 세계조선 시장점유율도 42.4%로 늘어나 조선업 세계 1위를 다시 탈환했습니다.

새로운 도약의 계기를 마련했습니다. 실제 선박건조와 고용으로 이어지기까지는 시간이 걸리지만 우리 조선산업의 희망이 되살아나고 있는 것입니다.2020년부터 국제해사기구(IMO)에서 발표한 선박 배출가스 환경규제가 발효됩니다. 우리는 LNG를 연료로 사용하는 미래형 친환경 조선산업에서 세계 최고의 경쟁력을 갖고 있습니다. 2020년이면 선령 20년 이상인 선박 4만6천여 척 중에 8천~9천 척의 교체가 예상됩니다. LNG 가스의 세계 물동량 역시 갈수록 늘어날 전망입니다. 현재 전 세계 LNG 생산시설을 감안하면 2022년까지 대형 LNG 운반선 60척 이상이 필요합니다. 이 분야에서도 우리의 경쟁력은 최고입니다. 앞으로 LNG 연료 선박과 LNG 운반선이 우리 조선산업의 새로운 활로가 될 것입니다. 정부는 더욱 박차를 가해 조선산업의 4차 산업혁명을 준비하고 있습니다.

자율운항 선박 개발은 물론이며 한국형 스마트야드 개발 등에 집중 투자할 것입니다. 이와 함께 조선산업의 혁신성장을 위해 금융지원과 내수창출을 늘려나갈 것입니다. 정부는 올 하반기에 군함 등 1조 5천억원 규모의 공공선박을 발주했습니다. 내년에는 952억원의 예산을 투입하여 중소형 조선소와 부품업체의 경쟁력 강화를 집중 지원할 계획입니다. 바다는 도전이자 미래를 향한 희망입니다.

조선강국, 해양강국으로 재도약은 거제 지역 경제에 새로운 활력을 일으키고 경남과 대한민국 경제를 살려낼 것입니다.

하지만 당장의 어려움이 문제입니다. 정부는 올해 4월 거제와 통영을 비롯한 7개 지역을 산업위기지역과 고용위기지역으로 지정하고, 1조 2천억원 규모의 추경예산을 긴급 편성하여 지역경제 살리기와 대체 · 보완산업 육성을 지원하고 있습니다. 앞으로도 산업구조 조정지역의 어려움을 해소하기 위해 최선을 다하겠습니다. 함께 어려움을 이겨나가자는 격려의 말씀을 드립니다. 존경하는 국민 여러분, 해군 장병 여러분. 강한 해군력은 해양강국으로 가는 핵심입니다.

바다에서부터 어느 누구도 감히 넘보지 못할 철통같은 안보와 강한 힘으로 한반도 평화의 기틀을 세워야 합니다. 저는 3차 남북정상회담을 위해 다음 주 평양에 갑니다.

우리는 한반도의 비핵화와 항구적 평화체제 구축을 위한 위대한 여정을 시작했고 담대한 상상력으로 새로운 길을 만들어내고 있습니다. 그러나 평화는 결코 저절로 주어지지 않습니다.

평화는 우리 스스로 만들고 지켜내야 합니다. '힘을 통한 평화'는 우리 정부가 추구하는, 흔들림 없는 안보전략입니다. 강한 군, 강한 국방력이 함께 해야 평화로 가는 우리의 길은 멈추지 않을 것입니다.

강한 군대는 국방산업의 발전과 함께 국민의 무한한 신뢰에서 나옵니다. 국민은 국민을 위한 국민의 군대를 요구합니다. 이제 우리 군이 답할 차례입니다. 저는 대한민국 국군통수권자로서 차질이 없는 개혁으로 국민의 요청에 적극 부응할 것을 명령합니다. 국방개혁의 주인공은 우리 군입니다. 자부심과 사명감으로 개혁을 완수해주길 바랍니다.

오늘 '도산 안창호함'이 강한 국방, 평화로운 대한민국의 미래를 향해 출항합니다. 한평생 독립운동에 헌신하고 민족정신을 일깨우는데 앞장을 섰던 도산 안창호 선생의 얼을 가슴 깊이 새겨주길 바랍니다. 바다에서 대한민국 주권과 국가이익을 수호하는데 사명을 다해주길 바랍니다. 우리 국민의 평화와 번영의 염원이 '도산 안창호함'에 실려 있습니다. 이제 출발합시다. 감사합니다.[84)]

195 ☀ 문재인정부의 세계적 등급의 미소와 과제: 나라문화도 그 나라만의 미소와 개성이 있어야 매력적이다

한국과 세계 역사를 이끌어갈 수 있는 힘의 구축은?

公私 낙관적 미래를 위해 개인부터 얼을 찾은 재출발이 나라 발전의 성공 비결

문재인 대통령의 환하고 구김없는 맑은 미소는 환한 깃발이다: 세계지도자 중 최고등급으로 한국민은 그것만으로도 감지덕지하나 그러기에 그 미소가 빛을 잃지 않기 위해서라도 급선무 과제를 언급한다. 성장통 과정의 허물벗기 시간인가?[85)]삼국지는 저리 가라 - 남북미 삼국지! 쓸 만하다. 제갈량급들도 보인다. 윤실장, 서훈, 정의용. 김여정(북한 노동당 제 1부부장이 방남해 턱을 살짝 치키고 말이 아닌 미소로 사람 마음 사로잡기(charm offensive · 매력공세)에 나섰을 때부터 북한에 대해서는 지속적인 진두 기획과 지휘가 보인다)… 등.

그런데 어쩌다 문 정부에서 옥에 티랄까, 치밀하지 못한데서 오는 허물인가? 잘 판별, 치밀하지 못함은 관리자의 죄도 된다. 청와대가 외국에 문서가 나가는 것을 제대로 안 챙기고 무성의하게 북한이 보낸 것을 그냥 보냈다.[86)] 그 문화역사민족 적폐청산의 호시기를 놓치면, 호미로 막을 것을 넓은 넙가래[87)]로도 못 막는 후회와 민족의 지탄을 영원히 받는다.

196. 〈국립 최초 용산역사민족공원〉과, 광개토호태왕도 걱정한 〈춘천 맥국 중도 원형보존 유네스코로 가기 위해 직권으로 허가 취소책〉 상책 중의 상책이다. 그간 강원도청 춘천시청 적폐로 쌓은 뒷정리, 옆정리는 시간을 두고 대안을 만들어 주고, 우선 공사중지에 대한 허가를 취소시켜야 한다. 가야 사랑을 조금만 나눠주시면 됩니다. 아니고 가야도 많이 사랑하고 중도도 많이 사랑해 주시면 더 큰 효과

가 납니다. 세계 10위 한국의 지속발전 자주자족 상생은 큰 미소 더 깊이 내실을! "망가진 둥지엔 성한 알이 없게 된다"

1. 용산 남산한강에 주어진 금수강산 관리로도 용산지역에 생태공원은 충분하다.
   - 선거 때 바쁘게 공약한 것이니 수정하는 것이 더 현명합니다. 주변국의 역사침탈에 비해 뒤쳐지고, 왜곡된 한국 민족역사를 제대로 심는 첩경이 용산공원을 역사민족공원으로 만들어, 제 정신교육과 수익구조되는 관광자원화 합시다.
2. 고대유적지 중도에 영국 레고 추진은 다른 곳으로 전환
3. 강화 24시간 조력발전소를 만들어 생명안전과 일자리, 에너지, 경제, 남북관계 모두 해결합시다.

★ 광개토태왕의 아들인 장수왕에게 평소에 미리 남기신 유훈 내용… 뒤에 나옴

춘천중도에 기업 위한 개발은 빨리 신임 문화재청장 직권으로(적폐세력에 의한 불법허가이므로) 허가를 취소시키세요.

"시조왕과 선왕묘는 특별히 원근에 사는 舊民(옛 동족)이 묘를 지키고 청소도 깨끗이 하도록 특별히 잘 가르치라. 터를 바꿔버리거나 묘를 초라하게 해 놓을지 내가 만년쯤 뒤에 묘를 지키는 자들을 어떻게 알리!" "내 사후에도 제일 믿을 사람은 옛 우리사람과 한예韓濊족이니라. 적당한 때에 한예에서 220가를 취하여 두고 혹 그들이 릉 관리법을 알지 못하거든, 바로 다시 옛 동족 110가를 취하여, 신구 수묘자와 합하여 국연 300 도합 330가를 두고, 자신의 조상과 시조와 선왕 이후까지, 묘에 석비를 세우고, 수묘인과 연호들은 순서가 다르지 않게 할 것이고 수고에 치사하라.('광개토태왕 유훈' 중에서)

197 ■ 한국도 그 만의 미소와 개성이 있어야! 매력적이고 땡긴다

우리 스스로도 우리 미소와 개성의 우리 기준을 세우자.

- 환기 9215년(2018) 배달 5914(2018): 이 하나 실천만으로도 우리역사의 바탕을 지킨다.[88]
- 한국처럼 종교적 삶이 자유로운 나라에서는, 이름 등도 한국식으로 통일할 필요가 있다. 고구려 이민자로서 일본에 살고 있는 동포들은, 아직도 고마(고려,

고구려)라는 나라 이름을 성으로, 자기들과 같은 족끼리 결혼 등의 문화를 천년이상 주관있게 사용하고 있다.

- 삼국유사 저자도 김견명(일연), 단군세기(안함로는 법명) '김안함로'이다. 법명 세례명보다 원이름 쓰고 법명 등은 꼭 알리고 싶으면 괄호 속에 사용하도록 할 필요가 있다.

198 ☀ 호국정신의 상징인 경주 바다 속 문무대왕릉과 그 유훈遺訓만으로도 후손들에게 큰 교육

7세기 주변국의 침입에 예민하던 시절 신라의 문무왕은 역시 왜구를 걱정하는 마음을 유훈으로 전했다.

"과인은 나라의 운運이 어지럽고 전란의 시기를 맞이하여, 서쪽을 정벌하고 북쪽을 토벌하여 능히 영토를 안정시켰고 배반하는 자들을 치고 협조하는 자들을 불러 마침내 멀고 가까운 곳을 평안하게 하였다. 위로는 조상들의 남기신 염려를 위로하였고 아래로는 부자父子의 오랜 원한을 갚았으며, 살아 남은 사람과 죽은 사람에게 두루 상을 주었고, 중앙과 지방에 있는 사람들에게 균등하게 벼슬에 통하게 하였다. 무기를 녹여 농기구를 만들었고 백성을 어질고 오래 살게 하였다. 세금을 가볍게 하고 요역을 줄여주니, 집집마다 넉넉하고 사람들이 풍족하며 민간은 안정되고 나라 안에 걱정이 없게 되었다. 곳간에는 언덕과 산처럼 쌓였고 감옥에는 풀이 무성하게 되니, 혼과 사람에게 부끄럽지 않았고 관리와 백성에게 빚을 지지 않았다고 말할 만하다. 스스로 여러 어려운 고생을 무릅쓰다가 마침내 고치기 어려운 병에 걸렸고, 정치와 교화에 근심하고 힘쓰느라고 다시 심한 병이 되었다. 운명은 가고 이름만 남는 것은 예나 지금이나 마찬가지이므로, 갑자기 긴 밤으

로 돌아가는 것이 어찌 한스러움이 있겠는가!

태자는 일찍이 밝은 덕을 쌓았고 오랫동안 태자의 자리에 있어서, 위로는 여러 재상에서부터 아래로는 뭇 관리들에 이르기까지 죽은 사람을 보내는 도리를 어기지 말고, 살아있는 임금을 섬기는 예의를 빠뜨리지 말라.

종묘의 주인은 잠시도 비워서는 안되므로, 태자는 곧 관 앞에서 왕위를 잇도록 하라. 또한 산과 골짜기는 변하여 바뀌고 사람의 세대도 바뀌어 옮겨가니, 오(吳)나라 왕의 북산北山 무덤에서 어찌 금으로 만든 물오리의 고운 빛깔을 볼 수 있을 것이며, 위魏나라 임금의 서릉西陵 망루는 단지 동작(銅雀)이라는 이름만을 들을 수 있을 뿐이다. 지난날 모든 일을 처리하던 영웅도 마침내 한 무더기의 흙이 되면, 나무꾼과 목동은 그 위에서 노래를 부르고 여우와 토끼는 그 옆에 굴을 판다. 헛되이 재물을 쓰면 서책書册에 꾸짖음만 남길 뿐이요, 헛되이 사람을 수고롭게 하는 것은 죽은 사람의 넋을 구원하는 것이 못된다. 가만히 생각하면 슬프고 애통함이 그치지 않을 것이지만, 이와 같은 것은 즐겨 행할 바가 아니다. 죽고 나서 10일 뒤에 곧 고문庫門 바깥의 뜰에서 서국西國의 의식에 따라 화장火葬을 하라. 상복의 가볍고 무거움은 정해진 규정이 있으니, 장례를 치르는 제도를 힘써 검소하고 간략하게 하라. 변경의 성·진城鎭을 지키는 일과 주현州縣의 세금 징수는 긴요한 것이 아니면 마땅히 모두 헤아려 폐지하고, 율령격식律令格式에 불편한 것이 있으면 곧 다시 고치도록 하라. 멀고 가까운 곳에 널리 알려 이 뜻을 알게 할 것이며, 주관하는 자는 시행하도록 하라."

『삼국사기』 권제7 신라본기 제 7 문무왕 21년(681) 세속에서는 왕이 용이 되어 나라를 지킨다는 이야기가 퍼져 무속신의 한 사람으로 숭배되었다.<문무대왕릉앞 호국기도터>는 기도인들에게 유명하다.

경주 해변에는 문무대왕의 호국정신을 느낄 수 있는 3곳의 유적이 있다. 문무대왕릉, 이견대, 그리고 감은사 터가 그것이다. 문무대왕릉文武大王陵은 신라 제 30대 문무대왕(재위 661~681)의 무덤으로 동해안에서 약 200미터 떨어진 바다에 모셔져 있다. 문무대왕은 아버지인 태종 무열왕武烈王의 업적을 이어받아 668년 고구려를 멸망시키고, 계림도호부를 설치하려는 당나라 군대를 격퇴하여 676년 신라의 삼국통일을 이룬 임금이다. 5년 후 681년 지병으로 임종을 앞두고 있던 문무대왕은 맏아들과 신하들을 부른 자리에서 자신이 죽으면 화장을 한 후 동해바다에 묻으라고 했다. 그렇게 해주면 나라를 지키는 용이 되어 왜구로부터 나라를 지키겠노라는 유언을 남겼다.

그해 7월 문무대왕은 서거했고, 뒤를 이어 왕위에 오른 신문왕은 유언을 받들어 동해안 바다 한가운데 솟은 바위 위에서 장사를 지냈다.

동해 바다의 용이 되어 왜구의 침입을 막아내고자 했던 문무대왕의 능은 왜구의 침입이 삼국시대 혹은 그 이전부터 얼마나 집요하게 계속되어 왔는가를 보여주는 상징적인 유물이다. 한 나라의 국왕이 해적 무리 혹은 무력집단에 의한 침입에 감내하기 어려운 고난을 당하여 몸소 바다의 용이 되어 나라와 백성을 지키고자 했던 사실은 우리 역사에 있어 왜구 · 일본과 관련하여 신중하고도 심층적인 연구를 요구하고 있다. 옛날부터 사람들은 경주시 양북면 봉길리 앞바다 물속에 솟은 이 바위를 '대왕바위' 혹은 '대왕암大王岩'이라고 불러 왔다. 수중릉이 있는 대왕암은 자연 바위를 이용하여 만든 것으로 그 안에 동서남북으로 인공수로를 만들었다. 대왕암 위에는 그 중앙에 비교적 넓은 공간이 있고, 그 동서남북 사방으로 물길을 내어 바닷물이 파도를 따라 동쪽으로 나 있는 수로로 들어오고 서쪽 수로로 나감으로써 큰 파도가 쳐도 안쪽 공간은 바다 수면이 항상 잔잔하게 유지된다고 한다. 수면 아래에는 길이 3.7미터, 폭 2미터의 남북으로 길게 놓인 넓적한 거북모양의 돌이 덮여 있고 그 안에 문무왕의 유골이 매장되어 있을 것이라고 추정되고 있다. 문무대왕릉은 1967년 7월 24일 사적 제 158호로 지정되었다.[89]

199. 忠義와 절개를 지킨 두문동 72 고려충신

은둔해 있는 山을 태운다 해도 죽음을 불사하고 산에서 내려가지 않았다.

고려의 유신인 신규, 조의생, 임선미, 이경, 맹호성, 고천상, 서중보 등 72인을 가리킨다. 이들은 끝까지 고려에 충성을 다하고 지조를 지키기 위해 이른바 부조현不朝峴이라는 고개에서 조복朝服을 벗어 던지고 이곳에 들어와 새 왕조에 출사하지 않았다. 조선 왕조는 두문동을 포위하고 고려 충신 72인을 불살라 죽였다고 전해지며, 또 일설에는 동두문동과 서두문동이 있어서 동두문동에는 고려의 무신 48인이 은거하였는데 산을 불태워 모두 죽였다고 한다. 이후 정조 때에 와서야 그 자리에 표절사表節祠를 세워 그들의 충절을 기렸다.

두문동에 관한 기록은 조선 순조 때 당시 72인의 한 사람인 성사제의 후손이 그의 조상에 관한 일을 기록한 『두문동 실기杜門洞實記』가 남아서 전해지고 있다. 당시 많은 선비들이 은거함에 따라 두문동이라는 곳이 나라 안 여러 곳에 남아 있었다. 그런 일이 알려지면서부터 집밖에 나가지 않는 것을 일컬어 '두문불출杜門不出'이라고 하게 되었다고 한다. 그러나 '두문불출'이란 말 자체가 원래 '문을 닫고 나가지 않는다'는 뜻이며 같은 표현은 조선 시대 이전의 기록에도 이미 나타나기 때문에, 오히려 두문불출이라는 데서 '두문동'이라는 지명이 유래했을 가능성이 높다.

조선의 새 임금 태조는 그들을 미워해서 개성 선비에게는 100년 동안 과거를 보지 못하게 명하였다. 결국 살아남은 그들의 후손들은 할 수 없이 평민이 되거나 장사를 생업으로 삼고 선비의 학업은 닦지 않게 되었다. 그것이 후에 유명해진 개성 상인으로 발전하였다. 그 뒤 300년 이래로 개성에는 사대부라는 명칭이 없었고, 경성의 사대부들도 개성에 가서 사는 사람이 없었다.

농은農隱 민안부閔安富 : 농은유집에 갑골문으로 된 천부경문을 남겼다.

방촌厖村 황희黃喜 : 뒷날 두문동에서 나가 출사. 세종 대에 영의정을 지냄.

유충유효난 有忠有孝難 충이 있으면 효가 있기 어렵고
유효유충난 有孝有忠難 효가 있으면서 충이 있기도 어려운데
이자기운득 二者旣云得 이 두 가지를 이미 다 가졌었건만
황우살신난 況又殺身難 하물며 살신하는 어려움까지나

– 상촌공 김자수의 자진을 애도하는 영의정 황희의 만사 –

200 ★ 전 국민이 하나로 뭉치는 한국 국민성(따로 또 같이의 원조) :

★한국이 독일을 이긴 것만으로도 고맙다! 앞으로도 더 잘하겠지!

한국! 검룡의 잠재력이 아니고서야 어찌 독일 축구를 이기나?

검룡 왕검 환웅태백 환인환국의 잠재력이 한류한국 국가성장 동력이다

201 ☗ 미 제국주의(1846년)에 맞서 싸운 멕시코의 애국청년의 죽음들과 기리는 국민성

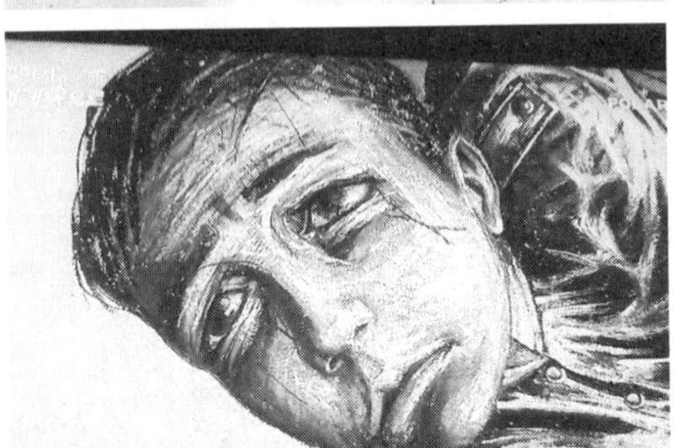

202 ◘ 영조대왕은 전주 풍남문을 개축하셨다. 귀하게도 아니 거의 유일하게도 맥족의 상징인 神獸 맥 화반을 그려 새겨 놓았다.(해태가 아니다)

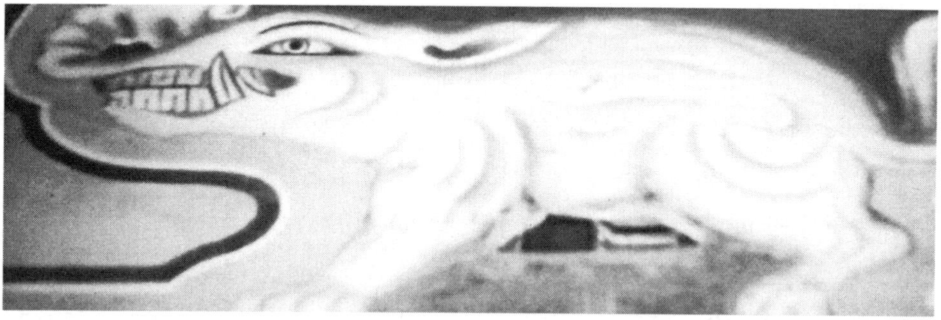

★전북 전주시는 이 귀한 맥 그림을, 맥적이라는 음식과, 경기전과 함께 도시의 상징으로 쓰면 성공할 것이다.

왜 귀한 후손 이름을, 한학과 역사에 밝은 고성이씨 집안에서 이맥李陌이라 지었을까? 한자로 '맥陌'은 두렁, 경계라는 뜻이나 한국어로는 소리가 같다.

203 ◘ 남명 조식 선생의 경의敬義 정신을 기리는 제 42회 남명 선비문화 축제가 오는 10월 19일, 20일 이틀간 경남 산청군 시천면 사리 한국 선비문화연구원 일원에서 열린다.

축제 첫날 10월 19일에는 학술대회와 경남도 서예대전 초대작가전이 열린다. 지난해 축제 때보다 확대된 전시물과 화려한 깃발전이 준비돼 볼거리가 더 다채로와 진다고 주최 측은 밝혔다.

이튿날인 10월 20일 본 행사에는 임진왜란 당시 활약한 남명의 문인, 제자들을 그린 의병 출정극을 비롯해 오정해 초청 국악 한마당, 박선희 예술단의 콘서트, 손양희 국악예술단의 풍류 한마당 등 온 가족이 즐길 수 있는 전통문화예술 공연이 이어진다. 또 전국 한시 백일장과 학생 휘호대회 등 경연도 진행된다. 전통 선비놀이 체험과, 탁본 체험, 부채 만들기와 일일 찻집 등 풍요로운 체험 코너도 운영된다.

이와 관련, 남명 선비문화축제 집행위원회는 최근 한국 선비 문화연구원에서 올해 선비문화 축제 운영을 위한 관계자 회의를 열고 올해 축제 일정과 내용 등을 논의, 확정했다.[90] 4월 15일, 경남 진주 문화연구소에서 펴낸 〈진주 문화를 찾아서 - 남명 조식〉의 저자인 허권수 경상대 명예교수와 함께하는 '남명 조식 선생의 발자취를 찾아서' 라는 주제로 떠나는 여행은 먼저 산청 덕천서원德川書院으로 향했다. 경의당 뒤편 남명 선생의 위패를 모신 숭덕사崇德祠로 허권수 명예교수는 일행을 곧장 이끌었다.

눈 시리도록 하늘이 푸른 날이었다. 4월 15일, 경남 진주 문화연구소에서 펴낸 〈진주 문화를 찾아서 - 남명 조식〉의 저자인 허권수 경상대 명예교수와 함께 하는 '남명 조식 선생의 발자취를 찾아서'라는 주제로 떠나는 여행은 먼저 산청 덕천서원德川書院으로 향했다.

붉은 홍살문 옆 400년이 넘은 은행나무를 지나 서원으로 들어갔다. 배롱나무의 민낯도 그냥 지나쳐 경의당 뒤편 남명 선생의 위패를 모신 숭덕사崇德祠로 허권수 명예교수는 일행을 곧장 이끈다. 조선 시대 선비들이 모여 학문을 연구하면서 믿고 따르던 옛사람을 제사 지낸 곳인 서원書院. 이곳 덕천서원은 남명 조식 선생을 모신 곳이라, 선생께 제일 먼저 인사를 올리는 게 예의라며 몸을 굽혀 절하며 예를 차리는 국궁배례鞠躬拜禮를 구호에 맞춰 올렸다.

남명 선생을 기리기 위해 1576년 후학들이 창건한 덕천서원은 1609년 사액을 받았다. 덕천서원 강당인 '경의당敬義堂'에서 남명 선생의 생애와 사상에 관한 강의를 들었다. 남명 선생은 평생 산림처사로 항상 깨어있는 정신으로 매사에 거짓이 없고 도리에 어긋남이 없이 행동을 삼가는 '경敬'을 바탕으로 배운 것을 실천하는 '의義'를 실현한 선비이다.

임금이 불러도 나가지 않는 선비 징사徵士였던 선생은 "창문을 열어라. 아침 해가 너무나 청명하구나"하며 돌아가셨다고 전한다. 이 날도 하늘은 맑고 밝았다.

204. 기념관에서 선생이 허리춤에 찬 방울 소리가 울리고 울릴 때마다 몸가짐을 살피고 반성했던 성찰의 방울인 성성자惺惺子와 '내명자경(內明者敬)'과 '외단자의外斷者義'라는 글자를 새긴 경의검敬義劍을 보면서 선생의 실천 의지를 엿보았다.

▲ 남명 조식 선생이 허리춤에 찬 방울 소리가 울리고 울릴 때마다 몸가짐을 살피고 반성했던 성찰의 방울인 성성자(惺惺子)

▲ 합천군 삼가면 용암서원 앞에 세워진 남명 조식 선생 흉상[91]

기념관을 나와 점심을 먹고 이동한 곳은 선생이 태어난 합천군 삼가면 외토이外吐里이다. 처가인 김해에서 돌아와 후학을 가르친 뇌룡정 기둥에는 '시거이용현尸居而龍見 연묵이뢰성淵默而雷聲'이라 적혀 있다.

'죽은 듯 있다가도 용처럼 나타나고

깊은 못처럼 조용하다가도 우레처럼 소리 낸다'

라는 뜻이란다. 꾸준히 실력을 쌓아서 때를 기다리라

는 선생의 가르침은 나라가 위험에 처했을 때 분연히 떨쳐 일어났던 의병장 곽재우 · 정인홍

같은 제자에서 엿볼 수 있다.

▲ 의령: 곽재우 장군과 함께 싸운 17명의 장수를 기리는 충의사

결론적으로 남명의 제자들 업적은 위기의 순간에서는 나라를 지키고 대동법 실시 등 나라의 이로운 일에 찬성했다는 한마디로 말해서 개혁적인 파들입니다.

악랄한 침략만 해대던 일본을 모델로, 우리는 지금 개혁 3일 천하를 역사에 가지고 있는 대한의 구태 속에 구태와 맞대면하며 살아남아야 했기에 구태를 일부 모방하며 공분으로 성공하였다.

그런 지금, 문재인 정부는? 이 담당공무원들 각 자는? 자신에게 어떤 새로운 정신과 이념의 틀로 사람답게 발전하는 한국인 자신을 찾고, 적용하여, 구태의 적폐의 틀을 완전히 벗어나 93(16)세기에〈지자체 산청에 한국 선비문화 연구원〉의 모태 남명선생이 있어 무력엔 무력으로 나라를 수호했고 95(21)세기에 〈한국 중앙정부 서울엔 용산역사민족공원〉이 있어 역사문화경제 전쟁에 그에 상응한 지혜와 전략 교육실천으로 나라를 수호해야 한다. 어느 정부와 함께 이 새로운 민족역사문화 경제 교육과 실천의 장을 세울 수 있을 것인가?

국립 최초 용산역사민족공원이 제대로 되려면 나부터 이렇게 실천하도록 노력한다.

국가 위기 시는 직접 나가 나라를 구한 경상좌도 조식 남명과 그 제자들의 호국실천 敬義사상을 잇는 경남 지리산 아래 산청 한국 선비문화 연구원의 전통선비 일상교육 체험을 용산역사민족공원에서 놀이로. 국민자존심 한국인 정체성 DNA를 다시 찾아 그에 근거한 생활안정과 나라의 번영을.

205 ◐ 건축 노벨상인 프리츠커상[92] 하나도 못 받은 한국의 건축가들

세계 최강의 일본 건축.

싸게 짓는 한국 건물 · 책임 기억 없는 도시 · 공공 영역이 변화해야

이소자키 아라타磯崎新. 일본인 건축가이다. 2019년 프리츠커상 수상자. 상투적 표현으로 건축의 노벨상이다. 지명도로 보아 그가 41회 수상자가 되는데 이견을 달기 어렵다. 그래서 올해는 화제였다. 일본 수상자가 모두 8명이 되었다. 가장 객관적 잣대로 일본은 세계 최고의 건축강국으로 인정받은 것이다. 여기 항상 묻어오는 불편한 문장이 하나 있다. 한국 건축가는 없다더라. 이것은 서술이 아니고 힐난이다. 도대체 너희는 뭐가 잘못된 거니. 옆집 애들은 우등상도 척척 타온다는데.

좀 더 비교해 보자. 건축의 0:8은 오히려 덜 부끄럽다. 노벨상은 1:24이다. 그런데 평창올림픽 금메달 수는 5:4였다. 과연 뭐가 잘못된 것일까. 프리츠커상은 건축가의 계획안을 평가하지 않는다. 이뤄진 건물을 보고 판단한다. 도면이 아니고 성취를 보는 것이다. 그래서 건축가가 대표로 수상하지만 결국 그 과정에 관여한 사회의 가치를 칭찬하는 것이다. 노벨상도 배경에 사회가 있다. 잘못을 찾으려면 건물이 지어지는 과정을 좀 들여다 봐야 한다.

건물은 건축주가 제시하는 일정 · 예산 · 용도 · 대지의 조건 안에서 시작한다. 건축가는 이를 만족시키는 창조적 대안을 제시해야 한다. 그 계획이 건물로 도시에 구현되는 것은 사회적 과정이다. 인허가를 포함하고 설계단계보다 훨씬 많은 인원의 시공자가 개입한다. 모두 집합적으로 역할을 다 해주지 않으면 제대로 된 건물은 만들어지지 않는다.

목숨이 걸린 사안이었던 듯 삼수해서 유치하여 5:4의 쾌거를 이룬 평창올림픽 현장으로 가 보자. 개막식장, 각종 경기장 그리고 한국 홍보공간인 코리아하우스도 지었다. 코리아하우스를 짓는데 발주처가 내건 문장은 “전 세계인들이 모이는 축제의 장인 올림픽에서 한국적이면서도 세계인들에게 어필할 수 있는 디자인을 개발하여 평창 동계 올림픽 · 패럴림픽 기간 동안 코리아하우스가 대한민국을 대표하는 랜드마크로 자리매김할 수 있도록 함”이었다. 철학 · 역사의식 · 세계관은

없고 피해의식 · 과시욕 · 승부욕만 담긴 문장이라고 아쉬워할 일이 아니다. 강릉 올림픽파크에 지어진 코리아하우스. 디자인의 심사 없이 컨테이너로 지었다.

다중 이용 건물이면 설계 · 시공 · 운영 점검의 과정이 필요하다. 그런데 이 랜드마크를 설계할 건축가가 결정된 것은 개막 4개월이 남지 않은 시점이었다. 내 경험으로 주택설계만 해도 6개월이면 일정이 빠듯하다. 그런데 설계 착수 후 15일 안에 3개의 계획안을 제출해 승인을 받고 45일 안에 설계 마무리해 세계인에게 '어필'하고 대한민국의 대표 '랜드마크'를 만들어야 하는 과업조건이었다. 게다가 랜드마크 설계를 할 건축가 선정방식은 설계비 입찰이었다. 올림픽 대표선수를 추첨으로 뽑는 나라도 있더라. 낙찰 받은 인근 지역의 건축가가 어떤 초인적 능력으로 과업조건이었던 심의 · 지질조사 · 모형제작까지 다 거치고 만들어 작업을 완수했는지는 모를 일이다.

랜드마크를 주문하는 공공기관은 많다. 그러나 그들의 공사예산은 프리츠커상 받는 국가의 절반을 넘지 않고 책정하는 건축설계비는 그 공사비 대비 다시 절반이다. 창의력에 투자하는 금액이 1/4 이하이다. 서울과 도쿄의 물가 수준은 거의 1:1이므로 건축가의 생존대안은 설계기간을 1/4이하로 줄이는 것이다. 훈련기간은 1/4이 안되지만 금메달은 따와라.

오가와 게이기치(小川敬吉). 조선총독부 하급공무원이었다. 고려시대 이후 한반도에 있었던 공사 감독자로는 처음으로 남겨진 이름이다. 그는 평창올림픽 개최 칠백 년 전 고려말에 지어진 어떤 건물 수리보수 작업의 책임자였다. 이 건물은 조선시대 다섯 번의 수리와 단청작업을 거쳤다. 그러나 조선은 그 장인 중 단 한 명도 호명 · 기록하지 않은 사회였다. 이에 비해 식민지의 시골 사찰 보수공사 책임자의 이름도 기억하는 (*일본)사회가 프리츠커상, 노벨상을 받는 나라가 되었다. 그가 수리책임자로서 4개월 아니라 4년 걸려 최대한 창건 상태에 가깝게 되돌려 놓은 건물이 대한민국 국보 49호이다. 수덕사 대웅전.

일본 에도시대[93] 장인들은 수준이 인정되면 무사들처럼 칼을 찰 수 있었다. 섬뜩하다. 제대로 일을 마치지 못하면 칼 앞에 목숨을 내놓으라는 이야기이다. 요구는 간단하다. 목숨을 걸어라. 그런 장인들이 지금도 건물 시공하고 연구실에서 실험한다.

우리의 랜드마크는 이런들 어떠하며 저런들 어떠하냐는 인부들이 짓는다. 공사 예산 부족하니 숙련도 믿을 수 없는 이국 근로자들이 더 많아진다. 수많은 공공건물이 세계 건축계가 어이없어 할 디자인에 근거해서 태평한 손길로 지어지고 누구도 기억할 필요없는 공허한 사업이 되어 도시에 던져진다.

건축은 어렵다. 이해주체가 많은데 이해관계는 공유되기 어려우므로 먼저 신뢰구도가 형성되어야 한다. 일본과 미국도 다르지 않다. 그러나 한국에서 건축하는 것은 유독 훨씬 더 어렵다. 갈등사회이기 때문이다. 말도 손도 거칠다. 노벨상, 프리츠커상 이전에 사회를 반성해야 한다. 그러기에, 프리츠커상 하나 못 받아오느냐는 질타 속에서도 아무도 알아주지 않는 역사와 도시의 책임감으로 무장하고 발주처 · 심의위원 · 행정공무원 · 민원인 · 공사장 인부들 사이에서 분투하는 대한민국 건축가들 만세.[94)]

환웅시대 쯤 베링해협으로 대륙에서 한반도로 분리되지 않았을 때, 춘천은 중심수도였고, 그 중 중도는 중심이었다. 중도 옆 우두산엔 단군의 신하 팽오의 홍수정리를 감사하여 기념하는 비도 있었다 하니, 베링해협의 물이 많이 넘친 시기와도 유관해서 생각해 볼 수 있다. 왕의 청동검과 비파형동검, 금귀걸이, 옥, 많은 왕족급 적석고인돌 등과 의례환호와 대형환호가 중도에서 9000여 점이나 나온 것으로 당시 춘천이 神市였음을 보인다. 따라서 수도의 강인 그 당시 소양강도 일반적인 강 이상의 가치를 매장 문화재로서나 왕도의 주요 강으로서 재화 보유처로도 강 주변은 위치상 가능성을 지닐 수 있다. 한강에서 동북 700리를 가면 예맥지역이다.

소양강은 길이 166.2㎞. 인제군 서화면의 북쪽 무산巫山에서 발원하여 양구군을 통과하며 설악산의 북천北川 · 방천芳川, 계방산의 내린천內麟川 등의 지류와 합류한다. 강원도 내륙 산지를 흘러 유역에는 평지가 적고, 유로는 굴곡이 심하다. 1973년에 춘천시 신북면의 북한강 합류점에서 12㎞ 지점에 다목적댐인 소양강댐이 완성되었다. 소양강댐은 사력砂礫댐으로는 동양최대이며, 세계 제 4위이다.

또한, 소양호는 인제까지 배가 다닐 수 있어 관광개발에도 큰 몫을 할 뿐 아니라, 강원도 내륙지방의 교통소통에도 큰 기여를 하고 있다. 국립공원인 설악산 관광과 연결되고, 또한 동해안 해안관광과 연결이 되면 관광자원으로서의 가치가 매우 크리라 기대된다.[95)]

206 ☑ 강원도 평창군이 문화정책을 시정할 점

이번 동계올림픽 때, 최초의 한국(일본) 여사제가 출토된 평창 하리 그 지역을 일삼아 가보니 개인 빌라를 짓는다는 광고가 붙어 있었다. … 현재 문화재 보존 및 관광자원 구축의 정책 실상이 난감했다.

청동기시대 비파형 동검이 출토된 춘천 중도맥국이 중도에서 삼악산, 후기에는 평창으로 이전했다는 설을 믿으면 맥국에 큰 여왕이 존재한 것이 된다. 평창 하리에서 찾아낸 것만 해도 이번 것보다 작은 석곽묘도 16기이다. 올림픽 때 일부러 평창 하리로 들어가 군청 앞에서 물어서 가보니 군청을 바라보고 바로 왼쪽이었다. 그 지역을 가보니 개인 빌라를 짓는다는 광고가 붙어 있었고, 그 주변은 모두 부동산 관련 사무실들이었다.[96] 청동기시대 비파형 동검은 제례 의식용 제기(祭器)로 제사장 정치적 지도자의 무덤에서만 출토된다. 이번 평창에서 출토된 비파형동검은 길이 26.3cm, 폭 3.8cm로 두 동강 난 채로 석관 동쪽 측면에 묻혀 있었다. 일본보다 300~200년이 빠르고, 신라 아로공주보다 500여 년이나 더 이른 시기에 여왕 여사제가 있은 것을 증명한다.

"출토 동검의 양식은 비파형동검→세형동검으로 발전 단계의 B.C.E. 6세기~B.C.E. 5세기경 여성 인물이다. 한반도에서 일본으로 파급된 청동기시대인 야요이彌生시대(B.C.E. 3세기~AD 3세기)에 이번 여성 인골은 한국에서 일본으로 전래한 청동기문화의 양상을 새롭게 검토하는 계기가 될 수 있다는 의견도 나왔다. 일본에선 청동기시대였던 야요이(彌生)시대(기원전 3세기~기원후 3세기)에 여성 제사장이었던 히미코가 왕에 올랐다는 기록이 있다. 김재현 교수는 "그동안 한반도의 비파형동검 등 물질 중심으로 청동기문화가 일본에 전래됐다는 것은 많이 알려진 사실"이라며 "이번 발견을 통해 여성의 사회 참여 등 사회 · 정치적인 제도 역시 일본으로 전해졌을 가능성을 엿볼 수 있다"고 밝혔다.

207 ◘ 서울시 중구청 서소문 염천교공원 이름? 최고지도자와 주변, 정신과 실천이 바른 사람들이라야 나라 영토도 혈세도 역사도 문화도 국민의 삶도 자존심도 지킨다:

박근혜대통령 시절, 카톨릭 또 교황까지 나서게 해, 서울시 및 중구 혈세로 〈카톨릭 역사순교공원〉을 지으려 하다가 그곳에 직접적인 순교역사를 지닌 천도교와 全 한국민 반대에 부딪혀 타협. 복잡한 서울역 주변에 성지? 순례관광을 온다고 선전하여 기만했다가 카톨릭공원이 너무 많습니다.

208 ◘ 춘천시 강릉시 보완할 점

더욱 융합적이고 부가가치가 높을 무형문화의 원천인 한국토속 정신종교 신앙 무형문화도 잘 챙기시길!

춘천중도에도 성황당이 있었다. 최근까지 그곳 중도에서 살았던 분들이 증언하였다. 그것도 찾아주길 부탁한다.

오죽헌 정문 기둥 왼쪽에 세계적으로 처음 〈어머니의 길〉을 만들었다고 자랑하는 지도판에 사모공원으로 가는 길 왼쪽에 백교옆 〈성황당〉도 그려져 있고, 사모공원 표지석 안에도 옛날에 핸다리(백교)와 〈성황당〉 앞길을 어머니와 걷던 장면을 떠 올리며 글을 써 두었다. 당일 저녁 때 못 찾아 바로 옆 한옥촌은 올림픽 조직위원들이 머물러 안 된다고 하여 주문진에 가서 하루 묵고 다음날인 오늘 종일 본격적으로 찾아 나섰다.

그려진 성황당은 찾고 보니 어제 긴가민가 하던 곳이었다.

그 신성 라인 50m 지점에는 권력과 이해당사자가 있는 강릉 김씨 한옥(100년 정도 된)은 두 채가 따로따로 문화재로 지정되어 있었고 안내간판까지 세워 두었다. 올해 한국의 무형문화 강조 지역이 강원도라고 강원 농악 전수관은 홍보하고 있었다.

이리저리 주목받는 그 중심이 강릉일진대, 오죽헌 공원 관내라 할만한 성황당만 정책적으로 푸대접하는 이유가 무엇일까?

- 무형문화의 중심은 신앙문화이다. 어찌 농악과 공예뿐이랴.
- 유사 이전 후부터 특히 구석기가 있는 풍족한 삶의 환경이 천혜로 주어졌다고 자랑하는 강원도, 또 하늘이 내린 땅이라 운운하는 강원도 강릉 정도이면, 하늘과 하느님을 믿는 한국인의 정신세계에 가장 중추가 되고 따라 한류문화의 원뿌리 문화를 놓쳐서는 안 된다.
- 한국에 들어온지 얼마 안된 외래 특히 서양 것들이 역사공원을 운운하며 영토와 정신계를 잠식하여 우리 것이 배제되거나 파괴되고 있다고 그 곳 촌로들도 인식하고 지탄하던데…. 한국문화 정책관들은 왜 이리 마음도 얼도 근시안이고 사시들인지 쉽게 말해 그 곳도 사대,식민사관에 젖어 우리조상들의 것은 미신? 외래 것들은 우리, 나의 DNA에 뿌리두지 않은 것이라 뿌리없는 그것에 매여 거기에 연연하는 자들은 우선은 편할지 모르나 속은 허깨비놀음만 하다가는 것이다. 강릉 박물관과 강릉 민속박물관이 지척에 있는 성황당도 내팽개쳐 놓는다면…오늘날 우리 것에 대접이 어느 정도인지? 정신들이 어떤 정도인지? ... 최근의 천주교회 안내 간판들은 난무한데 - 누구 하나 권력있는 자들이나 기득권층이나 지원금 주는 측에서 이 문화는 보호하자 나서는 사람이 없어서? 이제 잃어버린 정신들, 얼도 좀 찾아서 일 좀 제대로들 찾아 하자!
- 나는 노래시키면 하는 노래가 "연분홍 치마가 봄 바람에"이다. 나뿐 아니라 온 국민의 깊은 정서속에 뿌리 내린 성황당들.

"연분홍 치마가 봄 바람에…. 성황당 길"은 왜 이리 찾기 힘들꼬?
필요해서 연락을 주면 내가 찾은 것들을 알려줄 것이다.
나는 월급을 받고 일 하는 사람이 아니니, 나의 지적 일당들?은 줘야 한다.
그게 자존심이 상하고 싫으면 직접들 제대로 하시길! 당부드린다.

차옥덕 까페글

209 ★ 대한민국 국훈: 환국 오훈과 신시 오사 단군 8칙

단군 5세 구을 단군 재위 16년 때, 동방의 모든 임금을 소집하여 환국 오훈과 신시 오사를 전수함

환국오훈桓國五訓

① 성신불위誠信不僞: 매사에 정성과 믿음으로 행하여 거짓이 없게 하라.

② 경근불태敬謹不怠: 공경하고 근면하여 게으름이 없게 하라.

③ 효순불위孝順不違: 효도하고 순종하여 거역하지 말라.

④ 염의불임廉義不姙: 청렴하고 의를 지켜 음란하지 말라.

⑤ 겸화불투謙和不鬪: 겸양하고 화평하게 지내어 싸움을 하지 말라.

우리의 민족의식으로 보아 끝으로 우리는 우리 민족을 배달민족이라고 불러 온 지가 오래된 것으로 안다. 분명 옛 조선이 우리민족의 출발이었다면 조선족이라는 말만 남았을 것인데, 우리는 배달민족이라는 민족의식을 가지고 있는 것을 보면, 분명 배달국의 존재를 인정하지 않을 수 없다. 그동안 왜? 우리민족이 배달민족이 되었는지를 일본의 강점기를 지나면서 우리민족의 뿌리를 잃어버리게 된 것이다.[97)]

화랑의 세속오계는 환국의 오상지도를 계승한 것:

화랑정신의 기원은 원광법사의 세속오계世俗五戒이지만, 그 안에는 불가佛家의 사상뿐만 아니라 유가儒家와 도가道家의 이념이 내재되어 있다. 세속오계는 지정학적으로 가장 열악한 환경의 신라가 삼국통일을 할 수 있게 해 준 원동력이었으며, 리더로서의 화랑 개인이 추구하고 갖추어야 할 가치와 행위 규범을 제공하였다. 따라서 세속 오계는 오늘날 리더가 갖추어야 할 가치와 덕목을 제시해주고 더불어 그것들의 함양을 위한 방법론적 기초를 제공해 준다. 세속오계의 계율에 내재되어 있는 윤리적 가치와 덕목들은 조직이나 공동체를 이끌어 갈 리더들에게 반드시 요구되는 것들이다. 화랑에게 있어서 명예란 불의나 부정과 타협하지 않고 이름을 더럽히는 것을 죽음보다 두려워하는 것이었다. 오늘날에도 용기와 정의감으

로 자신의 책임을 다하는 일이야 말로 전사戰士들에게 명예로운 일이 아닐 수 없다.

현대 사회에서도 리더에게 철저한 자기 관리는 기본적인 생활 태도이다. 리더에게 자기 관리의 요체要諦는 사욕私慾에 대한 절제력이며, 자신의 언행言行에 대한 통제력이다. 세속오계의 살생유택이 오늘날 시사하는 바는 단지 생명체에 대한 무모한 살상 금지만을 의미하는 것이 아니다. 타인에 대한 존중과 정의감, 청렴과 검소, 그리고 겸허(謙虛 등의 덕목이 내포되어 있는 계율이며 따라서 오늘날 우리 사회의 다양한 조직이나), 공동체를 이끌어 갈 리더에게는 반드시 요구되는 덕목들을 내포하고 있는 것이다.

〈표〉 현대적 리더십에의 반영

계율	핵심 내용	기본가치	현대적 가치	리더십 적용
사군이충(事君以忠)	임금에게 충성 (군주)	충성	충성(국가, 국민, 조직, 상급자, 동료, 부하 등), 충성의 대상	다양화
사친이효(事親以孝)	부모에게 효도	효도	효, 우애, 공동체 의식(겸애, 박애)	타인에 대한 인식과 의리정신
교우이신(交友以信)	신의로 친구 교제	신의	신뢰, 정직, 성실, 언행 일치	리더십 함양을 위한 수행(신독)
임전무퇴(臨戰無退)	전투에 물러나지 않음	용기	용기, 정의, 책임, 명예, 창의	리더의 사생관
살생유택(殺生有擇)	살생을 가려서 해야 함	자비	존중, 정의, 청렴, 검소, 겸허	리더의 생활태도

210. 화랑의 세속오계는 **화랑들의 지도자적 자질을 형성시키는 가치관과 덕목 교육의 기본 지침이었다. 그리고 오계에 내포된 윤리적 가치와 덕목들은 오늘날에도 리더의 가치와 덕목으로 손색이 없으며,** 최초 그것이 제시된 신라 시대에는 단순히 화랑들의 행동을 제약하는 규율을 벗어나, 리더로서 갖추어야 할 인성(人性)의 모범을 제시해 주고 있기도 하다. 그러므로 우리는 그것을 고대사회에 존재했던 한낱 시대적 유물로만 여겨서는 안 되며, 우리의 정신문화 유산으로 그것을 소중히 보존할 뿐만 아니라 보다 적극적이고 전향적인 해석을 통해 현대적인 리더십 함양에 응용하여 발전시켜 나갈 필요도 있다.

화랑 세속오계의 현대적 리더십 반영에 관한 일고(원홍규·김진만)

211. 우리 역사를 담은, 『부도지』, 신라왕족 문인인 충신 박제상, 『삼성기1』, 신라 김안함로 스님, 발해의 전적을 근거로 한 『삼성기2』, 고려사람 원동중, 『삼국유사』, 김견명 일연스님, 『단군세기』, 고려말엽 충신 이암, 『북부여기』, 고려사람 범장, 『단군세기』, 조선 중종 때 찬수관撰修官을 지낸 이맥[98] 선생님들께서 남겨주신 유고들에, 일제하 항일전선 속에서도 이 유고들을 체화한 항일독립군, 그들에게 독립자금을 보내고 뒷바라지하며 전국민의 독립운동에 하나로 이끈 정읍 대흥리 보천교, 이후 대전, 강화 마니산 단단학회 이유립과 긴 준비기간 동안 국학원과 상생방송의 노력과 효과가 힘을 모으고, 인재를 키우고, 확산에 많은 공을 세우고 있다. 불교는 四生 일체생명 공생공영 - 육도 사해중생 생명보중 각생 해원(매일 허공, 지하, 축생, 나는 새, 북어 四物祭, 수륙제..),'무아봉공 無我奉公' 정신은 원불교가, 사람됨의 심지에 깊이 심으려 하는 主旨이기도 하다. 어제도 강제징용 관련 일본교포께서 일본내에 있는 조선인 강제징용 자료를 40여 년간이나 찾고 모아 그 발자취와 나라 잃은 백성의 삶의 고통과 흔적을 한국정부에 전했다.[99] 지혜와 광명을 깊게 크게 만드는 일

가까운 박정권 때에 '역사공원'이라는 말로 전국 각지에 대개 전통종교 부지 위에 '역사공원'이라 칭하며 덮었는데, 만년 역사를 자랑하는 한국에서 100년 남짓된 천주교 전도 역사와 각 곳에 천주교 순교나 증거 팻말을 남발하여 세우는 것이 바르지 못한 월권이나 갑질이라 못마땅해 하는 분들이 많다.[100]

212 ☀ 광개토호태왕 아들 장수대왕에게 남긴 유훈: 유훈 거의가 무덤 관리에 관한 내용이다.

아주 많은 종족[101] [102] 중에 가장 믿을 만하니 "조상님과 나의 사후 무덤은 한예韓濊[103] 족에 맡겨라!" 모자랄 때는 '옛 우리족'에 (*예맥)

국강상 광개토호태왕께서 계실 적에 가르쳐 말씀하시길 '선조왕과 선대왕께서 오로지 원근에 있는 옛 백성들만을 뽑아 묘를 지키고 관리토록 하셨는데, 짐이 염려되는 것은 옛 백성들이 옮겨 다니면 분명 충분하다가도 모자라게 될 것이다.

이에 짐은 만년이 지난 후에도 아무 탈 없이 평안히 묘를 지킬 사람으로는 오직 짐이 직접 취하며 살핀 곳에서 데려온 한인과 예인들에게 관리토록 하라'라고 하신

말씀이 이와 같았다.그러므로 교시하신 바와 같이 한인과 예인 220가호를 선발하였고, 그들이 법식과 규칙을 모를까 염려되어 다시 옛 백성 110가호를 합하여 신구 수묘 호수는 국연 30호에 간연 300호로 모두 합쳐 330호이다.

(해설)

광개토호태왕 이전의 선조왕들은 멀리 있거나 가까이 있는 구 고구려 백성들에게 묘를 지키고 관리하도록 하였던 것인데, 광개토호태왕 생전에 묘를 지키던 백성들이 거주지를 옮겨서 많아지거나 적어지는 것은 당연하다는 것을 염려하여, 만년 후에까지도 안전하게 묘를 지킬 자는 몸소 이끌고 취하여 공략한 한예韓濊라고 하며, 그들에게 묘를 지키고 관리하도록 명령을 하였던 것이다. 이에 따라 새로이 편입된 한예韓濊에서 220가家를 택하고, 이 한예의 연호煙戶들이 그 **관리의 법식과 규칙을 모를까 염려되어** 다시 이전의 구 고구려 수묘인 110가를 더하여 국연 30가, 간연 300가로 모두 330가家로 하였던 것이다.

이 부분에서 호태왕은 한반도 일원의 백제와 신라의 땅에 거주하고 있는 사람들을 만주땅 일원의 고구려 백성들과 함께 한예인韓穢人으로써 곧 같은 한민족으로 보았으며, 숙신, 비려, 왜는 이민족으로써 선조왕과 자신의 왕릉을 지킬 수묘인으로 적합하지 않다고 판단하고 있음을 알 수 있다. 따라서 광개토호태왕 시기에 우리 민족을 이루는 근간은 한예인韓穢人들이며, 이들은 같은 언어로 같은 생활을 하는 하나의 생활집단임을 인식하고 호태왕은 이들을 통합하며 소통코자 하는 정책을 시행하였음을 이 글을 통해 명확히 확인할 수 있다. [4면 7행 33자 ~ 4면 9행 41자]

고기 등을 보면 환인 환웅 단군 대부여에 고구려 백제에 이르기까지 천제문화를 정성드려 지내온 천손족이라, 다른 부족에 비해, 조상과 왕들을 모시는 데 예법이 잘 서 있고 차질이 없음은 고금을 막론하기에, 광개토호태왕은 아들 장수왕에게 무덤과 제사를 한예족(220가)과 그 옛 동족들(110가)에게 맡길 것을 유훈으로 엄격히 남기신 것이다.

213 ★ 광개토왕릉 비문에 능 관리에 관한 항목들이 세세하게 나와 있으니 비추어 춘천중도도 살펴 본다.

춘천맥국 중도에서 160여 기 적석고인돌, 주거지 1600여 채인데 이 환호에만 몇 기가 있는지, 당시 고구려왕의 릉 수치에 비추어 - 당시 분들 하고 싶은 말을 꺼집어 내어 볼 것이다.

214 ☗ 한민족이 가진 것들의 가치를 한민족의 바른 시각에서 재인식 재평가 재구현한다.

대수맥에서 내려온 사람 신농씨 - 약초의 신같은 조상

민족 상징의 아이콘을 잃어버린 것들: 조의정신, 백두산과 요동과 예맥족 맥국 神獸 맥의 힘과 천손정신을 다시 살린다. 神獸 맥이집트의 상징이나 마찬가지인 스핑크스도 턱 밑의 긴 고리가 맥의 변형으로 보이게도 한다.

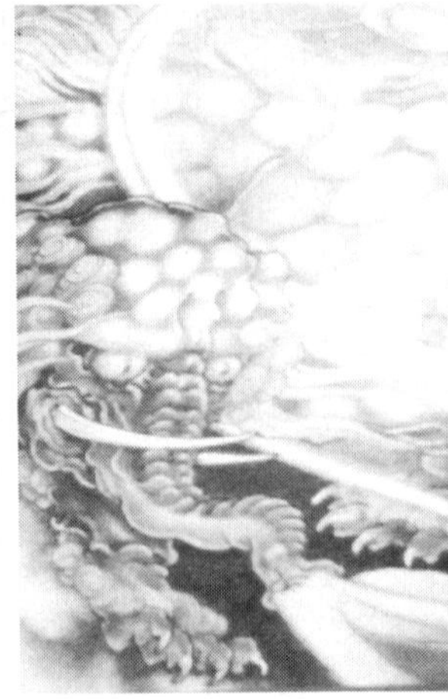

215☗ 한국인은 원래 요동을 중심으로 소수맥, 대수맥부터 예맥족이고, 후에 중원이 자오지와 싸운 헌원 이후나 진시황의 진秦이나 유방의 漢나라 한무제 이후 하나로 통일된 후에야 그 주변을 동서남북 모두 오랑캐로 호칭하며 우리를 '동이족'이라 하였다.

'예맥': 우리와 형제국인 터키에서는 일반 일상음식 이름이 '예맥'이다. 예맥족이나 그 지역에서 먹던 것이라 그렇게 이름 붙였을 것이다.[104] 우리와 시기가 거의 같은 9천년 전부터 있어 온 수메르를 연관시키지 않을 수 없다.[105] 내가 15년 전부터 가지고 있는 출판사 이름이 한국예맥기획이다. 그 예맥과 관련해서도 여러 모의 목적으로 상당한 컨텐츠를 개발할 수 있다.

216 ◈ 아베는 왜 일본 젊은이들에게 평균 55%의 지지를 받고 있는가

일본: 약 1억 3천 명, 정확히는 127,185,332명 (2018 추계) 홋카이도 · 혼슈 · 시코쿠 · 규슈의 4개 섬과 수많은 작은 섬으로 구성되어 있다. 수도는 도쿄이다. 단일 아시아계 민족이 압도적이고 주요 종교는 신도 · 불교 · 그리스도교이다. 제 2차 세계대전에 하와이 및 필리핀의 미군기지를 공격했고, 유럽 식민지를 점령했으나 1945년 히로시마와 나가사키에 원자탄이 투하되었고 연합군에게 항복하였다. 전후 새로운 기술을 이용하여 폐허로 변한 산업기반을 재건하여 놀랄 만한 경제 회복이 이어졌고, 일본은 세계에서 가장 부유한 국가가 되었다. 활발한 지진 활동대에 놓여 화산 폭발 및 지진을 겪는다.

그는 국가 부채가 우리보다 훨씬 많음에도 불구하고 재정을 구조조정하면서 사회보장을 더 강화했다.

동일노동 동일임금을 밀어부쳐 대기업과 중소기업 등의 임금격차가 적다.

통화정책으로 엔화 가치를 좀 떨어뜨려 일본 기업들의 수익을 좀 늘리고 임금인상의 드라이브를 강력하게 밀어부친다.

젊은이 숫자가 상당히 줄어들어 어지간한 사람이면 다 일자리를 얻는다.

요즘 일본은 농업.산업노동 일부 분야에서는 외국인이 없으면 일을 할 수 없다고 한다. 편의점도 외국인이 보는 가게도 많다.

일본인들은 아베가 무어라 하든 소소하고 작은 취미에 몰두하면서 행복을 추구하고 있다.

정치는 우파들이 득세해도 우리 같으면 좌파라 할 정책을 모두 다 채택했다.

연립정당인 공명당은 종교단체인 창가학회의 지원을 받는 정당으로 공산당.사회당이 하는 역할을 한다. 창가학회는 똘똘하면서 가난한 젊은이가 정치를 할 수 있게 지원해 준다.

사실 우리는 수출입으로 먹고 사는 사람들이 많고 내수가 상대적으로 적어 국제통상 환경이 조금만 변해도 경제가 흔들린다. 압축성장으로 이루어진 결과를 벗어나려면 시간이 걸릴 듯하다. 다 세상은 그냥 얻어지는 게 없다는 사실이 여실히 나타나고 있다. 모든 분야에 축적의 시간이 필요한 시대이다.[106]

★ 217 동양의 생활의 지혜 24절기 자체가 축제 자원이다.

내일이 하지이다.(2018년 6월 21일)

夏至 - 24절기의 하나, 북반구에서 일년 중 낮의 길이가 가장 긴 절기. 서울 근교의 38도선에서 평균적으로 낮의 길이가 14시간 50분을 전후한다. 하지(夏至), 1년 중 낮이 가장 긴 날. 이 시기 서울에서는 오전 5시 10분쯤에 해가 떠서 오후 8시쯤에 진다. 이 날부터 게자리[107]가 시작된다.

정반대로 서양에서는 가장 여유롭고 많이 놀 수 있는 절기이다. 스웨덴의 메이폴 축제를 비롯, 덴마크의 상크트한스, 러시아의 이반 쿠팔라와 라트비아의 야니 페스티벌 등 대다수의 축제기간이 집중되는 매우 즐거운 시기이다. 애초에 동양과 달리 구름 한 점 없는 맑은 날이 주로 이 시기에 시작되는데다(특히 고위도로 갈수록) 목축을 주로 하는 문화 특성상 여름 내내 별로 할 일이 없기 때문이다. 또한 종교적으로도 기독교의 축일인 세례 요한 탄생일(6월 24일)이 바로 이 시기에 존재한다. 스위스, 알프스 산맥에서는 하지에 산에 올라가 연인에게 사랑을 고백하면 사랑을 이어준다는 속설이 있다. 스웨덴은 하지 축제 전야에 소녀나 젊은 여성이 7가지 종류의 꽃을 베개 맡에 두고 혼자서 잠을 청할 경우, 미래의 남편이 꿈에 나온다는 속설이 있다. 영국 셰익스피어 5대 희극 중 하나인 한여름밤의 꿈도 이 하지기간을 배경으로 한 이야기이다(원제가 A Midsummer Night's Dream이다)

하지(hajj) : 이슬람에서 성지 메카에 순례를 하러 가는 행위 또는 그 기간을 일컫는 말.

이슬람에서 '하지' 기간이 성지 메카에 순례를 하러 가는 날이라 하니 우연이 아닌 것 같다.[108)]

218 ☀ 한강! 한강 다리 32개!와 정자(亭子)들과 서린 역사는 무한한 관광자원:

지금은 국립지리원에서 남한강의 발원지를 강원도 태백 금대봉 검룡소로 수정하였다. 이무기가 용龍이 되려고 이곳까지 올라왔다는 전설에 따라 붙은 이름인 검룡소 劍龍沼! 는 민족성산 태백산이 있는, 강원도 태백시 금대봉 중턱에 위치해 있다. 검룡劍龍은 공룡화석의 동물. 쥬라기부터 백악기까지 번성한 공룡. 길이는 10m 정도. 등에 삼각형 골판骨板이 있고 꼬리에 가시가 있는 스테고사우르스

인도의 석류석이 신라에 나타난다.

219★ 훈족(흉노)은 바로 고구려라 한다.

고구려 스타일로 훈족 흉노 말을 돌려 타고 뒤로 활 쏘는 장면이 독일 박물관에 그려져 있다.[109)]

그곳 사람들도 〈그림 속에 그들이 훈족 흉노 고구려족인지 알지 못하던 것〉을 알려주고 왔을까?

220 ☗ 희생자 없는 통일을 위해 필요한 것들: 황우연 前 강화도 숭조회 회장

북측에 민족공동 개천절을 통해 9회나 다녀오면서 '희생자 없는 통일을 위해서 필요한 것들'을 정리해 보았습니다.

① 상호 믿음이 가는 사람이 있어야 하고→상호 인정, 요청하는 사람

② 막대한 통일비용이 있어야 하고→통일자금을 지원할 사람

③ 부담없는 균등발전이 되어야 하고→동등한 대우

④ 통일 전에는 상호체제에 위협을 느끼지 않도록→존중해야 하고

⑤ 그러한 내용을 담은 〈통일특별법〉이 제정되어야 한다.→특구사업단

남북공동 개천절 행사 때 북측이 준비한 제사상

단군릉 개건 20돌을 계기로 2014년 개천절 민족 공동행사가 3일 단군릉 앞에서 진행됐다고 조선중앙통신이 보도했다. 이날 공동행사에서 김영대 위원장과 김인환 남한 천도교 중앙총부 종무원장이 축하연설을 했다.

221 ★ 남북이 어떤 평화적이고 생산적인 형태로 통일되기 위해 차츰 나눌 남북이 공히 가지고 있는 역사복원 축제들 고려 팔관회

222 ■ **현대 팔관회 상상도: 아마도 만북울림이나 한류스타들도 같이 하면 더 효과적일 것이다.**

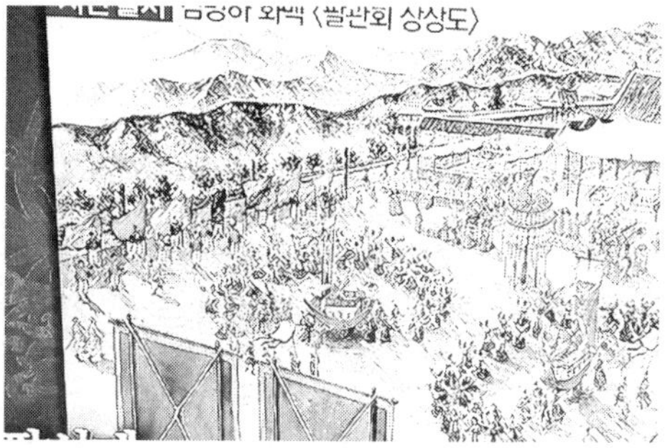

223 ■ 용산역사민족공원 내 한국의 〈통곡의 벽〉은 어느 것으로 할까?

어아당 차옥덕의 한국위정자 공유 10강

1930~50년대 전후, 학문이나 일상에서 외국 것만 최고로 치던 유학생 풍조 - 민족은 일제 탄압과 전쟁으로 고생하거나 독립운동에 생명 바칠 때, 외국에 나가 안전하게 지낸 돈 있는 집안 족속들.

독일 철학과 예수와 성경은 알아도 제 나라 종교와 환단 역사 72천황과 천부경은 몰라 독일 철학자 하이덱거에게 망신을 당한 서울대 철학과 교수 - 제 나라 것 알고 지키면 오히려 무시하는 풍조

1970년대에 독재에 맞선 대학생 민주화 세력들로부터 문화도 우리 한국 제 나라 것 찾자는 운동 일어나다. 이후 한 50년간 정치 일선에서도 민주화 및 많은 일을 하다.

대통령 및 지자체장들 및 정치인은 적어도 임기 기간만이라도 철저히 도덕적일 때 자신에게서 힘이 나오고, 주변이나 주변국들이 - 아니 요즘은 세계가 하나로 정보시대라 - 한국을 무시하지 못한다. 정치인이 도덕적이지 못할 때 무시당하여, 나라에 국민에 큰 손해를 입히는 결정을 하도록 내몰린다.

① 마고지나 - 고려 때 백성들이 우리나라를

② 한국의 3경전: 천부경 배달나라 세우신 거발한 1대 환웅이 (천부삼인의 하나로) 받다. 천부경 삼일신고 참전(완성된 太一 자가 되는)계경 천부경 몰라 독일 철학자에게 망신을 당한 서울대 교수

③ 맥, 맥국

④ 환국 환인 7분, 72분 - 따라서 환기 9216년 - 고정화 상식화해야 1만년 한국역사를 빼앗기지 않음

⑤ 환국 환인 환웅 천제부터의 신교(모든 종교의 근원 - 일본 신도의 뿌리)가 한국신앙임

⑥ 중국에서 삼조당에 모셔진 성군 모두 및, 한자도 동이가 만든 것임: 인물 한자 역사 많은 부분 있음 - 성군으로서는 중국 역사인물들 중 환단 천황 72분 속에 중국 삼조당에 모셔진 자오지천황 염제신농 황제헌원, 인문시조로 모셔진 태호복희씨(주역 팔괘와 태극) 아버지 5대 태우의 환웅임(환단고기) 및 한자도 동이족 것(한자는 중국석학 임어당도 확인), 역사는 기록사서 및 현대학자들도 인정

⑦ 평양 법수교 다리 아래 가림토문자도 한글의 선조

⑧ 10만 년 이상 구석기 유적이 많은 곳 쌀농사 12,000년 된 벼가 충북서 나온 곳 창녕 비봉리 8,000년 된 배와 울산 암각화 - 고래사냥. 지금도 울산에서는 고래를 잡는다. 8천년 된 창녕 비봉리에서 배를 타고 고래를 잡았을 그 때도 천제종교 신교의 사제 그 사람들이 새겨져 있다! 고인돌 금관이 세계 70% 이상, 청동으로 다뉴세문경을 만든 나라다.

⑨ 한국 자연은 사시사철 금수강산이다.

⑩ 한국인은 IQ가 세계 최고이니 유대인보다 높다. 근면하여 일을 많은 시간 동안 한다. 교육열이 높다.

신토불이 이 땅 천손의 향기가 강한 것은 이 조국이 타고 난 것일 게다.

이 위정자 공유부분을 전 국민이 나아가 세계인이 효율적으로 공유하기 위한 공간으로 용산역사민족공원의 역할이 크기에 강력하게 이 역사민족 주제의 용산공원 방향설정을 주장한다. 사) 용산향토문화사학회장인 필자 나의 이 시대 조국에 대한 큰 책임이기도 하고 사명이기도 하다.

224. 서울시청 길 건너 영국대사관과 영국성공회 골목 입구의 대로변에 춘천 중도 문화유산 유네스코 등재로

서울시청 길 건너 영국대사관과 영국성공회 골목 입구의 대로변에 필자가 걸어둔 현수막
춘천 중도 문화유산 유네스코 등재로! - 글씨는 박명옥 여성 서예 대가께서 써 주심.

춘천대교보다는 시간여행의 다리가 더 낫다. 지금은 일명으로 〈맥국이나 고대로 가는 시간여행 다리〉에서 따서 〈춘천 시간여행 다리〉〈고대로 다리〉 등으로 호칭해야 역사문화관광과 경영면에서도 더 효과적이다.

춘천 맥국중도 유적은, 그간 동이족의 것으로 인정하다가, 이제는 중국 최고의 문화로 자랑하는 흥륭와문화랑 내용적으로도 시기적으로도 같아 더욱 그 가치가 중요시 된다.

고인돌의 나라 한국도 중국 우하량 유적 보존시설같은 만주 수암옥과 현재 중국으로 거의 수출되는 강원도 춘천옥의 매장량도 비슷하다.

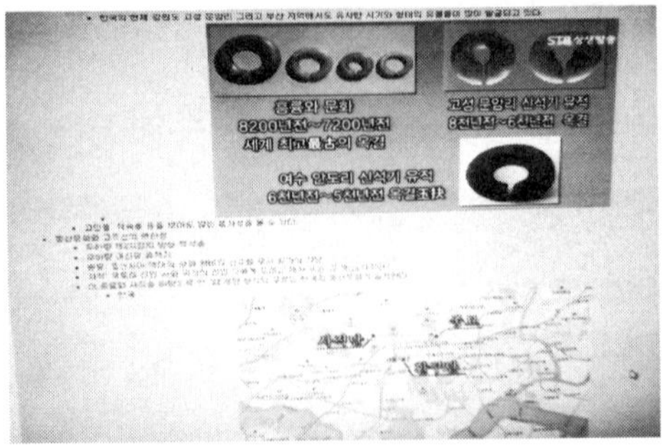

225 ☀ **금관의 나라 한국:** 금관이 많다는 것은 천황족 재화보물 금을 가지고 노는 나라라는 뜻이다. 한국 자체에서 금도 많이 나왔고(금광), 같은 한국족인 페루 잉카 마야의 숱한 금도, 유럽의 유리처럼 들어 왔을 수도 있다.

▲ 전남 나주 금관

▲ 신라 천마총 금관

여자인 나 혼자 한여름에 영국대사관과 영국성공회 입구에서 중도맥국 유물 많이 나온 터에 레고를 지으면 세계적으로 한국의 망신이고 영국도 욕 먹는다. 유네스코에 등재하게 도와달라는 항의 시위하다

226 ☗ 눈 뜨고 밥 먹는 일상에서 1/3이 부엌에서 시간이니

〈뉴스 보며 시간을 살리려고 씽크대를 돌려 일하는 구조로!〉 만들어 할 것 하고, 일단 집일에서는 가뿐히 출발하고 무거운 역사를 찾아 살피는 문화역사광!으로 40년여 년 살았다.

매몰찬 국제정치 관계 현실에 "나가서 한국이 할 일이 하나도 없어요" 약소국의 현실, 정치가가 바르게 살기와 국민이 힘입니다. 도피적인 환상적 노예적 역사관의 탈피와 바로잡기를 꿈꾸다 살벌한 도심 한복판에 거미줄에 걸린 거미같이 땅에 겨우 기대어 붙어 서 있다가 벌떡 뛰쳐 나온다 왜? 불의를 그냥 두고 보는 것은 또한 불의不義이고, 분노가 느껴지고 방법을 모색해 볼 줄 아는 사람으로 할 짓이 아니니까. 나도 이 조국 대한민국 금수강산 지킬 이 땅의 주인인가 봐! 문화침략 나라가 아니 한국정치가가 당하고 휘말리는 것, 그냥 보고만 있거나 참을 수는 없으니까! 거미같이 생명의 실을 뽑으며 내 자신과 내 나라 내 조국 문화역사 정체성을 찾아 오늘도 살금살금 기어 나가기부터가 40년이다.

씽크대를 돌리고 개량한 나의 부엌

김치냉장고 옆에 작은 1구멍 싱크대가 하나 더 있어 큰일 할 때 의자 옆 씽크대에서 서서도 하고 양측에서 일하기 좋다.

227. 배달단군시대: 내몽골 만주에서 지내다

228 ☀ 삼족오와 두꺼비의 상징, 한반도 평양의 고구려 고분벽화 내 상징들 을 컨텐츠화하자!

일본왕실이 천황 등극시 입는 옷의 상의 무늬는 바로 이 삼족오(해의 신)와 두꺼비(달의 여신)이다.

러브 마크가 뚜렷하다.

이 천손의 후손들이여! 깨어나 조화세계를 만들라!

229☀ 맥(해태, 표범), 호랑이, 삼족오, 두꺼비, 현대 우리의 상징 마크는? 통일 조화? 삼태극? 아니면 일원상?

230 ■ 貘 貊을 같이 쓴다.

貘 표범의 딴 이름, 짐승 이름, 북방 민족,

貊 맹수 이름, 북방 민족, 고요하다, 모스크를 향해, 탑 방향, (맥가)메카와 맥을 향해, 사우디아라비아 마호메트의 유적지를 향해 맥시코는 우리 한민족 맥족이 건너가 세운 이름! 맥이에서 왔다고 지금도 '메기곳' 맥시코는 미국인이 붙인 것

231 ☗ 멕시코 페루의 태양신 의례 및 축제

신성한 산

232 ◘ 우리의 환단고기 · 조선왕조실록에 있는 무궁무진한 컨텐츠 찾기와 활성화 센터와 교역 통해 용산에서 이루어질 수 있다.

233 ◘ 전북 익산 **유네스코 도시를 대중교통으로 방문해 보며** 담당자들은 빨리 관광객 입장에서 대중교통 이용하고 걸어보는 마음 절실

실질적인 체계가 갖추어지길 바란다| 대한 땅 걸어보며 만나보며

환기 9214년 나라사랑 실천 2017. 09. 13. 필자가 까페에 올린 글

동양 최대의 미륵사탑 복원이라는 지대한 일을 하고 있었다.

가는 길이 대중교통으로 가는 사람에 대한 배려는 없었다.

텅텅 빈 대형버스보다는 마을버스류가 자주 있는 것이 여러 모로 나을 것 같다.

– 시골 방문 때 거의 느끼는 것이지만.

익산역에서 내려 미륵사와 왕궁지를 가는 길이 배차시간 때문에 참으로 험난했다. 다들 자가용이나 택시 이용을 염두에 두고 있는 것 같다.

혼자서 둘이서 걷기나 대중교통 홀로 여행도 많은데 다들 길에서 차를 기다리며 이구동성 차편이 너무 불편하다는 것

유네스코 왕궁리를 가는 길에 한옥도 짓고 있는 환승정류장 화장실은 천정이 떨어지고 화장지가 없고 더럽고 승객이 잠깐 제대로 쉴 의자도 없고 더러운 화장실이었다.

익산역앞 익산문화거리?라고 홍보판 붙여 놓은 - 작은 미술관 하나로?
익산 가는 철길에 유네스코 도시에 대한 착각을 만족할
미륵 연꽃길, 유네스코 도시 홍보 간판 세우기
"찾아가는 문화(재) 마을버스"가 얼핏 보여 반갑고 제대로 운영되면 편하고 관광 활성화도 되겠다
큰버스보다 일자리 창출도 몇 배 더 되고 서민관광에도 도움 되게
마을버스제로 배차시간 줄이기
– 버스를 기다리다 1시간(버스 안내판도 낯선 사람에겐 미비) : 유적지로 가는 65번 한 번 쉬고 오는지
안 와서(26일) 고생 (결국 택시 1시간= 3500원?)
보통 흔히 있는 일이라 하신다. - 도시처럼 전광 안내판이라도 있으면 다른 버스 타고 환승하든지 가까운 거리이면 택시라도 탈텐데

%"찬란한 익산 왕궁리 유적, 베일 벗는다" … 문화재청 11일부터 전면 개방[110)]
세계유산인 전북 익산 왕궁리 유적이 오랫동안 간직한 신비로운 자태를 드러낸다. 왕궁리 유적은 백제 무왕(재위 600~640)시 조성된 궁궐터로, 2015년 7월 유네스코 세계유산에 등재된 세계적 문화유산이다.

234 ◘ 시장 구청장님 동장님들도 담당구역을 한 번 걸어다녀 보세요. 전국 각지 공무원님들! 나라살림을 더 철저히 챙겨주시길!

▼서울 관악구청 문화행정: 1973년도보다 못한 관악구 문화행정 백제 신라도요지 파괴 사당역 5번 출구 100미터
일본에 갈 때마다 거의 한반도에서 건너간 우리 역사문화 유적을 눈 빠지게 찾아보게 된다
우리나라 내에 그런 곳은 전철역에서 5분거리에도 내팽겨쳐 놓고 있는데….
1973년 백제 6 - 7세기 도요지 – 폐기 2006년 10월 서울대박물관은 통일신라 요지가 있을 가능성이 있다고 언급해 두었다.
바로 관악구 서울대구역이 아닌가!

신라 진덕여왕 비보사찰로 관음사와 연결된 지역 – 지금도 승방2길 – 승방4길 – 승방5길이 차례로 나온다.

그 어디에도 백제신라 도요지로 가는 길 안내 팻말은 없다.

너무 장사가 잘되는 곳이라 숱한 간판 속에.

없을 아니 못 할 만하다. 파괴되기만 기다린 듯하니.

관악구 문화재과가 관리한 모습은 전혀 없다.

사적 제 247호로 지정은 해놓고 보존복원 등은 전혀 없고

– 이런 것을 보면 발굴과만 아닌 발굴보존과로 만들 필요가 있겠다.

도심지 유적의 앞날?

어떤 고리로 유착일까?

〈남현동(사당동) 백제도요지 찾아 가는 길〉

1) 사당역 5번출구 나와 오른쪽 길 직선 100미터 지점 서울시 교통문화교육원 정문에서 직선 50미터 – 채 5분도 안걸림
2) 5번 출구 나와 43걸음 걸어 오른쪽 길 위로 보면 '승방2길' 팻말이 보이고 그 길로 40보 걸어. 또 위로 보면. "남현3길" 팻말(들어가 오른쪽 길로) 거기서 오른쪽 100미터 지점에 바로 〈사적 안내판〉 이 보인다.

그 외는 아무 것도 없다. – 현수막 다른 주의판 등에도 〈시민공원〉 운운

퇴보하는 문화보존 행정! - 남현동 주민센터가 100미터도 안된다.

표지판에서 직선거리 50미터 안에

서울시 교통문화교육원 입구 큰 간판이 보인다 - 헬스사우나 교양강좌

남구 선거관리위원회도 바로 지척이다.

서울시나 관악구 지자체 선거 후보님들 선거전에 한 번씩 들러

반성하고. 문화 관악구 및 자기 선거구 유적 보존복원 대책을!

235 ▼ 서울 국립중앙박물관을 다녀보며 - 문화재 역사 할당 방들 재조정 요망된다

국립중앙박물관 본 전시관 1층 가장 주요자리 식당과 기념품 매점은 4층이나 통합 -한국자연사 구석기 신석기 청동기 단군조선관 공간으로 리모델링토록

1. 구석기 이전 공룡유물과 구석기 유적유물이 - 없거나 전시물이 부족하지 않고 넘치는 한국 땅이나 한반도에서 국립중앙박물관의 정책을 제대로 해야 한국역사가 세계에 바르게 홍보되고 빛나는 국사교육. 제대로 되고 국민정신도 바르게 된다. – 본관 전시관 1층 지금 식당수리 중이니 – 그 식당은 4층 정도나 식당이 모여 있는 곳으로 제대로 그 공간과 기념품 판매 공간은 같은 층에 또 있으니 합치고 전시공간으로 제대로 쓰자. – 공룡기 구석기 신석기 (7대 환인 18대 환웅 47대 단군) 조선관을 제대로 해야 주변국에 우리뿌리의 역사가 빼앗기지 않는다. 주변국 특히, 중국 일본의 한국역사의 축소 왜곡을 바로잡기는 국내에서부터 해야 한다. 1967년 서울 면목동 구석기를 발굴한 경희대박물관 창고에만 있는 구석기 유물도 모두 전시하자. 면목동 그 자리에 서울. 구석기관을 지으면 금상첨화이겠고 우선은 국립박물관이라도 제 정신을 차리자. 그런 중요한 역사관 자리도 스스로 축소하거나 배제하며 식당으로 임대업 이권? 어느 전 대통령 치부 방법? - 끝까지 투쟁하길 바라시지 않길? 특히 중앙박물관. 그리고 전국 공룡 구석기 세미나 열고 일년 내에 관광투어 열자. 꾸준히 하면 여러 도움이 일어날 것이다. (고객 편의 이름으로? 이권 – 돈 욕심으로 이명박과 그 전후 식당 등이 들어왔다는 오해받지 않도록) – 한국역사교육과 국가위상이 중요하지 그 대관 수입 때문에 자랑할 뿌리역사의 전시도 제대로 못한다니?)
2. 중앙도서관 "고조선관" 이름부터 "조선관"으로 수정할 것 - 본을 보이세요. 고조선이란 나라는 없다. 조선이다. – 삼국사기나 삼국유사 외 외국 중국 고사서에도 고조선이란 나라는 없다. 아마도 이성계 조선 후에 그들이 부친 이름이거나, 사대주의 식민사관자들이 왜곡한 것이다. 이성계 조선을 '(후)조선'. 정도로 고쳐야 맞다. – 서울 구석기유적 면목동과 그 일대 및 서울 면목 구석기 유물보관 박물관를 돌아보는 중에

236 ▼ 인천 서해를 대중교통으로 오가며 공무원님들께 보다 철저히 챙겨주시길!

강화군 서도면 볼음리 나들길을 따라 걸어보고 - 면사무소 문화관광 담당에 한 조언, 그에 대한 영혼 없는 답 - 예산탓만 마시고| 대한 땅 걸어보며 만나보며: 환기 9214년 나라사랑 실천[111]

강화군 서도면 북쪽에 가까운 섬 볼음리, 주문도를 걸어보고

공무원들이 그 지역과 우리문화를 사랑하는 사람들이라면,

관광객이나 그 지역민을 위해

더욱 친절하게 안내하는 홍보물을 만들고 길도 살펴보고 보완하고

또 민원을 내어 지적해 주면 큰 돈 안들어 가는 일은 바로 할 수 있는 일들을 할 텐데… 해야 하는데

(나의 민원 제안에 대한 답에 대한 답)

1. 서도면 관할 볼음리
   가장 대표적인 해수욕장(갯벌 체험도 가능한 곳)이라면서 어렵사리 화장실을 만들어 둔 것을 관광객이 이용을 덜 한다고 방치하다가 이젠 없앨 계획이라니 - 잘 조정 관리하여 관광객들이 활용하게 재고하실 것
2. 지역 문화관광 지도는 사무실에서 흔한 B4나 A4용지에 인쇄해서 나눠주기 문화관광 담당의 내 지역 문화 사랑 정신만 있으면 예산타령을 안해도 될 것임 그 속에 갯벌 체험 가능시간을 조사해서 배부하면 됨(아래 EBS자료를 보완 활용) – 선착장에 내려서 바로 서도면에서 가장 핵심적이고 매력적인(감성적인 일이라고 선전합디다) 관광요소 서도면 관광 상품인 해수욕이 아니라 갯벌 체험 조석시간을 알 수 있게 내리면 바로 알 수 있게 (홍보 인터넷에도 올리시고)현수막 1만원짜리는 마음만 있으면 만들 수 있을 것임 (예산타령할 것이면 조석시간 – 관광객 입장에서 친절히 체험시간으로 – 조사해서 보내주면 내가 만들어 기증하겠음)
3. 대표적인 영뜰해수욕장에 어렵사리 마련한 화장실을 철거하지 말고 관리토록 하는 것이 문화관광이고 예산낭비를 막는 길임을 재차 말씀드리니 고려 바람.

그 곳엔 한 칸이라도 두고 많이 찾는 문화재 은행나무, 연꽃밭 10만평 저수지 옆에 한 칸이라도 옮겨(예산 없으시다니) 관리하시는 게 지혜.

나라돈 받으시고 역사문화가 살아 숨쉬는 곳이라 홍보하시니

입장이 되셔서) 그에 걸맞게 수고 조금들 더 하십시요. – 외국인들도 내국인들도 많이 가실 것 입니다.

% 볼음도 임경업 장군 사당은 볼음도 이름과 연관한 기념물이 되니 팻말이라도 우선 만드시고 주문도에도 기념 문화재 지정 부분에 문제가 없는지도 확인해 보세요. – 주문도에 많은 분이 나라를 지키느라 돌아가셨던데 단순한 기념비가 주차장에 하나 있어 차들에 가리는 것 같은데….

공개주소라고 보내 주신 www.ganghwa.incheon.kr 계정은 안되네요.

%서도면과는 공적인 일이니 대화가 더 필요하시면 이 까페를 이용해주시기 바랍니다. 참고로 소개를 올립니다.

237 ▼강원 강릉시 오죽헌의 성황당 안내도 필요 좀 챙기시길!

우리 신앙 원형이 서양 것들의 말로 미신이지 만년 성황당 일상에서 지켜오는 마을분들 아름답고 깨끗하고 깊고 강한 것 문화재청과 새마을사업본부는 이제 보존토록 오죽헌 정문 기둥 왼쪽에. 세계적으로 처음〈어머니의 길〉을 만들었다고 자랑하는 지도판에 사모공원으로 가는 길 왼쪽에 백교옆 〈성황당〉도 그려져 있고 사모공원 표지석 안에도 "옛날에 핸다리(백교)와 〈성황당〉앞길을 어머니와 건던 장면을 떠 올리며"라는 글이 써져 있다. 그곳을 찾아 보았는데, 당일 저녁때 못 찾아 바로 옆 한옥촌은 올림픽 조직위원들이 머물러 안된다고 하여 주문진에 가서 하루 묵고 다음날 종일 본격적으로 찾아 나섰다. 그려진 성황당은 찾고 보니 어제 긴가민가 하던 곳이었다. 그 신성라인 50m 지점에는 권력과 이해 당사자가 있는 강릉 김씨 한옥(100년 정도 된)은 두 채가 따로따로 문화재로 지정되어 있었고….

올해 한국의 무형문화 강조 지역이 강원도라고 강원 농악전수관은 홍보하고 있었다. 이리저리 주목받는 그 중심이 강릉일진대, 오죽헌 공원 관내라 할만한 성황당만 정책적으로 푸대접하는 이유가 무엇일까?

– 무형문화의 중심은 신앙문화이다. 어찌 농악과 공예뿐이랴.

– 유사 이전 후부터 특히 구석기가 있는 풍족한 삶의 환경이 천혜로 주어졌다고 자랑하는 강원도, 또 하늘이 내린 땅이라 운운하는 강원도 강릉 정도이면, 하늘과 하느님을 믿는 한국인의 정신세계에 가장 중추가 되고 한류문화의 원뿌리 문화를 놓쳐서는 안 된다.

– 한국에 들어온 지 얼마 안된 외래 특히 서양 것들이 역사공원을 운운하며 영토와 정신계를 잠식하여 우리 것이 배제되거나 파괴되고 있다고 그 곳 촌로들도 인식하고 지탄하던데....한국문화 정책관들은 왜 이리 마음도 얼도 근시안이고 사시들인지 쉽게 말해 그 곳도 사대, 식민사관에 젖어 우리조상들의 것은 미신?

외래 것들은 우리, 나의 DNA에 뿌리를 두지 않은 것이라 뿌리없는 그것에 매여 거기에 연연하는 자들은 우선은 편할지 모르나 속은 허깨비놀음만 하다 가는 것이다.

강릉박물관과 강릉 민속박물관이 지척에 있는 성황당도 내팽개쳐 놓는다면… 오늘날 우리 것에 대한 대접이 어느 정도인지? 정신들이 어떤 정도인지?

나는 볼 때마다 당할 때마다 기가 막힌다...특히 사임당 아버지와 사임당과 율곡과 그 후학들의 영향이 미치는 오죽헌 동네마저? 어머니가 돌아가시고 금강산으로 들어간 율곡에게 물어보자!

금강산과 한양을 가면서 어머니랑 들러 기원하던 성황당을 무시하고 그냥 지나치며 살았던지? 지금도 영험하고 신령스럽다며 논 한복판에 잘 모시고 있는 동네분들에게 물어보자. 근처에 절이고 교회가 있어도, 그들이 일상 삶 속에서 마냥 믿는 것은 정녕 미신인지? 그것이 미신이라면 나는 미신을 아름답고 힘이 있고 진솔하고 청정한 것이라 여긴다.

조직하기를 강요하지도 않고, 믿으라고 강요하지 않고 돈 달라고 미사여구로 강요하지 않아도 스스로 믿고 삶의 중추가 되는 것 - 그것이야말로 인간의 깊은 심연의 신앙의 참된 원형이라 믿는다.

무형문화 어쩌구 하는 조직도 꽤나 있고 유지하면서 혈세도 쓰는 것을 알고 있다.

그런데 얼빠진 지난 나선화(정유라계) 문화재청은 문화재위원회에서 있던 무형문화재위원회도 없애버렸다.

서양 것들은 한국 것을 미신이라 외쳐댔고, 국민들의 생명을 바쳐 받은 베트남 월급을 착취해서 사욕으로 숨긴 박정권은 60년대 새마을사업한다고 우리 성황당들 미친 사람 널뛰듯 거의 파괴했다. 이제 새마을 사업은 물질만능과 기독교 숭상의 사대풍에서 벗어나 정신문화 개벽시대에 새로운 국면의 새마을터를 기반으로 개벽시대 홍익 새정신 우주 하늘 공경시대의 정신문화를 찾는 사업 아닌 운동으로 접어들어야 다같이 살아난다. 새마을운동을 본받으려는 외국들이 있다하였다.

우리가 해보니 자국의 얼을 지키는 운동을 하면서 병행하는 새마을 사업이 더 필요하다는 것, 이 점을 강조한 새마을교육의 수출로 나중에 욕을 먹지 않게 가르쳐줘야 할 것이다. 학계나 문화정치계에서 기득권을 가진 자들은 무형문화학회라는 조직을 만들었다고 떠들었다. 오랜 기간 기득권을 쥔 그들이 학계에서 문화재계에서 움직이면서도 이거 하나도 제대로 바로 못잡고 부끄러운 줄 모르고 기득권에 희희낙낙 하고 있어 화도 나고 무엇을 더 기대할까 싶어 안 간다. 그들이 진정으로 해야할 일은 하지 않고 무엇이 무서워서인지? 변죽도 못 건드리고 말잔치나 하고들 있어 화가 나서 안 간다. 그들의 종교는 그들이 소속한 대학의 종교들이고 거기에 충성하고 개신교계 유네스코 무형문화위원회에 아부하느라 논문까지 제대로 못 쓰는 작태가 한심하고 비루한 짓들을 하고 있어 솔직히 구역질이 나 못 가는 것이다. 들어가면 1박 2일을 비워서 집일이 기다리고 있을 것이라, 집 입구 큰 길에 서서 몇 자를 적으니, 강릉 민속박물관 직원들도 애정을 가지면 보일 것이니 제대로 하라. 오죽헌 정문 기둥에 그려진 성황당 바로 100미터 지점인데 안내판 하나 없어 이틀간 수소문하며 찾았다. 관련 당사자들은 근처를 꼼꼼히 답사하셔서 (근처 성황당 한 곳은 남겨두었다) 해당 장소 앞에 표지판을 세우고, 나 외에도 오래된 성황당을 찾아 주변마을에 물어보는 이들이 많았으니 그냥 돌아갔다 하니

길안내 표지판도 붙이길 바라고…. 장차는 적어도 올해 무형문화도시 강원도만이라도 잘 찾아 하길 기대해 본다.

문화재청이나 문화 관련 각 관청들도 마찬가지이다.

무형문화 특히 정신 신앙문화는 한국인에게는 너무나 오랜 역사에 공기같이 여겨 박대하고 배척하고 배제하려 하지만 보이지 않는 신선한 정신과 물질 국민성 등등 융합산업이고 의식 무의식적 지주이다.

… 요즘은 공기도 사서 마신다. 우리 정신의 뿌리를 외국 것들이 시키는 대로 무시해선 안된다. …

오죽헌과 관련해서도 성황당은 강릉 민속박물관 직선거리 100미터 지점에만도

두 군데 있다. 우선 이 두 곳이라도 사임당과 어린 율곡이 한양으로 가는 길목에 있던 성황당만이라도…. 관에서도 지켜보자.

더 뼈아픈 질타는. 두어 달 후 다시 돌아보고 다시 언급하겠다. 최근의 절과 교회 천주교회 안내 간판들은 난무한데 - 누구 하나 권력이 있는 자들이나 기득권층에서 이 문화를 보호하자 나서는 사람이 없어서?

이제 잃어버린 정신들, 얼도 좀 찾아서 일 좀 제대로들 찾아 하자!

– 나는 노래를 시키면 하는 노래가 "연분홍 치마가 봄 바람에"다. 나뿐 아니라 온 국민의 깊은 정서속에 뿌리 내린 성황당들….

"연분홍 치마가 봄 바람에…. 성황당 길"은 왜 이리 찾기 힘들꼬?

필요해서 연락을 주면 내가 찾은 것들을 알려줄 것이다.

나는 월급을 받고 일을 하는 사람이 아니니 나의 지적 일당들?은 줘야 한다.

그게 존심이 상하고 싫으면 직접들 제대로 하시길! 당부드린다

★ 춘천 중도에도 당산나무 성황당이 있었다. 최근까지 살았던 분들이 증언하였다. 그것도 찾아주길 부탁한다.

238 ◘ 한국(세계) 앞으로 개벽 즉 성주괴공[112]시대

주인공이 뒤집히며, 모든 것의 주인이 바뀐다.

한국에 쌓인 지혜지식의 보고가 많다.

한국은 30년마다 발전하고 핵심이 바뀐다.

: 1970년대 산업화(국민소득 350불 정도)

⇒ 2000년대 정보화(20,000불 시대)⇒ 이제 미래는 한국이 또 진리화 선두주자[113]

북한의 현실갈등 해결과정 컨텐츠: 핸드폰, 시장터, 자본가가 형성되는데 서민은?

239 ☀ 남한 북한 연변 만주 몽골 천산1, 터키 중앙아시아2의 『전설의 고향』傳說의 故鄕 공동제작을 시작합시다.

『전설의 고향』(傳說의 故鄕)은 한반도 지역에 걸쳐 전해지는 전설, 민간 설화 등을 바탕으로 KBS 드라마 제작국에서 제작된 고전 형식의 최장수 드라마이다.

1977년 10월 18일 『마니산 효녀』 편으로 첫 방송을 시작하여 당시 많은 인기를 얻었으며 장장 12년 동안, 최장수 프로그램으로 기록할 만큼, 꾸준히 방송되었으나 소재의 빈곤 등으로 하락세를 타다가 1989년 10월 3일 578화 『외장녀』 편을 끝으로 대단원의 막을 내렸다.

하지만 방송이 종료된 지 7년이 흐른 1996년 6월 26일 『호녀』 편을 시작으로 한층 더 발전한 CG 기술과 탄탄해진 이야기를 가지고, 해마다 6월에서 10월 사이 여름 납량물로 기획하여 공포 · 스릴러 계열의 시리즈로 자리를 잡았다. 다시 시작한 해인 1996년에는 수목드라마로 초기판 방송 당시에 못지 않게 많은 인기와 호응을 받으며, 1997년에는 주말드라마로, 1998년과 1999년에는 월화드라마로 방송되었다. 매년 여름마다 KBS N을 비롯한 IP TV에서 『전설의 고향』이라는 타이틀로 방송하고 있는 것이 바로 이 시기에 제작된 것들이다.

그러나 또 다시 중단되었으며, 이후 9년이 흐른 2008년에 들어서 8편, 2009년에 10편이 제작 · 방영되었으나 현재는 중단된 상태이다.

한편, 이 드라마 시리즈의 큰 특징 중 하나는 극의 종반부에 "이 이야기는 ㅇㅇ도 ㅇㅇ지방에서 전해져 내려오는 전설로…" 식으로 시작되는 해설로 끝맺음하는데, 주로 인간으로서의 도리와 권선징악의 교훈적인 내용을 담아 마무리하였다. 『전설의 고향』의 상징이 된 목소리의 주인공은 성우 김용식으로, 1977년 첫 회 방송 때부터 계속 맡아 왔다.

아울러, 97년판의 11화 '사굴'이 제 10회 한국방송작가상 드라마 부문 최종 후보에 오르기도 했지만 "순수 창작물"이란 규정에 미달되어 탈락하기도 했다.

(위키백과)

하늘에 제사 지내는 단은 둥글게, 땅에 제사 지내는 단은 모나게 만든다.[114]

240 ☀ 환(원)구단 및 제사, 기우제, 개토제, 고사 등을 제대로 인정하고 복원 활용하자

환(원)구단 제사는 중국의 제후국으로서가 아니라 천자의 제국으로서 직접 하늘과 교통하려는 의지를 표현하는 제사였다. 하늘에 직접 제사 지내는 제천의례祭天儀禮는 삼국시대부터 시행된 것으로 보인다. 고려 성종 2년(983)에도 "왕이 원구圓丘에서 기곡제祈穀祭를 올리고, 몸소 적전籍田을 경작하였다"는『고려사(高麗史)』의 기록으로 보아 천지에 제사 지냈음을 알 수 있다. 고려의 원구제는 황천상제(皇天上帝)에게 제사를 드리는 것으로 천자국인 중국과 견줄 수 있는 제도였던 것으로 보인다. 그러나 고려말 우왕禑王 11년(1385) 고려의 국가적인 의례는 제후의 의례에 따라야 한다는 당시 친명정책親明政策에 입각한 주장에 따라 제천의례는 폐지되었다.

조선 초기에는 조선은 천자국이 아닌 제후국으로서 제천의례를 행하는 것이 합당하지 않다는 명분론과, 이와 달리 농업국가로서 전통적 기우제祈雨祭의 필요성을 주장하는 의견이 갈려 몇 차례 설치와 폐지를 반복하였다.

태조 3년(1394)에 제후국의 예에 준하여 조선의 동방신인 청제靑帝에 제를 올리기 위한 원단이 설치되었고, 세종 원년(1419)에 실시된 원구제圜丘祭도 오랫동안 계속되던 가뭄을 극복하기 위해 일시적으로 시행하였다.

조선 초기부터 억제된 제천의례는 세조 2년(1456년)에 일시적으로 제도화되어 고려의 원구단을 참작하여 세조 3년(1457)에 원구단을 신설하였으나, 이 원구단 제사도 세조 10년(1464)에 실시된 것을 마지막으로 중단되었다.

소위 그 시대 강대국에 친성향과 타협을 하게 되면서, 혁파한다는 게(혁파가 아니고 자기 존재 근원 부정으로 문제를 만드는) 아니고 원구단 제사가 되어서는 안되는데, 기독교가 들어오며 혁파하는 게 또 인성윤리문화 민족신앙 체험인 미풍양속의 제사문화를 없애기는, 극복하여 다시 복원할 과제이다.

241 ▣ 문화재위원님! 대통령님! 도지사님, 춘천시장님! 춘천시민님! 춘천 맥국중도 꼬옥 보존합시다!

242 ▣ 한국 관공서에서 의뢰하는 한국공원 기획자들은 하나같이 다들 이것을 복사해서 외친다.

영국 하이드 파크(Hyde Park) 미국 뉴욕 센트럴 파크(Central Park)같이 시민들에게 휴식공간을

243 ◕ 서울에 있는 공원들의 크기: 마포구 월드컵공원(100만평)과 송파구 올림픽 공원(50만평)에 이어 서울에서 세 번째 뚝섬한강공원은 35만평으로 큰 규모의 공원이다.

예) 서울숲

서울숲의 면적은 1,156,498㎡ (약 35만평)이며, 5개의 테마공원으로 구성되어 있다.

영국 하이드 파크(Hyde Park) 뉴욕 센트럴 파크 (Central Park)같이 휴식공간을 제공하기 위해 약 2,352억원의 사업비를 들여 2005년 6월에 완성하였다. 한강과 중랑천이 공원 근처에 흐르고 있다. 마포구 월드컵공원(100만평)과 송파구 올림픽공원(50만평)에 이어 서울에서 세 번째로 큰 규모의 뚝섬 한강공원이다.[115)]

하루 5번 기도를 올리는 사람들, 전통에.바름에.공동체에.조상에.집단 규율을 존중할 줄 알고, 순종할 줄 아는 겸양의 사람들: 무슬림 99%의 나라 특히, 터키

그런 경건과 순종의 미덕을 항시 지니는 터키, 그리스.로마를 다 겪었으면서도, 오직 한국을 형제의 나라로 인정하고 존중하는 양반의 나라, 터키의 친한국을 자랑스럽게 영광으로 여기며, 터키행 비행기에 가뿐히 오르다.

244.

중국 북경에서도 왕처럼 높은 직위를 드러낼 때 그 궁궐앞은 사자상

장군 집 앞은 보고 가기만 해도 싸움에서 이긴다는 신수를 집앞에 세워 놓는다.
연개소문의 나라 기도 수련

마니산 참성단도 원과 방에 올라가는 계단이 삼각이다.

부도지 번역자와 몽골항쟁 배장군 후손과
천제암 궁터에 칠석날 절하는 초등학생

245 ☢ 태양을 숭배하는 5~6세기 카자흐스탄(흉노 터키)과 동쪽 끝 신라가 어찌 그리 가깝게 지냈을까?

원주민에다 근대에 강제 이주한 고려인까지 혈맹이 될 수 있겠다. 신라만 유독히 태극무늬를 새겼다. 태양 태극 태백산 태일..현대 교통이 발달한 지금도 멀기만 한데. 똑같은 보검을 각 나라가 왕의 봉분 속에 지니다. 왕끼리 형제? 아스타나 박물관도 한국의 건설회사가 지었다고 하니, 앞으로의 관계를 더 돈독히 할 수 있겠다. 한국을 무시하고 도발할 기회만 엿보는 옆 나라 때문에 더 신경이 쓰인다.

동양이 서양보다 수천 년이나 앞선 신앙문화는 수백 년씩 앞선 문명 이기들을 지니고 있다 - 한글, 측우기, 금속활자, 다연발 로켓인 신기전, 최초의 철갑선인 거북선, 첨성대 등등은 한국적이고 독창적이며, 이 한류는 더욱 세계 보편적이다. 한류 신앙문화 신교가 세계종교의 시원이니까! 이러한 원 땅주인들과 이 국가 주민의 신앙이 최고의 관광자원인 것은 인도, 일본, 태국, 네팔, 티벳, 몽골 등에서 증거한다.

[특별기획] 솔롱고스(누런 족제비족) 부족과 동명성왕의 사연

테무진과 발해 훌란 공주의 몸에도 솔롱고스의 혈맥이 뛴다

훌룬부이르 몽골 초원은 물과 목초가 풍부한 곳이다. 동명성왕으로 추정되는 고올리 칸, 칭기즈칸과 발해 공주 이야기 등의 무대이기도 한다. 〈김문석 기자〉 7월 21일 오후 4시경 에벤키 민족박물관에서 환호성과 함께 카메라 플래시가 요란하게 터졌다. 나로서는 17년 여를 애타게 찾던 '솔론'이라는 족제비과 짐승의 박제된 실물을 처음 보는 것이라 단연 특종감이었다. 역시 오랫동안 이를 찾아 헤매 온 현지인 성빈(成斌 · 70) 선생의 수고 덕분이었다. 그간 서울대 이항 동물유전자 은행장과 흑룡강성 동물자원 연구소 박인주 교수(62)의 탐문으로도 찾을 수 없었다.

한갓 박제된 동물 하나에 이렇게 매달린 것은 '조선'이 아침의 나라라는 전거도 전혀 없는 허황된 해석과 맞먹는, '솔롱고스'가 무지개의 나라라는 한국인의 그릇된 지식을 바로잡을 아주 긴요한 실물 자료이기 때문이다. 몽골학의 거장 펠리오가 맨 먼저 이를 문제로 제기했다. '솔롱고스'는 '솔롱고'의 복수로, 솔론을 잡아 모피(Fur) 시장에 팔아 먹고 사는 부족을 일컫는다는 것이다. '몽골비사'에도 이런 식으로 부족의 이름을 붙이는 사례가 종종 등장한다.

칭기즈칸 '출생의 비밀' 담긴 어원: 에벤키(예맥) 민족박물관에 전시된 솔롱고스 박제. 한국인의 원류와 한 · 몽 관계의 그릇된 지식을 바로잡을 수 있는 긴요한 실물 자료이다. 〈김문석 기자〉

솔론은 누렁 족제비이다. Baraga(바라가)가 Bar(호랑이)라는 명사에 'aga'가 붙어 '호랑이를 가진'이 되듯이, Solongo (솔롱고) 또한 Solon(솔롱)이라는 명사에 'go'가 붙어 '누런 족제비를 가진'이 된다. Solongo에 's'가 붙어 복수가 되면 부족 이름도 된다. 훌룬부이르 몽골 초원 원주민들은 애호艾虎나 황서랑黃鼠狼이라고도 부른다. 보통 정도로 가늘고 긴 족제비과 동물로 서식 권역이 매우 넓어서 각종 생태 환경에 모두 적응 능력이 있다. 삼림, 초원(스텝), 하곡河谷, 소택沼澤이나 농작물 생산지와 백성들이 사는 지대에서도 혈거穴居한다. 새벽이나 황혼녘에 먹이를 찾아 활동한다. 주된 먹이는 설치류 동물, 개구리류나 새의 알과 병아리 등이다. 내몽골 중동부 및 동북의 대부분 지역, 한국, 몽골과 시베리아 일대에 분포돼 있다.

몽골에서 한국인을 솔롱고스라고 부르는 연원은 칭기즈칸의 '출생의 비밀'까지 거슬러 올라간다. 물이 바이칼호로 흘러드는 셀렝게 강 일대에 자리를 잡은 메르키드족 가운데 우두이드 메르키드 톡토아베키의 아우인 예케 칠레두가 아내를 빼앗기는 사건이 일어난다. 약탈자는 칭기즈칸의 호적상의 아버지 예수게이이고, 약탈당한 여인은 칭기즈칸 - 테무진의 어머니 후엘룬이다. 그는 물이 대흥안령 북서부 부이르 호수로 흘러드는 황하강 지역의 처가에서 데릴사위로 있다가 그들의 관행에 따라 임신한 아내 후엘룬의 출산을 위해 고향으로 함께 귀가하던 길에 오논 강변에서 아내를 빼앗긴 것이다. 이 때문에 테무진의 생부는 예수게이가 아니라 예케 칠레두라는 것이 비공식적으로는 거의 공인된다. 칭기즈칸이 몽골 혈통이 아니고 메르키드 핏줄이라는 얘기이다. 다구르족 몽골학자 아르다잡 교수는 메르키드는 발해의 말갈靺鞨이라고 고증한다. 그렇다면 칭기즈칸의 혈통적 소속은 발해 유민국, 곧 당시의 솔롱고스가 된다. 그런데 당시의 몽골 고원에서는 아내를 빼앗기면 반드시 보복하는 것이 관행이었다. 그래서 20여 년 후에 예수게이의 호적상 아들 테무진도 20대에 예케 칠레두의 아우 칠게르 부쿠에게 아내 보르테를 뺏긴다. 당시에 약체였던 칭기즈칸은 맹렬하고도 노회한 외교로 부족들의 연합전선을 구축해 자신의 친아버지가 되는 예케 칠레두의 혈족 메르키드를 섬멸시키고 뺏긴 아내를 되찾는다. 그렇게 되돌아와서 낳은 아들이 장자 주치이다.

몽골 역사상 전설적 미인 훌란 공주: 한 · 몽 관계사의 첫 유적이라고 할 수 있는 헤름투. 칭기즈칸과 발해 유민국의 훌란 공주가 초야를 지낸 이곳에 지금은 붉은 버드나무로 만든 오보(서낭당)가 서 있다 〈최낙민 제공〉

'주치'란 손님이란 뜻으로 아내 자궁의 주인이 아니라는 점을 암시할 수 있다. 그래서 그런지 주치는 칭기즈칸의 장자로 관행상 칸 위의 승계자임에도 불구하고 형제들이 '메르키드의 사생아'라는 치명적인 저주를 퍼붓는 가운데 소외되고 셋째 아들 오고타이가 계승자로 선택된다. 칭기즈칸 생전의 일이다. 칭기즈칸과 그는 호적상으로는 부자 간이지만 혈통상으로는 종형제 사이이다. '몽골비사'의 관계 내용들을 간추려 본 것이다. 칭기즈칸은 자신의 반수렵 반유목의 메르키드 혈통과 단절하기 위해 그 피가 흐르는 주치와 훌란 카툰의 아들마저도 철저히 소외시켰다. 애초부터 아예 멸족을 감행하며 제 혈통의 완벽한 부정을 통해 스텝의 온전한 순수 몽골 혈통으로 다시 나기 위해 일생을 오로지 끝없는 정복으로만 일관해야 했다. 이런 시각에서 예리하게 칭기즈칸의 일생을 천착해 낸 몽골 영웅 일대기가 일본의 역사소설가 이노우에 야스이井上靖의 불후의 창작품 '푸른 이리'이다.

메르키드를 섬멸한 후 칭기즈칸도 메르키드족의 아내와 딸들을 차지했다. 더러는 딸은 자기가 갖고 어미는 아들에게 주기도 했다. 우와스 메르키드 다이르 우순 칸의 딸인 훌란 공주도 헌납됐다. 훌란 공주는 몽골사상 전설적인 미인으로 알려지고 있어 원말의 기황후와 함께 한국 여인은 아름답다는 인상을 몽골인들에게 깊이 각인시킨 솔롱고스, 즉 고려 여인이다. 당시의 솔롱고스는 발해 유민국이었고 발해는 외교문서상에 고려로도 자칭했다. 알려진 대로 훌란 공주는 17세기 문헌인 '몽골원류'와 '알탄톱치'에 솔롱고스의 공주라고 적고 있다. 그런데 당시의 솔롱고스가 발해이고 메르키드가 솔롱고스로 기록됐다면, 메르키드는 말갈일 수 있고 메르키드의 공주 훌란은 솔롱고스 공주가 된다. '알탄톱치'는 놀랍게도 훌란 공주의 아버지 다이르 우순 칸을 보카 차간 한이라고 적고 있다. 보카이(Booqai)의 보카란 '늑대'의 존칭어로 몽골에서 발해를 일컫는다. 차간은 '하얀'의 뜻으로 젖색을 상징하는 귀족 색깔이다. 즉 발해渤海 백왕白王이 되는 것이다. 결국 훌란 공주는 발해(유민국) 공주이고, 그래서 솔롱고스(한국) 공주라고 썼음이 자명하다. 몽골인에게 메르키드 - 말갈은 타이가에서 활을 쏘아 사냥하고 전투하며 사는 숲속의 사람들이다. 메르겐(麻立干: Mergen)이라는 명궁수의 복수형에서 유래된 부족명으로 이족(夷族)이랄 수도 있다. 따라서 메르키드는 흥안령 북부나 스텝과 타이가가 혼재하는 셀렝게 강 일대에서 연해주에 이르는 지역에 많이 분포되어, 발해와 역사적으로 밀착 관계를 맺어 왔을 수 있다.

실제로 그들은 발해의 고급 문명을 체득하고 철의 주산지인 셀렝게 강 일대를 근거지로 삼아 강력한 무력을 과시했다. 더군다나 이 지대는 솔롱고스 부족의 원주지로 알려진 곳이 아닌가. 솔론족은 바이칼호 동쪽에서 헨티 산맥에 걸치는 지역을 원주지로 하면서 초원의 주변으로 동진하기도 하고 초기에는 주로 셀렝게 강을 타고 서진한 것으로 보인다. 훌란은 셀렝게 강과 오르홍 강의 합류지점에 살던 우와스 메르키드 다이르 우순 칸의 공주이다.

근하(根河)지역은 북부여를 세운 고리국 터: 몽골 도로노드 아이막 할힝골 솜온숑크 타반 톨로고이에 있는 석인상. 현지 원주민들이 '순록치기 임금'이라는 뜻인 '고올리칸 훈촐로'로 부르는 이 석인상을 수미야바아트르 교수는 동명성왕으로 비정하고 있다. 〈도브도이 바야르 교수 제공〉

'알탄톱치'에서는 칭기즈칸의 본거지인 헨티 산맥 일대에서 이들을 공격하면서 '해뜨는 쪽'의 메르키드를 쳤다고 기록하고 있다. 서쪽인데 동쪽을 쳤다고 해서 이를 오기로 보기도 한다. 하지만 여기서 '해 뜨는 쪽'이라는 관용구는, 코리족 시조탄생 전설이 얽힌 바이칼호 알혼 섬이 이 지역 몽골로이드들의 주신을 모시는 중심지여서 그냥 따라붙은 것으로 보인다. 그래서 솔롱고스의 메르키드 부족이 헨티 산맥의 서쪽 셀렝게 강 일대에 있든 동쪽인 훌룬부이르 초원 근하(根河) 일대에 있던 그대로 '해뜨는', 즉 '동명東明'이라는 형용구가 따라붙는 것으로 이해해야 한다. 분명한 것은 솔론 - 솔롱고스의 본거지는 애초에 물이 북극해로 흘러드는 바이칼호 - 셀렝게 강 일대에 주로 있었다는 점이다. 그래서 1921년 사회주의 혁명으로 교과서에 솔롱고스라고 찍어내기 전에는, 물이 태평양으로 흘러드는 훌룬부이르 호대만주권에서는 한국을 '고올리'라고만 불렀지 솔롱고스라는 호칭은 전혀 몰랐다.

7월 23일에 탐사단원들은 근하에 들어섰다. 영하 40~50℃까지도 내려가 호랑이가 못 사는, 대흥안령에서 가장 추운 지역이다. 근하는 '껀허'로 발음되는데, '껀'은 물이 '깊다'는 군(gu:n)이 아니라 빛이 '밝아오다'나 물이 '맑아지다'라는 뜻의 게겐(gegen)이라고, 구몽문舊蒙文인 내려 쓴 꼬부랑 글씨로 적힌 위구르친 비칙 현지 팻말을 보고 에르덴 바타르 교수가 지적했다. 나는 깜짝 놀랐다. '나르 가라크' - '해 뜨는'이라고 하여, 솔롱고스라는 국명이나 종족명 앞에 으레 따라붙는 수식구와 동일한 내용의 이름이어서이다.

나는 이미 이 지역을 동명왕이 말치기 노릇을 하다가 도망 나와 동남하해서 북부여를 세운 고리(槁離: Qori=순록)국 터로 추정해본 터여서 더욱 그랬다. 껀허의 '껀根'이 '동명(東明)'의 뜻을 가지리라고 이전에는 미처 꿈에도 생각할 수 없었다. 역시 바이칼 동남쪽이 원주지였던 솔롱고스 부족에 붙어 내린 관용구에서 비롯된 이름일 터이다. 수미야 바아타르 교수가 1990년 5월에 몽골 문화사절단 통역으로 따라와 내게 건네 준 첫 마디가 부이르호 남쪽 호반에 선 고올리 칸 석인상이 바로 '솔롱고스' 임금인 '동명' 성왕이라는 것이다. 이는 필자를 경악케 했다. 몽골 스텝엔 발도 들여놓아본 적이 없는 농경권 붙박이인 당시의 내게는 기마 양 유목민의 거리 개념이 있을 턱이 없어서이다.

실로 이때까지 필자는 바이칼 동남부 셀렝게 강변의 메르키드 공주 훌란이 훌룬부이르 몽골 스텝의 하일라르 강변에서 칭기즈칸에게 헌상되고 헤름투라는 곳에서 초야를 보냈다고는 전혀 생각해 본 적이 없다. 너무나도 먼 거리이기 때문이다. 그러나 그런 생각이 농경적 거리 관념에만 매몰되었기 때문임을 유목 현지 답사 경력을 쌓아가며 점차로 깨달았다.

훌란 공주가 나이가 다른 아내들보다 어려 앳되고 아름다웠겠지만, 필시 고국 또는 고향의 동족이어서 칭기즈칸이 그토록 그녀를 사랑해 전장에까지 늘 함께 간 것 같다. 1990년 초에 몽골에 살면서 나는 몽골 소녀들을 많이 만났다. 그녀들은 저마다 자기가 한국 여자를 닮았느냐고 묻는다. 그래서 처음엔 대수롭지 않게 너는 많이 닮고 너는 조금 닮고 넌 아주 안 닮았다고 대답했다. 그런데 몇 번인가 그런 경험을 반복하면서 그녀들의 표정이 저마다 서로 달라지는 것을 알았다. 한국 여인을 닮았다는 게 아름답다는 말이 되는 사실을 비로소 깨달은 것이다. 훌란 공주의 전설적인 미모를 떠올렸음이리라. 많아 닮았다는 말을 들은 소녀는 나를 대하는 눈빛이 금방 달라지며 반색했다. 지금 우리가 만나온 이곳의 바르쿠족 몽골 처녀들도 그랬다. [116)]

246. 동명성왕상과 추모(주몽상)과 소서노 어라하상

▲ 몽골 초원의 대부여 시조 고두마칸 동명성왕상

▲ 필자가 모으거나 만든 동명왕 소서노 추모상들

한·몽 관계사의 첫 유적이라고 할 수 있는 헤름투.

대부여 시조 고두마칸 동명성왕상이라 한다.

칭기즈칸과 발해 유민국의 훌란 공주가 초야를 지낸 이곳에 지금은 붉은 버드나무로 만든 오보(서낭당)가 서 있다 〈최낙민 제공〉

몽골 박물관에서 사온 오른쪽 하얀 북부여 시조왕 고두마칸 동명성왕상. 첫째줄 왼쪽은 만주 집안의 오녀산성에서 사온 고두마칸 동명성왕의 고손자 고구려 시조 추모상이다. 추모 뒤에 둘째줄 여왕상은 한국에서 내가 의뢰하여 나무로 만든 소서노상이고 그 옆은 추모상이다. 같은 '동명성왕'이라고 해도 두 분은 고손高孫사이이다.

247 ▲ 중원 연변 만주 동명왕 추모, 동명성왕(몽골)

누적된 역사 그 속의 인간애 편린: 비류강 집안 고구려 오녀산성 아래서 주몽상이 보이길래 사서 안고 많은 계단 올라가는데 답사를 온 한양 대학생 한 명이 같은 나라 아줌마에 대한 배려로 받아서 안고 묵묵히 올라갔고 별 말도 없이 사라졌다.

그가 그 주몽일까?
여자 혼자서 비류강가의 식당에 들러
비류강 고기 매운탕을 시켜 먹으니
비류강가 식당 한 켠에
말도 모르고 음식을 시킨 객은
묵묵히 밥 먹는데
돌아갈 길
걱정은 그들이 하더라!

248 ◘ 평양에 남한 사람이 택시를 타고 법수교와 견우직녀 칠석벽화가 있는 덕흥리 고분에 갈 수 있는 날만 기다린다.

박사 수업시간 외 청강하던 나에게 환히 웃으시며 유언하시듯 언급하시던 평양이 고향이신 한국 국어국문학계의 보물 황패강 교수님!의 유언 아닌 유언 - 평양에 남한 사람이 택시를 타고 법수교와 견우직녀 칠석벽화가 있는 덕흥리 고분에 갈 수 있는 날만 기다린다. TV를 보니 북한 평양 사람들은 장을 보고 나서 택시를 타고 집에 가고 자유로이 다니길래. 꿈을 꾸어 봤다.

★ 6000여 년 전 초대 거발한 환웅시대 환웅님의 교지로 신지 神誌 벼슬? 아니면 신기에 가까운 기록을 하는 혁덕이라는 어르신께서 녹도전자로 쓴 평양 법수교 아래 고천문은

사슴 발자국의 형상을 보고 만든 인류 최초의 글자로 한자의 뿌리가 된 글자로도 여겨진다.(한글과 한자의 첫 전신으로 보인다) 다음엔 신지 혁덕에게 천부경도 쓰게 하셨다. 태백일사에도 5세 태우의 환웅천황의 막내아들 태호복희씨가 이 신지의 녹도문을 개량하여 용서龍書를 만들고, 이것을 주양朱襄씨가 육서六書로 남겼다고 한다朱壤仍舊文字而始傳六書. 이것이 이른바 중국이 내세우는 삼황오제 시대의 상고 금문上古金文이다. … 금문金文이란 문자가 창안된 역사시대 이후부터 지금까지 각종 나무류와 동물의 껍질, 뼈다귀, 돌, 금속에 새겨진 글자를 총칭한다. 시대별로 상고 금문(上古金文?五帝金文: 삼황오제 시대로부터 하夏왕조 때까지의 문자), 은주 금문(殷周金文: 은殷나라 갑골문, 주나라 대전大篆, 춘추 금문春

秋金文: 진시황 때의 소전小篆으로 나눌 수 있다.[117)]

도깨비 치우:蚩尤는 황제黃帝와 같은 시대인물로서 그에 관한 최초의 기록은 서경〈書經〉 여형편〈呂刑篇〉에 보인다. 그리고 관자〈管子〉 열자〈列子〉 장자〈莊子〉 산해경〈山海經〉 전국책〈戰國策〉 한비자〈韓非子〉 포박자〈抱朴子〉 사기〈史記〉 등과 같은 옛 중국고전에 광범위하게 언급되어 있다. 이것은 초기 동양문화상에서 蚩尤의 위치와 영향력이 매우 컸음을 말해 준다. 현대 중국 역사학자들은 상고上古시대의 동북아시아에서 화하족華夏族, 동이족東夷族, 묘만족苗蠻族이라는 세 개의 대표적인 부족집단部族集團이 있었다고 본다. 화하족華夏族은 시조인 동이족黃帝族이 발전하여 오늘의 한족漢族이 되었다. 동이족東夷族은 중심세력이 려黎에서 구려九黎, 구이九夷로 발전하였고, 그 후예後裔가 바로 오늘의 한민족韓民族이다. 따라서 부여夫餘나 구려句麗라고 할때의 여餘와 려麗는 모두 동이東夷의 구려九黎에 그 기원을 두고 있다. 묘만족苗蠻族은 중국 남쪽 지방에 중국 남쪽 지방에 거주한 종족으로 역시 구려족九黎族의 후예後裔인 것으로 기술되고 있다. …

249 ★ "혼돈된 이 세상에 그대의 정신을 전하려는 때문": 일제 시기 성조이신 단군 관련 성지 순례의 글을 친구가 책으로 내준 까닭은…. 성조께 대한 단성(丹誠)과 신념으로 『단군 성적聖迹 순례기』 현진건(玄鎭健,1900~1943)

대구 출생, 호는 빙허憑虛. 1918년 일본 동경 성성중학成城中學 중퇴. 1918년 중국 상해의 호강대학 독일어 전문부에 입학했다가 그 이듬해 귀국. 〈조선일보〉, 〈동아일보〉 등에 관계함. 특히 〈동아일보〉 재직시에는 베를린 올림픽 마라톤 우승선수 손기정의 일장기 말살 사건에 연루되어 1년간 복역함. 이 사건 이후 서울 자하문 밖에서 양계를 하다가 실패하고, 폭음으로 얻은 장결핵으로 사망했다.[118)] 그는 김동인, 염상섭과 함께 우리나라 근대 단편 소설의 모형을 확립한 작가라는 평가를 받으며, 사실주의 문학의 개척자이다. 전기의 작품 세계는 1920년대 우리나라 사회와 기본적 사회 단위인 가정 속의 인간에서 조고操觚의 붓을 잡았을 때 억울한 일인(日人)정치 밑에서나마 뭉그러지려는 민족의 양심을 만분의 일이라도 구원해 내기 위해서 스스로 집필의 여가를 타서 험산 준령을 넘으며 장림長霖 탕수蕩水를 건너서 그 성적聖跡과 전설을 두루 밟아서 만천하 독자에게 호소했던 것이니 지금으로부터 아득한 17년 전의 옛 일이다. 이제는 일인도 가고 빙허도 없다. 이 글이 떳떳이 거리낌 없이 다시 출판되는 것을 빙허는 아는가 모르는가!

『주간조선』이 〈단군조선은 이렇게 말살됐다〉를 연재하는 중, 단군관계의 귀중한 자료가 발굴됐다. 『주간조선』을 정기 구독하는 충북 보은 에밀레박물관 조자용관장(60)[119]이 이 연재를 보고 오래 전에 입수한 현진건의 〈단군성적 순례기〉를 보내온 것이다. 분명히 단군 관계 서적이 있었던 것 같다는 오래된 기억을 더듬어 장서에서 찾아냈다는 조관장은 연재에 도움이 된다면 참고하라고 우편으로 보내 주었다. 내용을 검토한 결과 놀라운 사실들이 밝혀졌다.

흔적도 없이 사라진 황해도 구월산의 단군사당은 일제 때인 명치 44년(1911), 일본이 한국을 침탈한 다음 해에 강제 철거하고 건물 부재는 공매했음을 이 순례기는 밝히고 있는 것이다.

〈B사감과 러브레터〉, 〈술 권하는 사회〉, 〈빈처〉 등 주옥같은 단편과 장편소설 〈무영탑〉, 〈적도〉 등 많은 작품을 남긴 빙허 현진건은 한국 신문학의 개척자이다. 박종화, 홍사용과 백조 동인으로 이 나라의 신문학의 지평을 연 그는 1900년 대구 출생으로 〈조선일보사〉와 〈동아일보사〉를 거친 언론인기도 했다. 기자생활 중 필화 사건으로 옥고까지 치른 그는 잠시 쉬는 동안이던 1932년 단군성적 순례에 나선다. 단군 관계 유적을 답사, 소상히 살핀 그는 일제에 침탈당한 조국의 참상을 한탄하며 민족정기를 되살리려는 일념으로 이 기행문을 썼으나 출판하지 못한 채 광복 2년여 전인 1943년 3월 별세하고 만다. 빙허가 단군성적을 순례하고 기행문을 남겼다는 사실을 알게 된 사학자 남창 손진태는 그 원고를 비밀리에 입수 보존하였다가 광복 후 유족에게 넘겨준다. 빙허의 일점 혈육 무남독녀인 화수는 월탄 박종화의 자부였다. 원고를 받은 월탄은 1948년 작은 책으로 꾸며 문우이며 사돈인 빙허의 단군성적 순례기를 출판한다. 월탄은 「이 글을 펴내는 것은 그대의 아름다운 문장을 전하려 함이 아니라, 다만 혼돈된 이 세상에 그대의 정신을 전하려는 때문」이라고 서문에서 밝힌다. 빙허의『단군성적 순례기』는 이렇게 해서 햇빛을 보았으나 이제는 그 글을 대하기 어렵게 되고 말았다. 책은 절판되었고 어느 장서에 숨어 있는지 빙허의 작품연보에도 수록되어 있지 않다. 독자의 편의를 위해 한자를 괄호 안에 넣고 우리 글로 바꿔 빙허가 울면서 찾아갔던 북녘, 갈 수 없는 그 땅을 비롯 전국의『단군성적순례기』를 옮겨 싣는다.

『단군 성적聖迹순례기』

발전 제 1야 단기 4천 2백 65년 7월 8일 단군성적 순례의 길에 오르다. - 경의선에 몸을 실으니 밤 10시 40분. 묘막한 상하 반만년 동방문화의 연원이시며, 생생화육生生化育, 2천 3백만, 단족의 영과 육의 모태이시며 흑룡강의 남, 황하의 북, 동해의 서, 망망한 5천여 리에 개지척지하신 신공 성적神功聖跡을 남겼었으니, 이 광범위한 문화권을 소고하고 방대한 지역원을 봉심하자면 정말 까마득한 노릇이다. 1년은 커녕, 10년은 커녕, 일생을 두고 성과 열과 역을 경주하더라도 이 원념의 만분지일이나 아니 만만분지일이나 달할까 말까. 그러하거늘 공무와 속루의 틈을 비기 수주의 시일로 분망한 여정에 몰려 할 수 있는 준비조차 갖추지 못하고 덮어놓고 발정하고 말았으니 대담하다면 대담도 하려니와 경솔하고 무모하기 이를 데 없는 일이리라. 그러나, 그러나! 스스로 믿는 바 있으니 그것은 성조께 대한 단성(丹誠)과 신념이다.

한배님이 두호하시거니 단애에 수를 철할 대용도 기하지 말란 법이 없으며, 왕검님이 받드시리니 절벽에 족을 인할 영능인들 생하지 않으랴.

반체와 둔족을 의구할 필요도 없거니와 불학과 무지에 주저할 연유도 없다.

현식과 사념을 버리자. 쥐꼬리만한 지식으로 억측과 모색을 함부로 말자. 해심으로 돌아가리라. 백지같은 적자의 마음으로 님의 앞에 서리라.

끼치신 일괴석과 일배토를 뵈올 적마다. 고동하는 내 심장의 소리를 들으며 경건과 감격으로 묵시와 수교를 터득해 보리라. 촌맹야노의 구비심서로 옮겨 내려오는 소박하고 홍몽한 전설이나마 그대로 새겨 유칙과 성훈과 또는 신앙심과 의지성의 편린을 찾아보리다.

이렇게 맘을 정하매 긴장했던 몸이 풀어지며 새벽녘에야 어느 결엔지 잠이 들었다.

깨어보니 태양은 높이 솟아 우의 실은 멍울멍울한 구름 사이에 숨바꼭질하면서 뜨거운 관성을 이따금 차장으로 들이친다. 좌우에 푸른 벌판에 훤하게 열림은 벌써 안주평에 들어선 모양이다.

이 백겁산하에 감회를 돋울 겨를도 없이 기차는 벌써 신안주에 닿고 말았다.

9일 오전 8시. 백겁산하 밀성

차에서 내리자 지국장 김병양씨가 반가이 맞아 준다. 향산행 자동차 편을 물으니 12시경에 있다기에 지국에 소개하던 차에 사로부터 전보가 왔다. 그것은 미처 수습하지 못하고 떠난 여구를 부쳤으니 찾아가라는 전문이다.

곧 역으로 알아보니 짐은 금일이나 명조에 도착할 듯. 일일 연기를 천추같이 생각하면서도 어쩔 수 없는 노릇이다. 에라 이 기회에 안주읍이나 구경하리라 하여 지국장의 인도로 구안주읍으로 향하였다. 신안주 역에서 경철을 타니 약 15리 거리에 30분이 걸린다. 안주의 고호는 식주, 밀성 등으로 서방의 대읍이요, 변방의 요지이다. 대륙의 풍운이 조선을 거치자면 먼저 압수를 지나고 의주를 넘어서면 수륙의 병진으로 이 밀성을 거치게 된다. 그러므로 옛날엔 목사 외에 대도호부를 두었고 공해로도 내아동헌 등 각 청이 있을 뿐만 아니라 장사청이 따로 있으며 군기고, 쇄마고와 팔방 등 군비가 자못 충실하여 읍지에 의항면 군총장군 4천 9백 96명, 납포군 4천 4백 75명, 방군 5백 75명 등 만여 명이 상비해 있었다 한다. 성곽으로도 내성, 외성이 위요되어 요새의 면목을 갖추었는데 지금도 성지가 역연히 남아 있다.

남으로 백학산, 서로 기산 , 동남으로 발본 등이 있으나 읍에서 50리 혹은 60리 멀리 떨어져 아득하게 운하에 잠기었고, 북으로 청천강을 밀면서 일망무제의 평원광야를 이루었으니 백전산하의 지리가 약여하다 할 것이다.

고구려 영양왕 당시 을지문덕 장군이 백만 수나라 병사를 무찔러 세계전 사상에 그 유례를 보지 못한 살수대첩을 얻은 지역이 저 이름인가 하니 감회가 자못 깊다. 역에서 읍으로 들어가는 길 옆에 허술한 고사가 칠불사라 한다. 배후로 급추하는 여군에 몰리어 수병이 전지도지 청천강에 다다랐을 때 물의 천심을 몰라 건너지 못하고 주저할 판에 난데없는 칠승이 나타나 옷자락을 걷는 둥마는 둥 물위를 사뿐사뿐 지쳐 가매 수병도 그 뒤를 따라 건너다가 모조리 빠져 죽어 표시가 강에 가득히 차서 물이 흐르지 않았다던가. 이 영의 적을 기념하기 위하여 칠불사를 세우고 철석으로 칠승의 상을 새겼다는 것이 이 칠불사의 유래이다. 절안으로 들어서니 법당도 거의 무너질 지경이요, 승당은 지붕 말랑이가 반 남짓 벗겨져 풍우를 며칠이나 폐할지 말지. 법당 문을 열어 보니 탑상에 일위불만 쓸쓸히 앉으셨고 정작 칠불은 간 곳 없다. 중을 보고 칠불의 유적을 물으니 그런 것 다 없다고 고개를 흔들 뿐. 천년 옛 일을 묻는 내가 부질없다. 사명 남은 것만 다행이라 할까. 나는 다음과 같은 찬하거사 최기남의 시를 읊으며 속절없이 발길을 돌렸다.

칠불건의섭수심 수군수후위전침 구려원수금안재 천재고암원객심

백상루

칠불사에서 몇 걸음을 옮기지 않아 질펀한 광야가 우뚝한 소구를 지은 지점에 익연히 솟은 정자를 백상루라 한다.몇 층 돌 층층대를 더듬어 누상에 오르니 난데없는 일진청풍이 옷소매를 스치며 축축히 땀 밴 흉금으로 상연히 기어든다. 안개는 끝없이 넓어지는데 한창 무성한 전곡들이 벽파인양 굼실거리며 멀리멀리 운산의 기슭으로 스러진다. 옛날에는 청천강이 바로 이 누 발부리를 씻으며 흘러갔다 하나 이금엔 아득하게 서편으로 물러나, 점점의 청산을 너흘며 만폭백련을 널어 놓은 듯 은색으로 번쩍인다.

「금일양진처석시위대하」는 글로만 보았더니 문자 그대로 실현된 곳이 이곳이다.

산하도 변하거든 인사야 물어서 무엇하리.

이 누에 오른 이로 창상번복에 일국루를 아낄 이 그 몇몇이뇨. 이 누의 창건 연대는 미상하나 이 누의 경을 읊은 고려 충숙왕 시가 가장 유명하다.

청천강상백상루 만상삼라난이수. 초언장제청일면 천저열수벽천두.

금병영리비고목 옥경광중점소주, 미문인간선경재 밀성금일하영주,

과연 절창이다. 아득한 운산의 금병 속에 이 누는 정말 외로운 따오기처럼 날으는 듯하다.

옛날의 「옥경」이 시방은 푸른 들로 변하였을 망정 소주를 점친 듯한 이 누의 형

상만은 의구하다.

오도탄, 골적도 누상에 소창하고 있던 고로 들이 원래의 객을 위하여 고적을 설명해 준다. 저기 저곳이 오도탄이요, 바로 그 위에 청천강이 두 갈래로 갈라졌다가, 다시 합류되어 펀펀한 백사가 삼각형 섬을 지은 곳이 골적도라 한다. 오도탄은 수나라 병사들이 멋모르고 일곱 승려의 뒤를 따라 건너다가 전몰한 유역이요, 골적도라 함은 그때 죽은 적병의 백골을 쌓아 두었다고 이름을 지은 것이라 한다. 지금도 이따금 그 곳에서 장난하던 아이들이 도기류의 파편과 송곳같은 시족 등을 얻어 기뻐한다는데 속칭「당장」이라 하여 무수한 무덤의 흔적이 아직도 남아 있다던가. 그러면 그 무덤을 어느 편에서 묻었을까 하는 것이 이 고로들의 갑론을박하는 초점이요. 또 최대 관심사이다. 추격병을 배후에 두고 전우를 묻어 주고 갈 여유가 있었을까? 그러면 고구려 측에서 합장의 노를 취하지나 않았을까? 아니다. 기구까지 넣어서 구수의 적병을 안장할 까닭이 없으리라. 물론은 이렇게 분분하다.

얼른 들으니 하일이 장장하니 무용의 논의로 소일거리나 삼는 듯 하지만 기실은 거기 중대한 의의가 없지 않는 듯도 싶었다. 당시 고구려 군의 기풍이 편린을 이 점에서 엿볼 수 있는 까닭이다.

기록에 의지하면 당시 수장 우문술 등이 인솔한 수나라군만 30만 5천여 명이었는데 살수에서 참몰을 당하고 혼불부체로 안주에서 압강까지 4백 50리를 1일야에 줄달음질하여 만사에 일생을 얻은 자 불과 3천이라 하였으니 하룻밤 사이에 4백 50리를 달음박질할 급한 형세이어늘 어느 틈에 수나라 자기전우의 시체를 수습할 생각인들 할 것이냐. 그 때의 무덤이 지금도 남았다면 그것은 두말할 것 없이 고구려 측에서 묻어 준 것이 명약관화이다.

전시엔 구적이로되 한번 전투력을 잃고 거꾸러지면 다 같은 가련한 인류가 아니냐. 만리 이역에서 백일하에 시골을 폭하는 것을 볼 때 동정의 열루로 묻어 준 것이다. 의류와 소지품과 무기를 그대로 넣고, 튼튼하게 편안하게 묻어 준 것이다. 그렇지 않으면 수천 년을 지낸 오늘날까지 그 중총의 영자인들 남았겠으며, 기물의 일편인들 얻어 볼 수 있으랴. 얼마나 고양된 기사도이며 관대한 금도냐. 나는 고개가 숙여지면서도 어깨가 저절로 으쓱해짐을 깨닫지 못하였다.

〈중략〉

강화도

10월 23일 오전 9시 문치장군과 함께 경성발 자동차로 강화로 향하다. 작일의 대박 섞인 폭풍우로 하룻밤 사이에 가뭇없이 개고 벽옥과도 같이 영롱히 번쩍이는 하늘은 청추답게 상쾌하다. 음우와 장림에 부대끼는 하절의 등섭고를 생각하매 얼마나 복받은 일기냐. 그때에는 채 발수도 못 하고 기룸기룸 녹발을 풀어 헤치고 있던 벼들이 이제는 누런 고개를 추스르지 못하며 수확을 기다린다.

비록 회유의 지는 아닐망정 「호일월은 기하요, 이강산을 불가복식」이란 탄을 저절로 발하게 한다.

오후 1시경 김포에 도착, 똑딱선으로 바다를 건너 들어간다. 문수산성을 조망하며 완연히 방소와 같은 돈대를 지점할 사이에 배는 어느덧 갑관진에 대였다. 갑관진은 강화읍의 인후로 하앵의 풍운이 번복할 때마다 백전의 겁사이니 고려 당년 몽고가 입구할 때 몽장이 돌아가 그 주장에게 보고하기를 강폭이 좁아서 갑주를 쌓아도 건너갈 수 있다 하여 이 명칭을 얻었다든가. 이 전설을 보더라도 그 일단을 짐작할 수 있으리라.

우리는 배에서 내려 연락하는 자동차를 다시 얻어 타고 강화읍까지 이르렀다. 폭넓은 도로, 즐비한 점포만 보아도 부읍의 면목이 약여한 듯하였다. 전등사까지의 거리를 물으매 삼십 리, 흘망한 행정이라 오래 머물지 못하고 다시 자동차의 객이 되니 차는 외성을 끼고 돌아 월관성 문루 조해루를 빠져나가는데 외굉한 건물들이 고색창연한 개와를 이고 여기저기 우뚝우뚝 솟은 것은 궁전과 관아의 구지들이리라.

강화의 고명은 갑비고차로 고구려 때에 처음으로 군을 두어 혈구라 일렀고 신라 경덕왕 때엔 해구군이라 개칭하였으며 원성왕 때에 혈구진을 베풀었고 고려 초엽에 진을 고쳐 혈구현을 만들었다. 고종이 몽고병을 피하여 천도하면서 강도라 호한 이래로 역대 군왕의 몽진 행계가 가끔 있은 관계상 행궁과 이궁의 시설이 비교적 완비하였으니 그 구적이 의연히 남은 것이다.

건둥건둥 보는 듯 마는 듯 지나치는 것을 고어로 「주마간산」이라 하였지만 「주마」보다 몇 곱절 더 빠른 차를 달리며 차창 밖으로 획획 은현하는 풍물을 별견하는 것이매 환영보다도 더 부정확성을 가졌다 할 것이다. 그러나 고색창연한 구건물과 산성의 초루가 안계에서 홀연홀몰할 적마다 감회는 자못 새롭다.

군데군데 산란한 성허는 한양과 송경의 인후 요지인 까닭으로 관방을 게을리하지 않은 표시이어니와 성곽과 진보와 돈황을 쌓고 또 쌓고 모으고 또 모은 반면에는 비풍과 참우가 이 서해의 일엽도를 얼마나 번롱하였는가.

상고는 그만두고라도 고려 시대의 몽고란과 왜구, 이조에 들어와서 임진란과 병자호란! 백겁의 산하란 이를 두고 이름이리라. 그 중에도 더욱 참절한 것은 병자호란이니 한성부가 실수하매 군주는 산성에 몽진하고 빈궁은 여기 파천하셨다. 수만으로 헤아리는 사녀가 울고 불고 설한과 빙풍에 전지 도지 하며 난을 피하였다가, 여기마저 적군의 마제 아래 유린하게 되매 만고의 비극은 빚어내지 않았느냐. 강도지에 의하면 「시」에도 도중피난사녀급 거인지 찬복해빈 혹암혈자 개피함몰하여 기자의, 투애투수이사자를 불가승수요 행도적아의 기어설중자는 사자 침적하고 생자는 포복하여 홈ㄱ음사모지유하고 혹호모혹호야하며 완전환사하여 유불인 정시자러라.

이 수행의 기록은 문이나 자가 이니요, 그대로 점점의 혈루가 이니냐. 이것은 외래의 병란이 자아낸 참극이려니와 이보다도 더욱 비분의 정을 금할 수 없는 것은 금지옥엽같은 인인의사가 군사의 모함으로 이 섬에 유찬하였다가 이내 원령을 지은 허다한 사실이다.

춘원의 《단종애사》로 새삼스럽게 만곡의 눈물을 짜낸 안평대군 용과 그 아들 우직도 여기서 사사되었고 임해군도 여기서 변사하였다. 8세의 영창대군 의를 밀실에 가두고 불을 질러 질색치사케 할 때, 천진의 대군은 벽을 손으로 긁어 손톱조차 탔다는 대 비극도 여기서 연출된 것이다.

이 외 무수한 참사를 매거하기에도 진절머리가 나거니와 전화의 겁지로 유찬의 배소로 가슴이 막히고 분통이 끊어지는 처참한 비극의 무대를 혼자 가로 맡은 셈이다. 음모의 암찬과 정변의 비막도 팽배한 파도성을 격하여 거침없이 꾸며내고 지어낸 것이다. 반도산하 눈물과 한숨과 비통과 원한의 일결정체라고나 할까.

차창 너머로 내다보이는 어여쁘게 물들은 단풍도 내 눈에 반반한 혈루인 듯하였다.

자동차는 시가 지대를 벗어나와 굴곡과 경사는 있을 망정 정제된 신작로 상으로 닫는다. 전개되는 광경은 처창한 사적 추억과는 딴판으로 명랑하다. 고거하지 않으나 수려한 산판에는 창송과 잡목이 가득가득 들어서서 푸른 바탕에 혹은 누르게 혹은 붉게 단풍의 수를 놓았는데 그 산 발체마다 추양을 다뿍 안고 십 호 또는 수십 호 농가들이 따스하게 덥들였다. 집 뒤엔 으레 몇 주의 감나무 섰는데 가지마다 포동송이처럼 조롱조롱 달린 감을 이기지 못하여 척척 휘어졌다. 여기 감은 비록 굵지 않으나 꺼풀이 얇고 씨가 적고 물이 많은 명산품의 하나에 오른다던가. 이 기름이 흐르는 듯한 농가 앞에는 대개 훤하게 들판이 열리고 전답이 질펀하다. 전보다도 답이 많이 이 섬에서 나는 쌀만으로도 이 칠만 호의 도민이 삼년을 먹고 오히려 남는다 한다. 섬이라면 초우너과 황지가 연상되지마는 이 섬은 첩첩한 한협인데 모퉁이 모퉁이에 널직널직한 평야가 열리고 기름진 옥토를 지은 것이다.

남북은 해안까지 연장 칠십리, 동서는 사십리, 주위 이백 팔십리의 타원형으로 지광으로도 조선 오대도에 한 목을 볼 뿐아니라 본업은 물론이요, 화문석, 입연, 축산 등 부업의 산액도 연평균 이십 사만원을 돌파한다 하니 부유한 농촌으로 명성을 떨치는 것도 우연이 아닌 듯하였다.

더구나 특이한 것은 외래의 세력이 아직 이 도내에 침윤하지 못한 것이니 상가도 거의 전부가 이곳 인사의 경영이요, 농토도 숙명여고보 교유지 이외에는 소위 경잡이라는 것이 자못 희소한 점이다. 자작자급의 활례를 본 듯하여 마음에 매우 든든하였다. 차는 길상면 온수리의 대동을 지나 곱게 물들은 단풍과 청송을 양가로 끼고 그야말로 화문석을 깔아 놓은 듯한 누릇누릇한 잔디 위를 지쳐 올라간다. 유수한 동곡에 익연히 솟은 큰 정자 아래 닿으니 이 정자가 곧 전등사 뜰앞 대조루이다.

전등사, 삼랑성 전등사에 여장을 끄르니 오후 4시경.

십리 주위의 사랑성이 에들린 금탕 가운데 굉걸한 사우가 아늑하게 들어 앉았다. 사 전의 정남은 정족산이 가로 막히었으나 동방으로 동학은 끝없이 열리어 멀리 창해가 더보인다.

이 전등사는 신라 아도화상의 소전으로 구명은 진종사라 일렀는데 고려 말엽 충렬왕 당년 원비 정화궁주가 옥등을 시사하였다 하여 지금의 명칭을 얻은 것이라 한다.

여러 번 겁화와 병란을 겪은 탓으로 겁건 당시의 건물이란 하나도 남은 것이 없고 고려조와 근세조선조에 전후 5회의 중수로 현용을 유지한 것인데 최후의 중수는 강희 병오이었고 고종 9년 임신에는 승군 오십 명을 두고, 승장으로 지휘 감독케 하였다 하니 이 사지가 얼마나 요해지임을 짐작할 수 있으리라.

아득한 반만년 전 단군께서도 이 점을 벌써 보시고 삼자로 하여금 성을 쌓게 하셨다 하여 삼랑성이라고 시방도 전하는데 아들 한 분이 성 하나씩 맡아 쌓아서 지금도 삼봉이 완연한데, 현존한 성주는 오리 남짓이요, 치첩은 칠백오며 성문은 동서남북 사문이 있는데 동서북 삼문은 본래 누가 없었고 남문에만 누가 있었는데 이 누가 몇 천 년 풍우에 훼폐되고 성곽도 퇴락된 데가 많아 영묘 기미에 유수 권복이 개수하고 남루를 이름지어 경해루라 하였다 하였으나 이금엔 그 누마저 흔적조차 없어지고 전등사 입구에 문구만 뚜렷이 남았을 뿐.

이 삼랑성은 정족의 형을 지었다 하여 일명은 정족산성이라고도 일컫는데 벌써 바라보면 성벽의 잔체가 창울한 수림 사이에 거뭇거뭇하게 은현할 뿐 아니라 성상에 심은 솔들이 거침없이 자라나 일자로 지은 것이 청수한 정취를 보태는 듯하다.

마니산, 제천단 23일

행장을 제촉하여 마니산으로 향하다. 점운도 없는 정유리를 깐 듯한 하늘을 우러러보고 풍엽 너머로 넘실거리는 창해에 은파 금파를 끌어 올리는 홍일을 굽어보매 성역을 근참하기에 축복된 일기임을 못내 기뻐하였다.

「순무천홀양공헌수승전비」각을 보고 병인양요의 비희극을 추억하고 사고의 옛 자취를 밟으며 선원록 등 국사를 간수하기에 얼마나 주도한 용의를 쓴 것을 짐작할 수 있었다.

삼랑성의 서문을 빠져 나와 애기산 두어 개를 오르고 넘으니 길은 논두렁 위일망정 탄탄대로이다.

한 이십리나 왔을까. 하도면 문산리란 골짜기로 들어서니 검정돌 너덜이에 맑은 시내가 소리치며 흘러내린다. 여기야말로 마니산의 기슭. 개울판에서 발이 잠기는 모래에 허위적거리기 수십 분. 경사 급한 비탈길에 매어달리기 시간 남짓 쇠초에 곱게 물들은 단풍과 올림 횡와한 기암 괴석에 눈 줄 겨를도 없이 뚜렷이 내려다보이는 제천단을 쳐다보며 걷고 기고 하였다. 오르고 또 올라 마침내 우리는 마니산 최고봉 제천단 위에 올라서니 정오가 겨웠다. 하늘에서 바로 쏟아지는듯한 청풍에 옷깃을 여미며 「해활천요만리개」의 실경에 직면하고 보니 망연자실할 뿐이다.

동방으로는 인천과 경성이 역력히 보인다. 월미도 조탕의 지붕이 일광에 반사되어 번쩍 번쩍 백금으로 번쩍이고 말 안장같은 취봉은 남산이 분명하다. 구름 사이에 헤엄치듯 늘어선 것은 삼각산 연봉이리라. 북쪽으로는 개성이 보이고 송악이 보이고 정서는 끝없는 운해이다. 몇 십리, 몇 만리 바다 또 바다! 문자 그대로 수광이 접천하였는데 저 멀리 나비 날개처럼 하늘거리는 편주들은 바람에 불리어 은하수까지 차오르지나 않을까 걱정이다. 서북으론 연백평야가 한 가닥 허리띠처럼 떠 보이는데 해주 건너 파름파름한 운봉이 병풍처럼 반공에 솟은 것은 구월산 군봉이 갈 데 없다. 남쪽으로 손바닥만한 강화도의 전용을 일모에 걷을 수 있고 점점 도가 굽이치는 은파에 자므러드는 듯하다.

제천단은 일명 참성단 또는 첨성대로 납작납작한 돌로 쌓았는데 하단, 상단이 있고 상단으로 올라가는 데 돌 층층대가 놓였으며 단상은 네모가 났으나 쌓아 올리기는 원형으로 되었다. 사방의 길이는 각 7척 6촌, 높이는 15척. 아득한 반만년 전에 성조께서 이 단을 쌓으신 후 퇴폐와 수축이 한두 번이 아니었겠으나 뚜렷한 역사적 기록은 없고 이 단을 쌓으신 후 퇴폐와 수축이 한 두 번이 이니었겠으나 뚜렷한 역사적 기록은 없고 이조에 내려 나와 인조 17년 기묘에 이 단을 중수하고 사당을 지어 치제하였으며 그 옆에 천제암이 주어 있고 제직을 두고 제전은 십여 묘를 매년 맹춘에 제향을 올렸는데 지금에 사당과 암은 폐한 지 오래이고 제전은 군청의 관리로 넘어갔다던가. 성조의 끼치신 이 자취를 뵈옵고 작아지는 무량한 감개를 어찌 다 적으랴. 나철 선생의 시 한 수로 이 성적순례기를 마치자.

참성단상배오천
천조신령혁혁연.
광개남북동서지
역사 사천삼백년.
배달족 광종고천
대종도맥 지금전.[120)]

250 ★ 북한과 평양 가서 보고 싶은 것

1. 천부경 관련된 곳 2곳

평양 법수교 아래 : 제 1대 거발한 환웅 신지 녹도문자 천부경

묘향산 천부경 석비 - 신라 최치원이 발견하고 한자로 정착 정리해 발표했다.

2. 황해도 구월산 환인 환웅 단군 모신 삼성사

3. 단군유적 - 현진건의 단군 기행

5대 구을 단군릉: 평양 강동리

평양 대동문과 보통문 중간에 단군과 기자를 제사 지내는 숭령전(崇靈殿)과 숭인전(崇仁殿)이 있다.

단군굴(남쪽엔 남산에 있던 것을 이명박대통령과 오세훈시장이 파괴해 버렸다).
4. 평양 법수교 아래 최초의 문자 신지문자 천부경

251 ◘ 평양 인의예지신 관광지

仁天 하늘과 인을 중심으로 사유하는 천손 한국인의 핵심 문화들

고대 이래로 하늘의 은덕으로 제왕의 권력과 위엄, 또 충신과 공성을 바라는 마음이 담긴 오수五獸 황룡 기린 권력제왕, 그 충신 상징하는 청룡 현무 봉황주작 백호를 벽화 및 길 이름에 넣다. 제왕을 상징하는 동물들 - 황룡, 봉황, 기린: '황룡黃龍'은 제왕帝王의 권력과 위엄을 상징하는 최고의 동물이고, '봉황鳳凰과 기린麒麟'은 인仁과 덕德을 갖춘 성군聖君의 출현을 예고해 주는 동물이다. 황색黃色의 용龍이 제왕을 상징하는 최고의 동물이라는 관념은 고대 중국의 문화와 세계관을 반영하고 있다고 할 수 있다. 중국의 역사와 문명이 탄생한 곳이 황하黃河이기 때문에, 중국의 문화와 세계관에서 황색은 천하의 중심을 차지하고 있다. 그리고 천하의 중심인 중국을 다스리는 황제皇帝만이 오직 황색을 소유할 수 있다는 관념이 자리 잡게 되었다. 이 때문에 고대 동아시아 국가들 사이에서 황색은 제왕을 대표하는 색깔이 되었다. 제왕을 상징하는 최고의 색깔인 황색과 최고의 동물인 용이 결합하였으니, 제왕의 최고 권력과 권위를 과시하기에 이보다 더 훌륭한 동물은 없었을 것이다.

봉황鳳凰은 성군聖君의 출현에 맞추어 세상에 모습을 드러내는 동물이다. 수컷을 봉鳳이라 하고, 암컷을 황凰이라 한다. 예부터 봉황은 온갖 날짐승의 제왕帝王으로, 오동나무에만 둥지를 틀고 대나무 열매만을 먹는 영물靈物로 받들어져 왔다. 기린麒麟은, 몸은 사슴 같고, 꼬리는 소와 같고, 발굽과 갈기는 말과 같고, 이마는 이리와 같고, 머리에는 뿔이 달린 5색五色 빛깔을 띠고 있는 동물이다. 기麒는 수컷이고, 인麟은 암컷이다. 기린은 봉황처럼 태평성대를 이루는 성군이 세상에 나오면 모습을 드러내는 상서로운 짐승이다. 이 때문에 봉황과 기린은 존귀하고 어질며 성스러운 임금을 상징하는 대표적인 동물이 되었다. 물론 황룡과 봉황 그리고 기린은 모두 현실에는 존재하지 않는 상상 속의 동물이다. 어쨌든, 이 세 동물

은 제왕의 권력과 권위 그리고 존귀함을 직접적으로 상징하는 동물로 여겨졌기 때문에, 제왕 혹은 그에 버금가는 권력자가 아닌 사람은 감히 사용할 수 없었다. 왕권이 제대로 자리 잡지 못한 채 부족 혹은 지역의 우두머리가 각자의 권력을 행사한 삼국 시대 초기에는 제왕의 권력과 권위를 상징하는 동물과 문양들 역시 자유롭게 사용되었을 것이다. 그러나 왕권이 확실하게 자리를 잡은 후에는, 제왕이 아닌 자가 제왕을 상징하는 동물과 문양을 사용한다는 것은 곧 반역의 징조로 여겨졌을 것. 이렇듯 왕권의 강화와 더불어 황룡 · 봉황 · 기린은 오직 제왕만이 사용할 수 있는 상징과 문양으로 변해 갔고, 이에 따라 이들 상상의 동물은 더욱 신성하게 다루어졌다.

제왕을 수호하는 충신을 상징하는 동물들 - 청룡, 백호, 주작, 현무

제왕을 상징하는 동물이 있다면 분명 제왕을 떠받드는 충신忠臣을 상징하는 동물도 있었을 것. 고구려의 고분 벽화 중 사신도(四神圖 : 四獸圖)를 떠올려 보면, 이 사신도四神圖에는 청룡青龍 · 백호白虎 · 주작朱雀 · 현무玄武가 그려져 있다. 이것은 세상의 중심을 차지하는 제왕을 수호하는 네 마리의 동물을 신격화神格化하여 표현한 것. 이 네 마리의 동물은 곧 충신을 상징한다고 할 수 있다. 고대 동아시아에서는 황黃을 중앙으로 하여 동서남북東西南北에 각각 청백주흑青白朱黑의 네 가지 색을 배치하였는데, 이것은 제왕을 상징하는 황색을 청백주흑青白朱黑의 색깔이 사방四方에서 호위한다는 관념을 담고 있다. 먼저 동쪽을 방위하는 청색青色은 청룡青龍을, 서쪽을 방위하는 백색白色은 백호白虎를, 남쪽을 방위하는 주색朱色은 주작朱雀을, 북쪽을 방위하는 흑색黑色은 현무玄武를 상징한다. 청룡은 청색 빛을 띠는 용이고, 백호는 백색 빛을 지닌 호랑이, 또 주작은 붉은 빛을 띠는 봉황과 모양이 비슷한 신조神鳥이고, 현무는 붉은 빛을 띠는 뱀과 거북이 형상을 하고 있는 신수神獸이다. 인仁과 덕德을 갖춘 제왕과 충성스러운 신하는 나라의 만년대계萬年大計를 위해 반드시 필요한 존재이다. 이 때문에 삼국의 왕실과 귀족들은 성군과 충신에 대한 깊은 바람을 담아서, 자신들의 생활공간과 신성한 장소(무덤 등)를 온통 장식했다. 대표적인 경우로는, 고구려의 고분古墳인 장군총 · 무용총 · 강서대묘 등에서 발견되는 각종 벽화에 나타난 사신(四神 : 청룡 · 백호 · 주작 · 현무)을 들 수 있겠다.[121] 실제로 북한 평양엔 봉동, 현무문, 1. 평양덕흥리

고구려 고분벽화: 견우직녀도 및 천문벽화

1. 현무문, 주작현 칠성문七星門 보통문 대동문 법수문: 평양 6문

봉동鳳洞, 다시 서쪽으로 만수대를 넘어서면 평양 6문의 하나인 칠성문七星門이 서 있다.

의義: 임진왜란 때 평양 명기 계월향桂月香이 일본의 부장部將을 꾀어 김응서金應瑞 장군으로 하여금 머리를 베게 한 후 자신은 강물에 뛰어들어 자살한 곳인 대동문 옆 강변 언덕에는 500여 년 전에 세워진 연광정練光亭이 서 있으며, 누각 밑에는 맑은 물에 아름다운 정자의 모습이 비친다. 현무문에서 모란봉 기슭의 대동강변 비탈면으로 나서면 고려시대에 창건한 영명사가 있다. 임진왜란 때에는 이 절에 8가람伽藍이 있었으며, 영명사의 승병이 왜장倭將 고니시 유키나가小西行長의 군사와 싸웠다는 기록이 있을 정도로 규모가 큰 절이었다. 청일전쟁 때 병화兵火를 입어 가람들은 모두 불에 타버리고 규모가 작은 건물만이 남아 있다.

252 ☗知: 북조선 박물관, 평양대학교 박물관

북한에 기자묘도 아니다. 낙랑도 한사군의 그 낙랑이 아니다.

최린의 낙랑 - 낙랑공주가 호동왕자를 위해 북을 찢다. (한사군의 낙랑은 이미 한반도에 오지 않았다는 설이 지배적이 었다) ▾사허정의 주영柱楹에는 임진왜란과 청일전쟁淸日戰爭 당시의 탄환의 흔적들이 아직도 남아 있다. 을밀대 밑의 송림에는 고려시대 숙종肅宗이 창건한 기자묘箕子廟가 서 있다. ▾남쪽 연안에 군치지郡治址로 추정되는 토성리土城里의 고적이 있다. 남아 있는 토성의 유적은 약 700m 가량의 4각형 성루城壘인데, 그 일부에는 돌담으로 둘러싸인 것 같은 흔적이 있으며, 거기서 옛날에 화려했던 어떤 나라?의 문화를 이야기해 주는 여러 가지 유물들이 출토되고 있다. 어느 박물관에 있을까?

☗信: 믿음성이 있고 성실함 북한 핵관련 시설들: 전세계 원자핵이 없어질 때 그때 쯤에야 북도 핵을 없앨 것이다.

253. 박물관 지하도 보고 싶다.

박물관 내부는 모두 19호실로 이루어져 있으며, 다음과 같다고 한다.

- 1호실 - 김일성이 평양의 주요 사적을 돌아보고 찍은 기념사진들 전시
- 2, 3호실 - 평양 검은모루 동굴 유적지에서 발굴된 구석기 유물
- 4~5호실 - 고조선, 부여, 진국 및 한반도 고대 국가 관련 유물 전시
- 6~9호실 - 고구려 자료관
- 10호실 - 주로 남쪽, 무령왕릉이나 석굴암 같은 백제, 신라, 가야 유물 자료들 전시
- 11호실 - 발해 자료관
- 12~14호실 - 고려시대관
- 15~17호실 - 조선시대관
- 18~19호실 - 근현대관. 일제 강점기 의병 및 항일 투쟁을 다루고는 있지만 그것도 김일성 및 그 일가의 활동에 대해서 몰아주기식 전시나 설명이 많아서 상당히 껄끄럽다.(일본측 위키백과의 설명으로는 고려가 원나라에 복속된 것, 조선이 청나라에 항복한 것이나 근현대 운요호 사건에 대해서는 전시가 안 되어 있다고.)

개성시의 두문동杜門洞은 조선왕조 섬기기를 거부한 고려의 충신 72인이 숨어 살던 곳이고, 경덕궁 맞은편에 있는 사원士園은 조선 건국에 반대한 선비들이 과거 불참 동맹을 맺었던 곳이다. 만월대 북동쪽으로(의와 재를 내포하는) 중국의 관왕묘關王廟를 지난 곳에는 기암과 맑은 계류가 수려한 경치를 이루는 채하동彩霞洞이 있다. 선죽교는 정몽주가 이방원(李芳遠:후의 太宗)의 부하에 의해 피살된 돌다리로, 그 다리 위에 정몽주의 핏자국이라고 전해지는 붉은 얼룩이 있다. … 고대高臺를 이루어, 그 위에서 전면의 주작현朱雀峴 너머로 진봉산進鳳山과 개성시 전역을 한 눈에 볼 수 있다. 개성에 가면 신령스럽다는 덕물산을 꼭 한번 가보고 싶다.

☀ (중원의 여러 나라 수도였던 옛 장안) 서안 공항 벽에 섬서성 장안(시안)의 무형문화 유산을 총출동 홍보하네요!

254 ★ 문화재 보존과 교육에 아주 열심인 중국 정부 - 중국은 웬만한 고고학 박물관 자료관에 발을 디딜 틈이 없었다.

북경공항엔 칠석제 중국연인의 날이라고 유네스코 등재를 겨냥하여 관민이 몇 년전부터 대대적인 홍보하고요. 벽면 교수님들 뒤 전체를 찍으려니 동아시아 고대 학회 학술발표 답사 교수님들!이 앞에 앉아계셔서. 실례! 마음이 고와 미소가 멋지게 잘 나오시는 교수님들 초상권 때문에….

그 앞바닥에선 중국의 초등생들이 일본에 답사여행을 가느라 엎드려 볼 곳에 대한 예습을 하는 중이고, 박물관 바닥에서도 학생들이 엎드려 해설과 감상을 쓰고 있고. 강력하게 중앙집권적인 중국정부가 역사를 뺏고 지키기 문화보존을 유치원에서 부터 작심하여 교육 중이네요. 박물관도 그 또래 애들을 데리고 오는 시골 학부형같은 분들로 가득차고. 하하 그래도 축구는 한국 우리가 더 잘하니! 중국 교수들은 축구 얘기하면서는 자기네들 답답해 하던데요. 주석께서 지원 안하는 것도 아닌데 - 우리 한국도 축구선수들 포함 자그마한 실수에도 기를 꺾는 일 없게 조심합시다.

255 ☗ 무신교 종교인 및 무형 문화인들에게 필요한 법 조항 부분

제7조 판례: ①공무원은 국민전체에 대한 봉사자이며, 국민에 대하여 책임을 진다. ②공무원의 신분과 정치적 중립성은 법률이 정하는 바에 의하여 보장된다.

제9조 판례: 국가는 전통문화의 계승 · 발전과 민족문화의 창달에 노력하여야 한다.

제11조 판례: ①모든 국민은 법 앞에 평등하다. 누구든지 성별 · 종교 또는 사회적 신분에 의하여 정치적 · 경제적 · 사회적 · 문화적 생활의 모든 영역에 있어서 차별을 받지 아니한다.

제12조 판례: ①모든 국민은 신체의 자유를 가진다. 누구든지 법률에 의하지 아니하고는 체포 · 구속 · 압수 · 수색 또는 심문을 받지 아니하며, 법률과 적법한 절차에 의하지 아니하고는 처벌 · 보안처분 또는 강제노역을 받지 아니한다.

모든 국민은 주거의 자유를 침해받지 아니한다. 주거에 대한 압수나 수색을 할 때에는 검사의 신청에 의하여 법관이 발부한 영장을 제시하여야 한다.

제17조 판례: 모든 국민은 사생활의 비밀과 자유를 침해받지 아니한다.

제19조 판례: 모든 국민은 양심의 자유를 가진다.

제20조 판례 : ① 모든 국민은 종교의 자유를 가진다.

② 국교는 인정되지 아니하며, 종교와 정치는 분리된다.

제21조 판례: 언론 · 출판은 타인의 명예나 권리 또는 공중도덕이나 사회윤리를 침해하여서는 아니된다. 언론 · 출판이 타인의 명예나 권리를 침해한 때에는 피해자는 이에 대한 피해의 배상을 청구할 수 있다.

제22조 판례: ① 모든 국민은 학문과 예술의 자유를 가진다.

② 저작자 · 발명가 · 과학기술자와 예술가의 권리는 법률로써 보호한다.

제26조 판례: ① 모든 국민은 법률이 정하는 바에 의하여 국가기관에 문서로 청원할 권리를 가진다.

② 국가는 청원에 대하여 심사할 의무를 진다.

제29조 판례: ① 공무원의 직무상 불법행위로 손해를 받은 국민은 법률이 정하는 바에 의하여 국가 또는 공공단체에 정당한 배상을 청구할 수 있다. 이 경우 공무원 자신의 책임은 면제되지 아니한다.

제31조 판례: ① 모든 국민은 능력에 따라 균등하게 교육을 받을 권리를 가진다.

② 모든 국민은 그 보호하는 자녀에게 적어도 초등교육과 법률이 정하는 교육을 받게 할 의무를 진다.

③ 의무교육은 무상으로 한다.

④ 교육의 자주성 · 전문성 · 정치적 중립성 및 대학의 자율성은 법률이 정하는 바에 의하여 보장된다.

⑤ 국가는 평생교육을 진흥하여야 한다.

⑥ 학교교육 및 평생교육을 포함한 교육제도와 그 운영, 교육재정 및 교원의 지위에 관한 기본적인 사항은 법률로 정한다.

제32조 판례: ① 모든 국민은 근로의 권리를 가진다. 국가는 사회적 · 경제적 방법으로 근로자의 고용의 증진과 적정임금의 보장에 노력하여야 하며, 법률이 정하는 바에 의하여 최저임금제를 시행하여야 한다.

② 모든 국민은 근로의 의무를 진다. 국가는 근로의 의무의 내용과 조건을 민주주의원칙에 따라 법률로 정한다.

③ 근로조건의 기준은 인간의 존엄성을 보장하도록 법률로 정한다. ④ 여자의 근로는 특별한 보호를 받으며, 고용 · 임금 및 근로조건에 있어서 부당한 차별을 받지 아니한다.

⑤ 연소자의 근로는 특별한 보호를 받는다.

⑥ 국가유공자 · 상이군경 및 전몰군경의 유가족은 법률이 정하는 바에 의하여 우선적으로 근로의 기회를 부여받는다.

제33조 판례: ① 근로자는 근로조건의 향상을 위하여 자주적인 단결권 · 단체교섭권 및 단체행동권을 가진다.

제34조 판례 : ① 모든 국민은 인간다운 생활을 할 권리를 가진다.

② 국가는 사회보장 · 사회복지의 증진에 노력할 의무를 진다.

③ 국가는 여자의 복지와 권익의 향상을 위하여 노력하여야 한다.

④ 국가는 노인과 청소년의 복지향상을 위한 정책을 실시할 의무

를 진다.

⑤ 신체장애자 및 질병·노령 기타의 사유로 생활능력이 없는 국민은 법률이 정하는 바에 의하여 국가의 보호를 받는다.

⑥ 국가는 재해를 예방하고 그 위험으로부터 국민을 보호하기 위하여 노력하여야 한다.

제35조 판례: ① 모든 국민은 건강하고 쾌적한 환경에서 생활할 권리를 가지며, 국가와 국민은 환경보전을 위하여 노력하여야 한다.

② 환경권의 내용과 행사에 관하여는 법률로 정한다.

③ 국가는 주택개발정책등을 통하여 모든 국민이 쾌적한 주거생활을 할 수 있도록 노력하여야 한다.

제36조 판례: ① 혼인과 가족생활은 개인의 존엄과 양성의 평등을 기초로 성립되고 유지되어야 하며, 국가는 이를 보장한다.

② 국가는 모성의 보호를 위하여 노력하여야 한다.

③ 모든 국민은 보건에 관하여 국가의 보호를 받는다.

제37조 판례: ① 국민의 자유와 권리는 헌법에 열거되지 아니한 이유로 경시되지 아니한다.

② 국민의 모든 자유와 권리는 국가안전보장·질서유지 또는 공공복리를 위하여 필요한 경우에 한하여 법률로써 제한할 수 있으며, 제한하는 경우에도 자유와 권리의 본질적인 내용을 침해할 수 없다.

제38조 판례: 모든 국민은 법률이 정하는 바에 의하여 납세의 의무를 진다.

256 ◘ 이덕일: 단군조선을 인정 않는 사학계가 중국의 역사 침략 불렀다.

중국의 역사연구 프로젝트인 '동북공정'으로 인해 '이러다 정말 고구려사를 빼앗기는 것은 아닌가 라는 두려움이 빠르게 번져 나가고 있다. 그러나 중국이 도대체 무슨 논리로 우리 역사를 넘보고 있는지 우선 제대로 알고 비판하는 것이 순리일 것이다. 이 같은 작업을 위해『말』지는 한국역사의 대중화 작업을 선도적으로 진행시켜 온 역사학자 이덕일 씨를 만났다. "많은 사람들이 중국의 '동북공정' 프로젝트가 한국을 겨냥한 것이라고 생각하지만 사실 진짜 대상은 한국이 아니라 미국일 가능성이 높다." 기자의 첫 번째 질문인 "역사학자로서 동북공정에 대한 중국의 의

도가 무엇이라고 생각하는가에 대한 이덕일 씨의 답변이다. 그 이유는 다음과 같았다. "만약 중국이 한국의 고구려사를 중국사로 편입시키는 것만이 목적이라면, 그 기준이 되는 영토(편집자 주: 중국은 '현재의 중국 영토에서 일어난 모든 역사는 중국사'라는 역사관을 갖고 있다)는 대동강 북부로 지정해도 충분했을 것이다. 하지만 지금 중국은 그 기준을 한강 이북으로 못 박고 있다. 그렇게 따지고 보면 현재 북한의 영토 전체가 예전엔 중국의 것이었던 셈이다. 중국의 입장에서는 북한 체제가 앞으로 그리 오래 유지되지 않을 것으로 파악한 것 같다. '동북공정'이란 작업을 통해 통일 이후, 미국을 상대로 북한 영토에 대한 영유권을 주장할 계산이 깔려 있는지도 모른다." 소름끼치는 이야기이다. 더 나아가 이씨는 중국이 이처럼 터무니없는 '공작'을 추진하게 된 데는, 역시 터무니 없을 정도인 한국 역사학계의 '자기 비하' 탓도 크다고 주장했다. 국내 사학계의 단군조선에 대한 경시가 중국에 빌미를 줬다는 것이다.

257 ☗구석기 지역과 예맥 지역이 겹치는 부분이 많다.

- 남북공동 한국음식의 뿌리 맥국의 맥적 – 바로 한류 음식 1위인 돼지나 소 불고기 구이가 맥적! 우리 원래 이름은 맥족

– 동이는 중원 통일 전후 시각에서 우리를 비하한 호칭

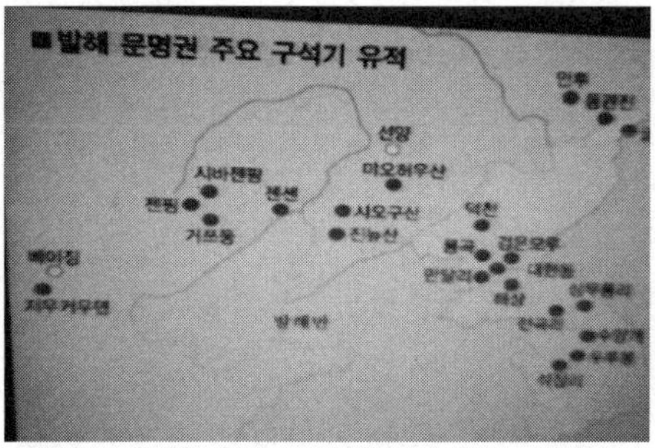

▲ 맥국음식 맥적. – 음식 명패에 직화 목살 〈貊炙 – 고기구을 적 炙〉. 보이시지요!

258. “오늘 서울 개봉동에서 우리 회원 따님의 결혼식 때 부페 음식 중에서 중도 맥국의 맥이 살아 있는 맥적 이름이 나와 있어 환호성을 질렀답니다.

꿈에도 중도맥국을 부르니 내 눈에만 그것이 딱! 보였네요.

음식을 가지러 갔다가 얼른 사진기를 들고 가서 찍으니 사람들도 많이 쳐다 보시고 자리에 와서 얘기하니 다른 분들은 못보셨다고 자나깨나 일심이면 이런 일도!

한국인은 누구나 무슨 큰 일이 있거나 친지들이 모이면 함께 가장 사랑하는 우리 한국 한류음식 대표 〈돼지나 소 불고기 구이〉…. 한 번 더 드시고. 중도에 레고 사업 구역만 1m 정도만 발굴했는데도 9200여 점이 나왔네요.

1900년대 초부터 발굴 도굴된 것 조금 더 하면 만점도 돌파하겠지요.

보통 유적 원형 보존하는 점수가 75점 이상인데 중도는 1000점 이상이니 유네스코로 가야지요.

도종환장관께서는 국회 교육문화관광체육 위원회 간사로 계실 때부터 또 장관 청문회 때도 중도 유네스코로 보내자는 의원들의 질의에 적극 동의하셨지요.

이제 중도맥국 유네스코 등재!에 모두 맥적의 힘으로 함께 합시다.(한자도 貊 자가 똑같아요 - 이제 이름도 불고기가 아닌 ‘맥국 맥적’으로 불러서 역사도 함께 지킵시다)

한류 불고기 한류맥국. 살리고 한국역사 뿌리를 지키고 남북공동 사랑음식으로 조화롭고 지혜로운 한민족의 영광 시대도 계속 만들어 갑시다.

저는 중도맥국을 유네스코에 등재되고 나면 강원도청이 있는 춘천시의 허가를 받아 중도로 가는 멋있는 춘천대교(국비 800억 이상 투입) 근처서 무공해 땔감으로 〈맥국 맥적 맛거리촌〉 만들어 역사도 지키고 돈을 쓸 관광객도 더욱 많이 불러모아, 2012년 무기 공동제작 영일동맹을 맺고 시작한 영국과 일본의 식민지 확산의 환상을 가진 장난감 레고 공원보다 실수익을 더욱 많이 강원도나 춘천시와 시민에게 돌리고 싶습니다.

여행은 보는 것 못지 않게 특별한 입맛에 드는 음식의 맛도 못 잊습니다.

춘천시 사방 주변의 구석기 유적지들과 구석기부터 있었을 맥적은 역사문화 맛사랑 공동체 맹약 등등 상상의 제 5차원 세계로 저를 인도하네요.~~

양구쪽에서도 주변지역들에서도 소양강변 어디로 다들 낚시도 오시던데 구석기 어느 시기에도 공동 사냥을 해 와서 여름이면 지금도 구석기동굴이 있는 봉의산 교동 아래 강변 어디에 발을 담그고, 겨울이면 텐트를 치거나 물난리 홍수를 피할 수 있는 동굴에서 친지들과 소 돼지 불고기를 구워 먹던 시절에 그 맥적이 제일 맛이 있었을 것이고(다른 인위적 음식이 없던 시절이니 말할 것 뭐 있겠나요?), 그 친지나 식구 속의 안온과 자족과 행복함…. 먹는 공동체 식구들은 환호성과 춤과 노래를 부르고 사랑을 나누고…. 자연의 것과 공동체의 사랑으로 아이들과 혼과 땅, 터를 일구었겠지요.

이 긴 한류 역사를 서기 2,000년 정도의 것으로는 표현 못하지요.

그래서 삼국유사에 나오는 환국 건국 기원부터로 잡아

환기 9215(2018)년 6월 2일

259. 추신: 어느 분이 당선되시든지

강원도와 춘천시, 문화재청은 유네스코 등재와 맥국 유적의 긴급 살리기를 시작합시다.

도지사 후보 2인은 다들 중도에 레고를 하시겠다고 하네요.

민주당 최지사님은 하시던 일이니 발목이 잡힌 일이 많아 못 끊고 다른 한국당 후보는 박 정부에서 하던 일이니 빠르게 하시겠다고 최지사의 지연을 무능으로 비판하고 도저히 묵과할 수 없는 상황에서 김해 가야처럼 중도맥국권에서 대통령이 나오신 것도 아니고 민간단체는 이제 무엇을 할 수 있을까요?

민족동력을 부정적으로 소진케 하고 정신을 고갈시키는 소송?과 시끄러운 마이크 공해로 욕설과 비판?과 폭력 행사?

– 이제 한국 정치문화판도 극복해야 할 시점이라 여깁니다.

담당부처 최고 수장님, 도종환 문체부 장관님!

문인 예술체육인의 적폐청산과 숙원사업 일에 하나 더 〈중도맥국 유물유적 만여점 유네스코로 보내는 일〉도 좀 빨리 이 시기에 확실히 하십시다.

한 개인의 정치생명보다 민족의 역사뿌리 지키기를 하셔야 하는 것

역사문화에 밝고 예리하신 도장관님은 누구보다 더 잘 아시리라 기대합니다.

저는 지난 추운겨울 장애자올림픽 마지막 날에 혼자 진부 행사장에 가서 관중석에 앉아 행사를 보며 마지막이나 처음이나 이 식을 진행한 사람들의 참마음이 느껴져 쉽게 말해, 마음이 순화된 느낌 그런 것으로 - 이 행사를 고스란히 서울이나 외국 대도시에 올려도 세계인에 감동을 주고 인류를 착하게 하는 일에 종교들보다 더욱 감동적이겠다는 생각이 들었습니다.

그래서 더욱 감사한 마음으로 새벽 2시 서울역에 도착해 집으로 걸어와도 기뻤고 심신의 안정을 얻었습니다.

이런 마음들이라면 중도 유네스코 보존도 말로 통하겠다고. 하여 다시금 엎드려 간절히 빕니다.

민주당과 청와대 담당자들께서도 도장관님의 이 결단과 실천을 좀 지지해 주시길 간절히 당부 올립니다!

전현직 대통령 "빽이 없어" 묻히기 시작한 중도 맥국맥적 유적지 유물 萬점을 대신하여 저가 재삼 엎드려 부탁 올립니다.

이번 문대통령께서 중도 근처 출신이시면 바로 임기 초에 박근혜 님께서 잘못 이끈 중도 레고개발을 확실히 끝내고 유물 몇 천점, 만여 점 중도는 유네스코로! 김해 가야문화 복원 대신 결정하셨겠지요.

중도는 사실상 가야보다 민족역사를 지키기에 더욱 절실한 문화재입니다.

문제는 중도보존운동을 저같이 힘없고 능력 없고 지위 없는 사람이 한다는 것입니다. 하여 저도 생각이 많습니다.

…

현충일 돌아가신 님들과 그 가족친지, 국민지지도가 높은 우리 대통령도 백주에 외국에서 무시당하는 우리의 현재와 앞날를 생각하며 〈남북종전선언〉도 문정부가 이루어, 우리 貊족 貊국 貊적의 맥도 세계 200여 개국에 나가 있는 한민족이 같이 이어내길 학수고대하며!

– 춘천 중도맥국 유적지 유네스코로! 전국협의회 상임대표 차옥덕박사 올림

260 ◘ 국립 최초 용산민족역사공원 해설사 교육자관, 해설사관 -

기존 건물 한 칸 사무실로 쓰고 교육 및 세미나는 교육당, 강당 활용 - 다른 시간대, 1차, 2차 세미나 자료집=교육자료집

261 ◘ 한국 관공서에서 하는 큰공원의 기획자들은 하나같이 다들 이것을 복사해서 외친다.

영국 하이드 파크(Hyde Park) 미국 뉴욕 센트럴 파크 (New York Central Park) 같이 시민들에게 휴식공간을

문재인 대통령께 탄원서

제목: 국립 최초 용산역사민족공원 건립에 대한 국토부 안건 수정 요구 및 대안 〈대통령 직속 "용산민족역사공원 특별위원회" 설립 제안건〉

수신: 청와대

담당자: 국토개발, 교육 역사문화 관광 담당

\- - - - - - - - - - - - - - - - - - - -

발신: 〈교육부 사단법인 한국향토사연구전국연합회 용산향토문화사학회〉

〈서울시 사단법인 한국여성향토문화연구원〉

대표자: 차옥덕

주소: 서울시 용산구 백범로87길 - 22

연락처: 010 soseono51@hanmail.net

문재인 대통령 및 관계 부처 여러 선생님들!

나날이 복잡다단한 여러 일에 선심으로 애쓰심을 느끼며 깊이 감사드립니다.

저는 바로 〈용산민족역사공원〉의 지척에서 40여 년을 살며, 〈교육부 사단법인 한국향토사연구전국연합회 용산향토문화사학회〉를 직접 만들고 그 회장직을 15년간 지켜오고 있는 문학박사 차옥덕입니다. 2,000년대 초 이명박 대통령이 서울과

나라를 하나님께 공헌한다는 장로분께서 이, 어떤 천지개벽할 연고로 〈용산민족역사공원〉 설계공모까지 하고, 2017년 문재인대통령 때에 이르러 드디어 미군이 이전을 시작하여 용산기지 300만 평터에서 73만 여 평이 비로소 광복되어 환골탈태 재출발을 시작하는 때입니다. 소위 역사전쟁과 적폐청산 진실 촛불 개벽시대 한국의 더 깊고 높은 위상과 바른 민족역사 문화창출에 있어 절호의 기회입니다. 저와 회원 연구자분들은 용산역사문화를 사랑하고 향유하며, 문재인대통령의 대한민국의 미래 기반을 조성하는 귀한 작업과, 국민들의 정체성과 한민족 역사교육 및 정신문화 확립 및 경제 발전에 동참하는 뜻에서 간절한 탄원서를 올립니다.

"용산미군기지는 청군이 주둔을 시작한 1882년부터 무려 124년만에 한국 시민의 품으로 돌아오는 우리역사의 아픈 과거를 안고 있는 지역으로서 민족의 자주와 주체성을 회복하는 의미에서 공원화하는 것은 서울시민과 대한민국 국민 모두의 오랜 소망으로 우리 시는 지속적으로 용산 미군 이전부지 전체를 공원으로 조성하여야 한다고 요구하여 온 바, 건설교통부에서 2006. 7. 28자로 특별법 입법예고를 통하여 동 부지를 공원으로 조성하겠다는 계획을 밝힌 것은 바람직하다고 할 것임. 111년 만인 내년 말 대한민국으로 돌아오는 이 역사적인 공간에 7개 정부 부처가 8개 시설을 지으려 하는 것을 놓고 (국가에 별 이익도 되지 않는 요식적 사업으로) '부처 간 나눠 먹기'라는 비판이 적지 않다." (조선일보 이종렬 객원기자)

기존 국토부 계획안 - 현재 국토부 주관 용산공원 조성 추진기획단 단장 - 의 계획안은 최초 국립 민족역사공원에 대한 국민적 정서에 대한 천착이나 애정이나 식민에 대한 민족의 감정, 민족과 역사나 그 내용물들에 대한 전문성도 없이, 요식적 부동산 전문가들의 행위 결과로 나타난 것이라 역사전쟁기에 절실한 민족역사 정립이나, 국민 공감대와 전혀 맞지 않다. 요식적 관주도의 편의적 절차 행위 정도로 식상하고, 중복 재탕이라 예산만 낭비하고, 소모적인 민족적, 역사적 항의만 불러 일으킬 것이 자명하다. - 침략지에서 광복 찾은 독립 민족역사에 대한 대책이 없는 것은 물론이고 국가 관광 경제나 일자리 창출에도 전혀 도움이 안되는 일만 수습되어 있다. 현재 국토부는 위원장으로 모대학 부동산학과 교수로 임명하고도 이름도 못 밝히고 있다.

@ 구체 지역 안배 문제

1. 미국대사관 및 미국 관련 예정부지는 한 곳으로 모을 것을 요구함(용산구청, 용산시민단체들 한 목소리 주장) - 반포대교 넘어가는 쪽 현 용산구청 맞은 편 언덕과 땅에 미국에게 요구하고 싶은 대로 하라고 하여(전 정부), 평택 대단위 기지를 비롯 미국이 황당하게 요구하는 세계에서 제일 넓은 미대사관은 한국 미대사관이라는 몇 만평이 아니라, 다른 나라, 일본이나 독일 등등에서의 미국대사관 평수 수준으로 재배치할 것을 지속적인 한미우호관계를 위해 요망합니다.

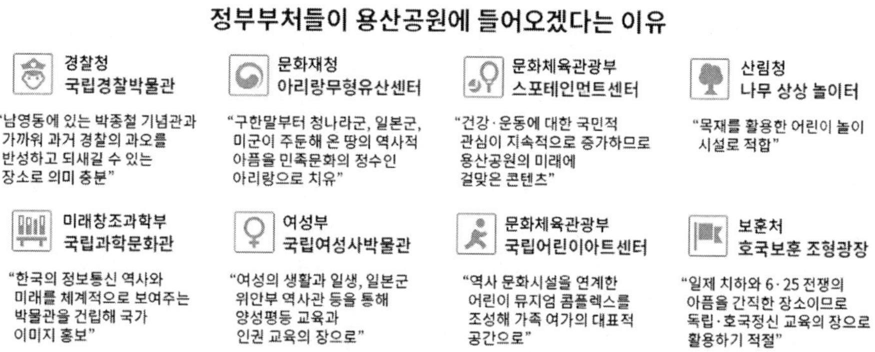

부처별로 국토부에 제안 보고되어 있는 사업들을 살펴 보면, 문광부(최다) 산림청 경찰청 국가보훈처 경찰청 보훈처들인데, 평가해보면, 한결같이 모두 최초 국립민족역사공원의

① 사업 목적이나 역사전쟁 대비나 경제시국에 부적합

② 전체적으로 기존 진행되고 있는 사업이나, 지자체 사업들과 중복되어 불필요

– 영토, 역사, 경제전쟁기에, 긴급한 민족역사 대책 일에 쓰여야 할 예산이 부적합하고 맞지도 않은 일에 쓰인다면 국토 낭비이고 혈세 낭비라, 수용이 절대 불가합니다. 정부가 요식행위나 정체성없이 얼빠진 일을 시작하면, 중지시키고 탄원하고 항의 시위해야 하는 민간단체들도 너무 힘들고, 국력 소모이고 국가 위신의 추락이고 망신이고, 대처 못한 것에 대한 역사 평가를 감당해야 합니다. 저는 춘천 중도에 레고사업을 한다는 것을 듣고, 잘못된 점에 직접 대처하면서, 너무나 힘든

것을 몸소 겪었고 앞으로도 겪을 것인데, 용산이 또 그렇게 여러 모로 비효율적으로 되는 것은 사전에 조정이 꼭 절실하다고 여겨 간절한 마음으로 탄원을 드립니다. 아래 도표는 기존 각 부처가 제안한 것을 정리한 언론의 글입니다.

"서울 삼각지에 있는 한 아파트 옥상에서 이태원 방향으로 촬영한 용산 기지 메인포스트 전경. 오른쪽 아래는 전쟁기념관이다.

그러나 본지가 국회 윤종필 새누리당 의원을 통해 입수한 용산공원 기획안에 따르면 국토부가 실시했다고 밝힌 대국민 설문조사는 지난해 9월 30일부터 한 달간 국토부 SNS(소셜네트워킹서비스)와 국토부 및 용산공원추진단 홈페이지를 통해 이뤄졌다. 전쟁기념관 방문객 등 같은 설문조사에 직접 응한 일부 시민까지 포함, 응답자는 3434명이었다. 1000만 서울 시민의 0.03%만이 의견을 밝힌 것이다. 컨텐츠 관련 설문은 '용산공원에서 경험하고 싶은 프로그램' '용산 공원에 꼭 필요하다고 생각되는 시설'이 단 두 개였다. 71만평이나 되는 거대 공간 활용을 놓고 대면(對面) 접촉이나 전화 조사, 심층 조사도 하지 않았다.

국토부가 민간 · 공공기관을 대상으로 같은 기간 진행했다는 컨텐츠 수요조사는 철저히 '공급자 중심'으로 진행됐다. 용산 공원에 들어설 컨텐츠를 응모한 기관은 모두 9개였다. 이 중 민간 기관은 단 한 곳이었고, 나머지 8곳은 정부 부처였다.

정부 부처 7곳 주관으로 국립과학문화관(미래창조과학부), 국립여성사박물관(여성부), 아리랑무형유산센터(문화재청), 국립경찰박물관(경찰청), 국립어린이아트센터(문화체육관광부), 용산공원 스포테인먼트센터(문체부), 호국보훈 상징 조형광장(국가보훈처), 아지타트 나무 상상 놀이터(산림청) 등 박물관과 문화 시설 8개를 들이겠다는 것이다. 이들이 제출한 18개의 컨텐츠를 대상으로 용산공원 컨텐츠 소위원회(위원장 조세환)의 검토가 이뤄졌고, 그 결과 7개 부처가 8개 시설을 짓기로 했다. 평가에 참여한 한 위원에게 "경찰박물관이 왜 용산공원에 들어가야 하느냐"고 묻자 "공원 치안에 대한 우려 때문에 경찰박물관도 필요하겠다는 의견이 있었다"고 전했다.

문화계는 이에 대해 "형식적 조사와 심의를 거쳤을 뿐 실제로는 정부 기관들이 각자 필요한 시설을 써내게 해서 골라 뽑은 것"이라며 "몰역사적이고 비전문적인 부처 간 나눠 먹기식 발상"이라고 비판했다."

(조선일보 및 인터넷 기사)

◙ 이러한 지적과 자료를 참고로 삼아, 우리 학술위원들께서 직접 답사 및 학술적으로 분석 정리한 초안에 이어, 더 구체적인 대안과 공론화를 위해, 용산 역사민족공원에 애정이 있고 정성이 있고 심도있는 학술대회를 준비하고자 합니다. 심도있는 연구 공론화가 절실히 필요합니다. 각 부처들이 국토부의 급한 요식행위로 제안한 듯한 사안들은, 용산에 역사민족 방어를 위해 급하고 절실한 사안들을 못하게 공간, 시간, 예산적으로 본의 아니게 방해하는 것입니다.

하여 각 부처는 중복되고 불요불급한 새 건물을 지어 혈세 낭비하기보다, 우선 각 처의 근대문화유산을 지정해 두고 제대로 운용이나 관리를 못하는 건물들을 조금 다시 손보기를 해서, 원하는 목적에 쓰도록 하는게, 혈세낭비 막는 일이고, 알뜰한 국세 살림임에 동의하실 줄 믿습니다. 기지내에 있는 기존 건물(그 자체가 역사이고 관광거리)은 실내를 최대한 리노베이션하여 활용하고, 한국 역사민족공원에 꼭 필요하고 한국 역사민족에 꼭 복원해야 할 한 사안은 시간이 걸리더라도 제대로 짓고, 필요한 컨텐츠를 만들고 옷을 입혀 역사민족 교육홍보 경제사업장으로 운용하여 국가경제적 이익도 발생하게 할 때, 생태적, 경제생산적 역사문화지키기로 시대가 요구하고 국가경제적으로도 도움이 되는 일입니다. 현재 살고 있는 한민족들의 삶 자체도 역사민족공원의 주요 주제 대상입니다.

한강 쪽에서 바라본 용산공원 일대 조감도(국토부)

용산기지에 남아있는 문화재와 국토부 안에 따른 용산공원에 들어설 시설

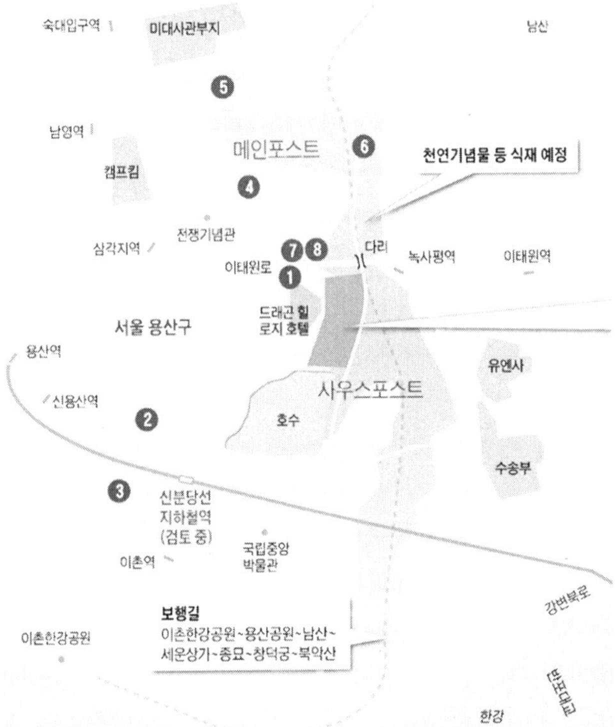

용산 공원에 들어설 8개 시설

국립 어린이아트센터 연면적 1만7540㎡
어린이 박물관·미술관·극장
(예산액 950억원·기관 문화체육관광부)

국립 여성사박물관 3169㎡
여성사 전시, 일본군 위안부 역사관
(150억원·여성가족부)

아리랑 무형유산센터 4000㎡
지역별 아리랑 체험·감상
(140억원·문화재청)

국립 경찰박물관 3641㎡
대한민국 경찰 역사 소개
(168억원·경찰청)

용산공원 스포테인먼트센터 3000㎡
국민체력인증센터, VR(가상현실) 활용 스포츠 체험
(100억원·문화체육관광부)

아지타트 나무상상 놀이터 2400㎡
목재 활용 어린이 놀이 시설
(40억원·산림청)

국립 과학문화관 3만3327㎡
한국 과학 기술 역사 전시, 의학·뇌공학 관련 휴먼 인프라관
(1200억원·미래창조과학부)

호국보훈 상징 조형광장
1만8000㎡(대지면적)
호국보훈 유공자 추모 시설
(100억원·국가보훈처)

자료: 국토교통부

❶ 日 사단사령부 장교 숙소

❷ 사우스포스트 벙커

❸ 총독 관저 터(현 121 병원)

❹ 미소공동위원회 소련 숙소 (현 미 합동군사업무단)

❺ 남단 터(조선시대 왕실에서 기우제를 지내던 제단)

❻ 위수감옥(현 위생부대)

❼ 만주사변 전사자충혼비 (현 미8군 전몰자 기념비)

❽ 구 일본군 막사

262 ▼ 정부 - 서울시 '용산미군기지 개발' 갈등, 확정안 발표 연기

기사입력 2016 - 05 - 31김성현

용산미군기지 용산기지공원 서울시 국토 공원 난개발

◀ 앵커 ▶ [122)]

한편 주한미군 기지를 통폐합해 입주할 평택기지의 부지는 여의도 면적(290만㎡)의 5.5배인 1467만 7000㎡로 해외 미군기지 중 최대라고 전해졌다.

이 다음은 본 책 4장 본문을 보시기 바랍니다.

263. 여러분! 단군께서 47분이나 계신 것을 지금부터라도!

용산에서 놀며 배우며 웃을 것이다. 환인 7분 환웅 18분 단군 47분의 이름과 주요 업적

12세 아한 단군 재위 2년 가을 8월에 임금께서 나라를 순행하시다가 요하의 왼쪽에 이르러 순수관경비를 세우고 역대제왕의 명호를 새겨 전하셨다.

왕검의 아버지는 단웅이요 어머니는 웅씨왕의 딸이다. 신묘년 5월 2일 인시에 박달나무가 우거진 숲에서 태어나시니 신인의 덕이 있어 원근 사람들이 모두 경외하여 따랐다. 무진년 당뇨 때에 단국에서 돌아와 아사달의 박달나무가 우거진 터에 이르시니 온 나라 백성이 천제의 아들로 추대하였다. 비서갑에 사는 하백의 딸을 맞이하여 황후로 삼고 누에치기를 맡기시니 백성을 사랑하시는 어질고 후덕한 정치가 사방에 미치어 천하가 태평하였다. 초대 단군 재위 51년 무오년에 왕검께서 운사 배달신에게 명하여 혈구에 삼랑성을 건설하게 하시고 마리산에 제천단을 쌓게 하시니 지금의 참성단이 그것이다. (단군)왕검께서 천하의 땅을 일정한 지역으로 경계를 정해 삼한으로 나누어 다스리셨다. 삼한에는 모두 5가 64족이 있었다 (초대 단군이 붕어하시자) 모든 백성이 부모를 잃은 듯 슬퍼하였고 단기를 받들어 아침저녁으로 모여 앉아 경배하여 항상 단군 왕검의 덕을 가슴에 품고 잊지 않았다. (2세 부루 단군 시절) 임금께서 어질고 복이 많아서 재물을 많이 쌓아 큰 부를 누리셨다. 백성과 더불어 산업을 다스리시니 굶주리거나 추위에 떠는 사람이 하나도 없었다 (부루 단군이 붕어하시고) 백성이 제사를 지낼 때 집안에 자리를 정하여 제단을 설치하고 항아리에 곡식을 담아 제단 위에 올려 놓았는데 이것을 부루단지라 부르고 업신으로 삼았다. (3세 가륵 단군 시절) 삼랑 을보륵에게 명하여 '정음 38자'를 짓게 하시니 이것이 가림토이다. 글자는 다음과 같다. 3세 가륵단군 재위 3년 신축년에 신지 고설에게 명하여 배달유기를 편찬하게 하였다.

3세 단군 재위 6년 갑진년 임금께서 열양 욕살 삭정을 약수지방에 유배시켜 종신토록 감옥에 가두셨다. 후에 용서하여 그 땅에 봉하시니 흉노의 시조가 되었다.

4세 오사구 단군의 재위 원년은 갑신년이다. 임금께서 아우 오사달을 몽고리한으로 봉하셨다. 혹자는 지금의 몽고족이 그 후손이라 말한다.

5세 구을 단군 재위 4년 을축(B.C.E. 2096)년에 갑자를 으뜸으로 사용하여 책력을 만드셨다.

6세 달문 단군 재위 35년 임자(B.C.E. 2049)년에 여러 왕을 상춘으로 모아 구월산에서 삼신께 제사지내고 신지 발리로 하여금 서효사를 짓게 하시니 그 가사는 이러하다...

7세 한율 단군의 재위 원년은 갑인(B.C.E. 2047)년이다. 재위 54년 정미(B.C.E. 1994)년에 임금께서 붕어하셨다. 8세 단군 우서한 단군께서 '20분의 1 세법'을 정하시고 물자가 풍부한 곳과 부족한 곳을 서로 통하게 하여 부족한 것을 보충하게 하셨다.

8세 우서한 단군 갑인년에 삼족오가 동산에 날아들었는데 그 날개 길이가 석자나 되었다.

9세 아술 단군께서 어진 덕이 있어 백성중에 금법을 범한 자가 있으면 "분지가 비록 더러우나 비와 이슬을 가리지 않고 반드시 내리느니라" 하시고 죄를 논하지 않으셨다.

10세 노을 단군 재위 5년 을미년 궁문밖에 신원목을 세워 백성의 하소연을 들으시니 모든 백성이 크게 기뻐하였다.

11세 도해 단군께서 오가에게 명하여 12명산 가운데 가장 아름다운 곳을 택해 국선소도를 설치하게 하셨다. 그 둘레에 박달나무를 많이 심고 가장 큰 나무를 택하여 환웅상으로 모시고 제사를 지내셨다.

12세 아한 단군 재위 2년 가을 8월에 임금께서 나라를 순행하시다가 요하의 왼쪽에 이르러 순수관경비를 세우고 역대 제왕의 명호를 새겨 전하셨다.

13세 흘달 단군 재위 50년 무진(B.C.E. 1773)년에 오성이 누성에 모이고 황학이 날아와 금원의 소나무에 깃들었다. 오성취루 천문현상을 측정하고 기록에 남기시다.

14세 고불 단군 재위 6년 이 해에 큰 가뭄이 들어 임금께서 친히 하늘에 기우제를 지내셨다. 하늘에 바친 서고문은 이러하다.

15세 대음 단군 재위 28년 정미(B.C.E. 1622)년에 임금께서 태백산에 올라 옛 성조들과 여러 제후국 왕의 공적을 새긴 비석을 세우셨다.

16세 위나 단군 재위 28년 무술(B.C.E. 1583)년에 임금께서 구환족의 모든 왕을 영고탑에 모이게 하여 삼신상제님께 제사 지낼 때 환인 천제, 환웅 천황, 치우 천황과 단군 왕검을 배향하셨다.

17세 여을 단군 재위 52년 경신(B.C.E. 1501)년에 임금께서 오가와 함께 두루 나라를 순수하셨다. 개사성 부근에 이르시자 푸른 도포를 입은 노인이 찬미의 노래를 지어 바쳤다. 오랫동안 선인의 나라에 살면서 기쁜 마음으로 선인 나라 백성이 되었네. 임금님 밝은 덕 어긋남 없고 임금님 훌륭하신 도 치우침 없으니 백성이여 이웃이여 근심과 괴로움을 볼 수 없어라. 믿음으로서 책화를 하고 은혜로써 관경을 하셨네. 성이여! 나라여! 전쟁과 정벌을 볼 수 없어라.

19세 구모소 단군 재위 54년 기미(B.C.E. 1382)년에 지리숙이 [주천력]과 [팔괘상중론]을 지었다.

20세 고홀 단군 재위 36년 병신(B.C.E. 1345)년에 영고탑을 개축하시고 별궁을 지으셨다. 재위 40년 경자년에 공공인 공홀이 구환지도를 만들어 바쳤다.

21세 소태 단군 재위 47년 경인(B.C.E. 1291)년에 은나라 왕 무정이 전쟁을 일으켜 이미 귀방을 물리치고 나서 다시 대군을 이끌고 삭도 영지 등의 나라를 침공하다가 우리 군사에게 대패하여 화친을 청하고 조공을 바쳤다.

22세 색불루 단군 재위 원년 병신년 임금께서 녹산의 성을 개축하게 하고 관제를 개혁하셨다. 가을 9월에 장당경에 행차하여 종묘를 세우고 고등왕에게 제사를 지내셨다.

23세 아홀 단군 재위 원년 아우 고불가에게 명하여 낙랑홀을 다스리게 하시고 웅갈손을 보내어 남국왕과 함께 남방을 정벌하는 군대를 살피게 하셨다.

24세 연나 단군 재위 2년 신축년에 여러 왕이 조칙을 받들어 소도를 증설하여 하늘에 제사를 지내고 국가에 대사가 있거나 재앙이 있으면 곧 기도하여 백성의 뜻을 하나로 모았다.

25세 솔나 단군 재위 37년 정해년(B.C.E. 1114)에 기자가 서화에 살면서 인사를 거절하였다.

27세 두밀 단군 재위 원년에 수밀이국, 양운국, 구다천국이 모두 사신을 보내 방물을 바쳤다.

29세 마휴 단군 재위 9년 병술년(B.C.E. 935)에 남해 조수가 석자 후퇴했다.

30세 내휴 단군 시절 임금께서 남쪽으로 순수하여 청구의 정치 상황을 돌아보고 돌에 치우천황의 공덕을 새기셨다. 서쪽으로 엄독홀에 이르러 분조의 여러 왕을 모아 열병하신후 하늘에 제사를 지내고 주나라와 수교하셨다.

34세 오루문 단군 재위 원년 오곡이 풍성하여 잘 익어 만백성을 기뻐하여 [도리가]를 지어 부르니 그 가사는 이러하다. "하늘에 아침 해솟아 밝은 빛 비추고 나라에 성인이 계셔 덕과 가르침 널리 미치도다. 큰 나라 우리 배달성조여! 많고 많은 사람이 가혹한 정치 못보았네. 밝고 환한 노랫가락 늘 태평성대로세!

35세 사벌 단군 재위 50년 무오(B.C.E. 723)년에 임금께서 장수 언파불합을 보내어 바다위의 웅습(구마소)을 평정하였다.

36세 매륵 단군 38년 갑인(B.C.E. 667)년 협야후 배반명을 보내어 해상의 적을 토벌하게 하셨다. 12월에 삼도(일본을 구성하는 세 섬)를 모두 평정하였다.

43세 물리 단군 재위 36년 을묘(B.C.E. 426)년에 융안의 사냥꾼 우화충이 스스로 장군이라 칭하고 무리 수만명을 모아 서북 36군을 함락시켰다. 임금께서 군사를 보내셨으나 이기지 못하였다. 겨울에 이 역적이 도성을 포위하고 급히 공격하므로 임금께서 좌우 궁인과 더불어 종묘와 사직의 신주를 받들고 배를 타고 내려가다가 해두에 이르렀는데 얼마 있지 않아 붕어하셨다.

44세 구물 단군 재위 원년 구물이 병사 1만명을 이끌고 가서 토벌하자 역적들은 싸워보지도 못하고 스스로 궤멸하였다. 마침내 우화충을 잡아 참수하였다. 이에 구물이 모든 장수의 추대를 받아 3월 16일 단을 쌓아 하늘에 제사 지내고 장당경에 즉위하였다. 구물 단군께서 국호를 대부여로 바꾸고 삼한을 삼조선으로 바꾸셨다.

45세 여루 단군 재위 17년 (B.C.E. 380) 신축년에 연나라 사람이 변방을 침범하자 그곳을 지키던 장수 묘장춘이 이를 쳐서 물리쳤다. 45세 여루 단군 재위 33년 정사(B.C.E. 364)년에 연나라 사람들이 패한 뒤에도 연운도에 주둔하면서 배를 만들어 장차 쳐들어 오려 하였다. 우문언이 추격하여 대파하고 그 장수를 쏘아 죽였다.

46세 보을 단군 재위 19년 무술(B.C.E. 323)년 정월에 읍차 기후가 병사를 이끌고 번조선 궁에 진입하여 스스로 70세 번조선 왕이 되고 사람을 보내어 윤허를 청하였다. 임금께서 윤허하시고 연나라에 대한 방비를 강화하게 하셨다.

47세 고열가 단군 재위 58년 3월 제천을 행한 날 저녁에 임금께서 오가와 더불어 의논하여 말씀하셨다" 옛날 우리 성조들께서 처음으로 법도를 만들고 국통을 세워 후세에 전하셨노라. 덕을 심으심이 넓고도 멀리 미쳐 만세의 법이 되어왔느니라 그러나 이제 왕도가 쇠미하여 모든 왕이 세력을 다투고 있도다. 짐이 덕이 부족하고 나약하여 능히 다스릴 수 없고 이들을 불러 무마시킬 방도도 없으므로 백성이 서로 헤어져 흩어지고 있느니라. 너희 오가는 현인을 택하여 단군으로 천거하라" 옥문을 크게 열어 사형수 이하 모든 포로를 석방하셨다. 이튿날 임금께서 마침내 제위를 버리고 산으로 들어가 수도하여 선인이 되셨다.[123)]

264. 용산민족역사공원은 이름에 걸맞은 공원이 되어야,

주변나라의 역사전쟁 침략에 준비와 대처가 늦은 한국의 고대와 중세를 그나마 조금이라도 역사를 지킵니다.

○ 춘천맥국 중도는 유네스코에 등재하고 레고는 다른 곳에 하도록 이끄셔야 그나마 역사를 지킵니다.

~여러 결례를 넓으신 아량으로 양해하시길~64번. 283쪽

제2장

용산민족역사공원

한국의 역사를 알게 · 지키게
한국의 얼이 있는 사람들이 만들자

5 @ 온 겨레 하나로 만년역사 새 공부로 역사독립 전쟁 대처를 놓치면 큰 실책

용산민족역사공원은 기회이니 역사전쟁기 인식과 한국인이 뿌리 얼로 제대로!

만년 한국역사를 모르는 외국 조경 전문가의 주도에 맡긴 부산시민공원식 재탕은 역사전쟁의 몰현실은 기회를 잃는 대책 큰 낭패 지탄을 받을 실수 · 국고 낭비
일제 때 겨레의 1/30이 하나로 독립자금 모으고 독립운동 지원(전국 보화보천교)

천산에서 요하로 이주한 예맥족은 대수맥, 소수맥으로 있다가 몇 갈래 – 바이칼 · 동북 삼성 · 중원 · 한머리땅(식민사관 한반도)으로 이주한다.[124] 중국은 2,000년대 국가정책적인 대규모의 고고학 발굴에서 내몽골 홍산문화권에서 예맥의 발달된 문화에 경악하고 수많은 인력과 돈을 들여 보존조치하고 유네스코 등재를 추진하고 있다.[125] 그에 반해 우리 한국의 박근혜 정부와 문재인 정부는 맥국중도 춘천을 영국에 넘기고 있다. (일본 자위대가 뒤에 있다) 원균 역도가 임란에 몇 척 남은 배를 불에 태우는 것이나 진배 없는 짓이다.[126] 중국에서도 현재 중국 동북 3성 연변 조선족 지역인 〈요녕성 · 길림성 · 흑룡강성〉의 남부가 예맥족 지역임[127]을 인정하고, 더 나아가 내몽골 홍산 일대까지도 고고학적으로 예맥족 지역이라 인정한다. 예맥족인 환인 7천황 18대 환웅천황 단군 47천황[128]의 선양사업이 한국 용산 민족역사 공원에서 컨텐츠 차원에서라도 우선 이루어져야 한국민이 역사를 지키는 첩경이 된다. 그런데 네덜란드 조경가들이 어찌 한국 역사문화 정신을 알고 설계를 할 것인지?

세계 속에 각 나라의 지역문화 컨텐츠는 기본적인 역사적 사실을 중심으로 해야 한다. 완성된 컨텐츠의 재미요소가 충분하더라도 역사적 사실 요소를 왜곡한다면 컨텐츠의 지속성을 담보할 수 없다. 즉 문화컨텐츠를 향유하기 위해서는 역사적 사실에 기반한 문화원형의 활용이 필수적이다. 지역문화 컨텐츠는 연구와 보존, 활용적 측면과 함께 지역민의 공감대를 형성할 수 있는 소재로 시대적 역사적 문화적으로 처한 환경을 고려한 소재여야 한다. 평상적인 시대라면 향유자에게 어떤 가

치와 재미를 제공할 것인가에 대한 고민[129]이 중시되지만, 국가적인 문제가 발생할 상황이라면 바로 지금이 만시지탄이지만 지금이라도 고대한국 역사문화적 선택에 더 비중을 두고 다루어야 할 시급한 때이다.

주변국(및 세계) 고대 역사전쟁기에 한참 뒤처진 상황에서, (새로운 국사 교과서에 준하고) 그에 절실한 더욱 적합한 취지의 국가공원이 필요하고 늦었지만 용산 역사민족공원 사업이 시의적절하다. 만년역사의 한국은 중간에 사대와 식민을 당하였고 그 사관 정리를 못했기에, 교과서 바꾸기부터 산적한 고대사 정리 및 국민들의 공유가 필요한 현 시점이다. 이 역사문화 전쟁을 맞은 시점에 국가공원이 해야 할 전략적 접근을 '용산 국립 민족역사공원'으로 활용하는 것이 가장 효율적이고 생산적이다. 즉 대광영의 대한 과거사!를 유지하지 못한 죄로, 무기를 다 갖춘 주변국의 여러 공정에 대비해야 하는 준비 부족으로 무력한 상황에서 – 아픈 과거사 기억보다는 아픈 과거사같은 일을 더 이상 당하지 않을 – 우리역사 바로 알기와 예방 교육과 대응이 더욱 절실하다. 적어도 아는 것이 힘이라는 명제를 믿는다면 역사도 아는것이 힘이다. 용산 역사민족공원을 역사교육 및 국민적 공감과 합의의 계기를 제공하고, 체험하며 익히는 과정을 시청각적으로 제공하는 전략 공원으로 만들어 민족역사를 중국이나 일본 러시아 영국 등에 빼앗기지 않도록 하는 것이 과거사를 '기억'하는 목적이다. 위 목적들은 '평화'와 '생태' 등을 생산하기 위한 선결 문제이다. 이것이 현대 환국 9216(2019) 국가의 의무이자 권리이며 당면 문제를 해결하는 조치이다. 온 겨레가 만년 환국역사 공부하기를 간절히 바란다.(환단고기 콘서트 상생방송 역사부분 큰 도움)

하여 이 장에서는

Ⅰ. 기존의 정부 부처가 올린 용산 역사민족공원 설립 제안과 문제점과 나 차옥덕의 수익구조가 나고 역사를 지키는 새로운 제안들의 일부를 대통령께 올린 탄원서 내용을 중심으로 살펴 본다.

Ⅱ. 기존 외국인 주도 공원의 문제점 – 예)부산시민공원(미국인 세계조경전문가 주도) (본 책 1권 참조)

Ⅲ. 각 부처나 담당자별 용산 민족역사공원 지향 현황 내가 탄원서 올린 이후 정부 관계자들 및 관련자의 간담회가 있었다고 한다.

① 현 정부⇒생태공원(대선 시절), 아파트촌설(2018년 말 년 초) ⇒ 2019년 봄 정부측 유홍준위원장 최근 발표 '국가공원설(광화문 역사공원 계획 철수)'

② 서울시(기억) 제안 방안들 – 생태공원. 뼈아픈 역사 기억

③ 〈다양한 컨텐츠 역사 (조경)〉 용산구청장설

Ⅳ. 힘없는 시민공원과 평화공원 등을 보며!

Ⅴ. 맺는말

Ⅰ. 기존의 정부부처가 올린 용산민족역사공원 설립 제안 및 문제점과 나 차옥덕의 수익구조가 나고 역사를 지키는 새로운 제안들의 일부를 대통령께 올린 탄원서 내용을 중심으로 살펴 본다.

차옥덕박사(현, 용산향토문화사학회 회장)가 지적하는 문제점과, 공원 활용방안을 담은 2018년 2월 초 대통령 신년사업 계획 국민 보고 전날 대통령께 올린 탄원서를 중심으로 살펴 본다.

차옥덕박사 현재, 사) 용산향토문화사학회장 제안

1) 미국대사관 새 부지는

①녹사평역 3 · 4번 출구(숙대역 1번 출구, 용산중고등학교 앞이 아닌)

② 세계 최대의 미대사관 부지로 2만 5천평이 아닌 합리적 크기로 더 작게

(한국 경기도 평택미군 기지도 세계 최대 평수이다)

◙ 미대사관 부지는 (다른 나라 대사관이나 외국 속의 미대사관 부지 중 가장 넓은 부지를 배당하면 되는 것이지 미국의 비합리적이고 과도한 욕심에 부응할 이유는 없다고 여깁니다. 위치는 남쪽 유엔사 맞은편 약 1만평 정도? 현재 광화문 미대사관 평수 가격대비) 북쪽이 아닌 남쪽을 해야 하는 이유는 기존에 부지내 존재하는 〈남단〉을 복원하여, 제祭의례를 행하는 무형문화제 관광활성화 의식을 할 때, 미대사관을 향해 기도하는 모양새가 되고 남산과 연결하는 케이블카나 리프트를 설치할 때 미대사관이 현재 지정한 지역은 불편할 것이므로, 현재 미국이 요구하는 위치와 평수는 절대 불가합니다.

미대사관 부지는 녹사평역 3번과 4번 출구가 둘이나 있는 교통이 좋은 곳으로, 이태원 유엔사쪽 반포로 가는 사거리 코너 자리로 이전하길, 용산시민들은 강력히 바라고 있습니다. 용산 구민들이 각 부처에 탄원서 제출했다 함. (기존은 숙대역 바로 공원이 시작하는 입구이고 구민들과 중고등학교 학생들 일상 생활터와 가장 많이 접해 있어, 미국에 대한 감정들이나 식민지적인 경향이 강하게 들어 정서상 안좋음, 평수도 지나치게 많이 미국이 원하는 대로 책정되어 조절 절실 요청).

국토부는 공개 세미나인 라운드 테이블을 8번이나 열어 종합한 결론으로 "생태공원, 역사적 가치, 시민 의견 수렴의 필요성"을 강조하는 보고서를 내놓았다.

■ 대한민국 평택의 미군 기지는 서울 여의도 면적의 5배인 1,467만 7,000 ㎡(444만 평)에 달하고, 대한민국 서울 용산에 미국대사관 부지는?

〈미국 용산 대사관부지 3만평 요청〉 등록 : 2004 – 05 – 08 09:00 연합뉴스

기사더보기 + 미국 정부는 주한미국대사관 신축 부지가 용산으로 확정될 경우 당초 부지였던 덕수궁터의 3배 가량인 3만평을 제공해 줄 것을 한국 정부에 비공식 요청한 것으로 8일 알려졌다. 정부 당국자는 이에 대해 "용산 미대사관 부지 규모에 대해서는 한.미간에 아직 구체적으로 협의된 바 없다"면서 "이 문제는 덕수궁터와 용산 부지의 공시지가 산정에 따라 결정될 가능성이 높다"고 말했다. 미국이 소유하고 있는 덕수궁터와 인근의 숙소 건립 부지까지 합치면 약 9800평 가량 되는 만큼 덕수궁터 부지의 공시지가가 용산 부지보다 3배 가량 높으면 이론적으로는 용산의 3만평이 미 대사관 부지로 제공될 수 있다. 그러나 공시지가가 매년 지가변동을 감안해 바뀌는 데다 최근 용산의 지가가 미군 기지 철수에 따른 공원화 가능성 때문에 계속 오르고 있어 3배 가량의 차이가 나기는 어렵다는 지적이다. 정부 고위 관계자도 "용산 미대사관 부지 규모가 3만평까지 되지는 않을 것"이라고 전망했다. 정부는 오는 2007년 용산 기지의 이전이 마무리되는 만큼 용산이 미대사관 부지로 확정되더라도 한.미간 구체적인 협의 및 설계에 걸리는 기간까지 감안하면 향후 6~7년 후에야 착공할 수 있을 것으로 보인다.

[서울=연합뉴스]

외국에 있는 미군기지 중 단일기지로는 최대 규모를 자랑한다.
기지 안에는 미군 287동, 한국군 226동 등 모두 513동의 건물이 있으며,
학교와 주요 소매점, 은행 등 지원시설을 갖추고 있다.

한미동맹 새 전환점…주한미군 평택시대 개막

문재인 대통령 축사 "세계 최고 해외 미군기지…주둔 여건 더욱 안정적 보장"[130)]

송영무 장관 사령부 청사 개관식 참석 "평택 주한미군, 세계 평화에 기여하길"

지난달 29일 경기도 평택시 험프리스 기지 내 주한미군 사령부 본청 앞에서 열린 '주한미군사령부 청사 개관식'에서 송영무(가운데) 국방부 장관, 빈센트 브룩스(오른쪽 넷째) 한미연합사령관 겸 주한미군사령관, 이상철(왼쪽 넷째) 국가안보실 1차장을 비롯한 참석자들이 테이프를 자르고 있다. 평택=조종원 기자

주한미군의 평택시대가 본격적으로 개막됐다. 주한미군 사령부는 지난달 29일

오전 9시 30분 평택 험프리스 기지에서 사령부 청사 개관식을 열고 공식 업무에 들어갔다. 1945년 광복 직후 용산에 미군이 들어선 지 73년 만이다.

개관식에는 송영무 국방부 장관과 빈센트 브룩스 한미연합사령관 등 한미 군 관계자 300여 명이 참석했다. 문재인 대통령은 이날 이상철 국가안보실 1차장이 대독한 축사에서

"주한미군 사령부는 한미동맹의 초석인 동시에 한미동맹의 미래"라며

"주한미군 사령부의 '평택시대' 개막을 통해

한미동맹이 군사적 동맹과 포괄적 동맹을 뛰어넘어 위대한 동맹으로 발전되길 기대한다"고 강조했다. 또한 "주한미군 사령부의 새로운 보금자리가 된 '평택기지'는 한국과 미국이 힘을 모아 세계 최고 수준의 해외 미군기지로 건설한 곳"이라며 "주한미군 사령부의 평택기지 이전으로 주한미군의 주둔 여건이 더욱 안정적으로 보장될 것이라 믿는다"고 밝혔다. 문 대통령은 그러면서 "한미동맹은 한반도의 평화와 안정을 유지하는 기반이자, 대한민국의 민주화와 경제성장의 기틀이 되어 주었다"며 "남북정상회담과 북 · 미 정상회담의 성공, 한반도의 완전한 비핵화와 항구적 평화를 향한 발걸음도 한미동맹이 강력한 억제와 대응태세로 뒷받침했기에 가능했다고 생각한다"고 말했다. 송영무 국방부 장관도 이날 축사에서 "현재 한반도와 동북아의 정세는 냉전의 극렬한 대립에서 평화의 공존시대로 전환되고 있다"면서 "북한의 핵은 반드시 제거되어야 하며 남북은 새로운 교류협력의 시대를 맞게 될 것"이라고 말했다.

또한 "이러한 안보의 대전환기를 만들어낸 것은 우리 한미동맹이 많은 난관을 극복하고 인내하며 싸우지 않고 승리를 쟁취한 결과"라고 덧붙였다.

그러면서 "이제 평택기지에서 근무하는 유엔사 및 주한미군 장병들은 새로운 시대에 걸맞은 새로운 임무를 맡아야만 할 것"이라며 "새로운 임무는 한반도의 평화는 물론, 동북아의 안정자로서 균형을 이루어 세계평화에 기여하는 중요한 역할"이라고 강조했다.

송 장관은 마지막으로 "지난 25일, 데이비슨 미국 인도 · 태평양사령관을 만났

을 때 6 · 25전쟁 68주년을 맞이하면서 미군 장병들이 '한미동맹은 앞으로 680년, 더 나아가 6800년까지 계속돼야 한다고 말했다'는 얘기를 들었다"며 "그러한 우정과 신뢰의 길을 새롭게 걸어가자는 말씀을 드린다"고 말했다. 평택 험프리스 기지는 서울 여의도 면적의 5배인 1,467만 7,000㎡(444만 평)에 달해 외국에 있는 미군기지 중 단일기지로는 최대 규모를 자랑한다. 기지 안에는 미군 287동, 한국군 226동 등 모두 513동의 건물이 있으며, 학교와 주요 소매점, 은행 등 지원시설을 갖추고 있다. 한편 주한미군의 평택 이전은 1990년 용산 미군기지의 이전에 관한 한미 기본합의서 체결로 시작됐으며, 2003년 한미 정상이 용산기지의 조기 이전에 합의함에 따라 본격적으로 추진됐다. 이후 계속된 시설공사를 거치며 주한미군 중 · 대대급 부대 이전은 2013년부터, 미 8군사령부는 지난해 7월 용산에서 평택으로 이전했다.

주한미군의 모든 시설은 올해 연말까지 평택 이전을 완료할 예정이다.

이주형 기자 〈jataka@dema.mil.kr 〉이영선 기자 〈ys119@dema.mil.kr 〉
기사사진과 설명

■ 용산 한강변 생태공원은 넘친다. 시민참여만 따올 것 – 문재인 대통령(캠프에서 경황없는 기획을 전했다)은 대선 공약으로 "용산 미군 기지가 반환 되면 뉴욕 센트럴 파크 같은 생태 자연 공원이 조성될 것"이라고 했다. 미국 뉴욕 센트럴 파크는 시민들이 참여하는 '센트럴 파크 관리위원회'를 설립해 자산가들이 기부를 하고 시민들이 자원봉사를 하도록 했다. 샌프란시스코의 프레시디오 공원도 시민참여가 공원조성에 중요한 역할을 했다.

용산구청도 용산 공원조성 협력단 소속 민간 자문위원회를 출범해 운영하고 〈용산을 사랑하는 모임〉 등 민간단체가 나서 공원 조성을 위한 봉사를 하고 있다.

용산공원은 1904년 일본 총독부가 강제 수용을 한 뒤 1906년 일본군 병영기지로 건설했다.

1953년 미 8군 사령부가 이전 주둔했다. 2003년 한미 정상이 용산기지 평택 이전을 합의했으며

2005년 국가주도 공원 추진 계획을 발표했다.

2007년 용산공원 특별법을 제정했으며 2011년 용산공원 종합기본계획을 확정

했다.

2014년 한미연합사 잔류 결정으로 기본 계획이 변경 됐으며

2015년 정부 주요시설 8개 입지 계획이 철회됐고

2016년 용산공원 조성계획을 전면 재검토했다.

용산의 과거를 돌아보면 압박과 설움의 역사였다. 용산의 평지는 원명청 나라의 사신을 모시는 관사가 되고 일본의 총독부가 되고 미군의 군사기지가 되었다. 침략과 강탈의 역사를 벗어나 평화와 번영의 공원으로 다시 태어나는 꿈같은 상전벽해 천지개벽의 용산공원 시대가 온 것이다.

★ 용산의 선조들은 한민족역사 주변국의 역사 왜곡과 침탈에 대항해 우선, 한민족 역사공원이 더 시급하다는 것을 아신다. 반년으로 또 서기 2,000년대로 왜곡 축소하지 않는, 만년 민족역사를 눈으로 몸으로 알게 하는 〈한민족 만년 세계 동포공원〉말이다. 한국이 일본이나 중국에 비해 한참 늦었지만, 지금이 민족역사 공원 설계에 따라 늦은 폭을 줄일 수 있다.

공원을 한 두어 번 놀고 먹고 즐기며 아이들과 돌아봐도 〈만년 한민족 역사를 바르게 알고 가도록〉! 선조들을 멍청하게 만들지 말라. 한강변, 남산, 용산아파트 단지 공터 관리들로 용산에 생태공원 시민 힐링공원은 차고 넘친다. 근대역사로 유엔 기념공원. 자유해방공원도 좋고, 평화 통일공원, 서양인들이 세계 어디에서나 볼 수 있는 우주인관처럼 세우는게 아니고 한류 유무형문화로 민족역사관을 세우는 것이 바로 외국인이 보고 싶은 한국다운 국제 관광공원이다. 하여 이리저리 분열된 〈한민족역사 세계 동포공원〉이 (IT 전자공원, 금융 허브공원보다) 더 세계적이며 우주적인 한민족 역사공원이 됨은 자명한 사실이다. 이번에도 '한국적인 것이 세계적인 것이다'라는 명언을 잊지 말자.

용산 사람들!도 세계인들을 불러 세계인들을 감동시키는 세계적 축제를 용산 공원에서 나날이 저절로 열리게 하고 싶으면 그렇게 하자!

◑ 각 부처들 민족역사공원 내 요청하는 – 비 민족역사적이고 상투적이고 비효율적인 안들

신청부처 및 이름		사업내용	예산액 평수		목적적합여부	중복되는 곳	가부	사업전환방향
1	문광부	국립 어린이 아트센터	1만 7540m^2	950억	부적합	지자체 모두 존재 중복	부적격 중복 불가	환구단 국사당 남단 등 복원 어린이집 (일반 틈새 - 위기) 한국적 정체성과 무형유산 관광대국화사업
1-2	문광부	용산공원 스포 테인먼트 센터	3000m^2	100억	부적합	체력인증센터 가상현실활용 스포츠체험 (평창오림픽 후 부지 내활용. 잠실올림픽공원 등등 중복)	부적격 중복 불가	
1-3	문광부 (문화재청)	아리랑 무형유산 센터	4000m^2	140억	부적합	아리랑은 각 지자체 완전중복	확대 수정	
% 1-4	문광부	국립 한국 문학관	20,000m^2 이상요구	600억	?민족 역사 생태?	근대(친일이나, 현존 인물중심으로 요구) - 지역별 문학관도 산재. 지역활성화	평창 으로	(고대, 언어 훈민정음 집현전 등 중시) 한민족역사문학관
5	산림청	아지타트 나무상상 놀이터	2400m^2	40억	부적합 완전 중복	지자체 완전중복	부적격 중복 불가	
6	경찰청	국립경찰 박물관	3641m^2	168억	기존 중복	유치원초등생 중심시설 교육부학교시설이 더욱효과	부적격 중복 불가	치안은 10분내거리에 있는 용산경찰서와 협약하면 되는사항. 별도 큰 건물 필요 없음
7	국가 보훈처	호국보훈 상징 조형광장	1만 800m^2	100억	기존 충분함	같은 영 내 전쟁기념관. 지자체별 중복.충분	중복 불가	관내 전쟁기념관과 근처 보완하면됨
1	여성 가족부	여성사 박물관	3169m^2	150억		현재 전국적으로 없음 (여주: 여성 생활사박물관 유일)		기존영역내 수종사복원 (임난때 여성위안부) 와 병행국민통합, 제2의 정신대 일본견제 효과 기대
2	미래창조 과학부	국립과학 (역사) 문화관	3만 3327m^2	1200억		$未來민족역사 - 4차 스마트시티 체험관		역사속천문관, 우주4차산업 기반조성 복원신설
	총평수		7만7917m^2		총액	2848억		
	문체부 - 국립 한국문학관포함		9만7917m^2			3448억	평창올림픽후시설과 강원도내 문화예술관 확대재활용	

◙ 중복 재탕 신청 각부처의 사업은 반려(기존 사업처들 활성화로)하고
사업방향 6천년 이상 5천년 이상이 된 한민족 역사지키기 사업으로 재설계 유도 절실(한국인이면 환웅배달 5,917년전부터 '개천절' 있음을 인정해야 됨) – 마지막 지위리 환인께서 전문가 무리 3,000명을 양성해서 거발한 제 1대 환웅에게 전해 준 환국역사 조금이라도 인정하는 것이 합리적임

경찰청: 인성역사 홍범 8조 형조 역사 – 현재는 조선 중기
여성부: 여성사관 – 만년 역사 속의 여성인물 웅녀 소서노 고구려백제관 및 일반 역사 여성사
산림청: 어린이 나무놀이 체험교실⇒ 신촌 홍대역 나무교실처럼 각 지자체 공원 등 기존 소규모 장소 활성화. 화석 나무 전시조성.
원호처: 호국인물 기념은 전쟁기념관 내 기존 장소 활용, 활성화로

〈사업이 필요한 부처 및 방점〉

◙ 문광부는 전체를 재조정해서 역사전쟁기 민족역사와 국가 기강 바로잡기 사업 절대 필요.
◙ 교육부: 민족역사 교육관, 인성 및 태교 교육관
외교부: 한국 맥족 형제자매관(DNA같은) – 한민족, 터키, 몽골, 맥시코, 중앙 아시아 이스탄 나라 등등의 역사민족문화 공유점 홍보 체험교육관
◙ 여성부: 수종사 복원 항일운동 시 활용, 여성사관 – 역사 속의 여성인물 웅녀 소서노 고구려백제관 및 일반 역사 여성 – 현대여성상 교육

용산에서 세계명물(역사문화 유네스코 등재공원) 나오겠네
– 제대로 된 국립 용산민족역사공원이 문재인정부 활성화와 지속!

제안 및 주관: 교육부 사)한국향토사연구전국협의회 용산향토문화사학회
서울시 사)한국여성향토문화연구원, 사)백제문화연구회

협업: ●대조선역사회화, 교육부 사)한국향토사연구전국협의회, 소서노기념사업회, 한민족칠석제보존회, 민족회의, 세계여성신학자모임, 한국제례연구

원, 국선도, 원불교, 도시농부, 불교, 천도교, 증산도, 정읍, 목멱산지키기 사)용산시민연대 사)용산문화원 등등

% 경제10위권 대국 한국이 선한 역사문화경제 선진국으로 가기 위해 – 그간 제국주의들이 왜곡시킨 한국 우리 역사문화 정신을 바로 세우고, 국내 나아가 세계 어려운 사람들에도 공헌한다.

용산민족역사관에 설치하는 교육역사문화 관광사업 주제들과 원칙

국립 용산민족역사공원에 대한 인식과 설립 마음과 원칙

〈완전 국민1/3 이상 통합의 한국 국민성 정신상〉건립 ⇐ 일제하에서 국민의 성인 대다수가 다 함께한 비밀 독립자금 마련(1500만 시대 600만 이상) "조선인으로 진실로 일본천황을 믿는 자가 없는 것 같고, 조선인이면 다 독립성지 보천교를 믿는 것 같다"(일본경찰, 미국 밀러 보고서), 정읍 독립운동 성지 보천교터 중심 동학 보천교 "백범상,이승만상 같이 – 우리 임시정부들은 (정읍 전국가적 독립자금 조달 전달단체 보천교에 큰 빚을 졌다" – 조각 및 그림, 책 – 유치원교재부터..성인교재, 책 영상까지.. (일제의 한국 영토역사 침략 넘보기와 한국 고립화 (패싱) 정책 및

중국의 한국 고대역사 뿌리 침략 선사 동북공정 등 막는 민족역사정신교육의 산실이다.)

〈전쟁기념관과 연계 바로 합쳐 근처 – (국토부 안 기존 원호처안 – 호국보훈 상징 조형광장 사업〉으로 변용 확산한다.

1897년 (1895년 명성황후 시해사건 이후)에, 고종황제께서 바람앞에 등불인 조선임을 알면서도, 유럽 및 일본 등 12개국 앞에 명실상부한 '대한제국'을 선언한 그 마음과 상황을 잊지 않는다. 힘을 기르는 방법의 하나가 용산역사민족공원이 명실상부한 역사민족공원이 되는 것이다. ◘ 침략국 일제가 왜곡 파괴시킨, 한국인 역사문화독립 정신과 유물은 무조건 복원 체험.

◘ 용산민족역사공원 설립 원칙

1. 다양한 생태역사문화종교 생명이 있음이 자연이고,

천손 한겨레의 역사문화는 우주인 문화까지에도 영향을 미친다.

1. 인류문화의 원천(한민족문화 원형 핵)이 제천문화이다.

   하늘에 제사를 올리는 하느님을 받드는 행사이다. – 1년에 두 번 한민족이나 지구촌 인류 원형문화가 제천문화이다.

   (3월 16일 강화도 마니산 참성단: 대영절, 10월 3일 백두산 천제: 개천절)

   남북공동 개최 준비 기반

   (중국은 태산에서 72명의 천황들이 하늘에 신고식인 봉선제를 올렸고, 그 기념비들로 관광화)

1. 기존 근대 침략유산의 건물을 재활용한다(안 부순다) – 환경, 생태, 시간 경비절약, 역사 경종

★ 침략 인고의 역사 120년만에 비로소 광복을 찾은 최초의 용산, 그 곳에서 대한민국 국립 민족역사공원!도, 민족역사도 광복을 찾게 한다.

① 한민족 역사문화교육 관광터로! 새로운 경제활성화도 일자리 창출도 한다.

② 예산은 기존 부처들 신청 몇 개 건물 그 예산 그 혈세로 – 케이블카(남산 – 용산 – 한강)사업 조속히 시행하여 그 이익금도 사업에 충당한다.

③ 남는 돈은 각 부처 마음이 없어 "예산이 없어 생명 장비 못 구입한.." 구입 (확인)

④ 개장 이후 차츰 이전비용 일부도 부담한다.

⑤ **민족역사공원 일하는 인재들,** 모든 사업 참여자의 선택 기준은

   기존에 선택 혜택을 못 받은 중 소상인 기업체, 청년창업기업, 및 지역 협동조합 중심선정 (후 구청, 지자체 협력)

   아이와 부모를 모시는 신입공무원들이 책임자(고위직은 자문위원 등)

   예) 어린이 관련사업은 아이와 부모를 모시는 신입공무원들이 책임자, 고위직은 자문위원 자문은 실제 아이3, 교수들이나 명사(예)경희대 행정학과 김병민 객원교수 (채널 A)

⑥ 재활용 시설 및 조경공사는 가까운 곳 중소상인 기업으로(예산, 시간 절감) – 1년 내 부분 개장한다. (총기획본부 방침에 따라 구역구청, 시청담당과 협동 선정)

⑦ 주차장은 따로 두지 않는다. (장애자 제외) 이미 충분한 대중교통 시설 – (1

호선 남영역 4호선 갈월역 삼각지역 6호선 버티고개역) – 단체 관광객용 주차장은 별도 준비.

⑧ 4개 전철역 제일 가까운 기존 건물들은(현재 추첨 안 된) 〈일 하는 부모 어린이집〉

⑨ 어린이집 옆엔 은혜봉사 근로 청장년 노인집(교육 및 실제) ⇒ 어린이집 및 시설에 근로 • 자원봉사(별도 혜택 고려) 중국 일본의 역사침략 전쟁에 대응: 프로그램 자체들 모두가 관광 자원(보는 것, 입는 것, 역사의복과 다양한 체험들) – 40년간의 중국의 거대한 역사전쟁(인력, 예산, 실행 – 유치원 교과서부터 모든 교과서에 역사무장 – 한국고대사 뿌리 모두 잘랐다)일본의 막대한 예산과 주도면밀하고 치밀한 계획으로 세계적인 교과서 외교를 통한 한국역사 짓밟기, 우익 행동들 등등에 작은 방법들로 큰 대처.

⑩ 풍력태양 발전 – 허현강, 미생물 – 건국대 이박사

⑪ 나, 직원부터 우리나라 교육이념인 홍익 정신 • 몸 수양 • 교육

⑫ 10월 3일 백두산 개천절 3월 26일 마니산 대영절 공원내에서 천산 아래(아래 2참조) 만들고 지낸다.

⑬ 직원과 거래 및 관계자들은 갑질, 성폭력 친절 홍익교육 매달 실시한다.

⑭ 화백회의 협상 타협 화해 개선 잔치를 매달 실시한다. – 제안함 1% 전체 기획에 따라, 복원사업 부분은 본부의 기획의도에 맞게 문화재청.

협동조합 및 일자리 찾는 분들, 잘 안되는 가게, 사회적 소외시키는 노인 및 장애자, 실직자, 신용불량자, 차상위 사회복지계층 인구 인간존엄성 회복 및 생명화

기획 실무팀들 정신교육 – 재정관리, 기획, 안전, 교육(한남 무료직업학교) – 근처 관, 민단체 협약

먹거리팀, 조경팀 – 월급제 뽑기 개장 준비 일을 하면서 바로 개장

있는 시설 그대로 활용 – 사무실, 교육관, 세미나관, 박물관. 행사관, 철망을 친 벽도 일부 보존 전시.

⇐CCTV 추가로 많이 설치 – 장애자(아이 있는 장애자 우선 일자리) 기존 비혜택자 기업이나 개인 일, 일자리 마련 중심

4차산업 어떤 모습에든 포함. – 그 곳에 가면 역사가 비친다?

협약처를 많이 만든다.

현재 자족 행복한 삶과 같이 갈 일

- 아이들 보육 어린이집, 한복 결혼식팀 구성(동대문 전문상가 아닌 동네 한복 한식 가게들 협동조합)
- 한류 다문화 줌바춤: 1인당 1,000원씩
- 좋은 일에 쓴다

★시간을 요하는 일이나: 〈만초천 한강까지 살리기
- 겨울 얼음썰매 지치기, 여름 한더위 물놀이, 서빙고 동빙고 살리기 등〉

◘ 자원봉사: 평창올림픽 때 자원봉사체제 운영+ 여고 · 여대 동창회들(중산층)
 - 평소 일손 많이 노는 관변단체들과 협약. 설치 - 매일 수거

⑮ 청소담당은 2교대 3교대로 매시간 점검 청소실시한다.

◘ 주제 - 방법도 시청각적 체험적 효과를 최대한 증폭시키게 실시

1. 한국민과 세계 한국역사 교육 및 홍보 (준비가 늦어 발빠르게 대처 방법)용산 민족역사공원 방문 몇 차례 순회하면, 한국 역사의 기본교육이 될 수 있게 장소를 실제장소 가칭으로 배치한다(〈홍익역사 교육수료증〉도 준다)
2. 천산에서 세 갈래 역사
 ① 동쪽으로 바이칼 몽골 백두산 한반도(우교수 외)
 ② 남쪽으로 중원(노교수 외)
 ③ 서쪽으로 중앙아시아 수메르 터키 유럽 아메리카 아프리카로(손교수)

☢ 3. 〈홍익역사 순회 용산역사민족 교육 7 - 3등급 수료증부터〉 - (한국역사문화학)홍익역사 순회 용산민족역사 교육 7등급 당일 해설사 동영상보기 체험 과정 - 점심 시간
 홍익역사 용산역사민족 교육관 교육 과정(6~1등급=태권도 자격증 방법) - 개설 - 선농단 농사풍년 기원제 참관 직접 절하는 것 체험 후 참가비(교육, 심사, 관리, 증 재료 수료식):

4. **한류문화 경제 창조 (세계)만성전萬姓殿** 설립: 근거 - 세계최초로 족보가 발달한 나라 한국의 특징 장점 활용(세계 족보박물관과 병설)=역사침략 방어와

뿌리지키기 및 인류 · 한국 겨레 통합

☢ 5 〈우주천손 문화컨텐츠 학교〉

– 한류문화춤 한류줌바 실시 및 교육과정

우주천손 문화컨텐츠 작가과정 "할머니손은 약손" 의통문화 컨텐츠교육 자격사 과정

– 실습과정 천손문화 천도문화 과정

☢ 6 태호복희 (사각자) : 태극관, 결혼, 낚시관 – 자립 극기생존관

☢ 7 여와공원 (컴파스) – 수학 전통교육법 재밌게

☢ 8 뉘조(비단) 공원 – 논밭농사 체험장 – 상추, 고추, 깻잎 등 손 많이 안가는 작물은 직접,

☢ 9 신농: 약초장, 무궁화, 개나리, 진달래, 동백, 난 – 화초 우리 꽃 밭

☢ 10 도부선사관 – 자오지 천황(치우)과 황제헌원의 스승

◘ 매일 행사를 투명하게, 정체성이 있고 재미가 있는 역사축제가 되게 한다⇒관광대국화로 국부 및 새로운 일자리 창출(일본 한국인 도래인 역사 "왔소" 축제들 참고)

☢ 11 환웅역사 살리기관=충무공 의례체험관[133](충무공께서 지낸 자오지 치우환웅 둑제=경칩⇐난중일기) 둑섬=뚝섬에 치우사당 둑기:

☢ 12 매일 전통결혼식(형편이 어려워 결혼식 못한 쌍들, 다문화인들...)과 전통 피로연 – 음식을 같이 나눈다 (협동조합 전통 떡방아간 영내, 한복 및 결혼 필요물품 업체들도 영내 가게..폐백 음식점도)

☢ 13 "중매쟁이"집

◘ ☢ 14 화백원로 장로회의: 부도지, 삼경 강의 및 같이 생활 숙소 – 한옥관(제자 숙식케 한 도산서원 등 모델) – 그 지방과 인적 물적 자매 결연 〈세계인류 홍익관: 세계인 교육〉〈화백관: 사회 민족 지도자 양성 과정〉

☢ 15 트럼프 협상관 · 중국지도자관 등소평

☢ 16 문재인 미소관(미소 카리스마 리더쉽) – 한국미래 비젼 나누기와 웃음체험관

■ 〈남단〉 복원하여(문화재청 기 조사), 오전11시: 오후 7시

☢ 17 조선 국가의례장

☢ 18 우리 민속 역사의례 기우제, 기원제 등 축제의식

남단 용산강변 의례 살려, 한국형 매일 축제로 관광대국 업그레이드

(오후 7시 인도 바라나시 강 간단한 민속 전통의례 축제로 관광대국화 참고)

일제 자기네 나라 최고신들 신사 지으려 파괴한

〈조선남산 국사당〉 복원=

■ 충무공의례관 – 재현 – 자오지 치우 둑기 제사 매일 충무공 관복을 입고, 의장하고 – 대한문 경복궁 수문장 교대식 참고.

■ 교육: 정신, 역사, 풍류도, 개천 3,000핵랑 영상 및 직접 체험 – 현대 한국화랑(유무형문화정신) 의병, 독립군 부대 내 정신 · 몸 교육 잇기(이 자체가 관광 자원) (수면, 자는 시간 수행: 머리 북쪽으로 향해 자기전 3분 소원기도 – 이미지, 밤11시부터 – 3시까지는 잔다(멜라닌 호르몬 분비).

■ 전설의 고향관 - 다양한 컨텐츠관 - 새로운 전설과 한국신화관

■ 무속인들 준비하는 과정, 굿 가르치는 과정, 굿하는 것 모두 관광자료화 만초천 주변 - 인도 바라나시 강변 관광지 밴치마킹. (참고: TV조선 2018년 3월21 큐슈 올레길 3부 - 큐슈 온천관광문화 속의 일본전통 게이샤 화장하는 과정 방과 게이샤 교육장 및 공연 강당 소개

■ 의례: 무형문화재, 제례연구원 다도연구원 등등 외 남해안 별신굿, 진도 씻김굿 관광의례, 영산 줄다리기도 축소형 – 매주 한 번씩 (고구려 이전까지 소급)

■ 판소리 (경을 하기에 선비나 일반도) 판소리를 한다.= 매일 – 2회하는 팀, 1회하는 팀=열정과 한국역사 주제가 있는

■ 팔도풍물 – 교육과정 개설, 관광객과 같이 논다.

■ 홍익 교육과정

민족경전 천부삼경 독립선언서 완송 체험: 신왕규, 김제관, 배상천, 김상표 외

• 우리 역사 강의: 한국학 중앙연구원 교수들 및 기본 강사

천상열차 분야지도, 우리 벽화, 삼족오, 천문도 한글과 훈민정음

- 〈화백원로 장로회의 – 하루 3시간〉: 한사상 전문가들, 박종호, 조성학, 소재영, 용인 할머님
- 한글, 한문 서예로 구국정신 선양 공부: 이순신, 토황소격문 등
- 한국 선도(마음공부 및 호신)
- 흰옷 나누기, 한국 하얀 행주치마 만들고 나누기(행주산성 독립정신)

  "역사 바로찾기 의병 호신술, 음식 – 주먹밥, 잔치국수, 부추호박 야채전, 찰떡 체험

– – – – – – 학생들 독립정신 및 한국 위인 정치인물 코스

■ 역사문화 박물관 내용물은 기부체납과 전시관 운영으로

– 지역이나 기존에 있는 것 공생 양립이 가능토록, 〈구석기부터 예맥족 박물관〉, 〈105대 왕 조상전〉, 〈 흑피옥〉 문광부 – 사)국어고전문화원, 〈돌조각〉, 남해, 〈세계샤머니즘 박물관〉, 〈솟대촌〉, 천부경공원 〈민족역사유물〉 민족진영, 〈한, 북한,중일 칠석(유네스코공동등재)관〉, 〈관광의례사제관〉, 〈용산향토역사민족문화 하도낙서관〉, 와당, 맥족 관련, 무형자산 온돌 (문화재) 외 세계족보박물관(차유종친회), 조옥구 한자와 한글, 우리역사의 비밀, 작가역사박물관, 천상열차분야지도컨텐츠관, 민속. 환국 강화 참성단 숭조회, 전각박물관, 열광하는 삼일 전국풍물[131]

■ 〈신농 의통컨텐츠〉 – 의통 배우기 강좌 – "약소한 것이라도 배워야 산다". 뇌소리 명상컨텐츠, 대체의학들, 복본의통 , 하늘병원 컨텐츠 외

■ 제공하는 잔치 축제 음식관

가마솥 시레기국

각띠 7 – 3 첫 번째 순회 찹쌀찜밥, 주먹밥

원띠 7 – 1 세 번째 순회 경우 – 기우제 참관 체험 후

방띠 7 – 2 번째 방 가마솥 시레기 해장국 참가비: 10,000원

해장국+참가비: 20,000원

7 – 1 가마솥 설렁탕 30,000원

먹거리: 떡메치기, 미숫가루 만들고 먹기 등 체험 – 시골생활 체험(1박도 점차 가능).

중도 – 감자떡 만들어 먹기, 감자전 붙여먹기, 깻잎전(⇐자체 깻잎, 부추밭, 감자밭 만들기)

말타기, 활쏘기

용산 – 부추전, 김치전

◘ 세계 최장 케이블카, 리프트 타기(안전 최대) – 이익금으로 72조상전을 세워 만년 역사를 지킨다.

2) 남은 시설 재활용 방안

① (일본 미군)한국인 추모탑이 아닌 고인돌 – 중도 강화 화순 고창 부안 역사문화 연계

② 보존된 근세조선 왕조 연계 시설 남단 · 국사당 · 원구단 등 : 남산 바로 아래 남쪽 자락이 용산 민족역사공원⇔ 용산 남쪽으론 한강과 케이블카(세계 최대 케이블카도 될 수 있음) – 서로 케이블카(리프트)라도 놓을 거리⇒ 남산(용산 공원서 북쪽 남산)과 서울 숲길 연결⇔ 남쪽으론 한강과 연결⇔한강뱃길관광 출퇴근 대체에너지로도 연결.

◘ 목멱산(서울 남산) 국사당을 이젠 문화재로 복원하자.

일제 때 일본신사를 세우려 철거해 버린 근세조선 태조 이성계 때 경복궁의 안산으로 남산을 목멱대왕으로 모시고, 때마다 제사를 모셨다. 목멱산(서울 남산)국사당을 이젠 문화재로라도 복원하자. 용산 역사민족공원과 바로 연계되는 남산 정상 봉화대옆, 현재 팔각정이 서 있음. 15년간 남산 목멱사랑회 김재연원장이 해마다 개인 돈과 신도 후원금으로 6개월씩 준비하며 고생으로 투병 중 – 이젠 국가가 하자! 반농담 반진담으로 김영삼대통령의 업적으로 기억되는 첫 번째가 일제가 지은 경복궁 내 중앙청 철거이고 국립중앙박물관 건립이다. 일본인들은 철거 전에 와서 기념사진을 많이 찍었다. 남겨두고 역사로 공부를 기억하자인데 한국에는 식민지하여 남겨 봤자 언젠가는 다 철거한다는 기억을 일제에게 각인시키고 싶어, 일제가 남긴 것은 다 철거하고 싶다. 해방되는 그날 바로 한국인들은 누가 시키지 않아

도 하나가 되어 일제가 지은 한국 전국의 일제신사 10여 만 개를 모두 철거해 버린 것과 같이. 일제때 간자 몇을 빼고는 보화(천)교가 생명을 걸고 십시일반 쌀을 모아 엄청난 독립자금을 만들어 상해로(김구 임시정부에) 미국으로(이승만팀에게) 청산리로(김좌진장군 부대에) 독립자금 보내는 자랑스러운 한국 국민성을 보여준 것을 잇자!

2) 건립 정신: "이순신장군의 12척 남은 배"로 싸워 내는 지혜 모으자:

건립 목적: 만년역사 한국민족 역사컨텐츠들로 온겨례에 지켜가야 할 한민족 대광영의 역사를 알리고, 이제는 치열한 세계 속 한국인으로 철저하게 세계 역사전쟁 인식대비케 하는 것이다.

건립 터: 국립 최초로 역사민족공원 용산에 세운다: 국민이 세우는 용산 역사민족공원 바르고 위대한 한국역사와 실리와 의를 익히고 수익을 내는 역사 민족교육장 + 현 국민삶에 바른 차옥덕 제안식!으로. 돈도 벌어 세계평화에 이바지하자. (생태공원은 기존 한강변과 남산 주변 등 보완 연계만으로도 충분함) 자기 나라 역사도 모르고, 주체의식도 별로 없이 평화가 가능한가? - 미래는 오늘 주변 상황을 준엄하게 보고 준비해야 민족이나 국민 개인 국가의 미래가 있다.

과거 순응적 상처나 씹으며 자해하고 지탄하는 나라의 국민이 아니라, (중국 일본 미국 - 국민이나 정치인이나 지금도 그 강대국들로부터 받는 상처가 크므로 더 주눅이 들고, 스트레스를 받을 기억을 할 필요가 없다. 건강에도 안 좋고 역사 지키기에도 불필요하고 더욱 부정적인 영향을 끼친다.)

진취적 미래평화의 추진 기반을 마련하여, 교육열이 강하니 역사공부를 준비하는 민족국가의 공원으로 방향을 잡자. 일본 식민지의 땅에서⇒ 미군기지에서⇒ 110여 년만에 대한 민족역사를 품에 안기는 75만평 광복 용산 민족역사공원 기획부터 설계 모두 주체적으로 역사민족의 감정이 살아 있는 한국인들이 제대로!

얼빠진 자가 아닌 흥과 신명에 풀무질! 찾기와

한류문화를 찾고 살리는 상상력이 지친 한국 심신 숨통 풀기.

얼과 관성이 외세에 빠진 채 발버둥쳐 봐야 말짱 헛거여!

한류문화 지속의 관광대국이 국가지속의 성장동력에 풀무질!

대한 최초의 국립 용산 민족역사공원에 우리 민족역사의 얼로 풀기가 정답이다.

한국 민족역사문화의 정수는 무엇인가? 만년 역사문화이다.

미친 듯이 여기저기에서 외치는 한류가 한국이 앞으로 세계 최고이다 라는 말의 근거가 된다. 의식주 말글자 한국어 한글 한식 한류 소리 춤문화 용산 민족공원에서 불 부치면 지구 세계화 평화공존으로 간다! 왜?

그런 기상을 가지신 분들이 만든 칠성천손 홍익배달 한국이니!

국립 최초로 역사민족공원 용산에 세운다: 국민이 세우는 용산 역사민족공원에서 의義를 익히고 수익을 내는 역사민족 교육장+ 현 국민삶에 바른 차옥덕 제안식!으로 (생태공원은 기존 한강변과 남산 주변 등 보완 연계하면 충분함)

〈한국인다운 삶의 역사민족공원, 착한 홍익사람들 홍편弘平, 홍행弘幸하게 사는 - 천손 한국인다운 하늘나라공원 건설〉 - 우주인도 찬성할 대한민국 국립 민족역사공원 풀어가기 - 120여 년만에 민족 품에 오는 용산 민족역사공원을 중심으로

☀ 국립 용산 민족역사공원 설립 마음

국가의 흥망성쇠는 말로서 되는 것이 아니고,
정성으로 삼신을 섬김에 달려 있어
이에 여러 왕(환 칸)과 더불어 약속을 정하길

지금 우리 함께 약속한 사람들은
"환국 오훈"과 "신시 오사"를 영원히 준수하기로 하여,
삼신에 제사지냄을 인간의 근본으로 삼고,
나라를 다스림에는 식생활을 우선으로 하여,
농사는 萬事의 근본이고 제사는 五教의 근원이라 여겨
마땅히 나라사람들과 함께 다스림을 자산으로 삼되
먼저 겨레를 존중하는 마음가짐을 몸에 익혀야 할 것이다.
용산은 (120년만에야 그 힘든 광복을 찾았다.)

용산은 용처럼 마음껏 등천하고 싶다. 더 이상 철망에 손 비비고 싶지 않다
한강처럼 도도하게 흐르고 싶다. 더 이상 못나게 부끄럽고 싶지 않다
만초천처럼 생명력을 쭈우욱 뻗고 싶다. 더 이상 웅크리기 싫다.
학생들이여! 미안하구나. 대조선의 찬란한 광영을 찾고 웅비하도록 준비하자.

단기간: 기존 건물 재활용⇒ 교통 제일 좋은 곳: Ⓐ민족역사 미래를 위한 인의예지신 충효의 역사 어린이집(←병행 장년집 유휴 일자리)
중기간 신설: ①일제 파괴 유적 국사당, 남단복원, 만년역사 기념관(민족역사 교육)
장기간 신설: 세계 萬姓 조상당, 천단 환구단
용산 역사민족공원터 내 - 학생들이여! 미안하구나, 터내 앞부분은 시급한 역사민족공원, 뒷부분은 어린이집이나 기본 임대아파트, 미대사관은 용산중고등학교 앞이 아닌 녹사평역 3,4번 출구 앞으로 - 한국이 아직도 미국 식민지여야 하는가? 하는 감정 느끼지 않게.
춘천 중도맥국은 유네스코로! 유적역사 보호 및 영일 외침外侵 예방하며, 서울 강원도 상생 연계 교육 이상향 관광화한다.

찬란한 역사와 그 역사문화 속 삶이 국민 개인의 행복과 함께 꽃을 피우고 지속되어야 나라도 그대도 위대하게 지속! 만년 한국 동양역사문화 그 미신?적 마음 의식주 문화 한국인의 삶 그 자체가 사람을 살리는 지혜와 익살의 한류 관광대국 컨텐츠이고 그 모두를 담을 그릇이 용산역사민족공원이다.

◘ 국립 최초 용산 민족역사공원 해설사 교육자관, 해설사관 – 기존 건물의 한 칸을 사무실로 쓰고 교육 및 세미나는 교육당, 강당 활용 – 다른 시간대, 1차, 2차세미나 자료집=교육자료집

1. 10분 거리의 가까운 지역에 있던 독립정신 역사 **〈환구단〉** – 홍산, 중도맥국 문명 연결

1. 태조 이성계 (남산)목멱신사(나라기도만 – 기우제, 기청제)=남산국사당(일제가 명성황후 살해 후 명성황후가 나라에서 기도하던 곳이기도 하며, 1925년 일본의 나라 신사를 지으려 훼손파괴하고 인왕산 좁은 골목안으로 강제 이전 – 무당법사에게 판매) – 목멱신사 즉 (목멱산, 남산)국사당 내려오니 남산 목멱단은 간단하니 복원.

   명성황후 등 나라신앙터 국사당 복원 및 확장 **환골탈태**

1. 터 내에 있던 **〈남단〉**과 **〈수종사〉** 절

① 원래 있던 복원: 기지 내에 잔존하고 있는 〈만초천〉(일제가 용산기지 내의 일본 총독관 및 일본 사단사령부 장교 숙소 앞 등을 흐르는 만초천을 '욱일기'와 같은 '욱천'으로 개명) 그 안에서도 살아 있는 물길 외부에서도 살아 한강으로 연결되어 있는 한강 8경에 속하는 만초천 살리기〉, 그 옆에선 〈가장 한국적이라 세계적인 우리 무형문화 신앙 – 매일 오후 7시 공연으로 세계관광지인 바라나시 형〉) 예)조선왕조에서 많이 한 기우제(⇐무우제), 기청제를 지낸다(가성비 최고, 국가 관광대국 수입 올릴 최고는 매일 하는 축제이다. 관리에 많은 돈이 들어가는 유네스코에 등재된 종묘제례는 단 하루뿐이다) 운영방안: 미지정 무형문화 종사단체나 개인들 신청받아 고루 윤번 참여케(366일)

② 수종사 절 복원 – '이태원' – 임란 때부터, 다른 나라 남자들의 태를 받게 되는 원이 있는 곳異胎院이라는 명칭이 나오게 한 사찰. (한양을 왜군이 점령한 후 이태원 지역내 군인들이 절에 머무르며 여승들을 겁탈하여 생긴 이름 – 근대 일제의 종군위안부형 식민침략문화 – 우리 국가 내부적으로 또 하나의, 일본 응징거리)

1. 터 내에 있는 식민지 벽 일부 그대로 재활용

   〈반성의 벽=용서의 벽〉, 〈봉사의 벽=선함의 벽〉, **〈세계 사랑평화의 벽=홍익의 벽〉**

⁂ 기념벽돌 – 1장씩 팔기 – 조회장 내 영종도 간척 바닥에 재활용 – 하는 날 바로 받는 방법으로 – 시간 단축.

세계관:

– 세계의 글: 한글, 중국어, 영어..

– 세계 만성전萬姓殿으로 (말레이시아에 중국 화교들과 스님이 세운 〈만성전〉 참조)

– 세계 DNA관

– 세계 원주민 종교관:매일, 원주민춤 관객과 함께 머리띠만 같이 – 화목 선생님 – 세계가 함께 춤춘다 〈어아! 줌바〉 – 소리 외칠 때는 "어아", "나무", "공경", "아멘", 아라이쿰 '아잔',[134)]

춘천 우두산 단군 팽오비 복원 건립위원회

중도역사맥 천심놀이 – 천부경 글자 찾기, 천부경 숫자놀이 찾기, 천부경 이야기

중도 38고인돌 공간 내 대제단(천부경 새긴다)도 웅장하게 만들어 매일 관광 기도의례 중도 역사민족공원에서도 〈천부경길〉 놀이도 – 어떤 주체가 돈도 벌고 싶으면 천심으로 돌아가라! (강원도 민박집 너무 비싸게 하여 민심이 등 돌리다 – 올림픽 기간) 보고서대로 – 38일 열 고인돌관, 주거지, 환호 둘 다, 청동검, 귀걸이, 오는대로 모인 대로 인연대로 지구세계 공동체 자연 세계공동체가 가진 것을 나누고 합치고 함께 만들어 가기 (이태원) 다문화 모두 오는대로 모인 대로 인연대로 우리 공동체:

역할을 나누고 합치고 함께 만들어 가기 – 공동체

환국, 신시체험, 맥국 부족장들 체험,

나이별: "나도 주인공 – 신과 함께 영화 체험" – 생명, 행동 존중, "삶은 무한한 연속이다."

〈블랙홀 체험〉 – 포천 천문대 협약,

별과 함께 별 체험 – 밤을 새며 며칠 민박,

잠깐씩 며칠간씩 아이 생명 돌봄터.

사람 맥도 뛰게 어린이 새싹 돌봄터 – 맥국 중도복지관

중도생태 人心놀이공원=인심은 민심이고 민심은 천심이다

중도역사맥 천심놀이 – 천부경 글자 찾기, 천부경 숫자놀이 찾기, 천부경 이야기

중도 따지심 놀이 – 도리도리 짝짜꿍, 진진,.

대 환호따라 다리 맥 사랑하기

환호에 물채워 보기/중도 성황당 공경 절 체험

인심느끼기/ 짚신 만들어 신고 다니기(우리 유적 보호)⇒환호에서 발씻기 – 족욕코스

숨바꼭질 수건돌리기 공기놀이 보물찾기 숨기 미로 빠져나오기

어린이 그네타기, 허벅타고 누워 하늘보기

모래 흙쌓기 – 맥국 나라만들기 중도식 토기만들기

중도 역사민족공원에서도 용산 역사민족공원에서도 놀이도

오는대로 모인 대로 인연대로 지구세계 공동체

자연 세계공동체/ (이태원) 다문화 모두

〈춘천 중도맥국을 지켜야 천산 요하 연변 한머리땅 춘천 모두 연결된다〉

중도맥국 생태 人心놀이공원/중도역사맥 천심놀이 – 천부경 글자 찾기, 천부경 숫자찾기

중도맥국 따지심 놀이/ 대 환호따라 다리 맥사랑하기

환호에 물채워 보기/ 오는대로 모인 대로 인연대로 우리 공동체: 고인돌 만들어보기 – 공동체/ 중도 성황당 공경 절 체험

한민족 역사 수련여행 체험[135] – 이율곡의 이기론과 집단무의식1). 집단 무의식: 전 인류에 공통되며 뇌의 선천적 구조에서 비롯되는 무의식(개인이 인식하지 못하는 기억과 충동을 포함하는 정신의 일부분)의 한 형태이다. 집단 무의식은 개인적인 경험에서 나오는 개인적 무의식과는 구별되며, 원형, 즉 보편적인 원초적 상과 관념을 내표한다. 쉽게 말해 우리 모두가 공통적으로 느끼는 무의식을 의미한다. **– 율곡의 보편적인 이理와 같이 여겨진다. 기氣는 변화무쌍하므로 사회적 도덕적 등의 일관성을 갖기 위해선 氣의 수양을 위한 집단 교육과 수양도 필요하다. (하여 율곡은 완성된 사람을 만들기 위한 기본교재를 만들고, 학교를 세우고, 향약을 만들어 일반백성들도 교화矯化하려 노력하였다)**

자연에서 – 태권도 그림그리기 새총쏘기, 제기차기, 투호, 등 민속놀이와 다도, 신라복 체험

〈체험이 끝난 후〉

* 어릴 때부터 꿈을 만들어 실천하기
* 충신, 효자 이야기 – 영상을 보여준 후, 자기꿈도 얘기하기 – "나도 내 얘기 스타" "불멸의 스타방" – 나도 영웅이다. 〈내 뿌리 역사문화 노래자작방〉, 〈북, 징〉쳐보기, 장구치기방
* 맥국 할머님과 청중이 같이 얘기를 이어가기 – 〈할머니 할아버지 옛날 이야기방〉 '우리 맥족 맥국역사 천심인심지심으로 본 우리공동체 인생 오계 설계'라는 특강을 끝으로 전체 행사를 마무리했다.
* 민족경전 천부삼경 독립선언서 완송: 신왕규, 김제관, 배상천, 김상표 외
* 우리 역사 강의: 한국학 중앙연구원 교수들 및 기본 강사
* 천상열차 분야지도, 우리 벽화, 삼족오, 천문도 한글과 훈민정음
* 〈화백원로 장로회의 – 하루 3시간〉: 한사상 전문가들, 박종호, 조성학, 소재영, 용인 할머님,
* 한글, 한문 서예로 구국정신 선양 공부: 이순신, 토황소격문 등
* 한국 선도(마음공부 및 호신)
* 흰옷 나눠 입고 생활해보기, 한국 하얀 행주치마 만들고 나누기(행주산성 독립정신)

■ 역사문화 박물관 내용물은 기부체납과 전시관 운영으로

– 지역이나 기존에 있는 것 공생 양립 가능토록,

〈구석기부터 예맥족 박물관〉, 〈105대 왕 조상전〉, 〈 흑피옥〉 외, 국어 한글, 〈돌조각〉, 〈세계 샤머니즘 박물관〉, 〈솟대촌〉 천부경공원〈민족역사유물〉〈한, 북한, 중일 칠석(유네스코 공동 등재)관〉, 〈관광의례 사제관〉, 〈용산 향토역사민족문화 하도 낙서관〉 와당, 박,손교수, 무형자산 온돌 외 세계 족보박물관, 한자와 한글, 우리역사의 비밀, 작가 역사박물관, 천상열차 분야지도 컨텐츠관, 민속. 환국 강화 참성단 판화, 수석, 사진

〈의통 컨텐츠〉 – 의통 배우기 강좌 – "약소한 것이라도 배워야 산다".

박상천옹 91세 – 뇌소리 명상컨텐츠, 대체의학들, 옥유미, 김상표 복본의통 일부, 복선 하늘병원컨텐츠 외

〈의례〉

무형문화재, 제례연구원 다도연구원 등등 외

남해안 별신굿, 진도 씻김굿 관광의례

..

◘ 침략국 일제가 왜곡 파괴시킨, 한국인 역사문화 독립 정신과 유물은 복원

종교평화천국 한국: 세계의 경전관 – 세계종교 경전관(우리 천부경 컨텐츠 모두 합관)

⊙ 세계 원주민 종교지도자들 평화행복 기원제

⊙ 세계 혹은 아시아 종교지도자들 평화행복 기원제

세계에서 가장 오래된 것 중 한국에 있는 것 지방 전시관 연계

예) 배(Ship) – 8,000년전 창녕 비봉리 배

● (국토부가 알아서 해체, 기존의 외국인회사 주도 설계도는 – 문서로만 보존) 중요 자원 자리 – 힐링 생태방향 식으로(주변에 많다 – 한강공원, 가족공원, 남산, 숲..) 그렇게 소극적으로만 할 시기가 아니다. (일자리 창출)과 국가경제상 – 진지하게 관광자원거리로 지속적 접근(=일자리) 개발해야(한국적 역사문화 정체성도 찾으며), 교육 양육 삶 생태 – "마을 공동주거형" 실천.

$~가장 한국적인 것이 가장 큰 관광상품이다:

한국적 신앙문화 구천년 관광 길~

@ 1.용산 중심 서울 관광코스

Ⅰ. 1길: 1박 코스 이촌 한강 생태공원 9천년 용산 역사민족공원⇒ 이태원 각국 대사관 및 각국 식당투어 이태원 환인 환웅 단군 부군당

다음날: 한강변 이촌 한남 김유신사당, 명성황후신당, 남이장군사당 이성계 사당 구석기신석기 국립 중앙박물관 한강 올레길 치우 뚝섬 사당 한강 위 용신당(조계종)

Ⅱ. 2길: 이촌 한강 생태공원 (배다리 – 정조대왕능행 아주 일부 가마타기만) 9

천년 용산 역사민족공원⇒1박 남산 국사당, 남산 단군굴(대종교), 제갈공명전, 남산 무속 기도터, 숭례문(남대문) 전통시장 투어, 북악산(여신당 - 고대 국가 흔적) 세종마을 사직단 양궁터 단군전(대원군 별장 식사, 근처 숙박) 1박: 서대문 영천 전통시장, 인왕산 선바위 한국 최고 무속기도 터 밤샘 구경 대종교

Ⅲ. 3길: 이촌 한강생태 공원 9천년 용산 역사민족공원⇒ 1박 민박 및 근처 게스트 하우스 인사동 조계사 인사동 전통상가 (인사동 내 남북공유 천도교) - 운현궁 - 세운상가 - 종묘 창덕궁 원불교 북촌마을 체험 동대문 전통시장

Ⅳ. 4길: 이촌 한강 생태공원 9천년 용산 역사민족공원⇒ 수종사(불교) 환인 붉은신당 이태원 상가 한남 이슬람사원 김유신부군당 명성황후당 이촌교회

Ⅴ. 5길: 서울역에서도 걸어서 10분 - 남산 위인들 광장 - 용산 민족역사 공원 - 전철 동작 동 국립묘지 동작대교(인도) 중간에서 바라보는 한국비경(자부심 느낀다)까지 "역사 바로찾기 의병 호신술: 음식 - 주먹밥, 잔치국수, 부추호박 야채전, 찰떡 체험

Ⅵ, 6길: 학생들 독립정신 및 한국 위인 정치인물 코스 남산 김구, 안중근박물관, 이촌 국립박물관 동작 국립묘지까지(근대 이승만, 박정희묘, 김대중, 김영삼 묘역) - 체험인증 도장

● 걸어서 동작대교에서 여의도 뚝섬 잠실 바라보면 한국인으로 자부심이 생긴다(김청일님 제안)

2. 용산중심 서울 경기권 관광코스

용산⇒파주 전망대 임진각전 고려역사기념관 - 고려 차류종친회 중심 전국 성씨들(120여 개), 경기도, 파주시

3. 용산 민족역사 공원 중심 국내 관광코스(미개발지 중 중요 국가 문화 중심)

① 국민의 1/3 이상이 함께 항일독립에 통합성(한국 국민성 바르게 정의, 고양교육에 필수 답사체험 과정)을 보여준, 정읍 대흥동 동학 항일 독립 자금 및 물적 심적 후원 독립성지

② 중도맥국 고인돌군+ 부안 九岩 고인돌군(고인돌)+부안 백제 마지막 주류성(

내부 분열의 경종)

●인류 5대 7대 한강문명 발상지 – 한강용산

모든 종교 문명권은 사람의 공사생활에 이로운 점을 가지고 있다. 단지 배타적이고 지배적이고 침략적이고 호전적인 제국주의적 종교들이 문제이다.

4. 용산 민족역사 공원 중심 형제의 나라연대 관광코스: 유엔 외교전쟁에서 우리편 확실히 하는 작업

(가오리)고려(고구려 코리아)족

천산에서 두 갈래 역사 ① 동쪽으로 바이칼 백두산 한반도, 중원

② 서쪽으로 중앙아시아 수메르 터키 유럽으로 아메리카로 멕시코, 칠레 등등으로

– –

@성장현 용산구청장 그간 용산공원 사업,회의 통한 제안 사업들

공원내 이름을 지을 때 활용(차) – .용산기지내 – 옛이름 살리기: 정자동 – 정자 복원, 군지미마을...

① 일제 때 살고 있던 14,400칸(한 집에 3칸이면) – 5,000세대 – 데모해서 10인 종로경찰서에 수감도(신문)

② 망자: 130,000기 산소가 있었는데 일제가 다 파 냈다 – 해원기도제. (근대유적도 복원: 정약용 유적, 사신들 머문 곳 – 조금씩)

③ 농토 – 80만 평 – 남초천 – 용산고 가는 길 – 미군기지벽 그 사이로 하천 – 기지내로 만초천 남은 것

@남단 복원: 기지내 태조 이성계부터 국사당과 연대 건물 (성장현 구청장도 동의)

환기9215년(2018) 1월 9일

〈교육부 사단법인 한국향토사연구전국연합회 용산향토문화사학회〉

〈서울시 사단법인 한국여성향토문화연구원〉 대표 문학박사 차옥덕 올림

*(위 내용 중 일부는 이 원고를 쓰면서 환기 9216(2019) 5월 3일 수정 보완했음)

부침: 1. 김산호역사인물 화백 한국 105대 천황 영정 일부 복사본

2. 현 국토부에서 운영하는 '용산공원' 안내

3. 환구단 3D복원도 (나무위키) 1장

% 영토복원 진행까지는 국토부, 국토부가 현재 생태쪽으로 방점을 두는 것은 용산 민족역사 공원 본래 취지 및 의도와도 맞지 않을 뿐 아니라 국민 독립 정서나 역사전쟁기 대안이나 관광대국화에 고유민속 살리기 전략과도 맞지 않음 컨텐츠화 내용은 전공인 다른 부처와 민간단체, 역사 향토문화교육 관련 등을 주관하는 것이 효율적이고 합목적적임.

용산공원 이란

⊙ 공원만들기

└ 조성의의/추진경과/일정 및 절차/추진방향/기본구상

⊙ 공원예정지 보기

└ 역사/위치 · 면적/자연환경/역사적 유물/건축물

⊙ 용산공원 소식

└ 참여하기/자유게시판/공모 · 이벤트

⊙ 동영상

⊙ 자료실

└ 정책자료/공모전 자료

└ 국민참여 공모전/설계 국제공모전

└ 국내 · 외 공원 정보

└ 세계공원정보/국내공원정보/해외공원 사례분석

⊙ 법령

⊙ 기관소개

└ 단장인사말/기획단/추진위원회/자문위원회/추진협의회

기관소개 단장 인사말

단장 인사말

안녕하십니까? 먼저 용산공원에 관심을 갖고 홈페이지를 방문해 주신 국민 여러분께 진심으로 감사드립니다. 용산공원 예정지는 우리의 소중한 삶의 터전이었으나 임오군란 이래로 오랜 시간 외국군의 주둔지로 사용되어 왔습니다. 이러한 아픈 역사의 공간을 되찾아 민족성, 역사성, 문화성이 어우러진 국가공원으로 조성한다는 것은 역사의 치유를 통해 국민들에게 활력과 희망을 불어 넣는 뜻 깊은 사업이며, 대한민국의 국격國格이 향상되었음을 상징합니다.

기획단에서는 용산공원이 국민과 세계인 모두에게 사랑을 받는 휴식공간으로 탄생할 수 있도록 진지한 사명감과 책임감으로 공원조성사업에 임하고 있으며, 민간 전문가들도 참여할 수 있도록 용산공원조성추진위원회, 전문가 심포지움 등을 다양하게 진행하고 있습니다.

그러나 용산공원이 세계인 모두가 오고 싶어 하는 매력적인 공원으로 조성되기 위해서는 국민 여러분의 관심과 참여가 함께 해야만 가능할 것이라 믿으며, 이 홈페이지가 국민 여러분이 적극적으로 참여하고 창의적인 의견을 제시할 수 있는 공간이 되기를 바랍니다.

용산공원이 대한민국의 녹색심장으로서 건강하고 조화로운 발전에 기여하는 세계적인 명소로 조성 될 수 있도록 최선을 다하겠습니다.

감사합니다. 용산공원 조성 추진기획단 단장

국토교통부 용산공원 조성추진기획단

⊙ 개인정보 보호정책

⊙ 이용불편 신고

⊙ 이메일 무단수집 거부

서울시 서대문구 통일로 81 (미근동 267) NH농협생명 서관 15층 (우) 03739

전화번호 : 02-2131-2026

팩스 : 02-2131-2000

◘ 남북 공유 문화로서의 가치 및 우리 고대역사 교육 보완의 장으로서 용산 역사민족공원

북한 역사박물관에는 역대 47대 단군이름 등을 기록 전시하고 있다. 이제 한국은 용산 국립 역사민족공원에서, 그간의 부적절한 대통령들의 바르지 못한 통치로 식민 사대사관으로 부진하고 왜곡 홍보되어 온 우리역사 교육과 주변국의 역사침탈을 막고 극복하는 한 긴요하고 빠른 방책으로서 활용할 것이다. 7대 환인부터 18환웅(14대 치우환웅만 국민들이 겨우 안다) 47분의 단군 역사를 간편 기록하고 재미가 있게 해설하여, 공원을 한 바퀴 돌면 한국의 역사교육이 재미있고 간결하고 인상적으로 남도록 기획 준비 실천한다. (우리는 중국의 완료상황에 비해 너무 늦었지만 역사민족공원을 최선의 만회 기회로!)

★ 용산 민족역사공원 내 추가 시설들: 예맥족 맥관 – 만주 홍산 연변은 예맥족 우리 춘천 중도맥 국역사와 연결고리. (본 책 2장: 맥 참조)

맥, 메기는 아시아에 널리 퍼졌던 동물로서

(해치, 해태 등 여러 이름으로 불리고 있는 것 같다. – 차옥덕)

맥은 시비선악을 판단하여 안다는 동물이다. 맥족의 신수이다.

생선 중 '메기'는 강원도앞 강에서 많이 잡히는 생선으로 나와 있다. 이집트 태양신 스핑크스는 貊 메기의 친인간적 도형적 형태

고요가 기르던 산양: 푸른털이 나 있고 몸은 거대한 곰처럼 생겼다. 여름에는 늪가에 살고 겨울에는 소나무 숲에 살았으며 성품이 솔직하고 정직했다. 사람들이 다투는 것을 보면 그의 뿔은 언제나 그릇된 사람 쪽을 건드렸다. 해태는 아시아에 널리 퍼진 상상의 동물로서 해치, 해타 등 여러 이름으로 불리고 있다. 해태는 시비선악을 판단하여 안다는 동물이고, 사자와 비슷하나 머리에 뿔이 있다. 불을 다스리는 물의 신이다.

해태=해치? 해태 채 獬呔 야소리 태

■ 자오지慈烏之(치우천황) 기념관

우리 시각에서, 또 인류사, 세계사를 '살림의 역사'로 보면 자오지는 자기 족을 살리려 애쓴 유능한 장군이다. 자오지慈烏之 기념관

(전쟁의 역사와 중국의 입장에서 보면: 치우관)

慈烏之 사랑할 자상할 慈, 까마귀 오(삼족오) – 삼족의 역사도 환웅시대로 올라간다.

■ **가상현실로 경험할 수 있는 한류 세계유산**들이 최신의 IT기술로 구현되어 전시된다. 홍사,만주, 제주 등등 한류 아시아 창세신화, 불교의 세계관, 유교, 미켈란젤로의 '천지창조', 한류계 페루 '마추픽추', 러시아 츕지반도,... 등 이름만 들어도 대단한 전 세계의 한류 세계유산들을 만나볼 수 있다.

■ 우리 금줄문화 제대로 살리기 – 일본 아오모리 핫코다산 참조

: 우리 금줄문화 제대로 살리기 – 일본에서 우리의 것을 변형한 것을 다시 제대로

★ 세계 원주민의 종교지도자들 평화행복 기원제

세계 혹은 아시아 종교지도자들의 평화행복 기원제

★ 세계민족 조상관 건립

▲ 세계종교 평화관: 일본 6대 종교 지도자들도 '평창 동계올림픽 성공 기원'

일본 6대 종교 신도 등 200여명, 동아시아 평화기원제[136]

1일 일본 도쿄의 신주쿠 성약빌딩에서 일본의 종교인들이 종교의식의 예복을 입고 합동평화 기원제를 열어 도쿄시민들의 관심을 모았다. 천주평화연합과 평화통일연합이 공동으로 주최한 이 행사에는 일본 6대 종단 지도자, 관계자와 신도 등 200여명이 참석해 **'평창올림픽의 성공적인 개최와 동아시아평화를 위한 기원제'**를

올렸다. **일본 신도의 기도의식으로 시작해** 불교 유대교 이슬람교 기독교 천주평화연합 창설자의 기도 기원찬가 등의 순서로 진행됐다. 평화통일연합 김영학 회장은 인사말을 통해 "북한의 핵 · 미사일 개발의 위협과 평창올림픽의 평화제전이 겹친 일촉즉발의 전쟁과 평화의 상황 속에서 오늘 일본의 범종교인들이 한자리에 모여 '평창올림픽의 성공적인 개최와 동아시아 평화를 위한 기원제'를 올리게 됨은 대단히 의의가 깊은 일이며 마음속으로부터 평창올림픽의 성공과 동아시아 평화의 기도를 바친다"고 말했다. 기원제에 참석한 나카무라 미에코씨는 "6대 종교 지도자들이 한 자리에 모여 합심해 기도하는 기원제에 깊은 감명을 받았다. 온갖 분열과 반목으로 혼탁한 세상에 종교지도자들이 먼저 마음의 문을 열고 하나가 돼 사랑과 평화운동에 앞장을 섰으면 좋겠다"고 말했다.

▲일본 기독교의 오노교회 목사가 손을 들어 기도를 하고 있다.
▲일본의 세계평화종교연합 회장이 창설자의 기도문을 대경하고 있다.
▲일본의 유대교 지도자가 유대교식으로 기도하고 있다
▲일본의 이슬람교 지도자가 이슬람식 곡조로기도를 하고 있다.[137)]
부족하고 연약하고 무지한 저희들을 택하여 주셔서 주님 안에서 변하여 새 사람이 되게 하여 주시고

오늘도 저희들을 통해서 영광을 받으시길 원하시는 하나님 앞에 나아와서 주님 앞에 엎드렸습니다. 오늘도 주님안에서 은혜와 평강이 넘치는 복된 시간이 되게 하여 주시옵소서. 우리를 만세 전에 택하셔서 이 땅에서 하나님 백성으로 살아가게 해 주심 감사드립니다. 특히 이 대한민국에서 하나님 나라 백성으로 살아가게 인도해 주심도 감사드립니다.

하나님께서 주신 축복과 은혜를 누리며 이 땅에서 살아가게 하여 주시고 우리 대한민국을 발전하게 해 주시고, 저희들에게 크고 위대하신 은혜와 축복을 주신 것 감사드립니다. 그러나 우리는 이러한 축복을 많이 받았음에도 불구하고 바르게 헤

아리지 못하고, 늘 부족하다고 생각하며, 더 많은 것을 주시길 간구하며, 주시지 않음에 대해 다른 사람을 원망하기도 하고, 또 하나님 앞에 더 간구하고 있는 모습들을 발견합니다.

우리들의 부족하고 연약함을 용서하여 주시옵소서.

우리를 이 땅에 태어나게 하신 하나님의 귀한 뜻이 무엇인지를 깨닫는 시간들 되게 하여 주시길 원하며 그 귀하신 뜻을 이루어 드리는 우리의 삶이 되도록 인도하여 주시옵소서.

하나님의 나라를 이루어가는 일에 저희들이 온전히 기도와 온 몸을 다 드리며 섬기게 하여 주시길 원합니다. 메르스가 하나님의 은혜 가운데 진정되는 분위기입니다. 그러나 많은 국민들이 어려움과 혼란을 겪고 있습니다. 동성애 허용 문제로 인해서, 이슬람교의 한국 침투로 인해서, 신천지 등의 여러 이단들의 활동으로 인하여 어려움을 겪고 있습니다.

정치인들은 당리당략에 눈이 어두워 자신들의 이익을 위하여 투쟁을 일삼고 있습니다. 이로 인해 더 이상 어려움을 당하지 않도록 인도하여 주시고, 하나님 나라를 확장을 위한 해외선교가 어려움을 당하지 않도록 도와 주시옵소서.

선교사님들이 해외에서 하나님 나라의 확장을 위해 애쓰시는 의료봉사와 교육사업과 사회봉사 활동들 위에 하나님 임재하여 주시옵소서. 힘들고 어려운 환경 속에서 모든 것들을 기쁨으로 이겨내며 하나님의 지상명령에 순종하는 선교사님들의 사역이 될 수 있도록 축복하여 주시옵소서. 그들이 하나님께서 주시는 참된 은혜와 기쁨과 평강을 맛보는 귀한 사역이 될 수 있도록 축복하여 주시옵소서. 풍토병으로 인해 건강을 잃지 않도록 인도하여 주시고, 물질로 인해 선교활동이 방해를 받지 않도록 도와주시옵소서.자녀교육문제로 인해, 언어로 인해, 외로움으로 인해 어려움을 당하지 않도록 도와 주시옵소서. 우리 교회가 돕는 선교사님들의 사역지 위에 하나님께서 친히 임재하여 주시옵소서. 우리 교회에게 맡겨 주신 선교의 사명을 잘 감당하게 하여 주시고,우리 교회 모든 자녀들과 우리 교회 모든 성도들도 하나님께서 주신 지상명령을 깨달아 선교의 사명을 갖게 하옵소서.

목사님에게 맡기신 하나님의 백성들을 말씀과 기도로 양육할 때에 지혜를 주시길 원합니다.

푸른 초장으로 쉴만한 물가로 인도하시기에 부족함이 없도록 주님께서 친히 인도하여 주시옵소서. 김 애남목사님께서 들려주시는 하나님의 말씀과 선교 사역 위에 축복하여 주시옵소서.

여러 가지 사정으로 인해 마음 아파하는 자, 성도들 간에 생긴 일로, 말로, 행동으로 상처 입은 자, 우리 자신들의 잘못으로 실족함을 당한 자, 질병으로 인하여 고통 받은 자들이 다 치유함 받는 귀한 시간되게 하옵소서. 교회에서 자라나는 학생들을 교육하는 일과 예배에 수종을 드는 일과 각자가 맡은 분야에서 봉사하시는 성도들의 수고를 통하여 하나님 영광 받으소서.

성도들의 찬양과 경배와 찬양대의 찬양을 통하여 하나님 홀로 영광 받아주시옵소서. 주 예수 그리스도의 이름으로 기도합니다. 아멘.

■ 치밀한 특산축제상품 기획과 준비, 지역의 다른 것과 연계시켜 생기가 있는 비쥬얼 체험의 축제가 성공 – 우리가족의 관광축제는 어디로 갈까[138]

· 문화부 44개 선정, 보령 머드축제 · 안동 탈춤축제 높은 점수 받아

| 문화체육관광부에서 대표축제로 선정한 보령 머드축제(위쪽)와 안동 국제탈춤 페스티벌.

가족 단위로 여행갈 때 지방 축제에 맞춰 일정을 잡는 경우가 많다. 관광만 하는 게 아니라 자녀들에게 체험 기회를 주고 특산물을 사거나 향토음식을 맛볼 수도 있기 때문이다. 그럴 듯한 선전문구에 끌려 나들이를 갔다가 낭패를 본 여행객이라면 문화체육관광부가 선정한 '2010년도 문화관광축제'를 참고하는 것이 좋다. 문화부는 보령 머드축제와 안동 국제탈춤 페스티벌 등 44개를 '2010년도 문화관광축제'로 선정했다. 문화부는 매년 문화관광축제를 선정, 발표해 왔는데 올해는 모든 축제를 제로베이스에서 검토해 이전보다 적은 수의 경쟁력 있는 행사를 골랐다

고 밝혔다. 또 선정위원을 기존의 학계 인사 중심에서 벗어나 여행업계, 예술계, 작가, 언론계 등 각 분야의 전문가로 확대해 현장의 목소리를 많이 반영했다.

가장 많은 점수를 받은 대표축제는 보령 머드축제와 안동 국제탈춤 페스티벌이었다. 충남 대천해수욕장 일대에서 열리는 보령 머드축제(7월 17~25일)는 재미가 있고 신나는 체험형 축제로, 외국 관광객이 많이 찾는 글로벌 축제일 뿐만 아니라 한 번 왔던 관광객이 다시 방문하는 비율이 38.4%에 이를 만큼 흡인력이 높다는 점이 후한 점수를 받았다. 또 '보령=머드'로 각인되면서 머드화장품 등 관련 사업화에 성공했으며, 대천 해수욕장을 출발해 석탄박물관~개화예술공원~성주사지~냉풍욕장~해안도로~갯벌체험장~행사장으로 이어지는 3시간짜리 관광코스 개발 역시 관광산업의 발전에 효과적으로 기여했다는 것이 선정위원들의 의견이었다. 보령 머드축제는 중국 다롄의 진스탄 해수욕장에 머드 재료와 축제 컨셉트을 제공하는 방식으로 수출되기도 했다. 안동 국제탈춤 페스티벌(9월 24일~10월 3일)의 경우 **한우불고기 축제, 하회마을 축제, 전통문화 컨텐츠 박물관, 유교문화박물관, 안동물 문화관과 연계돼 시너지 효과를 발휘한 것으로 평가 받았다. 특히 헛제사밥, 찜닭, 간고등어, 참마돼지, 참마보리빵, 버버리찰떡, 전통한과, 소주 등 안동의 특화 음식을 맛 보고 특산물을 구입**할 수 있도록 배려했다. 이 행사는 국제적으로 많이 알려져 많은 관광객들이 참여하며, 한국의 유교문화와 안동 하회마을의 장소성 및 탈춤이 결합해 독특하고 개성이있는 한국의 전통문화 브랜드로 자리를 잡았다. 문화부는 이들 2개의 대표축제와 함께 강진 청자문화제 · 김제 지평선축제 등 8개의 최우수축제, 강경 젓갈축제 · 남원 춘향제 등 10개의 우수축제를 각각 선정했다. 이를 월별로 정리하면 다음과 같다.

▲ 1월=최우수 축제인 화천 산천어축제가 9일 시작돼 이달 말까지 계속된다. 이 축제에 참가하려면 인터넷을 통해 대표 프로그램인 '산천어 얼음낚시'를 미리 신청하는 게 좋다. 관객들의 호응도가 높아서 예약시스템으로 운영되며, 현장 접수도 오전에 마감된다. 얼음나라 테마관에서는 산천어의 일생을 보여 주는 수족관, 축제와 관련한 사진전 등을 관람할 수 있다. 메인 축제장과는 별도로 화천군 내의 농촌체험 프로그램인 사랑방 마실을 운영한다.

▲ 3월=올해 33년째를 맞는 진도 신비의 바닷길축제(30일~4월 1일)가 우수 축

제로 선정됐다. 고군면 회도리와 의신면 모도리를 잇는 2.8㎞의 바닷길이 하루 1시간 동안 갈라지는 신기한 자연현상을 구경하고, 진도의 중요 무형문화재인 강강술래 · 씻김굿 · 들노래 · 다시래기 등을 감상할 수 있다.

▲ 4월=함평 엑스포공원 및 청보리밭 일대에서 열리는 나비축제가 최우수 축제로 뽑혔다. 고구마 · 양파 · 쌀 등을 재배하는 평범한 농촌이던 함평을 유명하게 만든 행사로, 1999년부터 시작됐다. 실제로 가 보면 나비는 실내 생태관에서 조금 볼 수 있다. 그러나 나비의 이미지를 이용한 생태교육 체험장으로 꾸몄다. 미꾸라지 잡기 · 천연염색 · 보리완두 그스름 등을 체험하고, 지역특산품인 쌀 · 한우 · 복분자 와인 등을 살 수 있다. 멸종 위기에 놓인 천연기념물 452호 황금박쥐를 기념해 162㎏의 황금으로 만든 황금박쥐상이 명물이다.

▲ 5월=봄이 무르익는 5월에는 전국 각지에서 다양한 행사가 열린다. 이 가운데 하동 야생차문화 축제와 춘천 국제마임 축제가 최우수 축제로 뽑혔고, 남원 춘향제 · 문경 찻사발 축제(1~9일) · 연천 구석기 축제(1~5일)는 우수 축제로 선정됐다. 하동 야생차 문화 축제는 웰빙, 슬로 라이프 경향과 함께 많은 관심을 얻고 있다. 차잎따기, 녹차 만들기 등 체험 행사가 있으며, 축제 기간에 민박 프로그램인 다숙(茶宿)을 운영한다. 또 쌍계사에서 열리는 산사 음악제, 소설 〈토지〉의 배경인 최참판댁 방문 등을 겸할 수 있다. 춘천 마임축제는 마임이라는 특수 장르를 내세우면서도 대중성을 확보한 행사이다. 특히 2006년부터 시작된 개막행사인 '아수라장'은 출연자와 관람객이 어우러지는, 축제의 얼굴이 됐다. 문경새재에서 전통 도자기를 소재로 열리는 문경 찻사발 축제, 구석기 및 선사문화를 교육 · 놀이 · 체험을 통해 배우는 연천 구석기축제도 내용이 충실한 행사로 꼽혔다.

▲ 6월=무주 반딧불 축제(12~20일)는 반딧불이 상징하는 친환경적 이미지로 관광객을 끌어들이며, 무주리조트 등 인근 숙박시설과 연계해 체험형 여행을 추구한다. 농촌체험, 산사체험, 머루와인체험 등 프로그램이 있다. 우수 축제로 선정됐다.

▲ 8월=최우수 축제로 뽑힌 강진 청자문화제는 고려청자의 발상지라는 지역적 특성을 활용해 물레질, 도판찍기, 조각, 가마불 지피기, 탁본, 경매 등 청자의 생산 과정을 체험해 보도록 한다. 청자 공모전 입상작품, 국내외 도예작품이

전시된다. 여름방학과 휴가철을 맞아 남해안을 답사하는 가족 단위 여행객들이 많이 찾는 곳이다.

▲ 9월=금산 인삼축제(최우수 축제)는 인삼캐기와 자르기 등 체험 이벤트를 마련하고, 인삼과 관련된 다양한 고전극 공연을 개발했다. 건강체험관에서는 기초건강 측정, 사상체질 감별, 인삼족욕 체험, 발 찜질, 한방차 시음 등 프로그램을 마련해 건강에 대한 관심을 촉구한다. 양양 송이축제(우수 축제)는 송이를 관찰 · 채취하며, 고가의 자연송이를 직거래한다.

▲ 10월=10월도 5월과 마찬가지로 지방축제가 몰려 있는 시기이다. 김제 지평선축제와 진주 남강 유등축제가 최우수 축제로 뽑혔다. 우수 축제로는 강경 젓갈축제, 천안 흥타령축제(5~10일), 영동 난계 국악축제, 이천 쌀문화축제가 있다. 김제는 전통과 농경문화의 중심지역으로, 하늘과 땅이 만나 황금물결의 비경을 이루는 지평선을 볼 수 있다. 허수아비 만들기, 메뚜기 잡기, 가을걷이 밭작물 수확, 가마니짜기, 맷돌 돌려 두부 만들기, 방아 찧기 등 농경문화를 테마로 한 체험 프로그램이 주를 이룬다. 진주 남강에 띄우는 유등놀이축제는 초혼점등, 소망등 달기, 세계풍물등 및 한국등 전시, 창작등 · 전통공예등 전시, 상징 등 퍼레이드 따위의 프로그램으로 진행된다. 야간에 즐기는 축제이며, 사진촬영 자원봉사자들이 관광객들의 사진을 찍어 주는 등 포토축제로 자리를 잡았다.

◘ 2017년 가을, 세계문화유산 도시의 중심 경주 아태지역 최초, 제 14차 세계유산 도시 기구 경주 세계총회 성공 예감 시민과 함께 하는 월정교 개막식으로 총회 포문 열어[139]

페루에서 경주까지, 머나먼 여정

지난 2015년 10월, 최양식 경주시장과 OWHC 세계총회 유치단은 페루 아레키파 총회 회의장에서 떨리는 마음으로 차기 총회 개최지 투표결과를 기다렸다. "제14차 세계총회의 개최지는 … 대한민국, 경주!" 데니스 리카르드 사무총장의 입에서 결과가 발표되자 경주시 관계자들을 비롯한 대한민국 회원도시의 시장들이 모두 동시에 두 팔을 번쩍 들어 올려 환호성을 질렀다.

아시아 · 태평양 지역 최초, 경주시에 세계유산 도시기구의 아태지역 사무처를 유치하고 불과 1년 10개월 만에 이룬 쾌거였다. 세계유산 도시기구(OWHC)는 1993년 모로코 페즈에서 최초로 결성, 캐나다 퀘벡에 본부를 둔 유네스코 세계유산 도시들의 국제 협의체이다. 유럽과 남미권 도시들의 강세로 지금까지 13차의 세계총회 개최지는 단 한 번도 아시아 태평양지역에서 열린 적이 없기에 더욱 고무적인 일이었다. 스페인 코르도바, 멕시코 올란도 등 쟁쟁한 도시들을 물리치고 유치하였다는 기쁨은 잠시 뒤로 하고, 경주시는 그야말로 불철주야 2017년 제 14차 세계총회 준비를 위해 지금까지 숨가쁘게 달려 왔다. 2년 동안 세계유산 도시기구 이사회에 참석하여 준비상황 보고를 통해 경주시의 역량을 본부에 어필하고, **회원 도시들의 세계총회 참여를 이끌어낼 수 있도록 신뢰를 쌓아 왔다.**

그 밖에도 제 40차, 제 41차 **유네스코 세계유산 위원회 행사장에서도 적극적인 경주 세계총회 홍보활동을 펼쳐 왔다.** 특히 올해 폴란드 크라쿠프에서 열린 제 41차 유네스코 세계유산 위원회에서는 정식 부대행사로 'Starry Night of Silla' 칵테일 리셉션을 개최하여 호평을 받은 바 있다. 데니스 리카르드 OWHC 사무총장과 최양식 경주시장의 세계총회 홍보 연설을 시작으로 경주 국악인들의 신명나는 전통예술공연에 흠뻑 빠져든 세계유산 관계자들은 대한민국 경주에서 개최되는 세계총회에 적극적인 관심을 가지게 되었다고 밝혔다.

- 세계총회 사상 최대 회원도시 참여로 세계유산 도시들의 화합의 장 마련

아시아 · 태평양지역이라는 낯설음, 북핵 도발 등의 불안한 국제정세에도 불구하고, 이번 경주 세계총회 참가 등록 회원도시 수는 역대 최대 규모이다. 총 120개 회원도시 1200여명 시장단 및 전문가, 유관 기관 관계자 등이 총회 등록을 마쳤다. 이는 그 동안 경주시가 적극적인 총회 홍보와 더불어 다양한 국제 교류 사업을 진행하면서 회원도시 간 네트워킹을 공고히 다져 왔기에 가능한 결과로 분석된다. 경주시에 아태지역 사무처가 개소된 다음 해인 2014년 제 1회 아태지역 총회를 성공적으로 개최하여 아태지역 회원도시 간 단결을 강화하고, 2016년 제 2회 아태지역 총회에서는 다가올 세계총회 주제에 대한 준비 및 회원도시의 적극적인 참여를 공론화 하여, 이번 제 14차 세계총회는 대한민국 경주 단독의 주최가 아닌, 국내 11개 회원도시를 비롯한 아태지역 회원도시들이 공동으로 유치하고 개최한다는 정서적 공감대를 형성해 왔다. 또한 기존 유럽 · 미주 지역 회원도시들은 후발주자인 아태지역에 대한 호기심과 기대감을 갖고 있다.

따라서 이번 세계총회는 경주시가 아태지역 세계유산 도시의 리더로 발돋움하는 드라마틱한 무대가 될 것이며, 전 세계 대륙에서 모인 회원도시들이 어우러지는 화합의 장이 될 것으로 기대된다.

- 시민과 함께 하는 세계총회로 유네스코 세계유산의 소중함을 공감하다

총회의 포문을 여는 개막식은 10월 31일(화) 17시 회의 참가자 및 일반 시민들을 포함 3000명 이상의 규모로 월정교 야외 특설무대에서 진행된다. 월정교는 신라왕경 8대사업의 첫 번째 성과를 보여주는 복원 건축물로서, 그 유명한 신라시대 원효대사와 요석공주의 사랑을 담은 장소이다. 특히 개막식에서 보여질 월정교 미디어 파사드쇼는 이 스토리를 바탕으로 서정적이면서도 드라마틱한 빛과 소리의 향연으로 서라벌의 가을밤을 화려하게 수놓을 예정이다.

개막식을 비롯한 다양한 문화행사가 시민들이 자유롭게 관람할 수 있도록 마련되는데, 이러한 시민 참여 형태의 문화행사는 **본 총회로서도 새로운 시도이다.** 세계총회를 통해 얻어지는 도시 정책과 비전을 시민들도 관심을 가지고 함께 고민해 볼 수 있도록 **다양한 문화 컨텐츠를 통해 연결고리를 마련하는 셈이다.** 개막식은 TBC를 통해 생중계되며, 가수 박정현, 중요 무형문화재 줄타기, 국기원 태권도, 국악 비보잉 퍼포먼스 등이 함께 펼쳐진다.

- 세계유산 도시의 내일을 고민하다

이번 세계총회 주제는 "지역주민의 참여를 통한 세계유산의 보존"이다. 마이클 터너 유네스코 석좌 교수가 기조연설을, 이코모스 문화고문 등 문화유산 분야에서 활발한 연구활동을 벌이고 있는 리처드 멕카이 교수가 좌장을 맡는다. 그 밖에도 건축물 및 문화유산 전문가 에일린 울바쉴리 박사, 네덜란드 아인트호벤대학의 아나 페리이라 로더스 박사 등 **세계의 석학들이 학술회의와 워크숍을 진행**한다.

학술대회 세션은 문화유산의 관리와 지역사회의 참여방안, **문화유산을 활용한 지역사회 발전 지원 모형 등 세계유산과 시민이 조화롭게 공존할 수 있는 세계유산 도시의 발전적인 내일을 모색**하는 주제로 진행된다. 본 총회의 주체인 각 도시의 시장들은 실제로 자신들의 도시에 적용할 수 있는 정책에 대한 영감을 얻어 갈 수 있을 것이다.

- 시민들도 즐거운 세계유산 축제로 초대

본회의 외에도 경주시가 야심차게 준비한 다양한 부대행사들이 시민들을 기다리고 있다. 먼저 디지털 헤리티지 특별전시가 대회기간 내내 하이코 1층에서 열린다.

가보지 않아도 가상현실로 경험할 수 있는 세계유산들이 최신의 IT기술로 구현되어 전시된다. 동양의 모나리자라 불리는 '고행하는 부처상', 미켈란젤로의 '천지창조', 베트남의 '후에 황성', 석굴암 HMD 트래블, 캄보디아 '앙코르와트', 페루 '마추픽추' 등 이름만 들어도 대단한 전 세계의 세계유산들을 만나 볼 수 있다. 하이코 1층 전시장에 마련되는 회원도시 홍보관은

세계유산 도시 홍보부스를 비롯해 **아태지역 초청 전통예술 공연단의 민속공연, 명사들의 토크콘서트**가 진행된다. '어쩌다 어른' 등 다수의 TV프로그램에 출연한 **'심용환의 역사토크'의 저자 심용환, 아리랑 세계일주를 통해 각국에 무형유산의 중요성을 알린 청년 사회사업가 문현우**가 토크콘서트 연사로 등장한다. 홍보관 내에서는 국제 문화재 복원기술의 전시도 함께 개최되어 국내외 문화재 복원 기술 전문가들도 참여하는 뜻 깊은 공간으로 구성된다. 그 밖에도 하이코 로비에서는 신라복 체험 부스와 리사이클링 아트전이 개최되어 시민들에게 다양한 문화적 재미를 선사할 예정이다.[140)]

위기시에 자제와 화합과 나눔의 지혜 – 기우제 [141)]

1457년 단종이 유배길에 오르던 해는 유난히 가뭄이 심했다. 노산군은 1457년 6월 22일(양력으로 7월 13일) 한여름에 유배길에 올랐다. 그 해는 4월부터 기우제 이야기가 나왔다.

- 전라도 관찰사는 4월말 경에 기우제에 쓸 향과 축문 등을 중앙정부에 요청하였다.
- 5월에 들어서는 상황이 더욱 심해져 충청도와 경기도에 사람을 보내 구황과 파종에 대해 살피게 하였다.
- 경상도 관찰사는 첩정牒呈을 통해서, 흉년 때문에 식량이 떨어진 염부鹽夫 등

이 힘이 없어 소금을 굽지 못한다고 하였다. 예조에서도 기우제를 지낼 것을 건의하기도 하였다.

- 당상관들은 가뭄인데도 불구하고 상황을 제대로 인식하지 못하고 술을 마시는 사람들에게 금주령을 내려 줄 것을 건의하기도 하였다.
- 우헌납[142] 윤효손은 "가뭄이 너무 심하니, 청컨대 예전부터의 관례에 의거하여 시장을 옮기고, 남문을 닫고, 석척기우제蜥蜴祈雨祭를 행하게 하소서."라고 건의하였다.
- 세조는 사헌부에 다음과 같은 명령을 내리기도 하였다. "가뭄이 심하니 마땅히 경계하고 조심하며 자신을 반성하고 수양할 시기인데도, 미혹迷惑한 소민小民이 술병을 가지고 교외에 나가서 마음대로 마시면서 방자하게 놀고 있으니, 금년 5월 21일부터 집에 있으면서 술을 마신 것 이외에 술병을 가지고 가는 사람을 일체 금지시키라." 또 가뭄으로 인한 민심의 이탈을 막기 위해서 중죄인을 제외한 잡범들을 모두 풀어 주었다. 심지어 죄인 을 사형시키는 것과 짐승을 잡아 죽이는 것도 금지시켰다. 이런 와중에 불교사찰에서 기 우제를 지낸 후 비가 와서 기우제를 지낸 승려들에게 상을 주기도 하였다....

★ 다뉴세문경을 목에 건 제왕의 사진

이게 원시적이라고요? 다뉴세문경을 깊이 들여다 볼 줄 몰랐던 현대인 우리 지식이 원시적이죠. 지극한 한민족 샤먼 청동기 문화유물: 다뉴세문경, 팔주령에도 작은 상징이!

▲ 환족 환국 가지들! 용산 환민족 역사공원 속에 녹아 함께 춤추니!
우리 환들 역사문화가 함께! 가는 생이면 이 생도 살만하다!

몽골 마두에 음률 있어 그 타고 오는 미소
황량함 속의 진정성 있는 미소
너른 고원 퍼진 공기의 황량함 속에 서 계시는 동명성왕처럼
진정성 있는 미소
한적한 강가에 누굴 기다리시며
그 오랜 세월 서 계실까? 대부여 동명성왕님
마두 음률에 녹아 사니
연인 그들의 식탁에 처음보는 외지인도
미소만 지을수 있으면 기꺼이 초대하네!

▲ 중원 연변 만주

누적된 역사 그 속의 인간애 펀린
비류강 집안 고구려 오녀산성 아래서 주몽상이 보이길래
사서 안고 많은 계단 올라가는데
답사 온 한양대학생 한 명이
받아서 안고 묵묵히 올라갔고 별 말도 없이 사라졌다
그가 그일까?
여자 혼자서 비류강가 식당에 들러
비류강 고기 매운탕을 시켜 먹으니

비류강가 식당 한 켠에
말도 모르며

음식을 시킨 객은
묵묵히 밥 먹는데 돌아갈 길
걱정은 그들이 하더라!
고요할 莫막 고요할 貊 莫막이 곧 貊이다.
막고굴은 맥고굴이다.
그래서 막고굴 17호분에 신라 혜초스님이
자신의 책 대당서역기를 남기셨다
오시는 길에 맥적산굴도
다녀오시고는 소진하셔서 '맥적'貊炙[143](소 돼지 양념해서 구운 불고기)으로
보양도 하시고는.. 나의 추측이지만

▲ 태국에서 만난 너는 "까오리?" "아니 코리아" "아냐 너는 까오리!"
어슴프레한 새벽에 **짚으로 만든 솥에 할아버지께서 찌는 찹쌀밥의 진지함**
그것에 스며 있는 진지한 아름다움과 생명의 빛. 여러 차례 사 먹었다.
해뜨는 아침이면 집앞 도로 바닥에 딱 꿇어 엎드려 앉아 공양 공헌하는 '사람의 착한 순종'
까오리: 고려 고구리 고구려, 이밥
나는 고구려 고려 까오리라는 것을 태국 시골 할머니에게서 알았다.

◀ 서대문 형무소가 서대문 독립공원으로!
대한독립!

★상형 표의의 진서眞書:

단군조선 시대에는 선대인 배달국으로부터 계속 사용되어 온 진서(眞書), 즉 녹도 문자가 있었다.

그러나 배움이 부족한 일반 백성들이 녹도문을 사용하기는 쉽지 않았다.

또 음 문자이며 만물을 형상화한 뜻 글자인 녹도문만으로는 완전한 문자체계가 이루어지지 않아 아직 불편한 점이 많았다. 하여

3세 단군 가륵 재위 45년 재위 원년은 기해년(B.C.E. 2182년)이다.

단제께서 삼랑 을보륵을 불러 신왕종전의 도神王倧[144]佺[145]之道를 물었다. 을보륵은 엄지손가락을 교환하여 오른손에 보태어 삼육대례를 행하고 진언하기를, "신은 능히 만물을 인출하고 그 성性을 각각 온전히 하므로 백성은 신의 묘한 바를 믿습니다. 왕은 능히 덕과 이로써 세상을 다스려 각기 그 생명을 안전하게 하는 것이 왕이 베풀 바요, 백성은 승복할 것입니다. 종은 나라가 선택한 바요, 전은 백성이 받드는 바이니 모두 7일을 피하여 삼신집맹에 나아가 삼흡위전을 하면 구한이 종이 되어 그 도를 덮을 것입니다.

아비가 아비 되고자 하는 자는 이래야 아비요, 임금이 임금 되고자 하는 자는 이래야 아비요, 임금이 임금 되고자 하는 자는 이래야 임금이요, 스승이 스승 되고자 하는 자는 이래야 스승이니, 아들이 되고 신하가 되고 제자가 되는 자도 역시 이 아들, 이 신하, 이 제자인 것입니다.

그러므로 **신시개천의 도 역시 신으로써** 교를 베풀었으니 **이신以神 설교**
나를 알고 혼자 구하며 나를 희생하여 물이 있게 하면
능히 人世에 복을 만들 것입니다.[146]

3·7의 날을 세어 모든 사람이 모여서 집계執戒(경계를 지키다)하므로
이로부터 조정에는 종훈이 있고
백성에는 전계가 있어
우주의 정기가 순수하게 일역에 엉키어
삼광오정이 웅결하고 뇌해가 현묘하여
광명을 스스로 얻어 서로 도우니

이를 거발한居發桓이라 하였다.

그를 구한에게 베푸니 구한의 백성이 모두 돌아와 하나로 화했다.

경자 2년(B.C.E. 2181년)의 시속時俗이 오히려 같지 아니하고 방언이 서로 달랐다.

상형 표의의 진서가 있었으나

10가의 읍의 말이 대부분 통하지 아니하고 100리의 국가가 서로 이해하기가 어려웠다. 이 때에 삼랑 을보륵에게 명하여 정음 38자를 찬하니 이를 가림토라 하며 그 글은 아래와 같다. 3세 가륵단군 신축 3년(B.C.E. 2180년)에 신지神誌 고결高契에게 명하여『배달유기倍達留記』를 찬수하였다. ★ 인도와 한국어의 깊은 연관성 – 불승 신미대사와 세종 간의 돈독한 교류와 신미대사에 관한 기록들이(현존한다) 신미대사의 범어 · 실담어에 관한 지식이 한글 창제에도 영향을 미쳤음을 알게 한다.

가장 깊은 영혼이 녹아 나는 바라나시 강변과 그들의 깊은 눈동자 속에 상형 표의의 眞書: 가림다 加臨多加臨土 69 276 277 구자라트어 훈민정음

나는 인도 구자라트 지역에 우리말을 쓰고 비슷한 문화를 가진 사람들이 있다는 얘기는 들었어도, 2008년 인도여행 때 인도박물관에서 훈민정음과 유사한 글자판이 벽에 붙어 있는 것을 보고 기절할 뻔했고, 찬탄했었다. 야외광장에는 측우기도 있었다. 이 때도 교류가 있었는데 석가모니의 생존 활동 시 B.C.E. 500년 경에는 더 말할 것이 무엇이겠는가! 실크로드 쿠차에만 불상 옆에 문자가 남아 있다.

단군 3세 가륵 단군: 가림토문자를 제정케 하고, 욕살 색정을 흉노의 시조로 임명하시다.

한국, 인도, 수메르가 서로 교류하였으니, 이 때 이후에 가림토가 전해졌을 텐데 인도에서 쓰는 가림토가 언제 전해졌는지, 또 일본의 아히루 신대문자에는 어떻게 영향을 주었는지를 연구해야 한다. 깊이 연구하지도 않고, 외래 문명이 한국에 들어 왔다고만 생각하고 주장하는 어리석음을 범해서는 아니 될 것이다. 인도는 우리 민족이 6,500년 전부터 이동하여 살았고, 근대에 이르기까지 파동적으로 이동한 역사적 사실(몽골제국, 무굴제국)들이 있으므로 불교의 석가모니가 사용했던 산스크리트어(범어)가 바로 우리의 사투리에 속한다는 것을 알 수 있을 것이다. 이 문자는 지금도 인도 구자라트 지역에서 사용하고 있다.

★ 호국 실천 경의義敬 사상 창달 시청각교육관

국난이 났을 때는 직접 나가 나라를 구한 경상 좌도 조식 남명과 그 제자들 호국 실천 敬義사상을 잇는 경남 지리산 아래 산청 한국 선비문화 연구원의 전통선비 일상교육 체험을 놀이로..국민자존심의 DNA에 근거한 생활안정과 나라의 번영을 기한다.

▲ 오는 10월 19, 20일 이틀간 제 42회 남명 선비문화 축제가 열리는 경남 산청군 시천면 한국 선비문화 연구원 전경. 나는 이 지리산 산청에서 전해준 '마고 삼신상'을 바라보며 감회가 더욱 깊어졌다.

★ (경복궁 국립민속박물관 이전 시에는 넓은 용산민족공원으로 이전하여) 매일 효열 장려 행사 및 (보은 관광) 해원제로: (비가 오는 어느날 퇴근시 숙부인 광산 김씨로 추정되는 넋을 본 직원도 있다. 쉬쉬할 일이 아니라 공개적으로 해원제 매월 하자!)

효자 증 중학교 교관 성균관 진사 허권지려 배숙부인 광산 김씨
孝子 贈 中學校教官 成均館進士 許權 之閭 配淑夫人 光山金氏

유네스코에 등재되어 하루에 행하는 종묘제례만큼의 위용은 못 갖췄어도, 총괄로 따지면 훨씬 더 많은 관광객이 모이겠지요. 한국의 제례는 볼거리 먹거리 입는거리를 나눠 가져갈 웃음거리 등등이 많습니다.

☗ 한강변 무형유산 중심 신목 신단수 정자나무들을 한 곳에 6그루나 보호수로 지정. 당연히 제일 오래된 정자목 앞엔 제단이 있지요. 사람들이 없을 때만 기도제를 올릴 것이 아니라 관광자원도 되게 하려면 식민지를 겪어 외래신앙만 존대하는 것에 극복해야 당연하지요. 우리 한국신앙을 비하한 것을 반성하는 법률제도부터 고치고, 기도터도 관리하면서 자유롭게 할 수 있도록 하는것이 경제에 큰 도움이 됩니다. 우리 전통신앙도 기도하고픈 국민이 하고 싶은 시간에 할 수 있게 하는게 독립 대한민국이지요. 언제까지 외래 종교의 눈치를 보는 행정할 것입니까요? 학교도 문화재학교 내에 과도 당연히 만들고요. 그간 외래종교 교육기관 및 관련 복지기관 등에 투자지원한 것이 얼마입니까? 한국인으로 살아가야 할 나의 조국 우리의 조상님들의 유산이니 관광자원으로도 충분합니다. 그렇다고 만신들의 기도터와 교육시설 등을 수단으로만 삼지는 말아야겠지요. 상생!

부도지 번역자 김상표 선생님과 환단천황 화가 유종회 선생님 오랜만의 망중한

☀ 덕수궁은 이제 덕수궁 대한문 자체보다 그 정문 앞의 수위교대식이 더 유명합니다. 경복궁으로도 확산 되고 있지요. 우리 것을 보고 듣고 만지고 웃고 생생한 사람을 통해 느낄 것이 있으니. 건물만 달랑 보는 것과는 다른 한국적인 낯설음과 묘미로 작용해 "맛있는 또 오는 돈쓰는 관광객"을 불러 모읍니다.

⊕ 생즉 사 사즉 생 삶 ⇄ 죽음즉 삶⇄↺↻
바닷가 강가에 〈상여가마 체험소 및 죽음 준비 맞이하는 휴양소〉 절실

살벌한 병원에서, 코나 목에 호스를 꽂은 상태로 병원 공기 그 아픈 사람들 속에서가 아니고 또 죽어서 바로 장례식장 냉동냉장고 안이 아니고(죽어서도 숨이 막혀? 답답하다)

– 죽을 병으로 아프면, 아니면 바로 그 전쯤, 바로 바다, 별밭, 강 계곡 숲나무 꽃밭에서 마치고 싶다. 남해나 서해 그 많은 섬도 좋을 것 같은데..작은 배들이 생선을 잡아 들락거리는 곳이면 더 환한 마음이다. 나는 어릴 때도 그런 곳에 살았다. 죽어서도 그런 곳에 조그맣게 묻혀 죽음을 누리고 싶다면 욕심인가? 내가 그런 곳을 만들면 사업도 될 것 같다. 움직일 수 있을 때까지 흙 생명과 같이하는 텃밭도 당연히 있어야겠지..

☀ 나는 죽으면 상여를 타고 소리 하나를 들으며 가고 싶다.

윤회⇄가마 상여 체험 - 실존의 마무리 - 선산내 수목장도 좋다.

진도 씻김굿: 죽음 제 삼베에 말다 ⇒가마 태우다 컨텐츠

하진순 문화재 군산 넋풀이굿 - 넋건지기/ 상여 가마 무형유산 박물관

한류 韓屋 연변서도 확장: 김준봉 온돌문화재 교수

▲지리산 칠불사 동국제일선원

세계 유일의 온돌구조로 만들어진 아자방 칠불사는 아자방으로 유명한 벽안당과 운상선원이 있어 많은 선승을 배출한 동국 제일선원이다. 아자방은 신라 효공왕 때 구들도사라 불렸다는 담공曇선사가 축조한 선원으로, 방이 버금 아亞자 모양이다. 방안 네 귀퉁이에는 70㎝ 높이의 좌선처가 있고 가운데 십자 모양의 낮은 곳은 경행처이다. 축조 당시에는 일곱 짐이나 되는 나무를 세 개의 아궁이에 넣어 한꺼번에 때어도 화도火道가 막히지 않고 높고 낮은 곳이 100일간 고루 따뜻했으므로 신비한 온돌방이라 하여 세계 건축사에 등재될 정도이다. 부엌 벽 중앙부에 큰 아궁이를 두어 불길이 부챗살 방향으로 들어가 남북으로 놓인 줄고래를 통해 북벽 밖 중앙에 있는 굴뚝 쪽으로 나가게 되어 있고, 부엌과 방의 높이 차이가 1.8m나 돼 불길이 잘 들도록 설계돼 있다. 한국전쟁 때 불에 타 소실된 뒤 그 터만 함석으로

덮어 보호해 오다가 1982년에 복원했다. 현재는 경남 유형문화재 제 144호로 지정돼 있다. 운상선원은 옥보대라고도 하는데 장유 보옥선사의 이름을 따서 옥보대라고 한다는 설과 거문고 전승자인 옥보고의 이름을 따랐다는 설이 있다. 현재는 선방으로 사용하고 있다. 이곳에서는 조선 시대의 서산대사, 부휴대사, 초의선사가, 현대에는 용성선사, 금오선사, 서암선사 등의 큰스님들이 안거했다. 경내에는 임진왜란으로 퇴락한 전각을 중수한 부휴대사와 1960년대부터 중창불사를 추진한 통광선사의 부도탑비가 있다.

☀ 용산 역사민족공원에서 온돌방, 알라스카에도 온돌방 – 연계해서 용산 다른 지역으로, 서울로, 전국으로, 세계로 나갈 여러 코스를 개발하여 겨레 하나로 찾아 세계평화 거름

서울 도심 고궁코스

☗ 역사민족공원 자매마을: 정읍 항일 독립성지 '천원역'

'천원'은 실상은 독립운동의 중심으로 천원역이 있다. 천원에서 가장 큰 돈이 만들어진 역사에서 나왔다. 시골인 전라도 정읍 천원역은 독립운동자금을 모아 가져오는 전국의 정신이 모이는 곳으로, 마을 이름이 대흥리이고 그 입구역이 '천원역'이다. 힘든 시절 한적한 시골에 기차역이 들어선 것은 사람들의 왕래가 많은 곳임을 증명한다. 물론 대국을 다루는 판(바둑)의 중심도 '천원'이고, 하늘은 둥글다는 우주의 큰 이치의 문자도 '천원天圓'이다. 내가 갔을 땐 〈천원역 임대〉한다고 써 붙어 있어서 독립군 후손에게 그 장소를 빌어서 같이 일을 해 보자고 제안했다.

■ (개천절 방북기) 북한 역사박물관에는 **"47대 단군"**을 명기하고 있어 북한학계는 **규원사화, 한단고기의 사료적 가치를 인정하고 있으며** 놀라운 것은 **역사박물관** 벽면에 47대 단군 역대를 기록하고 있다는 사실이었다.

고인돌에서 나오는 백인 추정 유골

[김문환의 유물풍속문화사] 고인돌 유골

'말은 제주로 사람은 서울로'라는 말을 요즘도 심심찮게 쓴다. 사람이든 동물이든 같은 부류가 많은 곳으로 가야 그만큼 제 대접을 받는다는 의미이다. 한라산 기슭의 이국적인 정취 속에서 목장에 뛰어노는 말들은 언제부터 제주를 상징하는 것일까? 1270년 고려를 정복해 속국으로 삼은 몽골이 일본 침략을 위해 말을 들여와 기르기 시작한 것이 뿌리이다. 물론 우리민족 역사에 말이 처음 등장한 것은 그보다 훨씬 더 거슬러 올라간다. 경주 천마총의 천마도나 고구려 무용총의 기마 수렵도가 이를 잘 말해 준다. 평양지역에서 출토되는 고조선 시대 마차 유물은 말의 유입연대를 더 올려 준다. 우리말 '말'은 중국에서 '마(馬)'라고 발음하고 쓴다. 비슷하다. 말의 원산지가 중국일까? 아니다. 말을 처음 사육하기 시작한 것은 B.C.E. 4천년 경 카자흐스탄과 우크라이나 초원지대이다. 어금니가 닳은 말뼈가 다수 출토되는데, 이는 재갈을 물린 사육의 결과이다. 카자흐스탄 북동부는 몽골, 중국, 러시아와 국경을 접하는 알타이 산맥지대이다. 이곳을 통해 중국으로 말과 마차가 전파된 시점은 언제일까?

▲ 기마 수렵도. 고구려 무용총. 집안 고구려 고분벽화 전시실. ⓒ 김문환

'말'로 보는 문명교류와 흔적

중국 북경 교외 유리하의 서주 연도유지 박물관이나 하남성 은허 유적지의 박물관은 중국으로 말이 끄는 마차가 유입된 시점을 상商나라(일명 은나라) 초기 B.C.E. 16세기라는 설명을 들려 준다. 비슷한 시기 인도는 물론 메소포타미아와 이집트 등으로도 전파됐다. 중국인들이 말을 '마馬'라고 부르는 이유는 알타이인들이 그렇게 불렀기 때문이다. 알타이 지역에서는 지금도 말을 우리처럼 '말'이라고 발음한다. '말'대신 '버스'라는 새로운 운송수단이 서양에서 들어와 '버스'라는 이름 그대로 중국과 우리나라에서 불리듯 B.C.E. 16세기에도 그랬다. 문화와 문명은 그렇게 한 곳에서 다른 곳으로 움직이고 세월이 흘러도 흔적으로 남는다. 고인돌이 몽골초원에서 만주를 거쳐 한반도로 유입되듯 말이다.

▲ 카자흐스탄 초원의 말. ⓒ 김문환

▲ 말이 끌던 마차. B.C.E. 8세기. 유리하 서주연도유지 박물관. ⓒ 김문환

▲ 말이 끌던 마차. B.C.E. 16 – B.C.E. 11세기. 하남성 은허 박물관. ⓒ 김문환

우리 한국어는 몽골어, 터키어, 만주어, 일본어와 함께 알타이어족에 속한다. 궁금해진다. 고인돌이나 운송수단 '말', 그 '말'을 가리키는 언어 '말'이 국제특송으로 배달된 것이 아니라면 사람과 함께 들어왔을텐데... 어떤 사람들이 유럽에서 중앙아시아와 몽골초원을 거쳐 한반도로 고인돌 문화를 전해주었을까? 전파의 주역들이 고인돌만 전한 채 돌아가지 않고, 그대로 눌러 살았다면 흔적을 남겼을 것이 분명하다.

정선 아우라지 고인돌... 서양인 추정 유골 출토

강원도 정선군으로 발길을 옮긴다. 정선 아리랑의 고장, 한강의 최상류 아우라지로 가보자. 나무를 베어 한강에 띄워 한양으로 보내던 정선 아리랑의 고장 아우라지에서 2006년 4기의 고인돌이 발굴됐다. 조사를 끝낸 정선군은 2020년까지 복원을 마치고 일반에 공개할 방침이다. 이제 아우라지에서는 남한강의 절경에 고인돌 선사문화도 덤으로 챙겨 본다. 한반도에 4만 5천 여기나 되는 흔한 고인돌 가운데 하나인 정선 아우라지 고인돌이 관심을 끄는 이유가 뜻밖이다. 고인돌 4기 가운데 2호 고인돌에서 완벽한 형태로 출토된 대퇴골의 DNA를 서울대학교 해부학교실 신동훈 교수팀이 분석한 결과 백인 형질로 나왔다.

▲ 정선 아우라지 고인돌 발굴 장면. ⓒ 정선군청

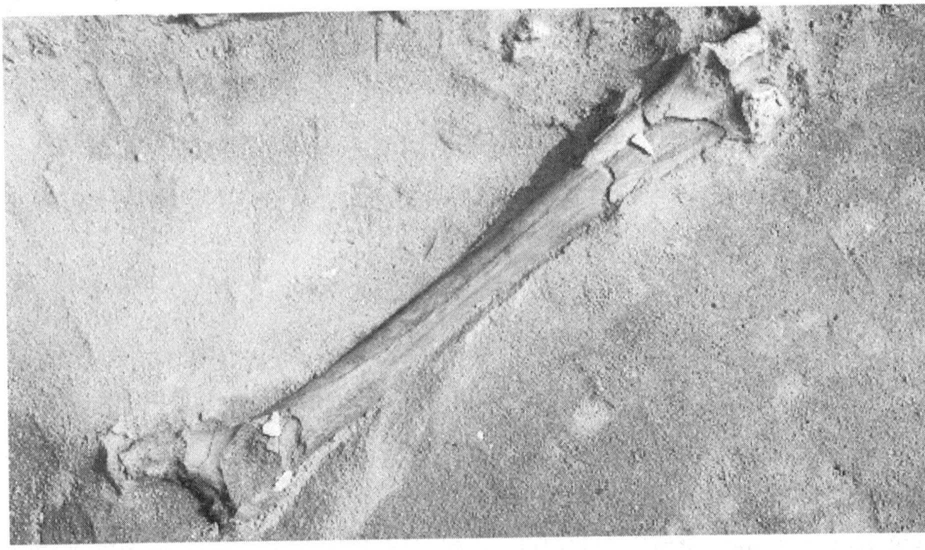

▲ 아우라지 고인돌 출토 백인 추정 유골사진. ⓒ 정선군청

정선 아우라지 고인돌... 한때 인도인 설

아우라지 유골에 대해 한양대 김병모 명예교수는 "개인적으로는 이 인골의 주인공이 인도에서 벼농사의 전래 경로를 따라 동남아시아를 거쳐 한반도에 들어왔을

것으로 본다"고 말한 것으로 2006년 12월 6일자 서울신문은 보도한다. 김교수가 "우리말 가운데 400여 개의 어휘는 인도토착어인 드라비다어에서 유래한다는 연구 결과가 있다. 쌀은 살(Sal), 풀은 풀(Pul), 벼는 비야(Biya), 메뚜기는 메티(Metti), 농기구인 가래는 가라이(Kalai) 등이 그것으로 벼농사 기술과 함께 소개됐을 것"이라고 덧붙였다는 것이 서울신문의 보도내용이다. 이는 조금 생각해 볼 여지를 남긴다. 우선 드라비다족이 백인인지 불분명하다. 인도 땅으로 우리가 아는 인도유러피언 어족의 백인이 진입한 것은 B.C.E. 17 – B.C.E. 16세기이다. 말을 타고 페르시아와 아프가니스탄을 거쳐 들어온 것으로 추정된다. 그들의 언어가 산스크리트어이다. 오늘날 영어를 비롯한 서양언어와 같은 뿌리이다.

또 하나, 최근의 연구는 벼농사가 북인도 아셈 지방보다 중국 남부 주강 유역이나 양자강 유역에서 B.C.E. 4천년대 처음 시작됐다는 결과를 내놓는다. 울산과학기술원(UNIST) 박종화 교수는 2017년 DNA 분석을 통해 한민족의 남방계 주역은 1만여년 전에 유입됐는데, 오늘날 베트남과 대만 고산족이 우리와 가장 닮았다고 발표했다. 물론 그때는 벼농사를 짓기 전이다. 이후 인도나 중국 남방에서 누군가 벼농사를 갖고 한반도로 이주해 왔을 것이지만, 드라비다족에게 농사문화를 배웠을 산스크리트어를 구사하는 백인일 가능성은 낮아 보인다. 정선 아우라지의 백인 추정 유골 연대인 B.C.E. 970년경은 몽골초원에서 한반도로 고인돌이 전파되던 시기이다. 이점에 주목해 백인의 유입경로를 북방에서 찾는 연구가 적절해 보인다. 그와 관련해 하나의 사례를 더 보자.

제천 황석리 고인돌 백인 유골

궁금증을 안고 국립 청주박물관으로 무대를 옮긴다. 1962년 제천 청풍면 황석리에서 발굴된 고인돌 18기의 유물을 이곳에 전시중이다. 청풍면 황석리는 1985년 충주댐이 완공되면서 물에 잠겼다. 지금은 수중도시가 되어 찾을 수 없다. 황석리 13호 고인돌에서 완벽한 형태의 유골이 나왔는데, 경향신문 2003년 6월 30일자 기사를 보자. 당시 유골을 분석한 서울대 의대 나세진 박사팀이 "인골의 신장이 1m 74㎝ 정도로 두개골과 쇄골 등 모든 부위에서 현대 한국인보다 크며 두개골이 단두형인 현대 한국인과 달라 흥미롭다"는 결론을 내렸다고 보도했다. 174cm. 요즘 대한민국 남성 평균키로 봐도 크다. 더 관심을 모으는 대목은 두개골이 장두형,

즉 백인이라는 점이다.

같은 날짜 경향신문은 "황석리 인골의 왼쪽 이마가 볼록하고 코가 높으며 얼굴이 길고, 결론적으로 알타이 지방에서 내려온 서양인의 형질을 포함한 사람일 것"이라는 얼굴 전문가 조용진 한서대 교수의 연구결과를 전한다. 인도기원설의 김병모 교수와 달리 알타이 기원설을 제시해 눈길을 끈다.

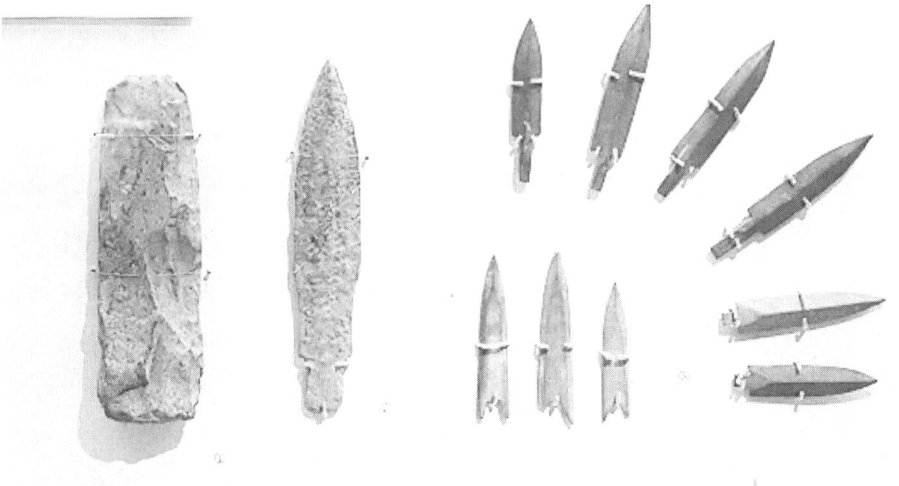

▲ 제천 황석리 고인돌 유물. 국립청주 박물관. ⓒ 김문환

▲ 제천 황석리 고인돌 발굴사진. ⓒ 국립청주박물관

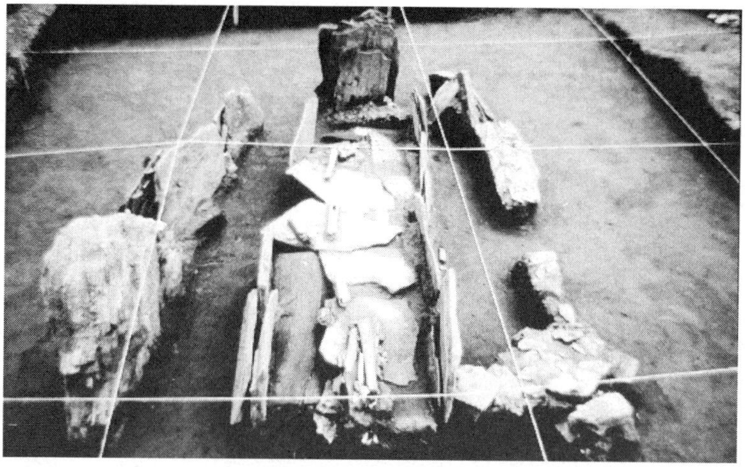

▲ 제천 황석리 고인돌 유골 사진. ⓒ 국립청주박물관

평창 하리 고인돌 여성 키가 160cm 장신

국립 강원대학교 박물관으로 가보자. 평창군 하리에서 출토된 고인돌 유골을 원형대로 복원해 놓았다. 유골의 주인공은 여인인데, 갈비뼈 옆에 세형동검 한 자루가 부러진 채 놓였다. 세형동검은 청동기 시대 권력자나 제사장의 석곽묘나 고인돌에 부장하는 유물이다. 그렇다면 이 여인은 여성제사장이라는 결론이 나온다. 시베리아나 중앙아시아에서 보는 여성 제사장의 무덤이 한반도에서도 존재했다는 유력한 증거이다.

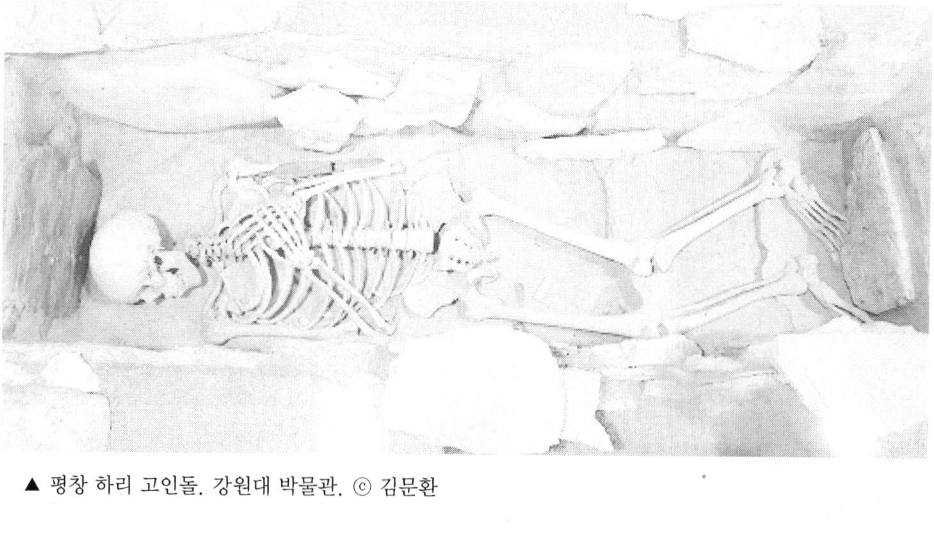

▲ 평창 하리 고인돌. 강원대 박물관. ⓒ 김문환

이 여성 제사장 추정 유골의 콧날이 오똑하고, 두개골은 장두형으로 백인 유형에 가깝다. 무엇보다 키가 160.5cm이다. 여성으로서 지금도 중간 이상의 키이다. 남부지방 가야 무덤에서 출토되는 성인여성 키가 145cm 정도인 점을 감안하면 당시 한반도에 살던 평균적인 한국인이 아니라는 추정에 힘이 실린다. 정선, 제천, 평창은 충북과 강원도 산간지역으로 서로 통하지 않는 교통의 오지처럼 보이지만, 그렇지 않다. 남한강을 이용하면 서로 가깝고 접근하기 쉽다.

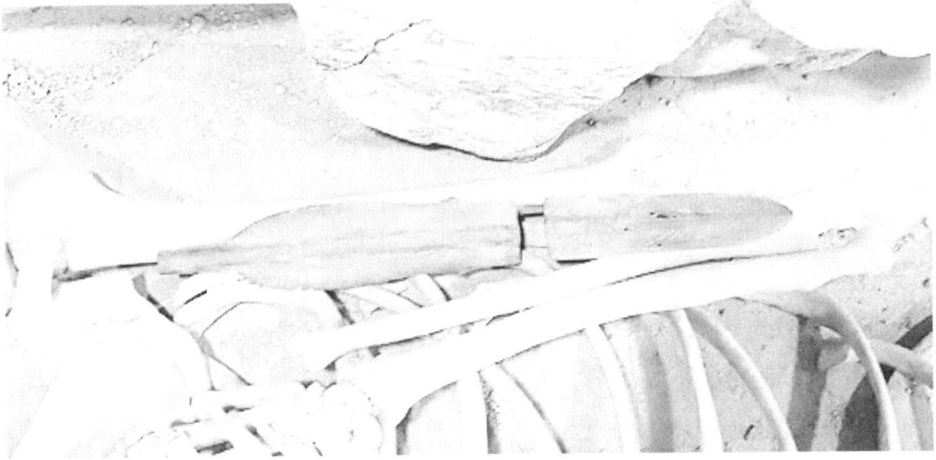

▲ 평창 하리의 고인돌 유골 옆 동검. 강원대 박물관. ⓒ 김문환

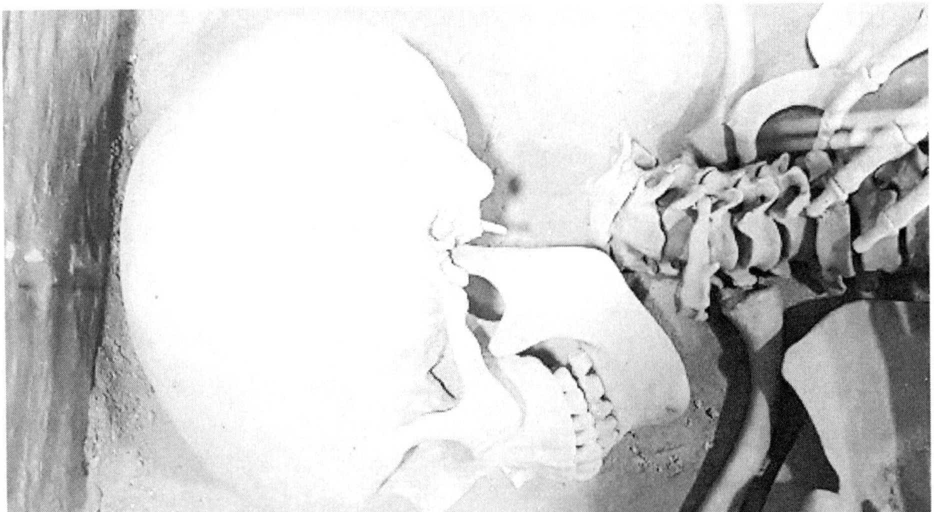

▲ 평창 하리의 고인돌 유골 얼굴 모습. 코가 오똑하고 장두형의 백인과 비슷하다. 강원대 박물관. ⓒ 김문환

알타이의 백인 미라... 스키타이 혹은 월지족

러시아 상트페테르부르크 에르미타쥬 박물관으로 가 보자. 알타이 산맥 북단 알타이 공화국 파지리크 고분에서 출토된 B.C.E. 4세기 - B.C.E. 3세기 미라가 탐방객을 맞는다. 이집트식 미라는 잘 건조된 채 2천년이 넘는 세월을 부패되지 않고 남았다. 미라의 생김새를 보자. 키가 크고 콧날이 오똑한 백인이다. 알타이 산맥이 우리가 흔히 생각하는 황인종 지역이 아니라는 사실을 말해 준다. 박물관에는 기마민족의 원류 스키타이라고 적어 놓았다. 인접한 중국의 역사학계는 페르시아 출신 월지족이라고 보는 견해가 우세하다. 중요한 점은 백인이라는 것이다.

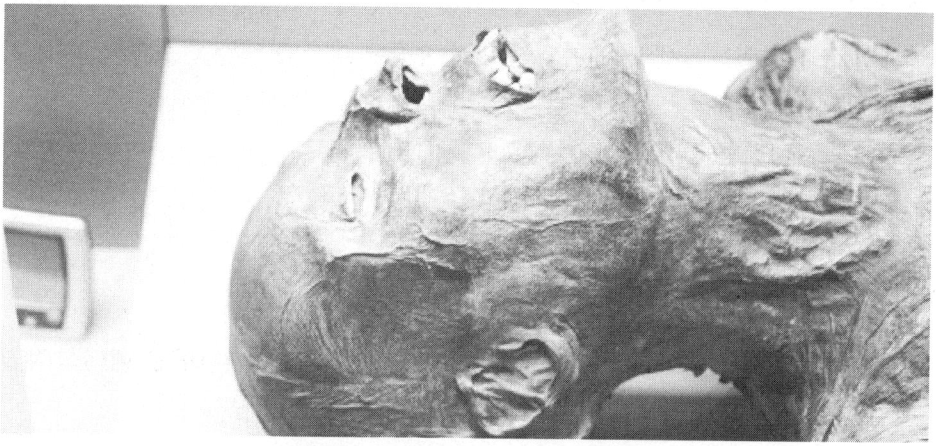

▲ 알타이 파지리크 백인 미라. 코가 오똑하고 키가 크다. 상트페테르부르크 에르미타쥬 박물관. ⓒ 김문환

▲ 몽골초원 흉노무덤에서 출토된 직물 속에 등장하는 백인. 몽골 역사문화연구소 소장. 2018년 국립중앙박물관 특별전. ⓒ 김문환

흥미로운 대목은 알타이 지역 고대 무덤뿐 아니라 인접한 몽골초원에서 출토되는 고대 유골의 대부분이 백인이란 점이다. 몽골초원에 황인종이 산 역사는 우리가 생각하는 것보다 짧다. 1천년도 채 되지 않는다. 12세기 징기스칸의 몽골족이 진입하기 전 8세기 – 11세기 몽골초원의 주역은 위구르이다. 오늘날 중국 서부 신장 위구르 자치 지역으로 영토가 축소된 위구르족은 백인이다. 위구르 이전 6세기 – 7세기 몽골초원의 주역은 돌궐족, 오늘날 터키인, 백인인 투르크이다. 투르크에 앞선 훈(흉노)는 지금 그 후손이 존재하지 않아 백인 여부를 정확히 알 길은 없다. 하지만, 백인 용모를 유물에 남겨 놓는다. 고인돌의 전파 경로에 있던 알타이 지역과 몽골초원 거주자가 대부분 백인이었다는 점. 알타이어족인 한민족의 뿌리와 관련해서 국내 고인돌에서 출토된 백인 추정 유골에 대한 정밀한 연구가 아쉽다. 하루가 다르게 발전하는 과학기술로 좀 더 완벽한 DNA 분석을 통해 새로운 사실을 밝혀내는 후속연구가 학계의 과제로 남는다.

〈문화일보〉에 3주마다 실리는 [김문환의 유물로 읽는 풍속문화사]를 〈단비뉴스〉에도 공동 연재합니다.
김문환 세명대 저널리즘스쿨 교수는 '서양문명과 미디어리터러시' '방송취재 보도실습' 등을 강의합니다.
편집 : 권영지 기자

★ **"만년 주체적인 대광영의 역사문화 놀이"와 "단동십훈 놀이"도 현대적 개발을 하도록** 서울시, 시민과 함께 100개 '공원 놀이' 개발한다

"공원 놀이는 어린이의 미래, 세대, 지역을 잇는 놀이문화의 디딤돌이 될 것" 공원이 아이들을 위한 녹색 놀이터가 된다. 서울시는 공원을 어린이들이 마음껏 뛰어 놀 수 있는 녹색 놀이의 장이자 공동체 회복의 장으로 탈바꿈하기 위한 100가지 공원 놀이를 개발한다. 이번 공원 놀이 프로그램은 다양성, 협동성, 자발성이라는 키워드를 중심으로 시민들과 함께 놀이 방법을 개발하며, 이 프로그램은 연말까지 공원 놀이 안내서(가이드북)로 제작, 배포할 예정이다.

서울시는 어린이들에게 나타나는 비만, 정서불안 등의 근본 원인이 야외활동의 감소에 있다고 판단, 지역 내 공원에서 아이들 스스로 건강하게 즐길 수 있는 '공원에서 놀자 프로젝트 공원놀이 – 100'(이하 공원놀이 – 100)사업'을 추진하게 됐다고 정책의 배경을 밝혔다. 시는 보다 효율적인 사업 추진을 위해 공익법인 서울그린 트러스트 및 놀이 활동을 하는 청년, 시니어, 학부모 단체와 함께 '공원놀이

- 100' 사업을 진행한다. 또한 마을공동체, 지역단체 등과 협력체계를 구축해 놀이 문화를 공동체 회복의 새로운 기회로 삼겠다는 복안이다. 먼저, 바른 놀이문화의 방향을 찾기 위해 서울시는 '놀이터가 시끄러워야 세상이 평화롭다'라는 주제로 8.26부터 9.19까지 구로, 성동, 은평, 성북 4개 지역에서 놀이 워크숍을 개최한다. 이번 워크샵은 아이들과 놀이를 통해 소통하고자 하는 사람이면 누구나 참여할 수 있으며 지역별로 50명씩 선착순 모집한다. 강사로는 교육운동가 현병호, 놀이운동가 편해문, 비폭력대화 전문가 김미경 등이 함께하며 지역마다 강사는 다를 수 있다. 이어 이 달 30일(토) 오후 2시 서울숲에선 25명의 어린이들이 공원에서 하고 싶은 놀이, 놀고 싶은 놀이터 등을 상상하는 '놀이를 상상하라, 어린이 소셜 픽션'을 진행한다. 25명의 어린이가 참여하는 이번 프로그램은 놀이, 공원, 놀이터에 대한 어린이들의 창조적 발상과 솔직한 바람을 들어보는 자리가 될 것이다. 서울시는 어린이들의 직접 놀이 방법을 찾아보는 기회를 제공하기 위해 유아부터 초등 저학년을 대상으로 서울숲, 북서울 꿈의 숲을 비롯해 지역의 공원에서 약 20회의 어린이 놀이 캠프를 개최한다. 또한 놀이 시설이나 아이템이 부족한 지역, 작은 공원이나 마을에는 놀이 아이템이 든 '움직이는 놀이터' 세트가 직접 찾아간다. 이 프로그램은 공원놀이 - 100의 협력단체인 서울 그린 트러스트 및 청년, 시니어, 학부모 그룹이 주축이 되어 진행된다. 오는 10월, 서울숲에선 '공원놀이 - 100'을 한 곳에서 즐길 수 있는 공원놀이 한마당이 개최된다. 서울숲이 거대한 녹색 놀이터로 변신하는 이번 행사에선 전래 · 자연 · 모험놀이 등을 테마 형식의 체험장 및 100가지 놀이 부스, 공원놀이 100 보물찾기 등 나만의 공원놀이 방법 소개 · 공유의 장이 마련될 예정이다. 놀이문화 · 활동을 하고자 하는 시민 누구나 참여할 수 있다. 서울시는 이같은 놀이체험을 통해 발굴한 100가지 공원놀이 안내서도 제작, 보급한다. 자연놀이에서 모험놀이까지 아이들과 함께 발굴한 유형별 맞춤놀이를 포괄하되, 친환경, 지역사회 거점, 공원맞춤 등 기본 사항에 따라 정리하여 놀이 안내서(가이드북)를 연말까지 제작할 계획이다.

또한 완성된 놀이 안내서는 시민 누구나 자유롭게 활용하실 수 있도록 서울시 홈페이지 및 주변 공원에 배포할 계획이다. 공원놀이 - 100' 사업에 대한 자세한 정보는 서울의 공원 홈페이지(parks.seoul.go.kr), 서울 그린 트러스트 놀이 페이지(greentrust.or.kr/playongreen)를 통해 확인할 수 있으며 기타 문의는 서울

그린 트러스트 498 – 7432로 하면 된다. 최현실 공원녹지 정책과장은 "공원놀이 – 100사업은 놀이의 재미와 가치를 잃어버린 아이들에게 건강한 녹색 놀이터를 돌려주는 사업으로, 시민과 함께 발굴한 공원놀이가 세대를, 지역의 공동체를 잇는 건강한 문화의 디딤돌이 되길 바란다"고 밝혔다.[148)]

☀ 다뉴세문경 후손들은 흉내도 못낼 정성과 지식과 기술 – 목에 건 제왕의 품격

"이게 미신? 원시적이라고요? 우리가 못 만들어 미신? 사제가 쓴 것이라 미신? 서양에는 없으니까 미신?

다뉴세문경을 깊이 들여다 볼 줄 몰랐던 현대인 우리의 지식이 원시적이죠."

칼날 위에서도 기도소통을 하는 지극한 한민족 샤먼과 왕의 청동기 문화유물 다뉴세문경.다뉴세문경을 비롯한 청동거울들은 대부분 화려한 무덤에서 발견되었다. 가운데 무언가 매달 수 있는 고리가 있고 고리에 당시 가죽끈이 남아 있는 것을 보면 아마도 옛 사람들은 거울을 옷에 매달아 사용했는지도 모른다. **고대인들에게 태양은 생명의 빛이었다. 하여 거울은 강력한 정치권력을 지닌 왕이나 신의 뜻을 받는 제사장의 상징이었다.** 삼국시대에 와서 청동거울은 정치적으로도 중요한 역할을 한다. 왕의 상징이자 국가간의 주고받는 물건으로도 쓰였는데 일본에서 발견된 인물화상병이라는 거울에는 백제 무령왕이 전했다는 기록이 남아 있다.

윤용현 연구관 | 국립중앙과학관 : 중국의 동경 같은 경우에는 꼭지가 하나에 동물 또는 물고기, 새 문양을 양각하는 것에 비해 우리나라는 꼭지가 두 개 이상이고 문양을 선각했다는데서 다른 점이 있다. 선각에 의한 새김 문화는 신석기시대의 토기 계통을 이어받는 것으로써 우리나라 역사발전에 일관되게 이루어졌다는 걸 살펴볼 수 있는 것이다. 기원전 4세기, 어느 이름 모를 기술자에게서 탄생된 청동거울. 아름다운 비밀을 품고 수천 년의 빛을 내는 다뉴세문경이다.

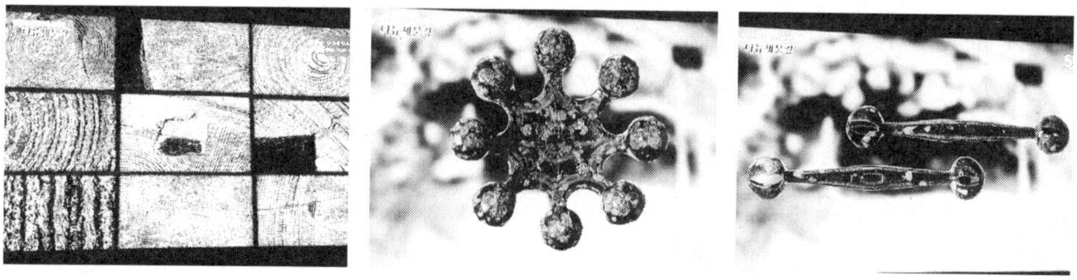

팔주령에도 작은 상징 문양들

★상형문자는 한국족이 만든 것이 증명된다. – 조옥구 선생님

상형문자와 우리말 연관

☀ '覺'자의 '見'은 수행의 열매를 통하여 얻은 안목을 의미한다.

'覺(깨달을 각)' 자는 외견상 '學'자와 모양이 비슷하다. 학자의 '子' 대신 '見'이 들어가 있는 점이 다르기는 하지만, 모양이 같다는 것은 일부분 그 내용이 같다는 것을 의미한다. 따라서 두 글자는 모두 마음과 머리의 작용을 통한 배움(깨달음)과 관계가 있다는 공통점들이 있으며, 차이라면 '子'와 '見'으로 표현되는 의미의 차이이다. 배웠다고 해서 모두 깨닫는 것은 아니라는 것이 '子'와 '見'의 차이이다. '學'자의 '子'는 심신의 수행으로 얻는 포괄적인 열매(변화)를 의미하며 '覺'자의 '見'은 수행의 열매를 통하여 얻은 안목을 의미한다. 자子가 일차원의 변화를 의미한다면 견見은 이차원의 변화까지를 의미한다고 하겠다.

☢ '태백'은 옛 말에 그냥 높고 경관 좋은 '메' 즉 '산'이라는 뜻이다. 맥들이 기거하던 곳이라 해서 '메'라 했는지 모른다. 실제로 남미에는 하얀 아스산이 있는 '메기'에서 왔다는 한국계 원주민이 우리말과 민속까지 아직 지닌 채로 살고 있고, 그곳 산의 일반 명사는 모두 OO'태백'이다. 금수강산 남쪽 태백산 검룡소(주변 황지연못)는 한강 낙동강의 발원지로 서해 한강 동해로 이어지니 서해 용이 이곳까지

따라 올라와 연못 이름에 龍자를 얻었다고 한다. 환인 환웅 단군 역사가 현재 중앙아시아 · 중국 천산엮 돈황의 삼위태백 · 서안 태백산(진령산맥의 최고봉) · 강원도 태백산 검룡소儉龍沼 / 중국 황하강 황하원과, 흙용(토용)과 연상된다. 서안 태백산은 중국 태백산은 구름 속에서도 찬바람이 불어오는 산이기도 하고, 중국의 한 가운데에 위치하고 있다고 하여 중앙공원이라고 불리기도 한다. 태백산은 해발 3,767m 되는 높은 산이라서 여러가지 야생화도 많이 구경할 수 있다.

검룡소는 한강의 발원지이다. 둘레 20미터의 깊이를 알 수 없는 석회암반을 뚫고 올라 오는 지하수가 곧바로 20m의 폭포를 이루고 쏟아지는 광경이 장관을 이룬다. 오랜 세월 동안 흐른 물줄기 때문에, 깊이 1~1.5m, 넓이 1~2m의 암반이 구불구불하게 푹 파여서 흐르는 물이 흡사 용이 용트림을 하는 것같은 형상으로 검룡이 살고 있다고 하여 검룡소이며, 주위의 암반에는 물 이끼가 푸르게 자라고 있어 신비한 모습을 하고 있고, 주변은 자연 생태계 보호구역으로 자연생태 학습의 산 교육장으로 활용되기도 하며 **매년 유두절(8월 첫째주 일요일) 한강대제가 열리기도 한다.** [150)]

산삼을 찾는 심마니들의 제사터, 제당터이기도 하다.

☀ 단군 관련 기록 우리 민족의 기원.

중국의 천산天山 일대라는 문헌자료가 제시돼 학계의 비상한 관심을 모으고 있다.

이는 민족의 유래를 **서역西域으로 확대시키면서** 중국 신강 위구르 자치구에서 한반도에 이르는 민족의 동진을 뒷받침하고 있어 향후 우리 학계의 중요 연구과제를 제시하고 있다. 박은용(76) 전 효성여대 교수(인문대 국문과)는 중국 **청淸나라 건륭 28년(1763년)에 편찬된 지리서 흠정 서역동문지'欽定西域同文志에서** 단군 설화의 태백산 위치를 규명할 수 있는 '삼위'三危에 대한 기록을 발견했다며 20일 이를 처음 공개했다. 흠정 서역동문지 4권卷之四 '천산남북로 산명'天山南北路山名에 적힌 삼위에 대한 설명은 '고천산 동진경古天山東盡境(山海經) 삼위산서삼백오십리달천산 三危山西三百五十里曰天山…

일통지 천산 일명 백산 자합밀 동북경면금이서... 一統志天山一名白山自哈密東北境綿亘而西…'등으로,

삼위산三危山의 위치와 삼위산이 곧 천산天山이며 이를 백산白山이라고도 한다는 사실을 '산해경'과 '대명 일통지' 등의 고서를 인용해 기록하고 있다.

흠정 서역동문지는 박 전 교수가 30년전 일본 도쿄대 객원교수 시절 우여곡절 끝에 입수한 지리서로 한자와 만주어.몽골어.아라비아어.타밀어.티베트문자 등으로 된 희귀본이며 '삼위'에 대한 기록을 남긴 현존 유일의 고서이다. '삼위'에 대한 이 같은 문헌학적 입증은 단군신화의 태백산 위치 설명을 위한 결정적인 학술자료를 제시할 전망이다.

삼국유사 단군조선 조는 '환인이 아들의 뜻을 알고, 내려다 보니 삼위 태백이 가히 널리 인간을 이롭게 할 만하다. 下視三危太伯可以弘益人間…'란 기록을 남기고 있으나 지금까지 '삼위태백'三危太伯이란 글귀에 대한 설득력 있는 설명을 하지 못했던 게 우리 학계의 실정이다. 박 전 교수는 우리 학계가 민족의 기원신화에 나오는 '삼위'란 글자가 태백을 수식하는 관용어인지, 별도의 지명인지에 대한 학술적인 규명도 못하고 있다"며 **"천산 일대의 위구르족 등과 우리 민족은 인종적.언어풍속학적으로 유사점도 많아 역사.언어.문화인류학계의 연구가 뒤따라야 할 것"**이라고 말했다. [151)]

☗ 우리의 역사는 제 2, 제 3의 부도지符都誌가 출현하면 완전히 밝혀질 것이다

안함로安含老의 삼성기三聖紀는 신라 진평왕 때 쓰여졌고, 부도지符都誌는 신라 눌지왕 때 박제상이 저술했다. 그러면 두 사서는 같은 시기에 쓰여진 역사서이다. 중국 25사와 비교하면 중국 25사에는 너무나 많은 사실들이 왜곡되어 있다는 것이 밝혀진다. 잊혀진 우리의 역사는 제 2, 제 3의 부도지符都誌가 출현하면 완전히 밝혀질 것이다.

안함로安含老[152]의 삼성기三聖紀를 다시 한 번 읽어 보자.

신라 진평왕 때 이찬이었던 김시부의 손자, 김안함(안함로安含老)는 신라 때 귀족 출신으로 국선國仙을 닦은 화랑도였던 것으로 보인다. 승려라고 하면 모두가 절에서 수행하는 것이 아니라 **당시에는 국선의 무리에 속한 사람도 승려로 보았기** 때문이다. 그러므로 안함로는 화랑도를 통해서 선仙을 통한 것으로 보이며 수행 과정에서 선맥의 역사를 알게 되어 삼성기三聖紀를 쓴 것 같다.

吾桓建國 最古有一神 在斯白力之 天爲獨化之神 光明照 宇宙 權化生萬物

우리 환국이 세워질 때 최고 오래된 한 분의 神이 있었다. 그 神은 하얀 힘이 서로 나누어진 것이다. 이것은 바로 氣가 생명을 창조했다는 말이다. 하늘은 홀로 화하여 神이 되었다. 광명이 우주를 비추니 생물이 권리를 얻게 되었고 그리하여 만물이 창생되었다

태초에 우주가 생기기 이전 태허太虛였을 때 하얀 힘이 쪼개지면서 神이 되었다는 뜻이다. 이 순간에 음 . 양 . 태극이 생기고 빛이 생기고 소리가 탄생한 것이다. 밝은 빛으로 하여금 생명체가 기운을 얻고 그리하여 만물이 氣의 작용으로 창생되었다고 한 것이다. 이것은 물과 빛과 소리에 의해서 만 물질이 창조되는 것을 설명한다.

백력白力은 우주를 가득 채우고 있는 힘을 말하며 우리의 눈에 보이는 것은 우주의 10%에 불과하고 나머지는 보이지 않는 힘에 쌓여 있다. 최근 과학자들이 그 존재를 알기 위해 연구 중인데 이를 암흑물질, 암흑류, 암흑에너지, 중성미자 그 외 중력파, 반중력, 반입자, 반물질 등으로 보고 있다. 하지만 그 존재 가능성만 추정하고 있을 뿐, 아직 과학의 힘으로 밝혀지지 않았다. 그러나 우리 조상님들은 보이지 않는 힘을 백력(白力)으로 보았다. 그것은 곧 氣를 말함이다. 현대물리학에서는

중성미자의 속도가 빛보다 빠르다고 주장하고 있는데 氣의 속도도 빛보다 빠르다. 흰 힘이 서로 나누어진 것을 땅에 적용하면 약 3,000만 년 전에 시베리아의 지판이 지각분열 하면서 땅이 갈라져, 그 틈으로 물이 스며들어 바이칼 호수가 생기고 만물이 창생된 것으로 볼 수 있다.

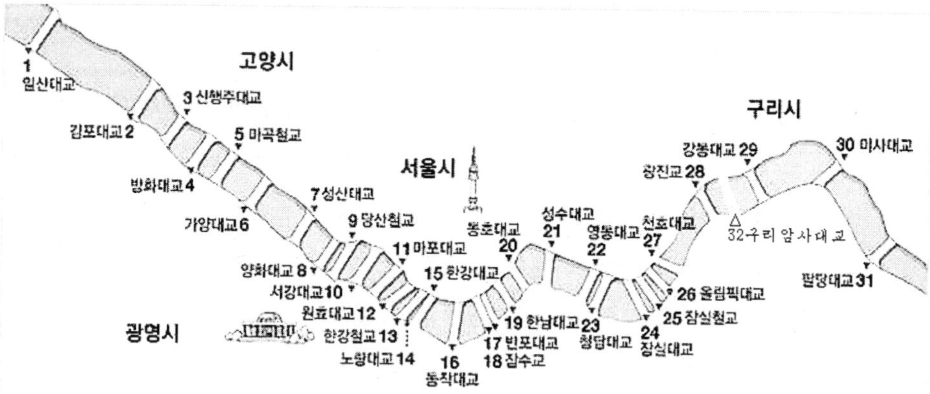

한강다리 총 31개 (대교:27, 철교:4) **위치순** 가나다순

1 일산대교	8 양화대교	15 한강대교	22 영동대교	29 강동대교
2 김포대교	9 당산철교	16 동작대교	23 청담대교	30 미사대교
3 신행주대교	10 서강대교	17 반포대교	24 잠실대교	31 팔당대교
4 방화대교	11 마포대교	18 잠수교	25 잠실철교	32 구리암사대교
5 마곡철교	12 원효대교	19 한남대교	26 올림픽대교	
6 가양대교	13 한강철교	20 동호대교	27 천호대교	
7 성산대교	14 노량대교	21 성수대교	28 광진교	

▲ 한강 다리 32개 투어를 구상한다. 한강은 길이 514㎞, 유역면적 34,397㎢이다. 서울에서 한강의 북쪽도로는 강변북로,남쪽은 올림픽대로가 있다. 한강은 6호선, 8호선, 9호선, 분당선 [2010년에 한강을 통과하는 하저터널 건설], 인천국제공항철도, 인천 메트로 1호선을 제외한 모든 수도권 지하철 노선들이 교각 1호선 [용산역~노량진역], 2호선 [강변역~성내역, 당산역~합정역], 3호선 [옥수역~압구정역], 4호선 [이촌역~동작역], 7호선 [뚝섬유원지역~청담역] 또는 하저터널5호선 [여의나루역~마포역, 광나루역~천호역][153]

◈ 초기 환인시대 영역으로 비정하는 서역 – 아프라시압(현대 우즈베키스탄) 사람들

% 같은 미이라에 대한 추정 시기가 무슨 이유인지 2600년씩이나 차이가 난다.

[중앙일보] 입력 1981.02.20

중공에서 발견된「미이라」는 빼어난 미녀 세계 최고인 6천 4백 70년 전으로 추정

■ …『그녀는 커다란 두눈과 빼어난 몸매를 지닌 금발의 미녀였다.』

지난해 중공 신강자치구「우루무치」동북방 4백㎞ 지점의 옛 폐허도시「누란」(로울란) 에서 발견된「미이라」를 직접 취재한 중공기자들은 6천 4백 70년 전의 것으로 추정되는 이「미이라」에 대한 첫 소감을 이렇게 표현했다. 중공과학자들은 이「미이라」가「이집트」의「피라미드」에서 발견된「미이라」들보다 훨씬 더 오래된 것임에도 불구하고 여전히 피부의 윤기를 잃지 않고 있는 것은 신강사막의 건조성기후때문이라고 믿고 있다.

과학자들은 이「미이라」를『누란의 소녀』로 명명하고 이「미이라」가 아마도 현재까지 전세계에서 발견된「미이라」들 중 가장 오래된 것일 가능성이 크다고 말했다.【UPI】

% [歷史&文化] 3800년전 누란 미녀 미이라/復原3800年前樓蘭的干尸美女| 原文中國信息

베이컨 |2007. 04.16.

3800년전 누란 미녀 미이라 复原3800年前楼兰的干尸美女

1980年穆舜英发掘出一具女性干尸，始称“楼兰美女”。是迄今为止新疆出土古尸最早的一具，距今约有三千八百年的历史。1980년 신강 무순잉에서 발굴된 3800년의 미녀 미이라

“楼兰美女”复原图 크로라이나 미녀 복원과정

楼兰(Kroraina)，少女般的名字。누란으로 이름 지음

说到楼兰就不得不说罗布泊。从考古推测的时断时续的历史再到上世纪八九十年代的探险事故，罗布泊 – 楼兰一线留下了太多的故事。这是个神秘与恐怖的地带。

1980年穆舜英发掘出一具女性干尸，始称“楼兰美女”。是迄今为止新疆出土古尸

最早的一具，距今约有三千八百年的历史。科学测定该女子死时为四十五岁左右45세 정도，生前身高1.57米 신장 157cm，现重10.1千克 미이라 체중 10.1kg，血型为O型 혈액형 O형，…

"楼兰美女"的干尸，睫毛清晰可见，根根分明 미이라의 속 눈썹이 선명하다

清秀俊美的面容 빼어난 미모

只有斜阳仍是当年的斜阳，有谁还记得还她千年旧梦 누가 알랴! 1000년의 세월을..

夕阳西下楼兰繁华不再，只有我和亘古的甜蜜与悲泣 사라진 제국의 번영과 비애만..

在沈阳复原的楼兰美女18岁时候的样子 심양에서 복원된 미이라의 18세의 모습

(本文网址:http://bbs3.news.163.com/photo/2170687,2.html)

% 코카사스 지역은 흑해와 카스피해의 사이에 있는 지역을 말하는데 주변국으로는 터키와 이란, 러시아가 있다. 터키와 가깝기 때문에 예로부터 이 지역은 이슬람 문화의 영향을 강하게 받아 왔다. 터키와 러시아의 주변에 위치한, 이 지역은 여러 세기에 걸쳐서 정치, 군사, 종교, 문화 대립과 팽창주의의 무대가 되고 있다. 이 곳의 역사 전체에 걸쳐, 캅카스는 통상적으로 이란의 세계에 합병되어 있었다. 19세기가 시작되고, 러시아 제국은 카자르부터 영토를 늘렸다.

그 지역의 고대 왕국들은, 다른 나라들과 함께, 아르메니아, 알바니아, 콜키스, 이베리아를 포함하고 있었다. 이 왕국들은 후일에 메디아, 아케메니드 제국, 파르티아 제국, 사산 제국을 포함하는 다양한 나라들이 이란 제국에 합병되었다. 그 때까지 조로아스터교가 우세한 종교가 되어 갔다. 그러나 그 지역은 다른 두 종교의 변화를 거쳐야 했었다. 페르시아와 로마, 나중에는 비잔티움의 경쟁 때문에, 제국들은 나중에, 점령한 지역을 절대로 지킬 수 없을지라도, 그 지역에 두 서너 번은 침입해야 했다. 그러나 아르메니아와 조지아는 기독교의 본질이 있었기에, 기독교 신앙은 배화교적 사상을 초월하기 시작했다. 페르시아의 이슬람교 정복으로 인해, 그 지역은 아랍의 통치 아래에 있었다. 아르메니아인과 조지아인의 대다수는 기독교 신앙을 유지했고, 조지아의 왕 건설자인 다윗은 무슬림을 몰아냈다. 그 지역은 후일에 셀주크, 오스만, 몽골에 의해 정복되고, 칸이 통치하는 지방 왕국이었고, 러시아에 의해 정복되기 전까지, 한때는 다시 페르시아의 통치에 있었다. 이 지역은 단일 정치 독립체로 두 번 통일되었다. 그 때는 1918년 4월 8일부터 1918년 5

월 26일까지의 러시아 내전(트랜스카프카스 민주주의 연방 공화국) 때와, 1922년 3월 12일 부터 1936년 12월 5일까지의 소비에트 통치(트랜스카프카스 SFSR)기간 동안이었다. 남부 카프카스는 고대에 스키타이의 영향권 아래에 있었는데, 남부 카프카스(카프카스 알바니아, 콜키스)가 페르시아 제국에 흡수된 때였다. 근대에 들어, 카프카스는 오스만 제국, 이란과 러시아 제국의 전쟁 지역이 되었고, 마침내 근대 후반에는 러시아가 대부분 지역의 지배자가 되었다.

1. 6470년~3800년전 누란의 미인 미이라 – 머리에 모자에 깃털을 꽂고 있다.
2. 아프라시압 벽화 속의 고구려 사신들 – 머리에 깃털을 꽂고 있다.
3. 아프라시압 박물관의 전시물 속에 귀엽게 도안한 맥의, 말과 같은 발굽이 인상적이다.
4. 현대 아프라시압 시장에서 김치를 만들어 파는 여성
5. 옛 전통적인 의상을 차려 입은 여성들이 오래된 과거를 떠오르게 한다.

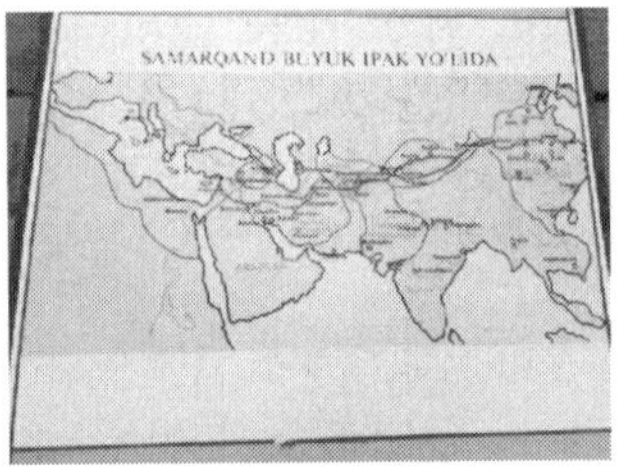

아프라시압 박물관의 벽화, 머리에 새깃털을 한 오른쪽 끝의 두 사람이 고구려인이다.

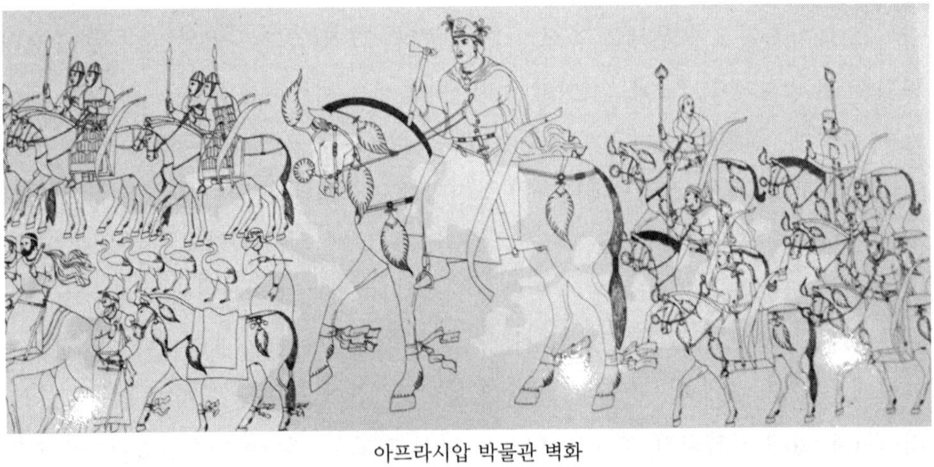

아프라시압 박물관 벽화

몽골인 티무르왕은 대상로隊商路를 정비하고 대상의 숙박소, 보호소를 도처에 설치했으며, 교역도 적극 장려했다. 멀리 지중해 동안에서 이란을 거쳐 사마르칸트와 타슈켄트, 탈라스를 지나 몽골에 이르는 동서 대상로가 원활히 소통되었다.

아프라시압 박물관의 전시물

전통방식으로 종이를 만드는 사마르칸트 사람들
물레방아를 이용해서 종이 제조과정에 필요한 물을 공급한다.

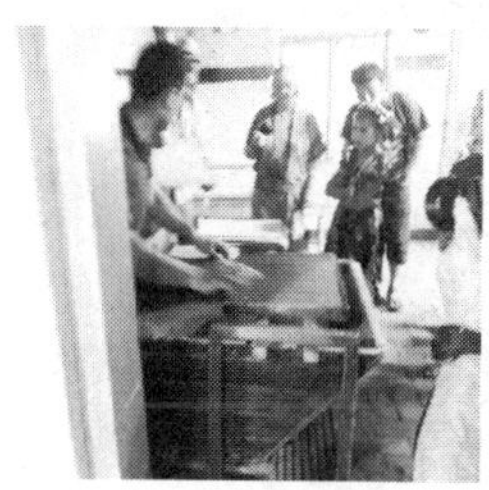

사마르칸트의 센트랄 바자르에서 갖가지 김치를 파는 아줌마,
그의 입에서 한국말이 금방 나올 것 같다.(남석훈, 五賢13 http://cafe.daum.net/ohyun13, 사진 참조.)

% 어떤 영혼인가가 나를 부르고 있다. 타클라마칸으로 오라고. 이제 이 땅에서 떠나라고...

그대는 누구인가? 몇 천 년 전의 여인, 타클라마칸의 동쪽 끝, 누란의 미녀가 떠오른다.

그대는 여왕이며, 사제(司祭, priest), 신神의 여인...

루란(Loulan, 樓蘭, 누란)... [타클라마칸을 포함하는 타림 분지에서는 가끔 백

인종(Aryan, 아리안)의 특징이 뚜렷한 미라(mummy)들이 발견되곤 한다. 유전자 검사를 해 보면, 그 미이라들은 러시아 등의 동유럽 슬라브족에게서 많이 보이는 유전자를 많이 갖고 있지만, 동양인의 유전자도 보이는 등으로, 혼혈적 특성이 있다는 것 같다. 그 미이라들 중에서 유명한 것은 이른바 '루란(樓蘭, Loulan)의 미녀'라고 불리는 서유럽 켈트족 혈통으로 보이는 붉은 머리카락과 혈액형 O형을 가진 여자의 미이라이다. 지금으로부터 약 4,000년 전의 것으로 보이는 '루란의 미녀(Beauty of Loulan)'는 우리나라에서는 그 한자를 읽는 방식에 따라 두음법칙을 적용하여 '누란의 미녀'라고 한다. '누란의 미녀'를 중국에서는 자신들의 한자 읽기 방식 그대로 읽게 되므로 楼兰美女(러우란 메이뉘이)라고 하고, 일본에서는 楼蘭の美女(ろうらんのびじょ : 로오란 노 비죠)라고 한다.

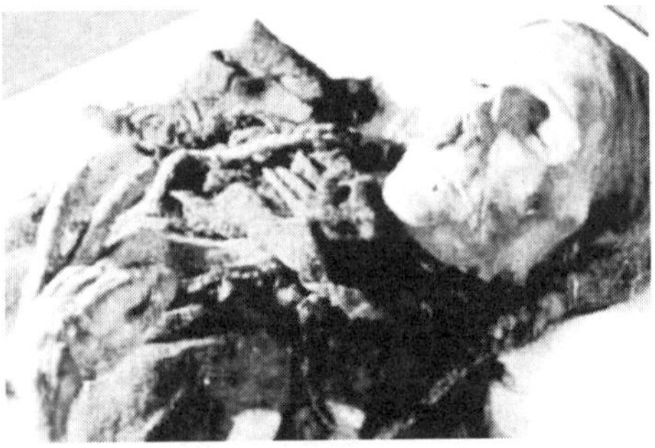

〈중국의 형사 전문가가 복원한 누란의 미녀의 (심양에서 복원된) 젊은 시절 모습. 그 위의 그림은 일본에서 복원한 그림 (타클라마칸 — 누란의 미녀 | 작성자 푸른미르)

약 2천년 전에는 타클라마칸에 토카라 또는 토하라(Tokhara, Tochara)라고 불리던 백인종 계통의 종족들이 살면서 대하大夏라는 나라를 세우기도 했었다가, 그들이 흉노 등에게 밀려 인도로 가서 쿠샨 왕조를 세운 것으로 보이는데, 그들이 타클라마칸(타림)의 미라들과 직접적인 관련이 있을 가능성은 높지만 확증된 것은 아직 없다.

지금 타클라마칸 사막을 포함하는 타림 분지에 살고 있는 현대의 위구르족들도 혼혈 종족인데, 그들 중에는 타클라마칸의 미이라들의 유전자와 서로 계통이 같은 유전자를 갖고 있는 사람들도 상당히 있는 것으로 보이기 때문에, 현대의 위구르족들이 자신들의 땅에서 발견되는 미이라들에 대하여 자신들 선조의 미이라라고 주장한다면 그것은 어느 정도 타당성이 있을 것 같다.]

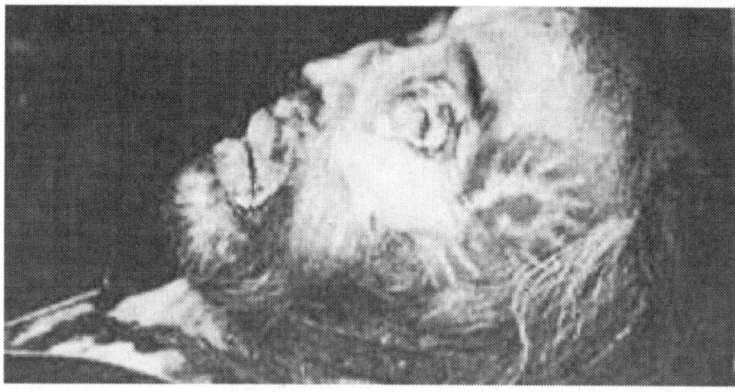

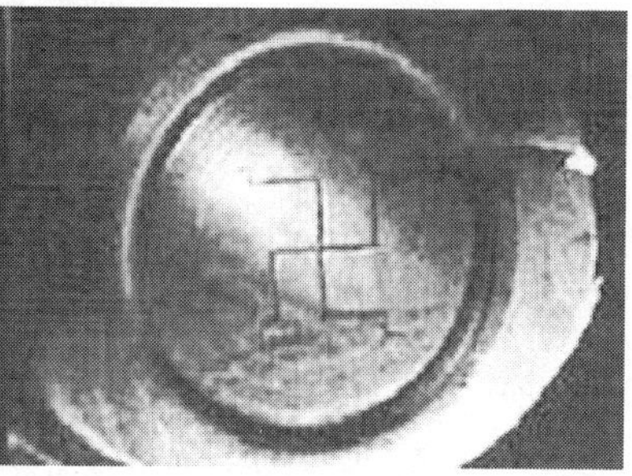

Ⅱ. 힘이 없는 시민공원과 평화공원 등을 보며!

기존 외국인이 주도 하는 공원의 문제점 – 예)부산시민공원(미국인 세계 조경 전문가가 주도)

부산시민공원 – 영어를 모르는 한국인 아이들의 서툰 영어 모방이 참으로 웃겼다?

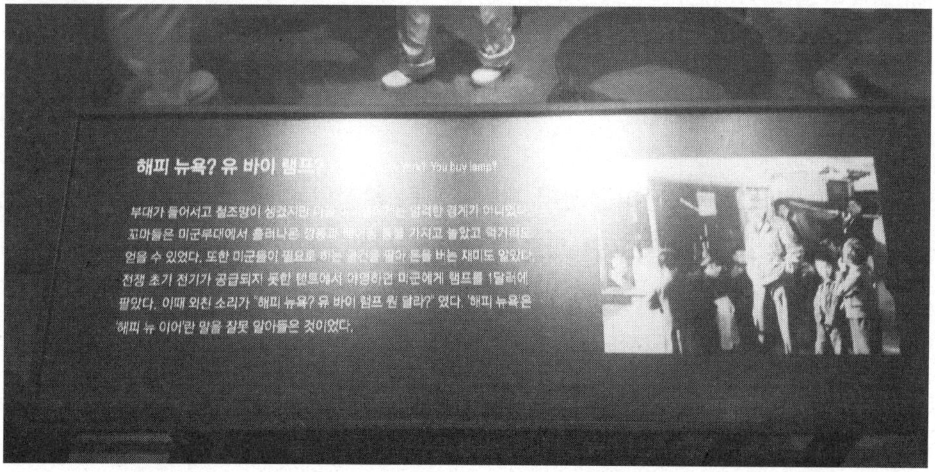

「해피 뉴욕? 유 바이 램프? Happy New York? You buy lamp?

부대가 들어서고 철조망이 생겼지만 마을 아이들에겐 엄격한 경계가 아니었다. 꼬마들은 미군부대에서 흘러 나온 깡통과 베어링 등을 가지고 놀았고 먹거리도 얻을 수 있었다. 또한 미군들이 필요로 하는 공간을 알아 돈을 버는 재미도 알았다. 전쟁 초기에 전기가 공급되지 못한 텐트에서 야영하던 미군에게 램프를 1달러에 팔았다. 이때 외친 소리가 " 해피 뉴욕? 유 바이 램프 원 달러?" 였다. "해피 뉴욕은" 은 "해피 뉴 이어" 란 말을 잘못 알아 들은 것이었다. 」

(본책 1권 참조)

Ⅲ. 현 정부와 서울시의 제안 방안들 – 생태공원. 뼈아픈 역사 기억

오만한 미국 대사관이(박근혜대통령의 한국정책 공백기에 자유롭게 결정할 기회를 틈타 마음껏 선정한 부지 및 크기라) 또 세계적으로 가장 넓게 용산공원 중요 핵심 입구에 떡 하니 넓고 넓게 자리를 차지한다 하고, 그것도 점령군의 자세로 벽을 두껍고 높게 막을 것이고, 그 벽을 대하는 것만으로도 근처에 사는 국민들은 오가며, 비독립국적 나라의 국민으로 의식 무의식적으로 가슴이 턱턱 막히고 자존심 극히 상하고, 스트레스를 엄청 받는다. (철망을 치고 미국의 재산이니 쏜다 식이다) 다이아몬드보다 더 귀한 120년만에 내 나라 우리 땅이 되는 한국 국가 공원 땅에. 용산 주민 누구께서는 "용산! 지금까지 중일미군 강대국 싸움꾼들 주둔군에게 눌려 살았으니 그 한을 풀고 싶다. 이제 과거사를 싹 다 걷어 치워내고, 세계 최신식 한국산 무기가 있으면 그 전시장으로 해서, 앞으로 그 누구도 한국은 점령할 나라가 아니다 라는 것을 인식시켜서, 한국 나라나 지도자나 국민을 무시하는 일이 없게 했으면, 소원이 없겠다" 하는 말에 소름이 끼쳤다.

▾ 정부 – 서울시 '용산미군기지 개발' 갈등, 확정안 발표 연기 용산미군기지 용산기지공원 서울시 국토부 공원 난개발

◀ 앵커 ▶[156] 한편 주한미군 기지를 통폐합해 입주할 평택기지의 부지는

여의도 면적(290만㎡)의 5.5배인 1467만 7000㎡로 해외 미군기지 중 최대라고 전해졌다.

각 부처나 담당자별 용산민족역사공원 지향 현황

내가 탄원서를 올린 이후 정부 관계자들 및 관련자의 간담회가 있었다고 한다.

①현 정부⇒생태공원(대선 시절), 아파트촌 설(2018년 말 초)

⇒ 2019 봄 정부측 유홍준위원장 최근 발표 '용산 국가공원 설(광화문역사공원 계획 철수)'

% 남산 만초천, 기우제 터…용산 '국가공원의 꿈' 부푼다.[157]

[유홍준의 용산기지 답사기]1904년 일제에, 해방 뒤 미군에 넘어가 '사실상 남의 땅'

숭례문~동작나루 잇던 옛길, 만초천엔 느티나무 가로수/ 남산자락 가까이엔 기우제 터…크고 작은 건물 1천 여 동/"뉴욕 센트럴 파크와 맞먹는 시민들의 사랑을 받는 공간이 되리라"

우리가 '용산 미군기지'라고 부르는 '금단의 땅'이 마침내 굳게 닫힌 철문의 빗장을 열고 시민의 발길을 받아들이기 시작했다. 무려 114년 만이다. 내 나라 내 강토이면서 그동안 우리는 이 드넓은 외인부대 병사를 치외법권을 넘어 우리가 어찌할 수 없는 사실상의 남의 땅으로 치부하며 살아 왔다. 우리 할아버지의 할아버지 때 어쩌지도 못하고 일제에게 살점을 도려내는 아픔으로 강탈당한 것이 40년, 그리고 동족상잔이라는 어처구니가 없는 역사의 비극을 겪으면서 더 높은 울타리와 철조망으로 둘러쳐 그 안이 어떻게 생겼는지 알지 못한 채 살아간 것이 70년, 천신만고 끝에 군부대의 평택 이전을 합의한 지 15년이 지나서야 이제 겨우 빗장을 연 것이다. 그렇게 체념하고 외면하면서 살아온 이 땅이 다시 우리에게 돌아온다는 사실은 기쁨은 기쁨이로되 상처와 아픔과 슬픔으로 가득한 기쁨이다.이 땅이 다시 우리에게 돌아온다는 사실은 기쁨은 기쁨이로되 상처와 아픔과 슬픔으로 가득한 기쁨이다.

▲ 서울 용산기지 만초천. 연합뉴스

▲ 한미 군사합동본부

지난 2일 시민에게 처음 이 금단의 군사기지를 공개하는 '용산기지 버스투어' 행사는 용산역 맞은편, 아모레퍼시픽 건물과 금단의 장벽 14번 게이트와 마주하고 있는 한강로동 주민센터 어린이 놀이터에서 열렸다. 미군기지에서 보자면 서남쪽 모서리이다.

행사 자체가 지닌 역사적 무게가 무게인지라 김현미 국토부 장관, 박원순 서울시장, 박순자 국회 국토교통 위원장. 성장현 용산구청장이 참석해 기념사 축사를 했으며 토미 마이즈 주한미군 사령부 기지변혁 재배치 단장의 상황 설명이 있었다. 그러나 어느 누구도 이 첫 출발에 앞서 감히 아픔의 역사에 대해서는 외면하듯 말하지 못하고, 앞으로 이 땅을 의미 있게 가꿔 나가자는 다짐만을 말할 뿐이었다. 유행가 가사대로 지나간 것은 지나간 것으로 두고 내일만을 말하자는 식으로 아픔을 간직한 출발이었다.

마침내 14번 게이트가 열리고 투어 참가자들을 실은 버스가 경찰차의 에스코트를 받으며 영내로 들어서면서 역사적인 출발이 시작됐다. 안내를 맡은 용산문화원 김천수 실장이 14번 게이트→ 남쪽 벙커(South Post: 일본군 작전 센터)→ 121병원(일제 총독관저 터)→ 위수감옥(일본군 감옥)→ 미8군 사령부→ 한미연합 사령부→ 일본군 병기지창→조선시대 남단 터→ 드래곤힐 호텔로 이어지는 9㎞, 1시간 반짜리 투어 코스를 설명했다.

용산 미군기지는 약 73만 평(243만㎡)으로 여의도(290만㎡) 크기에 육박하는 규모로 동서 약 2㎞, 남북 약 3㎞, 둘레가 약 13㎞에 달한다. 이 땅이 114년 동안 군사기지로 된 것은 일제의 식민지 침탈이 한창 진행되고 있던 1904년 러일전쟁 때로 거슬러 올라간다. 그때 일제는 조선 주둔군 사령부를 두기 위하여 강제조약으로 맺은 '한일의정서' 제 4조 규정을 내세워 서울의 남산과 한강 사이에 있는 낮은 구릉지대인 용산 일대 약 300만평을 강제 수용하면서 토지 매매를 정지시키고 위수지역으로 선포했다.

1945년 8.15 해방을 맞이하면서 미 · 일 간의 종전협정에 따라 미국이 일본의 군사기지를 접수하면서 이 땅은 그대로 미군 제 7사단으로 넘어갔다. 이어 6.25 전쟁에 참여한 미군은 1953년 7월 휴전협정 이후 주한미군 사령부로 계속 사용하게 되었고 유엔군 사령부도 함께 들어왔으며 1978년에는 새로 창설된 한미연합 사령부도 들어왔다. 이것이 우리가 말하는 용산 미군기지의 실체이다. 아스팔트 길을 따라 남쪽 자락을 타고 동쪽으로 가던 우리 버스 앞에 제일 먼저 나타난 것은 사우스 포스트 벙커였다. 6 · 25 때에는 한강철교 폭파를 결정한 벙커였다고 하며 일제강점기엔 일본군 방공 작전실이었다고 한다.

차창 밖으로 보니 기지 안의 이정표는 모두 영어로 쓰여 있었고 낙엽 진 나무 너머로 폐쇄된 군대 막사 건물들이 을씨년스러운 분위기를 자아내고 있었다. 그동안 국토를 답사하면서 폐사지는 무수히 보았지만 '폐 군대기지'를 보는 것은 이것이 처음인 것 같았다. 지금 현재 기지 내에는 크고 작은 건물이 약 1천동이 있는데 그 중 어느 건물을 역사적 유적으로 남길 것인가가 큰 과제이다. 한미 간에 용산 미군기지의 평택으로 이전을 완전히 합의한 것은 2003년이었으나 주한미군 사령부가 평택으로 이전한 것은 그로부터 15년이 지난 올 6월이다. 기지 내 건물은 20%가 폐쇄되었고 내년 12월에는 약 80%가 폐쇄될 예정이라고 한다.

우리는 일제 때 총독관저 자리에 지은 121병원을 지나 동쪽 둔지산 기슭에 있는 위수감옥 터에 하차했다. 감옥 건물은 없어졌고 환자를 수용하던 작은 붉은 벽돌 건물이 서대문 형무소의 분위기로 남아 그 옛날을 말해 준다. **위수감옥엔 의병운동을 하던 우국지사도 수감되어 '백범일지'에도 나오는 강기동 선생이 여기에서 처형됐다.**

우리는 다시 오던 길을 돌아 나와 북쪽으로 곧장 난 넓은 대로를 따라 올라가 한미연합사 사령부로 향했다. 이 길은 **조선시대에 숭례문에서 나온 사람이 동작 나루로 가던 옛길**인데 지금은 기지 내 메인도로로 되어 있다. 연합사 건물은 청기와 집이었다. 4성장군 김병주 한미연합사 부사령관이 직접 영접을 나왔다. 나를 알아본 장군에게 한옥양식이어서 마음을 편하게 한다고 하니 미군기지 내 연합사 이름으로 한국군도 들어오면서 일부러 한옥양식으로 지은 것이었다고 한다. 연합사 건물 뒤편으로 돌아가니 길게 흐르는 천변에 아름답게 물든 느티나무 가로수가 줄지어 있고 곳곳에 다리가 정겹게 놓여 있어 남산에서도 볼 수 없는 우리네 서정이 일어난다. 이 냇물은 남산에서 흘러내리는 만초천이라고 한다. 용산 미군기지가 국립용산공원으로 다시 태어날 때 아마도 시민들이 가장 사랑하는 공간으로 되리라.

서울 용산 미군기지 안에 조선시대 왕이 기우제를 지내던 '남단터'. 연합뉴스

연합사를 떠나 우리는 더 북쪽, 남산 자락 가까이 가서 조선시대 기우제를 지내던 남단으로 갔다. 단은 사라지고 빈터에 화강암 부재만이 그 자리를 지키고 있지만 이 자리의 역사성을 말해주는 의의는 말할 수 없이 크다. **조선왕조 한양 천도와 함께 마련한 이 제단에서는 가뭄 때마다 기우제를 지냈는데 조선시대에 기우제를 지내면 100% 비가 내렸다. 그 비결은 비가 올 때까지 제를 지냈기 때문이다.** 기우

제란 미신이 아니라 왕과 관료와 백성이 한마음으로 하늘에 비는 국가적 국민적 행사였던 것이다.

이날 행사는 본래 드래곤힐 호텔에서 마무리하기로 돼 있었으나 예정 시간을 훌쩍 넘겨 여기에서 끝냈다. 행사에 참가한 사람들은 이구동성으로 이 엄청난 땅이 우리에게 되돌아오게 되어 서울 시내에 뉴욕의 센트럴 파크와 맞먹는 국가 공원이 들어서게 된다는 사실에 저마다 부푼 희망을 그렸다. 대놓고 할 소리는 아니지만 만약에 이곳에 군사기지가 없었다면 아마도 달동네와 아파트로 가득 차 있었으리라 생각하니 그동안 우리가 인내하며 지내온 것에 대한 값진 대가를 얻은 전화 위복이라는 생각마저 든다.

정부의 용산공원 계획은 아주 오래전부터 차근히 진행돼 왔다. 1991년엔 미군골프장 지역에 용산가족공원이 조성되었고, 1993년엔 육군본부가 계룡대로 이전하면서 그 자리에 전쟁기념관이 건립됐으며, 1995년에는 국립중앙박물관의 용산 이전이 확정되어 2005년에 개관했다.

2005년 참여정부는 '국가공원화' 방침을 발표했고 2007년엔 용산공원조성 특별법을 제정하기에 이르렀다. 2008년엔 용산공원 조성추진 기획단을 설치하고 국민 아이디어를 공모하여 생태 중심의 단일공원으로 확정하고 **2012년에 설계 국제공모를 실시하여 네덜란드의 조경팀 West8과 한국의 건축팀 이로재가 제시한 안을 당선작으로 선정해 올해 말까지 기본계획을 완성할 것이다.**

이제 예정대로라면 2021년까지 미군기지 철수를 완전히 끝내고 곧바로 SOFA 협정에 따른 부지반환 절차에 들어가 지질 및 환경조사를 실시하면 2027년이 넘어야 우리나라 최초이자 최대의 국가 도시공원으로서 용산공원이 개장될 것으로 기대하고 있다.

이번에 실시한 '용산기지 버스투어' 행사는 이런 대역사를 앞두고 시민들의 의견과 동의를 구하는 자리로 마련된 것이니 우리는 모름지기 아름다운 공원을 함께 만들어가는 자세로 적극적으로 참여할 일이다. 유홍준 〈명지대 석좌교수〉[158]

% 용산미군기지 버스 투어, 2019. 4월부터 확대 · 시행

매회 버스 운행, 기존 1대→ 2대 증편/25일부터 용산문화원 누리집 신청 접수

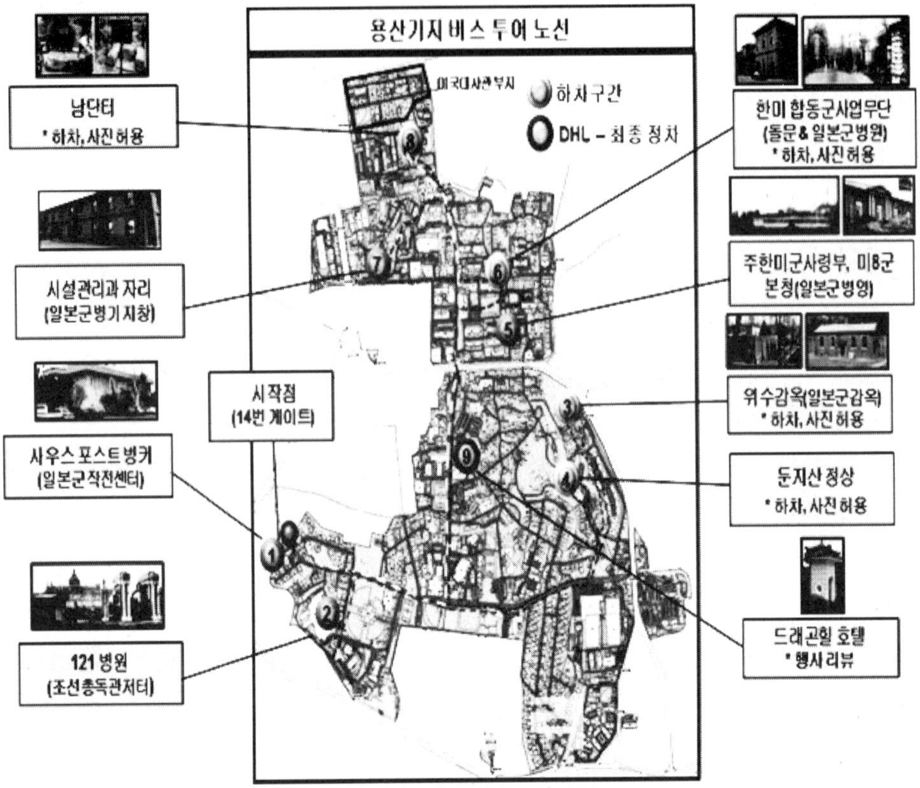

[이데일리 박민 기자] 지난해 11월부터 일반에 개방된 서울 용산기지가 오는 4월부터 버스투어를 확대 시행한다. 국토교통부는 용산미군기지 주요 장소를 버스로 둘러볼 수 있는 '용산기지 버스투어'를 4월부터 6월 두 달간 총 14차례로 확대 시행한다고 밝혔다. 매회 운행 버스는 기존 1대에서 2대로 증편한다. 국토부 관계자는 "이번 투어는 용산 갤러리 관람 후 용산기지 내 주요 거점에서 하차해 역사 · 문화적 장소를 둘러 보고, 향후 공원 조성 방향 등에 대하여 의견을 공유하는 시간으로 진행된다"고 말했다. 일제 강점기 이후 114년 간 '금단의 땅'이었던 용산 미군기지는 지난해 11월 개방한 이후 정부 및 지자체 등 주요 인사와 일반 국민이 총 6차례에 걸쳐 330명 방문했다. 올해에도 지난달 15일까지 6차례에 걸쳐 230여 명의 일반국민이 버스투어에 참여했다...용산문화원 홈페이지를 통해 접수. 이후 투어 참가 신청 접수는 투어 실시 전달 15일경에 접수받을 예정이다. 국토부 관계자는

"버스 투어는 용산국가공원을 어떤 방식으로 조성할 것인지에 대해 국민적 공감대를 형성하는 데 의미가 있다"며 "미군 측, 서울시, 용산구 등 관계 기관과 적극적인 협의를 통해 지속적으로 확대 추진할 계획"이라고 말했다.[159)]

% '금단의 땅' 용산 미군 기지, 114년 만에 빗장이 열렸다.

2018. 2일 오후 서울 용산구 용산미군기지에서 열린 '용산기지 첫 버스투어'에서 김현미 국토교통부 장관, 박순자 국회 국토교통 위원장 등 참석자들이 일제시대 일본군 감옥인 위수감옥을 둘러보며 유홍준 전 문화재청장의 설명을 듣고 있다. 114년간 일반인의 접근이 허용되지 않았던 용산 미군기지가 개방되었다. 국토교통부와 서울시는 용산 미군기지 내 주요 장소를 버스로 둘러볼 수 있는 '용산기지 버스투어'를 시작했다. 이 행사는 올해 말까지 총 6차례 진행된다.

9km 코스로 구성된 버스투어는 기지 내 역사적 · 문화적으로 의미 있는 장소 등을 둘러보게 된다. 투어는 용산기지 14번 게이트로 들어가 일본군 작전센터였던 SP벙커, 총독 관저터였던 121병원, 일본군 감옥이었던 위수감옥, 둔지산 정상,주한미군 사령부, 한미합동 군사업무단, 일본군 병기지창, 드래곤힐 호텔 등으로 이동하는 코스로 구성되었다. 참가자는 주요 거점에서 하차해 공원 조성 방향 등에 대한 설명을 듣고 공원 조성에 대한 의견도 개진하게 된다.

* 용산구의회(의장 김정재)는 16일 제 247회 임시회 기간 중 관내에 위치한 용산미군기지 버스투어를 실시했다. 이번 버스투어는 향후 조성될 용산공원의 현장을 구의원들이 먼저 방문해 공원조성 공간과 잔류시설 등을 직접 눈으로 확인하고자 이뤄졌다. 이번 방문에는 용산문화원의 김천수 해설사가 함께 했으며, 안창신 한미관계 담당관과의 간담회 등 알찬 프로그램으로 진행됐다. 김정재 의장은 "100여년 동안 일반인의 접근이 허용되지 않았던 용산 미군기지에 용산공원 조성을 위해 용산구민을 대표하는 의원들이 방문하게 돼 감회가 새롭다"며 "향후 부지 반환 협상과 환경조사 그리고 공원조성에 이르기까지 모든 과정에 용산구민의 의견이 반영될 수 있도록 최선을 다하겠으니 지켜봐 달라"고 말했다.[160)]

용산 미군기지는 1904년 일제가 러일전쟁을 기점으로 용산 일대를 조선 주차 군사령부의 주둔지로 사용한 이후 일본군에 이어 미군이 주둔하면서 일반인 출입이 금지되었었다.

정부는 2005년부터 용산기지를 국가공원으로 조성하는 방안을 추진해 왔다.

올해 6월 주한미군 사령부의 평택 이전을 계기로 용산기지에 대한 국민들의 관심이 지속적으로 높아졌지만 아직 미군이 사용 중인 군사시설이라는 이유로 지금까지 국민들이 기지에 직접 들어갈 기회가 없었다. 오늘(2일) 열린 1차 투어는 용산기지에 대한 국민의 관심을 환기하기 위해 김현미 국토부 장관 등 정부 관계자와 박원순 서울시장, 전문가, 시민 등이 참석했다. 1차 투어 이후 11월에는 용산부지 및 공원조성 관련 전문가와 지역주민 등을 초청해 8일과 16일, 30일 등 3차례에 걸쳐 투어를 하고, 12월에는 일반 국민을 대상으로 7일과 14일 등 2차례 투어를 추진할 계획이다. 용산 미군기지는 작년 7월 미8군 사령부의 평택 이전을 시작으로 올 6월에는 평택기지에 주한미군 사령부가 개소하는 등 이전이 계속 진행되고 있다. 향후 용산 미군기지 내 모든 시설의 이전이 완료되면 부지반환 협상, 환경조사 등의 절차를 거쳐 기지 반환이 단계적으로 추진된다.[161]

②서울시(기억) 제안 방안들 – 생태공원, 뼈아픈 역사 기억

서울시: 남은 시설 재활용 방향 남영동 박종철을 죽인 대공 분실을 그대로 기억하게 하는 것이 아니고, 새로운 가치로 나아갈 〈경찰청 인권센터〉로 바꾸는 것이 현명하고 합리적이다. 잊지는 않도록 그 현장은 그대로 지켜지고, 인권을 항상 염두에 두어야 하는 경찰청(때때로 유린하는 경찰청이니)이 수시로 그것을 기억하도록, 그들에게 지속적인 경고를 주는 것이 합목적적이고 효율적이고 의미도 크다.

상처만 준 사람(나라, 사건)만 자꾸 기억하면 외상후 스트레스에 시달리고, 주종적 관계만 요구한 폭력자 성폭력자만 자꾸 생각하면, 해야 할 일 나아가야 할 방향을 적극적으로 찾는데 지장을 초래한다. 위협적이고 지배적인 점령군의 이미지는 당한 사람들에겐 항상 고통으로 다가온다. 때로는 예속적 피해자적 약자적 피점령자의 부정적 심리적 기제에서 벗어나기 힘들게 된다.

청나라, 일본, 미국의 점령으로 점철된 용산은, 부끄럽고 아픈 피지배의 역사를 기억하게 하는 것도 발전의 명약이 될 수도 있으나, 그 아픔과 교훈은 새기되, 과거와 현재, 미래도 세계 속에 한국이 처할 수 있는 어려운 입지를 되새겨서, 역사 경제 문화전쟁기에, 새로운 적극적 발전적 역사를 쓰는 역사문화 경제 인구수 등과 연관해, 한국민의 역사민족 컨텐츠 동력원이 되는 설계를 한국역사와 한국인 정

서를 아는 한국인이 주도 하는 것이 더 급선무가 되어야 한다. 때로 마음에 들지 않더라도, 외부는 보완 수정하면 된다. 본질 목적에 따른 내용물 컨텐츠가 더욱 중요하다.

서울시 왈: **청나라와 러시아, 미군이 주둔했던 역사를 기억하고, 생태를 되살린다는 애초의 취지에 어긋난다는 겁니다.** [최진석/서울시 도시계획과장] "중앙부처 여성부, 문화부, 미래부 등이 필요로 하는 기능들이 입지된 것이기 때문에 애초의 취지와 어우러지는지에 대한 설명이 필요하다(고 봅니다.)" 정부는 기존 건물 1200동 가운데 보존 가치가 있는 80동은 재활용해 역사성을 높이고, 나머지는 녹지로 되돌려 생태도 살릴 수 있다며 난개발 우려는 억측이라고 반박합니다.

[진현환/국토교통부 도시정책관]

"박물관 벨트라든지 공원 전체 개념에 맞게 체계적으로 배치하려고 합니다." 정부와 서울시는 오늘 긴급회의를 열고 각계 의견 수렴을 위해 다음 달로 예정되었던 확정안 발표를 연기하기로 했다. **"청나라와 러시아, 미군이 주둔했던 역사를 기억하고? 기억하고 싶지 않다면** – 120년간 충분히 당하고 기억한다. 생태를 되살린다는 애초의 취지" – 생태는 기존 조경(영내 만초천이 살아 있으니 잘 활용하고)과 가까운 남산 한강생태권 연결만으로도 충분하다. 쉽게 보통 공원하던 식(부산시민공원)으로 재탕 반복할 생각이면 귀한 땅과 예산 낭비이고, 미묘한 역사경제 전쟁시대의 요구에 부응하지 못하는 우둔한 정책도 아니고 철밥통들 시간 때우기 식이다. 부산시민공원이 그 예이다. 미국인에게 주도적으로 만들게 하여 (무슨 이유였는지는 모르겠지만), 미군에 의존해야 하는 전쟁상황에서 겪은 자존심이 상하는 순간들을 다시 또 보고 체험하고 겪는다는 것은 국민들에게 열등의식과 피해의식 실패의식 의존의식 소극적 상처만 더 키운다. 그러니 별로 안 찾아 간다. 고마운 것은 고마운 것이고 그들이 잘못한 것은 잘못이다. (충북 우근리 지구 미군이 저지른 한국 양민 600명 무차별 학살사건 등) 옛일을 과거지사로 그냥 웃으면서 볼 수도 없는 현장도 있다. 감정 밑바닥은 괴로우니. 즐겁지 않다. – 미래지향적이지도 생산적이지도, 상호 우호적이게, 하지도 못한다. **감정상 괴로우니. 즐겁지 않다. – 생산적이지도 현 역사전쟁 상황에도 미래지향적이지도 않다. 다이아몬드보다 더 귀한 용산민족 역사공원 120년만에 내 나라 우리 땅이 되는 국가공원 땅을 제대로 만들자.**

③ 〈다양한 컨텐츠 역사 (조경)〉살리겠다: 용산구청장설

미 대사관 직원 숙소 기지 밖으로…용산공원 북문 열린다

서울 용산구의 미군기지. 주한미군이 경기 평택으로 이전하면 서울 세종대로에 있는 미국 대사관이 옮겨오고 국가공원이 조성된다. 서울 용산 미군기지 안에 지으려고 추진하던 주한 미국대사관 직원 숙소가 기지 바깥의 민간 아파트 단지에 들어설 전망이다. 대사관 이전지 옆의 숙소 계획 변경. 부영 아세아아파트 단지에 짓기로 하고 이달 내 용산구에 건축 심의 신청허가 땐 공원 진입로 확보 용이. 성장현 용산구청장은 23일 중앙일보와 통화에서 "미국대사관 직원 숙소를 용산공고 뒤쪽의 한강로3가 일대에 신축 예정인 부영 아세아아파트 단지에 새로 짓기로 했다"며 **"미국대사관 · 국방부 · 외교부 · 서울시 · 부영그룹이 최근 이렇게 합의 했다"**고 말했다. 서울 세종대로에 있는 미국 대사관은 용산 미군기지로 옮기기로 돼 있다. **미국 측은 그동안 새로 지을 대사관 옆에 직원 숙소를 배치해 달라고 요구해 왔지만 용산구청은 반대해 왔다.** 대사관 숙소 위치 문제가 풀리면서 용산 국가공원 조성에 탄력이 붙게 됐다. 용산공원의 '북문'이 열리는 셈이다. 서울시는 "아직 확정되지 않았다. 확인해 줄 수 없다"며 신중한 입장을 취했다.

성장현 용산구청장님!

수고많으셨네요.

일단 미대사관 직원 숙소를 공원내서 부영아파트 쪽으로 보냈으니. 대사관도 이김에 녹사평역 3번~4번 앞으로 가게 합시다. 어렵겠지만. 감성 예민한 중고등 학생들 매일 철망 안보고 다니게요...

Ⅳ. 힘이 없는 시민공원과 평화공원 등을 보며!

평화는 힘이 없으면 주어지지 않는다. – 아는 게 힘이라면 국민 각자가 한국의 역사를 제대로 아는 것부터가 힘이다.

전국의 평화공원

제주 4.3 평화공원/ 충청북도 노근리 평화공원 www.nogunri.net/

충북 영동군 황간면 목화실길 위치.

노근리 양민학살 사건 소개, 합동위령제, 희생자 조사 안내

평화공원 국화축제 기간/ 평화공원 산림수

부산 평화공원 / 강원도 – dmz 평화공원 [162)]

평화공원平和公園은 다음과 같은 공원이 있다.

- 평화공원 (부산광역시)
- 평화공원 (서울특별시) – 평화의공원 마포구 상암동 1535 평화공원 공원 마포구 신촌로4길 5 – 25
- 은평평화공원 도시근린공원 은평구 녹번동 153 – 59
- 평화도봉공원 도시근린공원 도봉구 방학동 710
- 평화 어린이공원 도시근린공원 영등포구 63로 45
- 파주 도라산평화공원/제주 4 · 3 평화공원
- 노근리 평화공원/강원도 춘천대첩기념평화공원 / 강원도 인제DMZ평화생명공원
- 평화공원 (나가사키 시)/평화공원 (나고야 시)/히로시마 평화기념공원
- 평화기념공원 (이토만 시)/얼얼바 평화 기념공원(중화민국 타이베이시)

서울에 있는 평화공원 검색결과이다.

- 평화의공원 도시근린공원 홈페이지 마포구 상암동 1535
- 평화공원 공원 마포구 신촌로4길 5 – 25
- 은평평화공원 도시근린공원 은평구 녹번동 153 – 59
- 평화도봉공원 도시근린공원 도봉구 방학동 710
- 평화 어린이공원 도시근린공원 02 – 2670 – 3756 영등포구 63로 45

■ 노근리 평화공원(충북영동): 노근리 미군이 한국인 피난민 집단 학살 인식공원 (힘이 없어 죽임을 당한 자가 평화!공원?)

경부고속도로를 따라 남쪽으로 내려가는 길에 노근리 평화공원이 있다. **엄청나게 넓은 평지에 마련해 놓은 공원. 평일이라 그런지 사람이 별로 없다.** 지하 1층부터 시작하는 기념관 내부 전시실 그날의 비극을 설명하는 조형물이 많다. 1950년 그날 지옥 같은 현장에서 천우신조로 살아남은 사람들이 50년이 지나서야 입을 열

수 있었던 어처구니가 없는 나라. 피해자를 바보로 만들고 위안을 삼는 이런 상황을 이제 더 이상 만들어서는 안될 것이다. 6.25 사변 때 남쪽으로 피난가던 **한국 사람을 미군이 조직적으로 학살한 사건에 대한** 당시 상황도.

..

"1950년 7월 26일 미군은 철로 위에 피난민들을 모아놓고 비행기 폭격과 기관총을 발사하고, 굴다리로 피하자 무차별 사격으로 200여 명을 학살했다. 이곳이 영동의 노근리 양민 학살사건(老斤里良民虐殺事件) 현장이며 2010년에 공원으로 만들어졌다. 사건의 현장인 이곳 경부선의 철도교에 당시 탄환의 흔적이 남아 있다. 당시 미군은 "미군의 방어선을 넘어서는 자들은 적이므로 사살하라. 여성과 어린이는 재량에 맡긴다."라는 지시로 저지른 전쟁범죄이다. 1999년 미국 연합통신(AP)은 사건의 전모를 전 세계에 알려 2001년에 한미 양국 조사단은 미군의 양민 학살을 인정하고 빌 클린턴 미국 대통령이 유감을 표명했다. 2004년에는 "노근리 사건 희생자 심사 및 명예 회복에 관한 특별법"이 제정되고, 7월부터 희생자와 유족의 명예 회복 사업이 추진되었다. 1994년에 정은용의 "그대, 우리의 아픔을 아는가", 만화가 박건웅의 "노근리 이야기", 이현수의 "나흘", 김정희의 "노근리, 그 해 여름" 등의 책 등이 있다. 2010년 노근리 양민 학살사건을 고발한 이상우 감독의 "작은 연못"이라는 영화도 있고, 학살 전모를 전 세계에 알린 AP 기자 3명은 2000년에 퓰리처상을 수상했다."[163)]

400여 명이 넘게 죽었지만, 영동과 노근리 지역 주민들 중심으로 신원이 확인되었고 다른 지역에서 피난을 내려가던 사람들은 누가 죽었는지 누가 살았는지도 모르는 말도 안되는 비극의 현장. 상처를 제대로 조사하고 치유를 위한 노력을 많이 늦었지만 끊임없이 계속해야 할 것이고, 후세에 전달해야 할 것이다.

노근리의 학살사건은 AP통신 보도로 처음 세계적인 이슈가 되었다.

국내 몇몇 언론에서 이 문제를 취재 보도하였으나 이슈가 되지 않았다가
1998년 AP통신이 본격적으로 취재를 시작하고,
미국에서 학살현장에 있었던 병사들의 증언이 나오면서
국내 언론에서 다시 받아 보도함으로써 전 국민의 관심을 끌었다.
..미국이 노근리 학살만행을 주도했음을 보여주는 각종 증거 문서들

이 학살의 책임자 라인에는 워커 사령관, 맥아더 사령관도 있다.

국내 방송사는 뒤늦게 이 사실을 받아 보도했다.

죽미령과 오산전투에서 북한군에게 패퇴한 미군은 대부분 나이 어린 병사들이었다고 한다. 10대 후반에서 20초반의 어린 병사들은 실전경험이 없었고, 그들에게 움직이는 모든 한국인은 적으로 보였을 것이다. 침략해 오는 적을 피해 남쪽으로 피난 가는 길에 위치한 노근리의 철도에는 그 당시 현장이 남아 있다.

피난민들은 이동중인 미군에게 방해가 되지 않도록 미군의 인도로 철길 위로 올라갔고 그 피난민을 향해 미군은 폭격을 퍼부었다. 수백명이 넘는 피난민들은 폭격을 피해 철로 아래로 유도하길래 배수로로 숨어 들었다가 남쪽으로 70m 내려간 쌍굴다리 밑으로 대피했다. 그런데 그곳으로 집중 사격으로 학살하였고, 그날 학살의 현장에는 여전히 기차가 다니고 있다. 지금도 쌍굴다리에는 수없이 많은 총알자국이 다리 전체에 빼곡히 남아 있다. 저 건너 능선에 기관총을 걸어 놓고, 미군은 우리 피난민을 상대로 몇일 동안 총질을 해대 갓난아기를 포함하여 수백명이 죽었다. **미군은 때로 사람들을 치료해 주기도 하고 다시 총질을 하는 이해할 수 없는 짓을 반복했다.**

굴 남쪽으로 철로 위로 올라가는 길에 자그마한 위령비가 있다.

그리고 굴다리 벽에는 근대문화유산임을 알리는 표지판이 있다.

평화공원에는 피난민 행렬을 재현한 조형물을 담은 기념탑이 서 있다.

공원 조형물 가운데 눈길을 끄는 모자상.

총을 맞아 죽은 어머니의 젖을 빨고 있는 간난아기.

전쟁이라는 상황에서 인간이 얼마나 짐승만도 못한 본성을 드러내는지 보여준 학살의 현장 맥아더 같은 인종주의자들이 저지르는 오만은 사람의 목숨을 벌레로 만들고, 그들 자신도 벌레만도 못한 밥버러지로 만들 뿐이다.

부산에서 보았던 임진왜란 유적에서도 영동 노근리에서 본 6.25 학살의 현장에서도 역사의 겉모습은 바뀌어도 본질은 변하지 않는 세상의 법칙을 보는 것 같아 씁쓸하다.

다시는 이런 억울한 죽음이 나오지 않도록, 사람으로 이 세상에 태어난 모든 사람들이 존엄하고 행복하게 살 수 있도록 그런 세상을 만드는데 최선을 다해야 할 것이다 라고 다짐해 본다.[164)]

노근리는 영어로 No gun ri로 “총이 아니다 혹은 총이 없다”라는 뜻인데 아이러니하게도 총으로 이렇게 큰 변을 당했을까? 이제는 총으로 인한 피해가 영원히 없기를 바란다.

노근리 평화공원 – – 노근리 학살공원이라 해야 옳지 않은가?

위령탑: 위령탑에 피난민을 묘사하고 있다.

노근리 학살사건의 표지판/ 민간인이 무차별 학살당한 쌍굴다리

동그란 부위는 총알의 흔적이고 세모, 네모 부위는 총알이 박혀 있다.

노근리 사건 희생자 영위老斤里事件 犧牲者靈位

탱크 전시는 왜? 이 비행기로 폭격하여 학살했나?

6.25의 슬픈 역사 속에, 이곳은 더 아프고 시린 역사의 현장이다.

학살 당시부터 지금까지 이 현장과 마주치며 살고 있는 이들의 마음은 어떨까?

노근리의 No Gun처럼 총이 없는, 무기가 없는 평화로움만 있기를 빈다.[165)]

평화? 공원

[건립 경위]

세계 유일의 재한 UN 기념공원은 2005년 APEC 정상 회의 때 주요 인사의 방문지에 포함된 곳이었다. 그러나 공원의 동남쪽 일대는 고철 처리업, 자동차 정비업, 화물차 주차장, 화물 운송업 등 소음, 분진, 토양 오염을 유발하는 혐오 산업 51개 업체가 난립하여, 도시 미관을 저해하고 있었다. 이에 따라 6·25 전쟁 참전 유엔군 전사자들이 잠들어 있는 UN 기념공원과 연계하여 인근의 환경 불결지에 평화의 상징 공원을 조성하여 자유 수호의 뜻을 기리고, 주민 삶의 질을 향상시키기 위하여 2004년 6월 평화공원의 조성 계획을 수립하고, 2005년 4월에 착공하여 2005년에 개장하였다...평화공원의 총면적은 3만 2893㎡이다. 공원 입구에 들어서면 평화의 광장이 있으며 바닥 분수가 설치되어 있다. 그 둘레를 둘러싸고 조경·수경 시설 등을 비롯하여 13종 1,600점의 소나무 등 수목 3만 3620주, 초화 3만 3140포기가 식재되어 있다. 또한 공원에는 생태 연못, 잔디 광장, 파고라, 조깅 코스, 주차장 등 주민의 휴식 및 편의 시설이 갖추어져 있다...공원은 24시간 이용이 가능하며, 주변의 부산 문화회관, 부산광역시 박물관, UN 기념공원, UN 조각공원 등과 연계되어 문화공간의 권역화를 이루고 있다.

청나라와 러시아, 미군이 주둔했던 역사를 기억하고, 생태를 되살린다는 애초의 취지" – 120년간 충분히 기억했다. 그리고도 미래도 미국대사관이 넓게 떡 버티고 철망을 매일 다니며 보고 살아야 하나? 그 중요한 자리를 차지하면 그것만으로도 비독립국 국민같은? 스트레스를 엄청 받는다.

부산시민공원도 그 예이다. 미군에 의존해야 하는 전쟁상황에서 겪은 자존심이 상하는 순간들을 다시 또 보고 체험하고 겪게 한다는 것은, 국민들에게 열등의식과 피해의식 실패의식 의존의식 소극적 상처만 더 키운다. 그래서 별로 안 찾아 간다. 감정상 괴로우니. 즐겁지 않다. – 생산적이지 못하다. 다이아몬드같은 120년 만에 내 나라 우리 땅이 되는 국가공원 땅에. 스트레스를 받으러 가나? 미래 평화는 내게나 나라에게 나 국민에 어떤 힘이라도 있어야! 지켜진다. – – – – – – – – 용산은 120년만에야 광복을 찾았다. 용산은 용처럼 등천하고 싶다. 더 이상 손을 비비고 철망에 눈을 비비고 싶지 않다. 미국이 있어 죽은 사람도 있지만 살아 남은 자가 더 많으니 고맙기는 하다. 갚아야지.

그러나 한강처럼 도도하게 흐르고 싶다. 더 이상 부끄럽고 싶지 않다.
만초천처럼 생명력을 쭈욱 뻗고 싶다. 더이상 철망의 철이 무서워 총을 쏜다.
총이 무서워 웅크리며 살지 않길 바란다. .

% 시론]

'터무니' 없는 용산미군기지에서 '터 무늬' 있는 평화공원으로[166)]

전쟁과 군사에 반하는 '평화의 무늬' 기본으로 해야

미래세대 위한 평화의, 평화에 의한, 평화를 위한 '터 무늬' 되길

어떤 자리나 집터가 자연과 어우러져 제대로 자리 잡고 거기서 잘 살기를 누구나 바란다. 그런데 그렇지 못할 경우 우리는 '터무니 없다'고 말한다. '터무니'의 어원은 보통 '터의 무늬'에서 유래한 것으로 되어 있다. 사람이 사는 집이나 터만이 아니고 우리는 황당하거나 근거가 없을 때, 상황이 이치에 전혀 맞지 않을 때 흔히 '터무니 없다'고 말한다. 용산 미군기지야말로 '터무니' 없는 역사를 지녀 왔다. 알다시피 우리의 역사는 대부분 강대국의 침략으로 얼룩졌다. 특히 수도 한복판인 서울의 중심부에 자리 잡고 있는 용산 미군기지 터가 그렇다. 그야말로 '터무니'가 없는 일이 60년 가량 지속돼 왔다.

용산공원은 오랫동안 외국군의 기지 및 주둔지로서의 역사를 가지고, 수도 서울의 한복판에 자리를 잡아 왔다. 한강을 동서 축으로 북한산으로부터 비원, 창덕궁과 종묘를 거쳐 남산과 용산을 이어 관악산에 이르는 남북 생태축을 고려해 만들어진 한양 도성은 용산에서 그 맥이 끊겨 전혀 삶의 무늬가 만들어질 수 없는 고립된 사막으로 존재해 온 것이다.

지난해 12월 여기에 머물던 미군이 이 기지를 떠나 평택으로 완전 철수가 확정돼 이 빈 기지를 둘러보기 위해 예술가의 한 사람으로 여러 문화예술인들과 같이 둘러보게 됐다. 나는 철조망이 쳐진 기지 옆을 지나 6년을 이 근처의 중 · 고교를 다녔기 때문에 참으로 만감이 교차했다. 또한 이 기지를 2000년 초에 옮긴다는 것이 확정됐을 때 문화연대(그 당시 문화연대 대표로 있었다)가 중심이 돼 이 땅을 되찾아 이를 생태 · 문화적인 삶의 중심으로 만들어야 한다는 주장을 계속해 왔던 인연이 있다. 당시 용산 미군기지를 돌려받아 생태문화 공원으로 만들어야 한다는

문화연대의 주장에 처음부터 정부당국은 무관심했지만 시민들이 자발적이고 폭넓은 공감대를 만들어냈고 이는 지금도 국토부 등 정부당국의 개발 중심 용산공원 추진에 반대하는 중심축에 서 있다고 할 수 있다.

이제 이 기지를 국가공원으로 만들려는 계획에 앞서 제대로 된 '터 무늬'를 만들기 위해 몇 가지 관점을 제시한다.

1. 이 땅의 역사에 주목하면서 이 땅에 평화의 '터 무늬'를 새겨야 한다.
   이 땅은 알려져 있다시피 전쟁과 침략을 당한 수난의 역사를 가지고 있다. 그러므로 앞으로 만들어질 이 땅의 '터 무늬'는 전쟁과 군사에 반하는 '평화의 무늬'를 기본으로 해야 한다.
2. 이 땅은 서울의 중요한 생태축이다.
   이 땅은 동서로 흐르는 한강과 북한산에서 창덕궁, 종묘를 거쳐 남산에서부터 용산을 거쳐 관악산에 이르는 남북의 생태축을 만드는 중요한 지역이다. 그러므로 이 땅은 생태 녹지축을 복원하는 맥락으로 '터 무늬'를 만들어 나가야 한다. 앞으로 개발되는 이 공간에는 최소한의 시설과 지하화를 통해 생태 녹지축의 보존 및 순환체계를 고려해서 '터 무늬'를 형성해 나가도록 해야 한다.
3. 이 땅의 주인은 누구인가?
   이 땅을 국가공원으로 만들어가는 과정 속에서도 시민이 주요한 주체가 돼야 함은 물론이다. 또한 이 공원을 앞으로 사용할 시민은 미래세대일 수밖에 없다. 이 미래세대를 위해 이 땅의 개발은 미뤄지거나 최대한 천천히 가야 할 것이다. 결론적으로 이 땅의 '터 무늬'는 미래세대를 위한 평화의, 평화에 의한, 평화를 위한 '터 무늬'여야 한다.[167)]

⊙ **서울랜드공원(과천)을 보고 느낀 점** – 전문적 지적 발달을 돕는 분야별 장난감 놀이관, 우리나라의 컨텐츠로 철저히 보완하는 기획과 행사가 필요하다. 그러려면 창의적인 우리나라 아이들의 놀이기구를 만드는 제조업 주변이 확산되어야 가능할 것이다.

Ⅴ. 맺는말

위에 제가 제안한 용산민족역사공원 이것이 세계가 찾을 대광영을 누린 대조선!(아베 신조 할아버지가 조선인은 자기들이 식민교육을 시켜 놓아서 서로 분열하고 예속적이라 모른다고 한) 우리가 외쳤던 "아! 대한민국!"〈국립 용산민족역사 천지인생태공원〉입니다. **힘이 없는 나라였던 한국에 미국인이 만든 부산시민공원과 노근리 평화공원 등을 보며 몰래 울어본 사람들이 함께 만들기를 바랍니다.**

세계인의 축제를 용산 공원에서 열고 싶다[168]는 김박사님의 글에 대한 필자의 답변도 같습니다. **세계인들을 불러 세계인들을 감동시키는 세계적 축제를 용산 공원에서 열고 싶으시면, 가장 한국적인 만년 환단역사 민족공원으로 만드셔야 가능합니다.**[169]

세계 최고의 긴 만년 역사를 자랑?하는 한국이라, 새로 들어오는 것이면 무엇이든 권력자와 결탁하면 유교도 불교도 기독교는 말할 것도 없고, 자기들 종교만 이 땅에서 터를 닦았고 살아 남았지, 한국의 역사를 세우는 일을 해 온 종교나 단체가 없습니다. 저는 증산도도 아니고 상생방송 후원자도 아닙니다만, 10년간 우연히 상생방송을 보며, 참! 살다보니 한국 만년역사 외치는 방송도 道도 생기는구나! 하고 위로와 격려와 자극을 받았습니다. 일제 이후는 道이면 일본 신도이고 아니면, 한국의 역사를 지키기에 관심이 없는 불교이고, 단군의 목을 자르는 교회가 설쳐댔으니 어찌 한국의 역사가 온전히 지켜지겠습니까? 제발 이번에는 중국이 한국고대의 예맥 역사인 중국동북 내몽골 홍산문화 지역에 대해 교과서나 보존을 어떻게 하는지를 보시고(중국정부가 서둘러 몇 십년간 수많은 돈과 인력으로 모두 중국역사로 유치원 교재까지 다 고쳐 두었답니다) 합심해 주시기를 기독교인 여러분께 당부드립니다. 한국이 있어야 한국기독교도 있지 않겠습니까? 용산 민족역사공원을 제대로 힘껏 만들기 위해선, 40년간 용산의 한 집에서 살며 민간단체를 운영한 사)용산향토문화 사학회장 차옥덕박사의 위 제안들을 많이 참조하는 것이 많은 도움이 될 것입니다. 용산 민족역사공원을 대한민국 명물! 최초의 국립 역사문화 생태공원으로 국립 역사교육 및 한국역사 지키기 공원, 국민 역사문화교육, 공무원 정신기강과 국가 경제 활성화 및 민족광영과 세계평화에 도움되는 공원으로 만드는 길이 애국이며, 우리 시대 후의 후손들에 대한 사명 완수이며, 남북은 물론 세계평화에도 도움이 되는 길임을 한 번 더 고려해주시기 당부드리는 것입니다.

대통령님 및 국무총리님, 진영 행안부장관님(이명박대통령 시절 용산기지 빈터를 아파트촌으로 팔려고 할 때 막아낸 분)과 서울시장님과 관계자님들께서는 국립 최초 역사(해방)민족공원이라는 사안의 중대성을 아시고, 현재〈국무총리 특별 위원회〉가 있으니, 조속히 순수한 민간단체도 협력할 수 있도록 합심일심하게 하여, 역사전쟁에 하루라도 빨리 대처할 수 있게 되기를 간절히 요구합니다.

최초 국립 용산 민족역사공원 설립이라 국토부, 행안부, 문광부, 교육부, 외교부 등 관련 부처가 많은 점 등도 고려하시어, 빠른 시일 내에 바람직한 결정을 기대해 보겠습니다. 중국은 전쟁 준비가 끝났습니다. 우리는 사대 · 일본 · 서양종교 식민사관을 못벗어나 아직 준비의 시작도 못했습니다. 철저한 국민들의 한국역사문화 정신 준비가 평화의 기틀이고 자유로운 신앙생활의 터전입니다. 언젠가는 이러한 간절한 나의 한국 역사문화를 지키자는 소원이 이루어지는 날이 올 것입니다.

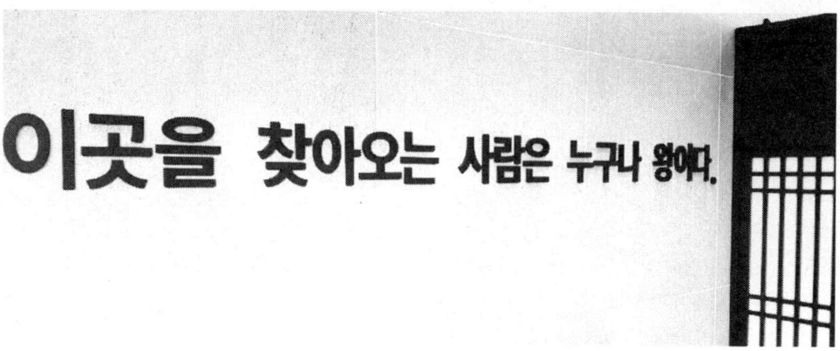

170)

☗ 철도청이나 지하철도 이제 문화컨텐츠와 소비자 위주로 한 걸음더 변신하길!

소비자 입장에서는 필요없는 번호(311221 ②)를 기차칸 중앙 한가운데 위 잘 보이는 정면에 넣어두기보다, 소비자에게는 그 칸 번호가 필요하다. 즉 내가 탄 이 기차가 기차 전체에서 앞에서부터 몇 번째 칸인가를 알리는 숫자를 넣도록 하는 것이 소비자입장을 생각하는 한단계 더 나아간 행동이다. 나중에 급하게 탄 사람이 미리 탄 사람을 찾아갈 때, 찾아오게 알리는데 필요하다. 현재 달아둔 이 긴 번호는, 뭔가 필요해서 달아두었을것이나 철도청 실무자 자기들끼리 달아두는 곳을 정해 달아두면 된다. 앞 중년 아주머니들이 한참을 서로 자기가 탄 차 칸을 알리려고 그 긴 번호 사진을 찍어서 보내가며 설명하고 노력을 하다가 안 되니, 기차가 가는 중에 친구를 찾아 나서는 것을 보며. 이 몇 년 전부터 철도청이나 지하철 자체내 광고나 일반 홍보물 등이 방법도 빛깔도 다양해지고 다채로운 것을 볼 수 있어, 사람이나 인식이 젊어지고 바뀌었구나 하며 반가웠다. 기대해 볼만하다.

☢ 114년만에야 한국민 품에 오는 용산민족역사공원에 대해 국무총리실과 추진위원회 서울시 및 용산구청과 용산구의회에 간절히 바라는 항목들과 그 이유 한국역사지킬 용산민족역사공원 73만평 탈사대 탈종교

차배옥덕2019.08.25. http://cafe.daum.net/AcademyofKorCulture/KzvG/45

★ 용산민족역사공원을 입안하려는 국무총리실과 서울시에 바란다.

– 작금이 역사전쟁기라 역사가 중요한 비중을 두고 평가할 최고의 민족대사업을 조경전문가들에 맡겨 생태공원중심으로? 하려는 것은 어불성설임을 다시금 강조드립니다. (용산구청과 의회는 물론이고–특히 용산구가 절실하게 해야되는 일이긴 하나..)

우선 용산중고학생들 등하교 길에– 〈미국재산보호에 대한 철망과 경고장〉 붙은 좁은 길을 같이 걸어보며? 감수성 예민한 학생들과 시민들 심정이 어떤지, 좀 느껴보시고 용산민족공원내 지도를 긋는게 일의 우선 순위일 것입니다. 철망이 무엇으로 조금 바뀌더라도 비슷할 것입니다.

1. 감수성이 예민한 용산중고등학생들 학교앞에서, 또 일반시민들 잦은 통로앞에서, 방어벽을 할 미대사관부지부터 일반인들의 접근이 많지 않은 녹사평역3.4출구 앞 부지로 이동시키는 협상이 꼭 이루어져야 할 것입니다. 앞으로도 한미우호관계와, 오랜 기간 숨죽이고 경고 총에 눌려왔던 한국민의 스트레스 및 긴장 해소와 이제야 독립된 나라구나! 라는 국민의 자존감 회복을 위하여.

2. 부산시민공원은 주변국의 역사침탈과 역사전쟁에 부딪혀 있는 한국의 국가공원 모델 자격 미달임. 공원은 조경? 이라는 좁은 안목으로, 미국 조경전문가의 주도적인 조경 공원 지향에 지역특색도 고려치 않은 서양식 안목과 독선으로, 귀한 한국고대 역사유물 다 파괴하고, 컨텐츠의 단순함으로 인해 흥행도 기획도 실패작이라는 평이 많음을 주목하기 바란다. 즉 외국이나 한국의 조경이나 생태전문가만으로는 앞으로 더욱 강하게 다가올 역사침략전쟁 시기에 대응하거나 걸맞는 민족역사공원은 제대로 안된다는 것을 명심하시길. 한국역사영토침략을 이미 철저히 준비해 둔 강대 주변국들이 웃을 것입니다. 국무총리실은 74만평 용산민족역사공원 기획에 시의적절한 안을 세우게, 교육부와 통일부와 여성가족부도 포함하기가 요구됩니다. 시청각적 자료와 체험이 가능한 몇 번의 민족역사공원관람이나 합숙

으로, 우리는 짧은 시간에(주변국은 이미 유치원교과서까지도 한국고대사를 다 중국역사로 만들어두었으므로) 우리 것을 숙지할 장소가 필요한데 바로 이때에 설립하는 용산민족역사공원입니다. 민족숙원사업 민족 역사를 민족이 공유할 수 있는 장과 통일의 합리적 기반인 '평화경제'를 만들 근본정책을 공유하게, 통일부와 교육부의 합력이 필요하고, '소녀상', -'이태원'이란 명칭의 근원이 용산에 오랜기간 외국군이 주둔해 다른 나라 씨를 받는곳이라는 비참한 여성 고통의 역사에 대한 극복 정책장 등을 펼칠 여성가족부, 이 부서들이 명실상부하게 세계 국민과 함께 일상생활에서 이 공원에서 펼칠 수 있도록 틀을 짜야 할 것입니다.

3. 이번에 관련책임자 및 추진위원들은- 114년만에 이제사 광복된 한국 최초 국가공원인 용산민족역사공원임을 다시금 새기고 일을 해야, 역사의 평가를 제대로 받을 것이기 때문입니다.-자기민족의 역사문화를 못 지키어 역사뿌리를 절단하도록 해버린 나라에 고도의 생태가 절실합니까? 한강과 남산사이 용산은, 황무지였기에 생태공원이 절실했던 미국의 센트럴파크 지역들과는 다르기에, (용산은 더욱 한국에 절실한 민족역사공원으로 가야하기에) 안 따라가도 좋은 서양미국 생태공원 모델일 뿐입니다. 이제 한국 건축 공원 문화에서도 서양 사대주의는 극복합시다. 거듭 강조하건대, 용산 민족역사공원터는 다행히 생태적으로 탁월한 남산과 긴 한강을 끼고 있고, 한국은 앞으로도 일본 중국 등과 역사전쟁이 더 깊고 빈번할 것이라는 점을 자각하시고 용산은 명실상부한 민족의 역사공원으로 지향성을 가져야한다는 점을 다시금 새기고 일해주시기 바랍니다.

4. 명칭은 기존의 '공원'이나 '역사공원'은 숱하게 많습니다. 한민족에게 절실히 필요한 공원은 역사전쟁기와 민족숙원사업들을 해결하기 위한 대한민국 '민족역사공원'입니다. 민족역사공원으로 중심잡고 조성해 나갈 때 한국의 긴역사와 문화컨텐츠는 그 다양함과 절실함으로 국민 통합과 세계인 관광효과도 더욱 클 것이고 미래의 한국인들도 ' 당시 시의적절하게 일했다'는 역사적 평가를 할 것입니다.

2019. 8월 용산민족역사공원 특별법 개정 - 국무총리 중심 개선한 수정 입법을 보고

2019. 8. 25일
교육부 사)용산향토문화사학회장 차옥덕박사 올림

제3장

한국 한 박사의 양심선언: 박사학위를 받도록 몰랐던
한국역사 72천황들 그 신령한 깨달음 한국 3경전과 (무)신교

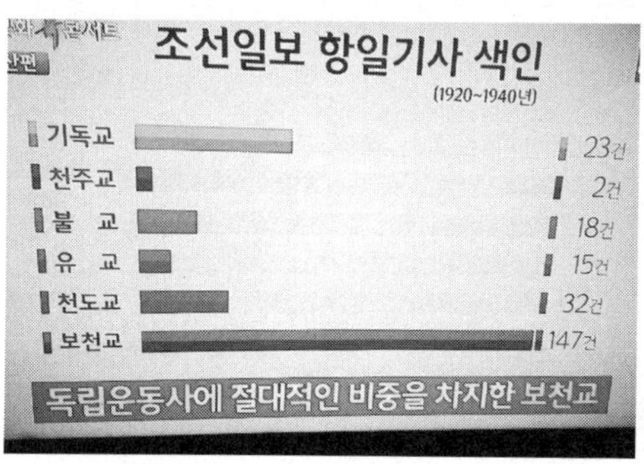

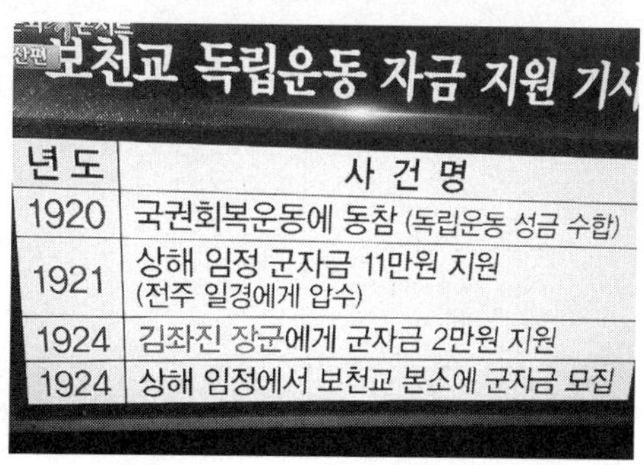
보천교 독립운동 자금 지원 기사

년도	사건명
1920	국권회복운동에 동참 (독립운동 성금 수합)
1921	상해 임정 군자금 11만원 지원 (전주 일경에게 압수)
1924	김좌진 장군에게 군자금 2만원 지원
1924	상해 임정에서 보천교 본소에 군자금 모집

그동안 열심히 달달 학교공부를 했다. 그러나 이제 와 더듬어 보니, 안타깝지만 나를 비롯한 우리 학계에서 일제 식민사관과 중화 사대사관과 외래종교 일변도의 적폐를 극복한 논문을 쓰거나 강의를 한 학문이 깊고 식민사관을 벗어난 옳은 선비는 드물었다. 박사논문을 쓴 다음 문화사학회와 재야 민족사학자 민족회의와 인터넷 "우리역사의 비밀" 류와 환단고기 부도지를 보며, "어찌 이런 일이 하며" 처음 보거나 깜짝 놀란 내용들을 정리해 본다.

천손 천부경 삼일신고 참전계경 부도지 환단고기, 환단 72분 천황의 존재(배운 것은 총 3분인 줄만 알다가)

★ 일은 하늘이 도모하고 실천은 땅의 지덕으로 사는 사람이 한다. - 30여 년간 다녀보며 골골히 환단 및 그 역사문화 실사를 실제 연구하고 시행하는 분들이 이외로 많음에도 놀랐다.

선하고 홍익적인 만년 역사문화 천손들의 식민 · 사대 사관 해방 컨텐츠와 지리산 삼성궁과 전국 기도터 등의 이타적 예술성과 미학과 신명의 이모저모에 놀라다.

민족회의(토요일 오전마다 서울 강북구 솔밭공원 기천문 및 세미나" 강화 개천절 행사 등등) · 신문명회(비가 오나 눈이 오나 토요일마다 국학 세미나 10여 년 이상 종로 3가) · 국학원 강의 · 지리산 삼성단 20여 년간 이상 상생방송 등등 전국 골골마다에서 꾸준히 한단역사 문화와 국학을 바로 세우기 위해 어려운 가운데 민간에서 성의껏 꾸준히 해 왔다.

한국(무)신교 전국연합회에서도 환국 한기 9216(2019) 쓰기운동 · 환웅 중심 개천절 사용하기 운동 (단군 중심으로 하면 우리 역사 1565년 - 배달 환웅 18분 시대가 날아간다) · 단군조선 (고조선 아닌)으로 쓰기운동 · 우리 전통신앙의 무신교 기도터를 지키고 되찾기운동 · 우리 전통신앙 내외양 훼손에 대항하고 지키기 · 칠성자손들 칠석제 지키기운동, 유형문화재 중도 맥국 보존 운동 등등을 어렵사리 열심히 해오고 있다.

"이제 100년간 계획을 세우는 나라들에 대해 공부했으니 나도 우리도 100년 계획을 세우고 같이 해야지."

7분 환인 · 18분 환웅 · 47분 단군의 존재와 이름들이 실존한다는 것에 놀랐으니 최대한 몇 분의 이름이라도 알아야지. 힘들겠지만.

바른 한국인을 위한 9천년 역사의 천황 명단

마고 14,000여 년 이전, 환국 환인시대 B.C.E. 7197 ~ B.C.E. 3896년 1세 안파견환인 2세 혁서 3세 고시리 4세 주우양 5세 석제임 6세 구을리 7세 지위리 환웅시대 B.C.E. 3897 ~ B.C.E. 2331년

1세 거발한 환웅 2세 거불리 3세 우야고 4세 모사라 5세 태우의 6세 다의발

7세 거련 8세 안부련 9세 양운 10세 갈고 11세 거야발 12세 주무신 13세 사와라

14세 자오지(치우) 15세 치액특 16세 축다리 17세 혁다세 18세 거불단

단군시대 B.C.E. 2333년~B.C.E. 239 1세 王儉왕검 단군 2세夫婁부루단군 3嘉勒가륵단군

4烏斯오사 5丘乙구을 6達文달문 7翰栗한율 8于西翰우서한

9阿述아술 10魯乙노을 11道奚도해 12阿漢아한 13屹達흘달

14古弗고불 15伐音벌음/후흘달 16尉那위나 17余乙 여을

19緱牟蘇구모소 18冬奄동엄 20固忽고홀 21蘇台소태 22索弗婁색불루

23阿勿아물 24延那연나 25率那솔나 26鄒盧추로 27豆密두밀

28奚牟해모 29摩休마휴 30奈休나휴 31登兀등올 32鄒密추밀

33甘勿감물 34奧婁門오루문 35沙伐사벌 36買勒매륵 37麻勿마물

38多勿다물 39豆忽두홀 40達音달음 41音次음차 42乙于支을우지

43勿理물리 44丘忽구홀/구물 45余婁여루 46普乙보을 47古列加고열가

부여시대 B.C.E. 239년~B.C.E. 59 해모수 단군, 2대 모수리 단군 3대 고해사 4대 고우루 5대 고두막(동명왕) 6대 고무서 고구려: 소서노 · 추모(동명성왕), 백제: 소서노 · 온조, 신라:박혁거세.가야:김수로. 발해:대조영 고려:왕건, (근세)조선 이성계, 대한민국

한국인은 예맥貊족 · 춘천 맥貊국중도는 유네스코 등재로 지키자. 120년만에 광복 용산은 역사 민족공원으로 국가 역사 지키자.

한민족 3성경聖經: 천부경 · 참전계경 · 삼일신고 놀라운 내용 실존

- 제 3세 가륵단군께서 신지에게〈녹도전자 16자〉로 자신이 깨달은 바를 적게 하시니 천부경의 원형이다. 최치원은 81자 천부경을 묘향산에 새겨두다
- 인류 역사상 이처럼 거룩하고 완벽한 가르침이 있는 고구려 을파소의 〈참전

계경參佺戒經〉: 〈삼일신고〉와 짝을 이루는데, 366사事로 구성되어 있다.

- 7세기 발해를 세우신 대조영 고왕께선, 동생 대야발에게 어려운 건국의 와중에도 참하늘님과 그 자손의 도리를 해설해 놓은 교화경敎化經인 삼일신고 만들게 하시다. (하늘과 땅 사이의 해와 달 우주를 보시는 분 하느님의 존재를 깨우치시고, 참하느님 신 자로 남기셨다.

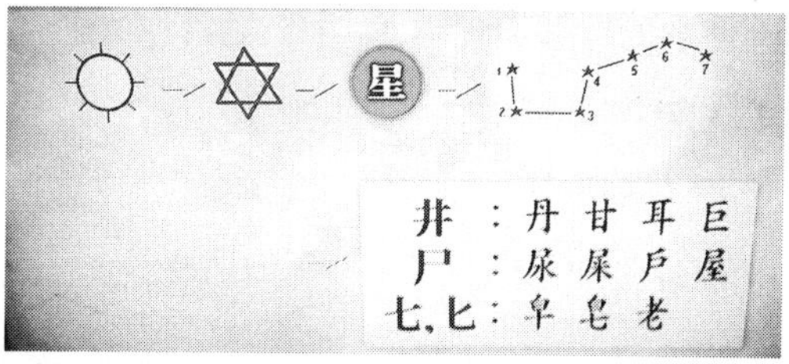

이 참하늘 참하느님 신 자의 덕분으로 기독교와 한국의 친연성 쪽으로 서로 더욱 이해하게 되었고 민족 통합도 일부라도 도모해 볼 수 있겠다.

★ 3 · 1절 100주년 – 9,216(2019)년에 서울시민과 전 국민을 열광시킨

DMZ 평화풍류단장 지성철 인사말처럼 "신명천지 풍류천하!" 전국 풍물굿 축제 중의 축제였다. 그 열광과 한풀이와 흥겨움의 몇 시간이 그 간의 한국의 전현대적 작태와 고뇌들을 풀어내었다. 같이 뛰며 웃고 춤추며 장단 맞추며 함께했던 참석자들은 5 · 18 때 광주에서 다시 한다 하니 이 전국 풍물굿 때문에 광주에 가야겠다고들 한다. 나도 마찬가지 생각이 들었다. 여행을 가서 좋았어도 바로 그 자리에서 다시 와야지 하기 힘든데, 이 몇 시간이 生에서 가장 감동적인 순간들이었기에 가능할 것이다.

환국 천산에서 흘러내린 흑해(현재 러시아 아무르강) 나나기족의 칼을 들고 공수하는 샤먼 여사제 세상에 전하기를 복희는 용으로 관명(용마는 상서로우므로 용으로 관명을 하였는데, 부르기를 용사라 하며, 즉 춘관은 청룡씨, 하관은 적룡씨, 추관은 백룡씨, 동관은 흑룡씨, 중관은 황룡씨로 하였다)을 세웠다 하고, 또 복희로 동방의 제(帝는 震(東 · 권위)에서 나오므로 춘황 · 창제 · 창정 · 청아라는 것이 이것이다.)라 하고, 또 복희는 구이에서 태어났다는 이야기가 있다. 그러면 우리 海東의 용신화는 그 유래가 오래되었다. 또 흉노의 풍속에 용신을 섬기며 그 祖

先들과 천지귀신에게 제사 지내던 곳의 이름도 용성이다.

우리민족은 그 옮겨온 자취를 살펴보면

…에서 북이로부터 시작해서 점차 나누어져 동이가 되었으니, 곧 숙신 · 북부여 · 예맥 · 고구려 · 발해 등의 나라가 이것이다. 또 중국고사에 흉노 여러 부에 左王은 동방에 거처하고, 곧바로 上谷 동쪽으로 예맥조선과 접하였다.[171]

사기 흉노전 : 해마다 5월에 龍城에서 대회를 열어 조선조선과 천지귀신에게 제사 지낸다 (색은)

후한서 흉노전 : 흉노에 삼룡사三龍祠가 있는데 해마다 정월인 1월 5월 9월 무자戊子에 천신에게 제사 지낸다.

샤먼의 옷 무늬 생명의 나무는 바로 한웅 개천시 신단수를 의미하고 물고기(메기)는 다산을 상징한다

제천을 모두 단군의 고사로 인하여 행하였다.[172]

삼국지 후한서: 濊는 그 풍속이 산천을 중히 여겨 각각 그 부분에 있어서 서로 간섭하지 않고, 같은 성과 혼인하지 않으며 기피해야 될 일이 많아서 질병이 들어 사망하면 문득 옛집을 버리고 새로운 거처를 마련하고, 해마다 10월에 하늘에 제사하여 밤낮으로 술을 마시고 노래하고 춤추었는데 이를 무천舞天이라 했으며, 또 호랑이를 신으로 섬겨 제사를 지냈다. 노래와 춤 등 무천과 호랑이를 제사하여 신으로 사는 것은 단군 신시의 무사 巫事의 계통인 것 같다.

무당이 타령(妥靈, 가곡을 타령이라 한다)의 시작에 반드시 '어라하만수於羅瑕만수' 는 백제건국 시조 소서노 어라하의 복을 빌고 축수하는 것

성주풀이는 2개가 있는데, 하나는 "역사의 흥망을 알수 있는 낙양성을 가사에 넣고, 백제 건국주 소서노 어라하를 축수하는 것 - 한반도 백제권 중부지역의 타령이나 무가인 것이고, 둘째는 안동 제비원의 성주풀이는 성주신으로 1과는 제목만 같지 다른데 일부 1에서 가사를 변통해 간 것으로 보인다. 에라! 그 경우는 그냥 감탄사이다.

어라하만수!
낙양성 십리허에
높고 낮은 저 무덤은 영웅호걸이 몇몇이냐
절세가인이 그 누구냐
우리네 인생 한번 가면 저 모양이 될 터이니

어라하만수!
어라하 대신이여

저 건너 잔솔밭에 솔솔 기는 저 포수야
저 산비둘기 잡지마라
저 비둘기 나와 같이 님을 잃고
밤새도록 님을 찾아 헤맸노라
어라하만수!
어라하 대신이여

낙양성 십리허에
높고 낮은 저 무덤은 영웅호걸이 몇몇이냐
절세가인이 그 누구냐
우리네 인생 한번 가면 저 모양이 될터이니
어라하만수!
어라하 대신이여

소서노 어라하기념사업회장 차옥덕 해설

★ 소서노 어라하 어라하 만수 대신이여! 대신할머니신도 확실한 역사적 내력을 지니는 무조신으로 볼 수 있다.

낙양성은 "역사의 흥망을 알고 싶거든 낙양성을 보라"欲問古今興廢事 請君只看洛陽城는 말이 있듯이, 5,000년 역사를 가진 9朝(낙양 사람들은 13朝의 고장이라 우기지만)의 古都로 '하夏' '상商' '동주東周' '동한東漢' '조위曹魏' '서진西晋' '북위北魏' '수隋' '당唐' 朝 등의 왕조가 이곳을 수도, 또는 東都로 삼아 영화를 누렸던 곳이기도 하다.[173] 낙양성은 "역사의 흥망을 알고 싶거든 중국 하남성 낙양성을 보라" 역사가 사마광(1019~1086)이 북망산 아래에 살며 말했다.

☂ 부자와 일반 백성들을 죽이고 재물을 빼앗아 낙양성을 불바다로 만든 후 도망간 동탁

8로군 제후들과의 교전을 중지하고 낙양으로 돌아간 동탁은 조당에 중신들을 모아놓고 갑자기 도읍 천도를 발표했다. 그는 천도를 반대하던 양표와 황완, 순상의 벼슬을 파직해 버렸다. 회의를 파한 동탁이 수레를 타고 조당 문을 나설 때 상서 주비와 성문 교위 오경이 다가와 다시 천도 반대를 간했다.

"들으니 승상께서 장안으로 천도를 하신다고 하니 과연 그러하십니까? 그 일은 그만 두시는 것이 마땅할 것이오."

동탁은 주비를 보자 왈칵 성이 났다.

"내가 처음에 너희들 두 사람의 말을 듣고 원소를 살려 두었더니 오늘날 이 지경을 당하게 됐다. 너희들은 원소와 한당이다. 무사들은 저 두 사람을 끌어내 성 밖에서 참형에 처하도록 하라!"

무사들이 상서 주비와 성문 교위 오경의 등을 밀어 성 밖의 형장으로 끌고 나가 참수를 했다. 동탁은 장안으로 천도하는 영을 즉시 반포해 이튿날부터 조정의 짐들을 당장 꾸리게 했다. 그러나 천도를 할 엄청난 비용이 조정에는 없었다. 재정을 맡은 관리가 동탁에게 말했다.

"조정에 천도할 비용이 턱 없이 부족해 행리를 꾸릴 수가 없습니다."

그 말을 듣자 동탁은 골머리가 아팠다. 그러자 옆에 있던 이유가 머리를 굴렸다.

"지금 조정에 재정이 열악해 천도할 비용이 없다고 하니 제가 꾀를 내겠습니다."

동탁이 반색을 하며 이유에게 그 수를 물었다.

"낙양에는 부자들이 많습니다. 비밀히 영을 내려 부자들의 재산을 국가의 재산으로 적몰시켜 버리십시오. 그리고 8로군을 일으킨 원소의 문중을 모조리 죽여 버리시고 그들의 재산을 차압한다면 거만의 재산을 얻을 것입니다. 이 재물로 천도 비용을 충당하면 문제가 없을 것입니다."

동탁은 손뼉을 치고 기뻐하며 곧 영을 내려 철갑을 입은 5천명의 병사를 풀어서 낙양 안의 부자들을 모조리 잡아들이니 부호의 수는 수천 집이나 됐다. 부잣집마다 기를 만들어 꽂고, 기에는 '반신 역당'이라 크게 쓴 후에 부자들을 성 밖으로 끌어내어 죽여 버리고 재산을 몽땅 빼앗아 버렸다.

그런 다음 동탁의 부하 이각과 곽사는 낙양의 백성 수백만 명을 돼지떼처럼 몰아 장안으로 나가게 했다. 백성들이 원망하고 잘 따르지 않자 일대(一隊)로 편성된 군졸들이 백성들을 짓눌러 죽이기 시작했다. 병들어 죽은 백성, 발병이 나서 걷지 못하는 어린 아이와 여자들을 매질하고 두들겨서 개천 구렁에 쓸어 넣어 죽인 자가 부지기수였다.

동탁 군사들의 행패는 길을 가는 도중에 더욱 심했다. 백성들의 아내와 딸들을 강간하고 양식과 재물을 강탈하니 백성들의 호곡 소리는 천지를 진동했다.

동탁은 낙양을 떠나면서 다시 영을 내렸다.

"낙양성을 그대로 두고 가면 이적 행위가 될 것이다. 종묘와 궁궐에 불을 지르고 왕릉을 파헤쳐 금은보화를 꺼내라. 그대로 버려두면 8로군의 재물이 될 것이다."

동탁의 영이 떨어지니 군사들은 황제와 황후들의 수백년 내려오는 능침을 파헤쳐 금은보물을 파내고 종묘와 황궁에 불을 지르니 화광은 충천해 낙양은 불바다가 되어 삽시간에 제국의 도시는 초토화되었고, 무덤이란 무덤은 관민의 것을 가리지 않고 모두 파헤쳐졌다.

동탁은 금은보화와 능라주단 좋은 물건을 수천 수레에 나누어 싣고, 천자와 후비를 협박해 낙양을 버리고 장안으로 향해 달아나니 2백년 도읍지는 불바다, 슬픔의 바다, 별루의 터, 그리고 초토, 폐허와 공도가 돼 버렸다. 그때 사수관을 지키고 있던 동탁의 장수 조잠은 동탁이 낙양을 버리고 장안으로 달아났다는 소식을 듣자 사수관을 열고 손견한테 항복했다. 손견은 군사를 몰아 사수관으로 들어가고, 현덕, 관우, 장비가 호로관으로 뛰어드니 모든 제후들도 뒤를 따랐다. 손견의 군대가 낙양을 향해 치달리니 화염은 충천하고 검은 연기는 땅에 가득 서려 돌았다. 가는 길 2, 3백리에는 사람의 그림자가 끊어졌고, 닭과 개 소리도 들리지 않았다.[174]

현재 중국 하남성 낙양성에서 바라본 북망산천과 고분군의 무덤들

중국 하남성 낙양은 역대 아홉 왕조의 고도로 알려져 있어 역사의 자취가 서린 곳이다. 현대에 들어서는 공업도시로서 자리를 잡아 공기가 그리 맑지 않았다. 낙양은 당나라 때까지 중원의 중심부였고, 역대 군웅들의 쟁탈지가 되거나 병란의 중심지가 되어 여러 차례 폐허가 되기도 했다.

중국인들은 예로부터 '살아서는 소주 항주에 있고, 죽어서는 북망산천에 간다'는 꿈이 있었다. 그 꿈을 이룰 수 있었던 것은 황제나 귀족에 불과했다. 북망 일대에는 후한 이래의 황제릉이나 귀족들의 분묘가 즐비하다. 최근에는 삼국지 인물인 조조의 무덤이 발견됐고, 그곳서 '삼국지' 영웅 조조의 무덤 속 항아리를 알아 보니 세계 최고 백자였다.

중국 허난성 무덤서 2009년 출토된 부장품일 도쿄 국립박물관서 정밀 분석한 결과 유약과 표면 등에서 백자 특성 드러나 기존 최고품 보다 3세기 이른 최고 백자 확인

중국 역사에서 위, 촉, 오나라가 천하를 놓고 대결한 3세기 삼국시대를 논할 때 빼놓을 수 없는 위인이 '간웅'(교활한 영웅)으로 일컫는 위나라 시조 조조(曹操:155~220)이다. 명나라 문인 나관중의 소설과 진나라 학자 진수가 쓴 역사서 〈삼국지〉에서 유비 · 손권 · 제갈량과 더불어 최고 주역으로 꼽히는 그가 최근 세계 고고역사학계에서 뜨거운 화제의 인물로 떠올랐다. 지난 수년간 중국 허난성 안양시에서 발굴해온 후한~위시대의 대형 무덤이 그의 것인지를 놓고 논란이 분분하더니, 연초에는 이 무덤에서 출토된 항아리가 3세기에 만든, 세계에서 가장 오래된 백자로 판명됐다는 일본 연구기관의 분석이 나와 학계가 술렁거렸다. 기존에 보고된 세계 최고의 백자는 5~6세기 중국 남북조시대 백자병이었는데, 무려 3세기 이상 시기가 올라간 것이다. 학계의 공인을 받게 되면, 도자기 역사를 다시 써야 할 것으로 보인다.

일본의 〈아사히신문〉과 공영방송 〈엔에이치케이(NHK)〉 등은 도쿄 국립박물관 연구팀이 2009년 중국 허난성 안양시의 조조 추정 무덤에서 나온 항아리 1점을 지난 연말 현지에서 조사한 결과 지금까지 알려진 고대 백자들 가운데 시기가 가장 이른 백자로 확인되었다는 내용을 20일 일제히 보도했다. 앞서 지난해 3월 유적을 발굴한 허난성 문화재고고연구원은 이 무덤이 조조와 그의 두 부인을 합장한 무덤으로 최종 확인됐다고 발표한 바 있다.

일본 매체의 보도에 따르면, 발굴된 항아리는 높이 13.4㎝, 입구 직경 8.7㎝로 주위에 네 개의 귀를 달고 있는 '관罐'이란 기종이다. 관을 안치한 무덤 주실 앞 방에서 부장품으로 출토됐다. 박물관 연구팀은 항아리를 자세히 관찰한 결과 투명한 유약을 바른 흔적이 보이며, 고온으로 구워내면서 표면이 유리질로 변화한 양상이 나타나는 등 백자의 주요 특징들을 갖춘 것이 확인됐다고 취재진에 밝혔다.

동아시아 최고의 도자기 발명품으로 꼽히는 백자는 흰빛의 점토에 재를 주성분으로 하는 투명한 유약을 뿌려 1,300도의 매우 높은 온도로 구워낸 자기를 말한다. 높은 온도로 구은 자기 중에서도 불순물을 빼고 유약을 정제해야 만들 수 있으므로 가장 높은 수준의 기술과 숙련도를 요구한다. 중국 이외엔 고려 · 조선과 일본, 베트남 등에서만 생산됐다.

그동안 학계에 알려졌던 세계 최고의 백자 유물은 조조 추정묘가 있는 안양시에서 1971년 출토된 범수란 인물의 무덤 부장품들이 꼽힌다. 5~6세기 남북조 시대의 것으로 줄을 꿰는 귀가 달린 병('관')에다 백자유약을 바른 유물들이다. 이번에 발견된 백자 항아리는 조조가 살았던 시대 만든 것으로 볼 수 있어 공인될 경우 백자 제작의 역사를 무려 300년 이상 끌어올리게 된다. 도쿄 국립박물관 주임연구원인 이치모토 루이는 〈NHK〉와의 인터뷰에서 "중국의 삼국시대는 전란이 계속돼 문화적 · 미술적으로 주목받지 못한 시기였는데, 이 시기의 백자가 발견돼 당대의 문화적 실상을 구체적으로 그려볼 수 있게 됐다"면서 "매우 놀라운 발견"이라고 말했다. 박물관 쪽은 이 항아리를 7월 개막하는 특별전 '삼국지'에서 전시할 예정이라고 한다.

중국 허난성 안양시에서 발견된 조조 추정 무덤의 입구 쪽 발굴현장. 〈한겨레〉자료사진

위나라 태조로 후대에 받들어진 조조의 초상.

허난성의 조조 추정 무덤은 지난 2008년부터 발굴이 시작돼 '위무왕魏武王'이 새겨진 돌판 등 여러 문자유물들이 출토돼 눈길을 모았다. 허난성 당국은 조조의 무덤이 확실하다고 공표했지만, 학계에서는 출토품의 후대 조작설 등 여러 의문들이 계속 제기되고 있어 무덤주인의 진실을 둘러싼 논란은 쉬 가라앉지 않고 있다.[175)]

망산에는 고묘박물관이 있다. 낙양 근교의 각종 분묘를 그대로 이축해서 한 군데 모아놓은 특이한 박물관이다. 지하의 전실묘를 하나하나 들여다 보면 시대별로 고분의 형태가 다름을 알 수 있다. 박물관의 북서쪽에는 북위 선무제의 경릉으로 알려진 분구가 있다.

낙양 시내를 돌아다니다가 낙양성을 찾아갔다. 여경문을 통과해 성루로 올라가 북쪽을 바라보니 망산의 윤곽이 보인다. 우리 민요에 '낙양성 십리하에 높고 낮은 저 무덤은, 영웅 호걸이 몇 명이냐'라는 노랫말이 떠올랐다. 그 노랫말을 만든 사람은 이 낙양성을 와 보았는지 궁금하다. 성루에서 내려와 저자거리를 따라 식당이며 상점들이 늘어서 있었다. 관광지는 생각보다 초라했다.

성 밖을 나와 찾아간 곳은 마을 한 쪽에 큼직하게 서 있는 비석이었다. 공자가 주나라를 찾아가 노자를 만나 예에 대해서 묻고 즐거워한 장소임을 알리는 내용이었다. 낙양역에서 가까운 곳에 있는 지하 박물관은 병마갱으로 유명하다. 주나라 왕이 탔다는 육두마차 조각상이 웅장하게 서 있다. 이 마차는 그동안 문서로서만 확인되었으나, 직접 발굴되어 기록이 사실로 입증됐다. 지하에 들어서니 유리판 아래로 말과 마차가 흙더미에서 그 웅자를 드러냈다.

관우 사당과 백마사

교외의 명소에는 사적이나 유구가 많다. 특히 백마사나 관림, 용문석굴 등은 관광객들의 발길이 끊이지 않는다. 백마사는 후한 명제 시절인 서기 68년에 건립된 중국에서 가장 오래된 목조건물이다. 인도에서 백마로 불전을 운반해온 두 승려를 창시자로 하는 사찰이다. 지금의 13층 전탑은 1175년에 세운 건조물이다. 남쪽 교외 7킬로미터 지점에 위치한 관림은 촉한의 장수였던 관우의 목이 묻혀 있는 곳이다.

관우는 사후에 황제보다 더 우월적인 지위를 얻었다. 그렇다고 해서 황제만이 사용할 수 있는 능이란 말을 못쓰고, 능과 발음이 비슷한 림을 사용했다고 한다.

경내에 위치한 관우 사당은 명나라 이후의 건축양식이다. '한수정후 관운장지묘'

라는 묘비 또한 청조의 것이다. 좌우 낭하의 건물에 근교의 각 황제릉이나 고관의 묘 앞에 설치되어 있던 석상의 대부분이 함께 진열되어 있다. 관림을 지나 3킬로미터 정도 가면 낙하의 지류인 이허강이 강가 절벽 사이에 크고 작은 불상를 새겨 넣은 곳이 용문 석굴이다. 맞은 편 동쪽 산에는 당나라 시인 백거이의 묘가 있다.

당나라 때는 물자의 유통이라는 점에서 장안(서안)보다 낙양 쪽이 지리적인 이점이 많았다. 강남에서 실어온 곡은 대운하와 황하를 거쳐 낙양으로 운반되었다. 낙양에서 장안으로 가는 길목에는 황하로 가면 암초가 있고, 육로로 가면 험난한 함곡관이 있어 운송이 쉽지 않았다고 한다. 낙양에서 오랫동안 곡물이 도착하지 않으면 귀족들이 먹을 것을 찾아 낙양까지 찾아갔다는 기록도 있다.

당대의 낙양에는 황제나 황후의 거주구가 장안이 아닌 서북쪽 한 모퉁이에 있었는데, 그 궁성 쪽에는 각지에서 온 곡물을 비축하기 위한 창고들이 있었고, 그 구역을 성벽으로 둘러싼 성처럼 되어 있었다. 면적이 42㎢로 최대 1천톤 이상의 곡물을 저장할 수 있었다고 한다. 이 곡물창고는 동굴형이다.

건조한 황토지대에서는 이것이 최적의 저장고였다. 그 저장고가 250여 개 이상이 된다고 한다. 옛날 수당 시의 낙양은 노성 일대에 해당된다. 삼국지 시대의 낙양성은 이보다 훨씬 동쪽, 백마사 서쪽 부근에 위치했다고 한다.

★ 성주풀이는 안부른 분이 없는 최고의 유명민요이다. 안숙선, 김영임 등의 성주풀이든, 사설이 안동 제비원 것이 깔리는 〈안동 성주풀이〉든 백제에서 어라하라는 칭호는 소서노 어라하뿐이다. 만수萬壽는 오랜 수명 누리소서, 즉 장수 하소서!가 맞다.

대신이여!에서 대신에 대해서는 어라하가 주체이고 주어이라 '대신할머니신'을 뜻하는 것으로 보는 것이 대신마누라신으로 보는 것보다 더 바르게 보여진다. 앞으로 많은 천착이 필요하다.

성주풀이에서 성주는 소서노 어라하이기에 여기에 城은 인천 미추홀 매소홀 문학산성이나 다른 하남 위례성, 하북 위례성 등 백제성의 주인을 말한다.

따라서 대신할머니신도 확실한 역사적 내력을 지니는 무조신으로 볼 수 있게 된다. "무조巫祖신의 종류는 다양하다. 무조신으로 꼽히는 신으로는 처용랑處容郞 · 법우화상法雨和尙 · 바리공주 · 제주의 무조巫祖 삼형제 · 말명할머니 · 계면할머니 · 작도대신 · 대신마누라신 · 만신할머니신 · 대신창부신 · 김금철선생신 · 대신할머니신 등이 있다. 이 가운데 내력을 지니고 있는 신은 처용랑 · 법우화상 · 바리공주 · 제주의 무조 삼형제 · 말명할머니 · 계면할머니이다.

≪삼국유사≫에 전는 처용랑 전설은 아내를 범한 역신疫神에게 처용이 「처용가」를 부르며 춤을 추면서 물러나니, 역신이 잘못을 빌며 앞으로 처용이 있는 곳에는 들어가지 않겠다고 하여, 신라 사람들이 처용의 얼굴을 그려 사귀를 물리치고 경사를 맞아들였다고 전한다. 처용은 이렇게 벽사진경辟邪進慶하는 무조신이 된 것이다. 법우 화상의 전설은 이능화李能和의 ≪조선무속고 朝鮮巫俗考≫에 전한다. 지리산의 옛 암천사巖川寺에 법우 화상이라는 이가 있었는데, 어느 날 길을 가던 중 홀연히 산골짜기를 보았더니 비도 오지 않는데 물이 가득히 흐르고 있었다. 그래서 그 근원을 찾아 천왕봉天王峰 마루에 이르러 보니, 거기에는 몸이 크고 힘센 한 여인이 있어 스스로 말하기를 성모천왕聖母天王이라 하였다. 신선인 자기가 인간으로 화하여 그대와 인연을 맺기 위함이고, 수술水術을 쓴 것은 중매한 것이라 하였다. 드디어 그들은 부부가 되어 집을 짓고 살면서 팔녀八女를 낳아 무술巫術을 가르쳐 전국에 무업을 행하였다는 것이다. 법우 화상전설은 지리산신과 혼인하여 무당의 시조로 변모하는 내력을 말하여 준다. 바리공주 이야기는 칠 공주의 막내를 왕이 홧김에 버렸는데, 죽지 않고 살아서 오히려 병들어 죽게 된 부모를 살렸다는 내용이다. 저승으로 간 바리공주는 무장신선과 가약을 맺어 아들 일곱을 두었다. 그런데 어느 날 부모가 죽게 되는 꿈을 꾼 바리공주는 생명수와 불사약不死藥을 구하여 들고 찾아와서 이미 죽은 부모를 소생시켰다는 것이다. 그때 소생한 왕이 바리공주에게 소원을 묻자 만신의 인위왕, 곧 무당이 되겠다고 해서 무조가 되었다는 내용이다. 제주도의 「초공본풀이」는 최초의 심방(무당)이 된 무조 삼형제의 이야기이다. 명문 집안의 부부가 절간에 가서 기원하여 딸아기를 낳았고 부모가 이 아이를 두고 벼슬살이를 하러 가게 되었는데, 중이 시주를 핑계삼아 찾아와 딸을 잉태시킨다. 딸은 집에서 쫓겨나 중을 찾아 아이 셋을 낳는다. 삼 형제는 자라서 양반자식들의 방해에도 불구하고 과거에 급제하지만 중의 자식이라 해서 낙방되고 어머니마저 양반자식들에 의해 감옥에 갇힌다. 아버지에게 도움을 청하자 심방이 되어 어머니를 구하라고 하며 신칼 · 천문天門 · 상잔床盞 등 무구를 준다. 삼형제는 북 · 장고 · 설쉐 · 징 등 무악기를 만들고 굿을 하여 어머니를 구하

고, 양반자식들에게 복수한 후 심방의 시조가 된다. 한편 말명굿에서 섬겨지는 말명할머니도 무조신적 성격을 띤다. 말명굿무가에서 보면 말명할머니가 구월맞이굿을 올리려고 단골 시영 집에 걸립을 나갔다가 천년 대 시영 집의 세존 방손이가 기특해서 그 집을 명당터전으로 잡아주기 위해 사흘굿을 올려 준다. 이후로 천년 시영 집은 대단골이 되어 모든 시영 집들이 그 집을 큰집으로 모시고 구월맞이를 드리게 되었다고 한다. 계면굿 무가에서 모셔지는 계면 할머니도 역시 무조신적 성격을 띠는 신격이다.

계면신은 무녀를 이끌고 집집마다 돌아다니게 하는 걸립신으로, 계면굿 무가에서 계면할머니는 계면을 돌기 위해 오동나무와 대[竹]를 심어 악기를 만들고 오신전대娛神錢袋를 차고는 전국을 다니면서 아이들에게 명命과 복을 주고 우환과 재난을 막아주는 것으로 나타난다. 무조신은 무당의 내력을 알려주고 무속에서 어떠한 기능을 맡고 있는가를 말해주는 설화를 가지고 있다. 무조신은 특정하게 신격이 정해져 있는 것이 아니고, 무당의 제각기 성격과 결부되면서 모셔진다. 내력을 지니지 않은 나머지 신격이 그러한 모습을 간직한다. 창부신은 배우신이고, 만신할머니는 무당의 높임말이며, 김금철 대신은 실재로 존재한 인물이기 때문이다. 따라서, 무조신은 무당의 조상신인 만큼 다신의 형태로 나타나 있다.[176]

낙양성洛陽城:

백제 마지막 왕 때에 거북의 비결을 풀이한 무당이 잇는 것이 국사에 보이니 그 풍속에 무당을 숭상한 것을 알 수 있으며, 백제어로 왕의 존칭을 어라하於羅瑕 라 하니, 지금 우리 풍속에 무당이 타령(妥靈, 가곡을 타령이라 한다)의 시작에 반드시 어라하 만수라 창하니, 이것은 임금의 복을 빌고 축수하는 것으로 백제에서 널리 전파된 어원인지 모른다.[178]

*조선 무속고 조선 신사지 등을 번역하신 이재곤 선생님과의 최근 대화: …"조선 신사지에 예맥이 나오는데 그 책을 번역하느라고 2년이나 걸렸고 전문용어가 많아 아주 혼났어요." 이재곤 선생님은 조선 무속고 조선 해어화사 조선 신사지 등등 이능화 선생의 조선 전통문화 저서가 한문으로 되어 있어 번역과 향토문화 연구편찬을 하시느라 거의 일생의 많은 부분을 보내신 민족문화사 확장에 귀한 공로가 있으신 분이다.

대진국본기				신당서			
대	휘	시호	연호	대	휘	시호	연호
1	중상(仲象)	열황제(열皇帝)	중광(重光)				
2	조영(祚榮)	고황제(高皇帝)	천통(天統)	1	조영(祚榮)	고왕(高王)	
3	무예(武藝)	무황제(武皇帝)	인안(仁安)	2	무예(武藝)	무왕(武王)	인안(仁安)
4	흠무(欽茂)	문황제(文皇帝)	대흥(大興)	3	흠무(欽茂)	문왕(文王)	대흥(大興)
5	원의(元義)			4	원의(元義)		
6	화흥(華興)	성황제(成皇帝)	중흥(中興)	5	화여(華璵)	성왕(成王)	중흥(中興)
7	숭린(崇璘)	강황제(康皇帝)	정력(正曆)	6	숭린(崇璘)	강왕(康王)	정력(正曆)
8	원유(元瑜)	정황제(定皇帝)	영덕(永德)	7	원유(元瑜)	정왕(定王)	영덕(永德)
9	언의(言義)	희황제(僖皇帝)	주작(朱雀)	8	언의(言義)	희왕(僖王)	주작(朱雀)
10	명충(明忠)	간황제(簡皇帝)	태시(太始)	9	명충(明忠)	간왕(簡王)	태시(太始)
11	인수(仁秀)	선황제(宣皇帝)	건흥(建興)	10	인수(仁秀)	선왕(宣王)	건흥(建興)
12	이진(彝震)	화황제(和皇帝)	함화(咸和)	11	이진(彝震)		함화(咸和)
13	건황(虔晃)	안황제(安皇帝)	대정(大定)	12	건황(虔晃)		
14	현석(玄錫)	경황제(景皇帝)	천복(天福)	13	원석(元錫)		
15	인선(諲譔)	애제(哀帝)	청태(淸泰)	14			

▲『신당서』의 내용과 일치하는 대진국 황제명 [사진=성헌식]

5. 「태백일사 - 고구려국 본기」에 "조대기朝代記에서 가로대 연개소문은 일명 개금蓋金이라고 한다. 성은 연씨이고, 그의 선조는 봉성鳳城 사람으로 아버지는 태조太祚라 하고, 할아버지는 자유子游라 하고 증조부는 광廣이라 했으니 나란히 막리지가 되었다. 홍무弘武 14년(603) 5월 10일 태어났다"는 기록이 있다.

「삼국사기」에는 "개소문(蓋蘇文, 혹은 蓋金)은 성이 천泉씨이다. 스스로 물속에서 태어났다며 사람들을 현혹했다. 생김새가 씩씩하고 뛰어났으며 의기가 호방했다. 부친 동부(혹은 서부)대인 대대로가 죽자 개소문이 마땅히 지위를 이어받아야 했으나, 나라 사람들이 그의 성품이 잔인하고 포악해 미워했기 때문에 자리에 오르지 못했다"고 기록되어 있어 위 기록이 맞는지 확인할 수가 없다.

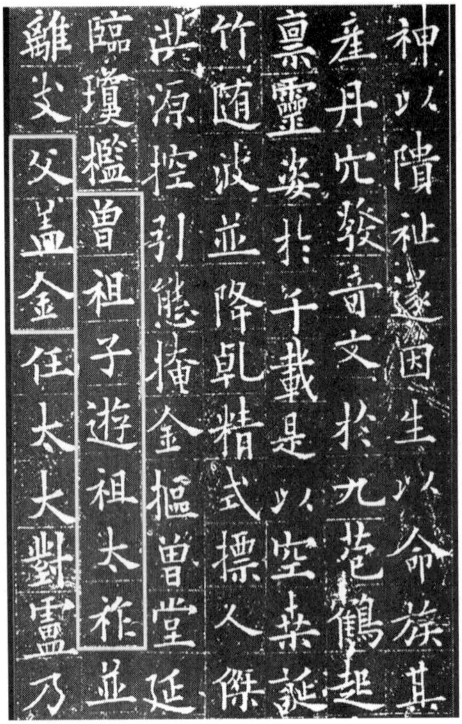

▲ 1927년 낙양에서 발견된 천남생 묘지명 [사진=성헌식 제공]

그런데 1927년 낙양의 북망산에서 발견된 '천남생 묘지명'에 "성씨는 천泉이며 이름은 남생男生이고 자는 원덕元德으로 요동군 평양성 출신이다. 증조부는 자유子遊이고 조부는 태조太祚로 다 막리지를 역임했고 아버지 개금(蓋金=개소문)은 태대대로였는데, 조부와 부친이 쇠를 잘 다루고 활을 잘 쏘아 군권을 쥐고 모두 나라의 권세를 좌지우지했다"고 새겨져 있어 위「태백일사 - 고구려국 본기」기록이 참이라는 사실을 입증해주었다. 참고로 천남생의 아들 헌성獻誠의 묘지명에는 "군의 이름은 헌성이며 자도 헌성이다. 그 선조는 고구려 사람이다. (중략) 증조부 대조大祚는 본국에서 막리지에 임용되었으며, 병권을 장악해 기세가 삼한을 제압하고 명성은 5부의 우두머리가 되었다. 조부인 개금蓋金=蓋蘇文은 본국에서 태대대로에 임용되고 병권을 장악했으며, 아버지가 이어주고 아들이 계승해 권력을 잡고 총애를 받음이 두드러졌다."

"아버지 남생男生은 본국에서 태대막리지에 임용되었으며 무리를 이끌고 당나라에 귀속하니 당나라는 특진에 임명하고 사지절 요동대도독 우위대장군 검교우림군을 겸하게 했다가 이내 장내공봉 상주국 변국공에 임명하고 병주并州 · 익주益州 2주州 대도독에 추증하니 시호는 양(襄)이다"라고 새겨져 있다.

지금까지 알아보았듯이「환단고기」는 결코 위서가 아니다. 오히려 지금까지 풀지 못했던 우리 역사의 미스터리를 해결하는데 있어 결정적인 역할을 할 정도의 기록이 들어 있는 책이다. 그렇다보니 엉터리 강단사학에서「환단고기」를 무서워할 수밖에 없을 것이며 위서라는 족쇄를 채워서라도 자신들의 입지를 유지해 보려고 하나 손바닥으로 하늘을 가릴 수는 없는 법이니 얼마나 오래 가겠는가.

★ 중국의 하남성 낙양성 고구려 연개소문의 장남인 천남생의 묘지명이 입증한 「환단고기」의 역사성 「환단고기」에 언급된 기록들, 일부 사료를 통해 사실 입증돼

일제 식민사학의 맥을 그대로 계승하고 있는 강단사학계는 자신들의 역사이론과 확연하게 다르다는 이유로 「환단고기」를 위서로 취급하고 있다. 19세기말~20세기 초에 쓰여진 책이라 사료적 가치가 검증되지 않았고 역사서로 보기에는 논리성이 결여되어 있어 비합리적인 내용들이라는 것이다. 역설적으로 「환단고기」가 그만큼 두렵다는 말인 것이다. 강단사학계는 「환단고기」를 신봉하는 추종자들을 일명 '환빠'라고 부르면서 국수주의자 또는 사이비 역사학 등으로 매도하고 있다. 논리도 없을 뿐만 아니라 그들이 추구하는 역사야말로 오히려 한국사를 심하게 왜곡시키는 행위라고 비판하고 있는데 과연 그럴까.

1976년에 이유립에 의해 처음 세상 밖으로 모습을 드러낸 「환단고기」는 19세기말이나 20세기 초에 저술된 책이 아니라, 조선 왕조 때부터 금서禁書로 수서령이 내려져 민간에서 비장되어 전해 오던 삼성기전, 단군세기, 북부여기, 태백일사 등을 하나로 합본해 출간된 책이다. 이 책들에는 조선 왕조와 중국과 일제에 의해 지워진 우리 민족의 상고사가 그대로 적혀 있다.

강단사학계에서 위서라고 하는 「환단고기」에 적힌 역사가 과연 위사(僞史)인지 여부에 대해 알아보도록 하겠다.

1. 「단군세기」에 "13세 흘달 단군 무진 50년(기원전 1733년)에 오성이 취루五星聚婁했다"는 기록이 있는데, 오성취루란 수성, 금성, 화성, 목성, 토성이 거의 일직선으로 늘어서는 현상으로 약 250~300년만에 나타나는데 그것을 우연히 보고 기록했을 확률은 0.7%에 불과하다고 한다. 박창범 전 서울대 천문학과 교수의 컴퓨터 시뮬레이션 결과, 기원전 1,734년 7월 13일 오후 5시 30분경에 실제로 그런 현상이 있었다고 하는데, 1년 차이가 나니 그 현상이 아니라고 주장할 수도 있겠으나 단군조선 때는 음력 10월을 상달로 하여 한 해의 시작으로 했으므로 실제 같은 해이다.

▲ 천지에 오성취루의 재현 모습 [사진=성헌식 제공]

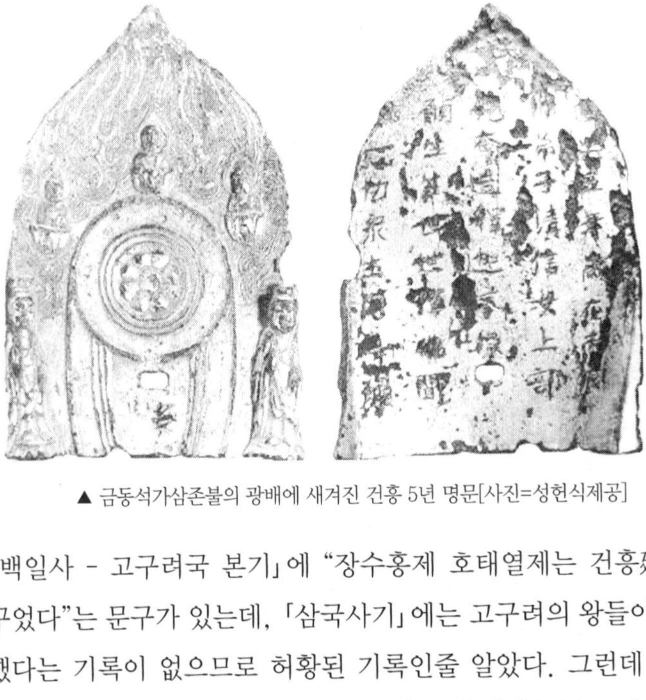

▲ 금동석가삼존불의 광배에 새겨진 건흥 5년 명문[사진=성헌식제공]

2. 「태백일사 - 고구려국 본기」에 "장수홍제 호태열제는 건흥建興으로 연호를 바꾸었다"는 문구가 있는데, 「삼국사기」에는 고구려의 왕들이 자체 연호를 사용했다는 기록이 없으므로 허황된 기록인줄 알았다. 그런데 1915년 충북 충주시 노은면에서 발견된 금동석가삼존불의 광배에 '건흥오년 세재병진建興五年世在丙辰'이라는 명문이 새겨져 있어 역사적 사실임이 밝혀졌다.

3. 광개토호태왕 비문에 "17세손 국강상 광개토경 평안호태왕에 이르러 18세에 등극해 영락태왕이라 했다遝至十七世孫國罡上廣開土境平安好太王 二九登祚號爲永樂太王"는 문구가 있는데, 「삼국사기」에 호태왕은 19대 왕이고 혈통으로는 13세 손이라 비문과 일치하지 않는다. 반면에 「환단고기 - 북부여기」에 의하면 시조 해모수는 고주몽의 고조부로 해모수 - 〉고진 - 〉? - 〉불리지 - 〉고주몽으로 혈통이 이어졌다고 기록되어 있다. 따라서 「삼국사기」의 13세에다가 북부여기의 4세를 합치면 비문의 17세 손과 일치한다. 게다가 광개토경 호태열제가 영락이라는 연호를 사용했다고 기록되어 있어 「환단고기」 가 참으로 정확하다는 것을 알 수 있다.

4. 「환단고기」 에는 고구려와 대진국의 임금들이 황제를 칭했다는 기록이 있는데 광개토 대제의 영락과 장수제의 건흥이 유물의 출토로 확인되었으며, 대진국 14명 황제들의 자체 연호가 기록되어 있는데, 이는 「신당서」에 기록된 9왕의 사용 연호와 정확히 일치하고 있다. 1949년 중국 길림성 돈화에서 발견된 정혜공주 묘비와 1,980년 화룡현에서 발견된 정효공주 묘비명에 '대흥보력 효감 성법대왕大興寶曆孝感聖法大王'이라는 문구가 새겨져 있어 4대 문황제(대흠무)의 연호가 '대흥大興'이었음이 명확하게 입증되었다.[179] 삼국의 국모님들이 모두 성모로 모셔진다. 특히 고구려는 추모의 모친 유화부인, 신라는 파소 성모 즉 선도산 성모님이시다.

⊙ 한국 천당산은 강화 마니산의 참성단과 그 아래 근처의 제천궁터 및 주변이 적합할 것이다.

중국 귀주성 중경시 봉도현 천당산의 옥황성지, 천당산 내 지모신전

옥황상제 쟁탈전이 아닌 상생축제가 일어나면 바람직하겠다.

◒ 9세기 신라의 최치원 한민족 신교인 선불유 현묘지도를 이미 깨달은 신라·당의 석학

★단군세기 서문: 단군세기, 행촌 이암 편

(1) 나라를 다스리는 근본 법도

나라를 위하는 길에는 선비의 기개보다 앞서는 것이 없고, 사학史學보다 더 급한 것이 없음은 무엇 때문인가? 사학史學이 분명하지 않으면 선비의 기개를 진작시킬 수 없고, 선비의 기개가 진작되지 못하면 국가의 근본이 흔들리고 나라를 다스리는 법도가 갈라지기 때문이다. *선비~학식이 있고 행동과 예절이 바르며, 의리와 원칙을 지키고 관직과 재물을 탐하지 않는 고결한 인품을 지닌 사람을 이르는 말이다.

(2) 사학의 중요성

대개 역사학의 정법이, 폄하할 것은 폄하하고 기릴 것은 칭찬해서 인물을 저울질하여 평가하고, 시대의 모습을 논하여 진단하는 것이니, 만세의 표준이 아닌 것이 없다. 이 백성의 삶은 참으로 유구하다. 새 세상을 열고 질서와 법도를 세운 내용 또한 분명히 밝혀져 있어서, 나라는 역사와 함께 존재하고 사람은 정치와 함께 거론되니, 나라와 역사와 사람과 정치, 이 네 가지는 모두 우리 자신이 우선시하고 소중히 여겨야 할 바이다. *폄하~깎아내릴 만한 것은 깎아내림

(3) 자아인식의 중요성

아아! 정치는 그릇과 같고 사람은 도道와 같으니, 그릇이 도를 떠나서 어찌 존재할 수 있으며, 나라는 형체와 같고 역사는 혼과 같으니, 형체가 그 혼을 잃고서 어찌 보전할 수 있겠는가. 도와 그릇을 함께 닦는 자도 나요, 형체와 혼을 함께 키워 나가는 자도 나이다.

그러므로 천하만사는 무엇보다 먼저 나를 아는 데 있다先在知我. 그런 즉 나를 알려고 할진대 무엇부터 시작해야 하겠는가?

제국주의 침략과 실업구국[180]을 항상 염두에 둔 박은식[181]은 자신의 저서 '한국통사' 서문에서도 '나라는 形, 역사는 魂'이라는 개념은 인용하였다. **박은식은 "옛 사람이 말하기를, 나라는 멸망할 수 있어도, 역사는 멸망할 수 없다 하였으니 대개 나라는 형체요 역사는 정신이라"라고** 하였다(박은식의 한국통사 서문) 여기서 "옛 사람"이란 '단군세기'의 저자 이암을 말하는 것으로 보인다.[182]

인류 역사상 이처럼 거룩하고 완벽한 가르침이 있는 고구려 을파소의 〈참전계경(參佺戒經)〉: 〈삼일신고〉와 짝을 이루는데, 366사事로 구성되어 있다.

■ 참전계경과 을파소乙巴素 선생: 고구려 고국천왕 때 유명한 재상 을파소는 일찍이 묘향산맥 중의 백운산 중에 들어가 기도하던 중 국조 단군檀君 성신聖神으로부터 하늘의 글인 천서天書를 얻게 되었다 한다. 이 천서天書를 일러 참전계경參佺戒經이라 하였으니 참전參佺이라 함은 「사람으로서 온전하게 됨을 꾀한다.」는 뜻인 것이다. 고기古記에 따르면, 조화경造化經, 교화경敎化經, 치화경治化經이라 하는 삼화경三化經이 있는데 단군왕검께서 참전계경 366훈으로 가르쳐 뭇 백성을 치화治化하셨던 것이니 참전계경을 치화경이라 한다. 참전계경이 팔八강령으로 이루어져 있으므로 팔리훈八理訓이라고도 한다. 팔리훈 강령 차례八理訓 綱領 次例 머리글 성령장聖靈章 第一章 성誠 第二章 신信 第三章 애愛 第四章 제濟 第五章 화禍 第六章 복福 第七章 보報 第八章 응應 1장 허공虛空은 하늘의 본질, 2장 일신一神은 우주의 주재자, 3장 천궁天宮은 조화로운 하늘나라, 4장 세계世界는 인간과 만물이 존재하는 땅, 5장 인물人物은 인간이 지극하게 존귀하게 완성되는 이치를 정확하게 일러 준다. 을파소(?~203년)는 고구려 사람으로 농부였다. 고국천왕 때 패자 어비류와 평자 좌가려의 무리가 모두 외척으로서 권세를 휘둘러 불의한 짓을 하고 다니자 백성들이 원망하고 분히 여겼다. 왕이 노하여 그들을 잡아 목을 베려 하자 좌가려 등은 모반을 일으켰다. 왕이 그 일당을 잡아 죽이기도 하고 일부는 내치기도 하였다. 그리고 명령하길, "근자에 벼슬이 총애로써 내려지고 덕이 없는 이가 자리에 오르니, 그 독이 백성에게로 흘러 들어가고 우리 왕실은 흔들리게 되었다. 이것은 과인이 밝지 못한 탓이다. 그대들 사부에서는 각자 부족의 어질고 착한 이를 추천하라."고 하였다. 그러자 사부에서 모두 동부의 안류를 추천해

서 왕이 국정을 맡기기 위해 그를 불렀다. 안류가 왕에게 말하길, "하찮은 신은 용렬하고 어리석어 큰 정치를 다룰 수 없습니다. 서압록곡 좌물촌의 을파소라는 사람이 유리왕 때 대신 을소의 후손인데, 성격이 강직하고 굳세며, 슬기와 지혜가 연못처럼 깊습니다. 세상이 알아보지 못하기에 혼자 밭을 갈며 살고 있는데, 대왕께서 나라를 다스리려 하신다면 바로 이 사람이 없이는 아니되옵니다."라고 하였다. 왕이 사람을 보내 겸손한 말과 정중한 예로 초빙해 중외대부에 임명하고 우태의 작위를 주었다. 왕이 말하길, "내 감히 선왕의 자리를 이어받아 신민들의 위에 있게 되었으나 덕이 야박하고 재능이 짧아 다스림이 모자라오. 선생은 재주를 감추고 지혜를 숨겨 궁벽한 풀밭 늪지에 처한 지 오래이나, 지금 나를 저버리지 않고 마음을 돌이켜 이리 와 주니 이것은 나 혼자의 기쁨과 행복일 뿐 아니라 사직과 백성들의 복이올시다. 가르침을 받고자 하니 그대는 마음을 다해 주오." 파소는 비록 나라에 몸을 바치려 하였으나, 내려진 벼슬자리가 뜻을 이루기에 부족하다고 생각하여 대답하길, "신은 둔하고 굼뜨어, 엄한 명령을 감당할 수 없사오니, 대왕께서 현량한 자를 고관으로 삼아 대업을 이루시기를 바라옵니다."라고 하였다. 왕이 그 뜻을 알고 이에 국상으로 임명하여 정사를 맡겼다. 이때 조정의 신하들과 왕실 인척들이 파소가 새로 들어와 옛 신하들을 차별한다고 말하며 그를 흠잡았다. 왕이 하교하길, "진실로 국상에게 따르지 않는 자가 있다면 귀천을 따지지 않고 일족을 멸하리라!" 라고 하였다. 파소가 물러나와 다른 사람에게 말하길, "때를 만나지 못하면 숨고, 때를 만나면 벼슬을 하는 것이 선비로서 떳떳한 일이다. 금상께서 나를 두텁게 대우하시는데 어찌 다시 숨는 것을 생각하겠는가?"라고 하였다. 그러고는 지성으로 나라를 받들고 정치를 밝히며 상벌을 신중히 하니, 인민들이 편안하고 나라 안팎이 무사했다. 왕이 안류를 불러 말하길, "만약 그대의 말이 없었다면 내 파소를 능히 얻어 함께 나라를 다스릴 수 없었을 것이다. 지금 이루어진 모든 것은 다 그대의 공이다."라고 하고 이에 대사자에 임명하였다. 산상왕 7년 가을 8월에 을파소가 죽으니 백성들이 대단히 슬퍼하며 곡을 했다. －『삼국사기』 권 45 을파소 열전

9세기 신라의 최치원 12살에 당나라 조기유학: 한민족 신교인 선불유 현묘지도를 이미 깨달은 신라·당의 석학

신라와 당대의 문인 석학인 최치원 그의 사상은 기본적으로 유학에 바탕을 두고 있었으며, 스스로 유학자로 자처했다. 습합된 종교의 뿌리 신교 및 불교에도 깊은

이해를 갖고 있었고, 비록 왕명에 의한 것이기는 하지만 선사禪師들의 비문을 쓰기도 했다(신라의 불교). 특히 〈봉암사 지증대사 비문鳳巖寺智證大師碑文〉에서는 신라 선종사禪宗史를 3시기로 나누어 이해하고 있다. 선종뿐만 아니라 교종인 화엄종에도 깊은 이해가 있었을 것으로 보이는데, 이는 그가 화엄종의 본산인 해인사 승려들과 교유하고 만년에는 그곳에 은거한 사실로부터 짐작할 수 있다. 도교에도 일정한 이해를 지니고 있었는데, 『삼국사기에 인용된 〈난랑비서鸞郎碑序」에는 유·불·선 습합된 신교에 대한 기본적인 이해가 나타나고 있다.

"신라 경덕왕 때 유학자 최치원(857~?)이 화랑인 난랑을 위해 지은 글. 設教之源이 備詳仙史하니….

최치원의 「난랑비」 서문과 삼교 융회

삼국 시대 사상의 복합 최치원의 「난랑비」 서문과 삼교 융회 최치원(崔致遠, 857~?)이 「난랑비鸞郎碑」의 서문에서 말하기를, "나라에 현묘玄妙한 도道가 있으니, [이것을] 일러 풍류…. 내용은 『삼국사기』 신라본기 권4 진흥왕 37년조 (576년)에 기록된 '최치원 난랑비서문鸞郎碑序文 國有 玄妙之道 曰風流 국유 현묘지도 왈 풍유 우리나라에 현묘한 도가 …에 기록되어 있다. 진흥왕의 본 성명은 김삼맥종彡麥宗/김심맥부深麥夫라 하였다.

"우리 나라(신라:필자 주)에 玄妙한 道가 있으니 이를 風流라 이른다. 그 敎의 기원은 『仙史』에 자세히 실려 있다. 실로 이는 三敎를 포함하여 중생을 교화한다. 그 나라에 충성하는 것은 노사구(魯司寇:孔子)의 主旨이며, 또 그 無爲의 일에 처하고 말없는 敎를 행하는 것은 주주사(周柱史:老子)의 종지이며, 모든 악한 일을 하지 않고 착한 일만을 행함은 축건 태자(竺乾太子:釋迦)의 교화이다."라고 하였다.

여기에서 "그 교의 기원은 『仙史』에 자세히 실려 있다."라고 한 것으로 보아 최치원이 〈난랑비서〉를 썼을 당시에는 『仙史』라는 문헌이 현존했고 거기에 화랑도의 정신이라고 할 '풍류, 현묘지도'가 자세히 기록되어 있었던 것으로 짐작할 수 있다. "실로 이는 삼교를 포함하여 중생을 교화한다." 것은 당시 삼교의 특성이 서로 공통성을 갖고 있어서 융합, 조화될 수 있었다는 관찰 투시하고 있는 점을 짐작할 수 있다.

또 현묘지도와 유, 불, 도의 어느 하나가 아닌, 이들 삼교의 종교적 이념을 구비하고 있는 '현묘한 도'가 별도로 있었다는 뜻이다…. 신도 선도가 풍류도의 뿌리로서 후기 유교와, 불교, 도교 속에서 선맥仙脈을 찾을 수 있다. 한국의 경우 무교巫敎와 선도仙道는 고대에서 구분이 힘들 정도이며 단군은 '텡그리' - 중앙아시아쪽, '당골'이며 하늘의 뜻을 읽어낼 수 있는 무당이며 진인 선인이다.

최치원은 한편 문학 방면에서도 큰 업적을 남겼으며 후대에 상당한 추앙을 받았다. 그의 문장은 문사를 아름답게 다듬고 형식미가 정제된 변려문체騈儷文體였다. 당나라에 있을 때 고운顧雲 · 나은羅隱 등의 문인과 교유했으며, 문명을 널리 떨쳐 「신당서新唐書」 예문지藝文志에 「사륙집四六集」 · 「계원필경」이 소개되었다. 고려의 이규보李奎報는 「동국이상국집」에서 「당서」 열전에 그가 오르지 않은 것은 당나라 사람들이 그를 시기한 때문일 것이라고까지 했다.

☂ **최치원은 856년대 사람인데, 고려 때 김부식(1075년~1151년)이 쓴 삼국사기에 그의 난랑비 서문에 대한 언급이 신라본기 제 4권 진흥왕 37년조인 576년도에 실려 있다.** 그 이유를 캐봐야 할 것이다. 진흥왕이 풍류도와 관련된 화랑 원화제도를 설치해서 인재를 키울 목적이 들어 있어 그렇게 실은 것 같지만.[183)]

◒ **제 3세 가륵 단군께서 신지에게 〈녹도전자 16자〉로 자신이 깨달은 바를 적게 하시니 천부경의 원형이다. 최치원은 81자 천부경을 묘향산에 새겨두다**[184)]

최치원 선생은 신라말의 유학자. 당나라에 유학하여 관직에 오르고 귀국하여 시독겸 한림학사가 되다. 그러나 골품제를 시행한 정계에 실망하고, 가야산에 들어가 신선이 되었다고 한다. 최치원이 한문으로 번역하여 전한 천부경을 환단고기를 편술한 계연수가 1916년 9월 9일 묘향산에서 발견하였다. 이를 일명 묘향산 석벽본이라고 하는데 태백일사의 천부경과 일치한다. 천부경의 다른 본으로는 최문창후전집에 나와 있는 고운 선생 사적 본과 노사본이 있다. 전자는 고운 문집 뒷편에 붙어 있는데, 고운의 친필이 아니라 후손인 최국술이 다른 판본을 인용하여 편찬한 것. 묘향산 석벽본과는 일곱 글자가 다르다. 그런데 일곱 글자 모두 음은 같고 글자가 달라 어떤 사람이 암송한 것을 전한 것으로 보인다. 문맥상으로 볼 때 석벽본이 더 정확하다고 할 수 있다. 후자인 노사본은 지금도 적지 않게 유포되어 있다. 석벽본과의 차이는 인중천지일의 지가 중으로 되어 있다는 점이다. 노사계에서는 천부경을 흔히 전비문으로 부르고 있다. 그러나 세 본이 모두 최치원이 각비했다는 점에서는 일치한다. 이 중에 묘향산 석벽본, 즉 태백일사에 실린 것이 널리 통용되고 있다. 참고로 최치원이 발견한 고비에 천부경을 전문으로 표기한 신지와 환웅천황의 명을 받아 천부경을 녹서로 표기한 신지는 같은 인물이 아니다. 원래 신지는 사람 이름이 아니라 지금의 교육부장관 또는 문화부장관에 해당하는 배달, 단군조선 대의 관직명이다.

천부경 – 인산 김일훈 선생: 민속 신약에서

하나의 시작은 무에서 시작한다. 3극을 밝히면 근본은 한이 없다. 하늘의 근본은 하나이고 땅의 근본은 둘이고 사람의 근본은 셋이다 하나가 모여서 열까지 올라 간다.

(음은 역행을 의미하고 양은 순행을 의미한다.)

하늘.땅.사람 모두가 하나를 얻어 셋이 된다.

천지인 삼재가 음양으로 이룬다. 이어서 연속하여 7, 8, 9의 순서에 잇따라 운행된다.

자오 묘축 4장성과 인신기해 사장성과, 진술축미 4장성의 셋그룹의 별이 넷씩 모여서 열을 형성하여 우주 둘레를 정한다. 오행성 등 수천 수만종의 다섯과 칠성등 수천 수만 종의 일곱이 극성인 나를 중심으로 신묘하게 불어 난다. 그리하여 만 가지로 오고 가고 생하고 멸하면 변화를 거듭해 나간다. 작용은 변화하나 근본은 변함이 없다.

인간의 중심은 마음이면 우주중심 태양이다.

앙명은 대명이니 대명한 인간은 천지와 더불어 같은 것이다. 하나의 끝은 무에서 끝나는 하나이다. [185)]

◕ "단군의 이름은 왕검인데 혹은 성이 환씨桓氏라고 한다.

도당씨(陶唐氏: 요임금)가 중국에 나라를 세웠을 때 단군이 개국했는데, 대개 무진(무진: 서기 전 2333)년이라 한다. 9년 동안 홍수를 당해서 팽오에게는 높은 산과 큰 강을 정하게 하고, 우수牛首에 이르러 백성들이 살 터전을 정했다. 단군은 수 천년을 살다가 마쳤고, 아들 부루가 섰는데, 갑술년에 도산에서 하후씨와 회맹했다. 부루 이후에는 세계世系와 연보를 잃어서 전하지 않는다." 이종휘 1731(영조 7)~1797(정조 21), 『수산집修山集』〈동사본기東史本紀〉 - 이를 통해, 세조 수압령 때 관에 제출하지 않은 사료 존재 가능성, 단군의 신하 팽오와 단군의 아들 부루는 조선 지식인들도 알던 사실이었던 것을 알 수 있다.

◒ 제 3세 가륵 단군께서 신지에게 〈녹도전자 16자〉로 자신이 깨달은 바를 적게 하시니 천부경의 원형이다. 최치원은 81자 천부경을 묘향산에 새겨두다[186]

1. 고구려 농부 출신 재상으로 그 통찰과 기개에 걸맞는 을파소의 참전계경

참전계경參佺戒經의 유래: 1) 고구려 제 9대 고국천왕 때에, 압록곡 좌물촌(지금의 평안북도 선천지역) 태생의 사람으로서, 고국천왕 13년 안유安留의 천거로 대정大政을 맡아 유명한 재상이 되어, 우리 역사에 영명英名을 남긴 을파소 선생이 있다. 선생은 고구려 제 2대 유리왕 때 대신大臣을 지낸 을소乙蘇의 손자이다. 을파소 선생은 일찍이 평안북도에 가로 걸쳐 있는 묘향산맥 중의 백운산 중에 들어가, 하늘에 원도하면서, 『천경신고天經神誥』를 면학하고 있었다. 그러던 어느날 밤 자시子時에 홀연히 오색구름에 군림君臨하시어 내려 오시는 단군 성신聖神을 참 알게 되고, 그 은연한 계시를 받아, 어느 석굴암 벽에서 하늘의 글天書을 얻게 되었던 것이다. 선생은 이에 석굴 한쪽 바닥에 고요히 결가부좌하고 삼법회통三法會通의 청정한 심상心相으로 그 하늘의 글을 정관靜觀하기 시작하였는데, 그 천서는 기본 근간이 되는 이른바 성誠, 신信, 애愛, 제濟, 화禍, 복福, 보報, 응應)의 팔리훈八理訓, 곧 기본 강목과 그 팔리훈 낱낱의 실덕實德을 응분하여, 체體와 용用을 각기 분설한 총 366훈으로 이루어져 있음을 판별해 내었던 것이다. 2 을파소 선생은 이같은 천서天書를 수학정진修學精進하고 낱낱이 깨달음마다 주서註書하고 말하기를, 「신시이화神市理化의 세상에 팔훈八訓을 날줄經度로 하고, 오사五事를 씨줄緯度로 하여, 그 교화가 크게 행하여져 홍익제물弘益祭物하였으니, 참전參佺의 이룬 바가 아닌 것이 없다」고 하였다. 이에 선생은 이 천서天書를 일러 참전계경參佺戒經이라 하였던 것이다. 참전參佺이라 함은「사람으로서 온전하게 됨을 꾀한다」는 뜻인 것이다. 이는 대시大始에 밝은이가 배달국 신시神市에서 인간의 366여의 일을 주재하였다는데서 유래한 것이었다. 그러므로 하늘은 비록 말이 없으나,「하늘님은 오르락 내리락 하며 두루 보살피는 것」이니, 나를 알고자 하는 자는 열심히 인간 366사를 구하므로서 그 근본을 성실하게 하여, 참전參佺으로서 깨우침을 얻게 되는 것이다.

2. 참전계경과 을파소 선생의 선인도랑

백운산 석굴에서 정진하여 수도가 이루어지자 을파소 선생은 고국천왕에 의하여 일약 재상의 대위大位에 선발되었다. 이에 국상國相 을파소 선생은 전국에서 20세 전의 연소한 영준英俊을 선발하여, 이른바 선인도랑仙人徒郎이라 칭하게 하고, 천서天書인 참전계경을 수학하게 하며 천경신고天經神誥와 더불어 육예六禮를 익히고, 닦도록 하였다. 그 가운데서 능히 교화敎化를 관장할수 있는 도랑道郎은 "참전參佺"이라 호칭케 하고, 무예가 출중하여 능히 이를 관장할 수 있는 도랑은 "조의皂衣"라 호칭하게 하여, 이들에게 각기 "천지화"가 앞머리에 꽂힌 관을 쓰게 하였으므로, 이후 이들을 천지화랑天指花郎이라 불리게 된 것이며, 이들이 대 고구려의 꿋꿋한 동량棟梁이 되었던 것이다.

3. 치화경으로서의 참전계경

고기古記에 따르면, 한국桓國의 한인천제桓因天帝시에는 오훈五訓이 있었고, 신시神市의 한웅천왕桓雄天王시에는 오사五事가 있었다고 하고, 이 오훈과 오사를 천부天賦의 순리에 따라, 조선에 이르러 삼백 육십 육사에 관한 계율로 나타내어, 교화敎化 치화治化의 양화에 치용致用했다고 한다. 이가 곧 조화경造化經, 교화경敎化經, 치화경治化經이라 하는 삼화경三化經의 중핵을 이룬 것이었다. 다시 말하면 이른바 육대六大라는, 공空, 열熱, 진震, 습濕, 한寒, 고固의 원소가 우주만물과 만상을 조성造成하는 것인데, 그 조화의 원리는 「天二三 地二三 人二三 大三合六 生七八九」에 있는 것이다. 그리고 「운삼運三 사성四成」함에 의하여 三 · 四는 十二로서 그 절도節度 12에 용변의 기수 3이 승乘하여져 36을 성수成數하고 이것에, 「일적십거一積十鉅 무궤화삼無櫃化三」의 순리에 의하여 천도수 삼백 육십이 이루어져, 육대六大가 우주만상을 생성케 됨으로서, 인간 삼백 육십 육사가 이루어진다는 원리인 것이다. 이를 거룩하신 우리의 대황조 단군왕검께서 참전계경 366훈으로 가르쳐 뭇 백성을 치화治化하셨던 것이다. 그러나 그후 연燕나라 침략 등의 병화兵禍를 당하고 황제皇帝직할의 진한眞韓이 허물어지면서, 천경신고와 더불어 참전계경도 잠적되었던 것을, 을파소 선생의 정성으로 말미암아 대황조 단군성신檀君聖神의 계시로 다시 얻어, 오늘에 전해지게 된 것이다.

4. 오늘날의 참전계경은『단군 예절 교훈 팔리 삼백 육십 육사』라는 책명으로, 단기 4,300(서기 1,967)년 12월에 박노철朴魯哲선생이 편집하고, 권선정權善正선생이 발행인이 되고, 안호상安浩相이 감수를 맡아, 단군 예절 교훈 학술연구원 출판부의 명의로, 비매품으로 처음으로 출판, 배포되기 시작하였으며, 그후 단기 4,317(서기 1,984)년 송호수宋浩洙가 "삼화개천경三化開天經"이라는 책에 천부경天符經과 삼일신고三一神誥 등과 같이 참전계경을 치화경이라는 제목으로 실어 출판하여, 널리 알려지게 되었으며, 그후 많은 분들이 참전계경(팔리훈)을 책자로 엮어 보급하였다. 그러나 공자孔子나 노자老子의 글과 가르침이, 석가釋迦의 글이나 깨우침이, 팔리훈八理訓에서부터 연유된 것을 모르고, 우리의 것을 공부하기보다, 아직도 외래사상에 젖어 있음을 어찌 평해야 하겠습니까. 이는 모두 먼저 깨달은 자들의 정성부족으로 알고 더욱 분발하는 길 밖에 없다.[187)]

성령장 聖靈章: 거룩하신 신명이 위에 계시사 인간의 366가지 일을 주재하시니 그 강령은 정성과 믿음과 사랑과 재앙과 복과 갚음과 응함이니라.

〈제 1조〉성誠: 정성이란 속마음에서 우러 나오는 것이며, 본연의 성품을 지키는 것으로 육체六體 사십칠용四十七用이 있느니라.

제 1절 敬神 (경신):

〈제 2조〉경신敬神: 敬이란 지극한 마음을 다함이요, 神은 天神 즉 하느님(한얼님)이라. 해와 달과 별들과 바람과 비와 우레는 모습이 있는 하늘이요, 모든 것을 보지 않음이 없고 소리를 듣지 않음이 없는 것은 모습이 없는 하늘이라. 모습이 없는 하늘을 하늘의 하늘이라 하며, 하늘의 하늘은 곧 天神(하느님,한얼님)이니 사람이 하느님(한얼님)을 공경하지 않으면 하느님(한얼님)도 사람에게 응하지 않아 마치 풀과 나무가 비와 이슬과 서리와 눈을 받지 못하는 것과 같으니라.

〈제 3조〉존봉尊奉: 尊이란 숭배함이요 奉이란 진실로 우러러 정성을 다함이라. 사람이 하느님(한얼님)을 우러러 높이 받들면 하느님(한얼님)께서도 사람에게 정기를 내려 주시나니 마치 갓난 아기에게 젖을 먹이고 언 몸에 옷을 입혀 주는 것과 같으니라. 그러나 만약 정성이 없이 숭배만(모시기만,받들기만) 하면 귀머거리와 소경과 같아 들으려고 해도 들리지 않고 보려고 해도 볼 수 없느니라.

〈제 4조〉숭덕崇德: 崇이란 하느님(한얼님)을 존경함이요, 德이란 하느님(한얼님)의 은덕이라. 하느님(한얼님)의 은덕은 가문 땅에 단비(넉넉한 비)가 내리고, 그늘진 골짜기에 따스한 봄볕이 드는 것과 같으니라. 잠시라도 하느님(한얼님)의 은덕이 없으면 사람이 사람 될 수 없고, 물건이 물건 될 수 없나니, 그러므로 밝은이는 부지런히 힘써 하느님(한얼님)의 은덕을 칭송하느니라.

〈제 5조〉도화導化: 導란 가리키어 이끄는 것이요, 化란 하느님(한얼님)의 조화라. 사람이 하느님(한얼님)의 조화를 모르면 하느님(한얼님)과 사람 사이의 이치에 어두워서 나의 타고난 성품이 어디서 받았는지를 알지 못하며 또 내 몸이 어디서 왔는지도 모르느니라. 이를 먼저 깨닫지 못한다면 다른 것을 깨달을 수도 없나니, 그러므로 밝은이는 마땅히 하느님(한얼님)의 조화를 펴서(알려서) 뒤 사람들을 인도해야 하느니라.

〈제 6조〉창도彰道: 彰이란 밝힘이요, 道란 하느님(한얼님)의 바른 길道이니라. 사람이 이 바른 도를 따르면 요괴妖怪가 그 모습을 나타내지 못하며 사특한 마귀가 그 간사함을 드러내지 못하느니라. 무릇 바른 길이란 중도(中道:중심의 길)(하느님을 중심에 모시는 길)이니 중심의 한 길(오직 하느님을 중심에 모시는 한 길)을 그 표준으로 삼아 나아가면 한얼님의 도가 이내 밝게 나타나느니라.

〈제 7조〉극례克禮: 克이란 지극함이요, 禮란 하느님(한얼님)을 공경하는 예이라. 예가 없으면 공손하지 못하고 공손하지 못하면 정성이 없나니, 만약 예를 다하고 공경을 다한다면 하느님(한얼님)께서 우리 위에 온화하게(다정하게,기쁜 마음으로) 임하시는니라.

〈제 8조〉숙정肅靜: 肅이란 기운을 세움이요, 靜이란 마음을 정함이라 기운을 세우면 물욕이 일어나지 않으며, 마음을 정하면 하늘의 이치가 저절로 밝아 지나니 마치 햇빛 아래 걸어 놓은 거울이 그늘지고 어두운 곳을 밝게 비추는 듯하느니라. 그러므로 기운을 엄숙히 세우고 마음을 고요히 정하여 하느님(한얼님)을 공경하면 능히 하늘에 계시는 신령(神靈신령)을 볼 것이니라.

〈제 9조〉정실淨室: 淨室이란 하느님(한얼님)을 존귀하게 받들어 모신 곳을 말함이라. 높고 깨끗한 때를 가려서 비린내와 더러움을 금하고 시끄럽게 떠들지 말며 번거로운 형식을 갖추지 말아야 하느니라. 쓰는 그릇은 진귀하고 호화로운 것이 중요한 것이 아니라, 바탕의 정결함이 제일 중요하느니라.

〈제 10조〉택제擇齊: 擇(가린다)는 것은 지극한 정성의 행위이요, 齊(재계「齋戒」한다)는 것은 고요히 마음을 경계함(마음을 고요히 하여 조심함)이라. 비록 하느님(한얼님)께 (구하고자 하는 바 있어) 빌더라도 (희.구.애.노.탐.염의 6가지 감정에) 칠정에 좌우되어 갑자기 구한다면 이는 하느님(한얼님)을 모욕함이라. 그러므로 반드시 날을 가리고 마음을 고요히 경계하여 오직 한결같은 정성된 마음이 가슴속에 가득 서린 연후에 빌면 하느님(한얼님)께서 반드시 굽어 살피시느니라.

〈제 11조〉회향懷香: 향을 올릴 시詩에 이르기를 한 향을 받들어 올리고자 할 때에 공손히 천리를 가는 마음을 품고 올려라. 그리하면 향의 연기가 날아 올라 흩어지지 않으며 정한 마음은 점점 더 깊은 정성으로 향해 가리라.

제 2절 正心 (정심)

〈제 12조〉정심正心: 正心(바른 마음)이란 본래 타고난 마음天心을 바르게 함이라. 마음에는 일곱 구멍이 있어 일곱 가지 감정七感(七情)에 부림 받으면(휘둘리면), 하늘의 이치天理를 구하려 해도 얻을 수 없느니라. 만약 한 줄기 머릿골 영검이 홀로 우뚝 뚜렷이 선다면 밝은 햇빛이 구름과 안개를 걷고 넓은 바다 물결이 먼지(티끌)를 없애 버리듯 七感(칠정七情)이 사라지느니라. …

〈제 13조〉의식意植:意(뜻)이란 마음에서 명령을 받음이요, 植(심는다)은 뿌리를 심어 옮기지 않음이라. 뜻이 천심(天心:머리골 속에 내려와 있는 하느님의 성품)에 의해 명령을 받지 않고 사람의 가달된 욕심을 좇아 이리 저리 흔들리면, 온 신체가 오리혀 그 천심天心의 명령을 어기게 되어, 마침내 아무런 공도 거두지 못하고, 바람에 흔들리는 가지로 말미암아 그 뿌리까지 흔들리는 격이 되느니라. 그러므로 하느님(한얼님)이 주신 본래의 마음을 바르게 하고자 한다면 먼저 뜻을 심을 마음의 밭을 평평히 잘 골라야만 이내 뜻(머리골 속에 내려와 계신 하느님의 성품)이 운행하느니라.

〈제 14조〉입신立身: 立은 곧게 함이요, 身은 몸이라. 마음에 부끄러움이 없는 뒤에 몸을 곧게 하여 세상에 서야하며 마음을 바르게 하지 않으면 자기도 모르는 사이에 번뇌와 고민이 연달아 일어나서 정신을 흩어지게 하고 기운을 쇠약해지게 하느니라. 그러므로 밝은이는 순수하고 당당하며 뭇 사람들은 잡되고 굽실(아첨)거리느니라.

〈제 15조〉불혹不惑: 不惑이란 사물에 미혹迷惑되지 않음이라. 마음이 바르면 밝으므로(마음의 눈이 밝아져) 사물이 밝게 비추어져 그 추함과 아름다움, 섬세함과 엉성함이 저절로 나타나느니라. 내가 분별하기도 전에 스스로 밝음으로 인하여 사물을 먼저 알아내므로 어찌 미혹될 수 있으랴? 마음이 밝지 못하면 마치 겹겹이 쳐놓은 발에 가려있는 것과 같아서, 발 밖에서 달아나고 날아가는 것이 들짐승인지 날짐승인지 정확히 알지 못하므로, 마침내 사물에 대해 의혹이 생기느니라.

〈제 16조〉일엄溢嚴: 일(溢:넘친다)은 물이 가득 차서 넘친다는 것이요, 엄(嚴:엄숙하다)은 바르고 큰 기색이라. 하늘이 가을빛을 머금음으로써 숙연한 기운이 온 세상에 차고 넘치며, 사람이 바른 마음을 간직함으로써 엄숙한 기운이 한결같이 일어나서 그 위엄은 신령스러운 용과 같고, 그 모습은 우뚝 치솟은 산과도 같으니라.

〈제 17조〉허령虛靈: 허(虛비었다)는 물건이 없음이요, 령(靈:신령하다)은 마음이 영검함을 이름이라. 비어서 영검한 이는 마음에 가리운 것이 없어 얼굴빛이 옥같이 아름답고 빈 가운데에서 이치와 기운이 생겨 크게는 천계天界를 두루하고 작게는 티끌에까지 미치나니, 그 이치와 기운은 비고도 신령한 것이니라.

〈제 18조〉치지致知: 치지(致知:앎에 이른다)란 알지 못아는 것을 알아 깨달음이라. 마음을 바르게 하기를 끊임이 없이 하면 마음의 신은 앎을 주관하고, 마음의 영은 깨달음을 주관하여 소리를 들으면 신이 통하고 사물이 다가오면 영이 깨달아서 과거와 미래를 그 당시처럼 환히 알 수 있느니라. …

제 5절 至感 (지감):

〈제 37조〉지감(至感): 지감(至感:지극한 느낌)이란 지극한 정성으로 느끼고 응함에 이르름이라. 느끼고 응한다는 것은 하느님(한얼님)이 사람의 정성을 느껴 그것에 응답함이라. 사람이 가히 느낄 수 없는 정성이라면 하느님(한얼님)이 어찌 그 정성을 느끼며 사람이 응답할 수 없는 정성이라면 하느님(한얼님)이 어찌 그 정성에 응답하시랴. 그러므로 정성을 드리되 지극함이 아니면 정성이 없는 것과 같으며, 느끼되 응답함이 없으면 느끼지 않는 것과 다름이 없느니라.

〈제 38조〉순천順天: 순천(順天: 하늘의 이치에 따른다)이란 이치天理에 순응하여 정성을 드림이라. 천리天理를 알면서도 거슬러 비는 이가(하늘의 이치를 알면서 이치에 어긋난 것을 비는 이가) 혹 있는가 하면, 천리天理를 모르고 성급하게 비는 이(하늘의 이치를 모르고 빨리 응답해 달라고 비는 이)도 있나니, 이는 모두 하느님(한얼님)을 느끼게 하지 못하며, 그 응답을 받지도 못하느니라. 만약 응답을 받고자 한다면 천리天理를 따르고 거스르지 않으며 천리天理에 따르고 성급하지도 않아야 하느니라.

〈제 39조〉응천應天: 응천(應天:天理에 응한다)이란, 하늘의 이치(天理)에 응하여 정성을 기름이라. 하느님(한얼님)께서 고통과 어려움을 주시더라도 달게 받아 정성을 다함에 어김이 없어야 하고 하느님(한얼님)께서 상서로운 복을 내려 주시면 오히려 두려워하여 정성을 다함에 게을리하지 말아야 하느니라. 환란患亂이야 정성이 없는 곳에 돌아가지만 상서로운 복이 어찌 정성 아닌 곳에 속하리오.

〈제 41조〉낙천樂天: 낙천樂天이란, 하느님(한얼님)의 뜻을 즐거워함이라. 사람에 대한 하느님(한얼님)의 뜻은 지극히 공평하시고 사사로움이 없으시나니, 나의 정성이 깊으면 하느님(한얼님)의 느낌도 깊으시고, 나의 정성이 얕으면 하느님(한얼님)의 느낌도 얕으시나니 스스로 하느님(한얼님)의 느낌의 깊이를 아는 것이 내 정성의 깊고 얕음을 아는 것이니라. 그러므로 점점 더 정성을 다할수록 점점 즐거운 것이니라.

제 6절 大孝 (대효)

〈제 47조〉대효大孝: 대효大孝란 지극한 효도라. 한 사람의 효도가 한 나라의 사람들을 감동시킬 수 있으며, 나아가 온 세상 사람들을 감동시킬 수 있나니, 천하를 감동시킬 만한 지극한 정성이 아니고서 어찌 이렇게 될 수 있으리오(대효에 이르리요), 사람이 감동하면 하느님(한얼님)도 또한 감동하시느니라.

〈제 84조〉열烈: 烈이란 열부烈婦 즉 절개가 굳은 아내이니 열부는 그 남편에게 절개를 지켜 목숨을 잇는 이도 있고 남편의 뒤를 따라 삶을 버리는 이도 있나니라. 혹 초혼이든 혹은 재혼이든(처음에 잘 맞게 가는 이나 혹은 재가하더라도) 그 도는 오직 남편에 대한 믿음에 있나니라.

제 5절 循 (순)

〈제 91조〉순循: 순환循環한다는 것은 해와 달과 뭇 별들과 같이 모습 있는 하늘의 돌아감이라. 모습이 있는 하늘의 윤회는 일정한 도수가 있어서 조금도 어김이 없으므로 사람들은 이를 우러러 보고 천재지변天災地變을 살펴 스스로 믿음이 없음을 경계하느니라.

…

〈제 92조〉사시四時: 四時란 춘하추동春夏秋冬이라. 춘하추동 사 계절이 순서에 따라 기후가 바뀌므로 생물이 공을 거두나니, 이러한 사시四時의 윤회를 믿어 바다와 육지의 물품을 서로 교류하여 귀하고 천하며 얻고 잃는 관계 속에 생업을 돋우느니라.

〈제 93조〉일월日月: 해는 낮이 되고 달은 밤이 되나니, 양이 가면 음이 오며, 음이 다하면 양이 나와서 그 나뉨이 털끝만치도 어긋나지 않느니라. 이는 하늘의 믿음이니 사람의 믿음도 하늘의 믿음과 같아야 가히 밝은이의 믿음이라 할 수 있느니라.

〈제 94조〉덕망德望: 德은 성덕(聖德: 성인의 덕)이요, 望은 인망人望이라(사람들의 우러름이라). 성인의 덕은 소리가 없으나 미치는 곳마다 사람들의 우러러 봄이 있나니, 이는 하늘의 윤회(섭리)가 소리는 없으나 다하는 곳마다 만물의 모습이 있는 것과 같으니라. 德은 우러러 보지 않음이 없고 윤회(섭리)는 반드시 만물의 모습이 보이지 않음이 없으니, 이는 사람의 믿음이 하늘의 믿음과 같음이니라.

〈제 95조〉무극無極: 無極이란 두루 돌아서 다시 처음의 원기元氣로 되돌아옴을 말함이라. 천체의 움직임이 그치고 쉼이 있다면 하늘의 이치가 이내 멸하리니, 사람이 믿음을 기름도 또한 끊임없이 다시 비롯하는 무극無極의 원기元氣와도 같아서 만일 털끝만치라도 끊임이 허용된다면 사람의 도가 폐廢하리라.

제 96조 애愛: 사랑이란 자비한 마음에서 자연히 일어나는 것이며, 어진 성품의 가장 근본적인 성질이 되는 것이니, 이에는 6범範과 43위圍가 있느니라. 용서란 사랑하는 마음에서 연유하는 것으로, 자비한 마음에서 일어나며, 어진 마음에서 결정하고, 참지 못하는 마음에서 참는 마음으로 돌아가게 하는 것이니라. 이하 생략

9 ☢ 고구려의 멸망 후 30년간의 각고의 노력 끝에 발해를 세우신 대중상과 아들 대조영 고왕(大祚榮 高王, 재위 698~719년)과 그의 동생 대조영, 대조영은 건국후 동생 대야발에게 어려운 와중에도 참하늘님과 그 자손의 도리를 해설해 놓은 교화경敎化經인 〈삼일신고〉를 만들게 하시다. (하늘과 땅 사이의 해와 달 우

주를 보시는 분 하느님의 존재를 깨우치시고, 신檀 자로 최고 참하늘 우주신을 알게 하고, 글로 풀어 남겨 한민족의 경전을 선물로 주신 대야발大野勃님과 대조영님의 혼에 깊이 감사드린다. 이 〈삼일신고〉를 보기 전엔 대중상 대조영 등은 그냥 한 무장武將으로 생각했었는데, 그 조상님들께선 그야말로 깨우친 천 손지도자 영혼을 가진 사명자들이셨다는 것을 알 수 있었다. 8세기 전후에 대야발과 대조영 등 발해의 지도자들은 이렇게 참하느님 만년 신교적 삶을 치국의 길로 잡으시고 백성들에게도 알리셨다. 고구려 을파소를 비롯하여 그 이전 단군, 환웅, 환인 환국의 천황들께선 그야말로 더 높은 각을 가지셨음을 깨닫게 하여, 나의 무지를 반성하고 겸손한 자세를 갖게 하신다.

고구려장군 대중상(걸걸중상)은 비록 고구려가 멸망을 당했지만 다시 부활시키려 아들 대조영과 동료 신하 백성들을 제대로 이끌고 가르치어 30년만에 고구려를 다시 세우다. 고구려 조국이 내부 분열로 멸망당하자, 668년 9월, 대륙을 호령하며 수나라와 당나라도 벌벌 떨게 했던 고구려는 역사 속으로 사라질 수도 있었다. 그러나 그 땅에는 여전히 고구려를 사랑하던 백성들이 남아 있었다. 당나라는 9도독부와 안동 도호부를 설치하여 고구려의 옛 땅을 지배하며, 평양에 있던 고구려 유민遺民 약 20만 명을 당나라로 끌고 갔다. 우국충정을 지닌 아버지와 어린 대조영이 나누었을 말들이 확연히 떠오른다. “아버지, 당나라 놈들은 왜 우리를 강제로 이주시키는 거예요?” 대조영이 아버지 걸걸중상에게 물었다. “우리가 다시 나라를 일으켜 세울까 두려운 것이겠지.” 당나라로 끌려가는 사람들 가운데는 고구려 왕족이나 귀족, 장군 등 신분이 높은 사람과 화가, 건축가와 같은 기술을 가진 사람들이 많았다. “잘 보아 두거라. 지금은 이렇게 떠나지만 우리는 반드시 다시 돌아와 고구려를 일으켜 세워야 한다!”대조영의 아버지 걸걸중상은 고구려의 장군이었다. 대조영은 당나라 사람들에게 멸시와 천대를 받으며 고구려를 떠나야 하는 슬픈 마음을 억누르며, 아버지 걸걸중상의 말을 가슴 깊이 새겨 두었다. 당나라로 끌려 온 고구려 사람들은 고구려 땅에서 아주 멀리 떨어진 당나라의 여러 지방에 흩어져서 살게 되었다. 대조영의 가족이 끌려간 곳은 영주였다. 영주는 그나마 고구려 땅과 아주 가까운 편이었다. 당나라는 영주 지역에 고구려 유민뿐만 아니라 거란과 말갈 사람들까지 살게 했다. 대조영은 아버지 걸걸중상이 고구려를 떠나기 전에 한 말을 한시도 잊지 않고, 어린 나이에 나라가 망하는 것을 보았지만 대조영의 마음속에 고구려는 언제나 살아 숨 쉬는 도로 찾아야 할 자랑스러운 위대한 기상을 지닌 조국이었다.

고구려의 유민 대중상(걸걸중상)과 그 아들 대조영과 그 동지들은[188] 고구려 멸망 후 고구려 유민과 말갈족을 규합하여 698년 동모산을 도읍으로 진국震國을 세웠다. 713년 국호를 발해로 바꾸었다. 그리고 치국 교화의 도를 만든 〈삼일신고三一䄙誥〉는 5장 366자로 구성되어 있다. 366자는, 고구려인은 윤년을 고려하여 한 해를 366일로 계산한 데 근거를 둔 것 같다. 현대 과학에 따르면 일 년이 365.2425일이니 소수점 이하를 올리면 맞는 계산이다. 이를 통해서나 고구려 고분벽화의 오신도 천문도 등을 통해서도 고구려인의 천문 관심과 발달을 알 수 있다.

▲"신이 엎드려 그윽이 가르침을 받자옵건대" 8세기 초 이미 三一䄙誥삼일신고에 쓰인 이 '하느님 䄙신' 자의 구성 원리 및 함의는, 하늘과 땅사이의 해와 달을 보시는 분 하느님의 존재를 한민족이 알고 있음을 확실히 보여준다. 귀신 神을 쓰지 않고 있다.

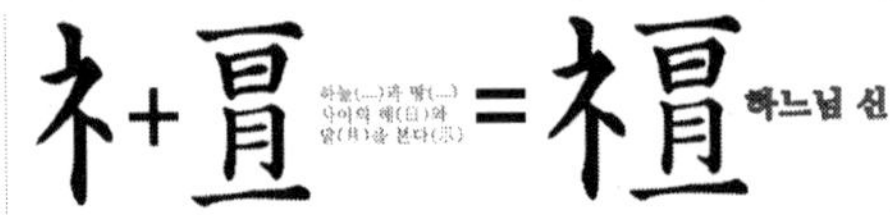

고구려를 세우고 백제를 세울 때 소서노 어라하께서 어린 아들 비류와 온조를 잘 가르치고 이끌 듯, 고구려 멸망 후 그 나라를 잇는 발해 건국에도 대중상이라는 고구려장군의 기개와 웅지가 대조영과 대야발이라는 아들의 지도자 정신과 실천 등을 잘 키우고 이끈 노고가 뒷받침이 된 것이다. 고구려 을파소의 〈참전계경〉을 이어, 발해의 〈삼일신고〉, 그 서문은 대야발이 썼지만, 당나라의 소정방과 설인귀에 의하여 소멸된 백제와 고구려와 그 이전 한민족의 역사를 복원한 대중상과 그의 아들 대조영大祚榮과 대야발大野勃의 노작勞作이다. 깨달음의 뜻, 깨달음을 국민들에게 가르치는 의미, 깨달음으로 나라를 다스리는 원리가 대야발 부자의 절절한 마음을 담아 적혀 있다. 대야발은 뛰어난 무장으로 형인 대조영과 함께 수많은 전쟁과 고난을 겪으면서 후 고구려 격인 발해(대진국)를 건국한 개국공신이기도 하다. 대야발의 〈삼일신고 서문〉은 만년 우리의 역사 속에 가장 뛰어난 명문 중의 하나로 꼽히고 있다. 동시에 천부경 참전계경 삼일신고는 한민족의 3대경전으로 길이 남는다.

대야발은 무장인데도 "신이 엎드려 그윽이 가르침을 받자옵건대 뭇 작용은 모습이 있지만 그 작용의 진정한 주재자는 모습이 없다" 한얼님 앞에 앞드려 가르침을 구하고 듣는 자세와 능력을 가진 천손이고 신교적 삶을 사는 사제같은 백성이었다.

〈삼일신고 서문三一䄟誥 序文〉

신이 엎드려 그윽이 가르침을 받자옵건대 "뭇 작용은 모습이 있지만 그 작용의 진정한 주재자는 모습이 없다"고 하였습니다. 무릇 세상 만물은 모습은 있으나 그 만물을 내보내는 참 주재자는 모습이 없으니, 아무것도 없는 데서 만물을 빚어내고 돌리고 서로 어우러지게 하는 이가 곧 한얼님이요, 그 있음을 빌어 세상에 나고 죽고 웃고 아파하는 것들이 바로 사람과 이 세상 만물입니다. 처음에 하느님이 주신 성품에는 본래 참과 거짓이라는 것이 없었으나 사람이 그것을 받은 뒤 깨끗함과 더러움이 생겨났으니, 그것은 마치 백 갈래 시냇물에 달 하나가 똑같이 비치고 같은 비에 젖건만, 만 가지 풀이 다 달리 피어나는 것과 같습니다. 가슴 아파도다! 모든 이들이 갈수록 악하고 어리석어 마침내 어질고 슬기로운 것과는 거리가 멀어지며, 마음속의 어지러운 불길이 서로를 불태워 세상을 불구덩이로 만들고, 서로 다투는 허망한 생각 먼지가 청정한 마음의 근본을 가려버렸습니다. 그로 말미암아 흥하듯 망하고 일어났다가 꺼지는 것이 마치 아침 햇살 아래 노는 하루살이와 같고 밤 촛불에 날아드는 가엾은 나방의 신세를 면치 못합니다. 이는 어린 아들이 우물에 빠지는 것보다 더 큰 일이니 어찌 자애로운 아버지가 그냥 바라보고만 있겠습니까! 이것이 무릇 큰 덕과 큰 슬기와 큰 힘을 지닌 하느님께서 사람 몸으로 화하여 세상에 내려오신 까닭이며, 또 가르침을 펴고 나라를 세우신 까닭입니다. 이 하늘 말씀은 진실로 마음속 깊이 간직한 가장 높은 참 이치이면서 뭇 사람들을 밝은이가 되게 하는 둘도 없는 참 경전이니, 그 깊고 오묘한 뜻과 밝게 빛나는 글이 보통 사람의 눈으로 보아 알 수 있는 것이 아닙니다. 우리 임금(대조영)께서는 본디 하늘이 내려 주신 계통을 이어 나라 터전을 정하시며 예복을 입으시고 하늘 말씀이 적힌 거룩한 책궤를 받들어 비로소 친히 보배로운 예찬의 글월을 엮으시니, 五색이 은하수에 나부끼고 일곱 별이 북극성에 둘리는데, 이때 사방 바다에는 물결이 잔잔하고 모든 나라 백성들이 편안해지니, 아아! 거룩하시나이다.

신이 외람되이 모자라는 학식으로 감히 거룩하신 분부를 받드오니, 재주는 한정되고 진리는 무궁하니 마음으로는 말하고 싶사오나 입으로는 미치지 못하오며 비록 이 글을 짓기는 하였사오나 태산에 티끌을 보태고 큰못에 이슬을 더함과 다름이 없사옵니다.

천통(天統, 대조영의 연호) 17년(서기 715년) 3월 3일
반안군왕盤安君王 신臣 야발野勃은 삼가
임금님의 분부를 받들어 서문序文을 적나이다.[189)]

만년 유구한 역사를 자랑하는 한민족에게는 우주의 조화, 창생의 원리를 담고 있는 조화경造化經인 〈천부경〉과 천부경을 해설해 놓은 듯한 교화경敎化經인 〈삼일신고三一神誥〉, 치화경治化經인 〈참전계경參佺戒經〉을 천손 한민족의 천부삼경, 이라고 한다.

★삼일신고 목차 및 약간이라도 살펴본다

1.天訓(천훈: 하늘에 대한 가르침)
2.神訓(선훈: 하느님에 대한 가르침)
3.天宮訓(천궁훈: 하늘나라에 대한 가르침)
4.世界訓(세계훈: 세상에 대한 가르침)
5.眞理訓(진리훈: 사람에 대한 가르침)

「人物인물이 同受三眞(동수삼진)하니 曰왈 性命精성명정이라 人인은 全之전지하고 物물은 偏之편지니라. 眞性진성은 無善惡무선악하니 上哲상철이 通통하고 眞命진명은 無淸濁무청탁하니 中哲중철이 知지하고 眞精진정은 無厚薄무후박하니 下哲하철이 保보하나니 返眞반진하야 一神일신이니라」사람과 우주 만물은 다 같이 근본이 되는 하나에서 나왔으며, 이 하나가 세 가지로 표현되는 것을 굳이 말로 표현한다면 본성과 생명과 정기이다. 사람은 이 세 가지를 온전하게 받으나 만물은 치우치게 받는다. 참 본성은 착함도 악함도 없으니 가장 밝은 지혜 上哲로서 두루 통하여 막힘이 없고, 참 생명은 밝음도 흐림도 없으니 다음 가는 밝은 지혜 中哲로서 다 알아 어리석음이 없으며, 참 정기는 두터움도 엷음도 없으니 그 다음 지혜 不哲로서 만 가지 기틀을 잘 지켜 이지러짐이 없다. 따라서 누구나 근본이 되는 하나로 돌아가면 하느님과 하나가 된다. 「惟中유중은 迷地미지에 三妄삼망이 着根착근하니 曰왈 心氣神 심기신이라 心심은 依性의성하야 有善惡유선악하니 善福惡禍선복악화하고 氣기는 依命의명하야 有厚薄유후박하니 淸水濁夭청수탁요하고 身신은 依精의정하야 有厚薄유후박하니 厚貴薄賤후귀박천이니라」

뭇 사람들은 미혹된 곳에서 세 가지 망령됨이 그 뿌리를 내리나니 가로대 심心과 기氣와 신神이라. 마음은 본성에 의지하는 것으로 선과 악을 이루나니, 착하면 복이 되고 악하면 화가 미친다. 기운은 생명에 의지하는 것으로 맑고 흐림淸濁을 이루나니, 맑으면 오래 살고 흐리면 쉬이 죽는다. 몸은 정기에 의지하는 것으로 두터움과 엷음厚薄을 이루나니, 두터움은 귀하고 엷음은 천하다. 「眞妄진망이 大作三途대작삼도하니 日 感息觸감식촉이라 轉成十八境전성십팔경하니 感감엔 喜懼희구 哀怒貪厭애노탐염이오, 息식엔 芬? 寒熱震濕분란 한열진습이오 觸촉엔 聲色臭味淫抵성색취미음저 니라. 衆중은 善惡淸濁厚薄선악청탁후박을 相雜상잡하야 從境途任走종경도임주하야 墮生長消病歿타생장소병몰의 苦고하고 哲철은 止感지감하며 禁觸금촉하야 一意化行일의화행하야 返妄卽眞 반망즉진 하야 發大神機발대신기하나니 性通功完성통공완이 是시니라」 참됨과 망령됨이 서로 마주함에 세 갈래 길이 있으니, 느낌感과 숨 쉼息과 부딪힘觸이라. 이 세 가지가 굴러 다시 열여덟 지경을 이루나니, 감정에는 기쁨과 두려움과 슬픔과 성냄과 탐냄과 싫어함이 있고, 숨 쉼에는 맑은 기운과 흐린 기운과 찬 기운과 더운 기운과 마른 기운과 젖은 기운이 있으며, 부딪힘에는 소리와 빛깔과 냄새와 맛과 음탕함과 만짐이 있다.

뭇 사람들은 착하고 악함과, 맑고 흐림과, 넘쳐남과 모자람을 서로 섞어서 이 여러 상태의 길을 마음대로 달리다가 나고 자라고 늙고 병들고 죽는 고통에 떨어지고 만다. 그러나 깨달은 이는 느낌을 그치고止感 숨 쉼을 고르고調息 부딪힘을 금하여禁觸 오직 한 뜻으로 나아가 허망함을 돌이켜 참에 이르고 마침내 크게 하늘기운을 펴니, 이것이 바로 성품을 트고 공적을 완수함이다. 삼일신고를 가슴 깊이 공심으로 읽고 느껴보면 지구상의 모든 철학, 종교를 아우른다고 선지식자들은 입을 모은다. 하루 빨리 중화, 사대, 식민사관에서 깨어나 위대한 한민족의 얼과 혼을 되찾자.

삼일신고가 그동안 단순한 경전으로만 다루어 왔지만, 실제로는 삼일신고의 심오한 이론들이 여기에 포함되어 있다. 삼일신고는 함축적인 천부경과 달리 구체적으로 인간세계와 영혼세계, 그리고 수련과정들을 상세히 설명하고, 천부경은 우주의 진리와 자연의 이치를 설명한 것의 차이이다. 아래의 것들은 삼일신고를 올바르게 풀어 나가는 풀이 해석본의 목차를 설명한 것으로 총 9단락으로 구성되어 각

단락별 설명한 것이 다르다. 이를 상세히 설명해 나가면서, 올바른 삼일신고의 풀이방법을 설명해 나가고자 한다. 이 삼일신고 속에는 수련과정에서 느끼고, 배우고, 깨닫고, 알게 된 내용들을 차례로 우주의 진리에서부터 인간의 구성, 수련의 방법에 이르기까지 완벽하게 설명해 나가고 있다. 삼일신고 총 366자는 총 9개의 단락으로 구성되어 있어, 이를 나누지 못하면, 올바른 풀이나 해석, 설명이 불가능하도록 되어 있고, 각 단락별에는 단계별로 도를 이루어 나가는 방법과 과정, 절차, 결과까지도 설명해 놓은 것이기 때문에, 기도, 수련, 믿음, 깨달음, 도의 세계까지 상세히 설명해 놓고 있다.

1편 - 하늘의 정의편	2편 - 신의 세계편	3편 - 영혼의 세계편
4편 - 우주의 탄생편	5편 - 지구의 생성편	6편 - 인간의 세계편
7편 - 수련의 세계편	8편 - 망상의 세계편	9편 - 도의 세계편

단지, 하나의 약점이라고 한다면, 현대과학에서 밝혀진 내용과 다소 차이가 나는 부문이 있기는 하지만, 그 당시에는 인간의 눈으로 관찰된 것이기 때문에, 다소의 차이를 보이는 것 외에는 인간의 정신세계, 믿음세계, 수련세계, 종교세계를 가히 짐작할 수 있는 심오한 이론과 학문이라는 것을 알게 될 것이다.

제 1편 - 하늘의 정의편 삼일신고에서는 첫 단락에서는 하늘(우주)의 정의를 설명하고 있다. 여기서 하늘의 정의는 현대과학과 비교해도, 한 치의 오차도 없을 만큼 완전하게 설명한 것이다. 그동안 경전으로만 설명되어 온 '삼일신고'는 실지로 경전이 아니라, 이론과 학문으로 만들어진 글이라는 것을 우선 파악해야 한다.

제 2편 - 신의 세계편 삼일신고의 두 번째 단락에서는 인간의 영혼을 다스린다고 하는 신의 세계를 설명하고, 조명한 것이다. 여기서는 실제로 인간의 영혼에 대한 설명과 존재를 해설하고 있고, 신의 존재에 대한 설명은 물론 인간의 믿음과 종교의 세계까지도 설명해 놓은 것이다. 그 동안 무심코 외워 온 경전으로서의 삼일신고가 아니라 인간의 영혼, 믿음, 종교와 관련된 신의 세계를 설명한 구문이다. (원문 단락)

神在 無上一位 有大德大慧大力 生天

신재 무상일위 유대덕대혜대력 생천

主無數 世界 造牪 牪物 纖塵無漏 昭昭靈靈
주무수 세계 조신 신물 섬진무루 소소령령
不敢名 量聲氣願禱 絕 親見 自性求 子降在
불감명 양성기원도 절 친견 자성구 자강재

제 3편 - 영혼의 세계편: 인간의 구성과 근본에 대해서도 설명하기 위해서 인간의 영혼이라는 존재가 과연 무엇인지를 설명하고 있다. 삼일신고를 풀어 설명한 사람이 과연 누구인지, 지금도 그 위대한 이론과 논리가 감탄할 정도이다. 그 동안 무심코 외워온 삼일신고가 아니라, 인간의 영혼세계를 설명해 놓은 중요한 사료이기도 하다. 군령제철 호시 대길상 대광명 처 惟 成功完者 朝 永得快樂 유 성공완자 조 영득쾌락

제 4편 - 우주의 탄생편은 우주의 탄생에 대한 글이다. 우주라는 것이 어떻게 만들어졌는지, 우주가 어떻게 생성되었는지, 우주라는 것이 도대체 무엇인지를 설명해 놓은 것이다. 삼일신고에서 얘기하는 우주란 어떤 것일까?

삼일신고의 5번째 단락에서는 우주의 탄생으로 생성된 지구와 지구에서 살아가는 생명체(인간)에 대한 글을 적어 놓고 있다. 지구가 어떻게 생성되었는지, 지구에서 어떻게 생명체, 인간들이 살아갈 수 있었는지를 설명하는 글이다. 결국 수련하는 과정에서 지구가 어떻게 생성되었는지, 지구에서 인간이 어떻게 살게 되었는지, 지구에서 생명체가 존재할 수 있었던 이유까지도 설명하고 있다.

제 6편 - 인간의 세계편은 인간이 살아가면서, 인간다운 삶을 추구해 나가고, 인간의 삶을 구분할 수 있는 믿음과 수련, 수양의 세계에서 이룬 결과를 설명한 것이다. 그리고 인간이 죽으면, 영혼의 세계로 나아갈 수 있는 상태까지도 설명한 글로서 그토록 오래된 글들이지만 인간의 삶과 주검의 세계까지 다루었다는 것은 정말 심오한 이론이 아닌가 싶다. 따라서 삼일신고에서 얘기하는 인간의 삶과 주검의 한계를 살펴보도록 하자.

제 7편 - 수련의 세계편에서는 인간들의 수련, 기도, 수양, 도를 이루는 과정을 모두 다 설명해 놓은 것이다. 따라서 인간들의 수련의 방법, 수련단계, 수련의 역할에 이르기까지 상세히 언급된 것으로 현재 수련하거나, 기도하거나, 도를 이루기 위한 사람들에게는 아주 중요한 과정이고, 수련법으로서 중요한 가치를 가지고 있다.

고대에서 부터 현재에 이르기까지 정말 대단한 이론과 논리, 그리고 경험담을 적어 놓은 것이다. 수련의 전의는 물론 수련으로 인해 발생되는 부작용, 수련을 통해 얻을 수 있는 것까지 상세히 설명해 나가고 있다. 따라서 인간이 행하고 있는 종교와 믿음과 수련의 세계를 모두 설명하고 있다.

제 8편 - 망상의 세계편은 수련과정에서 나타나는 망상의 세계를 설명해 놓은 것이다. 수련은 함부로 하는 것도 아니라는 것이며, 잘못된 수련과정에서 나타나는 망상, 마장, 귀신, 빙의, 신끼 등이 작용할 수 있다는 것을 설명하고 있다. 이처럼 기도나 수련이나 도를 수양하는 사람들에게는 정말 중요한 이론과 논리이고, 수련의 경험과 현실을 종합해 보면, 지금의 시대를 예측이나 한 것처럼 보인다.

그렇다면 수련하는 과정에서 나타나는 모든 망상과 마장의 세계, 귀신의 세계를 상세히 설명해 놓은 것으로 수련자들이 특별히 지키고, 따라야 하는 것이다. 이러한 것을 경험하고, 설명하고, 가르칠 수 있다는 것은 정말 도를 이룬 한 성인의 말씀이기도 하다.

제 9편 - 도의 세계편 삼일신고의 마지막을 이루는 글귀로서 기도나 수련, 수양으로 도의 경지를 설명하는 것이고, 인간의 삶과 주검의 세계에서 이룬 상황을 종합적으로 다루고 있다. 인간이 수련과정에서 나타나는 모든 망상과 마장을 없애게 되면, 새로운 도의 세계, 수련의 세계, 철령들의 세계로 나아갈 수 있다는 것이고, 인간이 죽은 후의 사후세계에서 수련한 사람과 수련을 하지 못한 사람들의 영혼세계를 다룬 것이기도 하다.

삼일신고에서는 수련을 하기 위해서는 앞에서 언급된 모든 것을 인지하고, 숙지하고, 배우고, 익혀야 한다는 것을 설명해 주고 있다. 따라서 삼일신고의 수련 세계를 필히 익혀야 한다는 것을 설명하는 것이며, 마지막의 결언으로서 수련자, 수도자, 기도하는 사람들에게 올바른 수련법을 가르치는 말이기도 하다. (원문은 삼일신고 책을 구해서 보실 것)

성통공완이란 마음을 맑게 가져 하늘의 참뜻을 깨달아 좋은 일을 많이 하는 것이다. 그런 사람만이 추후 하느님을 조회를 할 수 있다.

1. 평양 법수교비 및 섬서성 창성 조적서비 2. 구한말 서예의 대가인 김규진(金圭鎭 1868~1933)선생이 저술한『서법진결(書法眞訣,1914년 간) 3. 백두용(白斗

鏞)편,『해동역대명가필보 (海東歷代名家筆譜, 1926 간)』의 두 책에도 신지 전자가 실려있습니다. 김규진 선생은 고종의 왕실 서예스승이었으며 서예의 대가임. 선생의 저서 "서법진결"에 수록된 녹도신지 전자 그림. 해동역대 명가필보는 삼국시대부터 구한말에 이르기까지 역대 필적을 엮은 책으로 1926년 백두용白斗鏞, 정도영鄭道永이 6책으로 만들었다고 하며 표제는 오세창(吳世昌)이 썼으나 서문은 누가 쓴 것인지 알 수 없고 우리 역사 4,000년간의 고금명가의 필적 700점을 모았으며, 혹 주옥같은 것이 빠졌을지도 몰라 완벽은 후일을 기한다고 했다고 한다. 이 책은 글씨의 변천과 인물들의 필적을 한 눈에 볼 수 있어 서예사적으로 매우 중요한 자료이다.

★ 동아시아 고대 박사 교수 인재들로 한 · 중 · 일 학문 외교와 인재를 키우는 답사 및 제대로 된 발표 중심 학회가 동아시아 고대학회이다. 창립자 황패강 교수님(평양 법수교 꼭 보고 오겠지) 소재영 교수님 박용식 교수님 외 일동 – 모든 분들을 〈소서노 어라하 기념사업회〉 창립 공식 이사님들로 모셔서, 교수 이사님들이 30여 분이나 되었다. 음양으로 큰 힘이 되어 주시고 항상 격려 응원해 주셔서 그 은혜를 잊지 못한다.

황패강 교수님: "차박사는 평양가서 평양 법수교 아래 고문자 보고 오겠지)" 웃으시면 일러주시더니 이제는 고인이 되셨다. 항상 먼 후학이라도 인자하게 웃으시며 일일이 설명해 주시던 은사님이시다.

나는 평양 법수교 아래 글을 꼭 보러 다녀와야 하는데 가기 전 뜻이라도 잘 읽어 두어야겠다.
사진은 울산 문화재 답사 후.

☀ 평양 법수교 글자 해석 평양 법수교 비문 해석

갑골문, 금문: 우리문화재 – 한글로 다 풀린다

(갑골문 금문을 한자의 원형이라 하지만)

평양 법수교 비문 해석(갑골문. 금문) "두 가지 문자가 돌고 있는데 가로쓰기로 되어 있는 이것이 진본인지는 모르나 이것이 원형이라고 봅니다. 하여 우선 이것을 기준으로 해석해 봅니다.

본 글자는 매우 정형화되어 있으며 똑바로 쓰기가 되어 있는 관계로 글자 그 자체가 오음칠조의 이치를 그대로 반영한다고 보지 않습니다. 다만 기존의 글자를 조합하여 금석문 형태로 똑바로 쓴 것으로 기존 글자해석(명도전 등에서 보이는)을 바탕으로 해석합니다.

1. 기본음가 '홀 글자 자체가 주는 음값은 하늘/달어설 이란 글씨이며 한 글자로는 홀 이라고 읽습니다. 하늘이 내린 것이므로 "홀"이라고 하며, 선천(르: 몸, 여와,Ra)이 여성형임과 마찬가지로 하늘이 땅에 내린 홀 역시 여성형이며 '여자: 아리/오리'를 뜻합니다. 홀은 완전함을 뜻하며 어미母를 뜻합니다. 하여 홀로 설 수 있는 단어이며, 닷은 땅이 솟아 하늘에 닿아 이음에서 나오므로 결합을 하여야 하므로 온전하지 않음, 즉 짝수를 말합니다. 홀소리, 닫소리) 음가가 없이 읽으면 '오'라고 읽겠지만 뜻은 '하늘달아설'이란 뜻이지요. 또한 이 글자의 어원은 五音 이며 오음가의 위치를 한꺼번에 표현한 말이라 할 것입니다. (東자의 원형과 來자의 원형과 뜻이 비슷합니다)

2. 기본음가 '르' 저는 이 글자를 七調 에서 나온 것으로 생각하며, 곧 선천을 뜻하는 단어라 봅니다. 하늘의 세가지 음가 ㅎ,ㄱ.ㄷ 과 땅의 세가지 음가 ㅅ, ㅂ(ㅍ),ㄹ 을 이어 주는 것이지만 , 전체를 연결하면 매우 복잡한 형태이므로 가장 기본적인 태조의 음가 르 를 기준으로 방점(위치)만 잡은 것으로 봅니다. 선천을

뜻하는 단어는 매우 많아서 후에 기회가 되면 정리하기로 합니다.

하여 1과 2의 합자인 다음 글자는 (선천=르홀=홀=하늘=한=일)  뜻은 선천의 하늘이며 음가는 르홀이며 반대로 읽으면 그냥 홀(하늘)입니다.하늘이란 자체의 단어도 하ㄹ(하늘)느ㄹ(뉠)이란 합자이므로 하늘이라고 하여도 무방합니다. 또한 하늘에서 한(一),하나가 나왔으므로 하나는 하늘이므로 이 글자는 하나(一)이라 하여도 무방한 글자입니다.

3. 닷(둘)  이 글자는 홀이 두 개로 보이지요. 홀이 두 개이면 당연히 닷이지만 자체의 음가도 둘(닷)을 뜻합니다. 좌측은 홀이며 우측은 닷입니다. 홀+닷 이지요. 홀+홀=닷(짝)이지만 좌방의 음가는 ㅎ로부터 시작하여 ㄹ음가에서 끝나므로 홀이며, 우측은 껏(엇)+닷:끄닷(끝달엇)이란 음가이며 ㄱ음가가 있다고 볼 수도 없다고도 볼수 있으나 전체적인 음가는 닷(달아섯)이란 글씨입니다. 하여 홀+닷의 음가는 닷입니다. 이 단어가 의미하는 바는 선천과 후천(닿은 하늘)에서 올(뉘일)이란 뜻입니다. 하여 천지인의 합일을 의미하지요. 닷이란 단어는 ㄷ(달,후천)과 ㅅ(땅:사람)이 합해져야 온전하므로 닷이란 단어는 닫(힘)을 의미하며 짝을 이루어야 함을 의미합니다. 닷은 또한 풀면 달오섯(달아섯)이란 단어의 합자이며 곧 남자(잇:이아,이사:앗이)를 뜻하며 당연히 남자를 뜻합니다.

하여 이 글자는 둘입니다. 지게가 나란히 있는 것처럼 보이지요

4.뉠  이 글자는 합자이며 음가를 찾기란 쉽지는 않습니다만 기본적인 음가로 풀면 뉠이 가장 큰 음가이며 여기에 ㅎ(하늘)+ㄱ(그르)의 뜻이 복합되어 뉠이란 뜻을 갖습니다. 선천(ㅎ)과 가온 하늘(ㄱ) 음가가 닿은 하늘(ㄷ)음가와 어중간한 자리에 위치하여 온전한 하늘을 뉠이란 뜻이며 기본음가는 뉠(뉠=펼하늘)이란 음가를 기본음가로 합니다. 아래 두개의 빗침은 서(섯+일(올))입니다. 서다,세우다 함이지요. 하여 이 글자의 기본 음가는 뉘설입니다. 숫자로는 뉘엇(넷)과 섯(삼)의 합자입니다.  하여 이 글자는 뉘르서닷(ㄹ), 닷뉠 (달라뉘섯)입니다. 선천을 이음과 닿은 하늘을 펼이란 뜻의 합자이지요.

5.닷  이 글자는 홀과 비슷하지만 홀과는 다릅니다. ㄹ(흐르는 음가)가 주가 아니라 꺾이는 음가입니다. 하여 닷알(닷라)=닷 입니다. 끄닷(끝닷)이라고 풀어도 됩니다. 뜻은 달오(달아서올)란 뜻이며 둘을 뜻하는 닷과는 조금 다릅니다. 둘을 뜻하는 닷은 닿아 섯 이란 뜻이며 이 글자는 닿아 서고 펼이란 뜻이 더해져 있지

요. 숫자로는 五를 뜻합니다. 오라는 글자는 그 앞에 닷오(달아서올)이란 글자에서 닷이 빠진 글자이지요. 달오 또는 닷오가 원 뜻이며 원 글자이니 후천(닿은 하늘)에 닿아 다시 내려 섬을 뜻합니다. 곧 깨달음의 결과이며, 하늘 자손이 다시 하늘의 뜻을 이어 받음을 뜻하는 것입니다. 하늘씨가 땅에 내렸다 하여도 얼이 섞여 어리석게 되면 짐승과 다를 바가 없습니다. 하여 깨달아 하늘의 뜻을 다시 내림을 뜻하는 글자가 달오(닷오) 즉 오五입니다. 명도전에는 이와 비슷한 글자도 있지만 숫자 5 와 비슷한 글자가 이 글자입니다. 매우 심심찮게 보입니다.

6.(단)  이 단어는 자체적으로 어떤 음가를 갖는지는 알기 힘듭니다. 다만 기존의 명도전 글씨에서 나오는 단어의 합자 끄닷(끝달라설)이란 비슷한 단어에서 유추하며 계단을 뜻하는 모양이며 위치를 조금 바꾸면 글달 또는 길달(기르달) 이란 음가를 갖습니다.계단의 기본적인 음운을 가지고 있습니다. 갑골문에서 보이는 段의 원형과 비슷하여 잠정 단 이란 음가를 붙입니다.

하여 합자의 형태인 아는 

단(달)+닷오 이니 달앗(다섯) 즉 숫자 오(5)이지만 뜻은 끝달아 내려선 이란 뜻이며 음가는 다엇,다섯 이라고 보는것이 타당해 보입니다.

7 설  이 글자는 사+이+서+ㄹ 이며 온전히 음가를 더해 소오도+ㄹ 이라고 발음할 수도 있습니다. 소도와 같지요. 명도전에서는 이 글자가 아닌 다른 글자 솟 또는 솟사란 음가의 글씨가 이 글씨를 대신하여 주로 사용됩니다. ㅅ음가이며 설 이란 음가로 서이을(세워잇을)이란 뜻이지요. 숫자 3을 의미하는 숫자입니다. 이 글자는 솟도(솟을 세운다)란 뜻을 포함하고 있으며, 소도를 세운다 함은 하늘 자손이 그 뜻을 세우고 터를 세운다 함과 같다고 봅니다.

8 열  아래 글자는 하늘의 변형으로 가온 하늘 자리로 보고 골(괼)이라고 음가를 달 수도 있겠지만 무음가로 일 또는 올 이라고 음가합니다. 골이든 괼이든 올(욀:일)이든 다 뜻은 같습니다. 열어일 또는 열어올 이란 뜻으로 하늘이 땅에 내려 폘이란 뜻입니다. 하여 두 글자의 합자인 다음 글자는여섯 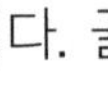 참고.育

열설이며 여섯입니다. 육育과 같으며 六 (6)을 의미하지요. 여섯은 육인데 숫자 육은 하늘이 터짐을 뜻하는 글자이며 六은 열개 介와 실로 다르지 않습니다. 하늘이 열어 땅에 세움을 뜻합니다. 또한 기를 育의 갑골문 원형은 아래와 같으며 기르다는 말은 위의 6번 '단'이라고 음가한 글자와 기본 어근이 같으며 6번의 뜻은 하늘이 스리스리 내려옴을 의미하며 곧 기르다는 나(려)올 이란 뜻과 같지요. 기르다는 아이를 낳는 것이 원뜻이며 후에 양육하다는 말로 정착된 것으로 봅니다. '아버지 날 낳으시고 어머니 날 기르시니'라고 하지요.

9. 일구오  위 글자는 단독으로 달 또는 구리(쇠)라는 음가로 주로 사용됩니다. 뜻은 하늘 닿아 내릴 이며 닷(3번째 뒷글자)의 원형이지만 곧바로 세운 모양으로 ㅅ음가의 종성을 발음하지 않는 것으로 합니다. 하면 닐 또는 일 이라고 읽어야 맞습니다. 그런데 같은 단어가 두 개가 겹쳐있으니 어떻게 하여야 할까요? 우리말 일곱은 일구+오가 원형이며 이말은 일+ㄱ+우+오 의 합자입니다. 즉 일이란 내려옴이며 ㄱ(은 가온하늘을 뜻하므로) 구라함은 하늘에 올라감을 의미하니 다시 일우어 올림을 뜻하고 오란 내려섬을 뜻합니다. 하여 일곱이란 단어는 아래위로 반복하여 짓는다 함을 뜻합니다. 우리 명도전에 보면 솥이나 틀이란 단어는 부어내려 올리고 일우는 것을 반복하는 음운이 다 포함되어 있듯이 일곱이란 단어는 이러한 뜻을 내포합니다. 하여 곱이란 단어를 언제부터 썼는지는 모르겠으나 곱이란 배수를 의미하므로 일×2(곱)으로 읽습니다. 아니면 풀어서 일닐 이라 해야겠지요.

10. 뉘엇  이 글자는 심심찮게 보이지만 숫자 4 를 의미하는 숫자의 원형입니다. 음가는 누리 또는 느리 에 섯 이란 단어의 합자입니다. 뉠엇.뉘섯 이지요. 그냥 숫자 4와 같은 음가 같은 뜻이며. 땅에 뉘어펴고 세운다 함입니다. 섯(솟:삼 三)이 하늘이 땅에 섬을 의미하여 소도(솟을 세운다)란 의미와 같다면 넷은 여기에 펼친다는 뜻이 더해진 글자입니다. 하여 이 글자의 합자인 다음 글자는 굿뉘섯 입니다. 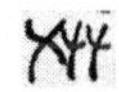 아래 위로 일우는 것이 9번 일곱이라면 그 방향을 대각선으로 더하여 뜻을 더한 것이 10(뉘엇)이지요.

11. 올. 열 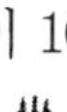 아래 글자는 선천의 7조를 뜻하는 글자와 유사합니다. 來의 원형으로 보기도 하지요. 거기에 대해서는 이견이 없습니다. 이 글자는 음가가 너무 많아서 상쇄되니 없어집니다. 하여 흐름을 뜻하는 ㄹ 음가와 위에서 아래로 오는 ㅣ 또는 애 음가의 조합으로 보아 래 라는 음가가 가장 무난합니다. 그럼에도 완전한 선천의 뜻하는 단어와는 다릅니다. 아래의 모양은 둥글게 뻗어 내렸지만 위의 모양은 각을 집니다. 하여 하늘(선, 후, 가온)을 이어 온전히 내릴 이란 뜻이므로 곧 열十과 같은 뜻이지만 방향이 일방향적인 것으로 봅니다. 하여 올 또는 열 이라고 읽습니다.

12. 들(벌,홀,날)  이 글자는 위에 모양은 덜, 또는 벌, 또는 날 또는 홀이라고 읽을 수 있습니다. 왜냐하면 고정된 음가 위치가 아니기 때문입니다. 그럼에도 들, 벌, 날, 홀 모두가 우리말 벌을 뜻하는 단어이며 뜻이 같습니다. 요즘은 통상 한들, 달구벌, 과거에는 羅,那 등으로 라,나 음가를 또는 미추홀 등으로 홀 음가를 사용하였지만 모두 벌을 뜻합니다. 가끔씩 그 음운의 변화와 뜻과 글자가 같음에 놀랄 때가 많습니다. 아래는 흐러살이니 흐를 또는 를, ㄹ 이지요.하여 이 글자는 덜(들), 벌, 날(나리), 홀 다 읽을 수 있는 글자입니다. 하여 합자인 이 글자는 올덜, 여덜 이라고 읽는 것 무방합니다.

 오늘날 8을 의미하며 여덟은 그 어근상 풀면 열고 덜고 한다 함입니다. 일곱이 위 아래의 방향을 뜻한다면 여덜은 좌우, 내외를 뜻하는 반복된 행위이지요. 음운상으로는 올덜이 더 맞겠으나 사실 상하와 좌우의 개념은 기준의 문제이므로 어떻게 기준하느냐 차이 뿐입니다. 가령 오다를 보면 멀리서 내쪽으로 들어옴이지만 영어 go는 오 라는 음가를 나감으로 보고 있지요. 문화적 기준의 차이입니다.

13. 앗오(껏오)  이 글자는 흐러달엇 에 부(부을) 또는 오(올)이란 단어의 합자입니다. 음가는 어떻게 시작하느냐에 따라 다릅니다. ㅎ음가로 하면 하럿(헛)이며 ㄱ음가면 글럿(그릇)이며 ㄷ음가로 하면 (덧)입니다. 아래를 모음으로 보고 아래와 같이 흐를이란 ㄹ 을 합하면 불 또는 올인대 초성을 잡아 읽으면 헛올, 그럿올, 덧올 입니다. 무난하게 초성이 고정이 없으니 무음가로 하면 엇올 입니다. 분명한 것은 ㅅ 음가가 중간에 꼭 끼어야 한다는 것이며 나머지는 모음가에 ㄹ 이란 것만 분명합니다. 앗올 또는 껏올 또는 덧올 이며 뜻은 끝달아섯 올 이란 뜻입니다. 하여 끝이 앗(갓)이며 끗홀 또는 앗홀 로 봅니다. 앗(끗)달아 올 이니 맺올 이란 뜻과 같으며 일구고 여달아서 끝을 본다함이며 끝을 맺는다 함이며 끝이 없게 됨을 말하는 것입니다. 이것이 아홉이 뜻하는 뜻과 매치됩니다. 과거 한글에 왕왕 오다를 호다라고 썼으며 그 어근의 하다 처럼 ㅎ음가가 기준이 되었음을 참작하면 아홉은 아올의 과거음 형태가 아홉에서 ㅂ 이란 어미가 붙은것이 아닌가 합니다. 가만히 보면 앗음가 아래 오라고 음가로한 형태는 八과 같으며 팔은 펼이란 뜻의 어근이며 팔(폴)支과 같습니다. 하여 끝닿아세워 펼이란 뜻으로 봐도 무방하겠지요. 하여 아래 글자는 통자로 앗홀(끗홀)이며 맺 이란 뜻입다. 

14. 열  이 단어는 선천(하ㄹ)와 내린하늘(누ㄹ)와 닿은 하늘(ㄷ)을 포함하여

누리+섯 이 합쳐진 어근의 글씨입니다.

(선천)하늘 뉘르(누리) 달(달)아 서고 펼이란 뜻이므로 온전한 열림 인 열十을 뜻하지요. 열이 왜 십 이란 어근으로 불려지는지는 알 길이 없습니다. 오히려 이 단어는 음가를 한다면 뿌ㄹ 弗에 가깝지요. 또는 솟ㄹ (솥)이나 틀(가마)에 가깝게 음차하는 것이 적합합니다.

15. 나갈, 나달  이 글씨는 ㅅ음가가 중간에 들어가거나 약하게 들어가고 종성은 ㄹ음가가 들어가되 약하게 들어갑니다. ㄴ음가로 시작하면 나럿(나러),(그러) 또는 다러 + 라 입니다. 하면 낫갈 이거나 낫달 입니다. 하여 열이란 단어와 화합하면 열(어)나갈, 또는 열어나달 입니다. 뜻은 같습니다. 열어 나간다 함이나 열어달린다 함이나 거기서 거기지요.

하여 아래 글자는 열나, 열라, 열달(열다) 로 읽습니다. 숫자 열(10)을 의미하지요.  굳이 연이어 해석은 하지 않습니다. 줄줄이 읽으면 뜻이 다 통합니다. 이것은 남녀간의 문제(통정과 육아)의 문제로도 해석이 되면, 숫자로도 해석이 되며, 농사짓는 것으로도, 또는 철학적이며 종교적인 문제로도 모두 해석이 되는 근본적인 뜻을 모두 포함합니다. 또한 치국이나 민족의 갈 바를 이야기하기도 합니다. 참고로 한곰께서 나라를 여실때 삼위태백을 보라는 문장이 나옵니다. 삼위는 일에서 삼까지의 뜻을 말하며 가락국기에 수로왕이 나라를 세울 때 소위 1에서 3을 이루고 3에서 7을 이루매 칠성聖이 살 곳으로도 적합하다고 하였으니 곧 우리 숫자의 뜻이 치국과 터전을 정하는데 근본하였음을 말하는 것이라 할 것입니다.

또한 이 숫자들의 조성을 보면 하나에서 열까지 앞 글자들을 고스란히 잇고 이어서 이루어짐을 알 수 있습니다. 그냥 단순한 언어 약속체계가 아닙니다. 마치 하나를 하라고 하든 원이라고 하든 무슨 상관이 있느냐 사람들 간의 약속체계일 뿐이다 라는 식의 조성이 아니라는 것입니다. 하나가 합하여 둘이 되고 둘(닷)을 이어 셋(섯)이 나옵니다. 또한 세움이 있으니 펼침(뉘엇)이 있는 것이며

하늘을 세웠으니 하늘에 닿아야 함이 다섯이고 닷아 여는 것이 여섯입니다. 열고 마는 것이 아니라 열어 일구어야 하니 일곱이고 일구어 다시 펴는 것이 여덟이며 이것이 가없어야 (끝맺어야) 온전히 열림을 뜻하는 것[190)]

☢ 삼신할매(하나님할매)의 생명점지, 천손 심신 교육 〈단동십훈〉으로 귀한 씨알을 내가, 우리가 받은 것을 지극히 감사해야! 고대어 '매'는 여신

아직도 경상도는 뜻은 확실히 여신女神으로 인식하고 부르지는 않지만, 경어로 '할매', '아지매'라 부르고 있고, 일본에는 아직도 국가고위층 왕족 제사에서 女神의 뜻으로 사용한다. 2만여 년 전 사람의 화석이 발견된 제주 서귀포와 한라산 설문대할망 얘기와 지리산 마고제단, 경북 영덕 영해에 있는 '마고산' 등등의 마고 할매 설화 및 유물 유적은 역사의 한 증표가 얘기화된 것임을 알게 한다. (고대한국과 일본어에 '매'는 여신을 뜻한다. 일본 중요 나라신사 제사에서 모시는 신인 '아지매'의 '매' - '오게 아지매')도 마찬가지이다. 가장 최근 역사의 인신합일된 마고는 12,000년 정도로 본다. 신라귀족 박제상이 쓴 부도지』를 보면 자연에서 자연스럽게 탄생된 마고류 천손 인간의 역사를 남겨 주고 있다. 천손이 낳은 아이들에 맞는 **교육도 귀한 자연의 속성을 가진 생명체로 존중을 받고 있는 예가 〈檀童10훈〉으로** 현대에도 특히 경상도나 전라도 남도쪽에서 많이 남아 있다. 3대 이상 모계의 성장지가 경남 진주 부산인 필자도 몇 가지는 어릴 때부터 계속하여 접해 온 것들이다. 하늘님이 사랑하여 금수강산의 천손임을 증명하는 태초 태시의 교육들이다. 천산 및 금수강산류에 천손으로 태어난 아이들은 태어나는 그 어릴 때부터 소통한다. **3×7=21일이면 교육이 가능해진다.** 몸의 부위가 제대로 기능할 수 있게 되는 시점과 맞추어 오는 사람 모두의 **공동육아가 웃음과 축하인사와 함께 진행된다.** 귀여운 어린이들을 보면 쉽게 친숙하게 하던 작은 행동들에 이런 깊은 역사문화적 지혜와 의미가 들어 있다는 것에 자료를 찾고 이 글을 쓰며 생각하며 다시금 놀랐다. 중앙아시아(특히 천산 카자흐스탄을 포함한 스탄 나라들+ 왼쪽인 터키) 및 중국(중원+ 몽골+요동 요서+만주) 역사문화와 우리 역사문화의 밀착에 놀란 것처럼. 유태인의 교육만 대중에 알려진 지혜로운 교육인줄 알았던 무지함에 다시금 대오각성! 서학 기독교 〈모세의 10계명〉은 교회 서고 대중매체 서고에서 배워서 알아도, 우리 동학의 수운 최제우선생의 천상문답은 가르치지도 알려고도 하지 않아 국민 대개가 모른다.

환단시대 〈어아가〉를 이은 〈지기금지 원위대강 시천주 조화정 영세불망 만사지〉에 이어 여러 참말씀이 나온다. 천도교의 동경대전을 참조하고 공부할 일이다. 여기서 천주님은 카톨릭(중국에 머물던 마테오 리치 신부께서)이 빌어가서 현대까지 잘 이용하고 있다.

☢ 한민족의 참지혜와 태교에 이어 단군의 아동檀童인성교육 조기 인간 각성교육 단동10훈(檀童십훈)이고 '각꿍'으로 시작

단동 10훈(檀童십훈). 우리의 단군의 아동(단동)교육부터 유대교 아동교육은 가르치기 전에.

〈우주적 생명보호 인성 덕과 인의예지신 지혜교육 단동 십훈〉: 천손의 임무와 권리를 다 누리게, 오행과 천문으로 사람의 생사를 알고 아이를 가져야 할 날과 시간을 알고, 수태가 되면 바로 아이를 위한 태교를 하니, 이어서 태어나면 어린 아이도 교육이 이어지는게 당연할 것이다. 건강과 덕과 인의예지신의 기본을 어릴 때부터 몸에 익혀 습득되도록 삶의 선배 어른이 이끌어주는 것이다. 표면적으론 눈 귀 목 다리엉덩이 머리 팔 등의 운동이다. 속으로는 그 운동이나 뜻하는 바가 인의예지신 덕과 겸양과 감사와 배려심 등 홍익인간의 기본을 가르치는 것이 단군의 아동교육 즉 〈단동십훈〉이다.

각꿍(깍꿍 覺弓): 뱃속에서 나와 눈이라도 떴는지, 이제 사람이 되어 소리를 듣기라도 하는지, 눈이라도 맞추나를 확인하는 생명살이 확인하는 축하와 반기는 전주곡이다. 태어난 것을 축하 경배하며, 심신이 빨리 깨어나 소리도 듣고 기운도 알아차리기 전신의 사람 감각이 시작하고 발달되기를 바라며, 소리를 들려주며 아이에게 인사하고, 눈을 맞추기를 기원하며 아이에게 각꿍각꿍 반갑게 소통을 바라는 인사를 한다. 궁: 화살을 내보내기 위하 근본틀인 활처럼 자신의 터전을 잡기 시작한다는 뜻

지암지암 持闇持闇: '잼잼'으로 줄여서 알려진 '지암지암'이다. 엄마가 아이에게 먼저 두 손을 폈다 쥐었다 하는 시범을 보여주며 따라 하기를 유도한다. 아이는 태어나 처음으로 온 손가락 마디마디를 움직여 주는 짓을 – 그것도 양손가락을 균형있게 – 처음 해 본다. 안으로는 손가락 손 뼈 뒤에 어둡게 숨어있는 신경들을 활성화 시켜주는 운동이다. 그 세포와 혈관 뼈마디 등등 그들은 깜짝 놀라며 이렇게 유연하게 대응해야 하는 쥐었다 폈다 하는 생존의 법칙과 심신의 도와 세상의 이치가 있음을 인식하고 깨우치도록 알려 준다. 암은 어둡고 혼미스러운게 있다는 것

을 알려주는 지시를 한다. 지암은 세상의 혼미한 것도 가려서 파악하라는 의미도 音으로 行으로 지시해 느끼게 해준다. 외래사상 및 종교의 전개에 대한 경계를 알려주는 경고의 의미도 있다. 즉 역사 깊은 한민족의 미래를 후손에게 당부하는 짓이다.

아함아함 亞含亞含: 생명체에 특히 사람의 입으로 들어가는 것과 말로 나오는 것의 위험을 알려주는 것이다. 동시에 사람으로서의 禮가 있음을 가르친다. '아'는 '다음 가는' '同壻 사위 사나이 남편, '含' 함 은 머금다 품다 무궁주. 손바닥으로 입을 막으며 아함하고 소리내는 동작이다. 두 손을 가로 세로로 포개면 '亞' 자뜻은 〈버금, 흉하다, 同壻〉자 모양이 된다. 이것은 천지 좌우의 형국을 내 가슴과 몸 속에 모신다는 자연이나 생명이 生하는 법칙이나 형상을 상징한다.

도리도리道理道理: 목을 곧추 세울 수만 있게 될 때이면, 장난 삼아 놀이 삼아 종일 누워 있는 상태인 아이에게 운동 삼아 유도하는 균형을 잡는 건강놀이 겸 지혜이다. 머리를 좌우로 돌리게 하면서 웃게 한다. 자라면서 좌우의 천지만물을 살펴야 하는 것, 천지만물이 무궁한 하늘의 도리나 이치로 태어났음을 잊지 말고, 좌우 자연과 사람의 처한 형상을 잘 보고, 주위를 존중 배려할 줄 알아야 사람이라는 것을 가르치는 배려와 사랑의 어질 인仁 교육이다.

업비업비業非業非: 경상도에선 '이비야'로 통한다. 아이에게 해서는 안될 위험을 경고하거나 제재하는 위험물이 있거나 해서는 안될 일이 있다는 것, 생존의 법칙과 道德을 가르친다. 금지하는 뜻으로 1. 물러서길 원하는 의미로 말하여 해서는 안될 일이 있는 세상이고 도덕을 잊지 말 것도 가르친다. 2. 올바른 도에 맞지 않는 생활은 정당한 일 즉 正業이 아니니 하지 말 것을 경고한다. 모든 것을 바르게 잡고 살리는 것이 올바르고 위대한 천손 군자국의 일이다.

곤지곤지 坤地坤地: 무릎에 앉히고 좌우에서 끝나지 않고 아래에 땅 하층의 삶, 나의 겸손함도 잘 살피고 새로운 생의 탄생을 위한 일도 중요하다는 의미. 아이를 무릎에 앉히고 왼 손바닥을 펴게 한 다음 오른 손 검지로 왼손 바닥을 찧게 하여 손바닥과 전체의 혈을 돌게 하면서, 엄마는 '곤지곤지' 소리를 낸다. '십十'이라는 글자의 모양새는 음(-)을 양(l)이 관통하는 모습이기도 하다. 음양조화가 중요하고 그 이치를 깨닫게 하는 상징이기도 하다. 이것을 알아 씨를 받아 열매를 맺어 생명을 지속하여 살리는 하늘과 땅의 교접이치(건곤지도)는 생명지속과 존재의 이치이니만큼 중요하다는 인류생존의 법칙을 가르친다. 어른들은 생명체이면 따로 "안 알려줘도 암수가 만나고 시집장가 가면 잘 한다"는 말로 자연의 산물이니 걱정 말라 하면서도 놀랄 수도 있으니 배려한다.

시상사상詩想詩想: 아이가 앉아있을 수 있을 때 좌우보기 도리도리는 좌우를 배려하는 과정을 몸에 익히는 것이고, 끝내고는 아래 밑도 배려하게 즉 겸손한 인사의 예가 있음을 알게 하고, 다음엔 앉혀 놓고 '앞 뒤로 끄덕끄덕' 흔들면서 "시상시상"하 흥얼대는 것을 익히게 한다. 천지인 삼재는 桓=韓에서 시작되었다는 환단 조상들의 생명시원이 나타난 감성과 人情과 타인을 인정認定해 줄 것도 가르치는 행동이다. 우리 어머니의 어머니, 아버지의 아버지를 거슬러 올라가면 끝 간 데는 '한' '할'의 자리라는 것이다. 시상시상은 겸손한 마음으로 어른과 주변 공경을 품고 있는 경로 효친사상의 교육 시현 노력이기도 하다.

작작궁작작궁作作弓作作弓: 머리로 하는 심신 건강과 예의와 절제 절도節度 예운동을 하는 시상시상 훈련하는 교육이 어느 정도가 되고, 아이의 몸도 손바닥으로 손뼉을 칠 수 있는 시기가 되면, 음율과 율동과 노래로 표출하는 한 단계 높은 운동과 놀이로 남의 행동에도 같이 호응할 줄도 아는 즐김 가운데 소통놀이 교육을 한다. 천지좌우와 태극을 맞부딪쳐서 흥을 돋우며 궁(弓:태극)의 이치를 알았으니 이제는 손으로 궁을 일으켜 만들어 보고 그 서로 손뼉을 치며 어울릴 줄 알아야 하는 상박 상생 이치의 즐거움도 깨달으라는 것이다. 사람으로 와서 신으로 가는 신명의 이치를 알았으니, 그 기쁨! 상호 관계를 인정하는 가운데 손뼉을 치며 기쁘게 노래하며 춤추고 커서는 천제 제사 및 축제의 공동체 일원으로 믿을 信을 새기게 한다.

불아불아弗亞弗亞: 돌 전후부터 걸음마를 막 시작한 아이의 허리를 어머니나 어른들이 양손으로 잡고 좌우로 갸우뚱거리면 할머니할아버지는 '부라부라' 라고 손자손녀의 귓가에 들려 준다. 바로 살아가는 義의 균형을 잡지 못하면 하늘사람에서 땅사람으로 넘어지는 신세가 된다는 뜻이다. 아는 땅에서 하늘로 올라간다는 의미다. 그래서 불아는 단군역사에서처럼 아들들 이름이 부루 부여 부소 등이다. 신이 사람으로 땅에 내려오고 신선이 되어 다시 하늘로 올라갈 수 있다는 얘기에서 영원한 생명을 지닌 어린이에의 예찬으로 풀이된다. 단군왕검께서 자식들 이름에 불(부)를 부친 소망처럼, 귀한 내 애기 무럭무럭 홍익인간으로 건강하게 자라 홍익인간 광명세상으로 밝게 해주는 위대한 환단 군자국의 의로운 동량이 되길 바라는 소원이 담겼다고도 할 수 있다.

섬마섬마立兒立兒, 혹은 西魔西魔: 立兒立兒로 '섬'을 서다의 명사형 준말로 해석할 때는, 바로 서서 균형을 찾아 자유로운 성인군자로 입신양명하라, 이제 비로소 섰구나 이제 사람이다. 라는 직접적 의미도 강하게 들어 있다. 바로 두 발로 서야 네 발로 서는 동물과 다른 '사람다운 사람' 낮은 땅 "_" 에서 하늘 " - "을 대해 바로 서는 의로운 인간 "I"으로 기본이 되어 비로소 하늘의 뜻을 읽어 사람을 이끌 수 있는 천지인 소통에 자유로운 자, 진정한 지도자 巫가 되는 것이다. 땅을 디딜 힘을 지닌 존재로 하늘을 향해 설 수 있는 사람된 자신을 당당히 드러내는 시기이다.

섬마를 '西의 마귀'西魔西魔로 풀면 동쪽에 주로 사는 천손들이 경계하고 두려운 것은 서쪽의 예의가 없는 무뢰배나 짐승들의 존재이고 그 존재를 미리 알고 대처할 줄 알아야 사람답게 살아갈 수 있다. 그 무뢰배들로부터 피할 수 있는 첫 걸음이 자유로운 걷기와 달리기이다. 아기의 다리 힘이 생기면서 한발짝 두발짝 걸음마를 시작할 때 조부모 및 부모와 좌우는 아기 걸음마의 신기함과 발전된 신비의 생명소가 귀엽고 그에 매료되어 소리를 지르며 환호하고 한편으로 생명의 안전을 구축할 수 있다는 안도감을 함께한다. 섬마를 '西의 마귀'로 풀면 서쪽 어둠에 숨어 있던 동물이나 마귀같은 자들로부터 해방 혹은 안전의 구축을 찾을 수 있게 되었다는 의미다. (후대에 들어, 서쪽 마귀의 사상에 현혹되거나 물들어 우리 것을 망각하게 되는 일이 없기를 바라는 의미나, 균형을 생각하는 후대의 해설로 東道만으로는 안 되니 東道西器의 조화로 홀로서기, 자주독립을 지속하자는 한단 민족 염원이 담겨 있다고도 볼 수 있다.)

질라아비훨훨의秩羅啊備活活議: 직접적으로는 두 손을 뻗어 나팔을 불며 앞뒤로 춤을 추는 동작을 크게 하여 온몸운동으로 몸 전체를 살리는 것을 가르친다. 사람으로 특히 천손으로의 삶 자체는 크게 축복 받은 것이고 기개를 가지고 전진하듯 즐겁고 행복한 삶을 개척하라는 뜻이다. 동시에 뒤편에 있는 존재들에 대한 배려를 하도록 가르치는 것이다. 몸의 성장과 더불어 배려를 360도 전체적으로 확산하는 것도 가르치는 것이다. 천손이건 아니건 모든 사람 존재의 높은 가치와 기개의 기를 북돋아 준다. 같이 우주창생의 音과 樂의 풍류도風流道를 알아 나팔을 불며 춤추며 하나가 되는 삶의 축제 속의 일원이 되기를 바라는 말이고 교육이다. 이제 천지 우주의 모든 이치를 깨달았으니 기쁘게 사랑하며 이제 천기지기도 받아 태어난 심신心身, 인류공동체 속에 활활 타오르는 불길처럼 위대한 조국의 사명과 권리를 아는 일원으로 잘 자라도록 즐겁게 신명내며 잘 지탱하고 지속적으로 살아내게 지혜와 즐거움과 환단의 광영을 훨훨 도모하자고 같이 노력을 하자는 뜻이다.

환(한)국이 위대한 민족과 조국이고 나와 우리의 후손은 그 자랑스러운 홍익인간 대국 한국의 일원으로 세계에 사명과 권리가 있는 귀한 존재라는 것을 나와 우리를 지켜내지 못하는 언제부턴가 잠시는 잊은 듯이 살아야 하다 보니 더욱 잊고 살았다. 이제 먹고 입을 것은 그런대로 해결된 현대 한국에 와서, (사연은 있겠으니 합리적 대책이 가능한 의논할 공기관 절실) 이런 고귀한 씨알인 천손을 얻을 수 있음을 일찍이 포기하거나, 얻게 되었음에도 생명을 끊어버리는 일 즉 '생명 흔적조차 지워버린다'는 낙태를 하는 것은 하늘이 사람 그대에게 준 선물을 거절하는 일이고, 내리는 벌을 스스로 초래하는 것과 같다.

나라가, 원하지 않는 생명을 잉태한 경우라도, 사회와 국가가 양육에서 부족한 부분을 맞춤식으로 완전히 책임져 주는 그런 나라가 되면 무엇 하러 낙태를 하겠는가. 자연스레 살지. 아이들이 부모를 제대로 못 만나 고생할까, 없고 못 배우고 돈 없고 힘 없어 무시당할까 겁이 나서 못 낳는 것이다.

☣ 천산 최고 높은 곳에서 신으로 추앙을 받고 있는 老子나 한국의 자연성이 더욱 다가오는 한국

1장 道可道 非常道, 名可名 非常名:

도를 도라고 하면 이미 참 도가 아니요, 이름을 이름이라고 하면 이미 참 이름이 아니다.

56장 知者不言 言者不知: 아는 사람은 말하지 않고, 말하는 사람은 알지 못한다.

자연의 응답: 우주의 이치를 담은 것은 '역易'이다. 주나라 문왕의 팔괘역에서, 이제 한국인 김일부의 정역시대가 되었다.

☢ 마고⇒궁희⇒황궁씨 법통⇒有因⇒환인⇒한웅⇒단군 신도

부도에서 네 천인 중 가장 어른으로, 마고성의 複本에 대한 책임을 지고 스스로 천산주로 분거한 궁희씨의 자식인 황궁씨는, 한민족의 직계조상으로 마고성으로의 복본의 서약을 완수하기 위하여 천산으로 들어가, 돌이 되어서 길게 울려 소리를 냄으로써 (돌처럼 부동하며 주문을 외어), 미혹함을 없앴다.=청제혹양淸除惑養하여 복본 성취 그리하여 마고대성 회복의 서약을 성취했다.

천산주 활동시대 즉 환국 전후시대의 책임자로서 황궁씨의 그 법통이 有因, 환인, 환웅, 단군에게로 이어진다.

◒ 단군조선의 신도인 신교가 왜(일본)의 야요이(B.C.E. 3~A.D.E. 3) 시대에 천산계열 천손신앙을 가진 '환'을 아는 신라인들로부터 일본으로 한의 문명의 이끼들과 함께 전달되어 일본의 신도로 자리잡게 되었다. 지금도 일본 중요 국가 제사에서는 "'桓과 통하는 한韓'님이시여, '한신韓神' 님들이시여 이 자리에 오셔서 강림하소서!" 라고 하며 제를 시작한다. 2333년간의 단군조선이 국체를 바꾸고자 할 때 아마도 이동하는 귀족들 일부가 왜 쪽으로까지 문명물질과 문화사상을 가지고 이동한 것으로 보인다.

☀ 부도지의 깊이를 일찍이 체득한 진인 박제상! 자연의 생명성을 보고 쓸 수 있는 온전한 신라의 정신적 귀족 · 최고의 서적을 접할 수 있는 왕족학자, 최고의 외교가며 충신인 박제상 그의 정신 즉 부도지의 자연, 조화정신이면 세계를 평화통일하고 모든 종교를 해소할 수 있다.

자연에서 자연스레 생겨난 마고라 명령적이지도 권위적이지도 폭력적이지도 않다. 즉 부도지의 신은 유일신적으로 인간에게 명령하지도 않고 억압적이거나 수직적이지 않다. 음양 선악 모든 것이 자연스레 있는 조화 속에 마고가 탄생하고 그 후손이 그렇게 궁희 소희 황궁...그 후손인 우리도 자연스런 '천손'이다. 서양신처럼 유일신이 갑자기 뚝 떨어지듯 생겨난 것이 아니다.

◒ 부도지의 조화와 청제혹양 효능:

(한단고기, 부도지 父子공동 번역자 – 현대에서 그 부도지의 정신세계를 읽어낼 수 있는 김은수 김상표 부자.

우리나라 전통사상에는 원래 인간에게 본래 신성이 있어 동학에서는 이를 인내천人乃天으로 언급했다. 부도지에서는 인간이 어떻게 하여 본성을 잃게 되었으며 본성을 회복하기 위해서는 즉, 다시 마고성(이상향)으로 복본하기 위해서는 어떻게 해야 하는지에 대한 방법을 제시하고 있다. 부도지를 크게 세 부분으로 나누면 조화造化의 시대, 교화敎化의 시대, 치화治化의 시대로 구분 할 수 있다. 처음 부도의 시작에서는 땅에서 나는 지유地乳만을 먹으므로 먹기 위해 노동을 할 필요가 없었으며, 또한 음식이 한 가지뿐이므로 맛을 추구할 수도 없어 추구해야 할 욕망의 대상이 없었다. 그래서 **사람들은 본성만을 가지고 생활을 했으므로 신성을 가지고 있어 천지창조에 동참을 할 수가 있었다. 오직 율려律呂만이 존재했으며 율려로 천지를 창조한 것이다.** 부도지의 시대흐름을 보면 마고성에서 나와 황궁씨, 유인씨, 환인씨, 환웅씨, 단군임검씨, 부루씨, 읍루씨의 혈통이나 왕조가 각기 천년씩 7천년을 다스리는 것으로 나온다.

▸ 황궁씨는 복본하기 위해 부도의 법을 세웠으며 이것이 부도지의 근원이 되는 청제혹양 복본사상이다.

황궁씨가 처음 부도의 법을 밝혀 읍루씨까지 7천년의 기간 동안 전해지고 그 법을 잃게 된다. **옛날에는 마을마다 존경을 받는 사람이 있고 이 사람은 또 자신보다 학식이나 덕망이 더 높은 사람을 따르게 되어, 인류의 큰 스승은 천년에 한 명씩 나오게 된다고 보면, 황궁씨, 유인씨, 환인씨 등이 천년을 이어오는 이유가 설명이 된다. 당시는 힘으로 통제하는 시대가 아니라 깨달음으로 자율적으로 따르는 세상이어서 큰 스승의 법이 천년을 내려간다고 보면 된다.**

마고麻姑가 선천先天을 남자男子, 陽로 후천後天을 여자女子, 陰로 하여 궁희穹姬와 소희巢姬를 낳았다. 이 둘이 다시 선천의 정기陽의 기운을 받아 황궁씨黃穹氏와 청궁씨靑穹氏, 백소씨白巢氏와 흑소씨黑巢氏를 낳았다. 이들로 하여금 오음칠조五音七調와 음절音節을 맡게 하고, 다시 네 천인四天人과 네 천녀四天女를 낳아 율과 여를 맡아 보게 하였다. 또한 마고가 네 천인四天人과 네 천녀四天女에게 명하여 이들이 각기 3남 3녀를 낳으니 모두 12쌍 24명이 되었다. **단순하게 그냥 조상님의 족보로만 보지 않고 다른 각도로 보면, 태초에 무극無極이 있으니 무극에서 태극太極이 나오고 태극에서 사상四象 팔괘八卦, 육십사괘六十四卦로 나누어지면서 황극黃極으로 발전하고 그것이 극極에 이르면 다시 무극으로 환원을 한**

다고 보자. 또한 다시 시간에 비유해 보면 우주는 밤과 낮으로 나뉘고 다시 봄, 여름, 가을, 겨울의 사계로 나누어 각 계절이 3으로 나눠져서 12달이 되고 각 달에서 음과 양으로 나누면 24절기가 된다.

부도지에서는 음音이 우주 삼라만상을 만드는 재료로 사용되었는데 그 의미는 무엇인가? 음이란 파장이다. 율과 여에서 율이란 상승파장 즉, 오행에서는 상생의 힘을 말하는 것이고 여라는 것은 하강파장 즉, 오행에서는 상극의 힘을 말하는 것이다. 그래서 사물의 양적인 부분에서는 이들이 팽창과 수축을 통하여 생로병사生老病死를 겪으면서 변화를 하나 이들의 내면 즉, 음적인 부분에서는 오욕칠정五慾七情에 영향을 받아 사물의 변화를 주도하게 되는 것이다. 그리하여 **이들이 땅에서 나는 지유를 먹으면서 실달성과 허달성의 가운데서 물질세계와 정신세계의 중간에 서서 육체를 가진 인간의 형상과 신성을 동시에 가지고 창조에 동참을 하니 이는 기독교의 에덴동산이요, 그리스신화의 황금의 시대와 견줄 수 있다.**

부도지에서 오미의 화란 과연 무엇을 말하는 것일까? 왜 많고 많은 것 중에서 하필이면 포도를 먹었을까? 성경에서는 사과(선악과)를 먹었다는데 이 차이점은 뭘까? 왜 이것 때문에 마고성에서 나와야 했고 에덴동산에서 쫓겨나야 했을까? 땅에서 솟아나는 지유를 먹었다 함은 **힘들여 먹을 것을 탐할 필요도 없었고 먹기 위해서 일을 할 필요가 없었다. 의식주 문제로 고민을 할 필요가 없었기에 노동이 없었고 욕망이 없었다. 이를 그리스신화에서는 황금의 시대, 성경에서는 에덴동산, 우리 신화에서는 마고성시대이다.** 포도를 먹었다 함은 무엇을 말하는가? 그것은 맛을 알게 되었고 식욕에 대한 욕망을 느끼게 되었다는 것이다. **많은 학자들은 식욕과 성욕을 같은 개념으로 본다. 결국 식욕과 성욕을 중심으로 성취욕, 명예욕, 인정에 대한 욕구 등 각종 욕망이 나오게 되는 것이다. 포도에 달린 이 수많은 알갱이가 수많은 욕망을 상징화시킨 것**이다. 결국 이 욕망에 의해 관념(선악과)이 생겨나고 이 관념으로 인해 여러 가지 피해의식이 생겨나고 결국 본성이 가려져 신성을 잃게 된 것이다. 마고성시대에서는 욕망이 없는 본성만이 있는 시대였기에 법이라는 것이 필요 없었다. 황궁씨는 욕망의 시대에서 다시 본성을 찾아 마고성을 복본復本하려는 사명을 갖고 법을 세우고 이 법으로써 백성을 이끌게 되었으며 이 법과 하나가 된 시대가 고열가 단군시대까지였다. 삼일신고를 통해 지감, 조식, 금촉의 법으로 본성을 보호할 수 있는 방법을 제시한 것이다.

환국桓國은 시베리아(사백력, 斯白力) 하늘 밑 바이칼 호수의 동쪽으로 흐르는 흑룡강(黑龍江, 龍江, 天河, 天海)을 중심으로 남북이 5만리요, 동서가 2만리의 거대한 제국이다. 환국桓國의 환이란 밝다는 말이며 7대 환인桓因이 3,301년 동안 나라를 이뤘다. 다음이 환웅이다. 실사에 환웅은 이렇게 우리 곁에 계셨다.

이 집안에는 황해도 구월산 환인 환웅 단군 삼성을 모시는 삼성단이 있는 문화유씨 마을에서 17세기 때 (임신생~정해년 10월19일망 父 유광벽) 시집 온 '문화유씨' 분이 계신다. 제작 시기도 그때인 17세기랑 같다고 한다

전라북도 시도민속문화재 제30호

환웅상(높이 172㎝, 몸통둘레 140㎝)

왕검상(높이 182㎝, 몸통둘레 158㎝)

전라북도 민속자료 제30호. 17세기경에 만들어진 것으로 추정되는 왕검상王儉像과 환웅상桓雄像 2기가 전북 부안 월천리 태인 허씨 개인집 정원에 세워져 있다. 형태는 일반적으로 분묘에 세우는 장군석과 유사하나 각각의 석상은 복부腹部에 '王儉'(왕검), '桓雄'(환웅)이라 음각되어 있다. 왕검상은 높이 182㎝, 몸통둘레 158㎝ 정도로서 머리에 두건을 쓴 형상이며 귀가 얼굴의 크기에 비하여 큰 편인데 오른쪽 귀와 얼굴은 마모가 심하다.

앞면 복부에 **'王儉', 뒷면에 '長白山'(장백산)**이라 새겨져 있다. 환웅상은 높이 172㎝ 몸통둘레 140㎝이며 왕검상보다 크기는 약간 작으나 형태는 유사하다. **앞면 복부에 '桓雄', 뒷면에 '九龍淵'(구룡연)**이라 새겨져 있다.

이 석장승은 원래 월천리로부터 서북쪽으로 3㎞ 떨어진 거북메의 개천가에 놓여 있어 많은 사람들이 밟고 다녔는데, 밟고 건널 때마다 당시 이 지역의 거부巨富였

던 정태인의 시아버지인 허방환이 아팠다고 한다. 그러던 중 허방환의 꿈에 석상신石像神이 나타나 일으켜 세워 달라고 하여 1920년경 자신의 집에 옮겨다 세우고 명절이면 제사를 지내 왔다고 한다. 이후 오랫동안 제사가 없었으나 단군신앙에 관심이 높아지면서 1985년부터 다시 이 장승 앞에서 제사를 지내고 있다.

이 장승은 우리 나라 단군신화檀君神話에 나타나는 환웅과 단군 두분을 법수法首 장승으로 모신 수호신으로 우리나라 장승의 몇 가지 유형 중에서도 선인계仙人系 법수장승의 매우 희귀한 경우로서 민속학계의 관심의 대상이 되고 있다.[191)]

27조상님들 시향 집례자 및 환웅 단군 제보자 허견 태인 허씨 송은공파 서울 종친회장과, 고향과 집안 문화를 평생지키는 허기성, 허성석님 등 부안 성산 씨족들과 제실 터

27조상님들 시향 특히 왕건의 공주 왕씨 할머니는 정읍 선산에서 지내고 4대조 문화 유씨 할머니 제사를 본인 연안 차씨가 모신 송운제와 그 앞산 두승산을 바라보며 혼인 후 항상 집안내력을 설명해 주시고 나를 다독여 주시는 허인철 작은 시부님과 항상 제사 뒷바라지 고생이 많으신 시골 형님들과 동서님들.

교화敎化시대란 마고성에서 나온 이후의 시대를 말한다. 오미의 화 이후 많은 혼란기가 있었다.

황궁씨는 마고로의 복본을 위해서는 사람들을 흩어지지 않게 묶어 줄 수 있는 법의 필요성을 느꼈을 것이다. 이때 처음으로 천부삼인이라는 말이 나온다. 바로 본성을 가리는 욕망을 제어해야 다시 마고성(본성)으로의 복본이 가능함을 알기에 천부삼인의 가르침을 내려 바른 길로 인도하고 스스로의 모범을 보였다.

배달국은 천손족과 지손족이 결합한 최초의 국가이다. 환桓이란 하늘을 말하는 것이고 웅雄이란 땅을 말하는 것이니 환웅桓雄이란 천손족과 지손족을 아우르는 말이다. 이때를 최초로 하늘(천손족)을 열어 땅(지손족)을 받아들였다 하여 개천開天이라 하는 것이다. 세월이 흐르고 흘러 최초로 지손족 중에 왕이 출현을 하니 이가 무리들 중에 왕이라는 뜻에서 임검壬儉이라 하였고 이가 바로 단군왕검이시다. 지손족이 하늘로부터 나라를 물려받아 세웠다 하여 하늘이 주신 땅이라 하여 '쥬신'이라 불렀고 '쥬신'의 이두식 표기가 조선朝鮮이다. 중국 요와 순의 오행의 화로 인해 조선이 문화 침투를 당하여 42대 단군 이후로는 지방 각지에서 반란이 일어나 결국 47대 단군 고열가 단군께서 부도의 법을 닫고 폐관을 하기에 이른다.

본격적인 치화의 시대는 47대 고열가 단군의 폐관 이후로 봐야 할 것이다. 여기서부터 오행의 화에 대해 나오는데 부도지의 내용 중 가장 많은 내용이다. 오행의 화란 하늘에 대한 인간의 반란으로 인간의 욕망이 자연의 흐름을 바꿔 놓았고 결국 그것이 조선의 막을 내렸으며 부도의 법이 끊어지는 계기가 된 것이다.

▸ 부도의 법에서는 기氣 화火 수水 토土라는 4대 원소로 만물이 구성된 것으로 본다. 이 4가지의 구성 요소가 오행 목木 화火 토土 금金 수水의 5가지 구성 요소와 차이는 무엇일까? 부도지에 나오는 4대 원소는 서로가 서로의 부족한 면을 보충하며 완성으로 나가는 개념이다. 예를 들어 남성과 여성, 아이와 어른, 밤과 낮과 같이 서로 상반되는 개념끼리 서로 조화를 이루며 만물을 이루는 개념이다. 이는 높고 낮음, 잘나고 못남, 귀함과 천함이 없이 모든 것에 나름대로의 가치가 있고 그것이 서로 어울려 조화를 이룰 때 완성을 향해 나아갈 수 있는 개념이다. 실제 고대 우리나라의 국가는 완전평등을 실현한 국가로서 높고 낮음이나 귀천의 개념이 없는 완전한 평등사회라고 볼 수 있다. 이는 우리의 음식문화에도 잘 나타나 있는데 외국의 경우 재료 본래의 맛을 살리거나 주된 맛 뒤에 첨가하여 맛이나 향

을 첨가하거나 보조해 주는 형식인데 반하여. 우리의 음식은 여러 가지 재료가 어우러져 새로운 맛을 만드는 이른바 비빔밥으로 대표가 되는 음식문화를 가지고 있다.

그러나 오행의 원리에서는 토가 중앙에서 다른 네 가지 원소의 균형을 제어하는 형상으로, 서로가 서로를 견제하고 통제하며, 희생을 받거나 희생을 하는 관계 등으로 이루어져 있다. 이는 지도층의 절대 권력을 형상화시킨 것으로 계급사회, 투쟁을 정당화시킨 것이라 볼 수 있다. 예를 들어 수水는 화火를 이기며, 토土에게는 지며, 목木을 생(목을 위해 희생)하고, 금金의 희생을 바탕으로 생성이 된다. 목은 토土를 이기며, 금金에게는 지며, 화火를 생(화을 위해 희생)하고, 수水의 희생을 바탕으로 생성된다. 또한 토土는 중앙에서 모든 것을 통제하고 관리하니 중국의 황제皇帝나 지배층을 형상화 하여 만들어진 개념이라 하겠다.

만물이 서로의 부족한 면을 서로 메워 주며 이들의 조화에 의해 세상이 만들어지며 서로 생하는 힘에 의해 생성이 되고 극하는 힘에 의해 통제되어 폭주하는 것을 막아 조화를 이룰 수 있다는 이론으로 바뀌었다. 결국 이로 인해 지배자와 피지배자로 나뉘어 권력에 대한 욕망에 의해 투쟁이 일어나니 오미의 화에 의해 생긴 관념과 투쟁으로 세상을 더욱 혼란하게 만들게 된 것이다.

마고력시대

후천시대 시작 시점에 역수가 시작되었다고 하는데, 이때는 역曆의 계산에 의하면 서기전 27,179년경이 된다. 나중에 서기전 7,197년경 분거 이후 약 1,000년이 흐른 시점에 지계地界의 중심이 변하여 삭朔과 판日反의 현상이 생기어 역수曆數가 차이가 생겼다.

*기록상 서기전 3,897년경 배달나라 건국 시에 일, 월, 수, 화, 목, 금, 토의 7일, 4주, 28수의 28일, 13월, 52주, 1년이 약 365.24219907407일이라는 역이 있었다.

*수메르 지역에서 달력이 있었다는 것은 마고성에서 분파된 백소씨가 가져간 달력과 그후 동서간의 교류에 의하여 동에서 전파된 달력이 있었다고 보아 당연한 이야기가 된다. 세계를 이끄는 가장 강력한 것은 종교 인자이다. 원주민의 무속과 무당은 종교의 근본 원소인데 인위적인 서양 제국주의적 폭력적 기업적 종교가, 원

주민의 어려운 삶에 일부 도움을 주는 듯한 미화 위장된 물질과 손길로 삶과 정신마저 퇴색 왜곡 변질시키고 있다.

'나는 자연인이다, 자연에서 살아나게 되었다'는 다시 자연으로! 라는 TV프로그램이 '전설의 고향처럼' 장수 인기 프로그램으로 장기 방영되고 있다. 그 인간을 끌어당기는 깊은 이유는 무엇일까? 배경도 자연이고 인물이나 대사도 인위적이지 않아 우선 편하고 진실한 것으로 자연과 함께 살아온 물이 흔하고 맑은 금수강산에다 역사가 깊은 우리 한단 민족 DNA에 가깝기 때문일 것이다. 여러 채널에 차고 넘치는 강박적인 프로그램들은 머리를 너무 써서 시청자도 배우나 참가자들도 전쟁하다시피 설치니 피곤하고 강박감을 주기도 하니 식상하게 되었다. 우선 한국인은 자연에서 만들어져 한류는 모든것이 친자연적 소재였다. 태생도 신앙도 자연스러움을 좋아하는 DNA를 지니고 있어 몇 천년 된 무속도 무당도 덜 체계적이고 덜 조직적이고 덜 인위적이라 다른 외래 종교가 볼 때 좀 어리광스러운 면이 있어도 친자연적이라 지금껏 살아 남고 더욱 더 진지하게 믿고 선호한다. 타종교 역시 그 종교가 만들어지던 시절을 생각하면 무속과 무당이 순수한 종교 인자이고 남의 종교만 있는것이 아니었음을 지각할 것이다. 하루에 열 두 번도 더 엎드려 절하며 자신을 하나로 모으고 공동체를 향한 열의를 다짐하는 듯한 이슬람 종교생활을 보며 느끼는 바가 많다. 현생인류의 특징은 무엇이든 어떤 교묘한 수단을 쓰던 - 강요는 절대 사절이다. 잘 디자인된 인위적 종교는 사람의 내적 영혼이 무서워하는데, 그들이 걸어온 발자취가 너무나 폭력적이어서, 자연과 진실과 평화와 멀어진 것으로 여겨지고, 또 자선으로 포장된 그 위선 속에, 강압과 예속에의 요구가 검은 손으로 숨겨져 있는 것이 강하게 느껴지기 때문일 것이다.

자연에는 조화와 어울림(하모니)이 있어 지구(우주)가 계속 잘 돌아간다. 자연의 다양성 속에 통일성이 있어 위대하고, 그 나름대로의 언어가 있으며, 피타고라스에게는 숫자이다.[192] 나 차옥덕은 그것이 익어서 사람세계에 잘 발현된 형태가 세계적으로 제국주의와 그 종교에 억눌렸지만 이 살아 있는 곧 샤머니즘(무속)이라고 생각한다. (피타고라스에게는 숫자이다. 숫자로 우주와 사람의 관계 이치를 밝힌 천부경은 피타고라스와도 친하다)

부도의 역은 마야나 잉카의 역과 유사하다. 마야나 잉카는 태양을 중심으로 한 태양력을 사용하였다. 우리 민족도 역시 광명을 숭상하여 국가 이름도 밝음을 상징하는 환국이나 배달국이니 그들과 같은 태양력을 사용했다. 서양 역시 태양력을 사용한다고 하나 자연의 주기에는 관계가 없이 1년이라는 단위에 날짜를 끼어 맞춰 실제 자연의 주기와는 맞지 않는다. 우리의 역은 천부경의 원리에 따라 시작과 끝이 하나(시작과 끝의 주기로 여기서는 1년을 뜻한다. 한 번 돌아가는 것을 소력小曆이라 하고 소력의 1회를 사祀라 한다. 1사에는 13기期가 있고, 1기는 4요曜가 있으며 1요에는 7일이 있어, 1사는 52요복(13기X4요)이 있으니 합이 364일이다. 여기서 1사(년)의 시작에 단이 있으니 시작에 1을 합하여 365일이 된다. 또한 여기서 4번째 사에 다시 1을 보태니 366일이 된다. 오늘날 식으로 말하면 1년은 13달이 있고 1달에는 4주가 있고 1주일은 7일(그러니까 1달은 28일)이고 1월 달은 하루가 더 있어 29일이 있다. 그래서 1년은 365일이 되고 4년에 한번 윤년이 오면 366일이 된다. 우리 조상님들은 너무나 과학적인 달력을 가지고 있었던 것이다. 1년 13개월 역은 과학적인 방식이므로 앞으로 후천시대에 이 역을 사용하면 어떨까?

☢ 한민족 신교인 선불유 현묘지도를 9세기(856~)에 이미 알아보고 화랑 난랑을 위한 비문의 서언인 〈난랑비서〉를 돌에 새긴 신라 · 당의 석학 최치원[193]은 〈단전요의=81자 천부경〉을 많이 아는 한자로 돌에 새겨 놓았고, 그것을 1916년 (후에 제자 이유립이 숨어서 보니 스승 계연수님은 일제에 의해 무참하게 살해되어 압록강에 버려졌다) 계연수 선생님께서 위험을 무릅쓰고 묘향산에서 찾아내다.[194] 해방 후 이유립은 환단고기를 발간하다. 김은수님을 이어, 임승국님 등이 번역하였고, 이어 상생방송 안경전님 등이 직접 역사 답사와 문헌 증보를 통해 해설판을 내어 방송과 학술세미나 등으로 국민에 10여 년간 적극적으로 홍보하는 수고를 하고 있다.

"단전요의檀典要義(=천부경)"[195] 태백산(=묘향산)에 있는 단군의 전비는 난삽해서 읽기 어려웠는데, 고운이 이 비문을 해독하였다. 그 문자는 다음과 같다.

천부경	**한자81자**
一 始 無 始 一	(일 시 무 시 일)
析 三 極 無 盡 本	(석 삼 극 무 진 본)
天 一 一 地 一 二 人 一 三	(천 일 일 지 일 이 인 일 삼)
一 積 十 鉅 無 匱 化 三	(일 적 십 거 무 궤 화 삼)
天 二 三 地 二 三 人 二 三	(천 이 삼 지 이 삼 인 이 삼)
大 三 合 六 生	(대 삼 합 육 생)
七 八 九 運 三 四 成 環 五 七 一	(칠 팔 구 운 삼 사 성 환 오 칠 일)
妙 衍 萬 往 萬 來 用 變 不 動 本	(묘 연 만 왕 만 래 용 변 부 동 본)
本 心 本 太 陽 昻 明	(본 심 본 태 양 앙 명)
人 中 天 地 一	(인 중 천 지 일)
一 終 無 終 一	(일 종 무 종 일)

* 한자는 언어의 율을 기록하지 못하므로 여몸(의미어. 어휘문자)만 나열해서 뜻을 전해야 합니다. 율이 없는 글은 해석이 분분할 수밖에 없으며 천부경 역시 그러합니다. 우리말 천부경은 우리말 구문법칙에 의해 한자 천부경의 율을 찾아낸 것입니다.

우리말 천부경 256자

하나가 시작하는데, 없음에서 시작하는 하나입니다. 나뉘어 세 극이 되니, 없음이 다한 근본입니다. 하늘의 하나가 하나요, 땅의 하나가 둘이요, 사람의 하나가 셋입니다. 하나씩 쌓이고 열씩 묶여 없음의 상자로 승화한 셋이 됩니다.

하늘과 둘이 셋이요, 땅과 둘이 셋이요, 사람과 둘이 셋입니다. 큰 셋은 합하여 여섯으로 태어납니다. 일곱과 여덟과 아홉으로 움직여 셋과 넷으로 성숙하지만, 고리가 되어 다섯과 일곱과 하나입니다. 묘하게 흘러 만 번 가고 만 번 오며 쓰이고 변하지만, 아니 움직이는 근본입니다.

근본의 마음은 근본의 태양이 높게 떠올라 밝아집니다. 사람의 중심은 하늘과 땅과 하나입니다. 하나가 끝나는데, 없음으로 끝나는 하나입니다.

*천부경은 깨달음의 수련 이전에 말하고 들어가기 위해 전하는 글입니다. 그래서 구전지서라 합니다. 천부경은 우리 민족에게 내린 가르침의 글이므로 당연히

우리말 구조를 취하고 있어야 합니다. 천부경은 우리말만 알면 누구나 읽어서 알 수 있는 보편적 이해를 바탕으로 하기에 위대한 홍익의 글입니다.

★드라마로 할만한 컨텐츠도 충분한 최치원은 지리산 도맥의 원조이고 묘향산에서 천부경을 찾아 번역하였다. 그의 사상은 기본적으로 유학에 바탕을 두고 있었으며, 스스로 유학자로 자처했다. 습합된 종교의 뿌리 신교 및 불교에도 깊은 이해를 갖고 있었고, 비록 왕명에 의한 것이기는 하지만 선사禪師들의 비문을 쓰기도 했다(신라의 불교). 특히〈봉암사 지증대사 비문鳳巖寺智證大師碑文」에서는 신라 선종사禪宗史를 3시기로 나누어 이해하고 있다. 선종뿐만 아니라 교종인 화엄종에도 깊은 이해가 있었을 것으로 보이는데, 이는 그가 화엄종의 본산인 해인사 승려들과 교유하고 만년에는 그곳에 은거한 사실로부터 짐작할 수 있다. 도교에도 일정한 이해를 지니고 있었는데, 신라본기 권4 진흥왕[196] 37년조 (576년)에 기록된 『삼국사기에 인용된 〈난랑비서鸞郞碑序」에는 유 · 불 · 선 습합된 신교에 대한 기본적인 이해가 나타나고 있다. 최치원의 「난랑비」 서문과 삼교 융회, 김삼맥종 진흥왕(태우의 환웅이 맥적산 중심으로 살았다)

삼국 시대 사상의 복합 최치원의 「난랑비」 서문과 삼교 융회 경덕왕 때 유학자 최치원(崔致遠, 857~?)이 『삼국사기』 '최치원 난랑비 서문'鸞郞碑序文 國有 玄妙之道 曰風流 국유 현묘지도 왈 풍유 우리나라에 현묘한 도가 있으니 이를 풍류라 한다. 그 敎의 기원은 『仙史』에 자세히 실려 있다. 실로 이는 三敎를 포함하여 중생을 교화한다. 그 나라에 충성하는 것은 노사구(魯司寇:孔子)의 主旨이며, 또 그 無爲의 일에 처하고 말없는 敎를 행하는 것은 주주사(周柱史:老子)의 종지이며, 모든 악한 일을 하지 않고 착한 일만을 행함은 축건 태자(竺乾太子:釋迦)의 교화이다."라고 하였다. '여기에서'라고 한 것으로 보아 최치원이 〈난랑비서〉를 썼을 당시에는 『仙史』라는 문헌이 현존했고 거기에 화랑도의 정신이라고 할 '풍류, 현묘지도'가 자세히 기록되어 있었던 것으로 짐작할 수 있다. "실로 이는 삼교를 포함하여 중생을 교화한다."는 것은 당시 삼교의 특성이 서로 공통성을 갖고 있어서 융합, 조화될 수 있었다고 관찰 투시하고 있는 점을 짐작할 수 있다. 또 현묘지도와 유, 불, 도의 어느 하나가 아닌, 이들 삼교의 종교적 이념을 구비하고 있는 '현묘한 도'가 별도로 있었다는 뜻이다." 신도 선도가 풍류도의 뿌리로서 후기 유교와, 불교, 도교 속에서 선맥仙脈을 찾을 수 있다. 한국의 경우 무교巫敎와 선도仙道는 고대에서 구분이 힘들 정도이며 단군은 '텡그리' - 중앙아시아쪽, '당골' 이며 하늘의 뜻을 읽어낼 수 있는 무당이며 진인 선인이다. 최치원은 한편 문학 방면에서도 큰 업적을 남겼으며 후대에 상당한 추앙을 받았다. 그의 문장은 문사를 아름답게 다듬고 형식미가 정제된 변려문체騈儷文體였다. 당나라에 있을 때 고운顧雲 · 나은羅隱 등의 문인과 교유했으며, 문명을 널리 떨쳐 〈신당서新唐書」 예문지藝文志에 〈사륙집四六集」 · 〈계원필경」이 소개되었다. 고려의 이규보李奎報는 〈동국이상국집」에서 〈당서」 열전에 그가 오르지 않은 것은 당나라 사람들이 그를 시기해서라고 했다.

최치원은 856년대 사람인데, 고려때 김부식(1075년 ~ 1151년)이 쓴 삼국사기에 그의 난랑비 서문에 대한 언급이 신라본기 제 4권 진흥왕 37년조인 576년도에 실려 있으니, 그 이유를 캐봐야 할 것이다. 진흥왕이 풍류도와 관련된 화랑 원화제도를 설치해서 인재를 키울 목적이 들어 있어 그렇게 실은 것 같지만 시기심 때문일 것이라고까지 했다.[197]

이암선생이 한탄하여 말하기를 그렇거늘 고려 본조에 이르러 뜻을 애오라지 유가의 글에 두더니 보존할 것을 바라지 않으니 이 또한 한스러운 일이라 때문에 특히 표하여 이어 내어 뒤에 오는 자에게 보이고자 한다.

당나라 영호징이 〈신라국기〉에서 말하기를 "귀인의 자제 중에 아름다운 이를 뽑아 분을 발라 곱게 꾸미어 이름을 화랑이라 하니 나라 사람들이 모두 섬겼다" 하였다. 안홍법사가 수나라에 들어가 불법을 구하고 호승 비마라 등 두 승려가 함께 돌아와 능가 승만경 및 부처의 사리를 올렸다. '법구'는 다음과 같다.

1. 만물의 근원은 하늘에서 나왔고 사람도 하늘에서 나왔으니 하늘이 곧 사람의 신조이다.
2. 사람의 몸은 책임을 다한 기구로 목적을 달성하면 대아에 어긋나지 않는다.
3. 오랫동안 떠나 있다가 건강하게 돌아오면 친척과 벗은 기뻐하여 맞이한다.
4. 십백의 적을 이기는 자보다 자기를 이기는 자가 더 뛰어나다.

5. 죽고 사는 것은 명이 있다. 오는 부귀를 막을 수 없고 가도 쫓을 수 없다.
6. 욕설이나 불쾌한 말을 듣더라도 그 마음에 자취도 없이 화기가 없는 사람을, 물에 쓴 글씨와 같은 사람이라 말한다.
7. 모든 사람을 귀인으로 대접하고 기회가 모험에 뛰어들어 즐겨라
8. 사람으로서 모름지기 건강한 정신 · 체력 건강한 마음이 삼위일체의 무운장구의 기백이 필요하다. 사람이 부와 권력을 얻어 영화를 누린들 건강을 잃으면 무슨 소용이 있으랴. 우주중심 태양이고 사람중심 마음이다.
9. 정도 모두 하나가 되어 그 중추를 잡아서 바른 도를 잃지 않는 것이다.
10. 하늘은 형체가 없고 위 아래도 사방도 없고 어디에도 없는 데가 없는 으뜸가는 신이 큰 덕과 큰 지혜와 큰 능력이 있어 수 없이 많은 세계를 주관하시며 만물을 창조하셨다.
11. 사람 중에 정을 잃으면 일을 성취할 수 없고 물자에 정을 잃으면 형체가 흐뜨러진다.
12. 길 가는데 능한 자 대등한 자를 동반하지 못하면 단 혼자서 가라. 어리석은 자를 벗한들 덕이 없으니
13. 사람이 태어나서 도를 닦고 덕을 기르다가 천궁에 간다면 인생의 행복이다
14. 슬픔이나 즐거움은 음악에 있지 않고 사람의 마음에 있는 것이다.
15. 귀하다고 높은 것을 기대하지 말고 부해도 많은 것을 바라지 말라.
16. 사람이 만물의 영장인 것은 우주생명은 출발점이며 하나의 사상이 있기 때문이다.
17. 사람은 시키지 않아도 스스로 말하고 명령을 안해도 행동하는 것은 스스로 믿는 마음이 있기 때문이다.
18. 우주 안에 참신이 있고 사람의 몸에 영혼이 있으니 산다는 것은 영혼의 빛이다.
19. 지성이면 감천: 사람이 정성으로 기도하면 신과 영혼이 밀접할 때 감응하는 도리가 있다.
20. 진실을 얘기하라. 노여워 말라. 구걸 받았을때 가진 것이 적더라도 주어라. 이 세 가지를 이루면 천계에 태어나리라.
21. 작은 즐거움을 버린다면 큰 즐거움을 얻는다.

22. 뜻 없는 십백의 말보다 들어서 마음을 아름답게 하는 한 마디가 수승하다.
23. 법을 모르고 백년을 사느니 보다 법을 알고 하루을 사는것이 보다 수승하다 .
24. 사람의 기쁨은 항상 무엇인가 닿는다. 기쁨에 닿아 즐거움을 구하는 사람은 생과 사를 받는다.
25. 이 세상을 물거품처럼 아지랭이처럼 보아야 한다. 그렇게 보는 사람은 염왕을 보는 일은 없다.
26. 모든 사람의 일은 귀인으로 대접하고 다른 사람의 일은 탐하지도 생각하지도 말라.
27. 어제의 자신의 모습을 감추지 말고 주위의 사람에게 알리고 상의하라.
28. 이 세상 모든 것을 음식으로 생각하고 욕심을 버리고 마음의 문을 활짝 열고 소망하라.
29. 기회가 오면 그 기회를 보고 모험에 뛰어 들어 즐겨라.
30. 과거는 버려라. 미래도 버려라. 오직 현재에 살라.
31. 그릇된 믿음을 버리고 생사의 업을 타파하고 선.악의 여지를 멸하여 욕심을 여윈 그 사람이야 말로 참으로 아름다움 사람이어라.
32. 사람이 만약 어질고 바르게 살려고 원려하는 사람을 벗으로 삼을수 있다면 모든 위험을 무릅쓰고 기쁘고 바른 상념으로 그와 함께 가라.

신라말기 대문장가인 최치원이 지은 비문 중에 유래나 고운의 행적을 기록한 4가지를 사상비명이라 한다.

사상비명에는 경북안동의 대승복사. 경북문경의 지증대사 적조비.성주사 낭례화상비 백월 보광탑비. 쌍계사 진감선사 대공탑비 등 4대사상 비문이다.

진감선사의 탑비: 진감선사(774 - 850)는 불교음악 범패를 도입하여 불교를 널리 대중화시킨 인물로 흥덕왕 5년(830)에 귀국하여 높은 도덕과 법명으로 당시 왕사로 추앙을 받다가 77세의 나이로 쌍계사에서 입적했다. 비의 받침돌은 용머리로 꾸며져 있으며 등에는 육각무늬로 가득 채워져 있다. 앞면 중앙에는 해동 고 진감선사비 명칭이 새겨져 있다.[198] **신선사상은 발해만을 중심으로 일어나 성행하였기 때문에 한민족과 깊은 연관성이 있다.**

보통 두 가지 유형으로 구분하는데, 하나는 한민족 고유의 선도仙道이고, 다른 하나는 수 · 당을 통하여 도입된 중국의 도교이다.

(1) 상고대上古代의 도맥: 이에 관한 기록은 『백악총설 白岳叢說』 · 『청학집 靑鶴集』등에 보이는데, 두 문헌 모두 도맥의 근원을 문박文朴에 두고 있는 점은 일치되나, 그 이전과 이후의 계보에는 약간의 차이가 있다. 즉, 『백악총설』에서는 환인桓因을 도맥의 개조開祖로 삼고 있으나, 『청학집』에서는 더욱 거슬러 올라가 광성자廣成子에서 시작한다. 『백악총설』의 계보는 환인 환웅桓雄 단군 문박 을밀乙密 영랑永郎 안류晏留 보덕성녀普德聖女이다.

『청학집』의 계보는 광성자 명유明由 환인 환웅 단군 문박 영랑 보덕 옥보고玉寶高이다. 또한, 변지卞沚의 『기수사문록 記壽四聞錄』에는 신라의 선도 도맥을 [그림 1]과 같이 기록하고 있다. (2) 중근세中近世의 도맥: 『청학집』에 따르면 위와 같은 계보 외에 이명李茗 · 곽여郭輿 · 최당崔讜 · 한유한韓惟漢 · 한식韓湜 등의 고려인들이 대세大世 · 구칠九柒의 도맥에 속한다고 언급되어 있는데, 그 뒤의 고려 · 조선 시대의 승계는 모호하다. 다만 16세기 후반인 명종 · 선조 때의 선파仙派 인물들이 사생제 관계師生弟關係를 맺어 새로운 도맥을 형성한 듯한 양상을 보인다. 여기에서 청학상인의 스승은 백우자百愚子와 중국인 양운楊雲인데, 청학상인이 죽은 뒤 양운의 문하생인 조현지曺玄志를 중심으로 금선자金蟬子 · 편운자片雲子 등이 도우관계를 맺었다. 한무외韓無畏의 『해동전도록 海東傳道錄』에 따르면, 신라의 당나라 유학생인 김가기金可紀 · 최승우崔承佑 및 승僧 자혜慈惠가 종남산終南山의 광법사廣法寺에 있는 천사天師 신원지申元之로부터 종리권鍾離權을 소개받아 『청화비문 靑華祕文』을 비롯한 몇 종의 도서道書 및 구결口訣을 얻고 내단수련內丹修鍊도 지도받았다고 한다.

김가기는 도를 신라에 전하지는 않고 당나라에서 신선이 되었다고 하는데, 중국 문헌인 『속선전 續仙傳』에 그 과정이 수록되어 있다. 반면, 최승우와 자혜는 신라로 돌아와 내단수련의 도를 전승하였다. 그 도맥은 대체로 [그림 3]과 같이 정리될 수 있다(李圭景의 『오주연문장전산고』에 실린 도맥과는 약간 차이가 있다). 이 밖에도 석 현준釋 玄俊은 당나라로 건너가 도교의 시해법尸解法을 습득, 『보사유인지술 步捨遊引之術』을 저술하고 그의 생질 최치원崔致遠에게 전수하였으며, 최치원은 또한 당나라에서 환반지학還反之學을 배워 최승우에게 전수하였다고 한다. 사제관계가 분명하지 않고 혼자 터득한 인물로는 남추南趎 · 최도(崔0x9596) · 이

광호李光浩 · 김세마金世麻 · 문유채文有彩 · 정지승鄭之升 · 이정해李廷楷 · 곽재우郭再祐 · 김덕량金德良 · 이지함李之菡 · 정두鄭斗 · 허미許米 등이 있다. 그러나 이지함은 청학상인 위한조魏漢祚의 제자로도 언급되고 있으며, 조선 중종 · 명종 때의 예언가로 유명한 남사고南師古와는 정작(鄭碏의 아우) · 홍유손洪裕孫 등의 내단파 문인들이 연결되어 있어서, 조선 중기 이후 선파와 내단파 사이에 빈번한 융합현상이 일어났음을 알 수 있다. 도맥의 계보를 파악하려면 상고대로 올라갈수록 그 사실여부에 대한 비판이 행해져야 하는데, 이는 신선사상 및 도교사상이 지닌 초역사적인 성격과 더불어 인용된 문헌이 대개 조선시대의 기록이라는 점 때문이다.

어떤 사람에겐 하루 순간들 일만 살아 있고
어떤 사람에겐 한순간에도 만년역사가 숨쉬고 있다.

□ 일제의 압제 때 어떤 사람은 한국이 영원히 식민지로 살 줄 알고 친일로 행동했고, 보화보천교 1/3 전국민은 독립이 된다는 예언을 믿고 역량대로 독립운동을 했다.

신령한 예언들은 한국(세계)이 앞으로 개벽 즉 성주괴공[199]시대로 진입한다.

주인공이 뒤집히며, 모든 것의 주인이 바뀐다.

한국에 쌓인 지혜지식의 보고가 많다.

한국 30년마다 발전하고 핵심이 바뀐다.

: 1970년대 산업화(국민소득 350불 정도)

⇒ 2000년대 정보화(20,000불 시대)⇒ 이제 미래는 한국이 또 진리화 [200]

★ 식민지 하에서도 태국은 자기네 전통을 지켰다. 집집마다 가정집들 대문 대신에 가정 신각들을 모셔 두다. - 한참을 다니며 아침 공양받는 스님들과 집앞 땅바닥에 꿇어 앉아 공양올리는 신도들을 따라 걸어 보았다. 이 사진은 산신각 협동조합 故 배석범 산지기 촬영분이다.

▶금수강산 지리산 삼신봉(三神峯)

⊙ 백두대간인 지리산 주능선의 영신봉(1,651.9m)에서 남쪽으로 뻗어 내린 능선을 지리 남부능선이라 일컫는데 이 능선은 삼신봉(1,289m)에서 두 갈래로 나뉘는데 한쪽 가지는 내삼신봉(1,354.7m)을 지나 남쪽으로 뻗어가다 다시 두 갈래로 나뉘어 섬진강에서 맥을 가라앉히는 남부능선이고, 또 한 쪽 가지는 삼신봉에서 외삼신봉(1,288m)을 거쳐 남동쪽으로 뻗으며 낙동강의 남쪽 수계를 이루며 김해의 동신어산(459.6m)에서 낙동강에 맥을 가라앉히는 낙남정맥이다. ⊙ 삼신봉(三神峯 1289m)은 지리산 주능선의 전망대로서 참다운 가치를 가질 뿐만 아니라 악양

으로 흘러내린 형제봉 능선과 멀리 남해 바다의 일망무제, 탁 트인 전경을 선사해 준다. 특히 인적 드문 비경의 남부능선 한가운데에 우뚝 솟아 동으로는 묵계치를, 서쪽으로 생불재(상불재), 남으로는 청학동을, 북쪽으로는 수곡재와 세석을 이어 주는 사통팔달 요충지로서의 역할을 한다. ⊙ 청학동 마을에서 삼신봉을 바라보면 왼쪽부터 쇠통바위, 가운데는 내삼신봉, 오른쪽이 외삼신봉으로 세 개의 봉우리가 눈에 들어온다. 이중 내삼신봉(1,354.7m)이 가장 높지만 통칭 1,289m의 삼신봉을 대표해서 부른다. 세석에서 10㎞ 남쪽으로 뻗어 내린 삼신봉을 기점으로 해서 남부능선은 내삼신봉~상불재를 거쳐 멀리 악양의 형제봉까지 이어지는데 근 1백 여리에 가까운 장대한 능선으로 주릉에 버금 간다. 이 구간은 일반 등산객들에겐 상당한 무리가 따르는 능선으로 이용하는 등산객이 드물다. ⊙ 지리산은 예로부터 삼신산三神山 중의 하나로 불려 왔다. 그 삼신산 중의 하나인 지리산에 삼신봉이 있음은 무엇을 의미함인가? 더욱이 그 지리산에 신을 상징하는 "神"자가 붙여진 봉우리가 셋이 있는데 그것도 남북으로 삼각을 이루고 있다는 사실은 무었인가 의미심장한 그 무엇이 있을 것이라는 느낌을 떨쳐버릴 수 없게 한다. 삼신봉, 외삼신봉, 그리고 세석고원 서쪽의 영신봉이 그것이다. 이들 세 개의 봉우리 주변을 중심으로 해 고래로부터 전해져 오는 이상향, 즉 청학동의 유래를 우리는 눈여겨 보아야 할 문제이다.

⊙ 이는 현재 진정한 청학동임을 자처하며 촌락을 형성하고 있는 청암면 묵계리 청학동이 바로 삼신봉 3㎞ 아래에 위치해 있는 사실과 천 여년 전에 이상향을 찾아 지리산으로 들어갔다는 고운 최치원 선생의 입산자취가 유난히 이 일대, 쌍계사와 화개동천 등지에서 많이 보이는 사실도 이러한 느낌을 갖게 하는 부분이다. 조선시대에 와서는 수많은 시인묵객들이 이상향을 찾아 헤매면서 유독 이 일대를 중심으로 입산, 은거했다는 점도 그와 무관치 않을 것이라는 분석이다. ⊙ 삼성궁은 경상남도 하동군 청암면 묵계리에 소재한다. 한민족의 영산인 지리산 품속 깊은 청암면 청학동 산길을 휘돌아 1.5㎢가량 걸으면 해발 850m에 자리하고 있다. 이 삼성궁의 정확한 명칭은 지리산 청학선원 배달성전 삼성궁倍達聖殿 靑鶴仙苑 三聖宮으로 이 고장출신 강민주(한풀선사)씨가 **고려 중기 이후 사대주의와 일본의 침탈에 의해 900여 년 동안 명맥이 끊긴 민족 고대의 역사와 정통 사상인 환단 선도문화를 회복하기 위해** 1,983년에 고조선시대의 소도를 복원한 곳이다.

⊙ 민족의 성조인 한배임桓因 한배웅桓雄 한배검檀君등 세 분을 위시하여 역대 우리나라를 건국하신 시조를 비롯해서 나라를 빛낸 현인 무장의 위패와 천진을 봉안한 민족의 성스러운 참배지로서 또한 배달민족의 성전으로서 성역을 세워 하늘에 제천하며, 민족정신을 널리 펼쳐 인류 공영에 기여하고자 하는 민족의 도장으로 자리를 잡아가고 있다. ⊙ 예부터 전해져 오는 이상향인 지리산 청학동. 이러한 천하의 명지에 배달성전 청학선원 삼성궁倍達聖殿 靑鶴仙苑 三聖宮이 자리를 잡았다고 삼성궁 측은 주장하지만 그러나 아쉽게도 우리는 최치원 선생과 도선국사가 이야기한 동방제일의 명지인 청학동이 정확히 어느 곳인지를 확실하게 아는 바도 없고 증명할 수도 없는 것이 안타까운 현실이다.

▶ 선국仙國이란?

⊙ 지리산智異山은 백두산白頭山에서 백두대간을 따라 흘러와서 큰 봉우리를 이루었다고 하여 두류산頭流山이라고 하였다. 예부터 두류산은 영악靈嶽으로 東은 천황봉天皇峰이, 西는 반야봉般若峰이 중앙에는 영신대靈神臺가 있어 병풍 같은 형세를 이루고 있다. 영신대에서 남쪽으로 맥脈이 이어져 삼신봉三神峰을 만들고, 삼신봉이 다시 동서로 맥을 뻗어 신선대, 삼성봉, 삼선봉, 미륵봉, 시리봉을 잇는 주위 사십 리의 청학동을 작국作局하였다.

⊙ 이 청학동은 신라 최치원 선생과 고려의 도선국사道詵國師를 비롯한 역대의 선인仙人들이 동방제일의 명지名地라 일컬었다. 선가仙家에는 "청학동이란 천하제일의 명승지로서 두류산 남쪽 기슭에 있다. 들어가는 입구에 폭포가 있으며 폭포를 지나면 외석문外石門이 있고 외석문에서 내석문을 지나 동굴같은 계곡을 십리쯤 들어가면 주위 사십 리의 광대 평탄한 초전草田에 신선들이 살고 있는 별유천지別有天地가 나온다.

⊙ 그곳에는 청학이 살고 청학이 노니는 학연鶴淵과 석정石井이 있으며 뒤에는 삼신봉이 높이 솟아 있고 앞에는 백운산 삼선봉이 둘러 있으며 후록에 석각삼봉石角三峰이 병풍처럼 펼쳐져 있고 해바위와 달바위가 있다."라고 전해지고 있다. 또한 청학동은 땅이 기름져서 곡식이 잘 되며, 삼재三災가 들어오지 못하고 석정의 물을 먹으면 오래 살고 특히 때가 되면 인재가 많이 날 것이라고 한다.

⊙ 선국이란 신선들이 사는 세상이란 뜻으로 동방선도의 중심지이다. **"세상에 물**

질만 중시하고 정신을 잃어버릴 때 작지만 강한 제국의 모습으로 다시 일어난다." 고 "조선지기열전"에 전하고 있다. 또한 선국은 마고성, 삼성궁, 삼신궁, 삼선궁, 신시로 구성되어 있는데, 마고성은 인류의 시조를 모신 마고신궁이고, 삼성궁은 배달민족의 시조이신 삼성(환인, 환웅, 단군)을 모신 민족 성전이다. 삼신궁은 고려 옛 조선인들의 신앙인 삼신 사상을 바탕으로 한 산신, 용왕, 칠성을 모신 곳이다.

⊙ 그리고 옛 신선들을 모신 삼선궁을 비롯해서 예부터 천제를 올리던 제천단이 있다. 선국仙國은 원시반본原始返本과 마고복본麻姑複本의 큰 뜻을 지향하는 세상 사람들의 이상향이다. 선국은 민족의 정통 도맥 동방선도인 신선도를 가르치며 화랑도 교육과 무예를 연마하는 곳으로 1997년 1월 24일 내무부로부터 문화시설 지구로 고시를 받은 배달민족의 종합 민족성전으로 종교 단체는 아니다.

⊙ 삼성궁은 배달민족 성전으로 한배임桓因, 한배웅桓雄, 한배검檀君 및 역대 나라를 세운 태조, 각 성씨의 시조, 현인과 무장을 모신 신성한 성역이다. 뿌리가 없는 나무가 있을 수 없고, 근원이 없는 강물이 있을 수 없듯이 인류의 역사가 있음에 그 겨레의 조상이 있는 것은 하늘이 정한 아름다운 진리가 아닐 수 없다. 조상들은 소도라는 성역을 세워 하늘에 제를 지내고, 배달민족 고유의 정통 경전인 천부경天符經, 삼일신고三一神誥, 참전계경參佺戒經의 삼화경과 삼륜三倫, 오계五戒, 팔조八條, 구서八誓의 덕목을 가르쳤다.

⊙ 또한 소도에는 경당을 설치해 국자랑國子郎들에게 충, 효, 신, 용, 인 忠, 孝, 信, 勇, 仁등 오상五常의 도를 가르치고 독서讀書, 습사習射, 치마馳馬, 예절禮節, 가악歌樂, 권박拳博 등 육예六藝를 연마시켰다. 옛 소도를 복원한 지금의 삼성궁은 배달민족의 정통 도맥인 선도의 맥을 지키며 신선도를 수행하는 민족 고유의 도량으로써 오늘날 잃어버린 우리의 위대한 얼과 뿌리를 천지화랑天指花郎의 정신을 바탕으로 홍익인간弘益人間, 이화세계理化世界를 실현한 민족 대화합의 장이다.

▶ 삼성궁의 역사

⊙ 만덕진인(萬德眞人:1743~1840)의 제자 공공진인 (空空眞人:1807~1910)은 속명이 고상식高上植이다. 강원도 명주 땅 석병산에서 수도하다가 구한말의 암울한 시기를 당하여 국운이 쇠함을 보고 고심하던 차에 제자 한빛大光에게 삼성三聖의 위패와 능운검을 포함한, 세 자루의 보검을 전하면서 이렇게 말하였다. "후일

갑자甲子년이 되면 국운이 돌아와 새로운 시절이 도래할 것이니, 뒷일을 도모함을 게을리하지 말라." 또한 홍암 대종사 나철에게 대종교 중광(1909)년 다음 해인 1910년 3월 15일 어천절에 천진(단군영정)을 전하고 세상을 회천하였다

⊙ 한빛선사(大光仙師 : 1860~1945)는 어려서부터 공공진인空空眞人의 슬하에서 자라며 선도수업에 정진하였다. 단제(영정)를 가슴에 품고 서일 장군 부대에서도 한때 활동하다가 말년에 두류산으로 돌아와 화개동, 청학동, 고운동 등지를 다니며 낙천樂天과 동원東園을 수자로 삼아 교육하였다. ⊙ 낙천선사(樂天仙師 1902~1984)는 삼성三聖의 위패를 모시는 삼성사三聖祠를 박달평전에 세우고 평생 삼법수행과 만행으로 일관하며 정진하였다. 이는 구월산 삼성사가 일제의 탄압으로 소실되어 그곳의 위패를 모셔온 것이다.

⊙ 한풀大氣선사는 어린시절 낙천선사樂天仙師 문하에 출가하여 선도仙道의 가르침을 받고 애써 던지려고 한 것은 아니었으나 그저 그렇게 놓아져 버렸다. 민족의 경전 천부경天符經, 삼일신고三一神誥, 참전계경參佺戒經을 비롯한 삼륜三倫, 오계五戒, 팔조八條, 구서九誓를 공부고, 삼법수행三法修行을 정진하여 우리의 춤과 노래, 그리고 선가무예仙家武藝인 선무仙武와 본국검本國劍을 사사받았다.

어느 날 낙천선사는 한풀선사에게 "한풀아, 너는 앞으로 민족혼을 샘 솟게 하는 우물을 파거라. 그러면 누군가 일부러 갖다 넣지 않아도 거기에는 작은 피라미가 생길 것이고, 미꾸라지나 붕어도 생기고, 못된 가물치나 메기도 생길 것이다. 하지만 목이 마른 자들이 샘을 찾듯 **뿌리를 잃은 수많은 자들이 쉬어서 목을 축이게 하라"** 하는 말씀을 들었다. 스승에게서 이러한 유지遺志를 받은 한풀선사는 갑자甲子년인 1984년 음력 3월 16일에 삼성사三聖祠를 삼성궁三聖宮으로 개명하고, 선도仙道의 중흥을 꾀하기 위하여 초근목피로 연명하면서 다래넝쿨 등을 거두기 시작했다. 선도문화의 유풍에 따라 소도를 일으키기 위하여 기초적인 연장(낫, 괭이)으로 행선을 하기 시작하였다. 화전민이 버리고 떠난 폐허 속의 원시림을 가꾸는 작업은 고해의 바다에 스스로 뛰어든 것과 같았다. 논밭은 묵어서 산이나 다름이 없고 식량도 없으니 생식을 하거나 벽곡을 해야 했다. 울타리를 만들어 행인의 출입을 막고, 굴러다니는 돌을 모으고 연못을 파는 행선行仙을 했다.

전생의 습習이었는지, 누구에게 배운 일이 없어도 돌을 다루는 일을 스스로 터득하여 솟대돌탑을 쌓기 시작하니 매일같이 행선삼매에 젖어들곤 했다. 눈이 오면

겨울인 줄 알았고, 꽃이 피면 봄인 줄 알았으며, 잎이 지면 가을인 줄 알았다. 그야말로 산짐승처럼 홀로 몸부림치며 온몸을 던졌다. 무심히 흐르는 시간 속에서, 고뇌와 의지로 자신을 여는 한풀선사의 작업은 계속되었다. 자신을 열어야 남을 열 수 있듯이, 먼저 자기 자신부터 열어야만 했다. 그러나 신심神心의 일을 한풀선사는 용맹정진의 고삐를 늦추지 않고 후리쳤다. 한무와 종철 두 수자에게 뒷일을 부탁하고 삼칠일(21일) 단식에 들어간 것이다. 87년 늦가을이었다. 토굴을 봉한 채 공부에 들어간 삼칠일 동안의 단식 고행은 그야말로 생지옥이었다. 그러나 하늘은 무심하게도 은혜를 베풀지 않았다. "나 자신을 열지 못하면 다시는 햇빛을 보지 않겠다."는 결심으로 삼칠일을 더 연장했다. 몸은 짓물러서 고약한 냄새를 풍기고 오장은 말라 비틀어졌다. 썩어가는 육신을 바라보며 한풀선사는 삶과 죽음의 무상함을 맛보았다. 그렇게 두 번째의 삼칠일 고행을 끝냈지만 공부에는 별다른 진전이 오지 않았다. 처절한 절망감 속에서 한풀선사는 또다시 삼칠일을 연장했다. 이번에는 '공부'라는 생각 자체도 '나', '우주' 등 세상의 모든 것을 놓아 버렸다. 애써 던지려고 한 것은 아니었으나 더 이상 붙잡고 버틸 힘이 없어 그저 그렇게 놓아져 버렸다. 그러한 가운데 섣달 그믐달이 되었다. 그믐은 한풀선사를 무명無明으로 엄습하고 지나간 뒤 밝은 기운으로 통하였다. 그리고 그 순간 한풀선사에겐 선악善惡도 없어지고, 후박厚薄도 없어지고, 청탁淸濁도 사라졌다. 때가 묻은 허물을 벗어던진 **한풀선사는 새벽녘 봉황 울음을 들으며 이렇게 노래한다.**

하늘 위는 구름이 열렸는데 하늘은 어디에 열렸나
땅위에는 나무가 심겼는데 땅은 어디에 심겼나
하늘과 땅 사이에 사람이 맺혔는데 사람은 어디에서 와서 어디로 가는가
하늘도 땅도 사람도 하나에서 와 / 셋으로 달리네
알 수가 없네 / 세상의 법리를 / 알 수가 없네 - - - [하나 그리고 셋] - -

삼성궁으로 개명하여 민족성전을 일으킨 지도 어언 20년이 흘렀다. **흙과 돌을 하루에 60톤 이상을 들지 않으면 선식仙食도 걸렀다.** 솟대에는 벌써 이끼가 끼고, 연못에는 고기가 노닐며, 선원仙苑은 다듬어져 그동안 쌓은 솟대도 1000여 개에 이른다. 삼성궁 안의 수많은 돌탑들은 한풀선사가 40여 년 동안 인류의 염원인 홍익인간, 이화세계를 가슴에 품고 수행하며 쌓았다고 하며, 돌탑은 순 우리말로 "돌

솟대"라고 하는데 고대의 소도(수두)를 복원한 것으로 수행자가 원력을 세우기 위하여 쌓은 것이다. **선국(마고성, 삼성궁, 삼신궁)은 한풀선사가 사비를 들여 이룩하였으며,** 지금은 선암 문화재단이 설립되어 한풀선사의 제자들이 지켜가고 있다. 선국은 배달성전 구역의 일부를 하동군에 기부체납하였다. 선도 수행하는 삼성궁의 수행자는 궁 안에서 수행하는 자와 궁 밖의 수행자로 나뉘는데 그 수는 헤아릴 수 없이 많으며, 삼성궁을 관리하며 수행하는 수행자는 현재 33명이다. **삼성궁에서는 신선도를 닦으며 삼법수행을 한다. 신선도는 스스로 자연을 따르며 경전으로 천부경, 삼일신고, 참전제경, 삼륜, 오계, 팔조, 구서가 있고 행법(권박, 가악, 독서, 말타기, 활소기 예절)은 무수히 많다.** 삼법수행이란 지감, 조식, 금촉을 일컫는다. **지감이란** 기쁨, 두려움, 슬픔, 노여움, 탐냄, 싫어함의 감성을 제어하는 것이고, **조식이란** 향내, 구린내, 차가움, 더움, 건조함, 습함의 숨을 고르는 것이며, 금촉이란 소리, 색깔, 냄새, 맛, 음란, 맞닿음의 여섯 경계를 지키며 삿된 접촉을 끊는 것을 일컫는 신선도의 수련법이다.

삼성궁에는 맷돌과 다듬이돌, 절구통을 성벽에 꾸며 놓았는데 이는 맷돌과 다듬이돌은 음과 양의 기운이 함축된 한민족의 생활도구이며 우주의 기운을 끌어 모아 한민족의 염원을 이루기 위함이요, 돌절구는 마고 삼신을 생산과 탄생으로 상징화하고 일월성신(해, 달, 별)의 자리를 기하학적으로 풀어낸 것이며, **배달과 검달의 뜻은 "배"는 밝다는 의미이고 "달"은 땅이란 의미이며 "검"은 신성하다는 뜻으로 배달은 "밝은 땅" 검달은 " 신성한 땅"이란 뜻이다. 따라서 배달은 아버지인 양을 의미하고 검달은 어머니인 음을 의미한다.**

조선朝鮮이란 말은 알타이어 "쥬신", "쥬리지신", "숙신"에서 파생되어 향찰식이두음으로 표기한 것이다. 순 우리말로 다시 풀면 **"온 누리", "온 세상"이란 뜻이 되며 한자어로 "우주"를 말한다.**

일본이 태양의 중심 된 나라라고 하며,

중국은 땅의 중심을 상징한 국호라면

조선은 일월성신(해, 달, 별)의 우주적 개념을 포괄한 광대무변의 철학적 개념이라고 할 수 있다. – [삼성궁 안내책자에서 발췌][201]

★ 신라 고려 건국에 앞장 섰던 차씨 집안의 역사는 〈나말려초 선초〉 한국역사의 압축판이다. 단군조선? 준왕의 모함을 받아 왕몽은 7남과 함께 지리산으로 와

신라건국에 큰 공 세우다=지리산으로 온 다음 개명하여 왕몽=차무일로 차씨 득성 시조이다. 신라에는 차씨 가문에서 14분의 승상이 나왔다. 왕몽은 아들들에게 田씨 · 申씨 · 車씨로 성을 나눠 줘 가문의 생존과 다복을 도모했다. 고려 왕건의 증조부도 왕 · 차씨로 건국에 큰 공을 세워 왕족 대접을 받았다. 그러니 차문은 신라나 고려에서 왕족 대우를 받은 셈이다.

차씨 원대 현조 차무일의 32세 손 차건신은 승상으로서 소성왕과 어린 애장왕을 잘 모셨기에 장례를 왕례로 받아 (승상으로 왕릉에 준하는) 묘도 '릉'이라는 칭호를 받았다. 차건신은 신라 39대 소성왕 때 승상의 벼슬로써 소성왕과 그의 12세 어린 태자(후에 애장왕)를 보필하셨다. 그후 승상공께서 애장왕을 보상輔相으로써 정사를 보살피다가 돌아가시니, 애장왕께서 조정에 크게 기여하신 대훈을 기려 길지인 기장읍 만화리에 왕례로서 모셨다. 그후 승상공의 아들 차승색공은 큰 아들 공숙과 (그 후 애장왕 10년에 숙부 김언승이 조카 애장왕을 살해하고 왕이 된) 헌덕왕을 시해하려 했지만 기밀이 사전에 누설되어 황해도 구월산으로 피신하여 문화 류씨로 변성하여 살았다. 둘째 아들 공도는 왕씨로 복성케 했는데 이 분이 고려 태조 왕건 증조부이신 원덕대왕이시다. 이러한 인연으로 차씨는 고려건국에 큰 공을 세웠고 차씨는 왕족 대우를 받았다.

그 후 차승색에서 성이 바뀐 류승색의 5대 손인 (득성조 38세 손)류차달 대승大承공(황해도 구월산에 묘가 있고, 전남 광주시 광산구 동호동 대동사에 유차달 차효전 류효금 3부자 위패 배향위)이 고려 건국에 큰 공을 세우자, 태조왕건은 삼한통합 벽상 2등공신에 봉하고, 류차달의 큰아들 효전 대광백으로 하여금 연안 차씨로 복성케 하고 둘째 아들 효금 좌윤은 문화 류씨로 이어가게 하였다. 이런 이유로 지금도 차씨와 류씨는 같은 혈통으로 혼인하지 않는다. 이 차릉은 그 역사가 오래이고 외형이 웅장하며, 현재는 부산 경남 차류 종친회에서 관리하고 매년 음력 9월 9일 세향을 올린다.

차승색의 묘도 황해도 구월산 묵방동墨方洞에 있고 차승색의 5대 손(득성조 38세) 유차달 대승공의 묘도 황해도 구월산에 있다. 황해도 문화 류씨 부인이 시집온 부안의 호족 태인 허씨네 선산 이름이 묵방산墨房山[202]이고 그 바로 아래 허씨네 집안에서 "월천리 환웅 단군왕검상"이 17세기 전후 일찍이 만들어져 있는 것도 우연이 아닌 것이다. 전북 부안군 보안면 월천리 묵방산墨房山 자락에 있는 태인泰仁 허씨許氏 재실 – 물줄기는 묵방산墨房山에서 발원한 동진강이 상두산에서 발원한 용호천과 내장산에서 발원한 정읍천을 신태인에서 합류한 뒤, 김제와 부안의 경계를 이루면서 서해로 유입되고, 고부천은 고창에서 발원해 정읍의 서쪽 경계를 이루면서 북쪽으로 흘러 서해로 흘러든다.

◘ 동학의 고장 태인 정읍 부안 고부 고창

서울 – 태인IC – 태인면(태인향교 / 태인동헌 / 피향정) – 칠보면(무성서원 / 태산 선비문화 사료관) – 정읍시(충렬사 / 정읍향교 / 송우암 수명유허비) – 고부면(동학혁명 모의탑 / 사발통문 작성지 / 군자정 / 고부향교 / 고부관아터 / 고부읍성) – 덕천면(황토현 전적지 / 동학농민 혁명기념관) – 영원면(전봉준 고택 / 말목장터 / 만석보 유지). 모두 광화문 중앙광장에서 기념할 사람들이고 자리이다.

◘ 차리석 임시정부 비서장·정읍 동학접주 보화교 차경석 교주랑 차씨 종문도 상호 연결 민족 독립운동 (간송 전형필도 '보화각' - 한자는 다르나)

차일혁: 빨치산 토벌 대장 차일혁은 영화 〈암살〉과 〈밀정〉의 실제 모델이었다.

글 : 문갑식 선임기자

⊙ 말기암을 이겨낸 '전쟁 영웅' 차일혁 경무관의 아들 차길진, 처음으로 '아버지의 독립운동사'를 밝히다 ⊙ 조선인 교사를 두들겨 패던 일본 형사를 구타한 뒤 금강산 신계사로 갔다가 중국으로 망명 ⊙ 중국 상해에서 독립투사 지강 김성수 선생 만난 뒤 일본 밀정 암살 ⊙ 광복 후에는 미 군정이 기용하던 일본 악질 형사들 권총으로 처단 ⊙ 6 · 25가 터지자 의용대 결성… 전투경찰로 지리산 빨치산 토벌작전 참여⊙ '남부군' 총사령관 이현상을 사살한 뒤 섬진강에서 화장시켜 줘 ⊙ 아들은 그런 아버지의 삶을 생이 다할 때까지 추적하고 있었다

독립운동을 하던 시절의 故차일혁 경무관(왼쪽)과 독립투사 김성수 선생. **《월간조선》 6월호에 '한국인 연대기' 첫 회 '동학농민군 정읍 (동학) 접주 차치구 4대'라는 기사가 보도됐다.** 당시 제목은 **"동학 접주 차치구는 보천교주 차경석을 낳고 독립군을 도운 보천교주의 아들 차일혁은 국보를 지킨 호국영웅이 되었으며 빨치산 남부군 사령관을 토벌한 장군의 아들은 영혼과 대화하는 법사法師가 되다"**였다.

차일혁은 경찰로는 유일하게 6·25전쟁 영웅으로 선정된 그는 화랑무공훈장을 5번이나 수상했을 정도였다. 그 대표적인 수훈殊勳 가운데 하나가 남부군 빨치산 대장 이현상李鉉相을 사살한 것이다. 전쟁에서의 공로뿐 아니라 그는 화엄사에 불을 질러 빨치산이 숨을 곳을 없애라는 **상부의 명령을 거부하고 문짝만 뜯어내는 기지를 발휘해 천년고찰 화엄사를 지킨 인물이다.** 만일 그때 그가 윗사람들의 지시대로 화엄사에 불을 질렀다면 귀중한 문화재는 잿더미로 변했을 것이다. 그때 차일혁이 남긴 명언名言은 여러 차례 사람들에게 회자된 바 있다.

"절을 태우는 데는 한나절이면 족하지만 절을 세우는데는 천 년 이상의 세월로도 부족하다." 차일혁이 살린 절은 화엄사뿐이 아니다. 지리산 노고단으로 올라가는 길목에 위치한 **천은사泉隱寺, 경상남도 하동의 쌍계사雙磎寺, 전북 고창의 선운사禪雲寺도 그의 깊은 안목 덕분에 살아나 문화유산으로서**는 물론 숱한 시인, 묵객墨客들의 영감을 자극했다. **반골反骨 기질이 다분한 그는 공산당과 싸우는데는 용맹을 떨쳤지만 아부와 아첨을 싫어해 충주경찰서장, 진해서장, 공주서장 등 한직閑職을 전전했는데 가는 곳마다 전쟁고아나 주민들을 위해 힘을 써 그가 거쳐 간 곳에는 대개 송덕비頌德碑 같은 것들이 세워졌다.** 김성수와 김원봉은 동향同鄕이었던 것이다. 이후 김성수는 중국 황포 군관학교 보병과에 입학했다. 황포 군관학교를 마친 뒤에는 상해에서 남화 한인청년 연맹을 조직하고 기관지 《남화통신》을 발간하였으며 1,930년에는 백야 김좌진 장군과 함께 한족 총연합회를 조직했으며 1932년 상해사변이 벌어졌을 때는 중국 제 19로군에 입대해 일본군과 싸웠다. **그 해 7월 우당 이회영(李會榮 · 1867~1932) 선생이 일본 경찰에 잡히자 밀고자를 처단하기도 했다. 이회영 선생집안은..**이야기는 다시 김성수 선생에게로 돌아간다. 김 선생은 1,933년 3월 백정기, 이강훈과 함께 주중駐中 일본공사 아리요시를 폭살하려던 육삼정六三亭 의거와 같은 해 5월 오면직, 안경근 등과 함께 일본 밀정 이종훈의 처단에 관련돼 1937년 일경에 체포돼 징역 18년형 언도를 받고 8·15 때 출옥했다. 백정기는 윤봉길, 이봉창과 함께 삼의사三義士 중 한 분이다. 남화 한인청년 연맹에 속했던 열혈 독립투사 김성수 선생을 차일혁이 만난 것이 1936년이다. 중국으로 가기 전에 차일혁의 행각은 역시 일본인 형사를 참살한 백범 김구 선생의 행로行路와 비슷하다. **백범이 일본 경찰의 추적을 피해 공주 마곡사에 숨어든 것처럼 차일혁은 전주 송광사, 대원사를 전전하다 금강산 신계사에 숨어들어 땔**

감나무를 하는 '불목하니' 생활을 하다 인연을 만난다. 아들의 신병 치료차 절에 머물던 부인이 장마로 미끄러운 산길을 오르다 실족失足했는데 발이 날랜 차일혁이 구해준 것이다. 이 인연으로 차일혁은 헌병 소좌와 중추원 참의로 있던 고영균의 수양딸과 결혼하게 되고 이후 중국 상해로 떠난 것이다. 김성수 선생과 차일혁은 교유가 1년 남짓 되었지만 두 사람은 때로는 사제師弟, 때로는 부자父子처럼 지냈다. 차일혁과 만났을 때 김성수는 김원봉의 의열단원義烈團員이었는데 첫 만남은 상해의 어느 팥죽집이었다고 한다. 김성수는 팥죽을 먹고 있는 차일혁을 향해 "항일독립운동에 뛰어들고 싶다고 했나? 내가 보기엔 군사학교에 갈 재목이군" 하고 물었다. 178cm의 훤칠한 키에, 다부진 몸매, 그리고 강인한 얼굴을 지닌 차일혁이 김성수는 마음에 들었던 모양이다. 차일혁은 김성수에 대해 아는 바가 없었다. 김성수는 말이 적었다. 차일혁이 일본인이 운영하는 홍구금융조합에서 일한다고 해도 개의치 않는 눈치였다. 그로부터 차일혁은 김성수를 사흘에 한 번꼴로 만났다. 주로 상해 저잣거리의 팥죽집이나 조선식 대폿집이었다. 당시 그 근처에 대한민국 임시정부가 있었기 때문에 그곳은 한인이 밀집하는 거리였다. 어느 날 김성수는 차일혁을 보고 "난 자네의 맑고 굳센 눈빛을 보는 순간 이봉창李奉昌의 눈빛과 많이 닮았다고 생각했네"라고 말했다. 김성수는 쏘아보는 듯한 차일혁의 강한 눈초리를 예사롭지 않게 보고 있었다. 차일혁도 그런 것을 알기 때문에 일부러 도수 없는 안경을 쓰고 있었다. 그렇게 해서 두 사람은 점점 의기투합意氣投合하게 됐다. 차일혁은 스승이나 다름없는 김성수에게 자신의 지난날의 이야기를 빠짐없이 들려줬다. 일본인 경찰을 때리고 도피한 일, 금강산에 피신했다가 곤경에 처한 귀부인을 구해준 일, 그 일이 인연이 돼 그 집 수양딸과 결혼한 일, 장인이 헌병 소좌를 지낸 중추원 참의였다는 사실, 그리고 장인의 힘을 빌려 중국에 오게 된 일들을 보따리를 풀어 헤치듯 낱낱이 털어 놓았다. 이후 차일혁은 김성수가 하는 일에 적극 참여했다. 차일혁은 김성수가 관여한 상해 '남화 한인청년 연맹南華韓人青年聯盟'에 가입했다. 앞서 말했듯 남화 한인청년 연맹은 백정기, 이강훈 등이 주중 일본공사를 처단하려다 정보노출로 실패한 육삼정 사건 등으로 다수가 잡혀 가고, 박기성朴基成마저 중국 중앙군관학교 11기생으로 입교해 활동이 중단됐다. 그 무렵 차일혁은 **중국 중앙군관학교를 다니며 김철金喆이란 가명을 사용했다. 당시 중국에서 독립운동을 하던 독립투사들**은 대부분 가명을 썼다. 국내 가족을 보호하기 위한 자구自救 수단이었다. 일본 경찰에 잡혔을 때 자신의 신분이 노출되지 않기 위해서였다. 어려운 독립운동을 하면서도 자신으로 인한 가족들의 피해를 막기 위한 배려였다. 차일혁은 어머니의 '김'씨 성에다가 어렸을 때 이름이었던 '차용철'에서 '철'자를 따왔다. 이름만 보면 전혀 알 수 없는 이름이 됐다. 김성수나 박기성이 광복 후 차일혁을 보고 '철 동지' 또는 '김철 선생'이라고 불렀던 것도 그런 연유였다. 그런 김성수가 1937년 1월 17일 일본경찰에게 체포됐다. 그때 차일혁은 김성수와 같이 있었다. 다행히 몸이 빠른 차일혁은 그곳을 빠져나와 간신히 위기를 모면했는데 이를 두고 차일혁이 김성수를 배신했다는 말이 돌았다. 그런데 6 · 25전쟁 중 김성수를 만났던 《전북일보》 김만석金萬錫 기자가 그의 비망록에 이 부분을 기록해 둬 오해가 뒤에야 풀렸다. 김만석 기자는 당시 김성수가 자신에게 말했던 것을 그대로 기록해 뒀던 것이다. 김만석의 비망록에 의하면 **"철(喆, 차일혁의 가명) 동지는 내 아들도 되고 제자도 되지만, 한 번도 내 뜻을 거스린 적이 없었다.** 사람들은 내가 잡힌 것이 차일혁 때문에 잡혔다고 생각하는데, 나는 그에게 더 큰 임무를 주었다" 이로써 차일혁에게 씌워진 혐의는 당사자인 김성수가 광복 후에 밝힘으로써 명명백백明明白白하게 벗겨졌다. 차일혁과 김성수가 재회한 것은 광복된 지 1개월이 지난 1945년 9월 중순이었다. 이때 차일혁은 제대로 먹지를 못해 행색이 말이 아니었다. 차일혁이 뒤늦게 서대문형무소로 갔으나 김성수는 이미 출옥한 뒤였다. 그래서 백방으로 수소문한 끝에 '출옥동지회'가 있다는 말을 전해 듣고, 그곳 사무실을 찾아갔다. 천만다행으로 그곳에서 김성수를 만날 수 있었다. 광복된 서울에서 차일혁은 김성수를 통해 독립투사와 애국자들을 많이 만났다. 이때 차일혁은 **"사회혁명에 도움을 주는 이로운 사람이 될 것"**이라는 의미에서 이름을 '차리혁車利革'으로 바꿨다. 차리혁으로 개명한 차일혁은 전국의 독립투사(아나키스트) 67명이 모여 만든 '자유사회 건설자 연맹'에 가입했다. 그때가 1945년 9월 29일이었다. 여기에는 남화 한인연맹 출신인 김성수를 비롯해 독립운동가 이회영의 아들인 이규창, 노동자 자치연맹 대표와 공주경찰서장을 역임한 조시원, 그리고 국내에 남아 있던 총독부 관리들을 처단하게 될 공형기 등이 있었다. 일제강점기 시절 아나키스트(anarchist)는 무정부주의자無政府主義者로 알려졌으나, 엄밀히 따지면 그렇지 않았다. 차일혁을 보더라도 그렇지 않다는 것을 알 수 있다.

차일혁은 1948년 정부 수립 후 국방부 산하의 호국군과 청년방위대에서 간부로서 활동을 했고, 전쟁 때에는 경찰에 투신하여 빨치산 토벌대장으로서 전공을 세운 것을 보면, 무정부주의자라고 하기에는 다소 무리가 없지 않아 있었다. 광복된 조국에서 아나키스트인 김성수, 이규창, 공형기, 차일혁 등은 **민족정기를 바로 세울 것을 다짐했다.** 당시 미군정은 조선총독부가 물러간 뒤의 행정상의 공백과 치안유지를 이유로 일본 총독부 관리들을 그대로 이용하고 있었다. **김성수와 차일혁 등은 이러한 조국의 현실을 개탄하며, 일제강점기 때 독립투사를 탄압했던 일본 총독부 관리들을 처단하기로 했다. 물론 미군정하에서 이것은 법에 위배되는 행위였다. 하지만 그런 것에 구애받을 차일혁 일행이 아니었다.** 이후 차일혁은 그들을 처단할 권총 3자루를 어렵게 구해 집에 숨겨두고 처단할 자를 물색했다. 드디어 처단할 자를 찾아냈다. 먼저 독립투사들을 괴롭혔던 서울 종로경찰서 고등계 형사인 미와三輪 경부였다. 그러나 그는 이미 원산을 거쳐 일본으로 도망가고 없었다. 다음으로 지목된 자가 종로경찰서 고등계 주임이었던 사이가齊賀였다. 사이가는 독립운동가들을 탄압하던 미와 경부에 필적하는 대표적인 악질 경찰이었다. 사이가는 차일혁 · 김성수 · 이규창 · 공형기 등 4명에 의해 서울 원남동에서 사살됐다. 그때가 1945년 11월 2일 저녁 무렵이었다. **차일혁 일행은 총독부 상해 특파원으로 있으면서 독립운동가들을 무수히 잡아갔던 쓰보이坪井岩松를 권총으로 처단했다... 그는 악명을 떨쳤던 악질 경찰이었다. 이로 인해 차일혁은 미군정의 수배를 받게 됐다.**

차길진 법사는 **영화 〈암살〉과 〈밀정〉은 차일혁 경무관과 김성수 선생을 모델로 한 것이라고 말한다.** 이후 차일혁은 미군정의 눈을 피해 전북 전주로 내려와 공장에 다녔고, 이로부터 얼마 후 대동청년단, 호국군, 청년방위대에서 간부로 활동을 한다. **6 · 25전쟁이 발발하자 차일혁은 육군대위로 신태영 장군에 의해 특별 임관되어 유격대장으로 활동하다가 팔에 총상을 입고 전역을 하게 된다.** 그 과정에서 차일혁과 김성수는 몇 차례 만나게 된다. 그 중에서 1954년 8월 21일경 이때 차일혁은 서남지구 전투경찰대 사령부 예하 제 2연대장을 마치고 사령부의 수사사찰搜査査察과장으로 영전해 있을 때였다...김성수 선생을 비롯하여 광복 후 일본 형사들을 처단했던 동지들이 차일혁이 근무하는 사령부로 찾아왔다. 꿈에도 잊지 못할 옛 동지들이었다. 차일혁은 관사로 그들 일행을 모시고 가서 오랜만에 술자리를 마련했다. 차일혁이 김성수 선생의 근황을 물었다. 그는 1954년 5월 20일 치러진 국회의원 선거에 고향인 밀양에서 입후보했으나, 공산주의자로 몰려 선거운동도 제대로 해보지 못하고 낙선했다고 했다. 1958년 8월 9일 차일혁은 아들 차길진과 함께 금강으로 물놀이를 갔다. 거기서 아버지는 조선의용대 시절에 불렀던 노래를 흥얼거렸다고 한다. 아버지는 아들에게 몇 차례 수영 시범을 보여준 뒤 물속으로 들어간 후 밖으로 나오지 않았다. 19시간 뒤 시신이 발견됐다…

아들 차길진은 이후 아버지의 활동상을 담은 〈빨치산 토벌대장 차일혁의 수기〉로 1989년 《월간중앙》 논픽션 부문에 당선했고, 가극 〈눈물의 여왕〉, 연극 〈충주시대〉, 오페라 〈카르마〉를 제작하는가 하면 서대문형무소 역사관을 세우는 데 일조했고, 프로야구단 넥센 히어로즈 구단주를 맡았다. 그야말로 분야를 가리지 않는 질주하는 삶이었다. **그런데 그 모든 것이 아버지를 기리기 위한 행동**이었음을 이번에 차길진을 만나고서야 알게 됐다…

★ **이회영 선생님 집안은…** 조선시대 명재상 백사 이항복 선생의 10대 손으로, 조선이 망한 1910년 12월 형 이건영, 석영, 철영과 동생 시영, 호영 등과 함께 가솔 50여 명을 이끌고 만주로 가서 독립운동의 기틀을 세운 애국지사이다. 광복 후 살아 돌아온 이는 건국 부통령 이시영李始榮뿐, 모두 일제의 고문에 숨졌다. 이회영 선생은 헤이그 밀사사건을 주도했으며 신민회 창립의 핵심 멤버였는데 이런 노력이 모두 허사가 되자 미련 없이 만주로 가 고향에서 가지고 간 전 재산을 경학사, 신흥강습소, 신흥무관학교 등을 세우는데 썼다. 독립을 위해 그야말로 전 가족 전 재산을 바친 노블레스 오블리주의 전형이다. 그 손자가 전 국정원장 이종찬李鍾贊, 이종걸 의원이다.

▼ 일제시 한국문화재를 구하기 위해 몇 차례 집을 몇 십채씩 팔아 모은 성북동 간송 전형필 박물관 물건들 동대문 역사문화공원 내 전시장에서 3.1운동 100주년 '간송특별전 대한컬렉션'에 대한 평론

"명품만 있고 간송은 없었다."

3.1운동은 우리가 독립국이며 홍익인간의 이념을 지닌 민족이라고 선언했다. 민족대표 다수가 최초의 민족사학인 보성학원 관계자이며 여기서 '독립 선언문' 3만 5,000부 전량이 인쇄되었다. 학교가 경영난에 처하자, 간송 전형필(1906~1962)이 팔을 걷어 부치고 나섰다. 이런 줄거리를 가지고 3 · 1운동 100주년을 기념해

간송이 일제강점기 하에서 지켜낸 국보 6점과 보물 8점이 공개한 '간송특별전 대한컬렉션'을 개최한 듯하다…1938년 개관 당시 '빛나는 보배를 모아두는 집'이라는 뜻의 **'보화각'**이라 했다가 간송미술관으로 개칭됐다. 1971년부터 42년간 봄가을 85차례나 열린 주옥같은 전시들은 **우리 미술사학계를 개척한 '간송학파'를 배출했고 '진경시대'를 국민에게 알렸다…. 상속세를 걱정할 것이 아니라 국가 기부가 정답이 아닐까 싶다. 물론 국가에서 사례와 상훈 등으로 독립유공자와 같은 충분한 예우를 해야 한다. VR 속에서 학처럼 고고하면서도 자유롭게 대한민국 전역을 날던 간송 선생님을 봤다. 간송 선생이라면 지금 어떻게 할까? 이 마음이 없었다면 '명품만 있고 간송은 없었다'가 맞다.**[203)]

◕ 각 종친회들 문화재 정부박물관들과 연계토록!

친일파의 불쏘시개가 될 뻔한 겸재 정선의 '해아전신첩'같은 보물들이 종친 회원들 네에는 없을까?

연안 차씨 종친회는 국가가 근세조선 종묘 정도나 관리하고는 미처 못하는 뿌리역사를 지키기 위해 〈고려역사 기념관 건립〉 일과 국가적인 업적을 남긴 숨겨진 종문들을 선양하기 위한 사업을 120여 개의 성씨들과 경기도와 협의하여 만들어 내었다. 두문동 칠현 현양사업으로 의를 드러내었으며, 족보를 바르게 하여 한국 최초, 아마 세계최초로 만든 국가가 되게 했으며, 이는 국민기강과 뿌리 문화사업으로 **대동보** 등을 일제시인 1924년 전국조직을 확인하며 발간했다. 같은 일제시대 1919년 삼일운동 전후 경성 차기륜, 평북 차운경, 경기 차순식, 경성 차상호 4인이 중심이 되어 대종안을 발기하고, 종재 모금을 시작하였고 표면적으로 망우리 등에 땅도 매입하였다. 이 망우리에서 려말선초의 두문동 72현 중의 한 분인 고려 충신이며 최초로 족보라는 것을 만든 차원부의 묘도 찾아내었다. 그 취지의 밑바닥엔, 단군조선, 신라 · 고려의 왕족대우를 받은 의롭고 유능한 17승상네 집안으로의 차문으로서, 또 현재 효창공원 묘역내 모셔져 있는 상해임시정부 **차리석 비서장**과 그 정부에 협력. 또 거대한 독립자금을 제공하는 동학 정읍중심 전국 보화교 **차경석 교주랑**도 긴밀하게 상호 연결도 있었으니, 어떤 시대적 민족 독립운동 사명을 도모코자 한 바도 앞으로 더욱 뚜렷이 더 나올 것이다.

몇 차례 집 몇 채씩 사재를 털어 종문을 위해 재산 기증 및 노력을 한 차진칠 연안차씨 중앙회 초대회장 1965~1972 : 1972년 부산 기장車城 만화리의 신라충신 차건신묘 관련 '차릉' 대대적으로 성역화(신라시대의 조선 어린 단종을 모신 격인 대승상 차건신과 수양대군을 암살하려다 실패하고 황해도 구월산 문화동에 삼성단을 연 아들과 손자) ⋯➔ 고려시대 때부터 이 차릉으로 인해, 기장을 차성車城으로도 불렀다 (고려사 권57) 족보를 처음 만든 집안이고, 새 왕조에 입사를 거절하고 족보를 명확히 한 이유로 조선조에 와서는 멸족의 위기까지 당한 집안이라(방원과 정도전 하륜 등에 의해) 차씨 집안의 대동보와 25회째나 만든 종보는 특별한 의미를 갖는다. 1974년 대동보 발행과 연안 차씨 중앙총본부 결성. 1992년부터 의덕사 및 종문 일을 많이 해 오고 조선 5대 문장가 차식 집안을 찾아내고 현양사업을 하신 차익교회장 차득환회장은 1991년 종친회 중앙본부 사무실의 매입 외 1992년 평택 장안리에 의로운 종친들을 모시는 의덕사 사우의 건립 1996 연안회관의 매입 2004년 **대동보 발간**

94세가 되도록 단군조선 신라 고려 근세조선 집안 향토문화연구를 해 오시다. 임진각에 가는 길에 〈고려역사 기념관〉 건립에도 차씨 종문으로 앞장을 서고, 무형문화 칠석제에도 많은 관심을 가진 차화준 회장님, 가까운 집안들 융합운동이나 새 시대 종문운동에 앞장 선 대구인 차성학 회장과, 전 회장이며 현 문헌위원회 차일남 위원장과 차상찬 사무총장 및 차덕오 대전지회장 및 회원 제위가 하는 차씨 문중 일 방향이 단군조선 연결 '신라 · 고려' 건국왕족에 족보를 처음 만들고,국가적 사업도 크게 하는 등에 다른 문중 및 민족향토 문화사업 및 국가 기강사업 등에도 영향을 크게 끼치는 바 거는 기대가 크다. 보완해서 차치구 접주 차경석 교주 차일혁 총경 3부자와 효자 차길진에 대한 상찬은 있어야 할 것이다. 차경석은 일제에 의한 탄압으로 원치 않는 죽음을 갖게 되었지만 간만에 1/3이상의 한국인이 하나가 되어 독립자금을 상해 미국 만주 군대 등 보내고 독립군을 뒷바리지하는 등의 목숨을 건 운동을 하여, 식민화로 잃어버릴뻔 했던 가장 귀한 한국 국민성과 자존심, 위기시에는 〈한민족 대동단결〉한다는 환한 꽃과 열매를 한민족에게 선물했다. 물론 차일혁 총경의 상찬사업은 한국전쟁 시 그로부터 직접적인 도움을 받아 폭격을 구사일생으로 막아 무탈했던 전라도 화엄사 및 3개 대 사찰이 있다만.

★김연아를 국민은행이 10대 때부터 일찍이 후원하듯 컬링 여자단체 국가대표팀을 의성 고운사에서 뒷바라지 각 지역 꿈나무 종합센터에서 각 교육사업으로 어린이 꿈과 창의적 지원교육을 꾸준히 100년간 하면? 한국도 힘이 생기겠지요.

학교에 가는 IT서비스 대기업…초·중생 SW교육 활발 발행일 : 2019.04.16

LG CNS·포스코 ICT 등 주요 IT서비스 대기업이 학교 현장에서 실시하는 소프트웨어(SW)교육이 한창이다.

16일 IT서비스 업계에 따르면 대기업 IT서비스 계열사는 초등학생과 중학생 대상 SW교육을 확대, 강화. SW교육 의무화와 기업 사회공헌 확산 분위기 등에 힘입어 IT서비스기업 임직원이 학교 현장을 찾고. CJ 올리브 네트웍스가 올해 '정보통신기술(ICT) 창의인재 과정'을 신설하는 등 IT서비스업계 사회공헌 사업으로 SW교육이 유행되고 있다. 서울 신일중 학생들이 LG CNS 코딩지니어스 실습을 하고 있다. CNS는 올해 중학생을 대상으로 빅데이터, 증강현실(AR) 등 신기술을 결합한 SW교육 프로그램 'LG CNS 코딩지니어스'를 실시. 22개 중학교 2500명 대상으로 교육을 제공. 빅데이터 과학자라는 과목을 신설해 빅데이터 수집·분석·시각화 교육

빅데이터 과학자 교육에는 LG CNS 빅데이터 분석 솔루션 '스마트 SMA'를 사용합니다. AR 기술도 활용. 프로그램을 작성하는 코딩 과정에 AR 기술을 적용. 태블릿PC로 코딩지니어스 교재를 비추면 화면에 뜬 3차원 가상정보를 움직여 다양한 알고리즘을 만들 수 있다. 일상생활에 알고리즘 개발을 접목해 학생 흥미를 유발.

레고와 로봇을 활용해 스마트시티 핵심 영역 자율주행차를 만드는 과정도 운영. LG CNS는 서울시내 중학교 SW 동아리 15개를 선정, 5월부터 동아리 교육 프로그램을 시작할 예정. **포스코 ICT는 저소득층 청소년을 위한 스크래치 코딩 프로그램 '코딩 꿈나무 교실'을 개최** 저소득층 청소년에게 최근 관심이 집중되는 스크래치 코딩 교육을 제공, 사고력을 기릅니다. 팀 프로젝트 등 다양한 교육방식으로 창의성, 협동, 문제해결력 증진 기회를 제공합니다. 스크래치와 언플러그드 등 다양한 코딩 교구를 활용. **서울 용산전 자상가에 위치한 CJ 올리브 네트웍스 IT창의교육센터에서** 서울 용산구 관내 초등·중학생들이 증강현실(AR)을 적용한 게임을 스크래치를 이용해 구현하고 있다. SW창의캠프에서 초등학생·중학생 대상 인공

지능(AI) · 빅데이터 등 미래 신기술을 경험할 수 있는 ICT 창의인재 과정 연말까지 700여명 학생은 신기술을 직접 체험할 수 있다. 수료생은 연말 KAIST 학생과 일상생활 속 창의적 아이디어와 IT를 접목한 아이디어 경진대회 'SW창의캠프 주니어 해커톤'에 참여. SK플래닛은 사회배려 계층과 산간벽지 · 낙도지역 초등학생을 대상으로 코딩 등 SW교육을 지원. 2017년부터 3년째 '스마틴 SW 아카데미'를 개최. 게임 프로그램 제작, SW와 기초 교과학습을 융합한 스토리텔링, 교육용 프로그래밍 언어 이해와 컴퓨터 사고력 향상 등을 주제로 교육기회를 제공

IT서비스업계 관계자는 "IT서비스기업이 전문성을 살리고 가장 잘 할 수 있는 사회공헌활동에 나선 것"이라면서 "다른 기업도 SW교육 프로그램 마련을 위한 내부 검토에 나서는 등 학교현장을 찾는 IT서비스 기업이 점차 늘어날 것"이라고[204)]

"컬링이 알려지지 않았던 시절, 고운사에서 명상을 체험하던 그때의 초심으로 돌아가겠습니다. 선수들이 명상하고 집중력을 키우며 화합할 수 있도록 도와주신 스님 그리고 신도 여러분, 진심으로 감사드립니다." 컬링팀 일동

★ 한국도 한민족 3경 울산 암각화의 전통 이어 돌에 새기자. 중국도 철학 종교 문학 역사 그 모두를 폭넓게 관광자원화

노자의 『도덕경』하편 전체를 바위에 새겼다. 자연풍광 관광에서 중국철학 - 〈도덕경 바위관광〉 까지로 확산하고 있다.[205)]

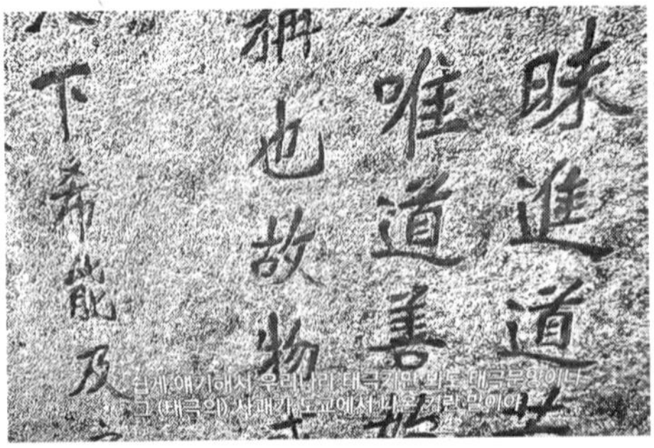

■ 삼국시대에 고구려는 사신도 및 '삼족오'를 깃발로, 신라5~6세기 미추왕릉 지구 계림로 14호분 신라 문무왕 감은사지에서는 삼태극이 나왔다. 위의 사진은 5세기 경 신라의 유물이다. 3태극의 무늬가 새겨져 있다.[206] 노벨 문학상 수상자인 소설가 게오르규는『25시에서 영원永遠의 시간으로』에서 우리의 태극기에 대해 이렇게 말했다. "한국의 태극기는 우주를 향한 깃발이다. 한국의 국기는 유일한 것이다. 어느 나라의 국기와도 닮지 않았다. 거기에는 세계의 모든 철학의 요약 같은 것이 새겨져 있다. 태극기는 멋지다. 거기에는 우주의 대질서, 인간의 조건이나 살아 있거나 죽어 있는 모든 것의 운명이 선, 점, 원, 붉은 색, 흰 색 그리고 파란 색으로 그려져 있다." 고려 인종때 호부상서 허재許載의 무덤(서기 1144) 석관[207]의 천판에 새겨진 태극무늬가 창경궁에 남아 있다.

근대의 3 · 1운동 때 33인은 조선 국기라 하면 왜경에 더 위험하다고 여겨 태극기라는 이름을 처음으로 썼다고 한다. '조선 국기'로서는 1882년 수신사 박영효가, 서양과 교류를 하던 일본에 사절로 가면서 근대적 나라 깃발로 고종의 내락을 받아 사절단 일행이 일본에 상륙할 때까지 태극과 팔괘로서 국기를 만들어 사용하도록 일임되었다. 그런데 일본배 명치환(메이지나루) 선장이었던 영국인 제임스가, 팔괘가 중국에도 많이 있다고 하는 바람에 팔괘 중 사괘만을 취하여 태극기가 만들어졌다.[208] 고종 20년 1,883년에 국기가 공식적으로 반포되었고, 해방 후는 1,949년 42명의 국기 제정위원이 선출되어, 12명의 특별 심사위원회가 구성되어, 1,949년 10월 15일 국가에서 국기 제작법을 문교부 고시 제 2호로 확정 발표하였다. 이듬해 1,950년 1월 25일 문교부 개정 고시 제 3호로서 더욱 보완하여 오늘에 이른 것이다.[209]

아래는 경주 감포의 신라 감은사지의 기단석에 새겨진 태극 문양 – 7세기 初.

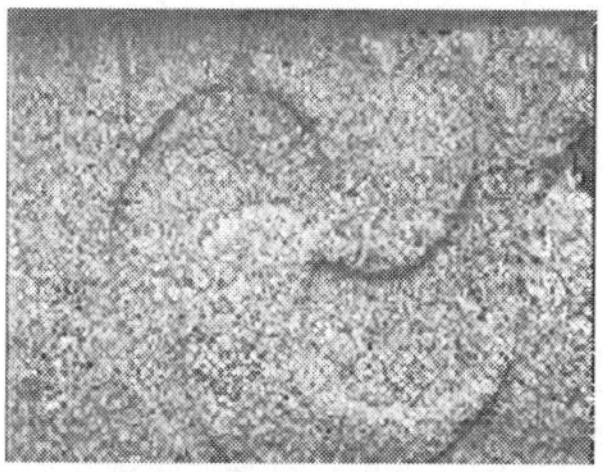

위의 범종은 고려 시대 공민왕 때 만들어진 것으로 추정되는 범종의 몸체 모형이다. 여기에는 지금의 태극기와 너무나 닮은 태극기가 새겨져 있다. 태극 문양은 한국이 중국보다 적어도 300년 이전부터 사용하고 있었다. 현재 중국에서의 태극은 그 용어만 '주역'(한족이 아닌 동이족이 만든 역, 태호복희 혈통은 우리 민족에 더 가깝다.)에서 나타나고, 문양은 1,070년 주돈이의 '태극도설'에서 처음 나타난다. 이는 우리의 것보다 최소한 380년 이상 후인 것으로 보아, 태극은 중국에서 유입된 것이 아니라 우리 고유의 문양임을 입증하고 있다. 본래, 태극의 문양은 우리 민족이 행복을 바라는 상징으로, 부적처럼 쓰고 있는 것이었다고 볼 수 있다. 경상북도 울진군 월계서원(1,205년)

고려시대 예성 심방석(1277년)

개성 고려 공민왕릉 (1365년)

조선시대에는 궁궐과 왕의 무덤에서 태극문양이 많이 보이고, 그 이외에도 서원의 정문이나 민간에서 많이 사용되고 있고, 대부분 현재까지 잘 보존되고 있으므로, 굳이 소개할 필요는 없다고 생각된다. 해군사관학교 박물관 水軍진법 그림(작전도)에는 태극 문양의 깃발이 발견되고 있다. 이는 아마 최고 지휘관이 타고 있는 본부 군선軍船을 표시하는 듯하다.

태극 깃발도 한국에 옛날부터 있었다. 태극 문양뿐 아니라, 태극 깃발도 이미 조선의 고종이 국기로 제정하기 전부터 사용했을 것으로 사료된다. 임진왜란 종전 화가가 그린 태극 문양 깃발은 가운데의 태극을 중심으로 구름이 사방을 에두르고 있다. 이는 아마 명나라의 군선과 구별 짓기 위함이다.

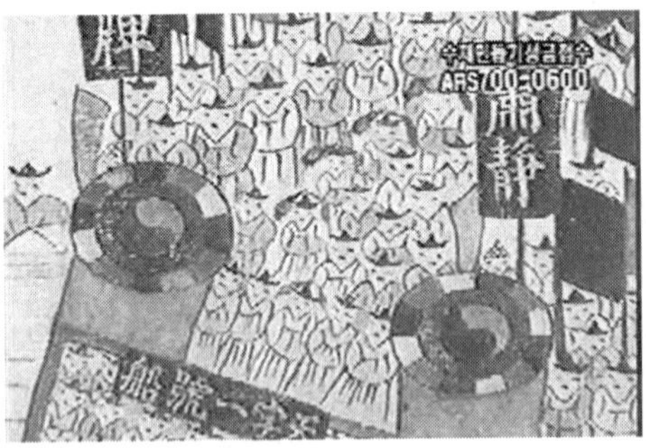

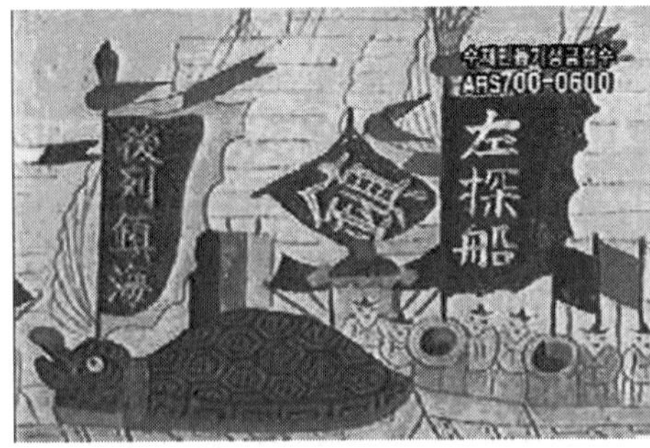

우리나라가 태극기를 제정한 것은 1,882년이다. 그 이후부터 서양인들은 우리의 태극기에 대해 매우 깊은 관심을 보이면서 그들의 나라에 소개하고 있다. 우선 1,883년 조선의 사절단이 미국을 방문하여 태극기를 게양했을 때 미국인들은 태극 문양에 매우 깊은 호기심을 보였으며, 9월 27일 뉴욕 타임즈 신문에서는 우리 태극문형을 '상형문자와 같은 상징'으로 '행복'을 의미한다고 소개하였다.

한국에 입항할 때 일본이 욱일기를 아직도 고집하는 것은 야스쿠니 신사를 예방하는 것과 같은 맥락으로, 또한 아베 할아버지의 100년 후 다시 한국을 속화시킬 거라던 예언 아닌 야욕, 손자 아베 수상이 영일동맹은 계속 새롭게 2,012년 영일 무기공동제작 동맹을 맺고 욱일기를 달고 한국 입항(박근혜대통령 시절)을 하고 영국 공군이 한국 상공을 시험비행하게 하는 등, 일련의 한국을 소외(한국 패싱)시키려는 대미외교 방향과 태도 등등이 기대 평화를 바라는 세계인들로서는 문제를 삼을 만하다. 이런 맥락에서 한국 정신대 위안부 할머님의 문제를 대하는 태도에 대해서도 문제를 제기하는 것이다.

태극기: 바탕 흰색은 천손 한민족의 지고지순한 결백성과 깨끗함, 고결한 마음 시를 상징하고, 태극은 차면 기울고 기울면 다시 차듯이 음양 인간사도 우주적 순리를 따를 것과, 조화를 강조하는 것이다. 괘는 음과 양의 조화현상을 길게 이어져 있는 선 ㅡ은 양이고, 가운데 끊어져 있는 선 - - 은 陰을, 막대기 셋은 三陽으로

서 건이라 하고, 셋이 모두 끊어져 있는 것은 삼음으로써 곤, 또 二양 一음은 離라고 하며, 이음일양은 감坎이라 한다. 이것을 현상계에 비겨보면 건은 하늘, 곤은 땅, 離는 불, 감坎은 물이다.

〈태극기 내 각 상징의 뜻〉

흰바탕: 순결, 평화 애호

동그라미 - 원만, 단일 민족, 단일 정신

태극 - 음과 양의 조화 순리 창조

건乾 : 천, 곤坤 : 지 - 무궁

이離 : 日, 감坎 :月 - 밝음의 뜻[210]

어아가

어아어아, 우리들 대성조 높은 은덕 배달나라 우리 모두 백천만년 잊지마세!

어아어아, 선한 마음은 활이 되고 악한 마음은 과녁이라!

우리들 백천만인 모두 활시위 같고 선한 마음은 곧은 살같이 한마음일세!

어아어아, 우리 백천만인 한 활장에 숱한 과녁 꿰뚫으니

열탕같은 선심 중에 한 점 눈雪같은 악심이라!

어아어아, 우리 백천만인 모두 활처럼 굳센 마음 배달나라 광영이라!

백천만년 크나큰 은덕. 우리 대성조 한배검이시여!

⊙ 한걸음씩 찾아가고 살려가는 한류전통: 추석날 잔치에 오방색 연과 까치 호랑이연

☀ 하느님 · 산신 · 조상님께 기도하는 그 힘을 믿는 한민족 천손 DNA

위대하고 무서운 산 정상을 오르기 위해, 산이 자신들을 잘 받아주도록 하늘 조상님 부모님 그 모두에게 종교에 관계없이 하나가 되어 기도한다. 자연에의 겸손과 소망이 안전한 산행을 하느님께 또 날씨나 산이나 부모 조상님 그 모든 혼들도 잘 도와주기를 빌며, 모두 엎드려 기도한다. 네팔 전통기도 기원 제품인 흰 목도리에도 힘이 있다 믿고 기원한다. 산 정상 등반을 두고 하는 기도나 의례는 자신들에게 스스로 마음을 다잡아 잡념을 물리치고 몰두하는 분위기를 조성해 주고, 부주의를 경계하도록 주의를 주는 기능도 하고, 집단의 화합과 불협화음으로 사고를 자초하지 않도록 하는 역할도 할 것이다. 온 가족이 멀리서도 다 모이는 한민족 명절인 추석에 외지에 그것도 위험천만한 산행, 생명의 안전을 앞두고 올리는 추석 차례이니, 각자 한국 우리의 조상님들과 지역 산신들께 안전을 잘 돌봐 주시길 기원하면서 자신 마음의 평정도 찾게 내게 다른 욕심 없이 이 일만 잘 되게 집중하도록 착한 마음을 만드는 것이 기도의 힘이다. 자꾸 기도하면 정말 착해진다. 쉬지 말고 기도하라. 범사에 기뻐하고 감사하라!

◐ 만년 환단 천손의 삶 자체가 9,000여 년 역사 원형종교 환국신교 모든 종교의 뿌리이다. 신교(신도)의 사제는 고대신교의 하늘로부터 신탁을 받아 내리고, 알아야 할 일을 미리 예언하고, 제사를 주관한 사람으로서 상황에 따라 춤이나 노래를 부르면서 신명께 드시기를 권하고, 사람을 위하여 기도하고, 재앙을 피하게 하

고 복을 받게 하는 사람이다. 그러므로 판소리처럼 무속에서 가무가 기원되었다 하겠다. 그 사제 이름 한자 巫는 하늘과 땅과 사람을 이어주는 소통의 매개자이다. 쉽게 말해 사람에게 하늘의 소리를 전해줄 수 있는 능력을 하늘로부터 부여받은 능력자이다.

"한민족 우리 조상혼, 우리 한민족이 믿는 것, 한민족이 지키고 싶은 것" – 일본은 천황과 8만 여 개 야스쿠니 신사의 일본 충혼들을 합치는 상징이다. (전쟁패망 후도 8명 장군들 자신들이 스스로 총책임이라 하고 사형을 받고 천황을 살렸다 → 야스쿠니로 모셔지다 → 어느 나라 누가 뭐라하든 각료들이 간다 ← 국민들 지지. 힘을 실어 준다) 한국은 어디가 국민 국가 신사일까? 참성단 지리산 마고단 삼성궁 문무대왕릉 외 각 기도터.. 어디 어디가 훤히 보인다. 그래서 이만큼이라도 지탱해 왔다. 가장 중요한 곳은 환단 배달 오천년 한민족 우리 어머니같은 삼신할매 할배 개천 홍익으로 하나가 된다. 대통령들이 줄줄이 감옥가는 것을 보며 누군가 한 말에 의하면 "4~5년짜리들"은 스스로와 주변을 국민이 믿어주도록 임기내만이라도 제발 한국 민족의 한 사람으로 제대로 처신하면 '짜리'로 남지 않고, 역사에 남고, 아니면 감옥에 남는다. 자기가 자기를 책임지고 부정에서 지키고, 주변 측근들도 잘 단속하고, 사업은 한민족 기강을 살려 한류로 하면 돈벌이는 저절로 된다. 우리 한민족 속에 믿을 만한 가치 한류 재발견으로 살려내고 확장하는 게 사는 길이다. 중요 유무형문화재 보호와 지속적 창의적 꼼꼼한 관리와 운용 보존이, 나라 위상과 기강과 개인의 심리적 만족과 수익구조도 되게 하면 금상첨화이다. 나는 또 100년간 끝나지 않는 암행어사를 하여 역사에 남기려 책을 또 낼 사명으로 임할 것이다. 도시 옥상 텃밭에 흙이 모자란다 하니 신촌 자기집에서부터 화분흙이라도 실어다 준 착한 아들 민광이에게도, 집안에 할 일이 없는 듯 나가다니는 엄마를 뒷바라지하는 딸 영진이와 사위 동현이와 항상 웃음과 에너지를 주는 손녀 나유랑 우아, 책을 쓴다고 오른 팔목에 파스를 붙이고 사는 마누라 보곤, 어제는 잔소리 대신에 설겆이까지 모르는 듯이 말없이 한 남편에게도 고맙다는 말을 전한다.

마치며

◈ 천손이기에 하늘이 중심이고 하늘을 날아 그 곳에 가고 싶고 하늘을 땅에서도 본 받고자 한다

유교를 중심으로 여기던 정도전과 조선왕조도 중심의 궁인 경복궁을 하늘의 모습대로 본 받으려 했다. 경복궁 터에는 은하수에 해당하는 물이 없어 인위적으로 연못과 개천으로 은하수 물로 조성했다. 나는 내 자신에게 하늘이 내려 오시기를 빌고, 땅에선 내 어머니같은 마음을 본 받고자 했다.

고인돌에도 칠성 별자리 손에 손톱에
피가 나도록 새겨 넣었고,
바다에서도 고래를 잡고 나면 어아어아 감사하며 기도의 열매인 고래와 안전을 새겼다.
땅에서도 하늘과 닿을 엄두도 못내면서도
매일매일 하늘을 돌에 새겼다.

하늘에 북두칠성 고인돌에 북두칠성
바다에 비친 칠성들은 한 밤이면 서로 얘기를 주고 받았다.
나도 그 별들을 볼새라 매일매일
내 속에 칠성 하늘을 쌓고 쌓고 또 쌓고
별 하나라도 차곡차곡 앉혔다.

미끄러지고 넘어지고 쉽게 잘 쌓여지지 않아
그래서 하늘이었고 그래서 사람이었다.
나는 그 하늘을 오르고 있는 탑이었고
나만이 아는 빛나고 빛나는 내 어머니는
내겐 제일 큰 별이었고 축복이었다.

우리의 위대한 조국 대 환 · 맥 · 구려 · 고리 · 코리아 조상님들과 5살까지 낳고 키워 주시고 돌아가신 아버님 차동일 · 9살부터 교육과 혼인 이후도 배려해 주신 아버님 최치열 · 큰 사랑을 넘겨준 배복순 어머님과 차옥덕 이름을 주신 차의홍 할아버님과 출판을 도와주신 집문당 임경환 사장님 및 오늘날 나를 있게 한 가족과 운동때마다 말없이 함께해 주신 동료 및 여러분들께 다시금 감사를 올립니다.

박사공부 때까지도 배려해 주신 어머님 배복순여사
이쁜딸 허영진이 찍다

1956년 5세 필자와 바로 옆이 차동일 아버님과 전우들.
바로 돌아가실 줄은 몰랐는데도 동네사진관까지 가셔서

최치열 아버님과 동생 은영 우영 외 순친구 근애 인석 희정이는 그때 어디 갔을까?

엄 - 마(아이가 배운 첫 말) 마음 마당 마을 마실 마(말) - 먹는 마, 자연스럽고 소탈하고 우직하나 의롭고 맛있고 멋있다. 어머니가 쌓은 자식은 부모의 정을 작은 것으로 여기니 마음이 작아 다 받지 못하는 남은 정이고 사랑을 돌탑으로 남긴다.

천손이기에 돌미륵을 쌓고 쌓고 빈다. 아차산 한쪽 정상에다 할머니 할아버지 부부께서 오랜 기간(그들에겐 평생동안) 돌탑을 매 번 쌓고는 허물고 또 쌓고 허물고를 7번만에 끝을 내었단다. 돌아가시면서는 정을 다 받지 못하는 아드님보다 그릇이 크고 코드가 통하는 며느리에게 물려주셨단다. 고인돌은 돌이다. 한국! 가는 길목마다 돌탑, 돌미륵 법수, 돌쌓은 무덤, 고인 돌 세계 60%, 돌은 온순하지만은 않고 화를 내면 아프게 하고 무섭다. 맥족이라 화석동물 맥貊과 같은 성질이 DNA에 있다. DNA에 있어 맥족이다. 돌은 금수강산에 살아 청결하다. 깊은 죄를 지으려 하지 않는다. 하늘을 무서워한다. 모두 하늘의 뜻이거니 하며 삭이고 살아 남았다. 어쩌다 살벌해도 옆나라들만큼 살벌하지 않다. 경복궁 터에는 은하수에 해당하는 물이 없어 인위적으로 내川를 조성했다. 내川는 바로 물 길따라 유유히 흐르듯 사는 바로 '내'이다.

'누구세요?'
'엄마다. 내다.'
깊디깊은 마음을 채 알기도 전에
돌아가신 내 엄마와 외할머님이 무척 그립다.
'엄마다. 내다.'라는 말씀을 외할머니도
어머니도 잘 쓰셨다.
보고 또 보고 싶다. 얼마 안 있으면 또 만나련만
가기 전에 나도 내 딸에게 밤 열시라 집에 왔거니하며 전화로 한 번 해 봤다.
내 엄마와 외할머님이 보고 싶어서
'엄마! 그런 장난은 치지마! 아직 직장이야'
'응 미안!'

'내다, 엄마다' 참! 그 일이 남아있네
이제 몇 번이나 하고 갈까!

시루봉 가까운 구리시 아차산 관룡탑
그 할매할배께서 돌미륵을 쌓고 또 쌓으며
삿마음울 닦고 닦으며 공덕을 쌓은 마음을 품어 안고서
날아가버린 용마! 이 관룡에 다시 와
마음 애린 참사람들의
따사로운 이상향의 터 닦기를 기원드린다

〈 나도 고고학자! 관〉 짓자 – 상상력과 모험 탐험~

태평양 무(MU)대륙관 만들자(물 속 체험)

– 제주도(세계최초 사람 화석 발자국 – 큰새 발자국)
한반도남부
제주도(세계최초 사람 화석 발자국 – 큰새 발자국)
⇈
⇈ – 서인도←···태평양 무(MU)대륙···→ 동남아시아
⇣
(대서양 아틀란티스관)
고고학자가 신화 속의 트로이 목마를 찾았다(터키에서) – 체험관
신화와 고고학
트로이 목마관을 만들자!

'작두타기'는 세계적으로 한국에만 있는 한류 특수 연희 종목이다.

아시아 각국의 전통연희같은 행사에 같이 넣도록 하면 더욱 빛날 것이다.

공적으로도 각 과에서 무속관련 예술신앙문화를 받아들여야 한다. 작두타기는 여러 계단 종류가 있다. 소리도 있고 공수도 있고 더욱 다양하다. 한류자원이 있는 것을 잘 활용해야 한다. 교육부는 정책적으로 한국예술종합학교, 한국전통문화대학교, 서울대 국문학과 등과 조율하여 식민사관을 이제 버리고, 전통 무속문화과와 한국 신교학과 등을 신설해 우리 것도 이제 포용해야 더욱 한국적인 공적 기관이 되어 국가 정체성과 기강이 설 것이다. 예컨대 한국예술 종합대학교 등 각종 예술대학 등도 마찬가지이다. 한국에 각종 기독교대학에 수백개 기독교학과를 인가한 교육부부터 대오각성하고, 시급히 예속적 사대주의 극복하고, 한국적 정체성을 가진 교육부, 문화체육관광부가 되도록 조치를 취해야 한다.

아시아 각국 전통연희, 시흥에서 열린다.

– '2018 경기 시흥 아시아 전통연희 축제' 9월 1~2일
– 베트남, 몽골, 홍콩, 북경, 네팔, 말레이시아 등 참여

시흥시에서 한국을 비롯한 아시아 각국의 전통연희를 즐길 수 있는 축제가 펼쳐진다. 시흥시와 한국예술 종합학교, 경기문화재단 등 관학이 협력해 함께 하는 '2018 경기 시흥 아시아 전통연희 축제'는 2017년에 처음 개최되어 올해로 제 2회를 맞는다. 오는 9월 1일에서 2일까지 시흥시 옥구공원에서 열리며 '젊은 연희, 新바람 아시아'를 주제로 아시아 공동 문화유산으로서의 전통 연희를 젊은 감각으로 재조명한다. 1일 오전 11시, 젊은연희를 뽐내는 연희 YOUNG판을 시작으로 김대균, 시흥시립 전통예술단, 국내 정상급 광대 등 국내외 최고 수준 출연진의 공연이 펼쳐진다.

전국 농악 · 퍼레이드 공연과 융복합 · 창작 공연, 소규모 최고의 광대를 가리는 '천하제일 광대 뎐' 또한 감상할 수 있다. **특히 이번 축제는 베트남, 몽골, 홍콩, 북경, 네팔, 말레이시아 등의 아시아 프로 연희 단체들이 참여해 더욱 다양하고 풍성한 볼거리를 제공할 전망이다.**

아시아 각국의 문화 전반을 보고 즐길 수 있는 체험 프로그램 역시 이번 축제의 묘미이다. 공연장은 옥구놀이마당, 연희마당, 줄타기마당, 나무마당, 놀이터, 신비마을, 아시아빌리지&로드 등으로 구성된다. 이 중 옥구 놀이마당에서는 아시아 각국의 다양한 전통연희와 개막 공연이 열릴 예정이다. 연희마당과 줄타기마당에서는 각각 10인 이상의 전국 대형 농악과 국가 무형문화재 제 58호 줄타기 보존회

가 이끄는 줄타기 광대의 신명나는 재주를 감상할 수 있으며, 신비마을에서는 마리오네트 쇼 등 어린이를 위한 공연을 관람할 수 있다. 새롭게 개편된 아시아빌리지&로드는 축제학교 기획단과 체험전시장, 아시아 예술가들의 소규모 공연장으로 꾸며진다. 시흥 관내 청소년 100여명과 아시아 6개국 출연진이 모여 울려 퍼지는 '아시아 희망 두드림' 퍼레이드를 시작으로 개막공연의 막이 열린다. 또한 남상일, 이광수, 박애리, 팝핀현준, 퍼포먼스 팩토리, 시흥시립 전통예술단, 아시아 해외팀의 쇼케이스 무대가 축제의 열기를 더할 예정이다.

최찬희 축제 운영위원회 위원장은 "각국의 문화예술이 가진 신명을 통해 공동체적 가치를 회복하고자 한다"며 "전통과 현대를 잇는 융 · 복합 컨텐츠로 아시아만의 문화적 가치를 발굴할 것"이라고 했다. 교육부 장관

동학기념일 제정 늦었지만 제대로 가는 길이다. 이어 대한민국 예술교육의 산실, 한국예술 종합학교의 연희전문 줄타기 – 작두타기 – 한국에만 있는 특수종목이라 한류 종교예술과의 설치가 필요하다.

제4장

차옥덕의 〈실사구국의 한국역사문화학〉,
실제 삶에서 탈 사대 홍익적 가치관의 한국역사문화관
연구 지금 직접 같이!

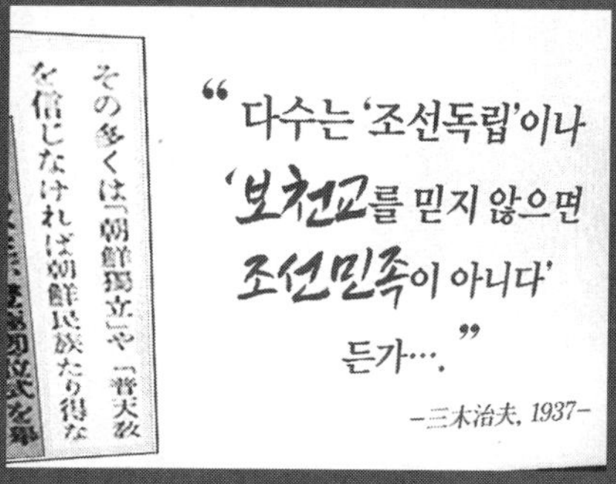

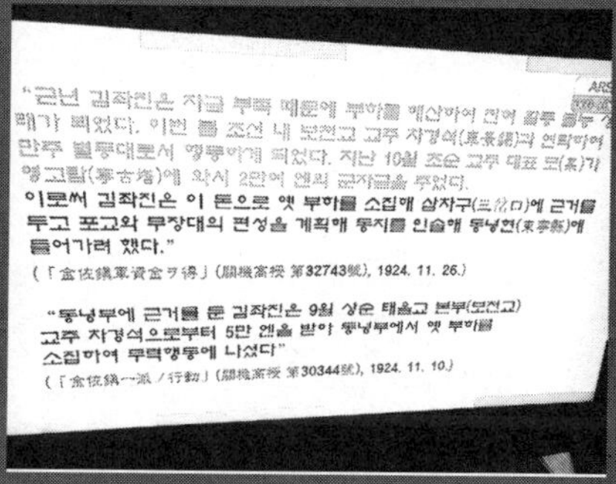

김철수교수 자료 9216(2019년 4월 24일), 생방송.

1. 실사구국의 한국역사문화학?

1. 나는 실제 삶의 당사자 입장에서, 무시 차별받는 여성으로 인식하고, 같은 궤로 무시당한 9천년 한국 역사문화의 정수인 전통 무형문화를 다시 보게 되었다. 식민과 모화와 서양 의존적 생존형 공무원과 학자들의 문제에서 나오는 것도 알게 되었다. 그러다가 중요 유무형 문화 정책들의 심각한 문제점들도 보고, (특히 한국역사문화 신앙과도 관련된 국가 기강문제, 춘천 맥국중도 국가 중요 유적지를 박근혜 정부와 강원도가 영국에 100년간 무상 임대…, 또 120년만에 한국에 비로소 반환 광복되어(서울) 용산 역사민족공원으로 이름은 붙였는데 이명박 정부에서 생태공원형이나 아파트촌을 운운하며 외국인 중심으로 설계해서, 역사전쟁기에 큰 실수를 한다고 위기감이 들어, 바른 한국 역사의 공백과 대처를 용산 역사민족공원에서 성취해야 할 때라고 여겨 2019년 국가사업설계를 발표하기 전날 문대통령께 탄원서를 급히 올렸다.

하여 본의 아니게, 한국 유무형문화의 국가 현실적 보존 설계 방향까지 제시하게 되어 그간 유사한 문제를 일괄적으로 한 번 같이 공유해야겠다는 생각이 들어 서둘렀다. 그러다 보니, 자연스레 실사구국(당신하고 그게 무슨 상관.. 당신이 애국자네.. 운운의 빈정댐 덕분에 얼른)의 개념이 떠 올랐다? 아니 그 꼬리표가 자타간에 따라 붙었다.

2. 나는 〈인생 후반전〉을 KBS 제 1TV 등에서 논하다가, 이젠 100세 시대 〈인생 연장전까지 남았다.〉 나라 실사에 꼭 필요하고, 우리와 나의 실제 삶에 가장 중점을 들여야 할 일을 본 것이다. 일찍이 해 오던 실사구시에서, 2010년대부터는 한 걸음 나아가 실사구국이었는데, 춘천 맥국중도와, 원래는 한국 여성향토 문화사학회장이라 그에 걸맞는 일을 주로 해 오다가, 이번에는 오랜 기간 해 온 사) 용산향토문화사학회장 그 이름에 타당한 책임을 하게 되었다.

3. 하고 싶은 공부는 열심히 하는 유형이라 대학시절 신촌에서 자취하면서도 독방을 쓰며 장학금을 받으면 몽땅 책을 사서 "조금은 나라와 나 자신과 한국사람다움을 생각하는 마음이 깊었는지, 삶의 텃밭에서 살다 가만히 보니 사명풀기"인가? 당사자 입장에서, 차별을 받는 여성으로 생각하고, 무시를 당하고 있는 전통 무형문화 보존과 중도맥국의 유형문화 설계까지 하는 단계로 발전? 즉 여성운동하며

현부모양 부처, 공간구성은 그 사용자의 입장에서 ⇨ 씽크대부터 돌립시다를 하다 보니 실사 구국에까지 방향을 갖게 되었다.

그대는 우리 문화의 유네스코 등재밖에 모르나? 칭찬인지 질책인지? 〈나=여성주부의 일상+백제 소서노+칠석제+맥국중도+용산+환단신교+텃밭〉

실사 구국적으로 한국역사 문화에 관심에서 "실사구국적 한국역사문화학"으로 자연스럽게 발전

"실제 삶의 텃밭에서 바르게 살자고 하다 가만히 보니 '구국'이라는 데까지 이르고 있었다. 쉽지 않아 사명감까지 요구되었다. 박사과정과 학위를 받을 때처럼 열심히 공부하고 쓰고 또 쓰고 하는 것 보니 이것도 학문이었다. 연구 방법은? 주제가 정확하고 목표가 구국이 분명하니, 가장 자연스런 나 차옥덕다운 "내팽개쳐진 옥상에 텃밭을 만들어 살리기 위해 내 몸과 내 마음이 가는 일하듯" 덜 힘든 방법으로!

힘들 때 문득문득 나를 밀어주는 에너지는 어릴 적부터 들어 온 나에 대한 기대를 말씀해 주신 남식이 외삼촌과 제주도에 사는 남순이 이모, 고락찬 사촌오빠. 또 아버지와 고등학교 대학교 대학원 선생님들 칭찬까지 – 칭찬에는 코끼리도 춤을 준다는 아주 흔한 상태가 나이든 나에게도 적용이 되었다. 그래서 칭찬이 약인 줄은 너무나 잘 아는데 – 이 글에서 나는 칭찬을 별로 그렇게 하지 못했다. 나라가 잘 되려면 먼저 공무원들이 잘해 줘야 하는데 하는 기대수준이 높아서일 것이다. 나는 사심은 없으니, 먼저 여러 나라로부터 항상 침략이나 빼앗김이나 성가신 일을 당해 왔고 당할 수 있는 한국의, 극복과 대처를 염두에 둬서 그러려니 저려려니 아량으로 이해하시고, 제가 지적질은 잘 하니, 실천을 잘하시는 것은 바로 공무원과 각자 국민 여러분!이어야 하고, 우리 공동체의 목표는 작은 구국에서 큰 구국까지이니, 서로 협업하는 자세로 발전시키는 작은 씨앗으로 삼아주시길 당부드린다.

☀ 나는 한국과 세계 특히 나의 연구대상인 동양중심으로 걸어다니며 웃고 먹고 마시고 같이 떠들기도 하며 공부한다. 내가 실제 삶에서 보통 여자와 다른 점은, 우리 국민성'과 '국가의 역사적 과제' 등을 들먹이면서 '민족 · 역사 · 문화'와 같은 거대 담론으로 생각과 행동을 시작한다는 점이다. 나는 주로 도심지에서 자랐어도 부산 바다 · 경남 농촌 · 충남 농촌 · 전북 시골 제주 강원도 두루 다니며 강의하며

살 수 있었기에 – 특히 한국과 한국문화의 농익고 곰삭은 맛갈진 김치같은 우리 문화들의 정체성을 맛보았다. 그것은 큰 자원이었다. 그러니 자연스레 역사문화 보존과 관광 교육 에너지 등에도 그 농익고 곰삭아 맛갈진 문화를 잘 살리고 있는지 아닌지를 잘 보는 능력이 생겼다. 또 보이면, 글을 쓰며 표기기호를 붙여 보며 그 글의 현실적 앞날에 부호(아이콘)도 붙여 보았다. 편집 일이 더 많아졌다고는 하지만 이런저런 것 그냥 나의 창의성으로 존중해 달라고 부탁했다. … 장 절 항목도 박사학위 논문 때 많이도 사용했지만 이번은 내 마음이 가는대로 해 보았다.

☗ 여러 목적으로 돌아다니며 사는 중에 문제가 보이면 그 자리에서 글로써 일단 정리하고 공개적인 공론으로 올려 들어 보고, 급하면 밤새 글을 써서 탄원하고, 때때로 항의세미나도 데모도 하고, 설득도 한다. 이 글도 구국이라는 한국인 공동체의 목표를 위해 고치는데 여러분의 힘을 모아 보려 시도한 것이라 책이름이 실사구국의 한국역사문화학이다.

첫 번째 일은 나의 실제 삶에서의 단상들을 살펴보니 구국적 단상들이었고, 하여 그에 코드 분류가 시작되었다.[211)]

☀ 한류로서 자랑거리를 지속시킬 것과 수익구조가 좋게 여겨지는 것

★ 칭찬거리로 알려 컨텐츠로 홍보할 것　　☢ 역사문화를 이렇게 세웁시다

◈ 같이 알아 우리도 공유해야 할 것　　❆ 세계성을 띨 수도 있는 것

▼ 제帝처럼 새로운 기획 제안할 것　　☆◈ 새로운 기획 제안한 것

◒ 이런 전통은 좀 지키자

◘ 이 주제로 고민 좀 하시어 희망을! 주자는 뜻이다.

◕▲ 보이는 사상이 사사롭거나(私) 불공평, 3/4 정도이니 보완을 바란다는 뜻으로 쓰는 것

☗ 연구할 것　　◐ 잘하는 것 반 잘못하는 것 반

☑ 빨리 고칠 것　　◂ 긍정적으로 알아둘 필요가 있는 것

☂ 너무 문제가 되거나 슬프거나 한 일

☀ 나는 2,000년도 KBS TV 新사고 제 1번으로 뽑힌 여자이다. (실사에서 한, 일하는 사람 중심의 부엌이나 사무실 공장 구조를 논한 것이다. 씽크대부터 돌립

시다 - 여성부에서 강의해 달라 해서 해주었더니, 영국인가 어딘가에 제안해서 상을 받았다는 소리는 들었으나, 공무원들이 제밥벌이를 챙기느라 저작권은? … 어려운 동료들을 보며 저작권료도 받아 그 동료들과 다음 답사비나 연구활동비로 쓰면 좋겠다는 생각도 한다. 다음은 환한 민족의 시초지 파미르[212]에서⇨ 천산 · 히말리야 주변 산맥 · 티벳 · 바이칼 흥륭와 홍산 등등을 동료들과 좀 다녀보고 느끼며 연구하고 싶어 돈도 벌고 싶다.

전국 지자체를 돌며 여성리더쉽 교육하러 가는 동시에 그 지방문제나 관광화 제안도 자주 했다. 간헐적으로 10여 년간 패널로 나간 KBS 아침마당에서도 마찬가지로 - 이 책에서도 50여 년간 공부하고 느끼고 본 것으로 많은 거리를 언급한다. 씽크대부터 돌리고 현부 모양 미혼부 등 말도 만들고, 현부 모양 노릇은 살짝씩 하고, 혼자서도 외국도 짧은 회화 실력으로 몸짓언어로 잘 돌아다닌다.

▲ '전국학생대표'로 학생호 배를 진수하고, 슈퍼우먼 콤플렉스에 빠진 여대생이, 아줌마시대부터는 국외여행을 자주 못 가니, 간 김에 급하면 만주 고구려 요동 일본도 택시를 타고라도 보고 왔다. … 학생호~학생들이 나라를 지켰다. (자기들 야욕만 알고 한국 학생들의 호국 의분을 일으키는 촉진제) 하나는 알고 둘은 몰랐던 유신정권! 진수자 선정 과정의 우여곡절이 이제사 눈에 보인다. 그래도 박근혜 영애가 나와 같은 나이의 대학 3학년인데, 먼저 번 배의 진수는 육영수여사가 했다고 했다. 나의 주소지가 부산이라 위수령 시대라 대학이 강요된 휴교로 학교기숙사도 문을 닫아 부산 집에 내려가 있다가 학생처에서 전화로 학교가 추천하고 당시 문교부가 '전국 학생대표' 진수자로 나를 뽑았으니 졸지에 학생호 배를 진수하라는 연락을 받았다. 어머니와ㅏ 아버지는 신이 나서 부산히 움직이셨다. 오랜만에 7남매의 장녀인데 서울에 유학을 보내 준 부모님께 효도한다고 생각하고 시대적인 좀 언짢은 마음은 접었다. 뽑힌 이유는 이화여대 문리대 학생회장 겸 총학생회 부회장 부산 경남여고 부산 사람으로 국문학과이지만 역사철학을 공부하며, 대학처장님들과 학제개편 위원으로 회의를 자주 하니, 처장님들께서 성정이 안심이 된다고 평가 추천 보증하셨을 것으로 여겨진다. 편치 않은 정권이라 나의 심사가 표정에 드러났으나 조용히 진행했다. 모교인 경남여고 합창단 대표가 꽃을 달아주는 시간에는 겨우 미소로 답했다. 당시 이대 총학생회장들은 계속 법대 재학생으로 최금영은 전라도 학생이었으니, 경상도 정권에서 데모에 앞장서는 법대생이라,

시의상 정책상 등등의 이유로 나를 선택했을 것이다. 고시공부를 하던 중 먼저 간 최금영의 명복을 빈다. 그때도 상처나 갈등이 많았을 것이다. 몇 년전 양심선언을 하며 내가 학사논문으로 "단군에 관하여"를 써 놓고도 천부경이나 이어야 할 공부는 그런 것이 있는지도 몰라서도 못했다고 양심선언을 했더니. 〈민족회의〉대표는 그 당시 대학생들에게 단군연구는 생각지도 못한 것이었는데, 자기들보다 먼저 단군연구를 했다고 대중 앞에서 칭찬했다. 나도 잊고 있었지만, 당시 신촌 대학가는 팝송과 프랑스 독일 미국 등 외국 문물과 사회과학적 공부에 도취해 있던 시대였다. 탈춤반과 노자 도덕경 강의가 시작되고는 있었지만. 나는 학교 근처 독방을 얻어 준 부모님 덕분에 혼자 여기저기 다른 대학 세미나를 다니며, 근원을 찾는 공부를 하였는데, 나의 근원, 우리의 역사의 시작을 찾는 과정이었을 것이다. 하여 나는 대학 2학년 과 학생대표 때 부학회장으로 전국학생을 상대로 〈지성과 반지성〉 세미나를 주최하고 주관할 정도로 성숙해 있었다. (3학년 학회장은 교생실습 나간 기간이었는데 4.19를 맞아 응당한 시대적 행사가 필요하다고 여기고 2학년이 스스로 학과 선배들과 임원들에게 얘기해 추진해서 대성황을 거두었다. 그 중 몇은 다들 졸업 후 의원과 언론사 사장 등 정치를 한다.) 대학 3학년 1,972년 진수식 - 이런 사진 때문에 당시 '국모國母감'이라는 소리를 많이 들었다.

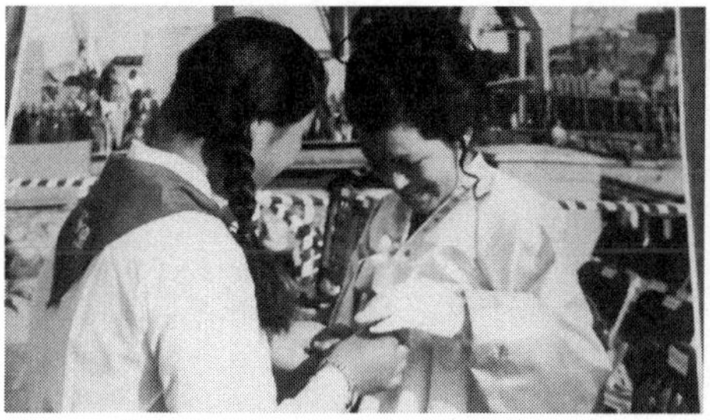

☑ 빨리 고칠 것 - 나는 "지금 · 여기서 · 나부터" 고칩니다.

같이 알고 공유하며 빨리 고칩시다. 아니면 계속 오류가 지속 확대됩니다.

▲ 중국 연변의 길림성 왕청에 세운 단군왕검의 천황 황비인 웅녀상을 중국 정부가 직접 세운 것을 보시고 한국정부는 어떤 생각이 드시는지요? 한국단군 영정상 윗도리에 마늘 잎사귀 문양이, 웅녀님의 치마에 들어왔네요. 이젠 한국정부도 기독교인 웬만큼 설득하든지 내버려 두든지 항의 데모하면 어느 나라 국민인지 물어

보고 호통도 쳐서, 단군조선 역사와 단군부모(환웅 환인)조상도 인정하시게 하는 것이 서로 유익할 것입니다.

▼ 올해는 환인 환국기원 환기 9,216년(2019)입니다. 환국은 『삼국유사』에도 나옵니다. 〈단군조선 건국기〉(*고조선 건국기로 나오나 "이제 나부터 여기서부터" 이 책에서부터라도 고치려 한다)에 (석유 환국). 본문에는 '조선'으로 되어 있지 '고조선'이 아니다. 번역하며 일본인이나 후대가 잘 못 쓴 것이다. 그로 인해 많은 연구가 지체된다. 일연스님이라 '일연'보다 본명 김견명을 쓰는 것이 다종교 국가인 한국에는 더 타당하다. 그 김견명이 삼국유사를 쓰던 1,281년 때는 15세기에야 세워진 (근세 이씨)조선이 들어설 것도 몰랐고, 또 고조선은 옛 조선에 대해 잘못된 길로 인도한 번역이다. 삼국유사는 1,281년(충렬왕 7)경에 고려 후기의 승려 일연一然이 편찬한 사서史書인데, 일연이 이 책의 저술을 위하여 사료를 수집한 것은 청년시절부터였고, 그 원고의 집필은 대개 70대 후반으로부터 84세로 죽기까지 주로 만년에 이루어졌다.

★ 나는 내 명함에 이렇게 환기 쓰기운동을 하자고 찍어 다닙니다. 같이들 하시자는 뜻이지요.

◈ 같이 알아 우리도 공유해야 할 것 ❁ 세계성을 띨 수도 있는 것

태호 복희씨의 팔괘태극 컨텐츠를 실생활에 자기들 것으로 활용하는 중국에 반해 - 한국은? 중국은 공산주의를 하는 나라인데 처음엔 때려 부수다가 소수민족 문화의 인정을 통한 중국으로의 대융합을 바라며, 그게 아니다 라고 생각을 바꾸고는, 다시 공자와 옛 문화에 힘을 들여 인정하고 다시 더 크게 살립니다. 대국적 발상의 전환이자 자기 땅의 역사는 자기 역사라는 역사공정의 전략으로, 더 오랜 공산주의를 지키는 중국 생존의 자구책의 길이기도 하다는 생각이 듭니다.

▲ 중국 태산에서

▲중국도교 최고신 옥황대제

[213]

태산을 오른 중국 황제들이 직접 남긴 서각 - 그 석각들과 일화를 느끼러 태산에 간다는 관광산업 전략.

대관봉 절벽에 있는 당 현종이 남긴 '천하대관 기태산명 마애비天下大觀 紀泰山銘 摩崖碑.

태산의 바위란 바위에는 수많은 세월 동안 중국 역대의 제왕과 정치인, 시인들이 남긴 글로 가득 메워 거의 빈자리가 없다. 현재 태산 일대에 새겨져 있는 석각은 1,800여 곳이라 한다. 그 가운데 비석이 800여개, 마애석각이 1,000여 개 정도 된다. 일부에서는 2,200여 개라는 주장도 있다. 거대한 '마애석각 박물관'인 셈이다. 역설적으로 보면 이만한 환경 파괴도 없을 듯 싶지만 환경 파괴도 오래되면 문화유산이다. 태산은 자연경관과 더불어 이러한 문화유산으로 세계 자연문화 유산구역으로 지정됐다. 중국에서 공식 발간된 책에는 태산 정상의 석각만 258곳으로 기록돼 있다. 석각 대부분은 역대 제왕이 봉선 의식을 행할 때의 제문, 사묘寺廟의 창건과 중수기, 태산을 칭송하는 시문들이다. 중국의 제왕들은 하늘과 인간사는 상호 관련이 있다는 천인 상관설을 믿었다. 군주는 태산에 올라 천명을 내려주신 은혜에 감사드리고 보고할 자격이 있다고 생각했다. 이것이 역대 제왕이 열광적으로 추구한 '봉선奉先'(먼저 간 선배들을 받들다)이다. 황제 중에 제일 먼저 태산에 오른 역사적 인물로는 중국을 처음 통일한 진 시황제이다. 정상 옥황정 바로 밑에 있는 무자비가 그가 천하를 통일하고 오른 후 세웠다는 설이다. 그러나 일부 중국 학자들은 한 무제가 태평성대를 구가하면서, 그 평가를 후대에 받겠다는 의미로 글자를 남기지 않았다는 설도 있다. 진 시황이 태산에 남긴 글은 대묘로 옮겨져 보관되고 있다. 총 220여 글자 중 해독 가능한 글은 불과 10여 자밖에 안 된다. 전체 맥락을 전혀 알 수 없는 것이다. 태산 정상 석각 중에 가장 눈에 띄는 글자는 앞 글자에 삐침이 없는 '虫二'란 비문이다. 이는 청 말기 유정규라는 문인이 태산의 자연경관을 한마디로 표현한 말이다. 풍월무변風月無變을 적으면서 풍월이란 한자에 변을 없애 버린 비문이다. 풍월에 변을 없애니 삐침 없는 '虫二'이 된 것이다. 태산의 2,000여 개 석각 중 가장 함축미가 뛰어난 글로 평가 받고 있다. 아름다운 경치가 끝이 없다는 뜻이다.

공북석, 다른 이름은 탐해석 : 정상 옥황정 바로 밑에 공등암孔登岩이란 석각이 있다. 공자가 태산 정상을 오른 것을 기념한 표지석이다. 공자는 태산에 오른 후 "공자등 태산 이소천하孔子登泰山而小天下" '태산에 오르니 천하가 작다'는 말을 했다. 공자가 아직 뜻을 펼치지 못할 때 태산에 올라 권력을 가진 제왕들을 은근히

비하했다는 이야기이다.

맹자의 흔적도 보인다. 옥황정 바로 아래 암암巖巖이라고 새겨져 있다. 암이란 뜻으로 바위같이 굳센 기질, 의연함을 나타내며 호연지기와 상통한다. 이는 맹자의 의기를 기려 새겼다고 한다. 정상에 새겨진 글씨인 웅치천동雄峙天東, 발지통천拔地通天, 경천봉일擎天捧日, 준극우천峻極于天은 모두 태산의 위대함을 칭송하는 글들이다. 청 강희제는 태산 정상에 올라 보조건곤普照乾坤이라는 네 글자를 남겼으며, 대관봉에 운봉雲峰이라고 쓴 글씨가 그의 것이다. 모두 태산의 위엄을 찬송한 내용들이다.

일관봉은 정상 인근에 있는 봉우리로, 거석이 하늘로 뻗어 마치 날카로운 칼이 북쪽 하늘을 찌르는 것과 같다고 해서 '탐해석' 또는 공북석이라고도 부른다. 공북석은 북두를 향해 기울어져 붙여진 이름이다. 바위의 형상이 바다를 탐험하는 사람과 같다고 해서 붙여진 탐해석은 태산 일출을 감상하기에 가장 좋은 곳이다. 인근 첨노대瞻魯臺는 첨노대에 올라 남쪽으로 보면 공자의 나라, 즉 노나라의 지역이라는 것이다. 정상 바로 아래 커다란 절벽에 당 현종이 남긴 '천하대관 기태산명 마애비天下大觀 紀泰山銘 摩崖碑가 있다. 대관봉이란 이름을 가진 절벽에 있다. 세로 13m, 가로 5.3m의 바위에 총 966자의 글씨가 예서로 새겨져 있다. 모두 금박을 칠해져 휘황찬란하다. 내용은 선인들의 비문이 태산의 위엄을 찬양하고 있으며, 당 시대의 태평성대를 구가하고 있다는 것이다. 당 현종이 봉선한 옥첩 내용의 기록이다. 이전까지 하늘에 고했던 옥첩은 모두 비밀에 부쳐졌지만 현종이 처음으로 공개했다. 바로 그 옆에 '천하가 다 보인다'는 천하대관天下大觀이라는 석각이 보인다. 산등절정 아위봉山登絕頂我爲峰이라는 석각도 눈에 들어온다. '정상에 오르니 나도 봉우리가 된다'는 뜻이다. 정상에 선 느낌은 자연과 혼연일체가 된다. 또 절정絕頂, 앙지仰止 등의 비석이 보인다. 앙지는 경외하지 않을 수 없는 태산 꼭대기라는 뜻으로 쓰였다. 태산에 새겨진 글 중에서 눈길을 끄는 글씨는 청 강희제 시대에 쓴 것으로 전해지는 '과연果然'이라는 석각이다. 이 한마디는 어떤 글보다 적합한 표현으로 평가 받고 있다. 청 건륭제는 많은 글씨를 남겼다. 그 중 가장 유명한 것이 조양동 만장비朝陽洞萬丈碑이다. 높이 20여m, 넓이 9m에 달하는 거대한 비문에 새겼다. 그는 여섯 차례 태산에 오른 것으로 알려져 있으며, 태산 암벽에 140여 수의 시와 130개의 석각을 남겼다고 전해진다. 십팔반이 시작되기 직전에 모택동이 수풍류인물 환간 금조數風流人物環看今朝라고 쓴 글이 보인다. '이제 영웅이라 할 수 있는 인물은 무산계급뿐이다'는 뜻이다. 진 시황도, 한 무제도, 당 태종도, 징기스칸도, 영웅으로 불리던 그 어떤 인물도 다 지나갔고, 현재 영웅이라고 할만한 인물은 무산계급만 남아 있다'는 것이다. 주은래의 부인 등영초는 등태산간조 국산하지장려登泰山看祖國山河之壯麗를 새겼다. '태산에 올라 조국의 강산을 내려다 본다'며 중국 공산당 혁명의 성공을 만족하는 듯한 심경을 표시해 놓았다. 일천문에서 남천문까지의 계단을 천제天梯, 즉 하늘사다리라고 한다. 조금 더 올라가면 '열심히 노력해서 올라가라'는 뜻인 노력등고努力登高가 있다. 일천문에는 등고필자登高必自가 보인다. 이 글은 중용에서 등고필자비, 행원필자이登高必自碑, 行遠必者邇에 나오는 얘기이다. '높은 곳에 오르려면 반드시 낮은 데서 출발해야 하고, 멀리 가려면 반드시 가까운 곳에서 출발해야 한다'는 평범하면서도 심오한 철학이 담긴 말이다. 명나라 때 새긴 것으로 알려져 있다.

남천문 부근 바위벽엔 '부앙 무괴작俯仰無愧怍이 있다. 태산에 올라 "하늘을 우러러 부끄럼이 없고 사람을 굽어 수치스러운 일이 없는 경지"에 이르게 됐다는 뜻이다. 남천문 바로 옆엔 "하늘로 올라가는 길"이라는 뜻의 여등천如登天이 새겨져 있다. 종선여등從善如登 석각도 눈에 들어 왔다. '올라갈 것이냐, 말 것이냐, 고민하지 말고 계속 오르라'는 의미이다. 원래 이 말은 중국 속담인 '종선여등從善如登, 종악여붕從惡如崩'에서 나온 것이다. '산을 오르는 것은 선을 좇는 것과 같고, 내려가는 것은 악을 좇는 것과 같다'는 말에서 나왔다.

이와 같이 태산 홍문 등산길은 고대 제왕들이 다니던 길로서 일명 '어도'라고도 부른다. 당의 고종과 현종, 송의 진종 세 황제는 봉선 등으로 태산을 오르내리면서 비를 세운 것이 모두 16개에 달한다. 문인들은 이 등산로를 따라 오르며 수많은 글을 남겨 '고시의 길' 또는 '서법의 길'이라고도 부른다. 수많은 마애석각들이 더 있지만 아마 중국 정부나 태안시청에서도 전부 파악하지 못하고 있을 것이다.

태산에 가면 마애석각을 살펴 보는 재미와 공부도 될 것 같은데[214] 나아가 등장하는 여러 왕들을 넣어 한중 영화컨텐츠로도 하면 좋겠네요.

◘ 이 주제로 고민 좀 하시어 희망을 만들자 뜻으로.

◈ 같이 알아 우리도 공유해야 할 것 ❆ 세계성을 띨 수도 있는 것

■ 〈세계 정월 대보름은 - 『신농본초경』을 쓰고 중국 의약의 신으로 모셔지는 우리 동이족 '신농씨의 날'이지만, 그 축제를 오곡밥 뿌리기까지로 우주의 만 생명 구하자!〉

세상 어느 하늘 아래에 이리 큰 자연 우주 사랑의 지혜를 베풀며 사는 민족이 있을까!

한겨울 추위 속에 제대로 못 먹고 날아다니는 새들에게 전국적으로 먹이를 주기 위해 만든 이야기가 꽁꽁 숨어 있는 〈한국민속, 대보름 오곡밥을 뿌려 새들을 먹여 살리기〉 홍익인간을 넘어 홍익 우주생명의 정신이라 세계가 다같이 하면, 세계가 사랑과 평화와 이해와 배려정신이 높아질 것이다.

한민족의 우주에 함께 사는 생명에 대한 절절한 사랑의 실천이 느껴진다. 전세계 200여 개 나라에 흩어져 사는 한민족들이 시작이 되었으면 더욱 빠르겠다. 따라서 더욱 따뜻하고 밝고 환한 세계가 되겠다.

하여 〈세계 정월 대보름 축제에서 오곡밥을 뿌리기로 하자!〉

오곡밥 뿌리기는 기아선상의 지역에는 오곡 재료의 확대로 오곡 보내기 운동으로 하면 실제로 더욱 유용할 것이다.

☀ 한류로서 자랑거리를 지속시킬 것과 수익구조가 좋게 여겨지는 것

☀ 오곡밥 하나에도 이리 큰 사랑과 지혜를 담은 조상과 한국민속

「정월 대보름 오곡밥의 유래」: 구비 전승 · 언어 · 문학/구비 전승

전라북도 군산시, 박순호, 전라북도 군산시 성산면 고봉리에서 채록된 설화.

[채록/수집 상황]

1989년 6월 당시 57세의 최운택에게서 채록된 「정월 대보름 오곡밥의 유래」 설화는 2000년에 간행된 『군산 시사』에 기록되어 있다. 채록 경위는 다음과 같다.

오후 3시 면 소재지의 정육점에 노인들이 모여 있어 인사를 나누고 이야기를 청하자 제보자가 나섰다. 제보자는 녹음기를 의식하여 이야기를 하려면 미리 연습을 하고 해야 된다고 하였으며 이야기가 녹음됨으로써 이름이 난다고 믿는 것 같았다. 그래서인지 긴장하였고 연설하는 것같은 말투였으며 손동작을 많이 취하면서 시작한 이야기이다.

[내용]

그 전 고구려 시대 때 어느 왕이 참, 이 농촌에 시찰을, 지금으로 말허자면 시찰이나 한가집니다. 나와서 신하 몇명을 데리고 참 어느 산골짝을 가는디, 가그매깐치[까막까치]가 꽉꽉 그 가는 질 앞으서 울고 있다 이거여. 하, 그런게 그 왕이 있다가, "멈춰라. 이거 질이, 질 앞으 신작로 앞으 가서 가그매[까마귀]가 울고 있으니 묘헌 일이다. 멈춰라." 그런게 신하들이 딱 뭐 멈추고 본게, 왕이 동서 남방을 죽 훑트리 보니 아무 거시기도 없고 저 서행쪽으로 연못이 있는디. 연못이라는 것, 둠벙이나 한가집니다. 못이 있는디 못에서 사람 하나가 빠져 가지고 모가지만 들어갔다 나왔다. 그 이렇게 허드라 이거여. 왕이 치다본게. 근게 그 임금이 있다가 신하를 부름서

"너 저그 좀 갔다 와봐라. 저 연못에 가면, 느덜 눈에는 안 뵈냐? 내는 뵌 게 사람 빠졌으니 금방 죽는다. 올라갔다 앉았다 헌게 어서 가봐라. 가서 그 사람을 구해라."

신하가 참 그 말을 듣고서나 바로 그 못 가에 갔어요. 갔더니 아니나 다를까 사람이 빠져 가지고 모가지만 폭 들어갔다 나왔다 들어갔다 이짓을 허드라 이거여. 그런게 신하가 인자 벗을 여가도 없고 사람이 죽게 생겼은게 그냥 옷 입은 그대로 막 그 못가를 들어갔시요. 그 사람을 구헐, 들어가 본게 인자 모가지가 쏙 빠지고 손만 이러고 있어요 손만. 그 손이가 편지 한 장을 들고 있드라 이거요. 그서 인자 꼭 잡고 손을 잡고 이렇게 끄시내[끌어내]볼란게[보려니까] 손도 없어지고 사람도 없어지고 편지만 자기 주먹으로 쥐어 있드라 이거요. 그려서 이상허다 허고 그 부근을 훑어봤더니 사람은 시체가 없어요. 아까 빠진 사람, 모가지 내놓다 들어간 사람이 그서 그냥 와서나 임금에게 고告허기를, "가 봤더니 사람은 없고, 편지 들고 이렇게 있습니다. 그서 찾아봤더니 없고 그서 건지든 못허고 그서 이렇게 편지만 갖고 왔시요."

그랬어. 그서 왕기다, 인자 임금기다 딱허니 그 편지를 전해본게 임금이 있다가 읽어본게 '뜯어보면 두 사램이 죽고 안 뜯으면 한 사램이 죽는다.' 이 겉봉으가 써놨다. 이거여. 뜯으면 두 사람이 죽어요, 안 뜯으면 한 사램이 죽고, 헌게 그 임금님이 참 묘허거든, 근게.

"야, 내가 이 농촌 이런 거시기를 살피로 왔더니 오늘 일수가 나쁘고 되로 대궐로 돌아가자."

그 신하를 데리고 감서, 인저 데리고 간 신하를 데리고 도로 대궐로 들어갔어요. 들어가서나 즉시 이 좌의정 우의정 다 불러가지고 인자 회의를, 회를 혔답니다. 회를 혔는디,

"내가 아무디 아무디를 갈라고 했더니 가그매간치가 있어서 이런이런 꼴이 있으니 이 편지를 받었는디 다 해석혀서 내 놔라." 그랬어. 근게 우의정이나 좌의정이나 다 한 패는,

"뜯어보면 두 사램이 죽고 안 뜯어보면 한 사램이 죽은게 사람 목숨이 귀헌게 뜯어볼 것이 없이 한 사람만 죽입시다." 그랬어 그 정승들이, 또 정승들 한 사람은, "그나지나 뜯어 봅시다. 한 사람을 더 죽이더라도 목숨이 귀허지만 뜯어 봅시다." 그 정승들이 있다가 서로 이러쿵 저러쿵 허네, 그 수도 등등허고 뜯어 보자커니 안 뜯어 보자는 숫자가 동등혀요. 근게 임금이 있다가, "야, 내가 결정헐 테니 나 허잔 대로 혀라."

그랬어. 임금님이 결정을 뭐라고 내렸나먼, "이걸 뜯어보얀다."

그서 그걸 그 자리서 뜯어 봤어요. 뜯어 봤더니 오늘 저녁으, 지금은 시간적으로 인자 시간 있은게, 밤 한 시랄지 두 시랄지 그런 자시네 뭐 축시네 뭐 인시네 아니요? 지금 시간으로 바서 한 두어 시나 됐든 겝디다. 근게 자시나 되지.

그런데 인자 임금님이 칼 잘 쓰는 무사, 무사면은 칼 잘 쓰는 사람을 무사라고 혀요. [조사자 : 예, 그렇죠]무사를 막 대궐인게 앞뒤로 한 이십명 막 순시히 놓고서나 그 두 시쯤인게 자시나 될, 될 것이며, 그 시간에 무사를 불러가지고,

"농문을 열어 봐라." 그랬어. 근게 농문을 딱 허니 열은게 머리 빡빡 깍은 중이 나오더라 이거여. 그 중을 내다가,

"너 무신 이유로 이 내방에 와서, 이게가 어느 방이가니…"

임금님 말씀이, "이게 어느 방에, 니가 내 방으 내 농 속에 들어 있냐?"

그렇게 물었어. 그놈 보고, 물으먼 그냥 묻겄어? 인자 주리를 틀트지. 근게 이놈이.

"예, 죽기를 작정헌 몸입니다." "어찌서 죽기를 니가 작정헌 몸이냐?"

"예…." 임금님이 나이가 많았던게 벼. 그러고 임금쯤 되먼 각시가 여럿이 많이 있을 거여. 작은이가 되았던가 근게, 이 임금님이 그 각시 보고, 후딱 말허자먼 뭐라고 허딘가? 왕비 마마라고 허던가? 근디, "왕비 마마가 나를 청을 혔습니다." 그랬어. "그서 왕비 마마의 청을 안 들어도 죽고, 내가 그 청을 안 들어도 죽고 청을

들어도 죽을 지는 알고 있습니다." "몇 달이나 됐냐?" 근게, "석 달 됐다." 고, 그렇게 말을 허드래요. 근게,

"응, 그렇겄다." 그러고서나 인자 그놈을 집어내고서나 목을 빌 판여. 근디 인자 후딱 말허자면 임금님 각시까지 둘이 목을 비여. 목을 딱 허니 막 비어 버렸어. 인자 물어 볼 만큼 물어보고 중도 목비고 임금님 각시도 목을 비고 딱 비었어. 그런게 그 핀지 내용이 뜯어봤은게 중허고 임금님 각시허고 죽었어.

말허자면, 근게 뜯어봐서 중허고 각시하고 죽고 안 뜯어 보면 그 중이 칼을 품고 농속에 숨어서 그날 저녁은 쥑이기를 약속했어 왕을, 그 나라 왕을 죽이기로 약속을 혔당게. 그래가지고 인자 안 뜯어 보면 그날 임금님이 죽어. 그날 저녁으 뜯어봤은게 살고, 그런게 '하, 이게 참 내 운명이 참 하늘이 돌봤구나!' 물팍[무르팍]을 탁 침서 신하들 보고

"여봐라 오늘 날, 날짜가 메친 날이냐?"

그랐어. "예 정월 보름날입니다.""어, 정월 보름날이냐? 그러면 가그매 간치(까치)가 나를 살렸으니 오곡을 혀서 막 사방으다 뿌려라. 오곡밥을 혀서…." 아, 보름달 오곡밥 안 혀 먹어요? 오곡밥을 혀서 사방에다 막 질이고 문 앞이고 다 뿌려라. 그렇게 백성기다 통보를 혀라 그랬어. 그려서 '보름달 오곡밥을 먹는 것이 원인이 거기가 있다.' 소리를 내가 들었시요.[215)]

☀우주 생명과 혼을 귀히 살리려는 마음 - 한국사찰의 사물四物과 찰간刹竿(찰간이란 진대 혹은 당간지주라고도 한다. 나무나 쇠로 깃대 모양을 만들어 각 종파를 표현하는 표기로 삼는 것을 말한다.)

건물 위치 - 규격 하나 하나에 법도 있어 - 사물에는 모든 중생을 구제하려는 뜻 담겨

사찰은 신앙의 도량이며 성불을 목표로 하는 지엄한 연마장이다. 때문에 건물의 위치와 규격에 대해서도 깊은 뜻과 심오한 법도를 가지고 있다. 그러므로 글씨 하나 써 붙이고 돌 하나 올려 놓는데도 의범과 표법에 맞도록 세심해야 한다. 그 중에서도 찰간과 사물이 있다. 찰간이란 당간이라고도 하는데 사찰입구에 돌이나 쇠로 만든 기둥을 뜻한다. 아래쪽에는 지주로 되어 있고 그 위에는 장대처럼 긴 쇠로 깃대를 세워 그 위에 절의 종지와 절의 격조를 표시한다. 요즈음 말로써 표현하면

그 절의 종지를 상징하는 기이다. 우리나라의 구산 오교가 그 교세를 각자 자랑할 때 자기네들이 숭상하는 교의를 표시하는 기치이기도 하다. 오늘에 와서는 그 원형이 거의 없어지고 대개의 절이 지주만 남아 있는 곳이 많으나 아직도 갑사 철간만은 그대로 보존되어 있다.

절의 사물로는 종, 법고, 목어, 운판이 있다. 이것은 절을 절답게 하는 물건이라고 할 수 있으며 그 속에 각각의 깊은 뜻이 숨겨져 있다. 이 중에서도 종은 법구 가운데서도 가장 소중한 것이며 그 뜻이 또한 진실로 중요한 의미를 담고 있다. 종소리는 널리 법계에 퍼져 캄캄한 지옥 속을 환히 밝게 하는 의미를 지니고 있으며 또한 삼악도의 고통을 멎게 하고 도산이 부서지고 일체중생 다 같이 성불하기를 기원하기 위한 법구이다. 부처님이 가장 싫어하신 것은 인간의 게으름이다. 다시 말해 새벽에 일찍 일어나 예불을 하고 참회하고 정진하자는 뜻이 종속에 포함되어 있다. 만일 종소리를 듣고도 일어나지 않은 사람은 구제할 길이 없을 만큼 그 업이 무거워진다는 말이다. 그러므로 종은 지옥에서 고통을 받는 중생들이 그 고통에서 벗어나 영생의 낙을 얻도록 하자는데 필요한 법구로 알려져 있다. 절에서 다음으로 중요한 것이 법고라는 북이다. 북이라면 흔히 아무데서라도 볼 수 있는 것이지만 사찰에 있는 것은 부처님의 법도와 정신에 부합되도록 쓰는 것이기 때문에 이것을 법고라 하는데 축생들의 이고득락을 위해 치는 법구이다. 즉 괴로움을 벗어나 즐거움을 얻으라는 뜻이다. 다음으로는 목어이다. 목어는 절에서 나무로 고기모양을 만들어 종각에 달아 놓고 조석 예경 때 치는 법구이다. 이것은 수중 중생들의 고통을 제거하고 이고득락토록 하는데 필요하다. 물고기는 눈동자를 깜박이지 않고 항상 눈을 뜨고 있기 때문에 '용맹정진'하는 사람들의 눈동자는 물고기처럼 깜박이거나 조는 일이 없어야 한다는 표법에서 나왔다는 말도 있다. 참으로 치밀한 착상이며 기발한 경책이 아닐 수 없다.

운판은 청동이나 철판 등을 가지고 구름 모양으로 아로새겨 종각에 달아 놓고 치는데 공간에 있는 중생들의 고통을 해면시켜 주는 법구라 할 수 있다. 또한 식사 때 대중에게 알리는 도구로서도 사용되었다고 한다. 이렇게 보면 지옥, 공간, 축생, 수중 등 전 우주가 모두 포함되는 것이라 할 수 있다. 이와 같이 사물은 조석 예경 때에 전 우주 안에 기류하고 있는 일체 함령들을 모두 집합시켜 부처님에게 일심으로 귀의하여 고통에서 해방되기를 기원하는데 필요한 법구로서 불가에서는

가장 소중히 생각하는 것들이다.[216)]

◒ **이런 전통은 지켜 나가자는 부호입니다.**

◒ **"이렇게 행복하게 판소리 듣고 행복한 게 다 조상님 덕이지요!" 이래서 더욱 '어아가'가 나온다.**

전남 구례 운조루 종부할머님

[217)]

구석기 이전 때도 신석기 때도 9,000년 전에도 그 별들 보며 고기를 잡았고 집을 찾아갔다.

쌀을 통에 담아두고 배고픈 이들이 구애받지 않고 퍼 갈 수 있도록 배려한 조상님의 집[218)]

아롱거리는 나의 친구들같은 별에 새겨지는 이름들: 많은 배려와 아낌을 나눠주던 손덕수교수, 추애주교수, 남기영회장, 故 이강재회장,… 밤새우며 얘기 나누던 그리운 사람들이다.

춘천 맥국중도 보존에 대해 국회에서 세미나를 하자는 나의 두서 없는 급작스런 연락에도 멀리서도 두 말 없이 동참하신 애국자 교수님: 제주에서 경주에서 경기도 발굴 현장에서 뛰어와 발표해 주시던 임재해 교수님("나 석학 아닌데" - "제가 석학이라면 석학입니다" - 하하 하고 같이 웃으며), 이강식 교수님, 최무장 교수님과 이상준 교수님, 홍가희 교수님, 성주현 교수님, 배병호 교수님, 노중평 교수님, 오재성 회장님, 오동철 춘천문화회 사무국장, 서예 휘호를 잘 써 주셔서 기운을 흠뻑 받게 해 주시던 박병옥 서예심사 위원님, 강화에서 달려와 기타 들려주시던 곽용수(고급 기타 제작자 및 러시아 기타학회 시험관)님, 사회준비도 제대로 없이 명단만 건너며 능력만 믿고 사회를 맡겨 애를 먹었을 김현 교수 및 김송죽 교수님과, 허성관 장관님, 이덕일 박사, 이형구 교수, 노태구 교수, 일가족 4분이 모두 사학자이신 김종서 박사님과 가족 학자님들, 정길선 교수, 김순진님, 정철님, 임순화님, 노재성님, 오은영 회장 김덕영 거문고 장인, 그 외 여러 단체 회장님들 등등 모두 고맙고 고맙습니다. 날이 추웠는데도 동참해 주신 여러분의 충정에 감사드리며, 일일이 이름을 거론하지 못한 점에 대해 양해를 부탁드립니다.. 여러 친구들! 우리는 저 별 하늘에서도 다시 만나 이런저런 나라문화의 삶 얘기를 나눌 재미있는 시간들이 있겠지요!

★ 칭찬거리로 알려 컨텐츠로 홍보할 것 ☀ 한류 - 한글

연세 80이 넘어 『인류정음 창제고: 훈민정음 확장 연구』 책을 발간하신다고 하니 바쁜 중에도 추천사를 써 드렸습니다.

『인류정음 창제고: 훈민정음 확장 연구』

- 김세환 선생님의 업적에 놀라고 기뻐하며

차 옥 덕 (국문학박사, 소서노어라하기념사업회장)

안파견 환인께서 환국을 열고 세계로 12지국 펼쳐 내시니
이 누리 소리들 자라며 서로 달라 사랑을 펴디 못하는지라
인류정음 맹가노니 나서부터 하나 소리 온누리 홍익할지라

"나는 세종대왕께서 한글을 창제하셔서 우리 모두가 글자를 쉬이 알아 소통할 수

있게 해 주신 한민족 문명대왕으로 존경한다. 약 550여 년 후, 김세환 옹은 그 문자영역을 확대하여, 인류가 하나로 소리를 내어 서로 아끼고 사랑하게 '인류문자'로 다가왔으니, 내가 감히 그 창제사를 위 세 줄로 써 봤다. 그리고 두 어르신을 전기발명가 에디슨과, 우리가 현재 쓰는 전기로 만들어 준 테슬라에 비유하고 싶어졌다.

니콜라이 테슬라(1856~1943)는 1915년 노벨물리학상을 에디슨(1847년~1931년)과 공동수상하는 것을 거부한 러시아 과학자이다. 에디슨은 전기를 발명해서 인류역사를 바꾸게 했으나 방식이 직류라 전기를 멀리 보내지 못했다. 그것을 전기의 교류를 발명해서 더 멀리까지 보낼 수 있게 하여 오늘날 우리 대중이 쓰도록 한 사람이 테슬라이다. 테슬라는 러시아에서 고전을 면치 못하는 에디슨이 있는 미국으로 찾아가 자신의 교류 아이디어를 에디슨에게 내어 놓았으나 이용만 당하고, 다른 후원기업에서 테슬라가 당시 특허권을 고집하지 않고 '교류 전기로 돈을 벌겠다'는 생각을 떨쳐버렸기에, 교류의 대중화가 급속히 이뤄지면서 '전기의 표준'으로 우뚝 서는 계기가 마련됐다. 테슬라는 에디슨과 함께 일을 하며 직류와 교류의 원리를 두고 한바탕 전쟁을 치른다. 교류 시스템이 대세로 기울면서 테슬라의 승리로 끝났지만...사업수완까지 능숙한 에디슨은 기념관에 잘 모셔져 있으나, 테슬라는 나이 들어 무일푼으로 죽었으나, 100년 후에야 다시 그 가치를 인정받고 재조명을 받고 있다. 인류정음도 갈 길이 멀 것이나 언젠가는 조명을 받을 것이기에.. 나는 김세환 옹을 최근에 10년만에 만났는데, 얘기 중에 『인류문자 연구자료 - 한글확장 연구』를 내어 놓으시고 책의 대강을 설명하시길래, 조금 듣다가, 요즘 나는 한국인들의 주체적인 창조물의 결여 해결책을 구상하던 중이라, 더욱 신기하여 "이 인류문자를 어느 분께서 만드셨나요?"라고 여쭈었다. "저가 만들었어요" 하는 소리에 깜짝 놀랐다. 그러면서도 나는 현대에 와서 '천상열차분야지도의 별자리를 고친 분이시니 역시나 버금가는 큰 일을 해내시는구나'하며 속으로 쾌재를 불렀다. 나는 한 번 더 기쁘게 크게 웃으며 『인류정음 창제고: 훈민정음 확장 연구』로 평가하여(이름을 바꾸어 붙여 드렸다.), 선생님은 17년 전 나의 한국여성 향토문화연구원 사무실에서 동북공정에 대처하여 한국역사 지키기와 칠석제 세미나를 매주 여럿이 같이 하면서 알아서, 10년 전에는 연변 과기대 국제학술 발표회와 요동 답사 이후 속으로 서로 知己로 느껴 온 것 같다. 선생님은, 내가 스무살 연하이면서도 항상 뻣뻣한데도 내게 항상 높임말을 쓰신다. 대개 한국에서 남자로, 연장자로 여성에게 함부로 하거나 자유롭게 생각들을 나누지 못하는 관습들 때문에, 나에게 경어를 사용하시는 것도 그냥 모른 척하며, 나도 어르신들께 경칭을 크게는 일부러 쓰지 않는다. 그럼에도 그냥 다른 내색을 하지 않으셔서, 평소 죄송한 마음을 이 자리를 빌어 사과드린다. 김세환 옹은 한국고속철도에 기여, 천상열차분야지도 수정, 훈민정음 연구, 한국고대사 연구를 위해 90세가 내일 모레인데 지금까지도 중국과 홍산을 30여 회 이상 답사와 출판 등으로 자오지(치우천황)학회를 이끌고 계시고, 후학들을 위해서도 자신의 평생 자료를 내어 놓으며. 특히 청각을 거의 잃어 자주 넘어지시면서도, 분주하게 역사문화적으로 움직이신다. 고려말 충신 유방택 선생이 조선국 이성계의 강요로 고구려 때 만든 〈천상열차분야지도〉의 내부만을 고쳤는데, 김세환 선생은 그 이후 500년간 천문이 움직인 것을 스스로 고쳐내셨다. 그것으로 상을 받거나 돈을 벌려고 애쓰시지도 않으셨다. 테슬라처럼 대중의 삶에 자신의 발명이 확산되어 유익하게 쓰는 것을 선택한 홍익인간이시다.

김세환 옹 역시, 테슬라가 천재적인 소질을 바탕으로 전기에 대한 호기심을 획기적인 발명품으로 만들어내듯, 독특한 발명 방식을 갖고 설계도를 그리거나 모델을 먼저 만들어 실험을 하는 방식이 아닌, 머릿속에 자신만의 상상의 세계를 만들어 구현해 내는 발명 방식을 갖고 있는 것 같다. 선생님의 삶의 목적이 오직 자신의 과학적 두뇌와 신실한 노력으로 진실과 민족과 인류애적 믿음을 실천하고자 했으며, 심신의 역경 속에서도 한국 대중의 편익에 기여하려고 하였다. 자연과학적 철저한 연구와 인문역사학적 융합의 튼실한 연구결과와 애국, 애민정신은 인류애의 결실인 인류정음 - 그들은, 선생의 청력을 보청기로 바꾸었으나 - 인류간의 이해로 큰 마음들이 펴지고, 깊은 홍익의 기둥으로 펴질 것이다. 김세환 옹과 테슬라 스토리는 단순한 셈법이 아닌 세계와 인류를 가슴에 품어낸 도전과 혁신만이 결국 지속가능한 사회와 인간의 평가를 만든다는 사실을 가슴 속에 새기게 한다. 이제 한국의 젊은 지성들도 자신이 첫 창조를 할 수 있다는 자신감을 가지고 세계인류 문화 속에 내어 놓아야 할 때이다.

1961년에는 자기장 세기를 나타내는 단위로 테슬라의 이름을 딴 T(Tesla)를 쓰자는 결정이 내려지기도 했고, 요즈음 다시 국제적, 경제적, 사회적으로 재평가되고 있다. 이렇듯 김세환의 '인류문자'도 '김세환'도 재평가를 받는 날이 올 것이다.

세종의 '훈민정음'에서 이제 김세환의 '인류정음'으로!

"일부러 손녀 가까이 살며 매일 만나 소리를 들어 보는데, 손녀가 태어나는 날 우는 소리가 '아'가 최초의 발음이며, 또 아이가 '르'를 발음 못하며 할아버지를 '하지'라 불러요. … 현대 주변 나라, 일본과 중국에서는 받침 발음을 못하여, 마치 발음 수준이 어린아이 정도에 미치는 것과 같으니 우리 한국인이… 는 등등의 얘기를 하시길래, "국문학박사라는 저도 경상도사람이라 '은'과 '언' 발음을 하지 못하는데. …" 하니, "외국도 차박사님도 다들 인류문자로 연습하면 됩니다."하시며 설명을 이어가신다. …

선생은 인류가 같은 발음을 하여 서로의 공통점을 더욱 인식하며 평화와 홍익을 섬기는 하늘의 사람들이 되기를 염원한다. 아무쪼록 이 뜻이 100여 년 안에 지구에서 이루어질 것을 믿는다. 이후는 우주언어를 만드는 이가 나타날 것이다. 우주의 소통이 이루어진다.

이는 우주가 평온해질 기반이 될 것이다. 오래오래 즐거이 '인류정음'이 한 발짝씩 더 나아가고, 한국과 세계의 후학들도 이 정신과 길을 펼치시길 고대하며, 삼행시로 추천사를 마무리하고자 한다.

김이 금에서 나왔듯 그에게서 풍요로운 금마차가 나왔다.
세상을 구할 혼력은 심신을 다 녹이니 듣는 것도 다 내리고
환한 지구에 마음껏들 즐기라고 '인류정음' 빛으로 비추셨다.

환기9212년(2015) 동짓달에 첫마음을 열며

★ 칭찬거리로 알려 컨텐츠로 홍보할 것 ☀ 한류
실사구국의 한국 역사문화학?

실사구국 역사문화학

● 역사란? 수필적으로 말해, 인간(혹은 국가여야 하는데 국가가 먼저 앞서는 현대사회이니 복잡하다.)의 행복한 생존이라는 그 목적을 향해 가는 公私의 축적된 발자취이고, 그 안의 아름답고 편하고 즐길 예쁜 무늬가 문화이다.

문화란 나 우리한테 편하고 쾌하고 신나고 돈도 벌고 향유하고 공유할 수 있는 즐길거리이고, 문화란 사람이 경탄 찬탄할 만하게 만든 일이나 형태로서 사람을 사람답게 여길 수 있도록 하는 것들이다. 문화가 한 사회의 인간의 생활 양식이라 한다면 한 나라의 '문화文化'는 그 나라의 인간 생명 설계도와 이를 둘러싸고 있는 자연환경과의 과학적 통합에 의해 만들어짐을 생각할 수 있다. 일례로 여름에 시원하게 입는 한산 모시의 경우를 들어보자. 우리는 여름이 되면 시원하게 살려고 한다. 시원하게 살려는 욕구는 우리의 생명 설계도에 설계되어 있는 본능이라 하겠다. 그런데 시원하게 살려는 욕구를 만족하게 하는(열게 하는) 하나의 열쇠가 한산 모시이다. 그래서 우리는 여름이면 모시를 적절히 이용하게 된다. 이렇게 해서 한산 모시문화가 형성된다. 인간에게 영향을 가장 크게 미치는 풍토를 마치 위에서 언급한 환경처럼 가장 자연스럽게 영향요소로 생각하여 문화론을 전개할 수 있다.[219)]

● 문화의 속성: ⊙ 이성적으로는 전체성(총체성), 공유성 다양성 변동성 축적성 학습성 문명은 특수성 보편성 개별성 전파성 수용성을 지닌다.

☀ 한국적 감성적으로 나는 한국 문화란 황홀성 찬탄성 행복성 – 나 우리에게 맞아 편하다 쾌하다 나눌 만하다는 감정을 느끼게 하는 것들이다. 태양처럼 달처럼 별처럼 서로 달라도, 문화란 어떤 지역이라는 공간에서 발생하며 존재하게 된다. 맑고 깨끗하고 무엇이나 풍성한 금수강산에서 이런 문화가 시간적으로 진화 발전하는 것이며 이를 금수강산의 역사라고 한다. 이렇게 보면 문화의 공간성이 시간성인 역사의 시작이 된다. 이것은 문화의 주체인 인간의 경우도 마찬가지이다. 인간이 육체가 있는 이상 시간보다 공간을 먼저 차지하게 되며, 육체의 시간성은 그 다음이 된다. 그래서 문화의 공간성을 역사적 시간성보다 앞선 개념으로 본다. 금

수강산은 풍수지리가 쉽게 받아들여진다. 금수강산 지구에 사는 지구인에 있어 풍수지리 역사는 그렇지 못한 메마른 곳의 풍수지리보다 훨씬 강조된다.

★ 누구는 이것을 몰라 지구 형성 4,000년이라 말 했다가 장관도 못했다.

지구 형성 45억만 년에

인류생성 650만년…

…빙하기 …간빙기

…빙하기 …간빙기

동굴문명

天孫으로 제사문명: 하늘을 막는 석조 큰 건물이 불필요

고인돌 문명: 단(壇, 제터)문명

7만년 뮤대륙

마고 부도문명(12,000여 년전): 마고성

최근 1만여 년

- 환인환단문명(9,000여 년): 12환국 : 하늘
- 환웅 강화맥국 홍산문명(7~8,000여 년)
- 단군 조선문명(4~5,000여 년)
- 5대문명 (황하 4대문명)(3~4,000여 년)
- 현대문명

그 동안에 〈사람의 문화가 쌓인 것을 문명〉이라 한다.

즉 어떤 특정 종족이나 특정 지역 - 주로 강이나 바다 산 주변에,

특정한 양태를 지니며 쌓인 역사 속의 문화.

문화: 사람 개인이나 집단의 욕구와 필요에 의해

물질적으로나 정신적 예술적으로 만든 산물이나 그 표출 형태

(9212년 5월 22일)

% 사전에 의하면, 문명은 고도로 발달한 인간의 문화와 사회를 말한다.

인간의 지혜로 자연적 제약을 극복하여 무리를 이루어 살면서

문화: 인류의 정신적이고 가치적인 소산

문명: 물질적 기술적 소산이다. 제 2차 세계대전 후 문화인류학에서는 문화 중에서 도시적인 요소, 고도의 기술, 작업의 분화, 사회의 계층분화를 갖는 복합문화(문화의 복합체)를 큰 단위로서 파악한 총체를 문명이라 했다.

… 역사문화는 학이기 이전에 나의 삶의 방식이고 삶 자체이다. 그 삶을 좀 정리하며 공부해 보며 배우며 같이 배우길 원하여 공유하고자 털어보고 논술해 보는 것을 '배울 學'이라 했다.

실사구국의 역사 경쟁력 - 친한국 공유문화 찾고 익히기

◈ 내집 앞 문밖 부터 - 원효로에 40여 년을 살며 왜 원효대사 동상이 용산구 효창공원 정상에 세워져 있는지? 원효대사를 좋아하는 일본인들이 그 동네가 일본인들이 원정元町으로 하였는데 원효와 元자가 같아서 원효로로 하고, 그냥 원효대사상을 세웠다는 우스꽝스러운 얘기가 있다.[220] 아마도 역사가 밝혀지지 않아서 그렇지 원효대사의 족적이 있었을 것이다. 사당동에만 해도 진덕여왕이 세운 사찰과 도요지가 남아 있다. 아니면 일본인들이 좋아하는 원효대사의 법의 정수때문에 상을 세웠을 수 있다. 삼각산을 원효와 의상이 갔는데, 지나는 길에 용마루 산정에서 어떤 연유도 있을 수 있다.

◂ 원효대사와 일본 정토종: 원효는 686년에 죽었지만 그의 무애행은 8세기부터 일본에 전해졌다. 원효 사상을 일본에 퍼뜨린 대표적인 인물은 일본의 승려인 공야상인(空也上人 · 903~972), 법연상인(法然上人 · 1133~1212), 명혜상인(明慧上人 · 1173~1232) 등이다. 공야상인空也上人은 무라카미 천황(村上天皇 · 946~967)과 인연이 깊은 승려이고 무라카미천황이 원인 모를 병이 들어 고생하던 중에, 그때 공야상인이 관세음보살 꿈을 꾸었는데, 꿈에 이르기를 관음상에 차를 바치면 천황의 병이 나으리라 했다. 공야상인은 꿈대로 차를 바쳤고 천황은 쾌차해졌다. 그러자 천황은 이 은혜를 잊지 않기 위하여 964년에 서대사西大寺를 짓고 해마다 정월 초하룻날 차를 올리도록 했다. 이때 동대사東大寺도 함께 지었다. 서대사의 차 올리는 의식은 매우 독특한 모양을 하고 있었는데, 불단에 차를 올린 뒤에는 절 주변 사람들을 초대하여 차를 함께 나눠 마셨다. 사람마다 찻그릇을 따로

정하지 않고 큼직한 찻사발(일본에서는 오우부쿠라 했음)에다 차를 그득 담아서는 모인 사람들이 차례로 돌려 가며 마셨다. 차를 한 그릇에 담아 여럿이 돌려 마시는 풍습은 일본에 없던 낯선 것이었는데, 이는 원효의 무애차에서 비롯된 것이다. 오우부쿠라는 찻사발을 일본의 어떤 전설에서는 무애 찻사발이라고 전하고 있다. 법연상인法然上人은 일본 정토종 창시자인데, 원효의 '유심안락도'를 정토종의 종지로 삼았을 만큼 철저한 원효 숭배자였다. 그런 연유로 원효는 일본 초암차의 비조일 뿐만 아니라 부처와 동격인 명신明神으로 존경을 받고 있다. 명혜상인明慧上人은 원래 백제사람이었다. 저 유명한 '동대사요록東大寺要錄'을 쓴 사람으로도 알려진 분이다. 화엄종 승려였는데 원효를 흠모하여 '화엄연기회권華嚴緣起繪卷'을 그려서 교토 고산사高山寺에 모셨다. 현재 교토박물관에 소장된 '화엄연기회권' 6권 중에서 제 2권에 원효의 행적이 들어 있다. 또한 명혜상인은 일본 초암차의 시조가 되기도 한다. 일본 차의 역사에서는 송나라에 유학했던 에이사이榮西 선사가 중국 다예茶藝를 배워 와서 일본에 보급하고, 차 종자를 가져와 도가노산梅尾山에 심어 차를 확산시켰다고 한다. 에이사이 선사 이전인 헤이안 시대(744~1192) 말기에 이미 명혜상인이 교토를 중심으로 차문화를 가르쳤다는 옛 일을 일본 차인들은 누구도 부정하지 않는다. 이렇듯 원효의 무애사상[221]을 실천하는 한 방법인 무애차는 일찍이 원효가 신라의 서민, 천민들과 함께 생활하면서 그들로부터 배운 음식 나눠먹는 형식에서 비롯되었다. 신라 서민, 천민들은 가난한데다 먹을 것이 부족하여 그들 특유의 공평한 분배 방식을 가지고 있었다. 큼직한 바가지 하나에다 먹을 것을 구걸하여 담아 음식을 얻어 오면 바가지를 가운데 놓고 빙 둘러 앉아, 정해진 순서에 따라 바가지에 손을 넣어 한 움큼씩 음식을 집어먹거나 숟가락을 사용하기도 하는데, 옆 사람을 생각하여 늘 조금만 덜어낸다. 국물이나 숭늉도 그렇게 돌려 마셨다. 원효는 그 모양을 보고 크게 깨달았다. 그렇게 나눠 먹고는 박을 두드리면서 춤을 추고 노래했다. 음식물을 준 분들에게 감사하는 뜻이다. 여기서 농차가 비롯되었다.[222]

☑ **원효로 3가 〈당산나무 6그루〉와 제단이 있는 신성한 터에, 현대는 용산문화원을 짓고는 운동 공원으로 만들어 버리다니! 서울 용산구 원효로에 살며 전국 의상과 원효 사찰 답사를 다니며 선한 영향력의 선순환을 새기며 살려는 노력 중에 보인 〈당산나무 6그루〉 동네의 역사!**

우리 생활과 너무 가까워서 하찮아 보이기까지 하지만 없는 스토리를 지어내서 열광하는 외세를 부러워하지 말자. 조앤 롤링의 '해리포터'를 부러워 한다. 하지만 우리는 이미 세계 최고의 스토리 속에서 살고 있다. 우리는 있는 것만 잘 활용해도 이미 세계 최강이다.[223)]

조선 개국 공신인 정도전은 왕조를 설계하고 도시를 설계하고『조선경국전』을 지어 통치규범까지 설계했다. 하지만 정도전이 왕권과 신권 신분제 개혁 등의 주장으로, 태종 이방원에게 살해되며 그의 가치는 침몰했고, 이후 467년 동안 역적으로 몰렸다. 그가 살던 집은 태종이 마구간으로 만들었다. 그리고 이곳은 1970년대까지 서울 경찰청 기마대 자리로 쓰였다. 수송동 146번지로 지금 종로구청 정문앞 서쪽 화단 부근이라 한다. 역사는 이처럼 무심하게 이어진다.[224)]

지극히 한국적인 것이 가치있는 것이라는 것을 아시는가? 무엇인가?

파괴하려고 노력하는 자들이 힘이 더 세다. 지키려 하는 자들이 있는가?

원효로 3가 〈당산나무 6그루〉와 제단이 있는 신성한 터!도 못 지키는데 - 근처 카톨릭 고등학교는 계속 발전시켜 가는데.

그냥 세월이 하는대로 가는대로 따라가? 듣기 좋은 말이다. 속에서 천불이 나는 분들이 많다. - 천손답게 홍익, 만년 역사민족답게 깊게 느긋하게 끈기있게. 마고 삼신 후손답게?

자연에 깊게 심취 - 천문 발달, 문자 말 발달 - 다 파괴당하고 덮어 씌워지고 빼앗기고 난 후, 손님에게 후하고 인정이 넘친다 - 친사대 외래 자식에 대한 애착과 사랑과 헌신과 교육열이 강하다. 생사가 둘이 아니다라고 어느 순간 깨닫고 나면 이승에 그리 애착을 둘 것도 아니지만, 악이라는 것이 있어 인간 삶의 세계는 집단적인 힘을 빌러 경계해야 할 것이 있게 된다.

▲ 유르트 중앙의 태극: 특히 신장 천산 천지에서 보는 태극과 +문양(환국에서 수메르로 넘어가는 기독교의 +)

☗ 한국인의 정체성 보존을 위해, 한국의 전통문화안 유적지 파괴를 허가한 관리 실명제를 해야 한다.

카톨릭이나 교회에 의한 여신女神 수난사

서울 용산구 문배동 당고개 당자리에다 성당을 지어버린 것과 같다. (박원순시장과 성장현 현 구청장 시절 실명제)

청와대 뒷산 북악 여신당을 유교를 믿는 관리가 없애 버렸고 바로 며칠 후 꿈에 북악여신이 나타나 벌을 주겠다고 했고, 그 관리는 발령을 받아 가는 중 여관에서 자다가 죽어 버렸다. 현대는 그 자리를 신성한 곳이라 여겨 의자를 놓지 않는 정도로 대우하고 있다. 작은 신당이니 복원하면 여러 모로 유익할 것 같다.

〈발칸반도 도시 여행 이야기〉 슬로베니아 여행

슬라브 신화에 등장하는 사랑과 풍요의 여신인 〈지바(에바) 여신〉을 모신 자리였으나 8세기에 들어…성당이 들어섰다고 합니다. 성모마리아 승천 성당은 슬로베니아에서 가장 인기가 높은 결혼식 장소가 되었는데, '사랑의 신'이라 불리던 〈지바(에바)의 여신〉이 깃들어 있다고 믿는 슬로베니아 사람들에게는 가장 인기 있는 결혼식 장소로, 결혼할 때 신랑이 많은 계단을 신부를 안고 올라야 한답니다. 신랑들에게 〈지바(에바)의 여신〉이 이 터를 제대로 못 지켰다고 벌을 주나 봐요. 사랑과 풍요의 여신인 슬라브 지바(에바) 여신을 모신 자리가 성모성당으로 바뀌었으니….

■ 나의 〈실사구국의 한국역사문화학〉적 관점을 이 책을 쓰며 정리한 덕분에, 바로 그 틀로 첫 번째 다른 인물에 대한 분석을 할 수 있게 되었다. 세종이 보였다. 간단히 일부만 드러낸다.

내가 본 세종의 실사구국의 역사문화학적 실생활의 일부

세종은… 향악과 아악을 고루 신경 써 맹목적인 보수와 무조건적인 외국문물의 수입에서 이상적인 균형을 유지하게 했다. 또 하늘길은 조선과 명나라가 다름을 분명히 하고, 독자적인 천문학 공부 분위기를 조성했다. 의학과 역사 공부에서도 주관을 확립시켰다. 학문 탐구는 과학과 미신을 구분하게 했다. 이처럼 겉만 화려한 공부보다는 인문학과 실용학의 경계를 넘어 자신과 백성의 삶을 윤택하게 만들 수 있는 공부를 독려했다. 충보다 효! 최고의 스승은 아버지이다. 세종의 궁극적 꿈은 예의국가의 완성이었다. 윗사람을 공경하고 아랫사람을 보살펴 사람답게 사는 사회를 건설하는 것이다. 이는 왕실부터 솔선수범해야 효과적이다. 왕은 자기도야에 이은 만백성의 바른 통치에 나섰다.

임금은 아버지에게 무릎을 꿇었고, 노인에게는 일어서서 답례했다. 제왕의 모습이 아닌 아들과 연소자의 예절을 택했다. 또 최고의 스승은 아버지임을 인식하고 세자, 수양대군을 직접 가르쳤다. 그 방법은 밥상머리 교육이었고, 스토리텔링 교육이었고, 내리 공부였다. 세종의 직접 언급이다.

"나는 날마다 세자와 더불어 세 차례씩 같이 식사한다. 밥을 먹은 뒤에는 세자가 동생들에게 옛 교훈에 대해 말하게 한다. 나도 또한 수양대군에게 공부를 가르쳐 준다." 며느리를 훈계하기 위해 [열녀전]을 가르쳤고, 왕족에게는 엄격한 원칙을 요구하며 종학에 입학시켜 교양교육을 받게 했다. 평생공부가 만든 세종의 지식경영 또한, 임금은 이론과 실습을 중요시했다. 세자에게 대리청정을 시킨 것이 한 예이다. 신료들의 반대에도 불구하고 임금은 세자에게 강무, 대리청정을 지속적으로 시켜 이론공부와 실습을 병행할 기회를 주었다. 생계형 범죄와 인륜 범죄를 구분하고, 사회적 약자를 보호하는 사회보장제도를 실천했다. 많은 공부를 통해 투철한 역사관, 국방관을 가진 임금은 나라의 강토를 넓혔고, 국민 통합을 위해 계승의 정책을 펼쳤다. 이처럼 다양한 인재를 다스리고 시대를 뛰어넘는 창의력과 실행력은 세종의 깊이 있는 평생 공부에서 시작된 것이다.

☗ 전쟁항복 이후도 자연재해가 그렇게 많은 일본이 세계 최고 부강한 나라!

그 힘은 어디서 나왔을까?

일본에서의 주요 종교는 신도 · 불교 · 그리스도교(1%미만)가 있다. 신자수는 신도 9,100만 명, 불교 8,608만 명, 신 · 구 그리스도교 93만 명, 그리고 기타 종교 831만 명을 합쳐 모두 2억 1,355만 명(1988)으로 실제 일본 인구의 약 1.8배나 된다. 신도는 정령신앙과 조상숭배를 바탕으로 한 신앙계보 위에 발달했는데 이것은 해외에서 전파된 불교 · 도교의 영향하에 그 이전부터의 토착적인 고유신앙이 반응하여 형성된 것이다. 신도는 메이지[225]의 신분 분리정책으로 국가의 보호를 받고 체계화되어 전통적인 민속습관에서 떨어져 나갔다. 오히려 제 2차 세계대전 후에 신도는 민속문화 전통을 되찾았다고 볼 수 있다. 일본인은 일반적으로 탄생 · 결혼 의식은 신도 의식으로 행하고 장례의식은 불교의식을 따른다.

☢ 요즘 온 종교인 반성요구 편지들:

한 여수에 계시는 전국구 주역 기독교 불교 신교
두루 공부하시는 이씨 선사로부터 -

특정 종교인들이 사소한 일도 참지 않고 겁 없이 종교 빽을 믿고
죄를 쉽게 짓고 회개하였다고 뻔뻔하게…
"사랑은 눈물의 씨앗이요 사랑은 눈물의 씨앗이요
종교는 전쟁의 씨앗이라 사랑이 없으면 눈물도 없고
종교가 없으면 전쟁도 없다. 모든 전쟁은 종교에서 발생했다.
회교도는 칼로 시작한 종교 십자군전쟁이 세계전쟁의
시발점 러시아가 100% 기독(천주)교 국가에서 무신론 공산주의가 나왔다.

다행히 아담의 후손이 아닌 자연산 진화인 신라는 피 한방울 안 흘리고 나라를 시작하고 박씨는 피 한방울 안 흘리고 타성他姓에게 왕위를 물려주고, 제주도(탐라국)는 1,300년 간 고, 양, 부 씨 3성이 돌아가면서 왕을 했고, 대문 거지 도둑이 없던 풍속 삼무사상이다.

이러한 사상은 오로지 오대양 육대주에 신라 6촌장들과 박씨 사상, 제주도 삼무사상과 고 양 부 삼성 씨들의 사상만이 진정한 평화사상이었다.

고로 탐라국과 신라정신이 후천세계를 움직이고 지구평화와 우주평화가 온다.

신토불이식으로

1. 지화자 좋다 인공산 아담 하와를 창조하신 여왜(여호와) 선녀님을 위하여
2. 할렐루야 아멘
3. 나무 아미타불 관세음보살

인공산 개량종 아담 하와의 후손들이 믿는 종교는 말세와 종말이 있으니 말세와 종말이 생기나, 자연산 진화인 동양인은 말세와 종말을 모르니 말세와 종말이 없으므로 영원하리라.

엄동설한이 오면 끝이 아니고 따뜻한 봄이 기다린다.

왜 죄를 쉽게 짓는가.

자기가 손수 옷을 빨아 입을 사람은 흙탕물에 조심해서 걸어가는데 빨래를 쉽게 해주는 데가 있는 사람은 겁없이 막 간다.

남의 눈에 눈물을 흘리게 하면 자기 눈에 피가 흐른다고 하여 죄를 안 지으려고 애를 쓰며 죄를 지으면 양심의 가책을 느껴, 천둥 번개에도 민감하게 죄의식을 안고 살던 민족이 인공산들이 만들은 종교가 들어와서 회개만 하면 죄가 없어진다는 바람에 종교인들이 사소한 일도 참지 않고 겁 없이 종교의 빽을 믿고 죄를 쉽게 짓고 쉽게 죄를 회개하였다고 뻔뻔하게 큰소리 친다."

◕ 한국의 실사救國에는 항시 일본이라는 문제가 빠지지 않고 항시 포함된다. 상호 관계가 아니고 이리저리 일본의 일방적인 어떤 공격이나 괴롭힘이었다. 항시 그 일본 그에 대한 한국의 수세에 찬 반응이었다. 한국 맥국에서 간 스사노 오미꼬도가 누이 아마테라스 오미꼬도를 괴롭히듯, 일본은 한국을 늘상 괴롭힌다. 일본은 한국인에게 늘상 스트레스의 대상이다. 이 국면을 나아지게 할 평화적 문명적 묘약이 무얼까?

북한의 핵이 이제 그 국면을 좀 나아지게 해 주는 역할을 할 수 있도록(그것은 한국민의 심리적 불안을 덜어주는 큰 노력이다), 김대중 노무현 문재인 정부는 노력을 했다. 그것은 문명적인 것이 아니다. 북한 자체도 한민족으로 1,945년까지는 남북이 일본에 대해서 가지는 느낌이나 적대심을 공유했었기에, 일본에 대해 많은 불만을 가져온 것도 사실일 것이고 - 이후 왕래한 북일이 좀 나아졌을까? 3,000만

한민족끼리에서 이제 남북 7천 여 만이라는, 힘이 없어 보이지만 힘이 있어 큰 힘을 발휘하는 측면도 있을 것이다.[226] 일본은 1억명을 능가한다. 머리수로 계산하자는 것도 해서도 합리적이지 않고. 일본의 총인구수는 2013년 4월 일본 총무청의 발표에 의하면 '1억 2751만 5000명'입니다. 일본 2012년 신생아수 103만 여 명… 역대 최소[227]

◐ 한국도 실시간 한국인구 통계 하고 또 자료 내어 놓는지?

일본도 인구가 감소하고 있습니다. 일본통계청에서 5년마다 조사되는 발표에 따르면 2010년에는 43,221명이 증가하였고 2015년에는 115,383명이 감소한 것으로 보아 2012년부터 감소하기 시작한 것으로 보이며 2019년에는 한해동안 33만 여 명이 감소할 것으로 보입니다.[228]

한국에는 2017년부터 인구절벽이 시작되어 2018년에는 0.97이라는 합계출산율이 대통령직속 저출산 고령사회위원회에서 잠정 발표되었으며 2018년 1월 주민등록 통계에 따르며 전국에서 1달간 228명이 증가하는 결과가 나타나서 애초에는 2025년부터 감소가 예상되었으나 2023년 또는 그 이전에 감소가 시작될 수도 있습니다. [229]

◘ 한국 · 일본 · 중국의 국민성

"아시아의 여러 나라들 중에 특히 한국과 일본 중국은 역사적으로나 문화적으로나 언제나 연관되어 있고 늘 비교의 대상이 되어 온 것이 사실이다. 재미있는 예를 들자면 삼국 국민의 청결도에 관한… 실제로 내가 알고 있는 중국 친구들의 경우를 보면 정말 지저분하다는 생각이 든다. 물론 청결의 문제는 소득과 습관의 문제와 관계가 있지만 그래도 중국인들은 너무하다는 생각이 들 정도 중국 친구들 특히 본토의 북방 친구들은 지저분하다. 소득의 문제에서 보면 역시 아직은 가난한 중국에서 물을 자유롭게 쓰는 것도 그렇고, 비누며 세탁의 문제들도 아직은 부족한 것이 많아서 청결하지 못하며, 습관에 있어서도 건조하고 물이 많지 않은 땅에서 자란 사람들은 아무래도 목욕이나 빨래 등에 무관심하고 별로 여유가 없는 것도 사실이다. 그래서인지 중국 친구들을 보면 머리는 며칠에 한 번씩 목욕, 세탁은 몇 주일에 한 번 정도 하면서 사는 것을 자주 보게 되는 것이다.

일본의 경우에는 어떤가? 우리도 요즘은 문화적, 보건 환경적으로 청결이 강조되는 시대라서 목욕이며 세탁 청소 등에 신경을 많이 쓰는 시대가 되었지만, 일본의 경우에는 아무래도 경제적으로도 이미 상당한 안정기에 들어서 있는 경제대국이며 고온다습한 기후조건으로 매일 청소하며 목욕과 세탁을 하지 않고는 살 수 없는 환경조건을 가지고 있으며 이런 것들이 이제는 자연스러운 습관으로 되어 있어 깨끗하고 청결하지 않으면 살 수 없는 환경적인 조건과 습관이 되어 버린 것이다. 우리의 경우에는 일본과 중국의 중간 정도로 이제는 문화이며 경제 교육 수준의 향상으로 인하여 청결과 깨끗함이 강조되는 사회가 되어서 우리도 이제는 가정마다 욕실과 기타 충분한 세탁과 청소가 가능한 시대가 되었다고 본다. 일본의 이런 국민성의 문제는 명치유신으로 시작된 근대화 산업화로 기인한다고 볼 수 있다. 일본의 근대화는 이미 120여 년의 역사를 가지고 있으며 이들은 몸은 일본인이지만 정신과 습관은 서양화한다는 논리로 모든 것들을 서양식 문화로 전환하여 받아들였다. 지나친 서양화로 심지어 일본의 경우에 이미 120여 년 전부터 음력을 사용하고 있지 않으며 인도의 유명한 음식인 카레가 일본에서 인기가 있는 이유가 카레가 일본인은 처음에는 영국의 음식이라고 생각했기 때문이란다. 아무튼 명치유신으로 서양의 문물을 전부 받아들인 일본은 이미 아시아의 종주국이 될 수밖에 없는 초기 조건을 가지고 있었으며 20세기 초반의 해외식민지 개척과 패전 후 한국전으로 제 2의 중흥기를 맞이하여 아시아의 최고 대국이 되었고 경제적으로는 세계 2위를 자랑하고 있는 것이다. 물론 요즘은 어려움을 겪고 있지만 말이다. 어쩌면 이런 것들이 한국이 일본을 따라잡을 수 없는 것일지도 모른다. 일본의 수준은 한국의 20년 정도는 앞서 간다는 생각이 작년의 중국의 올림픽 유치 결정으로 나는 생각하게 되었다. 1964년의 동경올림픽, 1988년의 서울 올림픽, 2008년의 북경 올림픽 이것이 삼국의 경제적 문화적 교육적인 수준의 차이가 아닌가 하고 ,한국의 인터넷 사용이 일본을 앞지른다고 하지만 10 - 30대의 젊은이들 중심의 저급한 문화가 대부분인데 비해, 일본의 경우 전국민, 그러니까 10대에서 60대까지 수준 높은 인터넷을 하고 있고 살림하는 주부들도 부엌살림을 하면서도 세계정세에 밝은 경우가 대부분이다. 그럼 일처리의 문제를 보면, 중국인들의 경우에는 10억이 넘는 인구와 싼 인건비로 인하여 이들은 한국이나 일본의 한 사람이나 두 사람이 하는 일을 다섯이나 열 사람이 해도 된다고 생각을 하고 일을 한다. 사람은 많고 인건비는 싸니까 그러니 일을 시키면 대체로 천천히 하고 그것도 지시한 일만 하는 성격으로 한국식으로 말하면 무사안일과 복지부동의 자세가 체화된 모습을 흔히 본다. 그래서 나는 개인적으로 아직은 중국은 우리의 상대가 아니라고 본다. 그럼 우리는 어떤가? 박정희 독재로 상징되는 한국의 개발독재는 서투른 발상이기는 하지만 공기단축과 빨리빨리를 외치는 작업현장의 목소리가 지금도 들리는 듯하다. 우리의 산업과 사회전반은 빨리빨리와 공기단축이라는 대명사로 사상누각을 쌓은 것으로 IMF라고 하는 경제신탁통치를 받게 되었는지도 모르겠다. 서두르고 빨리만 하면 된다는 국민성이 몸에 베인 것이다. 그래도 일은 잘하는 편에 속한다.

일본의 경우에는 어떠한가? 마치 일본인들의 일처리를 보면 이들은 마치 공산당 전당대회 준비의 모습처럼 많은 준비와 사전조사 그리고 검토와 재검토를 한 다음 다시 분석하고 연구한 다음 실행하는 스타일이다. 그래서인지 일본의 본토와 홋카이도를 연결하는 세계 최장의 해저터널의 경우에는 연구검토에 15년 지질조사의 타당성 확인에 15년 실제 굴착에 15년 정도가 걸려서 완공을 했다고 한다. 한국이라면 20년도 걸리지 않을 일을 말이다. 물론 지나치게 신중하고 검토하는 것이 한국인들이 보기에는 특히 나같은 사람이 보기에는 바보같기도 하고 충분히 가능한 일이고 결과가 보이는 일에도 신중한 관계로 실제 일하는 모습을 보면 일본인과 중국인의 일 수준에는 별 차이가 없어 보인다. 물론 내용적으로는 전혀 다르지만 말이다. 일본인의 이런 신중함과 꼼꼼함이 남미대륙에 원자력 발전소를 일본의 기술진과 인력을 투자하여 건설후 운영해 보면 그것을 정상화 후 남미인들에게 넘기고 나면, 모든 것이 기계로 작동되는 시스템임에도 불구하고, 일본과 중국 일의 효율이 20% 이상 차이 난다는 소식을 듣고서 나는 놀란 적이 있다. 아무튼 개인적으로는 별로 좋아하지 않는 일본과 일본국민들이지만 그들에게 배울 것은 상당히 많은 것을 다시금 느낀다. [230)]

◕ 일본 문화의 겉과 속: 숨겨진 칼보다 국화의 향과 아름다움을 공유하는 문화를 함께 창조해 나가야 한다.

“일본 사람들은 유순하면서도 분노를 조절하지 못하고 용감하면서도 겁이 많고 보수적이면서도 새로운 것을 잘 받아들인다고 한다. 작은 것에서 미적 쾌락을 찾고 실리성과 순수성을 지닌 것이 특색이라 하고, (자기 본성인) 혼네本音와 (사회적 규범의 의견인) 다데마에建前가 다르다고도 말한다.

일본 문화에 대하여 처음 접한 글은 아마도 김소운의 ‘목근통신木槿通信’이 아닌가 생각된다. 이 글을 읽은 기억으로는 일본인들의 친절한 인사성, 정직과 예절 그리고 각종 미적 수사들이 뇌리에 남아 있어 이웃 일본에 대한 일종의 환상을 불러일으키는 계기가 되기도 했다.

혼네本音와 다데마에建前

그후 오랜 세월이 지나고 일본에 1년간 교환교수로 체재하는 동안에 루스 베네딕트의 〈국화와 칼〉을 새삼 읽을 기회가 있었다. 일본인들은 예의 바르면서도 적응력이 뛰어나며 유순하면서도 분노를 조절하지 못하며 용감하면서도 겁이 많고 보수적이면서도 새로운 것을 잘 받아들인다고 한다. 예술을 즐기고 꽃과 정원 가꾸기를 좋아하지만 동시에 칼을 숭배하고 무사에게 최고의 숭배를 돌린다고 한다.

베네딕트는 일본 문화의 특성을 ‘집단주의와 수치恥의 문화’라고 규정하고 있는데, 집단성 외에 도덕적 기준을 죄의 내면적 자각에 두고 자신을 다스려 나가는 서구문화에 대하여, 일본 문화는 주위를 의식하면서 타인의 비판을 기준으로 삼는 ‘수치의 문화’라고 규정하고 있다. 이른바 ‘수치의 문화’란 너무 단순 압축된 감은 있으나 일본문화를 가장 적절한 키워드로 표현하였다는 느낌이 든다. 베네딕트는 죄를 범하는 것보다 그것으로 명예를 더럽히는 것을 더 두려워 한다고 보았다. 세상이 자신을 어떻게 보는가, 즉 타인을 의식하는 행위가 사고의 기조를 이룬다고 그는 보고 있다. 어떤 이는 일본인의 특성을 작은 것에서 미적 쾌락을 찾고, 세련된 미의식을 지녔으며, 실리성과 순수성을 지닌 것이 특색이라 하고, ‘혼네本音’와 ‘다데마에建前’가 다르다고도 말한다. 여기서 ‘혼네’는 개인의 본심을 가리키고 ‘다데마에’는 사회적 규범의 의견을 나타낸 말이다.

일본의 근대 석학 와스지 데스로는 일본의 국민성을 ‘조용한 격정과 희생적 전투심’이라 기술하고 있는데, 이것이 가족 간의 결합과 황실을 절대 종교화하는데 크게 기여한 바 있다고 기술하고 있다. 또 대표적 일본 문학사의 기술자인 가토 슈이치는, 일본 역사 발전의 전형은 새 것이 수용될 때 신구가 교체되기보다는 옛 것에 새 것이 더해지는 발전의 형식을 지켜 왔다고 말하면서 집단주의와 엄격한 상하관계 경쟁관계가 역사 발전의 특색을 이뤄 왔다고 기술하고 있다. 한편 미국인으로 일본 문화에 심취했던 도날드 키인과 일본문화 평론가 시바 료다로의 대담 〈일본과 일본 문화〉에서 보면, 일본의 신도, 에도의 조닌문화, 사무라이문화 가운데서 일본 문화의 특색을 탐색하는 열띤 토론이 이루어지고 있다. 그러나 어디에도 선진문화 동아시아 문화의 수용을 인정하지 않고 있으며 문화의 보편적 속성을 무시하고 독자적 독선적 문화 우월주의를 내세우고 있음이 순리에도 어긋나고 눈에 거슬리는 대목이다.

문화의 보편성 공유하며 각각의 특수성 창조해야

한반도와 일본열도는 지리적으로 밀착되어 있어 역사적으로도 여러 차례의 문화 충돌을 겪어 왔다. 지금 일본에 남아 있는 고려신사나 백제사 등을 보면 한반도의 이주 세력과 그 문화가 일본의 고대문화를 형성했던 자취가 분명하며, 한반도가 대륙문화를 일본에 전해주는 문화 전신국으로서의 역할을 다했다는 사실을 입증할 수 있다. 그후 일본의 침략 전쟁인 임진왜란은 양국 간 수많은 인명과 재산의 손실을 가져왔지만 한편으로는 이러한 양국의 문화적 충돌을 계기로 점차 이웃을 알게 되고 새로운 문화에의 지향을 가져왔다는 점은 역사 발전의 큰 틀에서 보면 새로운 소득(?)이라 느껴지기도 한다. 그러나 그후 다시 일본의 침략을 받은 일제 36년은 문화적 역조 현상으로 일본에서 유학하고 돌아온 이광수 최남선같은 수많은 인사들이 소위 선진문화를 받아들였음에도 불구하고, 오늘날 친일파라는 낙인이 찍혀 헤어나지 못하는 문화적 갈등을 겪지 않을 수 없는 서글픈 현실을 목도하게 되었다.

문화란 물과 같아서 항상 높은 곳에서 낮은 곳으로 흘러가는 속성을 지니고 있다. 그러나 문화의 역류 현상은 그만큼 문화적 혼조를 가져와 성장을 멈추고 퇴행한다. 문화에는 보편성과 특수성(고유성)이 존재한다. 이웃과의 문화적 공동체를 형성하려면 먼저 양국 문화의 공통성 보편성을 찾아 이를 공유하여야 하며, 그 바탕 위에 자국만의 특유한 특수성을 창조해 나가야 할 것이다.

지난해 일본 후쿠오카대학에서 특강을 하면서 '그리움의 문화' '뒤돌아봄의 문화'

를 제목으로 제시한 바 있다. 그리움은 사랑이 전제되어야 한다. 그리고 함께 있지 않고 일정한 거리에 떨어져 있어야 한다. 나라와 나라 사이에도 사랑과 미움이 존재한다. 자신을 먼저 생각하다 보면 상대국에 대한 미움이 역사적으로 앞설 때가 많지만 작은 싹들을 하나하나 키워 나가다 보면 언젠가는 서로 사랑하게 되고 그리워하게 되리라는 희망으로 우리는 서로의 사랑과 희망의 싹을 차츰 키워 나가야 한다.

일본의 한 고등학교 교과서(현대문)에는 '하늘과 바람과 별과 시'라는 제목으로 일본의 저명시인 이바라기 노리코가 무려 11면에 걸쳐 윤동주에 관한 글을 수록해 주목을 받고 있다. 이 글의 필자는 동주의 부친이 아들의 유골을 안고 현해탄을 건너 멀리 북간도에 가면서 하염없이 눈물을 흘렸을 당시를 생각하며, 그의 시들을 새롭게 대하게 되었다고 쓰고 있다. 한국 시인을 이렇게 파격적으로 일본 교과서에 다룬 사례는 지극히 드문 일이며, 동지사대학은 교내에 세워진 윤동주의 시비와 함께 이바라기 시인의 글을 책자로 만들어 대학 선전 자료로 활용하고 있다.

'뒤돌아보는 문화'에는 어울림이 있고 감동이 있다. 한국과 일본의 역사에는 뒤돌아봄과 그리움이 없다. 이제부터라도 서로를 뒤돌아 보고 그리워 할 수 있는 역사와 문화를 바탕으로 문화적 보편성을 차츰 넓혀 나가야 한다. 숨겨진 칼보다 국화의 향과 아름다움을 공유하는 문화를 함께 창조해 나가야 한다."[231]

일본의 아베 류는 왜 한국을 그리 미워할까? 한일 영원한 과제 - 일본속의 한류를 찾아서: 일본인의 한국 도발의 근원과 목표는 무엇인가? 우월성과 열등성 고집은 국제적 非禮의 갑질

아베족과 한국 조선족은 별 멀지 않은 조상과 후예 사이인데 왜 이리 미워할꼬

야들아 너 "아베"는 어디로 갔니 밥먹으러 오라 해라이!

경상도나 전라도는 아버지를 줄여 서민층에선 '아부지', '아베'라 한다. 상류층이 쓰는 말은 아니고 조금은 비속어나 사투리이다.

아지매 할배 할매 - '아지매'는 일본에선 신의 이름으로 쓰고 경상도는 아직도 아주머니라는 뜻에서 더 정겹게 부르고 싶을 때 많이 쓴다. 방송에선 나는 '자갈치 아지매'요 시간도 있었다. 뭐니뭐니해도 관동 대지진 때, 자연재해를 조선인이 일으킨 폭동이라고 "가짜뉴스" - 가짜 뉴스 원조가 바로 이 일본이다. 가짜로 선전하여

일본인의 원성과 불만을 이렇게 조선인을 대학살한 것으로 풀게 한 것이고, 그런 악한 일본 정부에 대해 두고두고 그 몸서리쳐짐은 잊을 수가 없다. 패망하자 아베 할아버지는 조선을 떠나면서 한국인에게 위대한 조선! 찬영할 조선!이라는 말로 그것을 잊지 않게도 해주었다지만, 비록 떠나면서도 악담 비슷하게 했다. 100년이 지나도 노예들처럼 서로 헐뜯고 싸울 것이다. 그래도 인정할 것은 인정했다. 일본 왕실(황실)과 그 자손들이 백제계 후손임을 인정했듯이(우익에선 왕이 치매기가 있어서라고까지 하며 부정하려 했지만)

돈이면 안되는 것이 거의 없다고 여겨지는 시상, 실제 죽음, 행복, 품성, 센스.. 그런 몇 가지를 제외하곤 거의 다 된다. 돈으로 형제간도 부모 자식간도 소송할만큼 자신들의 이익에는 급급하게 사는 세상이니, 화산 지진 해일 원폭 원전폭발을 수시로 당하는 일본이 정신 못차리게 허덕이며 바른 마음을 못내고 꺾인 마음으로 자연 인적 재해로 외상후 스트레스에 시달리는 국민을 집단치유하려는 것과 국가 생존에 열열한 것은 나무랄 수 없다. 잘 지낼 수 있게 되기를 희망한다. 작년에 여행갔을 때도 그렇게 친절할 수가 없이 길 안내를(젊은 층이 더 의도적으로 몇 백 미터까지 찾아내어 가르쳐 주는 것 등 배울 점이었다). 아쉬운 점은 그들 마음 속에 조선인상이다. 몇 년 전 일본인 여교수와 단체를 같이하는데 행사준비로 몇 사람이 택시를 탔는데 갑자기 기사님이 나의 관상을 보시고는 대답을 잘해 줄 것 같아서인지, 부인과 이혼문제를 얘기하여 몇 마디 해 주다가 나는 그냥 양산을 놓고 내렸다. 사흘 후에 우리 사무실 계단 앞에다 놓고 가셨다. 그 이야기를 일본인 여교수에게 했더니 " 한국에도 그런 사람이 있느냐" 하길래 오만 가지 정이 다 떨어져, 믿고 단체도 같이하던 것 그만두어야겠다고 했던 기억이 난다.

아베씨도 젊은 날 사랑하는 연인과 부인, 사랑하던 감정도 있고 친구랑 사이가 좋게 부모님과 같은 어르신들께 공경 효도하고 아이들에게는 그런 아베였을 것이고 그런 분일 것이다. 일본이 옛 것들을 - 문화재 신사 백제 신라 고구려 문화나 문화재 등을 한국보다 더 잘 지키는 것을 존경한다. 아무쪼록 한국에서도 마음 놓고 〈일본 팬클럽과 아베 팬클럽〉을 만드는 그런 날이 오면 서로 편하겠길래 서로 노력하고 기대해 보자. 이웃사촌이 먼 친척보다 낫다는 한국 속담도 있다. 우리동네에 불이 났을 때 바로 길 건너 이웃이 우리 집 피아노와 물건을 자기집 마루층으로 옮겨다 집을 짓도록 한참을 두어 주었다. 이사를 직장을 나간 사이에 그냥 가셨는데, 지금도 찾아 만나 따뜻한 밥이라도 다시 대접하고 싶다.

◐ 국립중앙박물관도 관내에서라도 구석기 유물관을 좀 더 넓게 확보하여 더 많은 구석기 유물이 전시되길 제안하고 싶다.

전국에 고루 있는 구석기를 더 활성화시키는게 효과적일 것 같다. 지금은, 〈구석기와 단군조선〉관을 같이 하고 있는데, 시기가 많이 떨어지니, 분리시키는 게 나을 것 같다. 고대관: 부여 삼한으로 분류해 두었는데 구석기 유적부터 있는 나라에서 부여 · 삼한은 더 이상 고대가 아니다. 1층에 식당과 물건 판매점 영역 좀 줄이고, 구석기, 신석기관을 좀 더 자랑하게 장소를 더 확보하면 좋겠다.

한국과 일본의 공존 (경쟁) 중에, 역사 경쟁력에서는 한국에는 산재한 '구석기'가 큰 자원이다. 쉬운 예로, 일본학자 두 명이 일본에도 구석기가 실재했음을 조작하기 위해 프랑스에서 몰래 들여온 구석기 파편을 일본 동굴에 숨겼다가 일본에서 나온 것으로 조작하려다 들통이 나서 목숨까지 바친 것을 생각해 보면, 일본인들의 자기 고대 역사 만들기에의 애착 집착 역사를 통한 자기정체성 컴플렉스가 애처러울 정도이다. 그 '그립고 보고 싶고 찾고 싶고 갖고 싶은 구석기'에 대한 내심의 간절함을 알 수 있다. 우리 현대한국인이 일본에 뒤진 것이 많은 모양이나, 옛 조상들과 땅은 오히려 그 반대였던 것이다. 우리 한국인들이 국내에 흔한 구석기 유적을 함부로 훼손 멸실시켜 버린 것을 반성하고 앞으로 다시금 찾아 살리는 일을 해야 할 것이다.

엊그제 국립박물관에서 며칠간 기다리던 '카자흐스탄 특별전'에 가서 황금인간 옆에서 사진을 찍고 나오면서, 중앙아시아 지도를 유심히 보게 되었다.

한국인에게 중앙아시아가 최근 이리저리 가까이 다가오는 이유가, 같은 근원을 밝히는 것도 중요하고 그것이 외교력이 되고 경제가 될 수 있고, 이모저모 쉽게 말해 우리편이 생기는 것을 이제서 늦게라도 깨달은 덕분인 것 같다.

그런 맥락에서 일본이 먼저 들어가 있는 '중앙유라시아'[232)]가 '중앙아시아'보다는, 한국과 연원을 같이 하는 나라들을 더 포함할 수 있고, 공유소를 찾아 상호 상생을 추구해 보자는 의미에서는 더 적합한 개념어로 여겨진다. 중앙유라시아는 현재 러시아, 우크라이나, 카자흐스탄, 우즈베키스탄, 키르키즈스탄, 투르크메니스탄, 타지키스탄, 이란, 아프카니스탄, 파키스탄, 중국, 몽골과 같은 국가들의 전부

혹은 일부가 이에 속한다.[233)]

저자 차옥덕, 이 여성의 족적 실사를 풀어 본다.

1. 당사자 입장에서, 차별을 주려 하나 안 받으려 하는 여성으로 생각하고, 서울에서 제주까지 고루 강의를 다니며 무시를 당한 전통 무형문화를 다시 보다가, 유적보존 유형문화 설계까지하는 시각으로 그야말로 전국구로 광역화!되었다.
2. 말을 잘 만들어 쓴다. 예를 들면 〈인생 후반전〉과 100세 시대 이젠 〈인생 연장전까지 남았다.〉
3. 〈지성과 반지성〉세미나로 시작한 끝없는 행로이다. 맥국 춘천 중도 보존을 하면서 포스터의 주제어는 〈세계석학들 춘천 중도로 세계사를 다시 쓴다〉, 〈다함께 썩을 수 없다〉 초콜렛 장사를 시키는 발렌타인 데이는 〈칠석제: 한국연인의 날〉로! 사무실서 또 바깥에서 30여 년간 세미나 과제가 참으로 다양하다. 박사 공부를 안했으면 인적 지적 학문적 자원과 유연한 행사 진행과 추진력 바탕 등으로 큰일날 뻔 했단다. 하고 싶은 공부는 전체를 보며, 훑어가는 개론형으로 시작하는지라 대학시절 신촌에서 자취하면서도 독방을 쓰며 장학금을 받으면 몽땅 책을 사서 공부하고, 대학 2학년 가을학기에 유신이 시작될 때는 그간의 공부가 바탕이 되었든지 〈지성과 반지성〉으로 전국 대학을 상대로 이화여대에서 학술세미나를 주최 주관하였다. 대학입시 때 나는 수학을 만점 받은 학생으로 국문과에 들어간 이후로 강윤호 · 윤원호 · 이남덕 교수님들의 배려와 독려로 문리대 학생회장도 나갔는데 "인상 좋다고 뽑지 말라"는 상대후보의 비난 아닌 비난 덕분에도 당선되었고, 나는 그 때 비로소 내가 인상이 좋구나 하고 깨달았다. 거울을 잘 안보는 것은 지금이나 그때나 마찬가지이다. 문리대 학제개편 위원회에 처장님들과 함께 학생대표로 동참하여 매번 처장님들과 같이 회의하고 회의비를 받았다. "재는 학생이 아니야..다음 번에도 많이 생각해 오라"고 다들 고무 격려해주신 덕분이다. 지금 생각하니 정말 잘난 체하고 바쁘게 이화대학 시절을 보냈다. 유신 후 집으로 내려가 있는 동안 문교부에서 전국 학생대표로 학생호를 진수하라고 대표로 뽑혔다고 학생처에서 연락이 와서, 부모님과 모교인 경남여고에서 합창단원이 오고 다들 축하하는 가운데 그 며칠은 부산 바닷가의 여왕이 되었다. 힘든 공부를 시키셨

는데 부모님께 효도는 아마 평생 그게 최고였던 것 같이 좋아하시고 자랑하시고 다니셨다. 졸업후 7남매의 장녀로 부산의 집으로 가야 하는데, 4학년 때 반장이라 학과에 들렀다가 우연히 학과장을 찾아온 한 남자가 東學에 관한 책을 쓰고 있던 법률가 및 시인 언론인 정치인 출신이라 말은 통하는 것 같았으나 - 홀시어머니 외아들에 시누이 3명이나 있고 현재 돈도 없다는 말도 괘념치 않고 이 전라도 남자가 매일 쫓아다녀 그냥 겁없이 결혼을 하였다. 실상은 같은 또래 학생들과 달리 어리지는 않은 것 같아 말이 통해 부모님께 혼인하겠다고 데려 갔다. 혼인은 남들이 예상한 대로, KBS 제 1TV 방송에서 내가 "남들 다 별 표정 없이 사니, 온탕에 그렇게 뜨거운 줄 모르고 들어갔다가, 앗 뜨거! 하는 것처럼 정말 먹기 힘든 뜨거운 감자였다. 방송에서 어떤 이유든 " 아직은 같이 살고 있다"고 얘기를 하여 나랑 다들 웃었다. 졸업과 함께 결혼 후 서울 시집에 들어가서도 시어머니께서 작은 방을 주시는데, 첫 마디가 혼자 자취할 때처럼 "제 방에 책상 하나만 주세요."였다. 결혼 후 아이 셋을 낳고 큰애는 7살 때 직장에 나가서 몇 시간만에 집 앞에서 할머니께서 준 돈으로 슈퍼에 갔다 오다 교통사고를 당해 바로 잃었다 하는 소리에, 다리에 힘이 빠져 병원을 뛰어 갈 수가 없었던 것만 기억하고, 그때의 마음은 지금도 뭐라고 표현할 수 없다. 10년 이상을 금방 당한 사람처럼 마음이 아파 힘들었다. 어린 자식 2명을 보고 그냥 살았던 것 같다. 지금 생각해 보니, 나는 반전의 기회를 잘 잡아 나는 내가 가고 싶은 학문의 길로 다시 잡았다. 가만히 보니 주변에서 내가 제일 공부를 잘 하고 좋아하는 게 공부라지만 10년 후인데 시험정보나 준비가 없어 가족들 몰래 이화여대 대학원에 두 번 떨어지고 3번째 붙었다. 직장을 다니며 집의 눈치를 보며 겨우 다녀, 석사논문으로 한국여성문학사 최고이고, 나와 여러모로 혼인 시집살이 등 정서와 교감이 잘 되는 " 허난설헌의 작품에 나타난 여성주의적 요소들"에 관해 썼고, 그 16세기 여성에 관한 논문을 바탕으로 17~18세기 전북 남원의 김삼의당과 19세기 강원도 출신으로 내가 40여 년간 살고 있는 원효로에서 한국(세계)최초 여성문단을 만들어 활동했던 김금원에 관한 글을 합쳐『여신들의 향기』로 책을 내었다. 난설헌과 두 여성들과 소서노 어라하님 덕분에도 강의며 그런 저런 연유로 강원도 강릉도 몇 번을 다녀오며, 칠석제도 주관하며, 나중엔 허난설헌과 소서노 어라하 여성지도자에 관한 강의를 하러 강원도와 또 그쪽 친구들과도 인연을 맺게 되었다. 이후 강원도 춘천 중도맥국 유적지 보호에 앞장 서게 되니, 강원도 맥국터를 골골히 수시로 다니게 되었고, '춘천이 고향이냐? 춘천에 사느냐'라고 물을 때마다 '아니요' 하면서도, 사람과 그 땅의 사람들과의 인연이란 게 참 묘하게 만들어진다고 여기며 자신의 일이라 여기는 것은 어떻게든 하려고 노력을 했고 맥국중도 보존운동은 지금 이 시간도 하고 있다.

4. 석사를 마치고 바로 한양대학에서 여성학 강의를 시작하여 10년, 인천대에서 10년씩 맡아 하였고, KBS 제 1 TV 아침마당 등 전국 여성지도자 강의를 방송하느라 학교엔 별 관심이 없었으나, 제주도를 비롯 전국 강의를 다닐 때마다 강의 전후 그곳 문화역사 관광지를 거의 빠지지 않고 돌아본 후 강의를 했다. 〈그 지역민들의 실제 삶에 좀 더 실제적으로 필요한〉 실사구민의 강의를 하기 위해서였다. 강의 중 후반전과 연장전이 있는 미래를 인식하면서 성신여대에 강의를 나가며 거기서 박사과정에 들어가 국문학과 세계 및 특히 실제 동아시아문학과 문화에도 박학하신 소재영 지도교수님의 안내로 서울문화사학회이사도 하며, 한종섭, 오순제, 김윤명 백제문화 연구회장단과 연합하게 되면서, 문화유적 답사는 유물답사까지 심도있게 할 수 있었다. 이 글을 쓰면서도 일본에 대해 참고 삼아 찾은 글을 다 읽고 나니 맨끝에 글 소재영이라는 것을 보고 공유소가 있어서 항상 도움을 주시네 라며 웃었다. 49세에 문학박사 학위를 받았다. 박사논문은 역시 100년 전에 미리 여성과 사회의 변하는 여성주의 의식을 쓴 『백년 전의 경고: 방한림전 연구』이다. 그것도 할수록 나 자신에 관한 이야기이며 소설이라 여겨졌다. 그러다 보니 석사공부를 하러 다니며 시간이 바빠지자, 나의 변화한 시대에 맞는 말도 변화해야 할 일하는 공간도 재배치해야겠다고 여겨져, 직접 우리 부엌도 재배치하고 그 모델들로 책도 썼고 방송도 많이 하고 여성부에서도 요청하여 강의도 하고 여성부는 그 아이디어로 외국에서 상도 받았다는 후문을 들었다.

5. 신사고의 첫출발은 대학원을 가며 부엌일을 하게 되다 보니, 씽크대부터 돌려야겠다하여 싱크대부터 돌립시다이다. 그 말도 자연스레 생활에서 나왔고 실천하고 그 덕분에 KBS 신사고 1번으로도 뽑히어 TV 방영도 자주 하였다. 신조어도 많이 만들어, '현부모 양부처賢父母良夫妻→현부모 양부처+선자녀賢

父母良夫妻善자녀' (⇐현모부 양처부賢母부良妻夫) '인생 후반전이 남았다. 이제 인생 연장전까지". "정신대도 위안부도 아닌" "일제에 사기당한 성폭력 피해자"이다.

6. 방송국 아침마당에 전문가로 출연할 때 낙태 얘기가 나와 "나는 한 아이도 낙태하지 않았지만"이라고 했더니 방송 마치고 같이 출연했던 노사연씨 남편이 "교수님은 한국주부가 아니시네요!" 했다. 한국주부들은 낙태를 거의 한다는 것이었다. 우리 앞집 아주머니 낙태를 30번도 더 했다고 하시며, 연세가 드신 요즘 만나면 자기가 "죄를 많이 지어 많이 벌을 받는 것 같다"라는 말씀에 뭐라고 대답을 잘못했다. 여성들은 낙태는 여성 스스로 결정할 수 있어야 한다고 하고(여성들도 피임을 하지 말라는 뜻은 아니다)하고, 어떤 종교에서는 어느 순간부터는 생명이라며 최고의 폭력이고 죄이라, 세상을 더욱 힘들게 한다고 한다. 전도(약소국 나라 침략)라는 명목으로 가장 큰 잔인한 살인을 한 종교집단 그들이 생명을 존중하면 침략해서 집단 사살이나 전쟁이나 일으키지 말지 라고 속으로 생각하며, 화가 난다.
7. 〈나는 미혼부입니다〉라고 솔직히 말하고 같이 아이를 키울 것(대처할 것이란 말이 그냥 튀어나온 것 보니 그런 경우 거의 아이를 낙태하자고 누군가는 한번은 입에 올린다고 생각하게 된 것이다) 우리 한국사회는 그냥 내가 미혼부입니다. 라는 말울 억지로라도 해야 할 상황도 아니고(모른 채 시치미를 떼고), 사회가 남자에게는 별로 자신의 책임을 드러내지 않아도 그냥 넘어가는 상황으로 몰고 가고, 드러나지 않아도 되는 사회이고, 본인이 솔직하게 자신이 직접 저지른 일의 결말에 대한 책임을지기 위한 노력을 말하는 사회적 상황이 되어 있는 것도, 또 그런 경우 쉽게 찾아가서 상의할 제도도 거의 들어본 적 없는 사회이다. - 오늘날 미투 운동이 일어나게 되는(빙산의 일각) 한국사회의 남성중심적 가부장적 근원적 문제이기도 하다.
8. 낙태(정확한 이름은 태를 끊어 떨어뜨리는 것 아니고 '태아를 능지처참 살해')는 아이 본인은 처참하게 찢겨 살인당하는 것이고, 그 아이의 어머니에게는 심신에 깊은 상처를 주고, 그 애비는 가장 큰 개인적 사회적 국가적 우주적 죄라는 것 인식도 못하고, 성추행과 언어폭력을 관행처럼 하듯이, 낙태라는 것을 여성이 책임질 관행처럼 쉽게 생각한다. 어떤 종교에서는 그런 가장 큰 한

이 뭉쳐 처참한 국제 전쟁까지 일으킨다고 한다. 갑질과 낙태죄, 미투로 처음 처럼 드러난 관행처럼 여기다가 이제는 성추행 성폭력 범죄로 인정되고 온 사회가 빨리 받아들이고 스스로 자제가 필요한데 부정부패와 갑질처럼 잘들 끊지를 못하고 있다.

9. 저출산극복 정책 비용으로 그런 비겁하게 숨은 〈미혼부의 아이들도 살리자. 미혼모 센터도 미혼부모 센터도 있어야 하고, 사회적 비난이나 편견을 없애고 도와주는 아니 대처를 같이 해주는 노력도 적극적으로 해야 한다. 드러나지 않은 태아살해를 막고 인구수에, 또 여성건강에도 신경을 쓰려면 더 적극적으로 일반인들 의식과 정책과 지원을 확장하고 바꿀 필요도 있다. 혼전 미혼부는 부모에게 욕을 먹거나 매를 맞거나, 비난을 당할까 숨기고(미혼모만 이중삼중으로 더 괴롭게 되어 범죄인이 되기도 한다), 혼인중인 경우이면 가정적 사회적 법적 책임과 자기 가정이나 직장 내의 지위가 파괴될까 비밀로 하고 회피를 염려하는 모양이다. 사회가 법이 필요하면 〈미혼부모, 이혼부모 지원 원스톱 지원제도〉가 시급히 절실하다.
10. 뜨거운 감자인줄 모르고 한, 홀시어머니 외아들 시누이 3 영호남 간에 넉넉지 못한 경제인 간에 혼인: 많은 문제를 내포하였다. 이혼했지? 하는 가짜 소문이 이혼을 쉽게 못하게 하는 원인이 되기도 하여 아직은 살고 있다.
11. "너는 우리 문화의 유네스코 등재밖에 모르냐?" 칭찬인지 질책인지? 남편의 푸념
12. 사)한국여성향토문화연구원
13. 소서노어라하기념사업회
14. 사)용산향토문화사학회
15. 칠월칠석제: 한국연인의 날 15회
16. 한국무신교총연합회
17. 한국무교대학(가칭)설립 연구 중(아주 작은 한 칸 크기로 선도적으로 한 번 해 봤는데 영향력은 컸음. 그래도 내가 말을 만들어 생각지도 못한 무교도 대학교? 끄집어 낸 덕에 몇 군데가 힘들겠지만, 조그마하나 잘 운영하고 있다. 정체성 문제나 관계 인원이 많아 정책적 지원과 계도가 절실하다. 땅은 기증 받았으나 현금 자금문제로 못하고 있다.)

18. 한국신교협동조합: 한민족 고대역사 교과서에 없는 것은 전혀 몰랐다. 식민사대 역사축소 왜곡 그런 정도의 교과서인줄 몰랐다. 민족단체와 강화마니산 참성단을 다녀오며 양심선언하며 환단역사신교 공부10년만에 신교협동조합 만들다.
19. 한국무교협동조합과 그 소속 텃밭을 만들다.
20. 춘천 중도맥국 보존과 용산 역사민족공원 정부 기획안을 보며 분노나 탄원서로 끝낼 일이 아니라, 나의 사명을 알게 되어 더욱 이 책을 쓰게 되다. 〈나=여성주부의 일상+백제 소서노+칠석제+맥국중도+용산+환단신교+텃밭〉조국의 미래를 위해, 즉 바로 나를 위하는 길이기도 하다. 60여 년을 공부하며 살며, 나다니며 시급하고 충격을 받은 문제들이 보여, 그 해결을 위해, 바로 잡아야 할 것을 해결하기 위해 타에 감동을 받은 것들과 함께 정리할 수밖에 없었다. 특히 우리 공무원들도 이랬으면 더 낫겠다는 것들을 적어보기로 했다. 일찌기 나는 주어진대로 살았지만 주어지는 여러 조건들이 자연스레 슈퍼우먼 신드롬에 빠지게 한 것인지 – 아이들 둘을 키우며 대학원입학 후 내 할 일이 많아지자 나의 시간을 많이 요구하는 – 자는 시간을 빼고 거의 1/3을 차지하는 부엌일부터, 내가 하고픈 일과 필요한 정보를 수집하는 등과 함께하도록 바꾸었다. 그 결과 나온게 『씽크대부터 돌립시다』라는 책…. 바쁜 일상에서 어차피 내가 해야 할 부엌일이라면, 하고 싶은 일을 할 수 있도록 공간도 같이 내가 하는 일을 돕도록 하자고 오래된 부엌이지만 돈을 들이지 않고 싱크대 중, 개수대부터 일단 정보가 홍수처럼 쏟아지는 TV를 향해 돌렸다. – 나부터 우리 집부터 각자 내 일터에서부터 시간이 효율적이고 행복하기 위한 사고와 일상의 전환부터 시작하자…. 처음엔 낯설어 가족들이 "왜 우리 집만 이래?"라는 뒷말에 잠깐은 설명, 반복되면 못 들은 척, "나 대신 벽을 쳐다 보고 하루 1/3동안 부엌일을 할래?", "숙제는 언제 하고?" "너희는 더 불만일거야." – 다행히 KBS 제 1TV와 내일신문이 나의 손을 들어줘 방영 방송, 모두 그해 신사고 제 1번으로 두루 전국 강의도 "이젠 사람 삶도 나라도 후반전과 연장전까지 있어! 賢부모 良부처 善자녀 시대로…." 눈총세례를 이리저리 많이 받아 온 몸에 총탄 상처 마음에 깊은 상처투성이겠지만 나은 이유들도 많다. 딸도 결혼 후 부엌을 꾸미며 싱크대

의 배치에 신경을 써서 "이러면 되지요!" … 엄마들이 어린 아이를 키울 때 "한 입만 더 한 걸음만 더"하며 키우듯, 우리문화 한 치만 더 꼼꼼히, 한 치만 더 차별성있게, 많이 드러나는 노력 결실들을 내가 지금 좀 더 확산시키자! 대한민국 골골이 우리네들 자신의 삶 문화 지역을 아름답게 잘 지키며 사는게 놀라운데, 막상 정치지도자들과 공무원들이 일하는 게 대실망 – 특히 나라가 하나가 있었던 춘천 맥국중도에 영국 레고를 들인다는 매국적 문화경제 식민지적 발상과, 민족 최초 용산 역사민족공원을 역사전쟁의 시기에 대한 무지와 부동산 투기로 발생하는 이익금과 관편의적 무사고로 대충 생태공원이니 아파트촌으로 방향을 크게 잘못 기획한 점. 현재 있는 한강 생태공원 효율화만으로도 용산에 생태계도 아파트촌도 한강의 양 옆으로 넘친다! 역사민족 지향으로 가자고 반복적으로 이 책에서도 강조하고 있다.

나의 양심선언: 민족상고사에 대해 교과서 시험에 나오는 것 외는 아무 것도 몰랐다. 내가 이 글쓰기 나를 찾기 내 공부 것 정리 제대로 하여 마음 편하기 위해, 흥이 나려면 나는 무엇부터 알고 해야 하나? 갱년기 때이니 건강 스트레스를 받지 않게 자연스럽게 찾아가자. 그래도 팔뚝이나 손목이나 어깨가 아파 이리저리 치료를 받으면서 쓴다. 글을 쓰며 내 생애에 밤샘은 처음 해 보았다.

◐ 조식(남명)선생님!도 처음 들었다. "의義"가 더 중요, 평소 호국할 실천정신 교육 통해 나라 지키도록 후학들을 가르쳤다 한다.

임진왜란 당시 활약한 남명의 문인, 제자 곽재우들 같은 오늘날 구국대원은?

◕ 차옥덕 새 구리시장 문의에 대답함 '경기도 구리는 광개토태왕을 브랜드화하는데, 구리시민이라면 어디를 가도 믿을 수 있는 사람들이라는 말이 나오게 "신뢰받는 시민성 쌓기"에 방점을 두어 신의를 아는 시민의 인성발달을 돕는 풍토 조성과 선도가 미래까지 푸는 정책 - 유물과 유적 정신에서 현재와 미래에 필요한 자양분을 찾아 계승하는 보존은, 조강지처적 사랑 형태 "힘들 때라도 함께 하고 찾아갈 그 지방 구리! 심어내면 살림정책이 됨"

왕건태조 "성질이 다르니 다른 나라 흉내내려 하지 마라"=사대예속적 모방탈피, 한국만 있는 보물들을 알아보고 정신적 공유의 공감대와 동질성 확인으로 국민국가 안정, 찬탄과 물질적 삶도 풍족하게 활용 홍보도 최대한 한류 독창성을 살려가기로 살길 찾기.

일본과 잘 지내기 위해 연구 노력하자. - 일본이 강대국들과 협상에서 한국을 패싱(소외)시키려 하는데, 안 당하기 위해서도, 우리는 북한과의 관계개선에 노력해야 할까?

☑ 국내외에서 한국민 학살 - 소련 정부로부터, 미군으로부터 600여 양민학살, 또 국내정부로부터 한민족 참살 - 이게, 사실이 아니길 바라면서 쓴다.

① 4 · 3 제주항쟁에서 한국 군경 · 미군 · 카톨릭에 의해 이유 없이 학살당한 제주도민 20%

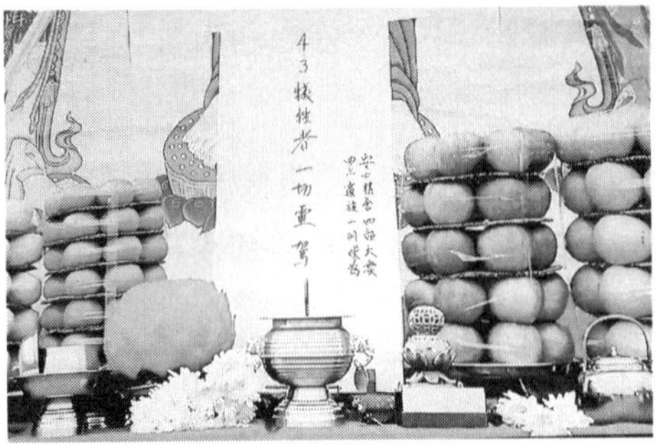

여러분 이 4 · 3을 잊지 않았고 오늘 우리는 침묵의 세월을 딛고 이렇게 도약…

영령들과 희생자들에겐 위안이 되고 우리 국민들에겐 새로운 역사의 출발점이 되길!

② 미군들이 한국인 양민을 수십 차례 무참히 학살! 학살 원흉인 주한미군 철수하라!

200년이 갓 넘은 철이 덜 든 미국은 세계도처에서 수백건의 전쟁과 학살을 자행했다.

주한미군 또한 그러한 미국의 역사적 재판일뿐이다. 그들에 의해 학살은 계속되어 왔다.

54년간 일어난 10만 건의 범죄행위는 그것을 잘 보여주고 있다. 또한 민족의 분단을 철저히 유지하는 속에서 오늘 민족 공멸을 가져올 핵전쟁 연습에 광분해 있고, 독재정권을 비호하고 경제침탈을 자행하여 식민지 이익을 톡톡히 챙겨가고 있다. 이에 우리는 20세기 폭력과 야만의 대명사, (주한)미군에게 이 땅에서 즉각 물러날 것을 명령한다.

1999년 11월 16일
민족의 운명을 개척하는 불패의 애국대오
7기 한국 대학 총학생회연합
의장 윤기진 (명지대학교 총학생회장)

[긴급선전자료]

한국전쟁 당시 미군의 학살 만행을 고발한다

[미군에 의한 양민학살 만행 한총련 진상 공개장]

500만 명 이상의 인명피해를 본 한국전쟁 이후 50년 동안 부지기수의 민중이 미군에 의해 죽어 갔다.

눈물과 분노를 머금으면서 한총련은 한국전쟁의 시기 때 미군이 감행한 집단학살 만행을 폭로하는 진상 공개장을 아래와 같이 발표한다.

미군과 국군은 지난 1950년 한국전쟁 당시 인민군의 반격에 밀려 38선 이남으로 후퇴하면서 치떨리는 양민학살 만행을 감행했다. 이미 알려진 충청북도 영동군의 노근리 양민학살은 그 대표적 사례이다.

1950년 7월 25일 미 1기갑사단 7기갑연대는 영동군 노근리 일대에서 마을 사람들을 모두 끌어내고는 일본인 통역을 내세워 "공산군이 내려오면 다 죽인다. 미군이 안전한 곳으로 피난시켜 줄 터이니 지금부터 남쪽으로 출발하라" 고 명령했다. 미군은 노인, 여성, 어린이들로 뒤섞인 피난민 행렬을 얼마간 끌고 가다가 모두 도로 밑 강변에 내려가 엎드리게 하고는 머리를 드는 사람들은 가차없이 총으로 쏘아 죽였다. 미군들은 그 다음날 또 다시 피난민 행렬을 끌고 가던 중 그들을 도로와 인접한 철길에 올라서게 하고는 비행기로 무차별 폭격을 가함으로써 1,000여 명을 학살했다. 여기서 가까스로 살아 남은 사람들이 폭격을 피해 철길 밑에 있는 굴다리 속에 모여들자, 이제 미군들은 굴다리가 내려다 보이는 양쪽 야산에 기관총을 설치하고 사흘간이나 사격을 퍼부어 무려 300여 명에 달하는 무고한 사람들을 죽이는 치떨리는 살인만행을 감행했다. 마치 야수처럼, 흡혈귀처럼 말이다. 미군들이 노근리 일대에서 무참히 학살한 사람들의 수가 모두 400여 명에 달한다는 것이 당시 학살현장에서 구사일생으로 살아 남은 사람들의 증언이다. 미군과 국군이 7월 4일 하루 동안 충주에서 학살한 주민의 수만 해도 무려 739명에 달하며 1950년 6월 28일부터 7월 4일까지의 기간에 경기도 수원에서 학살한 주민들의 수는 1,146명이나 된다.

1950년 7월 〈영광작전〉으로 불리던 국군과 경찰의 전라남도 방어작전이 실패하자 나주부대는 패주하면서 인민군대로 가장하고 해남과 완도지역에서 인민군대가 왔으니 환영을 나오라, 안 나오면 반동으로 취급할 것이라고 위협한 다음 중학교

마당에 나온 무고한 양민들을 짐승 사냥하듯 닥치는 대로 학살해 해남읍과 완도읍을 시체더미로 만들었다. 그런가 하면 1950년 7월초부터 9월말까지의 기간에 부산에서 특무대 군인들은 무려 4,832명의 무고한 주민들을 형무소에서 무참히 학살하고는 그 시체들을 경상남도 김해군 대동면 신어산 골짜기, 부산시 사하구 구평동 삼박골짜기, 해운대구 송정동 구덕포와 광어촌 사이의 골짜기 등에 분산 매장하고 돌에 묶어 부산 오륙도와 영도바다에 수장하는 치떨리는 만행을 감행했다. 바로 그때 통영군, 거제군, 충무시, 마산시 등 경상남도 해안 일대에서는 1만 명 이상의 양민들이 학살되어 바다에 수장되였다. 1950년 6월부터 8월 기간에 인민군에 밀려 남쪽으로 후퇴하던 우리 군경은 미군의 지시하에 경상북도 문경군, 경기도 이천군, 안성군, 전라북도 전주시, 광주시, 대구시, 제주도를 비롯한 38선 이남의 전 지역에서 수천 명을 집단적으로 학살하는 만행을 저질렀다.

당시 후퇴하는 미군과 국군은 서울에서 1만 여 명, 경기도 평택에서 600여 명, 안성에서 500여 명, 안양에서 400여 명, 춘천에서 3만여 명, 충청북도 청주에서 2,000여 명, 충주시에서 2,060여 명, 충청남도 공주에서 600여 명, 부여에서 2,000여 명, 조치원에서 158명, 대전에서 8,644명, 전라북도 전주에서 4,000여 명, 군산에서 400여 명, 광주에서 3,000여 명의 무고한 양민들을 학살하였다. 야수같은 미군은 심지어 전투기까지 동원해 평화적인 피난민들과 주민들을 무차별 폭격과 기총사격으로 마구 학살했다. 미군은 서울에서만도 1950년 7월 16일 수십대의 폭격기를 동원해 1,096명에 달하는 무고한 시민들을 살해했고 9월 2일부터 4일 사이에도 폭탄 투하와 기관총 사격으로 79명의 시민들을 학살했다.

미군은 또한 8월 5일 폭격기 8대를 동원해 전라북도 전주시 중앙동, 다가동 지역에 무차별 폭격을 가해 158명의 무고한 시민들을 살상하였는가 하면 8월 21일에는 B - 29폭격기 12대와 전투기 8대를 동원해 서울시에 폭탄, 소이탄 투하와 5차에 걸친 저공비행 기총소사로 897명을 살해하는 만행을 일삼았다. 7월 20일부터 30일까지의 11일 사이에 미군 폭격에 의해 대전시, 춘천시, 충청북도 피산군, 청주시, 전라북도 익산군, 김제군에서 무참히 학살된 주민들의 수는 무려 1,153명에 달한다. 또한 1950년 8월 20일 충청남도 서천군에서의 민간인 학살을 비롯하여 8월 한 달 동안 미군의 무차별 폭격과 기총사격으로 인해 용인군, 영월군, 인천시, 전라북도 익산군, 경기도 양평군, 충청남도 대전시, 연기군, 대덕군 등지에서 학살된 무고한 사람들의 수는 무려 2,800여 명에 이른다.

미군과 국군은 38선 이남 재점령 지역에서 공비토벌과 통비분자 숙청이라는 명목으로 또 다시 수많은 양민들을 학살했다. 전라남도 함평양민 학살사건도 그 한 사례이다. "함평은 빨간물이 들었다. 모조리 불사르고 죽여라"는 미군고문의 명령을 받은 국군 제 11사단 소속 5중대는 1950년 12월 5일 함평군 월야면 정산리 동촌마을을 불의에 기습하여 20분도 안 되는 사이에 50여 가구의 온 마을을 불바다로 만들고 노인들과 부녀자들이 대부분인 주민들을 논바닥에 끌어내어 기관총과 소총으로 모두 사살했다. 이틀 후인 12월 7일에는 월야면 월악리의 내동, 못갓, 순촌, 송계, 동산, 괴정 등 6 개 마을을 기습포위하고 집집마다 불을 지른 다음 '도로복구 공사하러 가니 나이에 관계없이 모두 나오라, 안 나오면 총살하겠다'고 위협하며 주민들을 끌어내어 무차별 총포사격을 가했다. 그러고도 모자라 학살을 지휘했던 중대장이란 자는 시체더미 위에 올라서서 '살아 있는 사람은 꼭 살려주겠으니 겁먹지 말고 일어서라'고 하고는 50여 명의 주민들이 일어나자 기관총 사격으로 사살한 다음 또 다시 그런 방법으로 살아 남은 사람들을 모조리 죽이는 귀축같은 만행을 저질렀다. 도로복구 공사하는 줄 알고 삽과 괭이를 들고 나왔던 월야면의 주민 300여 명은 국군에 의해 이렇게 무참히 학살당했다. 이 살인부대는 다음해 1951년 1월 12일 함평군 해보면 상곡리 모평마을을 불의에 기습하여 무고한 주민들을 길가에서 230여 명이나 사살하였으며 나산면 우치리와 성대마을에서도 무차별살육을 감행했다. 당시 학살현장에서 기적적으로 살아난 생존자들과 목격자들은 군당국이 함평에서 사살한 1,000여 명의 민간인들을 공비사살 숫자로 조작하고 마을들에서 회수한 괭이와 삽을 공비로부터 노획한 무기 숫자로 둔갑시켜 여론화했다고 증언했다.

미군과 국군은 경상남도 산청군과 함양군에서도 수많은 주민들을 학살했다. 서울에서는 '빨갱이 수색참모부'를 조작하고 거리의 곳곳에 검문소들을 설치하여 무고한 사람들을 닥치는대로 체포, 학살하였다. 또한 '부역법'이라는 살인악법까지 만들어 놓고 친척이 의용군에 나갔거나 조금이라도 인민군대에 방조를 준 사람들은 모조리 검거 투옥하고 그 중 7만 2,390명을 고문 학살했다. 야수같은 미군들은 서울에서 12번이나 양민들의 머리가죽을 벗겨내 기념품으로 보관하는 소름끼치는 야만행위도 서슴지 않았다.

1950년 9월 16일 인천항에 상륙한 미군은 국군을 사주하여 첫 하루 동안에 1,300여 명의 무고한 시민들을 학살한데 이어 9월 28일부터 11월 13일까지의 기간에 5만 5,909명의 주민들을 공산분자로 매도해 검거투옥 학살하는 만행을 거리낌없이 일삼았다. 인천시의 금곡동 지구에서만도 1,500여 명의 부녀자들과 어린이들을 포함한 2,700여 명이 학살되었으며 경기도 김포군 일대에서도 1,000여 명이 생매장당했다. 사람잡이에 이골이 난 승냥이같은 미군들은 후방 치안확보를 구실로 여러 개 사단의 병력을 동원해 도처에서 대규모적인 학살만행을 감행했다. 1950년 10월 10일에는 전라북도 남원군 주천면 어현리와 덕치리에서 60여 명의 청장년들이 학살되고 11월에는 경기도 고양시 일대에서 1,000여 명의 주민들이 집단학살당했으며 1951년 2월에는 경상북도 문경군 산북면 석봉리에서 150여명의 주민들이 살해당했다.

미군전투기의 기총사격으로 11월과 12월 사이에도 충청북도 재원군, 청주시, 충청남도 대덕군, 전라북도 군산시 등지에서 수백여 명의 양민들이 살해되었다. 1951년 1월 20일 충청북도 단양에서도 300여 명에 달하는 어린이들과 부상자들이 미군의 폭격에 의해 무참히 목숨을 잃었다. 미군의 사주하에 국군들 또한 1950년 10월초 경기도 고양시 탄현동 금정굴에서만도 1,000여 명의 무고한 양민들을 집단학살했으며 1950년 12월 전라북도 임실군 덕치면, 청웅면 지역에서 마을들을 모두 불사르고 805명을 잔악하게 학살했다. 그리고 국군 제11사단 20연대에서는 1950년 12월 22일부터 1951년 5월 10일사이의 기간에 전라북도 고창군 심원면, 해리면, 공음면, 상하면, 무장면에서 어린이, 부녀자, 노인 1,387명을 학살하고 1950년 10월부터 52년 6월 기간에는 전라북도 순창군 구림면, 복흥면, 동계면에서 1,028명을 살해하는 만행을 저질렀다. 미군과 국군이 6.25전쟁 때 이 땅에서 감행한 양민학살 만행을 일일이 다 열거하려면 끝이 없다. 1951년 9월 15일자 미국의 UP통신은 1950년 6월 25일부터 1951년 여름까지 무려 100만 명 이상의 이남 양민을 학살했다고 밝혔다. 지난 6.25전쟁 시기 미군과 국군이 이 땅에서 감행한 치떨리는 양민학살 만행은 악명 높은 살인마 히틀러의 만행을 훨씬 능가하는 전대미문의 대죄악이었다.

전국민의 쌓이고 맺힌 원한과 분노가 터져 나오고 있음에도 살인귀 미군은 눈 하나 꿈쩍 않고 당시 학살에 내세웠던 미군을 동원하여 화해의 제스처를 취하는가 하면 민중의 터져 나오는 반미투쟁을 경찰의 군화발로 철저히 막아 나서고 있다. 한편 김대중정권은 이 땅에서 철거시켜야 할 주한미군을 비호하고 영구주둔을 애걸하고 있다. 이 얼마나 통탄할 모습인가? 이에 한총련은 각계민중과 연대하여 학살의 철저한 진상파악과 주한미군 철거투쟁을 힘있게 벌여갈 것이다.

1999년 11월 16일 민족의 운명을 개척하는
불패의 애국대오 7기 한국 대학 총학생회연합 의장 윤기진
(명지대학교 총학생회장) [234)]

③ 갑작스런 소련의 강제 이주 시행으로 기차 짐칸에서 많이 죽고, 그 시신도 그냥 기찻길에 버려지고..강제 이주 당한 그들의 최초의 황무지인 삶의 정착지에 무덤을 만들었다.

3개의 봉우리라는 뜻을 가진 우슈토베는 1937년 10월 9일 연해주와 블라디보스토크에서 카자흐스탄으로 강제 이주된 고려인들의 최초 정착지이다. 풀 한 포기도 자라나기 힘든 민둥산에서 고려인들은 손으로 토굴을 파고 다음해 4월까지 겨울을 보냈다. 그리고 그들의 최초의 삶의 정착지에 무덤을 만들었다. 독립운동가 홍범

도장군의 기념묘역도 만들었다 이 광대한 우주에는 셀 수 없이 많은 무수한 별이 있지만 3천만 종류 이상의 생명이 한 곳에 모여 사는 별은 아직은 지구라는 별 하나뿐이라고 한다. 그런데 3천만 종류 이상의 생명 속에는 60억이나 되는 인간이라는 생명이 자칭 만물의 영장이라고 하며 다른 생명을 마음대로 다루고 있다.

이러한 가운데 1953년 생명에 관한 새로운 사실이 발견되었다. 이 발견은 산업혁명 이후의 제일 큰 발견이라고 한다. 발견이란 '지구상의 모든 생명은 각각 물질분자인 한 장의 설계도(DNA)에 의해 이루어져 있다는 것'이다. 그런데 이 발견은 우리에게 두 가지 사실을 알려 준다. 하나는 3천만 종류 이상의 생명이 하나의 조상을 가진 한 가족이라는 것이다. 생명 설계도(DNA)의 구성요소인 A · T · C · G의 결합 방법과 양에 따라 사람, 호랑이, 소나무, 박테리아 등 3천만 종류의 생명체가 되며 지구에는 인간의 역사만 있는 것이 아니라 호랑이의 역사, 소나무의 역사 등 모든 생명의 역사가 존재한다는 것이다. 또 하나는 모든 생명이 가지고 있는 설계도(DNA)의 내용은 환경과 과학적으로 결합하여 자기의 생명을 유지하고 있다는 것이다. 과학적이란 말은 설계도의 내용이 자물통(-)이라면 환경이 열쇠(+)로 자물통과 열쇠가 정확히 들어맞을 때 자물통인 설계도가 열려 생명의 기능으로 작동한다는 것이다. 다시 말해 설계도의 내용인 본능과 환경과의 관계가 과학적(정확히 들어 맞는 것)으로 결합되어 있다는 것이다.

☗ 끝없이 인생 선배들도 해 온 잠깐의 실수이지만 운명처럼 받아들이지 않으면 남성 위주의 갑질 관습 관행으로 '끝나지 않는 전쟁' - 사랑과 혼인

"미안하지만, 난 당신을 사랑하지 않는 것 같아

이런 게 사랑은 아닌 것 같아 왜 혼인했는지 모르겠어.

"미안하지만 난 당신을 사랑하지 않아 왜 혼인했는지 모르겠어." 나는 말했다.

아내가 두 손으로 얼굴을 가리고 말없이 울었다. 난 미안했지만 등을 돌리고 집을 나왔다.

아내와 더 이상 살아갈 자신이 없었기 때문이다. 아내에게 이혼 서류를 꺼냈다.

"집과 자동차 부동산과 현금 그 중에서 당신이 30%를 가질 수 있어."

아내는 말없이 눈물만 흘렸다. 이튿날 집에 돌아와 보니, 탁자에 아내가 써 놓은 편지가 있었다.

눈물이 얼룩져 있어서 혹시 내 맘이 흔들릴까 봐, 읽지 않으려 하다가 나도 모르게 읽어 내려갔다.

'난 아무것도 원하지 않아 다만 한 달쯤 시간을 갖고 싶어.

한 달만이라도 아무 일 없는 것처럼 대해 줘 아이 시험기간이니까 신경을 쓰지 않게…. 그리고 이혼조건으로 한 가지만 부탁 할게. 당신이 결혼 첫날 아침 출근 때 나를 안아서 거실에서 현관까지 갔던 것처럼 한 달간만 그렇게 해줘.'

'이 여자가 미쳤나?' 이런 생각이 들었지만 한 달이면 끝날 일이니까 라고 생각하며 그렇게 해주기로 했다. 첫날 거실에서 아내를 들어 올려 안았을 때 몹시 어색했다. 몇 년 간 우린 신체 접촉이 없었으니까. 10보를 걸어 현관까지 갔을 때 뒤에서 아이가 박수를 쳤다. 멋있다 하면서…. 나는 아이에게 웃음을 지어 보이며 아내를 내려놓고 출근했다. 둘째 날은 첫날보다 나아졌다.

아내는 내 가슴에 적극적으로 기대었고 블라우스에서는 향기가 났다.

피부의 잔주름을 보면서 그동안 모르는 사이 이렇게 됐구나 하는 생각이 들었다. 나와 결혼해 이렇게 되었구나 생각하니 조금 미안했다.

셋째날, 넷째날 아내를 들어 올렸을 때 오래전의 친밀함이 돌아오는 듯한 느낌이 들었다.

내게 자신의 10년을 바친 이 여자 다음날 또 다음날 아내를 안아 나르는 것이 익숙해졌다.

어느 날 아침 아내가 옷을 고르고 있었다.

옷들이 모두 커져 버렸다며 투덜댔다 그러고 보니 아내를 들면 들수록 가벼워지는 느낌이 있었다.

이혼 걱정에 야위어 가고 있는 중일까? 또 다른 아침 아들이 들어오더니 "엄마를 안고 나갈 시간이에요."라며 미소를 짓는다.

녀석에게 이 일이 이제 일상으로 자리 잡은 것이다.

아내는 아이를 꼭 껴안는다. 마음이 흔들리고 있다.

드디어 마지막 날이 왔다. 나는 아내와 헤어질 수 없다는 걸 알았다.

이혼을 취소하기로 했다. 회사에서 나온 뒤 꽃집에 들러 부케를 샀다.

부케엔 "나는 이제부터 죽을 때까지 당신을 아침마다 들어 올릴게"라고 써 달라고 했다.

그리고 집으로 달려갔다. “여보 미안해 우리 헤어지지 말자. 난 당신을 여전히 사랑해.”

현관에 들어서자마자 나는 소리쳤다.

아무런 응답이 없었다. 안방으로 들어서자 아내는 잠든 듯 가만히 누어 있었다.

그녀는 숨져 있었다. 아내가 남긴 편지에서 위암 말기였다는 사실을 알았다.

아내는 자신의 시한부 삶을 받아들였고, 아들에게 다정한 부모의 마지막 모습으로 기억하게 하고 싶었던 것일까?

부케를 떨어뜨리며 나는 주저앉은 채 아내를 안고 한없이 운다.

…

위의 글은 외국인의 페이스북에 올라왔던 글이랍니다.

실화이든 소설이든 사연이 가슴을 아프게 하네요.

우리는 날마다 함께하고 가깝게 접하는 것들에 대해서는 귀하고 가치 있다는 것을 모르는 경우가 많습니다.

그것이 얼마나 소중하다는 것도 인식하지 못하지요.

그러다 내 곁을 떠난 후에서야 깨닫게 되지요.

그때서야 가슴 치며 후회해도 소용없게 된답니다.

내 곁에 있는 소중한 사람….

오늘 하루 따뜻한 미소로 부인, 또 역으로 이런 남편을 대하는 하루 만들어 보셔요.

사람으로 이 땅에 태어난 것을 감사하며
전쟁하지 아니하고
인권침해하지 아니하고
일탈하지 아니하면서
가고 싶고, 만나고 싶고 먹고 싶은 것 먹고, 하고 싶은 일 할 수 있는
홍익인간으로 살면
이게 이상향 천국 지구이고
미래 밝은 우주적 삶의 길이다.

☑ 새국사 교과서에는 수정되어야 할 시급 과제들

1) 한사군 낙랑지역은 중국 노룡현 지역이고, 한반도 안의 평양이 아니니 바로 고쳐야 한다.[235)]

낙랑군 조선현의 위치는 한반도나 평양이 아니라 중원의 하북성 노룡현이다. 다수의 중국문헌[236)]들이 그것을 기록하고 있다. 일제강점기나 일제가 매국노인 이완용 이병도들을 사주해, 조선이 계속하여 중국이나 일본의 속국이었다고 조작하고, 한민족에게 열등감과 예속을 수용토록 하여 식민화를 오랜 기간 지속하려 한 목적이다. 중국 시진핑도 최근까지 트럼프와 만난 자리에서 그런 조작설을 수정없이 그대로 언급했다. 작심하고 왜가 조작한 것을 한국 강단사학자들이 아직도 수정하지 않고 고집하고 있는 탓이다.

2) 교과서에 실어야 할 소서노 어라하

고구려 백제 건국주이면서 국모

소서노召西弩 쇠뇌 노弩 수노기=부인노(부녀자도 쉽게 사용할 수 있어 부인노)라고 한다.

성주풀이에도 등장: 소서노 어라하(에라X) 만수 대신이여!

하남시는 문화적인 부가가치가 높은 유적이 산재되어[237)] 있어 하남시 유적 전체를 유네스코 등재 추진해 볼 만하다. 차옥덕 소서노어라하 기념사업회장 · 하남시장 · 이덕일소장 · 하남문화원장 등이 소서노 어라하(왕) 축제 출정식을 하며 이덕일 소장은 하남시에서의 식민사학 극복의 절대성과, 차옥덕회장은 명품도시로 가기위한 정신적 역사적 구현을 위해 구체적인 – 소서노 어라하, 하남시의, 일본 백

제와 한성 백제간의 홍보 접근방법을 피력하다.

▲ 차옥덕 소서노어라하 기념사업회장

▲ 류병기 하남문화원장

▲ 이덕일 한가람 역사연구소 소장

제 1한성백제: 하남시 교산동은 백제 왕궁터, 이성산성은 백제 왕도의 제사터, 검단산성은 동명왕 제단으로 규칙적인 고대왕궁터 및 제사터의 배치를 하고 있다.

하남시는 교산동(왕궁터) - 이성산성(8, 9, 12 각 제단터 및 산성 외) - 검단산(동명왕제단)이 가로로 일자로 연결되어 있다.

삼국사기에는 온조 13년 하북 위례성서 소서노가 죽고(61세) 그 해에 하남위례성으로 수도를 옮긴다. 국모 사후 하남 위례성에서 4년만에 소서노 사당을 설치하고 왕이 제를 올리다.

☢ 문화재청은 소서노 어라하 추모 연타발 사당 같이 세웁시다

서울 도봉구 삼각산 무수골 근처나, 온조 사당이 있는 남한산 성 근처나 백제 왕족 무덤이 많이 나온 지역 근처. 남북 화해가 무르익으면 남북공동으로 평양 법수교나 고구려 고분벽화가 많은 곳.

가족들과 신정에 떡국을 먹는데, 아들이 그 딸이고 내 손녀에게 "고구려를 세운 사람 누구게?" 하니 역사에 관심이 많은 초등학교 5학년인 손녀는 소서노 어라하도 아는 아이지만 교과서나 선생님께서 "주몽"으로 가르치니 나는 교과서 수정될 때까지 기다리고 있는 중인데.

아들: "소서노 기념사업회장 할머니 말대로 소서노라고 쓰면 답이 틀린다. 하하." 교과서가 개정되기 전까지는 '하하' 할 수밖에. 가족들에게도 이 자리를 빌어 답한다. 10대 빈털털이인 주몽이 무슨 건국? 고려말 유교사학자 김부식이 남성중심으로 쓴 것이지. 여성은 제외시키거나 비하 무시하고.

① 고구려 백제 건국주는 소서노 어라하이다. 왜냐하면 고구려라는 나라 건국에는 한 가정을 꾸리기에도 빠듯한 8살 아래로 10대였던 주몽이 아니다. 건국에는 중심 역할자 군주로서의 자질, 신하, 영토, 재력, 무기, 주변국과의 외교 활동 가능자를 모두 포용하고 있어야 한다.

고구려 건국주는 10대이며 가진 것이 거의 없는 추모(주몽)가 아니고, 또 백제 역시 소서노의 10대 어린 왕자들이 아니다. 고구려도 소서노 어라하를 중심으로 추모(주몽 10대 때)의 활약이 조금 들어간 것이다. 백제 건국주도 요즘으로 치면 선거권도 제대로 안나오는 나이의 10대 아들인 온조나 비류가 아닌 어머니 소서노 어라하로 수정되어야 한다.

당장 남성중심 유학자인 김부식도 〈고구려 건국기〉에 소서노라는 이름도 넣지 않을 정도로, 남성중심으로 여성배제의 서술은 하되 〈백제 건국기〉에는 마지못한 듯 소서노를 언급은 하되, "나라 건국에 지대한 공을 세운 '국모'"로 칭한다. - ⓐ 온조가 왕이라면 국모는 황후인 온조부인이 되어야 하고, ⓑ 소서노가 사망하자 바로 왕자간 수도 위치를 놓고 분열 즉 내분과 외침으로 온조는 수도를 옮기지 않으면 안되었다. "어머니가 사망하시자 주변 외국들이 무시하여 침략 빈발하게 발발…"

추모(주몽)이름도 고구려 장수왕이 새긴 〈광개토호태왕비문〉에 추모로 되어 있어, 김부식이 고려 때 쓴 삼국사기보다 더 옳은 것이라 '추모'(주몽)로 쓰는 것이 맞다.

고구려 백제 건국주의 철저한 준비: 인재, 백성, 영토, 건국자본, 경영력, 무기….

무기면에서 보면 이름자들에 이미 다 들어 있다. 소서노, 연타발 부녀, 쇠뇌 화살 전문가들이다. 금상첨화로 사위 주몽까지 활 전문가 총 3인: 부녀+사위

아버지는 '연타발'이다. 姓으로 연씨가 아니다. 쇠뇌 중에는 연이어 몇 발이 나가는 대쇠뇌가 있다. 연이어서 '화살로 두드리며 화살을 쏘는(발發: 쏘다)'이라는 뜻의 이름인 연타발은 그것들을 만들 수 있는 재력과 인력까지 갖춘 호족이며 졸본부여 오녀산성의 제후 왕이다. - 이름 작명이 중국 한자식이 아니고, 그나 그녀가 하는 역할이나 태어난 시기나 동물 등과 관련에 따른 몽골 기마민족식이다.

소서노 어라하는 어떤 큰 사명을 타고 나, 큰 화살 즉 치명적이고 강건한 쇠뇌까지 전문가인 아버지로부터 배워, 잘 쏘고 잘 쓰는 오랑캐(동이)의 여성 대표주자라는 뜻이다. 큰 화살 쇠뇌(부인들이 쉽게 쓸 수 있게 만들었고 부인들이 잘 사용한다고 '부인노'라 하기도 했다)를 잘 쏘는 여성이라는 뜻이다.

추모(주몽 고주몽)와 소서노召西弩는 경륜, 재산, 인재, 영토, 경영력 등등까지 소서노가 건국에 필요한 여러 자질을 다 가졌다. 召=부름을 받은 소, 노弩 역시 강력 화살인 '쇠뇌'를 뜻한다. 추모(주몽)과 召西弩소서노는 어떤 소명으로 건국 고구려 백제 건국이 한민족의 웅지를 살리라는 하늘의 뜻을 이룸에, 서로의 힘을 합칠 것이 필요로 하는 천생배필이다. 노련하고 경륜이 있어 자식인 소서노와 추모를 잘 이끈 지도자 아버지상 연타발까지. 〈자랑스런 아버지 연타발상 제정〉도 시대에 맞는 아버지상의 모델이고 견인차가 된다.

◘ 근세조선은 주자학 성리학적 왕 중심 정치 이념에 순응하는 것을 기본바탕으로 이루려 했다.

정도전도 왕 중심이 아니고 조정중신 중심의 정치로 시대를 앞선 개혁을 하려다 이방원에게 살해당했다. 신분차이의 혁파를 주장한 혁명아 허균, 여자의 일이라는 것에 대한 극복 초자유를 꿈꾸다, 누나 난설헌도 무한한 자유를 꿈꾸고 그리다. 굿 뮤지컬로: "허균 · 난설헌의 초자유 살아 움직인다."

난설헌 사후에 균은 29년 더 살다. 난설헌 허씨(蘭雪軒許氏, 1563년 ~ 1589년 3월 19일)

허균 출생 1569년 사망 1618년(50세) 난설헌은 조선 중기의 시인, 작가, 화가이다. 본명은 초희楚姬로, 다른 이름은 옥혜玉惠이다. 호는 난설헌蘭雪軒, 난설재蘭雪齋이고, 자는 경번景樊이다. 본관은 양천陽川이다. 동생 균과 함께 서출 이달李達에게 시문을 배우고 사회의 불합리와 여성에게는 한정된 부자유스런 삶을 보는 시각을 가졌다. 사상적으로는 여성의 입장에서 조선시대 여성의 삶의 제한성에 도교적 이상세계에서 정신적으로라도 무한한 자유를 구가하려고 했다.

허균은 조선 중기의 문신으로 사회 모순을 비판한 조선 시대의 대표적 소설『홍길동전』의 저자이다. 그 외에도『한년참기旱年讖記』,『한정록閑情錄』등의 작품을 집필했다.

1606년 원접사 종사관으로 명나라 사신 주지번을 영접하여 명문장으로 명성을 떨쳤다. 1610년 진주 부사로 명나라에 가서 책을 몇 수레나 수집해 왔는데(강원도관에서 미리 비용을 줘서) 그 안에는 바이블도 있었고, 최초의 천주교 12단(端)도 가져 왔으나 천주교인은 아니었다.

『홍길동전』의 저자인 허균은 당대에도 명문장가로 이름이 높았으나 그에 앞서 부패한 정치와 잘못된 제도의 개혁을 통해 자신이 바라던 이상 사회를 이루고자 노력했던 개혁 사상가였다. 명문가에서 태어났음에도 소외 받는 이들에게 애정을 지니고 있었고, 서자나 기생들과도 교류했으며, 당시 배척받던 불교를 받아들였다. 성리학이 지배 이념이었던 왕조 사회에서 "천하에 가장 두려운 것은 백성이다."라는 쓴 소리를 주저하지 않았으며, 민초들의 힘을 모아 패도한 왕을 권좌에서 끌어내리고 새 질서를 창출하려는 방벌론放伐論의 기치를 들기도 했다. 그의 이런 행동들은 당시로서는 가히 혁명적이었다. 하지만 개혁은 실패로 끝났고 그는 반역자로 남아 비극적인 생애를 마쳐야만 했다.

허균은 1569년(선조3) 경상도 관찰사인 아버지 허엽과 둘째 부인인 강릉 김씨 사이에서 태어났다. 허균의 가문은 대대로 관료를 배출한 명문가로 아버지 역시 뛰어난 학자였다. 허엽은 첫 번째 부인이 1남 1녀를 낳고 요절하자 두 번째 부인을 들여 2남 1녀를 낳았는데 그 막내가 허균이었다.

허균이 열두 살에 아버지 허엽이 세상을 떠나고 큰형인 허성이 집안을 책임지게 되었다. 형제자매들은 모두 문학적인 재주가 뛰어났다. 특히 허균은 아홉 살 때부터 시를 지었고, 허난설헌으로 알려진 누나 허초희도 시 짓는 실력이 뛰어났다. 그는 특히 누나와 사이가 좋았는데 누나가 시집을 가자 매우 적적해 하며 더욱 시를 짓기에 매달렸다.

허균은 처음에는 유성룡에게 배우다가, 나중에는 둘째 형의 친구인 손곡 이달에게서 배웠다. 이달은 비록 서자 출신이기는 했으나 이름난 시인이었다. 그러나 첩의 자식은 과거를 치를 자격이 주어지지 않는다는 서얼금고법庶孼禁錮法 때문에 과거를 볼 수가 없었다. 이달은 가끔씩 자신의 처지를 비관하며 술에 취해 울분을 터뜨리고는 했다. 그런 스승을 보면서 허균은 조선 사회의 불합리함에 대해 느낀 바가 컸을 것이다. 이러한 생각은 훗날 그가 『홍길동전』을 쓰는 데 많은 영향을 미친 것으로 보인다. 『홍길동전』 - *예나 지금이나 스승의 방향은 제자에게 중대한 영향을 미친다.

우리나라 최초의 한글 소설로 조선 중기의 사회 모순을 폭로했다. 현대에 이르기까지 각종 다양한 의적 소설과 드라마, 만화영화, 영화 등으로 끊임없이 재생산되고 있는 우리나라의 대표적인 소설이다.

허균에게도 과거는 의미가 컸다. 그런데 열일곱 살에 초시에 급제하고 생원시를 앞두었을 무렵, 둘째 형 허봉이 세상을 떠났다. 허봉은 재능이 뛰어난 인물로 열여덟 살에 생원시에 수석으로 합격해 이미 출세 가도를 달리고 있었다. 그런데 모든 백성들의 존경을 받던 이이의 행적을 비난했다는 일로 서인들에게 맹렬한 공격을 받게 되었다. 그는 종성終城으로 유배를 갔고 유배지에서 풀려난 후 방랑 생활을 하다가 서른여덟 살의 나이로 금강산에서 병으로 세상을 떠났다. 유난히 자신과 닮았던 형의 죽음으로 그는 큰 고통을 겪었다. 이듬해에는 누이 난설헌까지 불행한 결혼 생활 끝에 세상을 떠났다. 그는 슬픔을 공부로 이겨내면서 1589년 생원시에 급제했다. 그러나 곧 임진왜란이 터졌고 부인 김씨가 피란 중에 첫 아들을 낳고 세상을 떠나고 말았다. 계속되는 비극은 그를 사회의 아웃사이더로 만들었다. 결국 1597년 문과 중시에 장원 급제를 하고 황해도 도사까지 되었으나 서울에서 기생을 데리고 와 노는 등 방탕한 행동으로 탄핵을 받아 파면되고 말았다. 하지만 그는 별로 부끄러워하지 않고 당당하게 행동했다. 그의 눈에는 오히려 위선에 찬 조정이 더 썩어 보였기 때문이다. 서울로 돌아온 그의 집에는 자연스럽게 서얼 출신 문인들이나 승려, 무사들이 드나들었다. 허균은 이런 젊은이들과 어울려 술을 마시거나 사회의 부조리를 한탄했고, 급기야 서출인 서양갑徐羊甲 등과 함께 서출에게도 임관의 기회를 달라는 청원서까지 제출했다. 그러다 보니 벼슬아치들은 그를 곱게 보지 않았고 양갓집 자제들은 허균을 '막된 인간'이라 보며 멀리했다. 그는 관직에서 멀어진 채 강원도 금강산에 머물면서 병서를 읽고 거사를 꿈꾸며 자금을 모았다. 홍길동전은 이 무렵 집필된 것으로 보인다.

그런 그를 안타깝게 여기던 맏형 허성은 그를 설득해 다시 관직에 나가게 했다. 1604년 그는 성균관 전적이 되었고 이듬해 명나라에서 특사가 방문하자 그 접대를 맡게 되었다. 명나라 사신들이 우리나라의 대표적인 시를 원하자 그는 4권의 시집을 건네 주었고, 그 중에는 누이 난설헌의 시집도 있었다. 이 시집들은 모두 명나라에서 출판되어 우리 문학을 중국에 소개하는 계기가 되었다. 난설헌의 시집의 인기로 중국 장안에 종이값이 올라갔을 정도라 했다.

그러나 허균은 유교를 숭상하고 불교를 배척하던 당시의 분위기와 어긋나게 관청 안에서 불경을 외우고 염불을 암송하는 행동을 하여 다시 관직에서 쫓겨났다. 게다가 시험에서 친구와 친척들을 합격시키는 부정행위까지 저지름으로써 유배를 가게 되었다. 그때는 허성을 아끼던 선조가 세상을 떠나고 광해군이 즉위한 때라 그에게 도움을 줄 인물이 아무도 없었다. 그렇게 몇 번의 유배 생활을 거친 후 형조 판서, 좌참찬에 올랐지만 계속되는 권력싸움의 소용돌이 속에서 불안한 삶을 살았다. 그가 좌참찬이던 1617년, 인목대비의 폐비 논의가 일어났다. 인목대비는 광해군의 아버지인 선조의 계비로 광해군의 어머니뻘이었다. 나이는 광해군보다 열 살 아래였는데 인목대비의 아버지와 자식이 모두 죽임을 당했기 때문에 광해군에게 원한을 가지고 있었다. 허균은 인목대비의 폐비에 찬성했다. 그러던 중 인목대비를 모략하는 글이 그녀가 거처하는 경운궁에 던져졌다. 이 일을 주동한 사람으로 허균의 일파인 김윤황이 지목되었다. 인목대비의 폐비를 반대하는 세력들은 이 일이 허균과 관련이 있다며 물고 늘어졌다. 이 공방은 허균 쪽의 승리로 일단락되었고, 폐비를 반대하던 영의정 기자헌奇自獻은 유배를 떠났다. 그런데 그해 말 기자헌의 아들 기준격奇俊格이 광해군에게 비밀 상소를 올렸다. 허균이 역모를 꾀하려 한다는 것이었다. 허균이 반대 상소를 올려 일이 마무리될 무렵인 1618년 8월 10일 새벽, 남대문에 격문이 붙었다.

불쌍한 백성을 위해 광해군을 제거할 것이니 모두 도성에서 피하라는 내용이었다. 이 격문이 허균의 심복 현응민玄應旻의 소행으로 밝혀지자 사건의 배후자로 다시 허균이 지목되었다. 조정에서는 허균을 처형하라는 대신들의 요구가 빗발쳤다. 특히 당시 권력자인 이이첨은 허균을 처형하라고 광해군을 압박했다. 허균을 탈옥시키려는 움직임도 일었는데 주로 하급 아전들과 노비, 무사 등 소외받던 사람들이었다. 이런 낌새를 눈치챈 이이첨은 허균의 주변 인물들을 잡아들여 모진 고문 끝에 허균이 역모를 꾸몄다는 자백을 받아냈다. 조정 대신들은 허균을 당장 처형해야 한다고 목소리를 높였다. 광해군이 정확한 진상 조사를 명했지만 역적 허균을 하루 빨리 죽여야 한다는 대신들의 상소만 쌓일 뿐이었다. 허균에게는 변론의 기회조차 없었다. 일은 자백도 판결문도 없이 일사천리로 진행되었다.

이 시대 허균을 위한 상소와 헌법심의 소송을 다시 하자!

조선 시대에는 인명을 소중히 여겨 삼복계(사형은 세 번 반복해 심리를 한 뒤 결정해야 한다는 형사 절차상의 제도)를 시행하고 있었고, 사형을 집행하기 위해서는 죄인의 자백을 받아야만 했다. 하지만 허균에게는 이 과정이 생략되었다. 그는 이렇게 자신의 무고함을 밝히지 못한 채 1618년, 50세 나이로 능지처참을 당해 생을 마감했다. 허균의 몸은 여섯 토막으로 찢겨 각지로 보내져 경계警戒로 삼았으며, 재산은 몰수되었고, 직계가족 중 남자들은 모두 사형당했다. 허균은 비록 대역죄인으로 죽었지만 그를 따르던 백성들도 많았다. 잘린 허균의 머리를 수습하려다 잡혀간 사람도 있었다. 그가 처형된 뒤로도 몇 달 동안 그를 따르던 이들이 계속 잡혀 들어갔고 귀양을 가거나 고문 끝에 죽었다. 인조반정이 일어난 후 인조는 광해군 시절 역모 죄로 처형되었던 사람들을 모두 복권시켰으나, 허균은 조선왕조가 무너질 때까지 복권되지 못했다. 모두가 천시하던 한글로 쓰인 『홍길동전』을 통해 그가 꿈꾸던 이상 사회의 정신이 전해 내려왔을 뿐이다.

조선역사 한국역사 세계역사에서, 편히 살 기득권과 세계적 역량을 충분히 가졌음에도 그 경계를 뛰어넘는 평등주의자 · 자유주의자 민주주의자 실천가 혁명가가 허균이다. 억압 받는 자들을 위한 혁명을 꾀하다가 시신마저 6부분으로 나뉘어지고 조선왕조 내내 복권되지 못한 사람 중의 사람 허균. 가무덤은 양주시에. 이 현대에라도 허균을 복권시켜야 한다.

☂ 조선은 왜 무너졌는가

경제학자의 관점에서 조선의 정치 · 경제 · 문화를 날카롭게 분석해, 조선이 결코 경제적으로 성공할 수 없는 나라였다는 점을 짚어 낸다. 또한 이 책은 우리가 [국가는 왜 실패하는가]에서 접한 '신제도 학파'의 시각을 바탕으로 조선의 몰락을 살펴보는 국내 최초의 저서로, 제도적 측면에 집중해 조선이 몰락하게 된 진짜 원인을 살펴본다. 조선에는 수많은 문제가 있었지만, 그중 대부분은 현대를 사는 우리 곁에도 여전히 존재한다. 저자는 조선의 사례를 보며 우리도 대대적인 재점검과 정비를 해야 한다고 말한다. 국가와 국민 간의 신뢰를 회복하고 좀 더 개방적이고 포용적인 대한민국으로 나아가야 한다고 말이다. 그러기 위해 과거 우리가 밟아온 길을 되짚으며 반성할 것은 반성하고, 배워야 할 것은 배우는 자세가 필요하다. 이 책은 다른 집단의 이익을 빼앗기 위해 싸우기보다 전체 파이를 키우기 위해 노력하라고, 그리고 다른 집단을 적대시하기보다 포용하고 수용하라고 끊임없이 주장하고 있다.

[국가는 왜 실패하는가] 조선판!

조선의 몰락에는 우리가 몰랐던 '진짜 원인'이 존재했다. 조선 왕조는 500년이 넘는 긴 세월 동안 존속했다. 아래로는 일본과, 위로는 중국과 대립하며 여러 차례의 내우외환을 겪었음에도 불구하고 체제를 오래 유지했다. 고려 말기의 혁명을 주도하고 조선을 세운 건국 세력은 고려가 쇠퇴한 원인을 찾고 이를 보완해 완벽한 국가를 세우려 노력했다. 그리하여 성리학을 통치 이념으로 삼아 우리가 아는 '선비의 나라'를 만들었다.

그런데 이러한 의도와 이론적 기반 위에 세워졌음에도 조선은 왜 현대까지 이어지지 못하고, 결국 무너지고 만 것일까?

무엇이 조선을 가난하고 힘 없는 나라로 만들었는가

조선은 매우 가난했다. 개인의 생활뿐 아니라 국가의 재정을 유지하는 것도 어려웠다. 군대의 군량은 항상 부족했고, 재해가 찾아 오거나 흉년이 들면 굶어 죽는 사람이 무수히 생겨났다. 정부에서 신분이나 관직을 내다 팔아 곡식을 사들일 정도였다. 재정이 어렵다는 이유로 녹봉을 제대로 지급하지 않아, 관료들은 지방의 하급 관료들에게 선물 형식의 금품을 요구했고 지방 관료들은 백성들에게서 빼앗아 이것을 메꾸었다. 상황이 이러니 백성들의 삶은 이루 말할 수 없었다. 하지만 조선은 가난을 해결하려 하지 않고, 오히려 자랑스럽게 여겼다. 근검절약하는 청빈한 삶, 안빈낙도의 철학을 숭상한 탓이었다. 양반들은 아무리 먹고 살 것이 없어도 상민들처럼 농사를 짓거나 장사를 하지 않았다. 천장에 매달린 굴비를 바라보며 맨밥을 먹을지언정, 나가서 밭일을 할 생각은 결코 없었다. 개인으로서의 양반은 마을의 어른이자 올바른 선비의 귀감이었을지 몰라도, 양반층 전체를 본다면 그들은 1인당 생산량이 0에 가까웠으며 국가가 부강해지는데 전혀 도움이 되지 않은 계층이었다. 무엇이 조선을 이토록 가난하게 만들었으며, 가난에서 빠져 나올 노력조차 하지 않게 만들었을까? 오랜 연구 끝에 '제도'에서 원인을 찾았다. [국가는 왜 실패하는가]에서 "국가의 성패를 가르는 결정적 요인은 지리적, 역사적, 인종적 조건이 아니라 바로 제도"라고 주장했던 것처럼, 저자도 제도적 요인을 중심으로 조선의 몰락에 대해 논의한다. 신분제도, 조세제도, 관료제도, 정치제도 등 사회를 옭아 맨 각종 제도(공식적 제도)에 조선의 이념적 기반이었던 성리학을 문화(비공식적 제도)로 포함시켜, 이 모든 제도들이 조선을 위기로 몰아 넣었다고 본 것이다. 스스로 발전을 거부하고 제도에 갇히다: 조선 중기를 지나 후기로 갈수록, 조선에서 시행되던 제도들은 대부분 폐쇄적이고 착취적인 성격으로 변질되었다. 조선 초기에는 관료를 뽑는 과거 시험에 양인(천민을 제외한 모든 계층)이라면 누구든 응시할 수 있었으나 점차 상인과 장인, 서얼에게는 응시 기회를 주지 않게 되었다. 게다가 시험의 내용이 유교 경전 위주였음에도 평민들에게는 서적 자체를 유통시키지 않아 공부조차 할 수 없게 만들었다. 결국 정부는 모두 양반 사대부 출신의 관료로 구성되었으며, 백성의 목소리는 정책 어디에서도 반영될 수 없었다.

이로 인해 관료들은 자기 계층의 이익만 추구하는 이기적인 집단으로 변했다. 사회에 큰 혁신을 가져올 만한 기술적 발달이나 개혁 정책은 모두 막으려 했고, 백성을 위한 정책보다는 기득권을 보호하는 정책을 우선시했다. 관료들은

서점을 만들자는 건의가 나오자 "우리나라의 풍속에 일찍이 없었던 일"이라고 반대했고, 노비의 수를 줄이는 정책이 시행되려 하자 "노비가 없어지면 평민을 잡아다가 부리게 될 것"이라며 반대했다.

또한 조선의 건국이념인 성리학과 유교 문화로 인해 '농본상말(농업이 근본이고 상업은 말단이다)' 의식이 확산되었으며 이로 인해 상공업은 천한 일이라고 여기는 사회 풍조가 생겼다.

기술자들을 천하게 여기고 제대로 대우를 해주지 않으니 기술이 발달할 수 없었다.

"상인은 땀을 흘리지 않고 부당한 이득을 취하는 사람이니 벌을 주어야 한다"고 주장한 관료도 있었다.

당연히 시장이나 무역, 화폐의 발달에도 관심이 없었다.

경제성장과 부국강병의 이론은 덕이 아닌 힘으로 통치하는 패도覇道라고 생각했

다. 삼강오륜과 주자의 예법 등 형이상학적 학문에 심취했던 조선의 관료들과 지배층에게는 경제에 대한 이해 자체가 부족했던 것이다.

전 국토를 황폐화하고 수많은 인명을 희생시킨 임진왜란 이후에는 인식이 달라졌을까? 재난을 겪고 나서 누군가는 조선에 어떤 문제가 있는지 처절한 반성을 해보았을까? 불행하게도 조선은 전쟁 중, 그리고 전쟁 후에도 책임을 인정하는 사람이 없었으며 책임을 진 사람도 없었다. 저자는 임진왜란 후 병자호란 전까지 30년 이상의 시간이 있었는데, 이 기간에 위기를 초래한 원인을 찾아내고 혁신을 이루었더라면 조선이 존망의 위기를 겪지 않았을지도 모른다고 성토한다.

"한국은 강한 국가인가?" "역사는 과거와 현재의 대화"라는 말처럼, 조선의 이념과 제도가 남긴 흔적은 2016년의 대한민국에서도 찾아볼 수 있다. 앞에서 살펴본 폐쇄적, 착취적 제도의 문제들이 결코 조선에 국한된 논의가 아니라는 뜻이다. 법을 존중하지 않는 문화, 과도한 규제와 제도, 불합리한 기득권, 배타적인 태도, 불공정한 노동 시장과 임금 격차, 노블레스 오블리주의 부재 등 현대 사회가 고질적으로 안고 있는 문제들 중에는 조선에서부터 존재했던 것들이 많다.

모두 조선 탓으로 돌릴 수는 없겠지만 조선의 역사에서 우리가 눈여겨 보아야 할 점이 많은 것도 사실이다. 세대 간 갈등과 집단 간 갈등이 극에 달한 지금의 세태를 보면 조선 시대 양반과 상민 간 갈등, 관료와 백성 간 갈등이 겹쳐진다. 성장을 촉진하기보다는 경제 부문을 옥죄는 규제가 된 제도들, 산업을 육성하기보다는 진입장벽이 되어 기득권을 보호하고 있는 제도들의 경우도 마찬가지이다. 저자는 결국 조선의 역사를 통해 대한민국이 앞으로 만나게 될 역사를 보여주고자 했던 것이다. 저자는 조선의 사례를 보며 우리도 대대적인 재점검과 정비를 해야 한다고 말한다.

국가와 국민 간의 신뢰를 회복하고 좀 더 개방적이고 포용적인 대한민국으로 나아가야 한다고 말이다. 다른 집단의 이익을 빼앗기 위해 싸우기보다 전체 파이를 키우기 위해 노력하라고, 그리고 다른 집단을 적대시하기보다 포용하고 수용하라고 끊임없이 주장하고 있다.

'강한 국가'는 군사력이 강할 때나 법 조항이 많을 때 완성되는 것이 아니다. 국가의 힘이 꼭 필요한 곳에 신속히 손을 뻗을 수 있을 때, 국민의 생명과 재산을 제대로 보호할 수 있을 때 완성된다. 그리고 강한 국가를 완성하는 제도를 만드는 것은 결국 사람이다.

우리 후손들도 현대를 분석할 때 폐쇄적인 제도 때문에 더 발전할 수 있는 기회를 놓쳤다고 비판할지도 모른다. 폐쇄적이고 착취적인 제도의 문제가 결코 조선에 국한된 논의가 아니라 현대에도 적용되는 유효한 관점인 것이다.

양반 관료의 정권 독점, 관념적인 위계질서를 강조하는 성리학 이데올로기는 정치, 경제, 사회, 문화 등 모든 영역을 지배하며 다른 사상을 억압했다. 조선은 사농공상의 계급적 이데올로기를 전 백성에 보급하고 의식화해 경제활동을 저해하고 활력을 떨어뜨렸다. 또한 성리학은 삼강오륜을 내세워 경제활동과 영리 행위를 천시하는 문화를 조성했다. 아무런 생산활동을 하지 않으며 고고하고 가난하게 사는 것을 자랑스럽게 여기는 풍조에서는 경제가 성장할 수 없었다. 이렇게 분석해 보면 조선은 현대 경제성장론 관점에서 보더라도 경제성장을 촉진하는 요소보다 저해하는 요소를 더 많이 갖고 있었다. 조선에는 경제를 침체시키고 성장하기 어렵게 만드는 요인이 집중되어 있었던 것이다.

조선은 성리학을 통치 이념으로 삼고 삼강오륜과 [주자가례]의 예법으로 정치와 사회생활을 규율했다. 성리학은 학문으로서 교육과 과거 시험의 핵심 과목이었고, 정치의 원리로서 모든 제도에 그 이념을 반영했다. 또한 사회생활과 가정생활에서도 행동의 기준이 되는 도덕이고 가치관이었으며 생활규범이었다. 성리학은 조선에서 정치와 경제제도의 기본 바탕이고 비공식적 제도이기도 했다. 그래서 성리학을 빼놓고 조선의 제도를 논하기는 불가능하다. 기독교를 배제하고 서양 문화를 논하기 힘든 것과 마찬가지이다.

학문과 지식을 독점하는 사회에서는 인쇄 출판과 서적 유통을 제한하는 것이 기득권의 이익에 부합했다. 이것이 중국이나 일본에서도 활발했던 서적의 인쇄 출판과 유통, 서점의 개설이 조선에서는 그렇게 오랜 기간 제약이 많았던 것을 설명해 준다. 폐쇄적이고 착취적인 제도의 영향과 기득권 세력의 특권 보호 본능을 조선 사회의 곳곳에서 느낄 수 있다. 서적 이외에 지식을 전파할 다른 매체가 없는 상황에서 서적의 독점, 그리고 그 결과로 얻는 지식의 독점은 지배층에게 매우 중요한 자산이자 특권이었다. 이 특권을 다른 계층에게 나누어 줄 이유가 없었다. 오히려 그것이 기존 질서의 변화를 초래할지도 모르는 일이었다.

조선의 관리들은 관존민비 사상에 젖어 백성들에게 군림하며 온갖 횡포를 부려도 큰 탈이 없다고 생각했다. (…) 이렇게 백성과 직접 대면하는 향리들이 부정과 비리를 남발하고 강도처럼 백성을 착취하는데, 대체 무엇으로 이를 견제해야 하는가? 지역의 견제기관이 제 역할을 못하고 중앙의 감독기관도 감시 기능에 한계를 보인다면, 이것은 어디에서부터 잘못되었는가? 결국 이런 체제를 갖추지 못하고 기관이 제 역할을 하도록 압박하지 못한 '제도'에 그 책임이 있는 것이 아닐까?

고려 시대에는 양인과 천인의 혼인을 엄격히 금지했으나 조선 시대에는 사실상 허용하는 방임정책을 취했다. 허용보다는 방조하는 성격이 더 컸다. 여기에는 양반계층의 분명한 이해관계가 내재되어 있었다. 오히려 양반들이 노비끼리의 혼인을 제한하고 양인과 혼인하도록 조장했다. 주인집의 입장에서는 자신의 남종이 다른 집의 여종과 혼인해 자식을 낳으면 그 자식이 어미인 여종의 주인 재산이 되므로 이는 매우 불리한 사례였다. 지금 당장 재산 손실은 아니지만 장차 재산이 될 수도 있었을 재산이 감소하는 것, 즉 기대이익의 손실을 의미했다. 이 경우에 손해를 끼친 남종 노가 주인에게 용서를 빌며 자신의 재산 일부를 주인에게 헌납해 주인의 재산 손실에 사죄했다는 기록도 있다. 조선의 건국 초부터 시행된 상공업 억제제도는 조선의 경제성장을 저해한 제도적 요인들 중 가장 중요한 제도 요인이다. 경제는 인센티브에 민감하게 반응한다. 공식적인 법제뿐만 아니라 사회의식, 문화 등이 경제활동에 큰 영향을 미친다. 조선은 공식적인 제도만이 아니라 의식, 가치관, 문화 등 비공식적인 제도에서도 경제활동에 커다란 족쇄를 채웠다. 불교를 숭상한 고려는 상공업에 대해서도 진취적인 생각을 했는데, 유교를 국정의 기본 이념으로 삼은 조선은 상공업에 대해 폐쇄적인 제도를 설정하고 이를 철저히 이행했다. 그 결과가 조선의 전반적 쇠퇴였다. 국가는 게임의 기본 규칙만 규정하고, 나머지는 국민의 역량을 믿고 민간에 맡겨야 한다. 국가의 핵심 제도를 이런 원칙에 따라 정비해 개방적이고 포용적인 성격을 강화하자는 것이 조선을 통해 우리가 얻은 교훈이다. 경제의 성장과 고용 창출, 복지 확충을 위해 법질서가 바로 서게 하고 이익집단 간의 갈등은 국민 대의를 앞세워 과감하게 조정해야 한다.

■ 세계인은 홍익인간의 이념 아래 모든 국민으로 하여금 인격을 완성하고 자주적 생활능력과 공민으로서의 자질을 구유하게 하여 민주국가 발전에 봉사하며 인류 공영共榮의 이상 실현에 기여함을 목적으로 한다. 우리 대한민국의 건국이념을 잊지 말자. 민족주의와 자유민주주의 정신이다.

거발한 제 1대 환웅께서 개천 이후 홍익인간은 한국의 건국이념이 되었고, 1949년 대한민국 정부 수립 이후 민주헌법에 바탕을 둔 교육법의 기본정신이다. 교육법 제 1조에는, "교육은 홍익인간의 이념 아래 모든 국민으로 하여금 인격을 완성하고 자주적 생활능력과 공민으로서의 자질을 구유하게 하여 민주국가 발전에 봉사하며 인류 공영共榮의 이상 실현에 기여함을 목적으로 한다."라고 규정하였다. '미래세계(2050년, 3000년…) 건국이념' 홍익인간 이념이 어떻게 바뀔 수 있을까?

93세기(21세기) 현대의 국가는 국민의 자유와 행복을 무시한 국가가 국가일 수 없고, 국가의 무궁한 발전 없이는 국민의 복리증진을 달성할 수는 없다. 그러므로 우리 자신이 대한민국 국민으로서 자유로운 생활을 하려면, 먼저 대한민국에 대한 위대한 홍익인간 철학을 주창한 선진 조상과 조국에 대한 지각과 자부심을 가지고, 조국을 사랑해야 한다. 그러기 위해 선결될 일이 바로 우리 조국 대한민국의 찬란한 영광과 무궁한 발전의 유구한 역사에 대하여 (여러 왜곡을 벗기고) 바른 인식을 가지는 노력을 해야 한다. 93세기라는 긴 역사에 굴절이 없을 수 없다. 따라서 우리 대한민국의 이점만을 들어 남의 나라를 탓하거나, 약점만을 들어 열등의식에 사로잡히는 폐단을 떠나, 오로지 우리 대한민국이 만들어 온 역사적 사실을 정직하고 성실하게 인식해야 하고, 만약 과오가 있다면 다시는 그것을 되풀이하지 않을 각오를 가지고 생활할 필요가 있다. 이러한 까닭에 국민에 대한 건국의 이념을 비롯한 국사교육의 중요성을 강조하는 것은 지나침이 있는 것이 아니다.

굴곡의 역사를 밟아 오다 주종을 놓쳐 버린 민족이 되었는가?
어쩌다가 환웅탄신일은 모르는가? 예수탄신일, 석가탄신일은 있는데
어쩌다가 세계에 유일한 개천절엔 한국대통령이 보이지 않는가?

우리는 해마다 8월 15일이면 성대한 광복절 기념행사를 거행한다. 금년은 100주년 삼일절 건국 70주년을 맞이하게 되므로 더욱 성대하게 거행할 것이다. 그러나 그것이 1948년 8월 15일에 대한민국이라는 자유민주국가의 건국을 선포하였다는 역사적 중요성에 비추어 그 건국의 이념인 우리의 민족주의와 자유민주주의 정신

을 진작시키려는 뜻이 없다면 삼일절과 광복절의 의미는 그만큼 감축되는 것이다. 1948년 5월 10일 총선으로 출범한 국회가 개원식開院式을 가진 것은 그해 5월 31일이다. 국회가 30명의 헌법기초위원을 확정한 것은 6월 2일, 헌법안을 확정한 것은 6월 22일, 본회의에 상정한 것은 그 다음날, 국회에서 통과된 것은 7월 12일, 공포된 것은 7월 17일이었다. (이날을 우리는 제헌절制憲節로 기념하고 있다.) 7월 20일에는 공포된 헌법에 따라 이승만 박사를 국회에서 대통령으로 선출하였고, 이어 8월 15일 비로소 건국이 세계만방에 선언되었다. 이 기간 동안에 여러 주요 쟁점사안에 대한 토론은 전문적이고 심도 있게 이뤄졌다. 대한민국 헌법이 졸속으로 급조急造된 것이 아니다. 제헌制憲에 참여한 국회의원들의 열정, 식견識見, 순수성이 오늘날의 국회의원들보다 훨씬 높은 수준의 양식을 가지고 행동했다는 느낌을 받는다. 물론 그동안 대한민국은 헌법대로 운영될 수가 없었다. 헌법의 수준은 선진국 수준으로 매우 높은데 비하여 국력國力이 약하고 국민 수준이 낮아서 헌법대로 하다간 나라가 망할 지경이었다. 뿐만 아니라 단 한 사람도 민주국가를 운영했기나 경험해 본 사람이 없는 나라였다. 그럼에도 불구하고 우리 대한민국 국민들은 헌법이란 규범과 이상을 갖게 되었다. 정부가 불가피하게 헌법을 위반할 때에는 그래도 헌법에 따라 국가지도자에게 "민주주의와 법치주의를 어기고 있다." 고 질책할 수 있는 채찍을 국민들이 쥐고 행동할 수 있게 되었다. 이승만李承晩, 박정희朴正熙, 전두환全斗煥 대통령과 같은 강력한 지도자들도 이 채찍을 의식하거나 두려워하지 않을 수 없었다. 그동안의 거의 모든 권력자는 대한민국 헌법을 기준으로 하면 독재자나 反민주주의자가 될 운명이었다. 우리 헌법은 항상 현실보다 훨씬 높은 이상을 가지고 있었기 때문이다.

어느 국가에게나 건국사는 있게 마련이고, 그 건국의 역사는 나라마다 소중하고 자랑스러운 것이다. 우리 대한민국의 건국은 일제 식민통치의 압제에 항거해온 우리 민족의 오랜 독립운동이 해방후 민족자결의 권리를 찾기 위한 투쟁에서 거둔 승리의 소산이다. 그러나 여기에는 2차대전 후 소련의 세계적인 공산정권 확산화 정책으로 그 점령 하에 있던 북한 지역이 공산화됨으로써 우리 민족은 통일된 독립을 지금까지 이루지 못하고 있는 것이다. 그러나 다행히 우리는 남한지역에서 대한민국을 건국함으로써 잃었던 나라를 다시 찾았지만, 우리에게는 남북통일이라는 민족적 사명이 지워지게 되었다. 그리고 우리는 이 건국을 통하여 우리의 삶과 민족의 진로를 선택할 자유를 가지게 되었다. 반면에 국민 각자에게는 건국의 이념에 따라 우리 민족에게 안녕과 복지를 가져다 줄 훌륭한 민주정치를 해야 할 의무와 책임도 함께 있는 것이다. 우리 대한민국이 겉으로 보기에는 입헌주의立憲主義로 출발하였다고 해도(헌법이) 그 실질화의 과정에서 피할 수 없는 여러 사실들이 일어났다는 사실을 간과看過할 수 없는 것이다. 이는 곧 정신 자체를 말살하지 않는 한, 정신이 현실에 미치는 영향을 피할 수는 없는 법이기 때문이다. 그렇지만 우리 헌정사憲政史를 보면 우리 대한민국의 입헌주의立憲主義가 거의 가사상태에 빠져 있다가도 다시 놀라운 복원력을 발휘해 온 것을 볼 수 있다. 그런 점에서 입헌주의立憲主義를 향한 결단, 그 자체가 갖는 역사적 의의가 때때로 발생한 결함 때문에 과소평가되어서는 안 될 것이다. 우리 대한민국 헌법의 제정이 입헌주의立憲主義의 순수성에 비하면 몇 가지 결함을 가지고 있었지만. 그래도 헌법을 가지고 대한민국은 출발했기 때문에 헌법적 출발인 것이다. 그런데 오늘날 이 땅에서 많은 혜택을 누리고 있는 어떤 무리들이 우리 대한민국의 국가이념은 낡았고, 실용을 위해 양보해야 하고, 발전을 위해 뛰어 넘어야 한다면서 조롱하고 사라져야 한다고 주장하고 있다. 우리 대한민국의 헌법은 국가이념의 대장전大章典이다. 6·25사변전쟁, 5·16군사 쿠데타, 민중봉기, 박정희대통령 암살, 부패, 김대중과 노무현의 세계사에서 그 유례를 찾아볼 수 없을 만큼 실로 엄청나게 발전해 가고 있는 것은, 우리 대한민국과 국민이 헌법에 담겨 있는 국가이념의 지도를 받고 있기 때문이다. 그렇기 때문에 우리 대한민국의 국가이념은 실용을 위하여 양보하고, 구태가 있다고 하여 조롱하거나 사라져야 할 대상이 아니다. 오로지 한국인의 엄숙한 다짐이기 때문에 그것을 구현하기 위해 힘을 모아 최선을 다 해 경주해야 하는 대한민국에 대한 도리道理는 마땅할 뿐이다.[238)]

◘ '정치하는 엄마들'은 비영리 단체이다.

2017년 6월 창립되어 정치를 하는 엄마들은 보육·복지·환경 등 각종 현안에 대해 엄마이자 한 명의 여성으로 의견을 내놓고 대안을 제시하는 등의 활동을 벌이고 있다. 이들은 나이와 지위를 막론하고 '엄마'라는 공통분모로 함께 목소리를 내고 있으며 권리회원 767명, 일반 참여회원이 950명이 활동 중이다.

육아 고충에서 시작한 엄마들의 목소리, '당사자 정치'로 발전

공동대표인 장하나는 19대 국회의원 출신이다. 국회의원 임기 중 아이를 낳고 육아를 하면서 느낀 고충을 대변할 단체가 필요함을 느끼고 '정치하는 엄마들'을 만들게 됐다.

"국회의원 생활을 하면서 출산이나 육아에 대한 법이 미비하다는 걸 느꼈어요. 저출산이나 인구절벽에 대한 말은 많이 하지만 정작 이를 대변할 사람은 많지 않더라고요. 그래서 차라리 엄마들이 모여 공통으로 문제를 해결하면 어떨까 하는 생각에 만들게 된 것이 정치하는 엄마들의 시작이죠." 정치하는 엄마들은 사립유치원의 회계부정의 논란 이후 유치원 회계의 투명화와 유치원 3법의 통과를 위해 적극적인 활동을 펼치고 있다. 특히 지난 11월에는 광화문광장에서 한유총의 총궐기대회에 맞서 같은 장소에서 기자회견을 열기도 했다. "한유총의 총궐기 대회에는 3,000명 정도가 모였는데 저희는 10명 정도에 불과해, 저희들의 주장이 잘 전달되도록 하기 위해 현수막을 풍선에 매달아서 띄워 놓고 기자회견을 했어요. 집회 이후 유치원의 회계 투명화에 공감하고 저희들의 활동에 관심을 가져주시는 분들이 늘어나 뿌듯했어요. 다만 여전히 국회에서 유치원 3법이 통과되지 않고 일부 수정된 것은 안타까운 마음이죠." 정치하는 엄마들은 유치원 회계부정 문제를 해결하기 위한 방안으로 정부의 관리가 중요하다고 강조했다. 이에 대한 개선이 이뤄지지 않을 경우, 민간지원을 없애고 국공립 유치원을 확대해 직접 관리에 나서야 한다고 주장했다. 또한 유치원 운영자가 아닌 종사자들에 대한 처우개선도 시급하다고 덧붙였다. "교육이나 복지는 국가가 책임질 공공의 영역으로, 2조원 가량의 자금이 투입되고 있음에도 회계 규정이 명확치 않고 관리가 소홀해 구멍가게보다도 못한 운영이 이어지고 있어요. 에듀파인 시스템을 통해 관리가 이어진다고 하지만 이 역시 허점이 많은 만큼 정부 차원의 지속적 감독이 필요하다고 봐요." "선진국에서는 민간 위탁 비율이 현저히 낮을 뿐 아니라, 비영리 법인에 맡기는 것이 대부분이에요. 하지만 우리는 개인 사업자들에게 위탁을 맡겨 이런 문제가 발생한 것 같아요. 또 이 같은 지원에도 불구하고 교사 1인당 아동의 비율이 높아요. 유치원 교사들이 열악한 환경에 놓일 수밖에 없는 구조이죠. 보육뿐만 아니라 행정 등 다양한 업무를 하는 만큼 아동비율을 줄여서 교사들의 처우를 개선해야 해요." 유치원 회계 투명화 위해 적극적 활동 "정치는 금기 아닌 용기" 평범한 전업주부였던 강미정 씨는 이 같은 취지에 공감해 '정치하는 엄마들'에 참여하게 됐다. 강미정

씨는 많은 엄마들이 겪는 고충의 하나인 독박 육아의 문제점에 대해 노동시간과 임금 격차의 영향이 가장 크다고 지적했다.

"노동시간을 유연하게 조절할 수 있고 육아 휴직을 장려하는 기업문화가 확립되지 못하다 보니 여성들의 경력 단절이 당연하게 받아들여지고 있죠. 게다가 여전히 성별 임금 격차가 심하다 보니 결혼한 여성은 묵묵히 차별을 받아들이거나, 회사를 그만두는 일이 되풀이되고 있는 것이라고 봐요." 장하나 활동가는 자녀가 있는 사람만 배려해 주는 문화가 아니라, 전반적인 노동시간 단축과 정시퇴근을 통해 아이를 키우는데 부모가 가족이나 지인들의 도움을 받는 빈도를 줄여 나가는 것이 가장 중요하다고 강조했다. ▲ 정치하는 엄마들은 지난해 논란이 됐던 유치원 회계 부정에 대해 문제를 제기하고 회계 투명화를 위한 행정소송, 집단행동 등을 펼쳐쳤다. "양육을 하고 있는 노동자들의 차별에 대한 처벌을 강하게 해야 한다고 생각해요. 노동에서 차별을 받다 보니 아이를 낳지 않으려 하고 그것이 곧 출산율 저하로 이어지니까요." 정치하는 엄마들은 우리 사회가 너무 성과위주에 집중하기 때문에 교육 · 노동 · 환경 등에서 각종 문제가 끊이지 않는 것이라고 분석했다. 특히 좋은 스펙을 쌓기 위해 유치원이나 초등학교 때부터 입시 경쟁에 뛰어드는 것에 대해 안타까워했다. "모든 교육이 대학 입시에 맞춰져 있다 보니 유치원이나 초등학교 시절부터 경쟁에 대한 압박이 시작되고, 이것이 사교육 시장을 키우는 원인이 되는 것 같아요. 하지만 교육도 노동에 원인이 있는 만큼, 근본적인 원인을 해결하려면 소득을 높이고 육체노동과 정신노동의 임금격차를 줄이고 노동의 양극화를 막기 위해 과열 경쟁을 줄이는 것이 중요하다고 봐요." 정치하는 엄마들의 목표는 스스로를 대변할 수 있는 단체로 성장하는 것이다. 엄마들 개인이 자기 삶의 당사자로서 주권의식을 행사하도록 참여를 독려할 계획이다. 또 여건이 된다면 실제 정치에도 참여해 엄마들을 대변하는 것이 꿈이라고 밝혔다.

"우리 사회는 정치참여에 대해 부정적인 시선이 많은데, 자라나는 미래 세대들에게도 행복한 세상을 만들기 위해서는 정치가 하나의 방법이라고 가르치고 싶어요. 그래야 여러 이슈에 용기를 낼 수 있고 외부의 문제들과 맞설 수 있으니까요. 혼자서는 행동하기 힘들지만 함께하는 사람들이 있으니까 목소리를 내고 싶으신 엄마들이 있다면 같이 상의하고 편하게 연락해 같이 고민했으면 하는 바람."[239)]

◘ 각 자의 처지대로 구국

'대우그룹=수출' 김우중='명불허전', '무역의 달인', '세계 경영'
김 회장의 '노하우'를 전수받았더라면 '달인 후계자'
- 베트남이 받고 한류에 큰 힘도 되다.

[G 칼럼] 새삼스러운 김우중 회장

대우그룹 창업자인 김우중 회장이 자서전 '세계는 넓고 할 일은 많다'에서 밝혔다.

"비위에 맞지 않더라도 식탁에 나온 음식을 맛있게 먹는 것이 예의이다. 그래야 사람을 사귀기 좋다. 만약 어떤 물건이라도 팔 생각으로 찾아간 경우라면 더욱 그래야 한다. 피할 수 없는 사유로 어쩌다 저녁 약속이 겹친 경우 2시간 간격으로 저녁을 2번 먹어야 할 때도 있다. 이런 때에도 나는 '깨질깨질' 먹지 않고 맛있게 두 끼를 다 먹어 치운다."

김 회장은 이처럼 하루에 저녁식사를 두 번이나 할 때도 있었다. 밥 한 끼 때문에 '세일즈'를 놓칠 수는 없었다. 식사를 하는 속도도 대단했다. 워낙 시간에 쫓기며 바쁘게 뛰어다니다 보니 식사를 빨리빨리 해치우고 있다고 했다. 회사 직원들과 함께 식사를 할 경우, 자신이 그릇을 비울 때까지 직원들은 절반도 먹지 못하기 일쑤였다고 '자서전'에 썼다.

1980년대, 이렇게 바쁜 김 회장을 기자들이 만났다.

대우그룹의 '현안'에 대한 질문이 끝난 다음에 나온 것은 당연히 '수출'얘기였다.

'대우그룹=수출'이었기 때문이다. 지금은 많이 간소화되었다고 하지만 당시의 수출 절차는 제법 복잡했다.

'수출 신용장 도착 → 수출 허가 → 수출용 원자재 소용량 증명서 발급 → 내국 신용장 개설 · 무역금융 신청 → 수출용 원자재 · 부품 등 공장 입고 → 생산 → 운송 → 통관 → 선적 → 은행 네고 → 사후 관리' 등의 절차를 거쳐야 했다. 이 여러 절차 가운데 '돈'이 되는 것은 무역금융과 은행의 네고, 그리고 수출을 이행한 후에 신청해서 받을 수 있는 관세 환급이었다. 따라서 규모가 작은 무역업체일수록 신용장을 받기 무섭게, 또는 신용장이 도착도 하기 전에 무역금융부터 서둘렀다. 제품 생산이 끝나면 통관 절차와 함께 은행 네고에 필요한 서류를 준비했다.

김 회장은 이 모든 절차를 꿰뚫고 있었다. 그야말로 '도통'하고 있었다.

그런데, 당시의 수출 여건으로는 불가능할 것 같은 얘기를 김 회장이 꺼내고 있었다. 이런저런 방법으로 수출을 했다는 '과거사'였다.

기자가 질문했다. "그런 방법은 이런 여건 때문에 불가능한 것 아닙니까?"

하지만, 김 회장의 대답은 명확했다.

"그 정도는 이렇게 하면 간단하게 해결될 수 있습니다."

김 회장은 아무렇지도 않은 듯 가르쳐 주고 있었다. 그런 식으로 기자의 '무역 지식'으로는 불가능한 몇 가지를 알기 쉽게 지도해 주고 있었다. 과연 '명불허전'이었다.

이랬던 '무역의 달인'이 지금은 없다. 대우그룹이 무너지면서 김 회장의 활약도 볼 수 없게 되고 말았다. '세계 경영'도 후퇴했다. 새삼스러운 것은 김 회장의 '노하우'이다. 그 노하우를 전수받았더라면 '달인 후계자'가 여럿 등장하지 않았을까 싶은 것이다. 22일은 대우그룹 창업 52주년이라고 했다.[240)]

청춘과 영혼을 우리 한민족의 근대화에 다 바치고
세계화 시대의 최첨단 리더였던 분들
일부 정치인들이 매도하여
부실 기업인으로 내몰았었습니다.
대우자동차의 무서운 세계화를 경계하는
구미 선진국들의 조정과 몇 년도 안 되는 권력을 가지고
괘씸죄를 적용하여 국가부도의 죄목을
한 건실한 기업인에게 둘러 씌운 슬픈 일이 있었습니다.
김우중 회장님은 결코 이기적이고 국가와 기업을 배신하지 않았습니다.
그 분의 깊은 뜻과 용기를 높이 평가하고
역사 바로잡기의 일환으로
김우중 회장님을 사랑하는 모임을 카페로 만들어 출발합니다.[241)]

◂ 나는 적어도 내 일과 제품에는 (창의적이고 정밀하고 완성도가) 세계적인가?

각 가정의 주부들, 도로 청소인, 택배 배달인, 파출인, 제조인들, 회사원들, 전국한단 기도인들 - 강희목 아버지, 우룡 선사(백두산선사)님, 한국 신교협동조합 이순신선사, 한국 무교협동조합 손일생 이사님, 민속문화인 협회 이은숙 회장님 등 나라기도 많이 전국을 돌며 하시는 님들, 자기 선택과 맡은 바에 정직 정성 충실하

면 救國입니다. 외국여행을 다닐 때 깨끗한 거리를 보거나 한국거리를 거닐면 보이는 담배꽁초가 이제 소탕될 것 같네요. 젊은이들이 만든 담배꽁초통과 주택도시보증공사의 쓰레기통과 종이분리통이 원효로 1가 젊은이들 열정도 거리에 반갑게 등장했네요. 실사구국입니다.

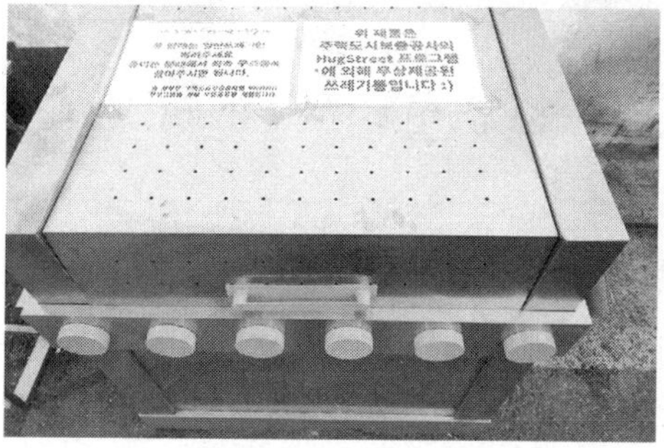

◈ **강희목아버지 및 김광락 선사, 우룡 용화 대선사와 천부경 신왕규선사 외 전국 도인들 탑골공원 3·1운동 100주년 기념 및 〈천손 민족이여 제발 물처럼 하나로!〉 기도 및 탑돌이 -**

사람도 땅도 하늘도 속이 타서 불이 납니다. 제발 쓰레기를 주워 깨끗한 내 집과 마을, 꽁초를 버리지 않고 청소하기, 제조공장 세계 최고 작품을 만들어 내도록 격려 공장 사무실 내 막노동일을 하시는 분들께나 집에서도 소리지르거나 갑질 않기 등부터 실천합시다. 그것이 나라 발전 및 구국 시작!

☆ 한국 역사문화산업을 실사구국 정신에서 문제 해결사로서 사전에 점검해 볼 점

1. 식민 사대 서양 외래종교 중심 사관에서 벗어났는가?
2. 대한민국 건국이념이며 세계적 마인드인 홍익인간과 자유민주주의에 맞는가?
   ☸ 한국역사문화를 세울 바탕 얼, 한민족 DNA 근원에 박혀 있는 홍익인간의 기본인 의인예지신 도리(인권 풍요 복지 국가 만년대계 지속발전 방향)에 부합하는가?
3. 한국역사 유무형문화를 보존하거나 복원하는 일인가?
4. 한국인의 정과 정서와 멋이 충분히 드러나는가?
5. 절대 필요한 예산과 충분한 시간에 공무원과 장인의 정성이 쏟아졌는가?
6. 한국적 예술성이 있는가?
7. 한류문화로서 세계로 나아갈 수 있는가?
8. 수익구조가 날 수 있는 구조를 갖추었는가?
9. 이 사업에 종사하는 직간접 사람의 인간적 공인적 경제적 권리는 이루어지는가?
10. 편리함과 수익구조를 중시하다가 현대생활의 이기에 익숙하지 못한 분들의 입장이 제외되지는 않았는가? (밤 늦게 주문하면 다음날 아침 일찍 배달오

는 '쿠팡' 아니면 못살아 하는 정도의 그에 익숙한 세대가 늘어나면서, 구입 노력이 덜 들어가고, 배달 속도와 가격과 시간절약 등에 좋은 인터넷 쇼핑이나, 다양하고 저렴한 '다이소' 등으로, 많은 동네가게들이 문을 닫고 있다. ' 페이 무료'같은 체제로 - 그런 동네 가게 여럿을 함께 묶어 '다이소' 나 '로컬푸드' 같은 가게를 만들어 주는 정책을 서울시부터 펼치면 효과적이겠다.)

- 〈실사구국적 한국역사문화학〉 자연스레 만들어 붙인 이 책의 부호들

- 컴퓨터 문화가 보급되고 사용자 인터페이스 중 그래픽 사용자 인터페이스(GUI)가 발달하면서 물리적인 공간의 제한없이 온 세계인들이 이해할 수 있는 아이콘의 개발이 요구되고 있다. 컴퓨터 화면상에서도 복잡한 컴퓨터 언어보다는 한 눈에 알 수 있는 부호(아이콘)의 개발이 미래를 지향하는 컴퓨터 문화에 보다 적합한 대응 방안일 것이다. 아이콘 사용의 잠재력은 무진장하다. 각각 다른 나라 언어로 화장실이 어디인가, 비상구가 어디인가, 어떻게 문서를 편집해야 하는가를 말하는 것은 의미가 없으며, 모든 지각과 지식의 표시는 아이콘을 통해서 민주적으로 또 오차없이 행해질 수 있기 때문이다."[242]

나는 이 책에서 각 글마다 아이콘을 사용해 내나름의 그 말에 대한 나의 해결 방향이나 그 가치(가 높아 계속 지향해야 할 것 ☀)등을 제시해 본 것인데, (해결이 급하게 여겨져서 자연히 붙이게 된 것 ☑부터)생각과 같거나 다를 수 있는 독자의 생각도 자극해 보고, 때론 함께 소통 대화를 직간접으로 불러 일으켜 볼 수도 있겠다고 여겼다. 한국 현실적 문제를 시급히 해결하는데 사회적인 하나의 자극을 주기 위한 시도로 발전하기를 바래서이니 몇 개라도 유용하게 확산해 주기 바란다…

〈실사구국적 한국역사문화학〉

굳이 나를 설명하자면, 누가 임명하지도 않은 - 단어를 찾자면 옛날 암행어사처럼 나라가 보다 낫기 위한 지적과 대안을 사명처럼 일상적으로 하는 여자 박사.

해결방안의 권한은 국회에서 학자들과 급한 세미나를 열거나 까페, 페이스북 등에 글을 쓰거나, 감사원에 소청하거나 청와대 대통령께 탄원서를 올리거나….

영국대사관 앞에서, 영국이여 중도맥국 유네스코로 보존하고 레고는 길 건너 옆에 미군기지가 이사 간 공터에서 하시게요 라고 외치거나 유인물을 나누거나, 그런데 조사하다 보니 2004년 덴마크가 한국에서 레고 공원하다고 2,000억 원을 투자해서 노무현 대통령 때 하려고 하던 때와는 완연히 다르게 2011년 영국은 박근혜 대통령 때에는 레고를 거의 공짜로 하려는 조건이라, 이런 불공정 거래는 우리가 영국에 패전한 국가도 아니고, 도저히 받아들일 수가 없답니다. 더욱이 중도에서 유물도 9,200여 점이나 나와서 유네스코 등재도 바로 할 수 있는데….

또 영국은 한국의 우방이면 평화공존해야지, 2011년에 중도에 레고한다고 사전에 유적조사를 시켜 놓고는 2012년 영일 무기공동제작 동맹을 맺고 - 이런 동맹은 해제하시는 것이 세계평화를 위하는 일이고 한국의 우방으로 돌아오는 길이라고, 영국대사관과 영국성공회 앞에서 항의 데모하거나….(실질적인 영국 레고의 주인이 영국왕실과 영국성공회이니)

… 또 이어 터지길, 용산에 미군 이전기지 70여만 평을 제대로 된 용산역사민족공원으로 만들자고 대통령께 탄원해야 해서 탄원하거나, 이렇게 부딪히는 대로, 일도 그 인연대로 맞으며 바르게 밝게 사는 방식으로 살아가며, 자연스레 시도하게 된 실생활이 길어서, 하다 보니 구국적 의미를 띄는 일이라는 것을 스스로 가시적으로도 인식하게 되었고, 이 자연스런 나의 접근 방법을 그 실상대로 이름을 붙이자니 〈실사구국적 한국역사문화학〉이라 붙여졌습니다.

하여 독자들 특히 직장이나 가정 일상의 〈문제해결사 공무원들과 공무원이 되고자 하는 분들과 나라를 키워 나갈 기업인들께〉 일독과 조언을 바라게 되었고요.

씽크대를 벽이 아닌 TV와 가족 쪽으로 돌려 놓았기에 30년 전부터 TV를 항상 틀어 놓고 많은 여행 및 기획기사들과 뉴스를 또 가족을 보면서, 부엌일도 가족일도 대학원 박사학위도 할 수 있었습니다. 이 모두가 국민들의 시청료 덕분에 출연하여 방송료도 받았고, 하여 이 책의 수익금 전액은 보다 발전적인 〈제 2의 실사구국적 한국역사문화학〉의 원자료가 될 어떤 그 일들과, 또 같이하는 뜻있고 어려운 분들과 함께 실사구국적으로 요긴하게 쓸 것입니다.

하여 이 독자들은 바로 역사문화 전쟁기에 뜬 눈으로 환한 마음과 귀와 발로, 한국역사문화를 제대로 지키는 일에 동참하는 삶을 사는 〈또 하나의 실사구국적 한국역사문화〉의 새로운 저자와 동료가 될 것입니다.

4월 28일은 〈세계 맥(貊)의 날〉 한민족과 연관이 있는 중부아메리카 잉카인의 지역인 벨리즈 공화국에서 정한 것이니 우연은 아닌 것이다. – 맥은 우리 한국인이 예맥족이니 그 맥이니 같이들 하시지요. SNS시대이니.[243)]

서울역 옆 천도교 · 카톨릭공원 공사장 염천교, 마침 그곳엔 고산자 김정호선생님의 작은 비가 서 있다. 나도 내일부터 다시 또 고산자처럼 이 금수강산을 여기저기 누벼 볼 것이다.

고맙습니다.
9216(2019)년 4월 초 어아당 차옥덕 올림

나의 삶에서 〈실사구국 또 하나의 경제의 장〉을 펼칠 일이 생겼다!

[재계] 평양 나들이를 마치고 돌아온 대기업 총수들, 어떤 그림을 그릴까?
이재용 "한민족을 느꼈다" vs 최태원 "한반도 발전 방안을 고민하겠다"

(오른쪽부터) 이재용 삼성전자 부회장, 이재웅 쏘카 대표, 구광모 LG회장, 최태원 SK회장, 박용만 대한상공회의소 회장, 김용환 현대자동차 부회장 등 특별수행원들이 20일 백두산 천지를 배경으로 기념사진을 찍고 있다. 사진 = 연합뉴스

역사적인 평양 남북정상회담 일정에 동참했던 재계 인사들의 귀환 후 일성이 관심을 모으고 있다. 이재용 삼성전자 부회장은 특별한 소감을 밝히지 않았지만, 최태원 SK 회장은 경협 가능성을 검토해 보겠다고 말했고, 현정은 현대 회장은 금강산 관광과 개성공단 재개에 대한 기대감을 표현했다. 구광모 LG 회장, 박용만 대한상의 회장 등도 이번 방문을 통해 남북경협을 적극 검토할 것이라는 전망이 나온다.

특별수행원 52명 중 경제인은 17명

9월 18일부터 20일까지 2박 3일간 진행된 문재인 대통령과 북한 김정은 국무위원장의 2018년 평양 남북정상회담 일정이 모두 마무리됐다. 이번 방문단에는 공식 수행원 14명과 특별수행원 52명이 포함됐는데, 특별수행원 중 약 3분의 1 수준인 17명이 경제계 인사였다. 과거 2007년 노무현 전 대통령의 방북 때와 같은 수준이다.

경제계 참가자의 면면을 살펴보면, 최태원 SK 회장과 이재용 삼성전자 부회장, 구광모 LG 회장, 김용환 현대자동차 부회장 등 4대 그룹의 대표자들과 경협 기업을 대표한 현정은 현대그룹 회장, 최정우 포스코 회장, 신한용 개성공단 기업협회 회장, 경제단체를 대표한 박용만 대한 상공회의소 회장, 손경식 한국 경영자총협회 회장, 박성택 중소기업 중앙회 회장, 한무경 한국 여성 경제인협회 회장 등과 오영식 코레일 사장, 민영배 한국관광공사 사장, 김종갑 한국전력 사장, 이동걸 한국산업은행 총재 등 공기업 대표들, 그리고 4차 산업혁명 관련 이재웅 쏘카 대표와 장병규 4차산업혁명 위원회 위원장 등으로 구성됐다.

18일 오전 경기도 성남 서울공항에서 2018 평양 남북정상회담 특별수행원 자격으로 평양을 방문하는 박용만 대한상공회의소 회장, 이재용 삼성전자 부회장, 최태원 SK회장 등이 공군 1호기에 탑승한 모습. 사진=연합뉴스

이들의 일정은 기본적으로 '관광'과 '현장 시찰'로 꾸며졌다. 방북 첫날인 18일에는 평양시 관광과 리룡남 내각 부총리와의 면담이 있었고, 둘째날인 19일에는 황해북도 송림시의 양묘장을 방문한 뒤 평양 옥류관에서의 오찬, 문 대통령과 평양 대동강 수산물 식당에서의 환송 만찬을 가진 후 5.1경기장에서 열린 대집단 체조 예술 공연 '빛나는 조국'을 관람했다. 마지막 날인 20일에는 백두산에 올라 천지의 장관을 함께 즐긴 후 비행기 편으로 성남공항에 귀환했다. 바쁜 일정을 마무리한 후 방문단은 공통적으로 "많은 것을 느끼고 배웠다"는 소감을 드러냈다. 북한이 예상 이상으로 발전된 생활상을 보였으며, 과거와 달리 경협에 대한 큰 기대감을 표현했다는 것. 이에 각 기업 총수들은 남북 화해가 가져온 변화에 걸맞는 사업 추진을 다양한 방식으로 검토할 것으로 예상된다.

이재용 부회장, 리룡남 부총리와의 만남 '화제'

방북단에 참가한 경제인 중 가장 관심을 모은 인물은 단연 이재용 삼성전자 부회장이다. 삼성그룹 총수로서는 처음 참가한다는 점과 아직 재판이 진행 중이라는 점 등으로 인해 이재용 부회장의 방북 기간 중 일거수 일투족은 빠짐없이 언론의 주목 대상이었다.

방북 첫날 평양시 중구역 인민문화궁전에서 열린 리룡남 북한 내각 부총리와의 경제인 방북단 면담에서 이 부회장은 "평양의 건물에 쓰여진 '과학중심 인재중심' 이라는 표어가 삼성의 기본 경영철학인 '기술중심 인재중심'과 유사하다"며 "마음에 벽이 있었는데 이렇게 와서 직접 보고 경험하고 여러분을 뵙고 하며 '이게 한민족이구나'라고 느꼈다"고 말했다.

리용남 내각 부총리와 악수하는 이재용 삼성전자 부회장. 사진 = 연합뉴스

이에 리 부총리는 "우리 이재용 선생은 보니까 여러 가지 측면에서 아주 유명한 인물이던데"라고 말문을 연 뒤 "평화와 번영, 통일을 위해 유명한 인물이 되시길 바란다"는 덕담을 건넸다. 이는 삼성그룹이 남북 경협에서 비중있는 역할을 할 것을 주문한 것으로 비쳐진다.

20일 귀환 후 이 부회장은 취재진들의 질문에 별다른 답변을 하지 않은 채 승용차에 올랐다. 업계에서는 삼성의 경협 추진 가능성을 '반반'이라고 예상하는 분위기다. 사업적 이해관계보다는 한국 대표 기업으로서의 사회적 책임 차원에서 경협을 검토할 것이라는 분석이다.

최태원 "많은 기회 혹은 백지"… 구광모 "구체적 단계는 아니다"

이번이 두 번째 방북인 최태원 SK 회장은 방북 기간 내내 한결 여유로운 자세를 보여 화제를 모았다. 소형 디지털카메라를 손에서 떼지 않고 방북 기간 중 일행들의 사진사를 자처해 재미있는 장면을 여럿 연출했다.

최 회장은 귀환 후 취재진들에게 "여러가지를 보고 왔다. 양묘장에서부터 학교들도 봤다"면서 "아직은 보고 온 얘기가 있고, 듣고 온 얘기가 있으니까 소화하고 생각을 정리하겠다"고 말해 관심을 모았다.

▲ 최태원 SK 회장(왼쪽)이 19일 오후 평양 옥류관에서 열린 오찬에 앞서 (오른쪽부터) 이재용 삼성전자 부회장, 이재웅 쏘카 대표, 구광모 LG 회장의 기념사진을 찍어주고 있다. 사진 = 연합뉴스

▲ 현정은 현대그룹 회장(가운데)과 이재용 삼성 부회장이 20일 오후 서울 경복궁 주차장에 도착, 차에서 내리고 있다. 사진 = 연합뉴스

그는 "상당히 많은 기회도 있을 수 있고, 또 어찌 보면 하나도 없는 백지라고 생각할 수도 있다"며 "거기에 어떤 그림을 그릴 수 있는지, 그 다음에 어떤 협력을 통해 좀 더 한반도의 발전이 잘 될 수 있는지 고민해 보도록 하겠다"고 말해 적극적인 경협 검토를 시사했다.

구광모 LG 회장도 조심스러운 입장을 내비쳤다. 총수 취임 이후 대중에게 공개된 첫 일정을 북한에서 소화한 그는 리룡남 부총리 면담에서 "LG는 전자, 화학, 통신 등의 사업을 하는 기업"이라고 소개했는데, 이는 경협 참여 의지를 표시한 것이라는 분석이 나오기도 했다.

하지만 구 회장은 귀환 후 취재진들에게 "많이 보고 왔다. 잘 다녀 왔다"고 인사말을 전한 뒤 남북경협 가능성에 대해서는 "구체적으로 말씀드릴 단계는 아니다"라고 말을 아꼈다.

현정은 "희망이 우리 앞에 있다" 경협에 대한 기대감이 가장 큰 기업은 단연 현대그룹이다. 현정은 현대 회장은 귀환 후 평양 방문 소감을 "잘 다녀왔습니다"라고 짧게 밝힌 후 자리를 떴지만, 이후 별도의 소감 메시지를 통해 "앞으로도 넘어야 할 많은 장애물이 있겠지만 이제 희망이 우리 앞에 있음을 느낀다"고 밝혔다. 이는 현재 중단상태인 금강산관광과 개성공단의 재개를 기대하고 있는 현대의 입장을 표현한 것으로 읽혀진다. 이외에 최정우 포스코 회장, 박용만 대한상의 회장, 안영배 한국관광공사 사장 등도 경협에 대해 다각적으로 구상하고 있다는 입장을 내비쳤다.

재계 관계자는 "국제 사회의 북한 제재가 유지되고 있어 경제인들은 이를 무시할 수 없는 입장"이라며 "북한 측도 이를 인지하고 있으며, 이번 방북은 미래 대북사업 구상을 가다듬는 좋은 기회가 됐을 것"이라고 분석했다.[244]

%美로펌, '가이드 (신체 언어) 폭행' 예천군 의회 · 박종철 의원 상대 56억원 소송 결정

글쓴이 : meteor2000 조회 : 2,154

해당 로펌은 이날 캐나다 현지에서 기자회견을 열고, 박종철 군의원과 예천군 의회를 상대로 최소 200만 달러(한화 22억 5천 700만원) 이상 손해배상을 청구하겠다고 했다가 기자회견 후 청구액을 최소 500만 달러 이상으로 정정했다.

국제망신이네요…

가이드의 변호를 맡은 현지 로우 와인스틴&손 로펌은 24일(한국시각) 의뢰인(가이드)을 1. 폭행한 박종철 예천군의원과, 2. 폭행을 보고도 방조한 군의원, 3. 그리고 예천군의회를 상대로 500만 달러(한화 약 56억 4천만원) 이상의 고액 소송을 진행한다고 밝혔다.

노승훈 로우 와인스틴&손 로펌 변호사는 이날 기자회견에서 "현재 이 사건은 캐나다 사법 당국이 형사사건으로 수사를 하고 있는데, 수사 결과에 따라 형사소송을 진행할 것"이라며 "이와 함께 의뢰인이 입은 육체적, 정신적, 징벌적 피해를 보상받기 위한 민사소송도 진행한다"고 말했다.

해당 로펌은 "형사와 민사소송을 동시에 진행할 예정"이라며 "피해자가 입은 트라우마와 폭행으로 인한 상해 치료비, 생업 지장 등 경제적 · 비경제적 손실을 따져 손해배상 청구금으로 500만 달러 이상으로 정했다"고 설명했다.[245]

… 캐나다 토론토에서 저녁 식사를 하고 다른 장소로 가기 전 버스 안에서 박종철 의원이 가이드를 주먹으로 무자비하게 때리는 사건이 발생해, 결국 현지 경찰이 출동하며 이 사실이 외부에 알려졌다. 사실상 국제적 망신을 현지에서 고스란히 드러낸 셈이다. 문제를 일으킨 박종철 의원은 CCTV가 공개되기 전 "빡빡한 일

정 때문에 말다툼을 하다 '그만하자'며 손사래를 치는 과정에서 가이드가 얼굴을 맞았다. 손톱으로 긁었다"고 거짓 해명까지 해 심각한 도덕성 실종마저도 노출했다. 박종철 예천군의회 부의장이 캐나다 현지 여행중 가이드를 차량 내에서 무자비하게 폭행하고 있는 CCTV 장면 캡처. 다시 박종철 의원은 4일 예천군의회에서 기자회견을 가지고 "모든 것에 대한 잘못을 인정하고 가이드에게 사죄한다. 어떤 말로도 변명이 될 수 없다"고 밝혔으나 결국 순간 위기를 모면하고자 한 것으로 드러났다. 이들 예천군의회 의원들의 추태는 여기서 그치지 않고 가이드에게 접대부까지 요구하는 등 유흥을 시도하고 가이드 폭행후 합의를 시도하려고 한 정황도 나왔다. 이들 중 권도식 의원 등은 현지에 도착한 다음날인 21일부터 '여자가 있는 술집에 데려가 달라', '보도를 불러 달라'고 했다. 폭행 직후에는 박 부의장 측에서 6,000달러(한화 약 670여 만원)를 주고 합의를 시도하기도 했다. 경북 예천경찰서는 박종철 의원을 소환해 조사할 계획이다. 사건 당시 군의회 부의장인 박종철 의원은 4일 부의장직 사퇴 의사를 밝힌 데 이어 한국당에 탈당계를 냈다.[246)]

⊙ 트라우마: 외부에서 일어난 충격적인 사건으로 인해 발생한 심리적 외상

트라우마는 주로 신체적 외상보다는 심리학과 정신의학에서 말하는 심적 · 정신적 외상(Psychological Trauma)을 의미하는 말로 쓰인다. 정신의학이나 심리학에서는 트라우마를 '외부에서 일어난 충격적인 사건으로 인해 발생한 심리적 외상'으로 정의한다.. 정신의학에서는 일시적인 사건으로 발생한 트라우마와 가정에서의 상습적인 학대나 장기간의 집단 괴롭힘 등 반복적 충격으로 인한 트라우마를 구분하기도 한다.

% CNN, 한진그룹 일가 '한국 재벌의 갑질' 사례 보도 '한국의 대기업 중심에 있는 학대 · 폭행의 갑질 문화' skyedaily.com

대한항공 일가를 비롯해 한국 사회에서 일어나는 '갑질' 문제를 톱기사로 다뤘다. CNN은 "일부 한국 대기업의 중심에 있는 학대 · 폭행 문화"라는 제목으로 한국 '재벌'의 '갑질'을 상세히 보도했다. CNN은 "생강 사는 걸 잊었다는 이유로 무릎 꿇리고 폭행, 늦었다고 발로 차고 침을 뱉음, 운전을 천천히 한다는 이유로 물을 끼얹음, 이유 없이 대걸레 자루로 머리 때림" 등을 나열하고, 이것은 '대한항공 왕조의 안주인 이명희가 직원들에게 저지른 물리적 · 언어적 폭행의 일부'라고 설명했다.

CNN은 한진그룹 조양호 회장 부인인 이명희 전 일우재단 이사장은 자신의 혐의를 부인하지만 한진그룹 측은 “폭행의 일부를 인정하고 사과한다”는 입장을 밝혔다고 전했다.

이와 함께 조현아 대한항공 전 부사장의 “땅콩 분노”사건을 거론하면서 CNN은 접시 대신에 봉지에 담긴 마카다미아 땅콩을 제공한 승무원에 분노해 두 명의 승무원에 폭행을 가했다고 소개했다. 이어 한국 사회에 만연한 ‘갑질’이 전국적인 이슈를 불러 일으켰다면서 ‘“갑질(gapjil)”이란 권력을 가진 사람이 아랫사람에게 힘을 행사하는 것’이라는 설명을 덧붙였다. 우리나라의 ‘갑질’이라는 표현은 이미 국제어가 돼 영어로도 그대로 표기된다.

‘갑질’과 함께 한국의 독특한 가족경영 형태의 대기업 ‘재벌’이 소개됐다. 우리나라의 ‘재벌’이라는 단어는 세계공용어로 쓰인지 오래이다. CNN은 한국 경제가 ‘재벌(chaebol)’의 지배를 받는다고 설명하면서, 대기업 이사회가 가까운 가족이나 친지들의 지배를 받기 때문에 몇몇 소유주들은 기업을 마치 개인의 소유물처럼 운영한다고 지적했다.[247)]

CNN은 또 몇몇 재벌들이 누리는 제약 없는 권력으로 인해 대한항공 직원들이 받았던 것과 같은 부당한 대우가 번번이 자행되고 있다고 지적하면서, 이어 최근 양진호 한국미래기술 전 회장이 직원들에게 저지른 갑질 행위가 사회적 물의를 일으킨 사례도 보도했다.[248)]

CNN이 대서특필한 '한진 왕조'의 민낯... "상상 초월의 갑질"

◀ CNN은 22일(현지시간) 한국 사회의 만연한 '갑질'을 소개하면서, 지난해 5월 대한항공 파일럿, 승무원 등이 저항을 상징하는 '가이폭스'마스크를 착용하고 대한항공 일가의 갑질 행위를 규탄하는 시위에 나선 모습을 보도했다. [사진=CNN] 미 CNN방송이 22일(현지시간)

☑ **2019년 한국 대기업 중 소비자 우롱과 무시 도덕성 망각한 거짓말 상도의 대기업**

- 대기업 AS제도의 바탕 운영방침의 부도덕성과 운영으로 소비자는 심리적 상처를 받고 시간 경제적 신체적 타격을 받다. 소비자 인권과 시간과 AS제도의 바탕 운영방침 그 시정을 위한 공개, 대기업 회장이 보고 반성하기를 바란다.

"나는 어릴적부터 ㅇㅇ기업의 여러 제품을 믿고 애용하게 되어

자랑스런 고 0회장님도 존경하는 한국 아줌마입니다.

그런데 허수룩하게 보여 다른 세대나 남자들이 함부로 대하는 한국 아줌마들의 저력은 대단합니다.

이번에 한 지자체 의원이 가이드를 몇 분간 폭행하여 상처를 준 일로

40억 배상의 소송을 당했지요. 물론 외국에서이지만.

나도 이번에 00대기업의 AS체계 직원들과 본사직원들에게 – 아니 아마도 단순한 정황으로봐서 AS체계 직원들은 상부명령 때문에, 또 물건을 제작한 사람들은 자신들의 책임과 배상문제, 일반 본부 직원은 기업의 경영방침 때문에 – 많은 상처와 분노와 피해를 본 사람입니다.

대기업은 자국내 국민의 신뢰부터 받아 국내적으로 성공해야 세계인의 신뢰도 받기에 대기업이 되고 존경받고 돈을 법니다.

그런데 LG의 AS체계가 계단계단마다 문제가 있어서 바로 잡고, 소비자의 심신을 불편하게 하여 손해배상의 책임도 묻게 되네요.

회장님께서 모르실 수도 있어 일단 알려드릴테니 AS팀 교육 · 영업 · 운영본부 ⇐ 본사지도부 운영방침 시스템 대개선의 기회로 삼으셔서 더욱 탄탄한 대기업을 만드셔서, 더욱 많은 부를 축적해서 조국과 한국 및 세계 사람들에게 유익한 일을 많이 하시기를 바랍니다.(여행을 좋아해서 터키에 여행사를 따라 가 보니 호텔방에 냉장고가 없어 00냉장고를 떠 올렸었는데) 물건을 일단 판매하고 나면 끝이 아니라는 것을 너무나 잘 아시지요?

"저도 배울만큼 배운 사람이고 현재도 활동하고 있는 사람인데, 이 한 5년 동안은 이 책의 원고를 써 가지고 막 인쇄소에 보내야 하는 시점에서, 책에 사진을 넣으려 하는데 지난번 것도 괜찮았지만 좀 흐릿해서, 새로 나온 최신식 핸드폰이 사

진이 잘 나온다 하여 새 것을 구입하는 중에 직원이 이것저것 권하길래, 핸드폰에 다 멀티탭 · 스피커(클로버) 등을 모두 구입하고 멀티탭 2개를 집에 설치하는데 동의하였답니다.

* 1개월 전 새로운 최고액 신제품 전화기를 구입해서 사용방법에 대해 여러 번 물으러 가면, 그 다음은 "겁내지 말고 집에 가서 이것저것 다 만져보며 연습하라"는데 – 그러다가는 전화번호 및 저장된 메모 등 다 날리는 등 큰 일을 치르게 되지요. 그래서 멀리 다른 집에 가서 물어보러 갑니다.

혼자서 작업하는 시간이 많아 같이 구입한 클로버 스피커폰으로 음악을 들으며 잘 사용했는데, 3개월도 채 안되어 이게 웬일입니까! 컴퓨터 본체랑 모니터 프린터기가 다 연결된 곳에 멀티탭을 하나 달았는데, 작업 중에 '픽'하는 소리가 나더니, 컴퓨터 본체랑 모니터 및 프린터기 모두가 전원이 나가버렸답니다. 하여 며칠간은 끝마무리를 하느라 원고를 외장하드에 저장도 안한 상태라 너무나 놀래서, 멍하다가도 빨리 그 기업에서 깔아놓은 멀티탭을 제거해 내고 원래 있는 멀티탭에만 꽂았더니 다행히도 컴이랑 모니터가 켜져 살았다 했는데, 모니터가 제대로 작동을 안하네요. 그것도 그 기업 것인데. 그런데 옆방에 TV에 연결된 그 기업에서 깔아놓은 멀티탭은 멀쩡했어요. 그리고 모니터 땜에 그것 자꾸 시도해 보느라 정신이 나가,

1. 다음날에 대리점 가서 여차저차 얘기 하니, 여직원이 그 일이면 "000번에 전화하세요"라고만 안내해줘서, '네' 하고 일단 집에 와서 그런데 각 영업점 직원들은 "물건을 일단 판매하고 나면 끝"이고 무슨 권력을 쥔 자들처럼 생각들 하는 모양입니다.

2. 000번에 겨우 전화 연결.

그 다음은 그 처음 때부터 녹취한다고 했으니 녹취록을 들어보시기 바랍니다. (그런데 녹취를 안했는지 해지신청을 했는데 –) – 운영방침 의식과 구조부분인지 딱딱한 여직원이, "여기 방침이 해지하려면 일단 3년 약정인데 설치 후 3개월 밖에 안되었으니 위약금을 내야 한다"고 "위약금을 안내면 해지가 안 된다"고 나는 "그런 경우가 어디 있느냐고" 위약은 내가 변덕부렸을 때이지, 불량품이라 3개월만에 고장난 것을 소비자에게 위약금을 물리다니…. 당신들 회사 책임도 있지 않느냐! 했는데. 자기가 말한 위약금 건이 부당하다고 언급한 것에 대해 "자기 얘기는

안 듣고 내 얘기만 한다"고 면박 주어 사람을 우습게 만들고….

다음날쯤 전화가 와서 AS를 신청했지요 하며 온다고 해서 나는 철거해 가는가 하고 오라 했더니 새 줄 하나를 가져와서 그것으로 대신 달아주겠다고 해서 새로 사기만 하면 되는 TV도 아니고, 저작물이 들어있는 컴퓨터에 두 번 모함은 안된다. 고장은 안된다며 (독일제 차처럼 계속 연이어 차량들 고장이나 리콜을 불러오듯)못 달게 했더니, 알았다고 하며 그냥 가더라고요. 내가 철거해 놓은 멀티탭은 챙겨보지도 않고.

다음에 또 AS신청이 들어왔다고 가라 해서 온다고 하길래 해제해 가는 줄 알고 오라 했더니, 또 AS하러 왔다고 하여 그 분께는 "확실히 AS가 아닌 철거하라고 신청했다" 했더니 그냥 가게 해서 미안했는데 그러러면 〈확실히 다시 해지 신청해야 한다〉고 해서.

* 이제 와서 생각해 보니, AS를 두 번씩이나 오면 미안해서 그냥 달 줄 알고 오는 목적 확실히 확인치 않고 가게 하는 모양?

또 힘든 000번 전화했더니, 역시나 전번 여자분과 똑같이 화내며 똑같이 하는 소리에 나도 왜 똑같은 소리하게 하는가, 또 상담자 자기가 말한 위약금 건이 부당하다고 내가 언급한 것에 대해 화를 내며 "자기 얘기는 안 듣고 내 얘기만 한다"고 면박을 주어 사람을 우습게 만들고..해서 소비자 잘못이 아니고 3개월만에 고장이 나서 해제하는데..위약금을 물리냐? 계속 그러면, 그럼 위약금을 내겠다. 그 대신 나도 3개월만에 고장이 났는데..위약금을 물리겠다고 하니 소송하겠다. … 윗담당자를 좀 바꿔달라 했더니. 그랬더니 마지못해 알았다면서도 "윗분도 똑 같은 소리 할건데"라고, 전화번호를 알려 달랬더니 자기가 연락해 주면 전화가 갈거라고 하여, 한번에 하지 못하는 일처리와 반복적인 녹음하듯 하는 위약금 주장을 더욱 격앙된 소리로 하는 직원!과 그 방침과 태도 교육에 대해(사실은 교육 때, 사고가 있는 경우는, 처리 상담사에게로 넘기는 교육과 구조로 가야지 위약금 타령만 하면 사고당한 피해자로서는 기가 막혀서 격앙되게 되면, 작은 호미로 막을 수도 있는 것을 가래로도 못 막는 경우가 발생한다)

남자 윗분이라며 전화가 와서 처음부터 물어서 또 자초지종을 얘기하고 또 다른 분이 전화가 와서 또 자초지종을 얘기하고 계속 바뀔 때마다 똑 같은 질문이라 또 자초지종을 얘기하고 했더니 화가 나고 무시당하고 놀리는 작전을 피는 것 같고.

…

1월 31일 엔 (구입한) 남영대리점이라며, 본사측에서 만나려 하는데, 내 시간을 묻길래 다음날인 2월 1일 1시에 좋다고 약속했고.

그런데 한 두어 시간 후에 또 남영대리점에서 전화 와 그 일이 어떻게 된거냐고 처음부터 다시 물어서 기가 막혀서 "녹음되어 있을 테니 그것을 들려 달라 하세요. 또 같은 소리 반복 반복 그만하게."

내일 한 시에 만나기로 하게 했지 않느냐. 하고 끊었지요.

그런데 2월 1일은 내가 3개월 전에, 또 한달 전에(팀이 바뀐 다음) 요금이 많이 나온 고지서를 보여주며, 사용법 일부 등등을 물으며, 2월 1일 요금 재설정하러 오라 해서(처음과 한 달 전쯤 2번이나) 왔다 했더니, 자료를 찾아보더니 "그런 말을 한 적이 없다고."

"지난번 직원들과 2만원대로 된다고 약속한 날이 오늘이라. 일단. 오늘 오라 알려줘서 기다렸다 오늘 왔다"고 하니

① 직원이 바뀌었다. 바뀌어도 그런 자료는 남아 있을 것 아니냐?

② 컴퓨터로 조회해 보더니 그런 요금 조정한다는 자료가 없다. 그때 그런 말을 한사람의 이름이 뭐냐? 소비자가 판 사람 이름까지 어떻게 아나? (이름표도 안달고 있고 본인이 알려주지도 않는데….

③ 처음 판 사람…(시청쪽으로 갔으니)에게 전화해보겠다.

④ 뭐라고 안에 들어가 전화하더니 나와서 나를 바꾸어 준다는데….

그러면서 남영대리점에 현재 직원은, "어제 왜 전화 안받았느냐"고 대뜸 큰소리로 오히려 나를 나무라더라고요.

"무슨 소리냐 어제 이곳 남영대리점에서 전화와서 오늘 1시로 만나기로 약속하게 해 놓고는 " 남영에서 또 무슨 전화이며 전화했다고 안받았다고 하느냐" 했더니 "070으로 전화 4번이나 했는데 왜 안받았느냐?"(고압적)

나는 기가 막혀서 몇 마디했지요.

☂ "소비자 시간은 시간 아니냐. 다음날 만나기로 해놓고 다른 일을 보는데, 070, 080은 문제가 있는 전화가 많아 안받는다. 종일 이 전화를 이 일만 하느냐.

"전화받으라고요. 그래야 문제가 풀리지"하며 성질을 내었다. 나도 똑 같은 대꾸.

"오늘 1시로 만나기로 남영 여기서 약속하게 본인들이 통화해 놓고는 그런 약속 연후에 또 무슨 문제 풀릴 전화 또 안 받았다고….

"앞뒤를 우리가 또 알아야 해서…."

그러고 집에 오니

☂ 아니면 말고식 - 아니면 소비자가 알아서 잘 따지면 깎아주고 아니면 특혜 약속 그런 것도 그냥 넘어가겠다는식.

남영대리점장이라는 분이 이 일로 본사가 오고 갈 소비자라는 것 알았는지 "요금 조정해 달라는대로 해준다"고 설명하려고 전화했다고 딴청을 피운다.

나는 오전 근무시간이라 손님이 계셔서 30분 후 내가 전화하겠다고 하고 30분 후 손님이 가신 후 전화했더니 "요금 32,000원에 해준다"고 해서 "그때 말한 것은 2만원대였는데" 하니, 잠깐 살펴보는지 잠깐 있더니, "아! 같이 연결된 분이 한 사람이 있어 5,000원 할인해서 27,000원이 맞네요."

그 처음 약속한대로 해준다고 하여 그 부분은 일단락은 되었으나, 젊은이들의 소비자를 대하는 여러 태도와 사고에 뒷맛은 쓰다.

- 인수인계가 전혀 되지 않거나 덜렁대어서(아니면 말고 요금 덜 깎이니 이익? 이런 식)
- 마치 나쁜 술집이나 식당들이나 공항택시들 요금에서 더 계산해 놓고, 손님이 꼼꼼히 잘 들여다 보고 계산이 잘못된 것에 이의 제기를 안하고 넘어가면 돈 벌어 이익이다는 식?
- 사회불신 조작, 국민성, 특히 젊은 직장인을 나쁘게 유도하는 그런 기업운영이 기업오너의 방침? 그럴 리가 했지만 기분은 무척 나쁘다. (1월 30일인가는 숙대대리점이라며 TV 등 3년약정이 끝났으니 재계약하자고 하는 것은 3년이 되어도 잊지 않고 딱 정한 날에 전화로 상품권까지 철저히 준비해 재계약을 확인하는 인수인계를 다하면서, 3개월밖에 안된 요금 재조정에 대해서는 교체 이

전발령하면서도 인수인계를 하지 않고 가는 시스템으로? - 소비자가 안 챙기면 손해 보는 구조의 시스템으로? 그게 윗선의 지침일까?)

☂ 소비자는 전기에 일자무식이니 초등학생도 알 전기상식을 - 현장에서 그 선을 꼽으면 불통, 빼버리면 전기가 통하는데도, 끝까지 가져가 보면 고장이 없을 것이다고 우기고 윗선도 그 방향으로. 20년 기술자라는 권위로 눌러 거짓말로 대응하려는 부도덕의 극치

1시 20분쯤 우리집 근처에 간다고 전화 오고.

5분쯤 후 도착했다고 전화 와서 내려가 보니 3분이 (각 팀별에서)오셔서 집에 들어오시게 했음.

☂ 자기 경력부터 내세우며 전기기술자 거짓 해명까지 해 심각한 도덕성 실종 마저도 노출했다.

멀티탭 전기줄 전문기술자 왈: "나는 20년 전기기술자인데, … 조사기로 멀티탭에 집어 넣으니 빛이 반짝거리니까 멀티탭은 내가 보니 문제가 없다"고 초등학생에게도 씨알도 먹히지 않는 소리를 했다. 컴퓨터와 그 전기 가지고 방에 들어가겠다길래 들어가 보시라고 했다. 두 사람이 들어갔다 나왔다.

그래서 내가 지금까지 다른 그쪽 직원들에게 했던 소리를 반복했다. "참 이상하지요 - '픽' 소리 나고 전기가 모두 나가서, 얼른 그 줄을 빼고 우리 원래 있던(멀티탭이 구멍이 4개뿐이라서 같이 옆에 있었다) 줄에만 다시 다 꽂아보니, 컴이랑 모니터 불이 다 들어왔는데. (초등학생도 그 줄에 문제 있으니 안되고, 다른 줄에는 되었지 하고 다 알 문제). 고장 안 났다는 말을 초등학생도 못 믿겠네요. 고장 났다는 것 아주 간단한데. (내 말에 한 분은 살짝 눈을 끄덕였다)

- 마루에 있는 최고급 맛사지기를 보며
- "맛사지기를 사신 거예요? 월부로 사신 거예요" 하고 내게 물으신 분
- 아닌데요

고장이 났다 안났다라고 같은 소리를 서로 되풀이하다가, 안에 들어가서 그 기술자가, 한번 더 컴이랑 모니터를 둘러보겠다 하여 그리 하시라했고, 들어갔다 뭐라 수군거리고 나오더니, 기술자분이 다른 한 분은 같이 가시겠다 하고, 한 분만

남겨두고 따로 두고 가시겠다 하여, '나에게 더 이상 뻔한 거짓말같은 말을 더 할 필요가 없다' 라고 "종합적으로 다들 의논하여, 알려달라"고 했고, 알았다고 잘들 가셨다.

1월 31일 한 두어 시간 후, 저녁 5시경 본부라며, 서씨고 외자이름(환) 선생님이라는 분 전화왔다.

"미안하다"는 말로 인사를 하셔서 편하게, 한참을 또 맨 처음부터 자초지종을 얘기하였다.

그간 본체만 얘기하느라 못했던 프린터기도 되었다 안되었다 같이 꽂혀 있던 것은 다들 이상이 생겼다고 하니, "프린터기도 같이 꽂혀 있냐"고 보통처럼 그렇다고 했고, 서선생님은 "구정이라 바로 해결 못하고, 지나고 바로 목요일에 연락드리겠다" 하여 나는 언제까지 일하느냐? 물었다. 지금 나같은 경우는 요며칠간에 집중하여 집에서 일하여 넘겨야 하는데 모니터랑 다 문제이니 바쁜 작업시간을 다 놓친다.

☢ 책이 나올 시간인데 이 한 달동안 이 일로 연락하고 전화 받고 오는 사람 받고 컴과 모니터와 씨름하느라, 원고도 못보내고, 정신도 글을 쓸 수가 없고, 겨우 모니터 어쩌다 켜질 때 안에 내용물 USB에 옮기는 아슬아슬한 일정도 할 수 있을 뿐이니,

"일종의 불안장애로 두 번은 사고난 물건 또 사용 못한다. 컴퓨터라 더욱 안된다. TV는 그 물건을 사면 되지만 컴에 저장 내용은 복구한다해도 못 살릴 수도 있다. 다음엔 다 타버리면."

*설치 때도 설치기사도 두 번째 방문해서야 설치

(첫 번째 설치기사 때도 무뚝뚝하고 위압적이라 불편, 두 번째도 위압적)

⇒ 설치기사도 전기검침원처럼 여성들이 하면 여러 모로 더 나을 것 같음

☂ 계속적인 자기기업 이익적 입장만 반복 주장 "줄을 모두 회수해달라"

2월 7일 목요일 - 다른 분께서 전화왔다.

병원에서 치료중인데 전화: "줄을 모두 회수해 달라 - 내가 바봅니까? 받을 것은 안받고 줄 것만 먼저 주게," 뻔히 다 아는 고장 난 것도 고장 안났다고 거짓말하는

데 전기회사는 그것 고장 아니라는데요.

나는 그 말도 거짓말이라는 것이지요.

지금 치료중이니 끝나고 전화드릴게요.(전기 다시 확인하고 싶으면 와서 또 확인하라고 한 달간이나 모두 그대로 두었는데)

아니요

"물건값이 얼마이면 되겠습니까?

물건값과 컴자료 복구 등이야 돈 천만원이면 충분할 것이지만, 1달여 정신적 시간적 피해보상금이야 몇 천이 될 수도 있겠지요." 우리 선에서 안되겠다. 네 회장님께 말씀드리세요. 기업이미지와 관련도 되니 요즘 같은 세계가 하나 시대에..

"어떻게 나오실 건데요." "억울하고 손해를 많이 보았으니 여러 방법을 쓰야지요."

다음에 회의해서 연락하겠습니다.

☂ 결국은 소비자를 무지막지한 사람으로 거짓으로 한참동안 우롱하고, 부도덕한 자기네 기업제품 제작 전기팀과 동조.

약 10일 후 (구정이 지나고)

2월 13일에 연락이 왔다 - "고장 안 난 것은 회수해 가려고 전화했는데요."

네, 고장 안 난 것은 회수해 가세요"

다음날 약속한 1시에 그것만 바로 회수해 주었다.

(9일만인)

☂ 2월 22일 - "00본사입니다. 줄을 회수해 주세요"

"돌려드렸는데요."

"남은 줄도 먼저 돌려주세요." 고장났는지 안났는지 보려고요.

"왜 또 지난번과 똑 같은 소리 반복하시나요?, 내가 바봅니까? 받을 것은 안받고 줄 것만 먼저 주게. 본사에서 같이 2사람이나 더 나와 있는 자리서도, 그 줄을 끼면 불이 안 들어오는데도 그 사실은 무시하고 20년 전기기술자라는 사람이 고장 안났다고 거짓말하는데, 가져가서 무슨 거짓말을 할지 모르는데, 고장난 줄부터 회수해 달라니…(전기 다시 확인하고 싶으면 와서 또 확인하라고 한 달간이나 모두 그대로 두었는데).

"우리가 가져가 봐서 고장 안났을 수도 있잖아요." 나는 그 결과도 뻔한 거짓말로 봅니다."

"3분이 오셨을 때 실험했거든요. 그 줄을 끼면 불이 안 들어오고 그 줄을 빼면 불이 들어오니 그 줄이 내부적으로 고장난 것은 초등학생도 알 일인데….

호미로 막을 것 가래로 막으려고…."

"그래도 우리 회의결과는 그러니 어쩔 수가…."

본인: "그렇게 나오신다면 나도 내 할일을 처리(대응)하면 되겠네요. 그 기업이 그렇게 진실과 소비자 입장이나 말은 무시하고, 거짓으로 자기들 편할대로만 생각하며 운영하여 이런 식으로 일하니, 이런 일이 생길 수 밖에요.

담당자: 미안합니다.

결론

A. 직접적인 형사민사 손해배상

1. "3년 약정기간내 해제는 무조건 위약금" - 자신들 제품에 문제 있는 상황은 들어볼 필요도 없다는 식, '무조건 위약금' 자기네 규정만 고수하려는 억지 - 그것도 자기들이 큰소리로 화를 내면서 그에 대한 분노와 불만으로 정신적 신체적 스트레스 피해보상 - 녹음 테이프 있을 것임
2. 같은 소리 반복 시키는데 대한 불만과 분노 시간에 대한 피해보상
3. 책 출고(구정 전에 하려고 했는데) 피해보상
4. 컴퓨터, 모니터, 프린트기, 장판 - 그 줄에 꽂힌 것은 다들 들어왔다 나왔다 마우스도 한참을 끌고 다녀야 되니 - 손이며 어깨며 팔이며 아파서 병원다닌다.
5. 컴에 대한 거부반응같은 한참을 갈 외상후 스트레스. 나는 전체 피해 보상금 0억을 요구함. - - 〈타당한 보상과 자체내 개혁 개선하지 않으면, 00기업의 경영마인드 및 AS구조가 드러나는 것〉으로 이미지 손상과 제품 리콜소동 일어날 수도 있음.

B. 00기업내 경영방침 개혁안 마련 시행 - 확인할 것임.(보여줄 것)

소비자에게 고압적이고 갑질에 거짓말한 전문직 전기직원, 기업이익만을 챙기고 소비자에게 유리한 인수인계는 제대로 안하는 대리점직원, AS센터 소비자에 고압적인 갑질 직원들에게 타당한 징계를 요구한다.

작성일 : 1차는 19-01-24 19:43 채 마치기도 전에 바로 모니터가 끝나 버려서, 2월 15일경 마음이 좀 안정이 되어, 컴퓨터 등을 알아보고, 신청 후 며칠 걸린다기에 집에 있는 여분의 모니터에 우선 끼워 보니 불편한대로 써지길래 몇 자 정리한다.

% 피해자에 대한 언어 억지 폭력들(기업, 개인) 기사와 형벌 참고바람

수사 결과에 따라 형사소송을 진행할 것이라며 이와 함께 의뢰인이 입은 육체적, 정신적, 징벌적 피해를 보상받기 위한 민사소송도 진행한다.

〈고장난 전깃줄은 피해자가 가지고 있다〉

뒷 표지 한국역사년대표에 대해 일부 설명을 드립니다.

단군조선壇君朝鮮은 사실상 기원전 8937년 상원갑자년(上元甲子年) 음력 시월 삼일, (현재 중국) 감숙성 돈황에서 반고환인씨盤古桓仁氏가 신시神市 즉 신神의 도시를 건국했다. 신神의 도시란 신인神人같았던 반고환인씨- 도교의 교조 老子도 한 번도 통하기 어려운 도道를 인류최초로 9번이나 득도得道한 신神과 같은 사람이, 직접 나라의 기초가 되는 도시를 건설했다는 뜻이다. 여기서 '단군壇君'이란 하늘에 제사를 지내는 유일한 한 사람인 임군壬君을 뜻한다.

다시 말해 제단祭壇에서 하늘에 제사를 지내는 왕王을 뜻하는 것이다. (필자가 생각하기엔, 일설에는 환인의 허락 하에 3000 전문가 무리를 환인천황으로부터 물려받아 거발한 환웅이 돈황 삼위산으로 내려갈 때, 삼천무리 중 '반고'라는 신하가 – 도술도 잘하는 사람으로 따로 떨어져 나가길 원해 허가하여 중국민족의 시조가 되었다고도 하나, 어찌 되었든 '반고는 우리와 같은 족속으로' 지금과 같은 역사 왜곡 전쟁기에 〈우리 한국 대륙역사〉에서 구태여 제외할 필요가 없다고 여긴다. 한편 《환단고기》를 쓴 저자들은 신라 · 고려 · 조선조 학승이거나 벼슬하는 학인들로서, 당시 강대국이었던 唐나라나 明나라로부터 자유로울 수 없는 약소국 상황에서, 나라 간의 무난한 범위 내에서 글을 썼을 것이다. 하여 《환단고기》에 의하면 한국역사가 총 9200여 년에 불과해진다. 하여 좀 더 자유롭게 사고하여 반고환인씨부터 나아가면 10,956년이 된다. (1740년 한국의 고대역사를 더 찾는 길이다.) 우리나라의 충북 소로리 볍씨는 15,000년, 서양에서도 이제, 우리와 DNA가 같은 북방 유목민족이 아메리카로 이주한 시기도 15,000년전으로 추정하고 있어, 무대륙과 연계하여 한국역사 70,000년을 고고 · 민속 · 역사문화 자료로 증명하여 찾는 날도 기대된다.) 임균택교수는 자녀들을 모두 중국으로 유학하게 하여 중국내 잔존하는 한민족 역사와 관련한 여러 자료를 모두 수집하여, '요임금'이 바로 '단군'이었다는 것을 증명하는 글과 책(한경대전韓經大典)을 일찍이 세계적으로도 발표하였다... 지면상 율곤 이중재선생님의 《처음으로 밝혀진 상고사의 새발견》을 요약하자면,

우선 반고환인씨에 의해 신시가 서게 되어 고조선古朝鮮은 정통국正統國에서 출발하여 그 후 5039년을 누렸다. 이를 〈단군조선 제 1기〉라 할 수 있다.

단군조선 제 2기는 배달국倍達國, 유소환웅씨有巢桓雄氏 B.C.E. 3898년에 시작되었다.
단군조선 제 3기는 조선국朝鮮國으로서 도당씨陶唐氏 = 堯임금, B.C.E. 2357년이며,
단군조선 제 4기는 고주몽高朱蒙. B.C.E. 231년 즉 고구려高句麗로서 고려국高驪國
단군조선 제 5기는 대한민국大韓民國 즉 코리아高麗이다.

이중재,《처음으로 밝혀진 상고사의 새발견》발췌한 카카오 환단원류사 박민우 카톡강의방에서 다시 발췌한 "반고환인씨(盤古桓仁氏)는 구통도인(九統道人)" 2018. 1. 8 & 2019. 2. 27 참조.

〈7만년 한국역사를 찾을 꿈의 지도〉 및 일만 여 년 환국역사 지도(동서 2만리, 남북 5만리)

강상원박사는 2012년 5월 21일 저서《조선(朝鮮) 고어(古語) 실담어 주석(註釋) 사전(辭典)》을 편찬하였다. 무우(Mu . 巫) 제국의 존재를 처음으로 밝힌 제임스 처

치워드와 모니얼 모니어 윌리엄스의《산스크리트 – 영어 옥스포드 사전》그리고 《조선 고어 싯담어 주석 사전》은 과거 1만 2천 년 전 대동이(大東夷)의 역사와 훈민정음(훈민졍흠, 訓民正音), 한자(漢字)의 비밀을 모두 밝혀주고 있다. 예를 들면, 앞서 밝힌 '마(Ma)' 소리에 실담어 뜻이 母(모)이고, 엄마, 대지(大地)의 뜻이 담겨 있다. 또 '산스크리트 – 영어 옥스포드 사전'의 실담어 '미(Mi)'는 묘(苗)로 번역이 되었는데 실담어 '미(Mi)'는 '정착 생활을 하는 사람'의 뜻이고 '땅에 뿌리를 내린다'는 의미이다. 그러면 묘(苗)라는 한자(漢字)는 상고시대에 천축 강역에서 산스크리트어를 사용하던 사람들이 만든 것이 확실하다고 판단된다. 묘(苗)라는 글자의 모양에서 알 수 있듯이 밭에서 새싹이 돋아난다는 의미이다. 즉, 동이족은 정착 생활을 시작했으며 최초로 논과 밭을 일구어 경작을 하였던 민족이다. 묘족(苗族)은 그 갈래가 수십 가지가 되는데 한民族의 가장 오래된 조상이며, 약 1만 년 전 천산지역에서 높은 산을 타고 동쪽으로 이동해온 민족이다. 서쪽으로 간 민족은 수메르가 되었고, 동쪽으로 간 민족은 배달나라의 뿌리와 줄기가 되었다. 그리고 남쪽으로 향한 민족은 인도문명을 건설하였고 오늘날 드라비다에 그 흔적이 완연히 남아 있다. 북쪽 루트는 중앙아시아에서 몽골 고원을 지나 만주 한반도로 이동해 왔다. 이들이 모두 묘(苗)이며 묘(苗)는 '인류의 뿌리'라는 뜻이다. [B.C.E.8937] 오늘날 중국 남부지방에 묘족(苗族)은 그 옛날 천산에서 살았던 동이족들이었는데, 요堯라는 동이東夷를 배신한 사람이 중원으로 몰아붙여 쫓겨났다고 박제상이《부도지》에 기록하고 있다.

苗의 어원은 벼를 심는 모, 어미母, 무덤 묘, 뫼(山), 무(巫) 그리고 Mu, 마고 등 다양하다. 또 산스크리트어로 메다(Medha)라고 하면 우리말의 무巫를 뜻하는데 '무(巫)제국'이라 하여도 말이 되는 것이다. 메다(Medha)는 정신력, 지혜를 이르는 말이다. 오늘날 의학을 뜻하는 메디칼(Medical)의 어원이 메다(Medha)이다. 강상원박사 싯담어 강의

"君官吏啓自出巫(군관리계자출무) 帝則祭祀之義也(제칙제사지의야) 巫 祝也(무축야) 女能事无形 (여능사무형)" [염황원류사 297쪽] / (朝鮮 古語 실담어 註釋 辭典 참고)

즉, '무巫제국'이라 하면 "지혜로 가득 찬 성인이 다스리는 나라"가 되는 것이다.

《염황원류사》에도 "임금과 관리의 다스림은 무巫에서 나왔다. 황제는 (조상님께) 제사를 (정성으로) 모시는 것을 근본으로 삼는 것이다."라고 하였다.

도대체 이런 말의 연결성은 어떻게 이루어지는 것일까? 그밖에 무우제국을 지칭하는 이름으로 '쿠이(Kui)'가 있다. 제임스 처치워드경이 무우제국과 연관된 기록물들을 조사하는 과정에서 '영국 국립 박물관'에 소장되어 있는 '트로아노 고사본 '을 보게 된다. '트로아노 고사본'은 유카탄 반도와 고대 마야족에 대한 기록인데, 여기에 무우제국과 관련된 많은 정보들을 연구하면서 '쿠이(Kui)'라는 이름을 발견하였다. '쿠이(Kui)'는 '어머니 나라'를 뜻하며 무우제국에 다른 이름이라는 결론을 얻었다. "성서에 나오는 에덴동산은 이집트인들이 '서쪽의 나라'라고 불렀고 마야인들이 '쿠이의 나라'라고 불렀으며 힌두족이 어머니의 나라라고 했던 곳이다. 이 여러 가지 이름이 가리키는 곳이 무대륙이다. 〈제임스 처치워드〉 '트로아노 고사본'에 마야어 '쿠이(kUI)'는 이집트어 '카(kA)'와 같은 의미이다. 이집트어로 '저 죽은 영혼의 나라'는 '쿠이의 나라'와 같은 뜻으로 고대에는 신이 곧 창조주를 의미하지는 않았다. 당시에 神은 죽은 사람의 영혼을 칭하는 말이었다. 그러므로 '트로아노 고사본'에 나와 있는 신들의 모국이라는 말은 그 의미를 확대하여 해석하면 ' 인류의 모국'이라는 뜻이다. 위대한 이집트학자인 가드너 윌킨스 경은 그의 저서《 풍속과 습관》 제 3권 70쪽에서 다음과 같이 말하고 있다. '마야'어의 의미 해석에 의하면 쿠이 나라 혹은 쿠이의 나라란 신들의 어머니이자 인류의 어머니인 마야 여신의 출생지였다. (《뮤 대륙의 비밀》 67~68쪽) '쿠이(Kui)'를 우리식으로 발음하면 구리(句麗)이기 때문이다. 이 얼마나 놀라운 일인가! 역시나 '옥스포드 산스크리트어-영어 사전,Sanskrit-English Dictionary'에도 같은 내용이 실려 있었다.

《조선 고어 싯담어 주석 사전》에 찾아보면 '꾸루Kuru'라고 되어 있다. (33쪽) 꾸루(Kuru)는 구리, 구려, 고구려, 고리, 고려 등과 같은 말로 원래부터 동이족은 자기네 조상들이 오랫동안 살아 왔던 땅을 '꾸루(Kuru)'라고 하였고, 한자가 대중화된 이후에는 高句驪, 高麗 등으로 문자화시켰다는 것이다. 《朝鮮 古語 싯담어 註釋 辭典》에 꾸루(Kuru)는 " 반고환인般古桓因, 환웅桓雄, 단군壇君 이전부터 내려온 즉, 제국왕정帝國王政의 통치조직이 발달되었던 곳, 예컨대, 수메르 왕국에서 외교사절을 파견하여 단군에게 공물을 헌납하였던 점 등. 히말라야산 북쪽에 있었던 동이족의 나라 一名 극락지국極樂之國 영어로는 "Country of the everlasting paradise" 라고 기록하고 있다(《산스크리트 - 영어 옥스포드 사전》p.294). 이러한 사실로 미루어 보아 제임스 처치워드와 《산스크리트 - 영어 옥스포드 사전》의 기록은 사실이며 우리 한民族의 역사와 일치하는 것들이 아주 많기 때문에 무우(Mu)제국의 역사는 바로 한民族의 역사라고 결론짓게 되었다. 이상에 제시된 예문 이외에도 태백, 아사달, 천제울국, 에덴동산, 마고 등을 찾아보면서 위대한 동이족의 역사를 발견했으며, 잃어버렸던 마고성의 위치와, 바다 속으로 가라앉아 영원히 그 자취를 감추었던 것으로만 알고 있던 무(Mu)대륙의 실체를 발견하게 되었다. 인류 기원과 역사로서의 환국桓國은 실존했던 것이며 동이의 어원과 실체가 낱낱이 파헤쳐졌다. **환국의 역사가 길게 7만년이라고 하는 것은 바로 무우(Moo)제국의 역사였으며, 무우(Mu)제국은 바다 속으로 가라 앉아 멸망했던 나라가 아니고** 마고지나麻古之那(고려시대는 고려를 지칭)에 있었으며 그 강역이 남북이 5만 리 동서가 2만 리였던 것이다.

http://cafe.daum.net/bc8937/XSft/127

각 주

각 주

1) 고려 충신 72현의 충절이 서려 있는 두문동, 350년 지난 영조때 복권…. 100년간 과거에 나오지 못해 개성상인으로김인영 기자l승인2018.03.15 15:30조선 17대 영조 임금이 송도(개성) 일대를 순시하던중 조선왕조 개국에 반대하던 선비들을 숨지게 한 두문동이라는 골짜기를 지나게 되었다. 당시엔 부조현이라 했다. 「영조실록」에 이런 기사가 나온다. (영조 16년(1740년) 9월 1일자)임금이 연輦을 타고 가면서 시신侍臣들을 돌아보고 이르기를,“부조현不朝峴이 어느 곳에 있으며, 그렇게 명명命名한 것은 또한 무슨 뜻인가?”하니, 주서 이회원李會元이 아뢰기를,“태종太宗께서 과거를 설행했는데, 본도의 대족大族 50여 가家가 과거에 응하려고 하지 않았기 때문에 이 이름이 생긴 것입니다. 그리고 문을 닫고 나오지 않았으므로, 또 그 동리를 두문동杜門洞이라고 했습니다.”고 하였다.임금이 부조현 앞에 이르러 교자轎子를 정지하도록 명하고, 근신에게 말하기를,“말세에는 군신의 의리가 땅을 쓴 듯이 없어졌는데 이제 부조현이라고 명명했다는 뜻을 듣고 나니, 비록 수백 년 뒤이지만 오히려 사람으로 하여금 눈으로 보는 것처럼 마음이 오싹함을 느끼게 한다.” 하고, 이어 승지에게 명하여 칠언시七言詩 한 구를 쓰게 하니, 이르기를,‘고려의 충신들처럼 대대로 계승되기를 힘쓰라.’勝國忠臣勉繼世 하였다. 수가隨駕하는 옥당과 승지 · 사관으로 하여금 시詩를 이어서 지어 올리게 하였으며, 또 직접 부조현이라는 세 글자를 써서 그 터에다 비석을 세우게 하였다.조선 시대엔 두문동이라는 말조차 없애고, 부조현不朝峴, 즉 조정에 나가지 않은 마을이라며 이란 비칭을 사용한 것이다. 이성계의 역성혁명에 반대해 숨진 고려의 충신 ‘두문동 72현’은 이렇게 해서 명예 회복을 받았다. 이들이 숨진 때는 조선 태조 1년(1392년) 7월이니, 350년의 기나긴 세월이 흐르고, 새 왕조의 임금이 16번이나 바뀐 이후에야 역적에서 충신으로 뒤바뀐 것이다. ▲ 경남 창원의 물계서원과 소장 책판 /문화재청 북한에서 발간된 조선향토대백과에 따르면 두문동(杜門洞)은 황해북도 개풍군 연릉리의 북쪽에 있는 마을이다.조선향토대백과는 이렇게 서술한다.『개성지』에 의하면 이성계가 고려를 정복하고 정권을 잡은 후 고려의 백성들을 무마하기 위해 추동의 옛집에서 과거시험을 열고 고려 유신들을 등용하려 하였으나 조의생, 임선미 등 72명의 고려 유생들은 추동의 동쪽산(괘관고개)에 모여 “우리들은 모두 조석으로 대성전의 측근자이다. 지금 과거에 나갈 수 있겠는가”라고 하며 관을 벗어 나뭇가지에 걸어놓고 대신 초립을 푹 눌러쓰고 개성성을 나와 만수산 남쪽골(현재 두문동)에 들어가 두문불출하였다고 한다. 그때 골 입구에 하나의 사립문을 설치하였는데, 그 문은 항상 닫겨 있었고 문 옆에 하나의 가죽채를 두었다. 과거 보려는 자는 채찍매를 맞고 나가라는 것이었다. 이에 이성계는 고려 유신들의 강의한 절개가 두려워 산에 불을 놓고 그들을 모두 태워 죽였다. 현재 마을에는 조의생, 임선미를 비롯한 72명의 고려 유신들의 절개를 찬양한 두문동비가 세워져 있다. 두문불출杜門不出이라는 말이 여기서 생겼다. 두문동의 고려 충신들처럼 문을 걸어닫고 밖으로 나가지 않는다는 뜻이다. 두문동에 은거하다 숨진 72현에 대한 기록은 조선 순조 때 72인의 한 사람인 성사제成思齊의 후손이 그의 조상에 관한 일을 정리한 「두문동실기」杜門洞實記라는 책자로 전해지고 있다. 태조 이성계는 두문동 사람들을 미워해 개성 선비에게는 100년 동안 과거를 보지 못하게 명했다. 살아남은 그들의 후손들은 할 수 없이 평민이 되거나 장사를 생업으로 삼게 되었다. 개성상인이 탄생한 것도 이런 배경에서다. 그 후 300여년 동안 개성에는 글을 읽는 사대부가 없었고, 한양의 사대부들도 개성에 가서 사는 사람이 없었다. 조선시대 개성 사람들은 한양에 대해 불만이 가득했다. 구한말 고종대 조선에 와 살았던 언더우드 부인(릴리어스 호튼 언더우드)은 그의 저서 「조선견문록」에서 개성에 들렀던 얘기를 전한다. 흔히 서울에 갈 때 ‘상경’上京 또는 ‘올라간다’는 말을 쓰는데, 개성 사람들은 한양으로 ‘내려간다’고 표현한다는 것을 언더우드 부인이 이상하게 생각해 기록으로 남겨두었다. 개성사람들 사이에 조선왕조에 대한 오랜 감정의 골이 조선말기까지 남아있었던 것이다. 영조때 이르러 이들은 복권한다. 영조는 직접 ‘부조현’ 세 글자를 써 그곳에 비석을 세우게 했다. 이어 두문동 72인의 충신에게 제사를 지내도록 명하고, 어필로써 “고려 충신의 명성이 지금도 남아 있으니, 특별히 그 동에 (비를) 세워 그 절개를 표창한다”(勝國忠臣今焉在 特竪其洞表其節)는 14자를 써주고 비를 세우도록 하명했다. 두문동 72인 가운데 임林, 조曺 두 성만이 남아있다고 한다. 후에 정조 때, 두문동에 표절사表節祠를 세워 그들의 충절을 기렸다. 북한은 두문동비와 두문동비와 비각 등 유적을 보존급 제1546호로 지정해 보호하고 있다. 두문동실기는 현재 경남 창원군 물계서원에 보존되어 있으며, 시도유형문화재 266호로 지정되어 있다. 강원도 정선군 고한읍에도 두문동이 있다. 이 곳에는 두문동(개풍군)에서 살아남은 7명이 정선 산골로 숨어들어 살았다는 전설이 내려온다.▲ 경남 창원군 물계서원 소장 책판 /문화재청 김인영 기자 inkim@opinionnews.co.kr

2) 1932년 중국 상하이 홍커우 공원에서 일본의 수뇌부에 폭탄을 투척한 일제강점기의 독립운동가. 본관은 파평, 본명은 우의, 아호는 매이며 몰락한 양반가에서 태어나 1918년 덕산공립보통고등학교에 입학했다가 식민지 노예 교육을 거부하고 자퇴했다. 1932년 봄 임시정부를 찾아가 민족의 광복을 위해 몸과 목숨을 바치겠다는 결의를 다졌다. 그해 4월 29일 상하이 홍커우 공원에서 개최된 일본의 전승축하기념식에서 물통폭탄을 단상에 던져 일본의 군부와 관부 인사들을 사상시켰고 현장에서 체포된 후 사형 당했다. 이 거사는 임시정부가 중국 국민당의 장제스로부터 지원을 받아 항일운동을 이어갈 수 있는 계기가 되었다.

3) 朝光先受地 三神赫世臨 桓因出象先 樹德宏且深諸神議 遣雄 承詔 始開天蚩尤 起靑邱 萬古 振武聲淮岱 皆歸王 天下莫能侵王儉 受大命 懽聲 動九桓 魚水 民其蘇 草風 德化新怨者 先解怨 病者 先去病 一心存仁孝

四海盡光明 眞韓 鎭國中治道 咸維新, 慕韓 保其左番韓 控其南 巉岩圍四壁聖主幸新京 如 枰 錘 極器 極器 白牙岡 枰幹蘇密浪 錘者安德鄕首尾均平位 賴德護神精興邦保太平 朝降七十國 永保三韓義 王業有興隆興廢莫爲說 誠在事天神 乃與諸汗 立約束 日 凡 我同約之人 以桓國五訓 神市五事 爲永久遵守之案祭天之儀 以人爲本 爲邦之道 以食爲先農者 萬事之本 祭者 五敎之源 宜與國人 共治爲産 先講重族次宥俘囚 並除死刑 責禍保境 和白爲公專以一施 共和之心 謙卑自養 以爲仁政之始也

4) 민족문화대백과사전, 다음.

5) 종도들이 모인 곳에서 상제께서 3월 어느날 상제께서 가라사대『지금은 신명 해원시대니라. 동일한 50년 공부에 어떤 사람을 해원하리요. 최 제우는 경신에 득도하여 시천주를 얻었는 바 기유까지 50년이 되니라. 충남 비인 사람 김경흔은 50년 공부로 태을주를 얻었으되 그 주문을 신명으로부터 얻을 때에 그 주문으로써 많은 사람을 살리라는 명을 받았느니라』고 말씀을 하시고 이어서『이 두 사람 중의 누구를 해원하리요』라고 물으시니 시좌하고 있던 종도들 중에서 광찬이『상제님의 처분을 기다리나이다.』하니 상제께서 다시 말씀하시기를『시천주는 이미 행세되었고 태을주를 쓰리라』하시고 읽어 가르치시니 그 주문은 이러하였다.『훔치훔치 태을천상원군 훔리치아도래 훔리함리사바하』공사 3장 37.

6) " 한국민족문화대백과사전, 참고문헌『증산교사』(이정립, 증산교본부, 1977)
『대순전경』(이상호, 증산교본부, 1965)
「태을주에 대한 연구」(홍범초,『대순세계』13, 동도교증산교회 교화부, 1968.12.)
「한국의 신흥종교 자료편 제일부 - 증산교계총론 - 」(이강오,『전북대학교논문집』7, 1966) "

7) 러시아 상트페테르부르그 대학 고대사학과 정길선

8) 알파벳기원은 페니키아어, 작성자 mskcmskc, 2015알파벳의 기원에 대한 견해는 다양하다. 현재 영미인들이 현재 쓰고 있는 알파벳은 페니키아(셈족), 그리스, 로마를 거쳐 전해온 것으로 대체적인 의견의 일치를 보고 있다. 그러나 페니키아 알파벳의 기원은 어디인가 하는 것은 아직 하나로 귀결되지 못하였다. 그 중에서도 가장 지지를 받는 것은 루즈(M.De Rouge), 가디너(Gardiner)의 이론과 뎃크(Deecke)의 이론이다.(1) 루즈(M.De Rouge)에 하면 로마 알파벳은 지금으로부터 약 4000년전 이집트의 상형 문자에서 시작하여 페니키아 글자가 되었다고 본다. (2)가디너(Gardiner)에 의하면 이집트의 상형 문자에서 페니키아로 문자가 직접 전해진 것이 아니라, 시나이문자(가나안 알파벳)에 영향을 끼쳤고, 그 시나이문자가 페니키아 문자에 영향을 미쳤다고 본다. (3)뎃크(Deecke)에 의하면 아시리아의 쐐기문자(설형문자, 우가리트 알파벳: 음절문자)에서 페니키아 알파벳이 발전되어 나왔다. 페니키아인들이 이집트의 상형 문자나 승용문자를 접하기 오래 전부터 이미 쐐기 문자의 일부를 채택했던 것으로 추정되고 있기 때문이다. 페니키아 글자의 기원에 관한 여러 이론 중 많은 학자들이 가디너와 루즈의 이론에 더 많은 관심을 보인다. 즉 이집트의 영향을 받았다는 것을 더 지지한다. 왜냐하면, 우가리트 문자의 쓰는 방향은 왼쪽에서 오른쪽으로이지만, 페니키아어는 오른쪽에서 왼쪽으로 글을 쓰고 있으며, 이집트어 역시 그러하다. 또한 우가리트 문자에는 주요 모음이 있었지만, 페니키아 문자에는 모음이 없었고, 이집트어에서도 그러하다. 그리고 글씨를 쓰는 재료와 모양이 이집트의 상형문자처럼 최초 형태는 돌과 금속 및 석고 등에 새겨진 채 발견되었기 때문이다. 가디너의 이론은 다른 학자들에 의해서 더욱 확대되는데, 그들은 셈 문자의 창조를 '원초적인 발명(underfindung)'이라고 선언했을 뿐만 아니라 인류 역사상 표의문자에서 음성문자로의 진보가 단 한번 만에, 그것도 한 사람에 의해 이루어졌다고 생각하였다. 그러나 이것은 조물주의 영역에 직결되며, 따라서 신학적 사고에 가까운 것이다.요약하면, 페니키아 사람은 상업적 목적으로 이집트의 상형 문자를 들여와 페니키아 문자로 바꾸면서 변혁을 일으켜 놓았다. 이들이 글자를 도입해 왔다는 점이 중요한 것이 아니라 뜻글자였던 상형 문자를 표음 문자(소리글자)로 바꾸는 혁신을 했다는 것이 중요하다. 결국 페니키아 글자가 세계에 큰 영향을 준 것은 글자의 원리에서 볼 때 우수한 글자였기 때문일 것이다. 페니키아 문자는 그리스문자와 로마문자의 직접적 조상이 되었다.▶이집트어(기원전 3000년) ▶원시나이어(기원전 1500년) or 우가리트어(기원전 1300년) ▶원페니키아어(기원전 1300년) ▶고대 페니키아어(기원전 1100년) ▶페니키아 또는 고대 히브리어(기원전 1000년) ▶그리스어(기원전 800년) ▶에트루리아어(기원전 800년, 700년) ▶라틴어(기원전 600년)

9) 김철수, 선도교(보천교)의 재발견, 국회 학술발표회 발표집 외 상생방송, 무술년 10월 24일방영분

10) 신용하, 박은식의 사회사상연구, 한국문화연구소편, 서울대학교출판부, 1986, 104쪽 참조.

11) 박은식(朴殷植, 1859~1925)은 본관은 밀양密陽. 자는 성칠聖七, 호는 겸곡謙谷 · 백암白巖. 황해도 황주 출생. 농촌 서당 훈장 박용호朴用浩의 아들이다. 민족사학의 개척자 조선의 자주독립을 싹틔우자. 국권을 잃은 후 중국에 망명해 독립운동…(한국민족문화대백과사전) 박은식은 주자학자로서 출발해 개화자강론자 · 애국계몽사상가 · 학자 · 언론인 · 독립투사로,민족이 처한 조건의 변동에 따라 자신의 사상과 행동을 발전시키면서 전생애를 민족의 해방과 독립에 바쳤다. 1904년 2월 러일전쟁이 일어나자 〈황성신문〉을 통해 일제의…

12) 역주 안경전, 환단고기, 상생출판(2012), 85쪽 참조.

13) http://news.chosun.com/site/data/html_dir/2018/03/07/2018030700059.htm 2018. 3월

14) 관악산의 화기를 누르기 위하여,숭崇과 예禮라는 모두 한학에서 불에 해당하는 글자들을 남쪽에 두어, 관악산의 화기에 맞불을 놓아, 국가적으로 좋지 않은 일을 막는다. 현판이 세로로 여 진 까닭은,숭崇과 례라고 하는 불을 상징하는 글자들이 더욱 더 활활 잘 타오르도록 하여, 방어목적을 더 잘 달성하기 위한 것이다. 실록에 보면 당시 정도전이 말하였는데, 자기가 만든 이 숭례문이 훗날 불타 소실될 날이 올 것이니 이때는 서울 장안의 모든 백성들은 다른 지방으로 피난을 가야한다고 일렀습니다. 또한, 이 징조는 즉, 서울 한양의 500년 고도의 국운이 다한다고 서산대사가 예언한 것과 일치합니다. 홍지문弘智門과 지智 그리고 숙정문肅靖門 원래 정도전이 서울의 정북 방향에 세우려고 했던 문은 홍지문입니다. 그러나 1396년(태조 5년) 그 위치에 세워진 문에는 숙청문肅淸門이라는 이름이 붙여졌습니다. 홍지문弘智門이란 지혜를 크게 하는 문이라는 뜻입니다. 유교에서 지智는 시비지심是非之心이라고 풀이하고 있는데, 이것은 옳고 그름을 판단하고 선악을 구별할 줄 아는 슬기로운 마음을 뜻합니다. 그러나 그 당시 정치인들은 백성들이 똑똑해져서 정치를 바르게 하는지 잘못하는지를 구별할 줄 아는 것을 원치 않았기 때문에 북대문을 홍지문이라고 부르는 것에 반대해서, 그 당시 뜻으로 개혁改革과 정화淨化라는 의미를 지닌 숙청肅淸이라는 말을 붙여 '개혁의 문'이라고 이름붙인 것이었습니다. 북대문인 숙청문은 원래 산 위에 있는데다 임금님이 계신 경복궁과 가까운 곳이라 사람들이 자주 많이 다니지는 않았습니다. 숙청문은 연산군 10년(1504)에 폐쇄되고 원래 위치에서 약간 동쪽인 지금의 자리(삼청터널 위쪽)로 옮겨져서 그 때부터 숙정문肅靖門이라 불렸습니다. 숙정문의 뜻은 홍지문과 비슷하게 지혜를 공경한다는 뜻이지만 정靖은 지智보다는 낮은 단계의 꾀를 뜻합니다. 이렇게 정도전이 구상했던 홍지문은 숙정문이란 이름으로 바뀌었고, 숙종 때 1715년(숙종 4년) 지금의 세검정 길가 홍제천 위(상명대학교 앞쪽)에 세운 수문인 한북문漢北門을 숙종 임금님께서 친필로 홍지문이라고 이름을 써붙여서 홍지문이 새로 생기게 되었습니다. 그러니까 정도전의 구상에 따른 원래의 홍지문은 현재의 숙정문肅靖門이고, 현재의 홍지문은 서울의 정북문은 아닙니다.

15) 왕실과 백성의 평안을 기원하며 특별한 의미를 부여하여 각 건물의 이름들도 지었다. 대표적인 예로 임금이 신하들과 정사를 처리하는 전각을 근정전이라 하고 그 문을 근정문이라 했다. 근정전은 그냥 부지런해야 함을 의미하는 것이 아니다. '부지런해야 함은 물론 임금이나 고위직은 혼자 다하듯 하면 안 된다'는 의미가 내포되어 있다. 재상이나 관료를 잘 선임하여 위임해야지 모든 일을 자기 혼자만 부지런을 피운다고 좋은 정치가 되는 것이 아니라는 뜻이다.

16) 평창인

17) 상생방송, 9월5일분

18) 문정권,인재 · 기업 외국에 내몰고 무상복지정책에 나라 거덜내 베네수엘라차베스를 닮아가는 문정권 망국의 길로 석유 부국 베네수엘라도 사회주의 정책으로 물가 상승률 800% 부도 위기 원유 수출로 막대한 돈 벌고도 교육 · 주택 무상복지로 경제망쳐 외국탈출 세계 최대 규모의 석유 매장량을 자랑하며 세계가 부러워하던 사회복지국가 석유 부국 베네수엘라가 국가 부도 위기에 몰렸다. 물가 상승률이 800%에 이르렀고, 경제 규모는 30% 가까이 축소되었다. 서민들은 쓰레기통을 뒤져 먹을 것을 찾을 정도로 식량 사정이 악화되었다. 국민 75%가 평균 9㎏ 가까이 체중이 줄어 현 대통령 마두로의 이름을 딴 '마두로 다이어트'라는 유행어까지 나왔다. 치안 상태도 연평균 살인율이 10만 명 당 90명에 달한다. 풍요로웠던 베네수엘라가 추락한 것은 전 대통령 차베스(1954~2013)가 1999년 집권한 차베스가 19세기 추진하다 실패한 '볼리바르 혁명'을 추진했다. 볼리바르는 에스파냐 식민 통치에 대항해 중남미 국가 독립을 쟁취한 인물이다. 차베스는 볼리바르의 꿈을 실현하겠다며 사회주의, 포퓰리즘, 권위주의, 반미주의를 시행했다차베스는 원유판매로 얻은 막대한 재원을 무상 복지 사업에 펑펑 쏟아 부으면서 국내외에서 인기를 얻고, 이를 이용해 독재를 강화해갔다. '공짜'에 길들여진 서민은 힘들여 일하려 하지 않고, 부패에 편승해 부를 쌓은 부유층은 돈 싸들고 해외로 빠져나가려 했다 지금 문정권이 무상복지로 서민들에게 공짜를 쏟아 부어 70%의 지지율을 자랑하며 공산혁명을 하고 있다. 문정권 경제정책이 차베스를 닮아가고 있다.차베스는 원유가 하락으로 경제가 위축 되고 미국금융제재까지 겹쳐 경제마비상태에 빠졌다. 차베스는 19세기에 실패한 볼리바르 혁명을 21세기에 재현하려다 실패한 것이다. 문정권이 지금 차베스처럼 무상복지로 사상혁명을 하려하고 있다. 문정권 퇴출 하지 않으면 베네수엘라처럼 거지국가로 변할 날이 머지 않았다.인재와 기업을 외국으로 몰아내 실업대란 만드는 문정권 돈 · 기술 가진 유대 · 이슬람교인들 추방한 스페인은 산업 붕괴 쇠락의 길로네덜란드는 여러 인재 받아들여 무역 · 해운 · 금융 강국으로 도약문정권처럼 능력 있는 사람 힘으로 누르면 인재 떠나고 경제 기반 무너져1492년 콜럼버스가 신대륙을 발견할 당시 스페인은 유럽의 부유한 나라였다. 부를 자랑하던 스페인은 카톨릭 종주국이 되겠다면 유대교인 · 이슬람교인 · 기독교인에게 추방령을 내렸다. 이로 인해 돈과 기술을 가진 유대교도와 이슬람교도가 떠났고 기독교인들도 떠나야 했다. 의사, 과학자, 상인, 금융업자들이 스페인을 떠나면서 스페인의 산업은 붕괴됐다. 종교적 순수성을 지키기 위해 능력 있는 사람들을 추방한 것이 쇠락의 가장 큰 이유였다.네덜란드는 '누구나 종교의 자유를 가진다. 어느 누구도 종교의 이유로 심문을 받거나 박해를 받아서는 안 된다'고 선언했다. 그러자 스페인 등지에서 쫓겨난 유대교도와 기독교도들

이 네덜란드로 몰려들었다. 종교의 자유를 찾아 모려든 교인들의 돈과 기술 · 능력이 경제 기적을 일으켰다. 삼성전자는 세계 초일류 기업으로 성장한 것은 최고의 인재를 확보하고 최소의 임금으로 인재들이 능력을 발휘할 수 있는 환경이 만들어 주었기 때문이다. 그런데 문정권은 삼성을 죽이기 위해 이재용부회장을 감옥에 보냈다. 외국 언론은 이재용부회장을 감옥에 보낸 것은 한국경제를 포기한 것이라고 비난하고 있다. 능력 있는 사람들이 모여들고 그들이 능력을 발휘할 수 있으면 번영으로 간다. 힘 있는 사람이 능력 있는 사람을 핍박하면 나락으로 떨어진다. 어려운 사람을 지원하기 위해 능력 있는 사람에게 불리하도록 게임의 룰을 바꾸면 쇠퇴한다.문정권은 주사파 운동권 캠프 출신 위주로 인사를 발탁했다. 이들이 안하무인이 되어 대기업을 짓밟고 세금을 올려 착취를 시작하자 인재와 기업은 외국으로 떠나고 실업대란이 일어나고 있다.정부주도로 혁신 성장을 이룬 나라는 없다. 경제는 유기체이기 때문에 능력 있는 사람들에게 그냥 맡겨야 한다. 문정권의 노조위한 경제가 노동시장의 유연성을 떨어뜨리고 기업을 외국으로 내몰고 있다. 능력 있는 사람을 외국으로 쫓아내고 능력발휘하기 어려운 시스템을 만들어 문정권이 밀어붙이고 있다. 베네수엘라 자베스나 브라질 룰라가 퍼주기 복지로 70 – 80%의 지지를 받으며 인기를 누리고 독재자가 되었으나 결국 나라만 거덜 내고 감옥으로 갔다. 문재인이 차베스와 룰라의 전철을 그대로 밟고 있다. 문재인 기다리는 곳은 감옥이라는 것을 명심해야 한다. 국민부담으로 되돌아온 문정권 복지 포퓰리즘문정권 퍼주기 선심정책 무상복지로 국민세금은 급증하고 국가는 부도위기로 국민과 기업이 부담하는 5대 보험료가 올부터 모두 인상된다. 1월부터 건강보험 · 장기요양보험 · 산재보험료가 오른다. 내년엔 고용보험 · 국민연금 보험료가 인상될 예정이다. 연봉 5000만원 받는 직장인은 지금보다 보험료를 연 40만 원 이상 더 내야 한다.문정권은 퍼주기 선심복지정책으로 70%의 지지를 받아왔다. 문정권은 7개월 동안 기초연금 인상, 아동수당 도입, 국민연금 지급액 인상, 노인수당인상, 아동수당 신설, 건강보험 보장성 확대 등 복지 정책을 잇달아 발표했다. 문정권은 자기 돈가지고 선심 쓰듯 선심복지정책을 발표했다. 복지 혜택확충과 국민부담 증가는 동전 양면관계다. 그런데 정부는 복지 확충만 홍보하고 국민 부담 증가에 대해선 거의 언급하지 않았다. 이제 그 복지 청구서가 세금으로 날아오기 시작하는 것이다.MRI, 초음파, 특진비 등 이른바 비급여 진료 항목도 건보를 적용하겠다는 '문재인 케어'만 해도 5년간 30조원이 든다. 정부는 건보 적립금을 깨고 건강보험료를 매년 3.2%씩 인상하면 된다고 했으나 10%를 올려도 턱없이 모자랄 것으로 보인다. 문정권은 치매 국가책임제, 국민 연금 소득대체율 50% 정책도 앞으로 보험료 추가 인상으로 이어질 수밖에 없다. 문정권과 민주당은 무상급식, 기초연금, 무상보육, 반값 등록금 등 복지 규모를 폭발적으로 늘려왔다.세상에 공짜는 없다. 문정권 선심성책으로 내놓은 복지포퓰리즘이 국민세금으로 되돌아오고 있다. 문정권 5년에 베네수엘라 차베스, 브라질의 룰라처럼 나라를 거덜내고 문재인은 감옥에 갈 것이다. 그러나 그때 후회해봐야 경제는 이미 파탄 나고 국민들은 거지신세가 되고 만다. 하루빨리 문정권 퇴출에 국민들이 나서야 국가위기를 막을 수 있다. 2018.1.6. 관련기사 [朝鮮칼럼 The Column] 베네수엘라를 거울삼아 바라본 대한민국朝鮮칼럼 The Column] 스페인에서 쫓겨난 인재들이 만든 최강국[사설] 보험료 줄줄이 인상, 선심 복지 청구서 날아온다이계성〈시론〉=필명:남자천사〈반국가교육척결국민연합(반교척)공동대표〉〈새로운 한국을 위한 국민운동 공동대표〉〈대한민국수호천주교인모임(대수천)공동대표〉〈대한민국 언론 혁파운동을 위한 공동위원회(언혁공) 공동의장〉〈문재인 퇴출 국민운동 연합 공동대표〉〈구국포럼 공동대표〉

19) 북한 무인타격기의 청와대 타격 가능성 북한의 군사무기에 부쳐 한반도 정세가 심상치 않습니다. 60년을 이어 온 북한과 미국의 군사적 대립이 새로운 단계에 진입하고 있습니다.북한은 핵시험으로 핵탄두 제조능력을 입증하였으며 인공위성 발사로 대륙간탄도미사일 제조능력을 입증하고 있습니다. 북한은 핵무기를 늘려 경제건설을 추진한다는 경제건설 – 핵무력건설 병진노선을 조선노동당 중앙위원회 전원회의에서 채택하였습니다.그러나 한국사회는 북한의 군사력에 대해 커다란 견해차가 있고 이것이 정부의 현실적인 대북정책 수립을 막고 있습니다. 인공위성을 쏘아올리고 미사일을 수출하는 북한이 탱크와 전투기만은 60년대에 머물고 있다는 논리로는 연평도 포격전에서 해병대가 입은 심각한 피해가 설명되지 않습니다. 군 지휘부가 연일 대북 강경발언을 일삼는 지금, 또 다시 바라지 않는 충돌이 일어난다면, 애꿎은 우리 장병들의 목숨이 위태롭습니다. 만에 하나라도 군사적 충돌이 전쟁으로 비화한다면, 수많은 군인들이 무리죽음을 당할 수밖에 없습니다. 이제라도 북한의 군사력을 제대로 짚어보고 현실적인 대북 접근법을 모색해야 합니다. 부족한 능력이지만, 정세의 필요에 의해 연재를 결심하였습니다. 필자의 논지에 부족점이 있다면 지적해주십시오. 진지한 마음으로 지적사항을 반영하겠습니다. / 필자 주한미연합군의 '키리졸브 2013' 훈련이 막바지로 치닫던 3월 20일, 김정은 국방위원회 제1위원장은 조선인민군 항공군과 포병부대를 찾아 무인타격기와 대공미사일 발사 훈련을 현지지도하였다고 한다. 북한 〈조선중앙통신〉이 공개한 사진에는 바퀴 달린 3대의 견인 차량에 각각 실린 3대의 무인타격기 모습이 드러났다. 〈연합뉴스〉는 이를 두고 지난 2011년부터 북측이 무인타격기를 개발 중이라는 첩보가 군과 정보 당국에 입수됐지만 실전 배치 사실이 드러난 것은 처음이라고 보도하였다. 조선인민군 무인타격기와 대공미사일 발사훈련장의 김정은 국방위원회 제1위원장 (2013년 3월 20일) 〈조선중앙통신〉은 3월 20일 김정은 제1위원장이 초정밀 무인타격기의 대상물 타격과 저공으로 내습하는 적 순항 미사일을 소멸하는 자행고사로케트(지대공미사일) 사격 훈련을 지도했다고 보도했다. 이어 통신은 "쌍안경으로 초정밀 무인타격기들의 타격 모습을 주의 깊게 보신 최고사령관 동지께서는 초정밀 무인타격기들이 속도가 빠르며 목표식별 능력도 대단히 높다고 말씀했다"고 전했다. 북한의 무인타격기는 무엇이며 어떤 기능을 수

행하는 무기인가? 3월 20일, 북한이 무인타격기의 발사훈련을 공개한 군사적 의도는 무엇인지 파악할 필요가 있다.세계적 경쟁이 촉발되고 있는 무인기 시장무인타격기란 사람이 타지 않는 타격기로, 무인항공기(無人航空機, 영어: unmanned aerial vehicle, UAV)의 한 범주에 포함된다. 무인기는 보통 임무에 의한 분류, 비행 고도나 크기에 의한 분류가 존재하는데 무인타격기는 자체에 고성능 탄두를 내장하고 목표지점으로 돌진하는 자폭형 비행체이다.모든 무인기는 원격조종이 필수적이므로 무인기에는 전파수신장치와 조종사의 눈 역할을 대신하는 카메라, 레이더 등을 탑재하고 있어야 한다.무인기는 무려 50년 전부터 실전에 활용되기 시작하였다. 1965년 미국은 중국 본토 정찰, 베트남전쟁 말기에 하노이·하이퐁 지역의 정찰에 무인비행기를 사용하였다고 한다. 제4차 중동전에도 이스라엘이 전차 기만용(欺瞞用)으로 사용하였다고 한다.최근 미 의회에서 한국판매가 수락된 무인정찰기 글로벌호크는 대표적인 무인기이다. 이 외에도 미군은 RQ-1 프레데터 등을 보유하고 있으며 공대지 미사일인 헬파이어를 탑재한 무장형 MQ-1 프레데터도 운용하고 있다. 미국은 MQ-1 프레데터를 1995년부터 아프가니스탄, 보스니아, 코소보, 이라크, 예멘 등에서 실전에 사용하였다. 〈조선일보〉 권경복 기자는 미국 CIA는 드론(무인공격기)으로 최근 알카에다의 고위 지도자 안와르 알올라키를 사살하는 등 무장조직원 2000명 이상을 제거했으며 미 국방부는 총 7000여대의 드론을 보유하고 있는 것으로 알려지고 있다고 보도하였다. ▲ 대표적인 무인정찰기 글로벌호크 무인기는 세계 각국들이 앞 다투어 개발하고 있는 공군무력의 새로운 장이다. 미 군수산업체인 노스롭 그루먼사는 최근 항공모함에서 발진하는 함재기용 무인전투기 X-47을 개발 중에 있다. X-47B는 스텔스 기능을 갖추고 있으며 길이 11.6m, 날개폭 18.9m이고 항속거리는 6500km에 달한다고 한다.영국 군수산업체인 BAE 시스템즈사는 2010년 7월 영국의 첫 무인 공격기인 '타라니스'(Taranis)를 공개했다. 타라니스는 여러 종류의 정밀유도폭탄을 탑재해 목표물을 정확히 공격할 수 있고 적 항공기의 공격으로부터도 스스로를 방어할 수 있으며 길이 11.35m, 폭 9.94m, 높이 4m이고 중량은 8t이며 대륙간 비행이 가능하다고 한다. 프랑스의 경우 '뉴론'(Neuron)이라 불리는 무인공격기를 개발 중이다. '뉴론'은 땅 위의 목표물을 공격하는 공대지 임무에서 정밀폭격 무기를 싣고 스스로 목표물을 찾아가 공격하는 능력과 유인 전투기의 통제를 받아 공격하는 능력을 시험중이다.독일에선 '바라쿠다'(Barracuda)라는 무인 전투기를 개발 중인데 길이 8.25m, 날개폭 7.22m이고 최대 이륙중량은 3.2t이다. 러시아도 미국의 X-45, X-47과 유사한 무인공격기를 개발 중이며 중국은 '암검(暗劍)'이라 불리는 무인공격기 모형을 2007년 파리 에어쇼에서 공개하기도 했다고 한다.세계 각국이 이처럼 무인기에 매달리는 이유는 비용적인 측면이 크다. 〈디펜스 플러스 21〉의 김수빈 기자는 한겨레신문의 기고에서 미 공군이 F-15나 F-16, 그리고 F-22와 F-35 한 대를 운용하는 데 드는 비용은 시간당 평균 약 1만6000달러(한화 1700만원)인 반면 대표적 무인기인 프레더터(MQ-1)와 리퍼(MQ-9)를 운용하는 데 드는 비용은 시간당 평균 2300달러(250만원) 선으로 유인기의 14% 수준에 지나지 않는 셈이라고 밝혔다. 조종사를 양성하는 데 드는 비용도 무인기가 압도적으로 저렴하다. 미국 공군의 경우 전투기 조종사 한 명을 양성하는 데 260만달러(29억원) 이상을 쓰는 것으로 알려졌다. 반면에 무인기 조종사 한 명을 양성하는 데에는 13만5000달러(1억5000만원)면 충분하다는 것이다. 북한의 무인타격기3월 24일, 〈아시아경제〉는 북한도 지난 1990년대 초부터 무인기를 개발해왔으며 당시 대공표적용 무인기 자체개발에 성공한 이후 1993년부터 연간 약 35대의 대공 표적용 무인기를 생산하고 있다고 보도하였다. 우리 정보당국은 2005년 입수한 북한의 전시사업세칙(전시계획)에 UAV운용계획이 포함된 것으로 확인됐다는 것이다.북한의 무인기는 우리 군에 포착되기도 하였다. 2010년 8월 북한군은 서해 북방한계선(NLL) 인근에 해안포를 발사한 뒤인 무인정찰기로 추정되는 7m 정도 크기의 비행체가 NLL 인근인 연평도 북방 20여 km 북측 상공에서 지상 50m의 고도로 지나가는 것이 관측된 것이다. 북한 무인정찰기가 백령도 등 우리 포 배치상황은 물론 우리 함정의 무장상태, 함의 규모까지 분석할 수 있었다.▲ 열병식에 나타난 북한 무인타격기 (2012. 4. 15) 이번 군사훈련에 공개되었던 무인공격기는 이미 2012년 4월 15일, 조선인민군 열병식장에 공개되었던 기종이다. 〈연합뉴스〉는 북한이 2010년~2011년 사이 시리아로 추정되는 중동 국가에서 미국산 고속표적기인 '스트리커'(MQM-107D) 여러 대를 도입, 무인타격기로 개조한 것으로 알려지고 있다고 보도하였다. 'MQM-107D'의 재원은 길이 5.5m, 날개 길이 3m, 최대속력 925㎞/h로 상승 고도는 1만2190m에 이른다고 한다. 추진기관은 제트 엔진이다.북한은 무인타격기 이외에도 길이 8.04m의 제트추진 전술 정찰용 무인기 'VR-3 레이(Reis)'와 사단과 대대급에서 운용하는 2.78m의 '프체라(Pchela)'도 보유하고 있다고 한다. 북한은 중국의 무인항공기 D-4RD를 자체 개조해 만든 무인비행기 '방현 - Ⅰ·Ⅱ'를 최전방 부대에 배치한 것으로 확인되고 있다고 한다. 길이 3.23m, 고도 3㎞, 최대 시속 162㎞로 작전반경이 4㎞에 달하는 이 무인비행기는 유사시 20~25㎏의 폭약도 장착할 수 있는 것으로 알려졌다. 이 무인기는 가솔린 엔진으로 낙하산을 펼쳐 지상에 착륙한다.북한이 무인타격기를 공개한 이유3월 20일, 북한의 군사훈련에서 나타난 무인타격기는 미국의 프레데터처럼 소형 공대지미사일을 발사하고 돌아오는 형식이 아니라 동체 자체가 지상의 목표물을 향해 돌진해 강력한 폭발을 일으키는 이른바 자폭형 타격기였다.북한의 무인타격기는 그런 측면에서 지대지 공격용 타격기라 할 수 있다. 실제 북한 〈조선중앙통신〉은 3월 20일 군사훈련에서 김정은 국방위원회 제1위원장이 "오늘 초정밀 무인타격기들의 비행 항로와 시간을 적 대상물들이 도사리고 있는 남반부 상공까지의 거리를 타산(계산)하여 정하고 목표 타격 능력을 검열해보았는데 적들의 그 어떤 대상물들도 초정밀 타격할 수 있다는 것이 확증되었다"며 "대만족을 표시했다"고 보도했다.▲ 북한이 3월 20일 공개한 무인타격기의 타격훈련 장면 - 하지만, 지상의 목표물은 지대지미사일로 공격하는 것이 일반적이다. 북한당국이 지대지미사일이 아니라 무인타격기의 형식을 빌려 한국을 공격하려는 이유는 무엇일까? 이는 지형지물을 활용한 엄폐효과를 극복하기 위한 방편일 수 있다. 대표적으로, 대한민국 청와대는 북악산 남쪽 턱밑에 자리하고 있어서 북한이 장거리포와 탄도미사일로 청와대를 공격하는 것은 사실상 불가능하다. 아무리 포탄과 미사일을 쏘더라도 북악산, 인왕산이 병풍처럼 청와대를 둘러싸고 있기 때문이다. 서울을 방어하는 수도방위사령부도 홈페이지에 서울특별시 관악구 남현동으로 그 위치를 자세히 나타내고 있는데 수도방위사령부의 경우는 관악산이 병풍처럼 둘러쳐져서 북한의 포격으로부터 수도방위사령부를 보호하고 있는 형국이다. 이러한 관계로 지난 2012년 4월 23일, 북한이 "최고사령부 특별작전행동소조의 군사행동이 개시된다"고 선언하였을 경우에도 많은 이들이 북한의 청와대 폭격은 불가능하다고 입을 모았던 것이다. 그러나 북한당국이 무인타격기를 동원할 경우에는 상황이 달라진다. 무인타격기가 탄도미사일과 다른 점은 커다란 양 날개를 보유하고 있어 공중에서 자유자재로 선회할 수 있다는 점이다. 탄도미사일은 속도가 빠른 대신 포물선 궤적을 벗어날 수 없다. 그래서 청와대에 대한 미사일과 포탄공격은 불가능하지만, 무인타격기를 동원할 경우 인왕산을 에돌아 청와대를 공격할 수 있으며 관악산을 에돌아 수도방위사령부를 공격할 수 있다. 특히 무인타격기는 토마호크로 대표되는 순항미사일보다 훨씬 큰 날개를 보유하고 있으므로 공중기동이 훨씬 자유롭다. 〈뉴스1〉에 따르면 북한 노동당 기관지 〈노동신문〉은 3월 22일 "우리는 이번 훈련이 보여주듯이 적들의 본거지를 정밀타격할 수 있는 공격무기도, 원수들의 순항미사일을 단방에 요격할 수 있는 요격체계도 충분히 갖추고 있다"고 강조했다고 한다. 당장 청와대, 수도방위사령부에 대한 북한의 폭격 가능성에 대한 대책이 시급하다고 할 수 있다. 그런 일이 있다면 이는 곧바로 전면전으로 확대될 수밖에 없겠지만, 북한이 무인타격기를 동원해 청와대를 폭격한다면 우리 군은 이를 요격하는 것으로 북한군의 공격기도를 꺾으려 할 것이다. 이 부분에서 김정은 제1위원장의 훈련평가를 다시 볼 필요가 있다. 그는 무인타격기의 속도가 빠르고 목표식별능력이 뛰어나다고 평가하였으며 "오늘 초정밀 무인타격기들의 비행 항로와 시간을 적 대상물들이 도사리고 있는 남반부 상공까지의 거리를 타산(계산)하여 정하고 목표 타격 능력을 검열해보았는데 적들의 그 어떤 대상물들도 초정밀 타격할 수 있다는 것이 확증되었다"고 밝혔다. 물론 군은 패트리어트 미사일을 비롯한 요격수단을 갖추고 있다. 하지만, 북한 무인타격기가 저공으로 내습해들어올 때 이를 요격할 수단이 갖춰져 있는지는 미지수이다. 남한 상공까지 거리를 정해 빠른 속도로 날아간다는 것은 한미연합군이 요격시도를 회피할 수 있다는 자신감의 표현이다. 특히, 박근혜 정부 들어 개성공단이 잠정폐쇄되면서 북한 무인타격기들이 개성공단 남쪽지역으로까지 남하배치될 가능성이 높아졌다. 이 경우 청와대 타격시간은 더욱 짧아지고 만다. 청와대의 경우 휴전선으로부터 거리가 불과 40km이므로 시속 925km로 비행하는 무인타격기로는 불과 2분 40초면 도달할 거리이다. 또한 북한이 초정밀타격을 강조한 것은 40km 떨어져 있더라도 청와대 건물을 정확히 타격할 수 있다는 자신감의 표현이다. 물론 한국정부는 청와대의 세부구조나 위치를 보안으로 하고 있겠지만 미국은 구글어스를 통해 미군대상시설을 제외하고는 한국 정부기관 위치를 여과없이 공개하고 있다. 북한이 청와대 대통령 집무실의 좌표를 확보하는 것이 어려운 일이 아니다. 이제 군은 북한의 무인타격기들이 토마호크 미사일처럼 저공비행을 통해 레이더 요격을 극복하려 할 경우에도 3분이란 시간 안에 북한의 공격을 막고 청와대를 지킬 수 있다는 확신을 심어주어야 한다. © 통일뉴스

20) 태상귀덕大上貴德 : 먼 옛날에는 덕을 귀중하게 여겼다. 기차무시보其次務施報 : 그 다음으로는 베풀고 보답하는 것에 힘썼는데예상왕래禮尙往來 : 예는 오고가는 것을 숭상하였다왕이불래비예야往而不來非禮也 : 갔는데 오지 않는 것은 예가 아니고 내이불왕비역예야來而不往非亦禮也 : 왔는데 가지 않는 것 또한 비례이다♣ Courtesy on one side cannot last long.

21) ①구태란~세웠다: 백제시조 구태仇台에 대한 내용이 기록된 곳은『주서』·『수서』·『북사』인데 이 중『주서』가 원초적이다.『수서』·『북사』백제전에는 구태를『삼국지』부여전에 나오는 부여왕夫餘王 위구태尉仇台에 비정하여 사실상 백제의 건국 시조로 서술하고 있다. 구태에 대해서는 현재『삼국사기』백제본기에 나오는 비류沸流계 백제의 시조인 우태優台라는 견해와 고이왕古爾王의 별칭이라는 설이 있다.

22) 주서 열전은 황후 열전으로 시작되어 종실이나 여러 신하의 이야기를 다루고 마지막 부분에는 유림, 효의, 예술 등을 다룬다. 외국전을 외국전이라고 칭하는 점이, 여타 정사와 다르며, 권48에는 강릉에 수립된 괴뢰 왕조인 후량의 기록을 볼 수 있다. 평가: 주서가 참고한 우홍이 저술한 책을 위시한 여러 책은 서위, 북주 계열에 영향받은 수나라 사람의 손으로 된 저술이라서 북주를 다룬 좋지 않은 기사를 피해서 왜곡된 부분이 많았다. 영호덕분은 당나라의 신하인데 우홍의 곡필을 답습한다고 하여 후세인에게 비판된다. 위서』나 북제서처럼 이 사초도 당송 시기에 유실되었기에 북송의 인종 때에 이르러 교)했지만, 또 유실되었고 이후 북사를 위시한 자료를 이용해 보충했다. 최초, 이후 불충분한 부분에는 교어로 표기했었지만, 그것도 이후에는 불분명하게 되었다. 청나라 대 고증학자이자 유학자인 전대흔이 저술한『이십사사고이』에서는 사신론 부분이 빠진 권24, 권26, 권31에서 권33까지가 원본에는 없었고 권31에서 권32까지는 북사를 바꿔 적었으며, 나머지 33권은 조금 이동되어 기록되었고 24권과 26권은 북사와 상충한다. 기타 부분에도 오탈자나 누락된 부분이 적지 않다.

23) 안경전 역주, 위의 책, 10쪽 참조.

24) 민족문화대백과사전, 다음.

25) 송호수, 『위대한 민족』, 보림사 개천대학, 개천 5886(1989), 5장 민족혼의 맥락 참조.

26) 김은수, 위의 책 중, 단군세기 69쪽.

27) http://www.siddham.kr/index.php?mid=board3&document_srl=5384World Culture 중심 Korea Culture 출처 :World Culture 원문보기▶다솜의아리아

28) 파일:external/img.segye.com/20160929001559_0.jpg

29) "위의 편지가 고려 충숙왕에게 보낸 것이라는 주장은, 라틴어를 잘못 해석한 것"이라는 반박 주장이 나왔다. 편지를 받는 Regi Corum의 Corum을 고려인의 복수로 보는 건 라틴어를 잘못 해석한 것으로 편지를 받는 당사자는 라틴어 문법으로 보든 당시 정황으로 보든 고려 충숙왕일 수 없다는 것이다. 교황이 고려 왕에게 편지? 잘못된 해석일 수도. 해당 논문으로 들어가보면 "Corum의 문법적인 형태를 고려해 볼 때, Corum은 Ci이고 이는 Khitan에 더 근접해 있으며, Khitan은 그런데 Chigista로 자연스럽게 연결된다. 또 다른 가능성도 있다. Sece de Chigista를 Seecede Chingista로 읽을 수 있다. 이 경우도 고려와는 무관하다."고 한다. 그렇다면 편지를 받는 Regi Corum은 고려 충숙왕이 아니라 원나라 황제이거나 서방 칸국의 칸들 중 하나로 보인다. • MB.C.E. HD 창사 특집 드라마 〈직지〉에서 등장한다. 배우는 이정길1] 1321년부터 1323년까지 2년간 대도에 압송되어 고려 국왕인(도장)을 빼앗겼다. 몽골인인데, 원나라 황족 출신은 아닌 듯하다. 이름은 야속진也速眞. 할아버지만 고려인이고 할머니, 외할아버지, 외할머니 3명 모두 오리지날 몽골인이다. 충렬왕과 고려인 정화궁주의 아들. 이름은 왕자. 제국대장공주나 그 소생인 충선왕이 아니었다면 고려의 왕위는 당연히 강양공에게 돌아갔을 것이다. 어찌 생각하면 충선왕 입장에서 심왕 자리를 조카에게 준 건 나름 미안한 마음에 챙겨준 보상 비슷한 것이었을 수 있다. 왕고의 모략 때문 뿐만 아니라 충숙왕의 아내인 복국장공주가 갑자기 죽은 일이 있었는데, 이게 충숙왕이 복국장공주를 피흘릴 정도로 두들겨 패 죽였다는 혐의를 받고 원나라에서 문제삼은 적도 있었다. 그런데 사실 복국장공주는 고려에 올 때부터 몸이 이미 좋지 않은 상태였으며, 애당초 두 부부의 사이는 좋지 않아서 허구한 날 부부싸움을 벌였다고 한다. 이 이전에도 심양왕 고의 형제들에게 작위를 주는 등 제법 유화적인 자세로 나갔다. 굳이 그럭저럭 안정된 정국에 괜히 불씨를 던질 필요가 있냐는 의견. 이 때 고려가 원의 직할령 시도를 방어하는 데 내세운 것 중 하나가 바로, 충렬왕의 장인 쿠빌라이 칸의 명령인 세조구제. 실제로 원나라가 몇 차례나 고려를 완전 합병하려 할 때마다 이 세조구제는 가장 확실한 방어막이 되어 주었다. 충렬왕과 충선왕은 제 발로 원에 자주 들락거렸으나, 충숙왕이 원에 갈 때에는 강제 호출된 경우가 많았다. 당시 원나라 수도 대도에는 가톨릭 성직자들이 파견되어 있었으므로, 고려에 가톨릭 신자가 가는 게 부자연스러운 일은 아니다. 여담으로 이 시대에는 아예 고려인 무슬림도 있었다. 개경에는 몽골에서 건너와 고려에 체류하던 위구르인들이 지은 마스지드가 있었고 당시에는 그곳을 '예궁禮宮'이라 불렀다고. (출처: 조선불교통사) 역사적으로 이 때 고려 국왕은 원종. 일본 원판에서는 국왕이 원종이지만 한국에 수입되면서 비스코에서 몽고와 관련된 인물들로 고려 측을 싹 갈아버려서 충숙왕이 대신 등장한다.

30) ▼ 환웅이 내려왔다는 태백산의 지명이 여러 곳인데, (필자 주: 흠정만주원류고에 천산이 태백산이고 백산이라는 증거가 나왔다. 그 자료를 못보았을 때의 질문과 답이다.) 강원도 태백산도 있고 일연은 묘향산이 태백산이라 했는데 나는 단군의 무덤이 발견된 대박산을 태백산으로 본다. '대박'은 밝다는 뜻이고 태백도 조선 음으로는 밝다는 뜻이다. 무덤이 있다는 것은 그 분의 고향이라는 뜻이 아니겠는가. ▲ 단군설화를 다룬 "한단고기", "규원사화"를 북측은 어떻게 보는지. 한단고기는 위서라는 말이 있는데, 우리가 보기에도 후세에 누군가 손을 댄 것 같다. 그러나 사료에서 제쳐두진 않는다. 손댄 것을 가려내는 연구를 하고 있다. 그러나 규원사화는 의미가 있다고 본다. 예를 들어 규원사화에 나온 관직 이름이 삼국지위지 동이전에 나오는 것과 일치한다. 이렇게 다른 사료를 통해 객관적으로 논증하는 작업을 하고 있다.

31) 단군할아버지를 신화적 존재로만 인식하는 측에 한 말씀. ▲ 고고학적 발굴이 이루어진 이상 단군을 실제 인물차원에서 연구해 한다. 일본사람처럼 신화적 인물로 생각할 것이 아니라 재음미하고 그런 높이에서 연구를 해 보라

32) 대박산 단군릉 박영순기자

33) 통일뉴스 2003. 10. 10. http://www.tongilnews.com

34) (완)출처 : 한민족의 뿌리와 미래 cafe.daum.net/hanfuture

35) 도쿄 이종락 특파원 jrlee@seoul.co.kr

36) 권경성 기자 ficciones@hankookilbo.com

37) 출처 - 유튜브 https://youtu.be/uVH7QCwlXck

38) 2017.07.20 | 천지일보, 장수경 기자

39) 진민수© 강원도민일보

40) 박성민 이코노미스트 기자, 함승민 이코노미스트 기자

41) http://i1.daumcdn.net/cafeimg/cf_img2/img_blank2.gif

42) (東晋시대) 간보干寶 지음, 전병구 역, 동양학시리즈 38 신들이 남긴 이야기 수신기 搜神記, 자유문고, 단기4330(서기1997)년 참조.

43) 65쪽

44) 청나라는 조선을 침공하면서, '청야전술을 피하라'는 전략을 썼다. 사실 조선은 단군조선 · 고구려의 전통, 즉 청야전술을 이어받았다. 군사력이 부족했던 조선으로서는 병력과 주민들을 보호하면서 적군의 보급로를 도모하는 산성 위주의 전술이 효과적이라고 본 것이다. 이 산성전술은 정묘호란 때 약간의 효과를 보았다. 당시 후금이 평안도의 산성을 공략하느라 어느 정도 애를 먹었다. 하지만 병자호란 때는 달랐다. 최강의 기마군이라는 평을 듣는 청나라의 팔기군八旗軍은 조선의 청야술을 피해 속전속결 전략을 폈다. 6,000명의 선봉부대는 곧바로 한양을 직공했다. 대신 일부 병력들은 조선병력을 산성에 묶어두는 전략을 폈다. 청나라 선봉대는 압록강 도하 불과 6일 만에 한양 도성에 근접했다. 서울~신의주 간 거리가 500㎞ 쯤 되니까 하루 80㎞ 이상씩 말을 달려온 것이다. 그러나 인조 임금이 급히 피한 남한산성은 난공불락의 요새였다. 한없이 밀리기만 했던 조선이었지만 무려 45일을 남한산성에서 버텼다. 그러니 청나라군으로서는 고개를 흔들 수밖에 없었던 것이다. 그랬으니 승리한 청나라와 패전한 조선의 강화조약의 중요한 조건 하나가 "절대 성을 새로 쌓거나 기존 성이라도 보수하지 말라"고 강조한 것이다. 남한산성에서는 – 대형기와 350장이 발견되기도 했다. 기와 한 장의 무게는 19킬로그램에 달했다. 건물규모는 284평에 이르렀다. 인조가 온조왕의 사당을 (충남 직산에서) 옮긴 이유는, 남한산성은 백제가 하남위례성으로 도읍을 정한 후 성산聖山의 개념과 진산鎭山의 개념으로 자리잡고 있었다. 남한산성 터에서 발굴된 초기백제의 유물들이 그것을 입증해준다. 통일신라 때는 주장성으로 일컬어졌다. 그후 임진왜란 이후 조선 조정은 서울로 쳐들어오는 외적으로부터 종묘사직을 막으려고 남한산성을 다시 쌓기로 했던 것이다. 인조는 1624년부터 2년반 동안 남한산성을 대대적으로 수축했다. 이때 조성된 산성의 규모는 총길이 11.755㎞이고 성벽의 높이는 3~7m 정도였다. 본성의 내부면적은 총 64만2천여 평에 달한다. 그런데 인조는 병자호란이 끝난지 2년만에 다소 의외의 조치를 취한다. 즉 충청도 직산稷山에 있던 백제시조 온조대왕의 사당祠堂을 남한산성으로 옮겨 모셨다는 것이다. 이유가 있었다. 병자호란 당시 온조왕이 인조의 꿈에 나타나 남한산성을 공격하는 청군을 물리치는데 큰 도움을 준 것이다. 그 때문에 인조가 사당을 옮긴 것이다. 그런 다음 예조판서 김상헌을 온조왕 사당으로 보내 제사를 지냈다. 지금 남한산성 내에 있는 숭렬전崇烈殿이 바로 그 사당이다. 일시적으로 나라가 유린당하는 치욕을 당했지만 정신만은 빼앗기지 않으려는 인조의 의지였다. 그것이 바로 조선의 정체성이었고 뿌리였던 것이다. 놀랍게도 인조임금은 그 정체성을 백제에서 찾아, 백제시조를 모시는 사당을 바로 남한산성으로 옮겼던 것이다. 이와 같이 남한산성은 한성백제 시대부터 오늘에 이르기까지 장구한 역사 속에 존재하고 있음을 알 수 있다. 인조는, 조선의 정체성과 뿌리를 백제 온조왕에게서 찾은 것이다. '이기환의 흔적의 역사' 팟캐스트 161회는 '백제의 혼이 담긴 남한산성, 결코 함락되지 않았다'이다. 〈이기환 논설위원 http://leekihwan.tistory.com〉

45) 강원도여행지, 강릉 명주군왕릉|작성자 대청봉의 강원사랑고려 시조 태조왕의 숭의전과 함께 8전의 하나이다.

46) "서산 지곡일대, 칠지도 제작 추정된다" 백제 사철沙鐵(모래속의 철)제련 학술대회… 보완연구 필요 등 토론: ▲ 11일 서산시청 대회의실에서 열린 '칠지도와 백제의 사찰제련 학술대회'에서 김영인 서산시 부시장이 인사말을 하고 있다. 서산시에서 지곡면일대 야철지의 연구를 통해 칠지도七枝刀와 관련성을 밝히기 위한 학술대회가 열렸다… 서산시와 서산시의회, 서산향토문화연구회가 후원했다. 이날 오순제 서울문화예술대학 교수가 '칠지도와 서산시 지곡일대 야철지의 관련성', 조남철 공주대 문화재보존학과 교수가 '서산시 지곡일대의 사철과 야철지 슬래그의 분석', 노태천 충남대 명예교수가 '칠지도의 제작기술과 한중 주철기술', 한정욱 칼박물관장이 '사철제련과 삼국시대 환두대도의 복원제작' 등에 대한 주제 발표를 했다. 이어 노중국 계명대 명예교수의 주재로 정재윤 공주대 교수, 김영덕 서강대 명예교수, 이재성 국립문화재연구소 학예연구사, 이은우 향토사학자의 토론과 질의응답이 이어졌다. 일본 나라현 텐리시 이소노카미신궁에 보관 중인 칠지도는 금상감 명문이 새겨진 철제 검으로 제작연대와 명문해석, 관련기록 등에서 다양한 학설이 존재한다. 백제가 왜왕에게 하사한 것으로 알려진 칠지도는 일본서기의 기록과 명문에 백제의 수도로부터 서쪽으로 7일 이상 거리에 있는 곡나谷那라는 곳에서 사철을 원료로 제조된 것으로 알려지고 있다. 특히 전국에 분포된 사철지 중 서산시 지곡면 일대에 6개의 야철지가 집중되어 있는 점을 비롯해 백제의 담로로서 철을 장악했던 음암면 부장리 지배세력의 존재, 백제시대 한중일의 교류 중심지로서 칠지도가 제작된 곡나철산을 서산의 지곡 일대로 추정할 수 있다는 견해들

이 제시됐다. 또 칠지도 제작지의 명확한 규명을 위해서는 지곡일대 야철지 발굴 유물에 대한 종합적인 분석과 칠지도 명문 및 관련 기록에 대한 다양한 학문적 접근과 보완연구가 이뤄져야 한다는 의견이 제시됐다. 학술대회에 참가한 한 관계자는 "이날 학술대회를 통해 칠지도를 제작한 사철지가 지곡일대 야철지와 매우 깊은 관련성이 있다는 주장이 힘을 얻게 됐다"고 말했다. 서산=임붕순 기자

47) 해법문학 현대시 고등

48) 일본의 '기독교 인구가 1%'의 의미를 해석해보니…. "자각적 신앙고백과는 거리가 먼 종교문화 영향" [2017.10.19 12:22] '신앙고백' 없이 계산돼 보고된 결과라며 "일본의 근대화 과정에서 종교 자체에 회의적 · 비판적인 사람들이 있고, 또 단순히 관혼상제의 종교의례로써만 종교를 받아들이는 이들도 있다. 이날 마코토교수 외 리우지아펑 교수(중국 산동대 역사문화학)가 '글로벌 시각에서 본 중국선교사와 무슬림의 만남과 대화'를, 안교성 교수(장신대 신학)가 '한국 기독교 전래의 특징과 유산'을 제목으로 각각 발표했다. 이에 앞서 Woodruff Kinsler 박사(한국명으로 영어이름을 음차하여 권오덕)가 '프랜시스 킨슬러와 숭실대학'이라는 제목으로 기조강연을 전하기도 했다.

49) blog.yes24.com/blog/BlogMain.aspx?blogid=hygirl26&selYear=2018&..

50) 홍윤기 국제뇌교육종합대학원 석좌교수, 2012년 07월 31일 [경상매일신문] 연합 기자

51) 홍윤기,

52) 경상도의 일상 09. 06

53) 대전일보 (2009.9.21)

54) 상생방송에서

55) 임승국번역, 『한단고기』, 단기 4339(2006), 정신세계사, 164쪽.

56) 손성태교수, 『우리민족의 대이동』, 환단고기 콘서트 참조

57) 극립중앙박물관 황금인간 전시장

58) 〈칠월칠석, 견우직녀의 만남^ 사랑확인식과 칠석제에 다녀와서….〉선유도에서 70년만에 재현된 〈칠석제〉의 안내현수막 보름 전, 일요일(8월 22일) 밤, 서울의 젖줄인 한강 선유도에서는 칠석을 기리는 〈칠석제〉가 열렸다. 양화동 로터리에서 양화대교로 진입하여 다리 중간에 우측으로 접어드니 '신선들이 노는 섬'이라는 이름처럼 아름다운 섬 선유도가 자리하고 있고 그곳에서는 지난 7년간 차옥덕박사(한국여성향토문화연구원장)가 끈질기게 매달려서 준비한 천상의 칠석제 축제가 열리고 있었다. 선유도에서 재현된 민족의 세시기, 견우직녀 칠석제! '사랑확인식과 칠석제'란 현수막이 보이고, 견우직녀 청년문화 – 나반과 아만의 자손, 한국 연인의 날… 등의 문귀가 적힌 축제 팜플렛을 나누어주고 있었다. 소원을 적은 금줄을 달고, 풍물을 치며 시작된 70년만에 재현된 〈칠석제〉는 물청소, 칠석의 노래, 이귀선의 삼신춤과 칠석제 제사, 견우직녀의 만남 등으로 이어져 선유도를 찾은 선남선녀들을 전설과 신화의 공간으로 빠져들게 만들었다. 금강산에서 가져온 박달나무 아래에서 백두산 물과 한라산 물,속리산 물이 서로 한데 만나서 하나가 되는 합수제를 뒤로하고,'칠월칠석 오늘밤 은하수 오작교에 견우직녀 서로반겨 만날세라~ 애야좋네 칠석놀이 … 은하수 다리 민족의 세시기로 새롭게 살아나고 있는 견우직녀의 애절한 사랑을 담은 〈칠석제!!〉 놓아 견우직녀 상봉시켜…' 하는 전래가사에 방송음악가 김종호가 곡을 붙인 칠석의 노래가 울려 퍼지고, 칠석풀이와 부산띄우기, 고풀이, 진혼, 삼신춤이 이어졌다. 온 몸으로 〈율려〉를 표현하는 철학하는 춤꾼 – 이귀선의 신들린 몸짓과 '풍덩!' 물 속에 빠져들어 기다란 머리채로 생명의 물을 퍼올리는 생명의 춤사위는 축제객들의 시선을 한데 모으고 숨을 죽이며 그녀의 일거수일투족을 관찰하도록 만들었다. 정말, 그 자체가 신명나는 한 판의 〈축제〉였다! 아반과 아만, 마고의 전설을 웅변으로 전해주는 견우와 직녀! 한바탕의 춤사위가 이어지고, 본제사인 〈칠석제〉가 거행되었는데, 이는 우리역사상 모계시대에 최초로 여성들이 하늘에 올린 천제라 전해진다. 칠석제가 끝난 후…이어서, 축제의 하이라이트인 '견우와 직녀의 오작교상봉'의 연출로 이어지는데…프로그램이 시작 될 때, 직녀가 견우에게 소를 전해주는 것은…수렵하는 종족이었던 직녀가 벼농사를 짓던 견우에게 길들인 소를 선물하는 것으로서… 지금으로 말하면, 자동차나 트랙터, 최신의 농기구를 선물하는 것과 같은 커다란 선물인 것이며… 이는, 북방민족과 남방민족의 〈결합과 상생〉을 뜻하는 아주 주요한 의의를 지닌 의식인 것이다. 칠석제의 춤과 노래, 제사, 사랑나눔 중 삼신춤으로 신명을 불러내고 있는 춤꾼, 이귀선! 우리는 예로부터, 음력 7월 7일을 칠석날이라 불렀고 그 날은 1년간 멀리 떨어져 있던 견우와 직녀가 만나는 날이라는 것을 들어서 알고 있다. 그런데 언젠가부터인지 우리는 우리의 옛것을 버리고, 크리스마스나 발렌타인데이같은 서구의 세시풍속에 보다 더 깊은 애정을 쏟아 부어 온 것이 사실이다.'하늘나라의 목동 견우와 옥황상제 손녀인 직녀가 서로 사랑하여 결혼하여 살게 되었는데, 일은 안하고 게을러졌으므로… 옥황상제께서 크게 노하시어 견우는 동쪽 끝에, 직녀는 서쪽 끝으로 보내어 서로 만나지 못하게 떼어 놓았다.'는 것이다. 이 안타까운 소식을 들은 까마귀와 까치가 다리(오작교)를 놓아 '일녀네 한

번 서로 만나서 사랑을 나누게 한다는 애절한 이야기' … 그러한 우리 민족의 혼과 전설이 담겨있는 아름다운 러브스토리가 이제 민족을 사랑하는 몇명의 독지가들의 정성으로 은하수~와 같은 한강에 떠 있는 쾌적한 〈선유도〉에서 현실로 되살아나고 있는 것이었다. 실로, 감격스러운 장면이 아닐 수 없었다!! 제1회라 경험과 능력, 자금의 부족으로 주최측에서 뜻한 바대로 청춘남녀들이 자발적으로 참여하는 〈사랑확인식〉과 소원을 적은 〈선물나누기〉는 불발(?)로 끝났지만… 그 날, 선유도에서 나누었던 '견우직녀의 사랑노래'는 민족의 세시기로 새롭게 태어나는 아주 중요한 전기가 될 것이다. 차제에, 시원문명의 역사와 조상들의 지혜와 삶이 농축 되어있는 고유명절들…. 즉, 차례를 지내고 세배를 올리고 덕담을 나누는 〈설날〉, 산소에 제사를 올리는 〈한식〉, 창포물에 머리를 감고 쑥떡을 나누어 먹던 〈단오제〉, 조상의 제사를 지내고 인심을 나누던 〈추석〉… 소위 4대 명절이라 불리는 이러한 〈민족의 세시기〉들이… 첨단 정보시대! 세계가 더불어 사는 글로벌 시대에 생명력을 지닌 민족의 축제, 세계가 함께 어우러지는 〈신문명 축제〉로 새롭게 태어나기를 두 손모아 기원해 본다. 2005년 조달호

59) 할로윈데이란 고대 켈트인의 삼하인 축제에서 비롯, 죽음의 신 삼하인을 찬양, 새해와 겨울을 맞는 축제로, 이날 밤에는 죽은 사람들의 영혼이 그들의 집으로 돌아온다고 믿어, 이축제는 유령, 마녀, 도깨비, 요정 등과 함께 불길한 의미를 갖게 되었으며, 또한 이날은 악마의 도움으로 결혼, 행운, 죽음에 관계되는 점을 치기에 좋은 때라고 생각했다. 그리스도교의 전파와 함께 할로윈 축제는 모든 성인의 날 대축일인 11월 1일 전날 밤의 행사로 자리 잡았고, 앵글로색슨어로 성인을 뜻한다. [할로윈데이] 10월의 마지막 밤 할로윈 파티를 즐기세요 | 작성자 우비야

60) (중앙일보 기사원문)http://news.joins.com/society/200408/11/200408111842180771300036003610.html

61) 칠월칠석 마당축제에 님을 초대합니다 | 작성자 실시간정보

62) 노중평, 한국제례문화연구원장, 신문명회 강의, 일본 마쯔리 연구서들 참조.

63) 미국 방문을 마친 문재인 대통령이 7월2일 서울공항에 도착해 함께 전용기편으로 들어온 조선현종어보, 문정왕후 어보를 보며 인사하고 있다. ⓒ 사진=연합뉴스 장렬왕후옥보 판매 두고 논란…문화재청 "돌려주거나 구입해줄 수 없다" 2015년 4월에는 덕종어보가 반환됐다. 덕종어보는 성종 2년(1471년) 제작된 것으로, 성종이 왕위에 오르지 못하고 사망한 자신의 아버지 덕종에게 '온문의경왕溫文懿敬王'이라는 존호를 올리면서 만든 도장이다. 덕종어보 역시 1943년 이후 누군가에 의해 해외로 반출됐다가 1963년 미국 시애틀미술관이 한 수집가로부터 기증 받아 소장해왔다는 것이 지난 2013년 확인됐다. 이후 문화재청이 반환협상에 나섰고, 미술관과 수집가의 후손이 기증에 동의하면서 70년 만에 우리나라에 반환됐다. 그러나 아직도 어보 중 40여과는 행방이 묘연하다. 지난해에는 한 문화재 수집가가 미국의 한 경매 사이트에서 구매한 장렬왕후옥보를 국립고궁박물관에 판매하려는 일이 벌어져 논란이 일기도 했다. 장렬왕후옥보는 행방불명된 것으로 알려져 있던 어보 중 하나로, 숙종 2년(1676) 인조의 비인 장렬왕후에게 '휘헌徽獻'이라는 존호를 올리면서 제작됐다. 문화재청은 최근 문화재 수집가가 한 방송사 보도를 통해 "어보를 우리 정부가 사겠다고 해서 줬더니 사지도 않고 돌려주지도 않아서 갈등을 빚고 있다"는 주장에 대해 2일 공식 보도 자료를 내고 "정씨가 미국에서 구입한 어보는 도난문화재로, 당초부터 국가 소유의 문화재이기 때문에 박물관에서는 현행법에 따라 다시 돌려주거나 구입해줄 수 없다"고 반박했다. 또 "이번 한미정상회담을 계기로 들어오는 문정왕후어보 등도 모두 도난문화재였기 때문에 국내에 아무 조건 없이 반환된 것"이라고 덧붙였다. 아래는 '고종황제지보' 및2014년 4월25일 청와대에서 열린 '우리 문화재 인수행사'에서 버락 오바마 미국 대통령이 우리 측에 반환한 대한제국 국새인 황제지보(맨 앞), 공문서용 인장인 준명지보(가운데 줄 오른쪽), 고종어보인 수강태황제보(가운데), 유서지보(왼쪽). 2014년 4월25일 청와대에서 열린 '우리 문화재 인수행사'에서 버락 오바마 미국 대통령이 우리 측에 반환한 대한제국 국새인 황제지보(맨 앞), 공문서용 인장인 준명지보(가운데 줄 오른쪽), 고종어보인 수강태황제보(가운데), 유서지보(왼쪽).

64) 구세군은 1865년 영국 런던 이스트 엔드에서 복음 선교를 시작한 감리교 목사 윌리엄 부스(William Booth)와 그의 부인 캐서린 부스(Catherine Booth)에 의해 창시되었다. 당시 영국은 산업혁명의 영향으로 실업자와 빈민이 급증하면서 큰 사회문제가 되었다. 부스는 사회의 낙오자들이라고 일컬어졌던 실직자들에게 공정한 노동과 쾌적한 거주지가 제공될 수 있도록 힘썼으며, 빈민을 위한 은행과 법률적 지원이 필요하다고 주장했다. 그들은 정규 교회에서도 버림받은 알콜중독자, 마약중독자, 매춘부 등을 위해 천막을 짓고 종교적 집회뿐 아니라 야학과 주일학교, 저축은행을 운영하면서 이들을 구휼했다. 초기에는 선교와 전도를 위한 기독교선교회(Christian Mission)이라는 이름으로 시작했지만, 곧 가난한 자에게 식량과 주택을 공급하기 위해 선교국을 세우고, 1878년에는 그 이름을 구세군으로 바꾸었다. 그는 아들 브람웰 부스(Bramwell Booth)와 함께 구세군을 점차 군대 체제로 바꿔나갔다. 1880년에는 남자와 여자 모두 군복을 입고 계급과 군기를 제작하여 군대와 유사한 조직의 면모를 갖추었다. 이것이 잉글랜드 · 스코틀랜드 · 웨일스 등에 급속히 퍼져나갔고, 미국과 유럽으로 전파되었다. 구세군이 창설된 후 얼마 지나지 않아 부스의 열정과 지휘에 반발하여 분열이 발생하기도 했다. 1884년 미국 구세군은 부스 대장으로부터의 독립을 선언했다. 구세군에서 제명되자 그들은 곧 아메리카 구세군을 창설했지만 얼마 뒤 세력이 약화되었다. 1896년 미국 구세군의 대장이자 본영 사령관으로 있던 볼링턴 부스는 구

세군에서 탈퇴하여 미국 독지군(Volunteers of America)을 창설했다. 이 독지군은 꾸준히 지속되어 뉴욕에 본부를 둔 전국적인 단체가 되었다.1900년 미국에 큰 피해를 준 허리케인과 1906년 샌프란시스코 지진 때의 구세군의 활동은 미국에서 구세군의 명성을 널리 알리는 데 큰 도움이 되었다. 이 당시 2만 5천여 명의 자원봉사자가 빨간 색 자선냄비로 모금활동을 하면서 성탄절 시즌을 상징하는 풍경처럼 인식되기 시작했으며, 이후 전세계에 구세군 조직이 전파되었다. 1990년대에는 미국의 100여 자선단체 가운데 4위에 오르기도 했다. 특징은 구세군은 1878년 정립한 11개의 신앙 조항을 기본적으로 존중하는 외에는 형식보다 실질을 택한다. 윌리엄 부스는 영혼의 구원에 성례가 필요치 않다고 믿었다. 그는 새 개종자들을 편안하게 해주기 위해 예배의식을 격식없는 분위기로 바꾸었다. 기쁨의 노래, 악기연주, 박수치기, 개인간증, 통성기도, 그리고 회개로의 공개적인 초청 등이 예배의 특징을 이룬다.구세군의 기본 구성단위는 영문(구세군 교회)과 사회사업시설로 이루어져있으며, 구성단위의 책임자는 사관으로 호칭한다. 지방(영문과 사회사업시설이 소속된 영역)의 지휘관은 지방장관, 군국의 책임자는 사령관으로 호칭한다. 사단들은 군국을 구성한다. 보통 한 나라가 1군국으로 되어 있으나 미국은 예외로 4군국으로 구성되어 있다. 구세군 병사가 되기를 원하는 개종자들은 전투조항에 서약하고 자원해서 군무를 맡아야 한다. 구세군 사관은 다른 개신교의 목사에 해당한다. 사관이 되려면 사관학교에서 2년간 훈련을 받고, 그 후 5년 과정의 고급 연구과정을 마쳐야 한다. 여자는 남자와 절대적으로 평등하다. 구세군의 교리는 대부분의 개신교 복음주의 교파들에 공통된 기본 원리들을 포함하고 있다.

65) 조종엽 기자 입력 2018. 09. 27 03:00수정 2018. 09. 27 03:00

66) 사진 출처 한국고전종합DB

67) 원 · 명 교체기 때 천명天命이 명나라로 돌아갔다고 보고 친명정책을 지지하였다. 또 고려 말 신유학성리학이 수용되고 척불론斥佛論이 대두되는 상황에서 유교의 입장을 견지하여 불교를 이해하고자 하였다. 즉 불교를 하나의 역사적 소산으로 보고 유 · 불의 융합을 통한 태조왕건 때의 중흥을 주장했으며, 불교의 폐단을 시정하는 것을 목적으로 하는 척불론을 강조하였다. 따라서 도첩제度牒制를 실시해 승려의 수를 제한하는 등 억불정책에 의한 점진적 개혁으로 불교의 폐단을 방지하고자 하였다. 한편 세상이 다스려지는 것과 혼란스러워지는 것을 성인聖人의 출현 여부로 판단하는 인간 중심, 즉 성인 · 호걸 중심의 존왕주의적尊王主義的 유교사관을 가지고 역사서술에 임하였다. 아울러 이색의 문하에서 고려왕조에 충절을 지킨 명사名士와 조선 왕조 창업에 공헌한 사대부들이 많이 배출되었다. 정몽주鄭夢周 · 길재吉再 · 이숭인李崇仁 등 제자들은 고려 왕조에 충절을 다하였으며, 정도전鄭道傳 · 하륜河崙 · 윤소종尹紹宗 · 권근權近 등 제자들은 조선 왕조 창업에 큰 역할을 하였다. 이색 – 정몽주 · 길재의 학문을 계승한 김종직金宗直 · 변계량卞季良 등은 조선 왕조 초기 성리학의 주류를 이루었다. 저서에는『목은문고牧隱文藁』와『목은시고牧隱詩藁』등이 있다.

68 본관은 한산韓山. 자는 영숙穎叔, 호는 목은牧隱. 아버지는 찬성사 곡穀이다.15세에 부음父陰으로 별장別將의 직을 얻고, 1341년(충혜왕 복위 2) 진사가 되었다. 1348년(충목왕 4) 아버지가 원에서 중서사전부中瑞司典簿가 되자 조관朝官의 아들로 원나라 국자감의 생원이 되었다. 이색은 이제현李齊賢을 좌주座主로 하여 주자성리학을 익혔고, 이 시기 원의 국립학교인 국자감에서 수학하여 주자성리학의 요체를 파악할 수 있었다. 1352년(공민왕 1) 아버지가 죽자 귀국해 토지문제 · 왜구대책 · 학교교육론 · 이단배척 등의 상소를 올렸다.1353년 고려의 과거에 합격했으며, 이듬해 정동행성征東行省 향시鄕試에 1등으로 합격하고 서장관書狀官이 되어 원에 가 회시會試 · 전시殿試에 합격하여 응봉한림문자 승사랑 동지제고應奉翰林文字承事郎同知制誥 겸 국사원편수관國史院編修官을 지냈다. 이어 고려에 돌아와 전리정랑典理正郎 · 내서사인內書舍人을 지냈다. 1355년 공민왕의 개혁정치가 본격화되자 왕의 측근세력으로 활약하면서 〈시정8사 時政八事〉를 올렸는데 그중 하나가 정방政房의 혁파였다.이 일로 이부시랑 겸 병부시랑에 임명되어 문무文武의 전선銓選을 장악하게 되었다.신흥유신으로서 현실개혁의 뜻을 가진 이색은 자신의 의견을 제시하고 반영시키는 가운데 순조롭게 출세의 길로 나아갈 수 있었다. 그런데 이색의 이러한 정치적 성장은 오히려 현실개혁의지를 약화시키고, 자신과 관계를 맺은 부류와 타협하게 되었다. 1357년 전녹생田祿生 · 정추鄭樞 등과 더불어 염철별감鹽鐵別監의 폐지를 논했다.새로이 별감을 파견하면 이배吏輩들이 농간을 부릴 것이며 별감은 세포稅布를 많이 거두어서 왕의 총애를 받으려 하기 때문에, 일반 민은 소금을 받지도 못하고 포만 납부해야 한다는 것이다. 그런데 이색은 왕이 재추宰樞와 대성관리臺省官吏를 모은 가운데 별감 파견의 가부를 물으려 하자 병을 칭하여 피했다. 이는 염제신과 같은 권세가가 별감 파견을 주장한 것에 대한 이색의 타협으로서, 다른 간관諫官이 이 일로 좌천된 것과 달리 이색은 중임되었다.또한 1362년 성균시의 합격자를 뽑던 중 왕이 환관宦官을 보내어 벽승嬖僧의 사패賜牌에 어보御寶를 찍으라는 명령을 내렸다. 이색은 처음에 신하들과 의논할 일이라 하여 반대했지만 이내 왕의 노여움을 두려워하여 찍었다. 사패는 국왕이 충성의 대가로 공신이나 기타 사원에게 설정해주는 토지의 증빙문서였는데, 당시에는 권세가의 토지확대방법으로 이용되어 토지겸병과 수취체계 중첩화의 원인으로 지목되고 있었다. 이색은 국왕의 힘에 의해서 자신의 뜻을 계속 관철시키지 못하고 이를 묵인하고 있었던 것이다. 1359, 1361년 홍건족이 침입했을 때 왕을 시종하여 호종공신 1등에 책봉되어 전田 100결結, 노비 20구口를 받았다. 또한 아버지에게서 받은 토지 · 노비와 관직을 통해 얻은 수조지, 그리고 공신전으로 중앙정계에 정치적 지위에 상응하는 경제적 기반도 마련하고 있었다.1365년 신돈이

등장하고 개혁정치가 본격화되면서 그는 교육 · 과거 제도 개혁의 중심인물이 되었다.1367년 성균관이 중영重營될 때 이색은 대사성이 되어 김구용金九容 · 정몽주鄭夢周 · 이숭인李崇仁 등과 더불어 정주성리程朱性理의 학문을 부흥시키고 학문적 능력을 바탕으로 성장하는 유신들을 길러냈다. 1371년 신돈이 제거되고 이어 공민왕이 죽자 그의 정치활동은 침체기를 맞았다. 그후 1375년(우왕 1) 벼슬에 나아가 정당문학 · 판삼사사를 역임했다. 1386년 지공거知貢擧가 되고 우왕의 사부師傅가 되었다. 이해에 판문하부사 조민수曺敏修의 아들이 과거에 합격하지 못했는데 동지공거 염흥방廉興邦이 그를 합격시킬 것을 청했으나 거절했다. 그는 1377년 장경藏經을 인성印成하고, 1387년 서보통탑西普通塔의 탑기塔記를 짓는 등 주자성리학자이면서도 불교를 선호하며 긍정하고 있었다.1388년 위화도회군이 일어나자 문하시중에 임명되었다.고려왕조의 존립을 전제로 하는 가운데 개혁정치를 희구한 이색은 1389년(공양왕 1) 도평의사사에서의 사전혁파私田革罷 논의 때 이숭인 · 변안렬邊安烈 등과 같이 옛 법은 경솔히 고칠 수 없다고 반대했다. 불법적인 대토지소유에 반대하고 있었지만 사전개혁과 같은 급격한 전제개혁에도 반대하고 있었다. 그는 위화도회군을 군령을 위반하고 왕의 명령을 거역한 행위로 이해했으므로 그 주체세력이나 동조세력에 반감을 갖고 있었다. 위화도회군의 중심인물과 동조세력은 당대의 대유大儒인 이색과 같은 반대세력을 제거함으로써 정치권력을 장악하고 개혁을 추진하고자 했다.오사충吳思忠 · 조박趙璞 · 정도전鄭道傳의 상소로 인하여 그는 장단으로, 아들 종학種學은 순천으로 유배되었다. 그후 김저金佇의 옥獄과 윤이尹彛 · 이초李初의 사건에 연루되어 정치적 노선을 같이하는 이숭인 · 변안렬 · 우현보禹玄寶 등과 더불어 투옥되거나, 금주 · 여흥 등지로 유배당하는 등 고려 말기의 정치권에서 멀어지게 되었다.이색은 조선왕조가 개창되면서 고려말에 결당모란結黨謀亂한 자로 지목되어 우현보 등 56명과 더불어 논죄되어, 직첩을 빼앗기고 서인庶人이 되어 해도海島에 유배되었다.장흥에서 석방된 그는 3년간 한산에서 지내고 1394년(태조 3) 오대산에 들어갔다가 이듬해 서울로 돌아왔다. 1396년 여주 신륵사神勒寺에 가는 도중에 죽었다. 이색은 원나라에서의 유학과 이제현을 통하여 이 시기 선진적인 외래사상인 주자 성리학을 수용했고, 이를 바탕으로 고려 말기의 사회혼란에 대처하면서 정치사상을 전개했다.그는 원의 주자학을 받아들였으므로 그 영향을 강하게 받게 되었다. 이理 · 기氣 · 태극太極과 같은 주자학의 핵심개념을 사용하여 만물의 생성과 변화를 설명했고, 주자학의 수양론인 성학론聖學論을 전개했다. 그러나 주자학에서 말하는 수양론과 달리 죽음과 인간적 고뇌와 같은 초인간적 · 종교적 문제는 여전히 불교에 의존했다. 또한 송대의 혈연 · 의리 · 도덕 · 윤리 등을 말하는 도통론道通論을 전개한 것이 아니고 원의 형세론적 도통론을 전개했다. 즉 그의 주자성리학의 발원지인 원의 영향과 불교의 영향 속에서 송대의 주자학과 구분되는 정치사상을 전개했다. 저서로 〈목은유고〉 · 〈목은시고〉 등이 있다. 장단 임강서원臨江書院, 청주 신항서원莘巷書院, 한산 문헌서원文獻書院, 영해 단산서원丹山書院 등에 제향되었다. 시호는 문정文靖이다.

69) ckchung@yna.co.kr 2007. 07. 22사경연구가 김경호씨. 서울=연합뉴스 정천기 기자

70) 동아일보, 2018년 9월27일 목요일 A25

71) 환단고기, 단군세기, 9세단군 아술, 재위 35년

72) 강증산 사망 후 2년 후 선도교(보천교의 전신) 차경석이 사망한 시점이 1936년 윤3월 10일이므로

73) 조선일보 기사 및 사진 참조.

74) 1. 가장 큰 원인은 소련의 건국이념, 공산주의 라는 사상과 사람의 의욕상실을 낳은 사회주의구조적 현실의 한계, 즉 사회주의라는 이상 이론 자체가 고대 농경 국가 – 초기 자본주의 – 자본주의 – 공산주의를 거쳐서 최종적인 공산주의라는 이상 사회에 도달하는게 목표인데, 소련 역사상 모든 정책이 국가 주도에 집중되고, 국민들의 생산성이 저하되며 공산주의의 실현성의 한계가 드러나게 된다. 국민들이 일할 의욕 자체가 갈수록 없어지게 되면서, 1950년대 나왔던 미국을 넘어선 세계 제1의 대국의 꿈은 결국 물 건너가게 되었다. 그 이유로는 소련은 성장의 주축이었던 값싼 원료가 고갈된 반면, 서구에서는 신자유주의가 등장해 산업이, 풍부한 노동력, 계획에 의한 집중적 투자기회가 1970년대 중반에 이르면서 발전되어, 소련은 생산성에서 뒤지기 시작했다. 또한 대외정책 목표달성 수단으로 군사력에 상당히 의존하였으므로 서구와 군비경쟁, 해외동맹국에 대한 경제적, 군사적 지원은 경제적 부담을 더욱 가중시켰고, 미국과 동등한 군사력의 건설을 위한 과도한 군사비 지출이 국내경제의 침체를 가져와, 경제위기의 중요한 이유가 되었다. 2. 미국과의 군비 갈등이다. 소련은 계속 미국을 견제하거나, 자국의 이익을 위해 아프가니스탄 침공, 쿠바에 핵무기 설치시도 등을 시도하나 대부분 의도한만큼의 효과를 거두지 못했다. 역사에서 썼듯이 소련은 계속 우주전쟁 등을 대비해 미국 레이건 집권시 레이건이 미국의 국방비를 몇 배로 늘린 것에 대응해, 소련도 질수 없다는 듯 국방비를 강화하나. 결국 국방비를 감당하지 못해 SALT II 전략무기 감축을 시작. 결국 레이건의 군비경쟁 기세에 눌리게된다. 3. 구 세력권인 동유럽권에서의 자결주의를 들수 있다. 체코, 동독 등에서의 혁명이 일어났고, 이는 곧 종주국 소련에 대한 도전을 의미했지만 소련은 앞서 말한 국내 사정, 자금난등으로 동유럽에 간섭할 수 없었다. 이는 곧 동독, 체코 . 불가리아, 폴란드 등의 공산정권 붕괴로 이어지게 된다. 4. 민족주의 – 소련 .즉 소비에트 '연방'이라는 것 자체가 소련이라는 나라의 이름하에 여러 민족을 묶어논 국가 체제인데, 고르바초프가 실시한 개혁정책인 글라스노스트와 페레스트로이카는 소련내 소수민족들의 민족주의를 자결시켜, 결국 공산당

서기장 고르바초프는 소련 연방의 해체를 선언하였고, 이어 소련은 러시아와 15여 개 가량의 독립국가가 연합한 CIS로 나뉘게 되었다. 물론 지금의 러시아를 중심으로 엮여있는 모양새였지만, 결국 그러한 중심국의 어려움과, 소련이 80년대말에 개혁개방(페레스토로이카) 즉 체제개방을 하면서 드러나지 않았던 문제가 발생되고, 소련 보수파에 의한 쿠데타가 소련붕괴의 결정적인 원인이다.

75) 소련이 해체된 원인과 붕괴된 이유|샤주 2018. 03. 10

76) 8) 신시복본

77) 우실하,

78) 선잠단先蠶壇 건립시기 1400년(정종 2) 성격은 제단 유형유적 면적 2장3치二丈三寸 서울특별시 성북구 성북동에 있는 누에농사의 풍년을 빌던 제단.1400년(정종 2)에 설치되었다. 규모는 2장3치二丈三寸의 크기에 높이는 2척7치二尺七寸이다. 선잠은 누에치기를 처음 시작했다는 중국 고대 황제黃帝의 비 서릉씨西陵氏를 잠신蠶神으로 하여 누에농사 풍년을 빌었다는 데서 유래한다. 우리나라에서의 선잠은 선잠단 설치 이후 매년 3월 뱀날巳日에 제사를 지냈으며, 1908년 7월 이후에는 잠신의 신위를 사직단으로 옮겼다.한편, 조선시대의 농서를 보면 잠신에 대한 제사는 일반 양잠농가에서도 시행되었다. 제일은 정월 5일이며 잠실의 정남향 쪽에 잠신을 모시고 떡과 차茶, 그리고 향을 갖추어 제사를 지냈다. 현재 선잠단은 주위에 선잠단지先蠶壇址라 표석을 세워 사적 제83호로 보존되고 있다.

79) 2006.11.01 30101 http://cafe.daum.net/hanryulove/IwYk/

80) 한단고기, 위의 책, 제8 고려국본기, 366쪽.주우양환인께서는 '발귀리가 있어',라는 귀가 있는데 밝은 귀는 천음을 듣는 이로운 기능: 즉 무의 역할이 있다는 것. 제석천, 석가모니 '釋'씨가 보인다.

81) 이강식,『환국, 신시, 조선조직사』, 상생출판, 2014,1장 참조.

82) 유라시아 대륙 중앙부(중앙아시아)에 있는 고원. 히말라야 산맥, 톈산 산맥, 카라코람 산맥, 힌두쿠시 산맥 등 지구상에서 가장 높은 고산지대가 모여서 이루어져 있다. '세계의 지붕'이라는 별명이 있다.여러 나라에 걸쳐 있는데, 타지키스탄, 키르기스스탄, 아프가니스탄, 파키스탄, 중국에 걸쳐 있다. 좁은 의미로 칭할 때는 이 5개국 중 국토 대부분이 포함된 타지키스탄 쪽을 말한다.세계에서 가장 격해도가 높은 내륙지역인 만큼 극도의 대륙성 기후를 띤다. 평균 고도가 5,000m를 넘어 인류가 살기에는 별로 좋지 못한 환경으로 인구밀도도 낮은 편이다.최고봉은 이스모일 소모니 봉이며 그 외의 높은 산으로 레닌 봉, 코르체네프스키 봉 등이 있다.파미르 고원을 지나는 유럽 고속도로 E008가 가장 높은 유럽 고속도로 기록을 가지고 있다. 최상의 자연 현상이나 뛰어난 자연미와 미학적 중요성을 지닌 지역을 포함할 것 생명의 기록이나, 지형 발전상의 지질학적 주요 진행과정, 지형학이나 자연지리학적 측면의 중요특징을 포함해 지구 역사상 주요단계를 입증하는 대표적 사례 흔히 이들을 묶어 광역 히말라야라고 칭하기도 한다. 티베트 고원도 바로 옆이기 때문에 이 지역의 해발고도는 무시무시하게 높다. 키르기스스탄 동부 지역을 관통하는 도로를 파미르 하이웨이라고 부른다. 사실 하이웨이(고속도로)라고는 하지만 제대로 포장도 되지 않은 길이다. 고원 동쪽에 위치한 쿤구르 산을 파미르 고원 최고봉으로 보는 경우가 있다.

83) 소재영,『동아시아문화탐방』, 제이엔씨, 2015, 15쪽

84) kjpark@yna.co.kr2018. 9. 14. hkmpooh@yna.co.kr

85) 한반도의 봄 기회 혹은 함정 연쇄 정상회담 성사 막전막후,김여정 북한 노동당 제1부부장이 방남해 턱을 살짝 치키고 말이 아닌 미소로 사람 마음 사로잡기(charm offensive · 매력공세)에 나섰을 때, 윤건영 청와대 국정상황실장은 김창선 북한 '서기실장'과 남북 정상회담의 디딤돌을 놓았다. 김영남 북한 최고인민회의 상임위원장과 김여정 제1부부장이 서울과 평창을 오가며 외부의 눈에 띄는 활동을 할 때 윤건영(청와대 국정상황실) – 김창선(북한 서기실) 라인이 물밑에서 잇따라 만나 특사 교환 문제를 비롯한 구체적 협의를 했다. 김창선이 김정은 집권 이후 첫 '중앙당 서기실장'인지 '국방위원회(현 국무위원회) 서기실장'인지는 명확하지 않다. 한국 언론은 김창선에 대해 '서기실장' '전 국방위원회 서기실장' '김정은의 첫 비서실장' 등으로 엇갈려 보도했다. 북한은 방남 인원을 통보하면서 '서기실장 김창선'이라고 표기한 것으로 알려졌다. 김여정이 서기실장을 맡았다는 확인되지 않은 관측도 있다. 전직 안보 당국 고위 인사는 "김창선이 서기실 최고위 간부라는 것만은 확실하다. 서기실이 남북 협상에 직접 나선 건 전례 없는 일이다. 비핵화로 가는 통 큰 결심이든, 시간 벌기용 평화 공세이든 평양이 전략적 역량을 집중한다는 뜻"이라고 말했다. 김정은 위원장은 3월 5일 정의용 청와대 국가안보실장, 서훈 국정원장, 윤건영 국정상황실장 등으로 이뤄진 특사단을 평양의 노동당 본부 청사에서 만났다. 북한 집권자가 남측 관료를 노동당 본부 청사에서 만난 것은 이번이 처음이다. 과거 방북한 특사단은 주로 숙소인 '백화원 영빈관'에서 김정일과 면담했다"北, '군사 옵션' 심각하게 받아들여"김정은이 특사단과 면담 · 만찬을 한 3층 높이 노동당 청사에 '김정은의 집무실'이 있다. 평양 사람들은 이곳을 '당중앙위원회'라고 일컫는다. 이 건물에 입주한 기관이 서기실이다. 김정은과 같은 공간에서 일하는 것이다. 3층 건물을 업무 장

소로 쓰기에 간부들 사이에선 '3층 서기실'로 불린다. 북한과 같은 독재 체제에서는 절대 권력과의 거리가 가까울수록 권한 또한 강하게 마련이다. 태영호 국가안보전략연구원 자문연구위원(전 영국 주재 북한대사관 공사)은 서기실을 이렇게 설명했다. "서기실의 존재를 아는 북한 사람이 거의 없다. 간부 중에서도 고위층만 안다. 수령을 신神처럼 만들어야 하는데 말이 수령이지 한 개인 아닌가. 할 수 있는 일에 제한이 있을 수밖에 없다. 이 같은 한계를 극복하도록 보좌하는 게 서기실이다. 막강한 권한을 가진 서기실 고위 인사들은 노동신문 같은 곳에 이름이나 얼굴이 등장하지 않는다. 면면이나 직위를 외부에 알리지 않는 것이다. 서기실은 서기실장 – 부부장 – 과장 체계로 이뤄졌으며 직급 자체가 비밀이다. 조직지도부 부부장들 위에 서기실이 있다고 보면 된다. 노동신문에 이름이 나오는 간부들 있지 않나. 최룡해(노동당 비서), 박봉주(내각 총리) 등이 다 없어져도 북한 체제는 아무 일 없이 흘러간다. 보이지 않는 라인만 살아 있으면 되는 것이다." 서기실은 '평양의 비선실세 그룹'이면서 '김정은을 둘러싼 문고리 권력'인 것이다. 노동당 간부로 일하다 한국에 입국한 한 망명 인사는 '서기실에서 나왔습니다'라고 하면 김정은이 직접 온 것과 같다면서 이렇게 말했다. "3층 서기실에서 사람이 나오면 나는 새도 떨어뜨린다는 조직지도부 부부장도 자리에서 일어나 맞는다. 서기실 인사가 '특정 문제가 제기돼 요해하러 왔다'고 하면 당중앙위원회 부장, 부부장들이 답을 내놓아야 한다. 김정은이 '서기실에서 요해한 대로 하시오' 하면 그걸로 끝이다."청와대 내 청와대 – 北 중앙당 서기실 연결돼또 다른 인사는 "중앙당 서기실의 권한은 한국의 장관이나 청와대 수석과는 비교할 수조차 없다"고 했다. 김정은을 지근거리에서 보좌하면서 정책 결정에도 막강한 영향력을 행사한다는 것이다. 정보 당국 고위직을 지낸 인사는 다음과 같이 설명했다. "김정일 시대 수령의 통치를 뒷받침하면서 역할을 확대한 서기실 시스템이 지금껏 유지된다. 김정일 사후 서기실 중심 지도체제가 형성됐다. 이 체제가 노동당 조직지도부를 통해 통치를 구현하는 게 북한의 현재 권력 구조다." '서기실장 김창선'의 카운터파트인 윤건영 국정상황실장은 '문재인 대통령의 복심'으로 불린다. 문 대통령은 19대 국회의원 때 "윤 특보와 상의해보세요"라는 말을 자주 했다. 윤 특보가 윤 실장이다. 대통령선거 과정에서 후보와 관련된 대부분의 정무 사안을 조율했고 문 대통령은 윤 실장에게 무한신뢰를 보냈다. 노무현 정부 청와대, 노무현재단, 문 대통령의 국회의원 시절까지 늘 지근거리에서 보좌했다. 남북관계와 관련한 문 대통령의 의중을 꿰뚫고 있는 데다 선량한 얼굴의 포커페이스로 입도 무겁기로 소문났다. 북한과 은밀한 대화를 할 책임자로 제격인 것이다. 일부에서는 방북 특사단에 조명균 통일부 장관이 빠지고 윤건영 실장이 들어간 배경을 두고 의아해하기도 했으나 국정상황실이 남북관계를 챙기고 있는 데다 앞서 언급했듯 한반도에 불어온 봄기운의 시작도 김여정 방남 시 국정상황실 – 서기실 채널에서 비롯한 것이다. 2000년 김대중 – 김정일 남북 정상회담 이후 남북관계의 통로이던 통일부 – 통일전선부 채널(통 – 통 라인) 대신 국정상황실과 서기실이 '김정은의 최측근'(김창선)과 '문재인의 복심'(윤건영)을 통해 직접 연결됐다. 국정상황실은 '청와대 내 청와대'로 불리며 국정 컨트롤타워 역할을 해왔다. 대북 특사단이 3월 5일부터 1박 2일간 평양을 방문하고 돌아와 3월 6일 발표한 언론 발표문에 "남과 북은 군사적 긴장완화와 긴밀한 협의를 위해 정상 간 핫라인(hot line)을 설치하기로 했으며, 제3차 남북정상회담 이전에 첫 통화를 실시키로 했다"고 돼 있다. 남북 정상 간 핫라인도 국정상황실 – 서기실이 관장하게 될 소지가 크다. 국정상황실 – 서기실 채널이 수시로 소통하면서 현안을 조율할 구조가 만들어진 것이다."北, 문재인 정부에 신뢰감 가진 듯"전직 안보 당국 고위 인사는 "서기실이 직접 나섰다면 북한이 긍정적이든, 부정적이든 모종의 결심을 한 것이라고 봐야 한다"면서 "평창올림픽 기간에 한미연합 군사훈련을 미루기로 하는 등의 조처를 보고 북한이 문재인 정부에 신뢰를 가진 것으로 보인다"고 평가했다. 김여정 제1부부장, 김창선 '서기실장'과 함께 방남한 맹경일 북한 통일전선부 부부장은 19일 동안 한국에 머물렀다. 윤건영 – 김창선 라인의 협의를 구체화하는 과정에서 연락책 노릇을 한 것으로 보인다. 맹경일 부부장은 대남 사업에서 잔뼈가 굵었다. 김양건 – 원동연 – 맹경일로 이어지는 통일전선부 라인의 막내 격이다. 김대중 – 노무현 정부를 거치면서 쌓은 한국 내 인맥도 두텁다. 문재인 정부 대북정책의 핵심 설계자 중 한 인사는 2012년 대선 직후 박근혜 대통령직인수위원회가 내놓은 대북정책을 안타까워하면서 "우리(문재인 후보)가 당선됐다면 벌써부터 북한에 특사를 보냈을 것이다. 맹경일이 이런 애들은 지금도 언제든 만날 수 있다"고 말했다. 맹 부부장은 젊은 시절이던 2000년대 초 남측 혹은 해외동포 인사가 평양을 찾을 때 공항에서부터 '가방모찌' 노릇을 했다. 김영철 북한 통일전선부장은 평창올림픽 폐막식 때 한국을 찾아 서훈 국정원장 등과 접촉했으며 정의용 청와대 국가안보실장을 단장으로 하는 특사단 방북이 이뤄져 남북 정상회담 개최 합의로 이어졌다. 정의용 실장과 서훈 원장은 3월 9일 도널드 트럼프 대통령과의 면담을 통해 북·미 정상회담까지 성사시켰다. 외관상 한국이 북한을 끌어내고 미국을 설득하는 데 성공한 것이다. 문재인 정부의 중재 외교가 성공해 북·미 정상회담에서 김정은과 트럼프가 비핵화에 합의하고 한반도 정세에 대격변이 일어난다면 1등 공신은 정의용 국가안보실장, 서훈 국정원장, 윤건영 국정상황실장이다. 서훈 국정원장은 2000년, 2007년 남북 정상회담 때 최전선에서 활약한 남북협상 산증인이다. 1980년 국가안전기획부(현 국정원)에 들어가 북한통으로 잔뼈가 굵었다. 김대중 – 김정일 정상회담은 서훈 대북전략조정단장 – 서영교 대북전략국장 – 김보현 3차장의 작품이다. 서 원장은 2006년 11월부터 노무현 정부 임기 만료 시까지 3차장(북한 담당)으로 일하면서 남북 간 공식·비공식 대화를 조율했으며 노무현 – 김정일 정상회담을 이끌어냈다. 4월 문재인 – 김정은 회담으로 3차례의 정상회담에 관여하게 된 것이다. 문재인 정부 출범 직후 한동안 박근혜 정부에서 임명한 외교·안보 부처 인사들과 서 원장이 회의를 함께 했다. 박근혜 정부가 임명한 한 인사는 "서훈 원장이 안정감이 있었다. 균형이 잡혔더라"라고 촌평했다."신년사 이전까진 의미 있는 접촉 전무"정의용 국가안보실장은 외교부에서는 경제통상통이었다. 노무현 정부의 한미 자유무역협정(fta) 추진에 힘을 보탰다. "한미 fta가 참 좋은 건데, 어떻게 설명해야 하느냐"고 노무현 대통령이 묻자 열린우리당 국회의원이던 그는 "대통령께서 설명을 제일로 잘하신다, 지금까지 잘하셨다"고 답한 일화가 전해진다. 외교사절과 외신을 접촉해 "노무현 정부가 좌편향적이 아니며 중도 노선"이라는 점을 인식시키는 작업을 도맡았다. 지난해 대선 과정에서는 문재인 후보의 메시지를 미국에 전하는 역할을 했다. 지난해 7월만 해도 국무회의에서 "우리에게 가장 절박한 한반도 문제인데도 현실적으로 우리에게 해결할 힘이 있지 않고 우리에게 합의를 이끌어낼 힘도 없다"며 한계를 토로한 문재인 대통령이 북한과 미국을 움직인 것을 두고, 2017년 9월 유엔 총회에 평창올림픽과 패럴림픽 기간에 어떠한 적대행위도 중단한다는 내용을 담은 '평창올림픽 휴전 결의'를 제출한 게 절묘했다는 평가가 있다. 미국이 거부할 수 없는 '평창올림픽 휴전 결의'를 제안함으로써 북한의 평창올림픽 참가를 이끌어냈다는 것이다. 문재인 대통령은 "국외에서 따로 비밀 접촉은 없었다. 베를린 선언부터 시작한다면 우리가 제안한 셈이고 또 신년사를 생각하자면 북한 측에서도 호응을 했다 할 수 있다. 자연스럽게 이루어진 것이다"라고 설명했다. 북한의 신년사 발표 이후 주로 판문점에서 대북 접촉이 이뤄진 것으로 알려졌다. 북측의 대남 라인 인사들과 오랫동안 수시로 접촉해온 대북소식통은 "김정은 위원장의 신년사 이전까지 남북 간의 의미 있는 접촉은 없었다"고 단언했다. 문재인 대통령이 운전석에 앉아 '중재 외교'를 통해 뒷좌석에 북한과 미국을 앉힌 것으로 보이나 시각을 바꿔보면 김정은이 주도해 사안이 전개된 측면도 있다. 김정은이 신년사에서 남북관계 개선 의지와 평창올림픽 참가 의사를 밝히지 않았다면 현재와 같은 국면으로 이어질 수 없었다. 김정은이 핵과 미사일 도발을 멈춘 데는 트럼프의 '최대 압박'과 '군사적 위협'이 큰 영향을 미쳤다.주일 미군기지 장비 · 병력으로 가득차지난해 12월 6일 경기 평택시 주한미군 오산기지에서 f-16 전투기들이 분주하게 이동하고 있다. 한미 양국 공군은 12월 4~8일 연합공중훈련 '비질런트 에이스'를 역대 최대 규모로 진행했다. [사진공동취재단]지난해 12월 6일 경기 평택시 주한미군 오산기지에서 f-16 전투기들이 분주하게 이동하고 있다. 한미 양국 공군은 12월 4~8일 연합공중훈련 '비질런트 에이스'를 역대 최대 규모로 진행했다. [사진공동취재단]지난해 11월, 12월 북한 인근 해역에서 실시한 한미 군사훈련 때 북한이 극심한 공포를 느꼈다는 분석이 많다. 한반도 주변을 누빈 11월의 항공모함들과 12월의 전투기들이 김정은의 생각을 바꿔놓았다는 것이다.12월 4~8일 미군 태평양사령부가 한국 공군과 함께 실시한 '비질런트 에이스'는 전면전 연습이나 다름없었다. 전략폭격기 b-1b, 스텔스기 f-22, f-35 등 230여 대의 한미 공군기가 참여했다. 전투기가 하루 6회까지 출격이 가능한 점을 고려하면 북한 내 타격 목표를 하루 1400회 공격하는 규모였다. 주일 미군기지에는 병력, 장비가 더는 들어올 수 없을 만큼 전력 증강이 이뤄져 있다. 현재 한반도 주변에 배치된 미군 전력은 핵시설만 타격하는 군사작전용으로는 과한 수준이다. 미국 정보기관과 오랫동안 일해온 한국계 인사는 "워싱턴이 언론을 이용해 군사 옵션을 연거푸 흘린 것은 북한을 실제로 타격하겠다는 뜻이 아니라 김정은을 벼랑 끝까지 내몬 후 손을 들고 나오면 대화하겠다는 것으로 해석해야 한다. 트럼프는 엄청난 돈이 드는 전쟁을 할 스타일이 아니다. 김정은이 느끼는 공포와 한국의 중재 외교가 결합돼 트럼프가 바라던 시점보다 이르게 테이블이 마련된 측면이 있다"고 말했다. 북 · 미 정상회담이 예정된 5월은 키리졸브와 독수리 연습이 마무리되는 시기로 한반도에 미군의 막강한 전략 자산이 전개된다. 6 · 25전쟁과 이라크전에 참전한 미군 3사단 제1기갑여단전투팀도 2월 20일부터 순환 배치 형식으로 한반도에 전개됐다. 탈북 노동당 간부들에 따르면 평양이 한미연합 군사훈련이 대규모로 진행될 때 느끼는 공포감은 한국인은 상상할 수 없을 정도로 강하다고 한다. 북한군도 한미 군사훈련에 맞서 대응 기동을 해야 하는데 올해 같은 경우는 중국이 시늉만 제재에서 실제 제재로 태도를 바꾸면서 유류 확보 등 비용 문제에서도 어려움이 있다.美, 정상회담 직전까지 北 압박미국은 5월 북 · 미 정상회담 직전까지 군사적 위협을 포함한 제재를 북한에 강력하게 가함으로써 '손을 들고 나오라'는 메시지를 김정은에게 전할 것이다. 한미 간 신뢰를 바탕으로 4월 남북 정상회담이 이뤄져야 하는 까닭이다. 김정은이 비핵화 – 북 · 미수교를 통해 정상국가로 가는 '통 큰 결심'을 한 것인지, 미국의 선제 타격을 막고 핵무장 완성까지 시간 벌기에 나선 것인지에 따라 한반도의 운명은 달라진다. 성과 지향이 강한 트럼프 대통령이 한국이 바라지 않는 방식으로 북한과 합의하는 것도 경계해야 한다. '한반도의 봄'을 만들어낼 '기적 같은 기회'가 찾아왔으나 민감하고 섬세하게 다루지 않으면 다시 벼랑 끝으로 내몰릴 수도 있다. • 송홍근 기자 • carrot@donga.com

86) 제3차 남북 정상회담 미 매체 VOA, 판문점 선언 영문본 겨냥 연일 문제 제기Seoul ykyou@sbs.co.kr 2018.09.13 15:42유영규 기자미국 연방정부의 예산으로 운영되는 매체인 미국의소리(VOA) 방송이 남북한이 유엔에 공식문서로 회람해 달라며 제출한 '판문점선언 영문본'을 두고 연일 문제를 제기하고 있습니다.유엔에 제출된 공식 영문본에 '연내 종전선언에 합의했다'는 문구가 들어가면서 남측이 외신에 배포한 기존 번역본은 물론 '원본'격인 국문본과도 내용이 달라졌다는 것입니다.우리 정부는 유엔에 제출한 영문본이 남북이 합의한 국문본에 충실한 번역본이라며 문제가 없다는 입장입니다. VOA는 미국내 전문가들을 인용해 "판문점 선언 직후 배포된 영문 외에 다른 번역본은 최근까지도 없었다"며 "종전선언에 유연성을 만들려는 시도"라고 보도했습니다.현지시간 12일 '유엔에 제출한 영문본이 기존 번역본과 달리 연내 종전선언을 못 박았다'는 취지의 자사 보도와 관련, 청와대가 기존 번역본은 '비공식'버전이며, 유엔에 제출한 영문본이 '공식 번역본'이라며 보도 내용을 사실상 반박하자 재차 제동을 건 것

입니다. VOA는 6월 영문으로 배포된 남북정상회담 결과집에 실린 번역본에도 '비공식'이란 안내가 없었다는 점을 근거로 들었습니다. 이에 대해 청와대 관계자는 VOA와의 전화통화에서 "해당 책자는 싱가포르 정상회담 때 해외 기자 등에게 배포하기 위해 만든 것"이라고 설명했습니다. 다만 이 관계자는 "'비공식 번역'이라는 말이 누락된 건 담당 부서의 실수였다"며 "주의 조치하겠다"고 전했습니다. 외교부는 '공식 번역본이 5개월 뒤인 유엔 제출 시점에서야 나오게 된 배경'을 묻는 VOA의 질문에 "이번 문서 회람은 남북정상회담에 대한 유엔 차원의 후속조치로서 남북 양측간 협의 하에 추진됐다"고 입장을 밝혔습니다. 이번 논란은 다소 모호하게 표현된 판문점선언 국문본을 영문으로 번역하는 과정에서 빚어진 일종의 '해프닝'이라는 분석이 지배적입니다. 판문점선언 3조 3항은 '남과 북은 정전협정체결 65년이 되는 올해에 종전을 선언하고 정전협정을 평화협정으로 전환하며 항구적이고 공고한 평화체제 구축을 위한 남 · 북 · 미 3자 또는 남 · 북 · 미 · 중 4자회담 개최를 적극 추진해 나가기로 하였다'고 돼 있는데, 중의적으로 해석될 여지가 있다는 지적입니다. 여기에 그동안 VOA가 북한 이슈와 관련해 강경한 논조를 유지해온 점을 고려하면 종전선언과 관련한 미국 정부의 '불편한 속내'를 우회적으로 표출하는 것이라는 시각도 있습니다. 김현욱 국립외교원 교수는 "당사국 간 합의를 도출할 때 당사국이 사용하는 다중언어로 번역하지만, 남북정상회담의 경우 남북 간 합의였으므로 영문본이 필수가 아니다"라며 "이전 번역본은 '비공식'이었으며, 이번에 유엔에 회람시키기 위해서 남북이 합의를 거쳐 공식 영문본을 만들었다는 정부 설명이 맞는 것 같다"고 견해를 밝혔습니다. 김 교수는 "공식 영문본이 '합의를 추진한다'고 한 국문본과 의미가 달라진 것은 분명하다"면서도 "미국과 합의한 내용을 바꾼 것이 아니라 남북 간 합의 내용에 관한 영문본이므로 문구가 달라졌다고 해서 사안 자체에 지대한 영향을 준다고 볼 수도 없다"고 말했습니다. 이어 "핵심은 현 상황에서 미국의 VOA가 왜 이 문제를 계속 걸고넘어지는 것인가의 문제"라며 "비핵화를 해야 종전선언할 수 있다는 것이 입장을 견지해온 미국이 한국을 향해 속도 조절을 요구하는 것일 수 있다"고 말했습니다. 출처 : SBS 뉴스

87) 호미보다 큰, 삽처럼 생긴 흙을 파고 뜨는 데 쓰는 연장으로 최근에는 눈치울 때 많이 쓴다.

88) 이승휴李承休가 지은 『제왕운기帝王韻記』 동국군왕개국연대東國君王開國年代에는 제석천帝釋天의 손자 단군이 제고(帝高 : 帝堯)와 같은 무진년에 즉위하여 은殷나라 무정武丁 8년 을미에 아사달산에 들어가 신神이 되었는데, 그 동안 나라를 다스린 기간이 1,028년이라 했으며, 그 뒤 164년이 되는 주周나라의 호왕(虎王 : 武王) 원년 기묘에 기자箕子가 조선으로 도망 와서 나라를 세웠다고 서술하고 있다. 이승휴의 서술에는 연대상 잘못이 있는 것으로 보인다. 주나라 무왕 원년은 기묘년으로 서기전 1122년에 해당되는데, 이로부터 단군이 신이 되고 나서 기자가 나라를 세우기까지의 기간인 164년을 소급하면 서기전 1286년이 되며, 여기에 다시 단군이 나라를 다스린 기간 1,028년을 가산하면 서기전 2313년이 된다. 이것은 제고, 즉 제요가 나라를 세웠다는 서기전 2333년보다 20년이 늦다. 그러나 『세종실록』 세종 18년 12월 정해조에 전 판한성부사判漢城府事 유사눌柳思訥이 상서한 내용에 "신臣이 세년가世年歌를 상고해 보건대 단군이 처음에는 평양에 도읍했다가 뒤에는 백악白岳에 도읍했으며, 은나라 무정武丁 8년 을미 아사달산에 들어가서 신이 되었는데, 그 노래에 이르기를 1,048년 동안 나라를 다스리고 지금도 사당이 아사달에 있다고 하였습니다."라고 한 것을 보면 『제왕운기』에서 단군이 나라를 다스린 기간이 1,028년이라고 한 것은 1,048년의 잘못으로 보이며, 그렇게 본다면 서기전 2333년이 합당하다. 단군기원을 뒷받침해 주는 고문헌으로는 『삼국유사』와 『제왕운기』가 가장 오래된 것이며, 후대의 것으로는 『세종실록』 지리지 · 『동국통감』, 권람權擥의 『응제시주應製詩註』 등이 있다. 고고학적인 면에서 보면 고구려 「모두루묘지牟頭婁墓誌」에 "하백의 손자 일월의 아들河伯之孫子 日月之子"이라는 글귀가 있는데, 이는 『삼국유사』 기이 고구려조에 "단군이 서하西河 하백河伯의 딸과 친하여 아들을 낳아 부루夫婁라 이름하였다."라는 구절을 고고학적으로 뒷받침해 준다. 또, 광개토왕비에도 "나는 황천의 아들이요, 어머니는 하백의 딸이다我是皇天之子 母河伯女."라는 구절이 있다. 단기를 처음으로 사용한 것은 고려의 백문보白文寶였다. 『고려사』 열전 백문보조에 의하면 "하늘의 기수氣數는 순환하여 한 번 돌면 다시 시작하여 700년이 한 소원小元이 되고 3,600년이 쌓이면 한 대주원大周元이 되나니, 이것이 황제皇帝와 왕패王覇의 치난흥쇠治難興衰의 기회가 되는 것입니다. 우리 동방은 단군으로부터 지금까지 이미 3,600년이라 이에 주년周年의 기회가 됩니다."라고 공민왕에게 글을 올려 단군기원을 언급하면서 천인天人 도덕의 설을 강론해 성학聖學을 밝힐 것을 청했던 것이다. 또, 1909년 창설된 대종교大倧敎에서도 단군기원을 채택하였다. 대종교는 우리 민족의 고유신앙을 체계화한 것으로, 1909년 1월 15일 나철羅喆이 천신에게 제사를 지내고 교리를 폄으로써 시작되었다. 신앙의 대상은 환인桓因 · 환웅桓雄 · 환검(桓儉 : 檀君) 삼신일체三神一體의 상제上帝이다. 그 밖에 대종교에서 분립된 단군교檀君敎에서도 단군기원을 채택하였다. 그러나 단기연호가 국가에 의해 처음으로 채택된 것은 대한민국 정부수립 이후이다. 즉, 1948년 9월 25일부 대한민국 법률 제4호 「연호에 관한 법률」에서 "대한민국의 공용연호는 단군기원으로 한다."고 하고 다시 그 부칙에서 "본 법은 공포한 날로부터 시행한다."고 법제화함으로써 단군기원이 국가적인 공용연호로 채택되었다. 그 뒤 1961년 12월 2일부 법률 제775호 「연호에 관한 법률」에서 "대한민국의 공용연호는 서력기원으로 한다."고 하고, 다시 그 부칙에서 "본 법은 서기 1962년 1월 1일부터 시행한다. 법률 제4호에 관한 법률은 이를 폐지한다. 본 법 시행 당시의 공문서 중 단기로 표시된 연대는 당해 연대에서 2,333년을 감하여 이를 서력연대로 간주한다."고 법제화함으로써 단군기원은 폐지되고 서력기원이 채택되었다. 의의와 평가 단군기원이 비록 1948년 대한민국 수립과 함께 공

용연호로 채택되었다가 1962년부터 폐지되기는 했으나, 우리 민족사의 유구함을 실증해 주는 근거가 되는 것으로 그것이 지니는 의의는 매우 크다. 그리하여 현재 단군기원을 부활하자는 주장도 많다.

89) 신채호원저, 위의 책, 65쪽.

90) 이선규 기자 sunq17@busan.com입력 : 2018. 07. 20 [11:51:31]

91) 남명조식: 저자와 함께 하는 산청 여행 마음 벼리는 시간 - 허권수 경상대 명예교수와 함께17.04.21 김종신(kjs711013)

92) 건축계의 노벨상으로 불리는 건축 분야 최고 권위의 상. 정식 명칭은 '프리츠커 건축상'이다. 건축예술을 통해 인류와 환경에 공헌한, 현존하는 건축가에게 매년 수여하는 국제적인 상이다. 1979년 하얏트호텔 체인의 회장인 제이 프리츠커와 신디 프리츠커 부부가 제정했으며, 지금은 하얏트재단이 주관한다. 현존하는 건축가의 공로를 인정하기 위해 매년 수여하는 국제적인 상이다. 건축 분야의 노벨상이라고 불린다. 1979년에 제이 프리츠커와 신디 프리츠커가 제정한 상으로 가족 기업인 하야트사의 재단에서 자금을 조성했다. 본래 이 상의 목적은 건축과 건축가들을 대중에게 알리고 건물이 사람들의 삶에 실질적인 영향을 끼친다는 이념을 지지하는 데 있었다. 수상은 완공된 신축 건물을 지은 건축가에게 수여되는 것으로 기획되었다.

93) 도쿠가와 시대 (에도 시대, 江戶時代) 도쿠가와 이에야스가 세운 바쿠후 체제 아래 국내적으로 평화를 구가하고 정치적 안정과 경제적 성장을 이룩한 일본 봉건시대의 마지막 시대(1603~1867). 에도 시대江戶時代라고도 함. | 쇼군將軍이 된 도쿠가와 이에야스德川家康, 다음백과.

94) 서현 건축가, [중앙시평] 프리츠커상 하나 못 받는 한국 건축가들, 2019.04.05 | 중앙일보 | 다음뉴스.

95) 한국민족문화대백과사전 참조.

96) 참고기사: [평창읍 하리 청동기 유적지를 돌아본 나의 사유적 사색] 2016.09.27. 이 표지판 아랫줄이 "이 사업은 복권기금의 지원을 받은 사업입니다"의 이러한 문구가 나의 시선을 자극한다. 하지만, 문화재 공사는 문화재 2급 기사 자격증만 올려 놓으면 일반 공사의 10배이상의 공사비로 산정된다.월정사 8각9층 석탑이 국보라 그 난간석 공사도 문화재 공사비로 산정되기에 탑을 가려도 크기가 큰 2층 난간석은 그만큼 공사비도 10 곱하기로 커지는 것이다. 그것도 문화재 전문위원들의 심의가 통과되야 하는 것인데, 해인사 뒷마당에 조그만 3층 석탑의 난간석을 그냥 그대로 베낀 것이다(월정사 중창 공사의 허구란 글에 있다) 문화재는 지적 소유권이 없는지 몰라도 부피가 클수록 공사비는 10곱으로 산정될 것이고...또한, 얼마전엔 평창강 정비사업에 예산 확정이 되었다는데, 중앙부처에서 평창의 어느 후배가 최종싸인을 하였다. 그도 평창인이라 최대한의 노력을 경주하였으리라. 그보다 20여 년전 예술회관 건립엔 자금이 2 - 300억인데, 이를 배당받는 알려지지 않은 노력의 일화도 있듯이, 이번 평창 하리 청동기 유적을 문화재로 지역 유치엔 지역주민들이 이 많은 예산을 감당이란 차원보다는 평창인들의 의지가 첫째인 것이다.평창 하리 청동기유물 발굴현장으로 왼쪽 위의 청색 포장을 들추니 호박돌 축벽의 매장지가 있으며, 그 위에 두께 8센터 이상의 연마된듯한 민무늬의 편마암이 상판을 덮고 있었다.도굴을 하는 호리꾼들은 古무덤등을 찌르고 다니며 도굴을 하지만,,, 분명히 명당같은 산세라면 봉분이 없는데도 찔러보고 도굴해 버리는데, 이곳은 명당론 이전의 너무 오래된 고 무덤이라 골동품이 없다고 살아남는게 아니라 행여 상판이 덮고있어 호리꾼이 찔러도 들어가지 않는 보호막에 유골이 지금껏 보존되고 있는 것은 아닐까? 발굴현장의 학예사의 말을 빌면 석실위의 판돌을 크레인으로 들고 처음엔 유골이 하얀색이었는데, 공기중에 나오며 금방 검게 변하며 환골이 되었다한다. 나는 이 이야기를 들으며 뭔가 혼돈스러웠던게 환골탈퇴란 묘에 물이 들거나 습기등이 차서 뼈가 녹고 오래 고여서 검은색으로 변한 것을 통풍이 잘되고 건조한 곳에 놓아두면 검은 뼈에 기포처럼 성애가 끼듯 점차 하얀색으로 변하는 것을 환골탈퇴라 하는데 위의 하얀색이 검게 변한다고 환골일까? 한문의 의미나 사전적인 뜻으로는 그것도 환골일지는 모르지만, 그것은 역환골이라 생각한다. 즉, 석실에서 두개골서부터 다리까지 전신의 뼈가 2,500여년이 지난 지금에도 하얗게, 그리고 비파형 청동검도 부식되지 않고 완벽한 상태로 보존되고 있었는데 이 하얀 뼈가 밖으로 나와 햇볕을 보자 곧바로 검은 색으로 변한 것은 그 석실이 천하의 명당이란 뜻아니겠는가? 그럼, 과연 명당은 무엇일까?? 여기서 지관적인 명당론이 아닌 합리적 명당에 잠시 접근해보면,,, 옛날에 들은 이야기로 나의 먼 집안사람들이 조상 묘에 불만이 있어 이장을 결심하고 묘를 파는데 하연 김이 휘하며 빠져 올라왔다 한다. 앗차, 이곳이 명당이로구나 하고 재빠르게 틀어막았으나 그 김은 금방 날아가고 허사였다. 그리곤 이제 이 묘는 명당기운이 다 날라갔다고 아쉬워 했을 것이라..이러한 이야기에서 그 하얀 김은 신비가 아니라 지하의 찬 온도와 외부의 더운 공기가 만난 결로현상인 것이다. 산세의 지층은 암반들이라,,, 용이 내려오고 하지만 그 단단한 암반속으로 용은 커녕 氣도 않 통할듯하지 않는가? 온도에 영향을 받지않는 이 암반속에서 찬 온도를 만들며 (우리나라 온도는 여름30도 겨울 영하 20도의) 50도 차이의 온도에도 영향받지 않을 냉장고같은 깊이 즉 천광시에 세자 두치니 혹은 닷자를 파 내려가는 의미는 적당한 냉장으로 차가워서 얼어있지 않은, 그리고는 시신은 뼈만 남고 그 뼈는 항상 깨끗하게 유지될 온기를 명당이라 할 수 있슬까? 평창 하리유적의 유골은 이렇

게 깨끗히 있다가 공기로 나오게되자 산화되며 일반적인 검은색으로 변화한 것은 역 환골로 이곳이 2,500년동안 명당자리였음을 시사하고 있는 것이다. 이는 두말할것도 없이 최고의 명당자리이고 그 산하는 평창의 산과 들은 길지라는 것이다. 높고 푸른 가을 하늘아래 평창 뜰을 휘어감는 산세와 맑은 내, 인심좋은 평창은 나의 어린시절 정서가 담겨있는 곳으로 이곳, 해맑은 평창의 들녘이 이러한 대명당이었던 것이다. 〈사진 참조〉위의 사진에 50센티 정도의 검은 사각구멍이 한 기의 묘이다. 옆의 빨간 모래주머니 몇 개 들어갈 공간이 한 기의 묘라하니 이를 어떻게 받아들여야 하는가?? 이 숙제에 고고학자들은 어떤 답인지는 모르겠으나 화장을 하고서 그 뼈를 추려 매장했을가? 아니면 풍장을 했을까? 또한 순장의 풍습은 아닐까?? 청동 검의 각부 명칭은 (상; 평창 하리유적 출토당사의 석실내 비파형 청동경의 원래 보존모습) (하; 출토 후의 모습) 평창 하리 청동기 유적에서 발견된 비파형 청동검은 상당히 양호한 보존상태라 한다. 여기서 비파형 청동기는 슴베에 칼 자루를 끼우는 2단 형식으로 이는 단군조선 청동검의 특징이며 또한 우아한 곡선의 비파형으로 이번 평창에서 출토된 청동검은 비파형에서 세형으로 넘어가는 비파형 말기의 청동검임을 위 사진에서 알 수 있다. 이 검은 꿩털 모양새처럼 중앙부에 등대라는 둥그런 마디를 볼 수 있는데, 이는 청동검의 구부럼방지이기도 하지만 살생시 뺄때 진공에 기포 주입효과의 장치이기도 하다. 또한 검날 중앙부에 돌기는 적당한 깊이로 찌르도록하는 표시로 장식성을 가지고 있다. 철은 용융점이 1,530도이지만 청동기는 1,030도이기에 화목의 화력으로 쉽게 녹일수 있어 청동가 시대가 도래되었다. 인터넷엔 철기 시대가 먼저왔고 청동기 시대가 후발로 왔다는 이야기들은 없는데 그것은 초교시절부터 배운 것이다. 철기는 제련법이 좀 쉬워 일찍 제련법을 발명들 하지만 화목으로는 200도가 낮아 녹이기 힘들었고, 이런 이유로 청동기 시대가 먼저 왔었다. 청동기는 구리와 주석의 합금으로 철보다는 원석을 구하기가 좀 어려웠으며, 강도가 연하여 장식용등에 주로 사용되었으며 이후 세형동검 시대엔 복합적으로 철기시대가 도래된다. 초기의 철기시대는 세형동검 시기와 병행도 되는데 초기의 철기는 화목의 화력이 낮은 이유로 탄소 함유량이 적은 잡철을 만들어서 농경도구로 사용하지만 녹이 슬고 강도가 약하였다. 세형동검 이후 시기엔 철기문명이 도래되지만, 양질의 주철은 AD 1,000년경 중원의 작은 나라인 송나라때 세계 철기3/4 이상을 생산하였는데 그들은 풍로를 발명하고 숯을 만들어 화력을 200도 더 올려 강질의 주철을 만들게 되었다. %우리나라 비파형동검문화의 개시 연대는 만주지역 발굴자료로 B.C.E.16~14세기로 보아야 할 것이라는 견해도 있습니다만, 한반도의 청동기 시대는 기원전 1500년경에서 기원전 300년경의 시기에 해당하며, 민무늬토기를 사용했기 때문에, 민무늬토기 시대라고도 합니다. 청동기 시대를 지역적으로 일명 민무늬 토기시대라 부르는 것은 청동기 시대가 없이 철기시대가 다가온 지역도 있어서, 그에 구분법이며, 대부분의 비파형동검은 고인돌에서 출토되고 있어, 고인돌에 동반되는 유물로 파악하고 있다. 비파형동검이 출토되는 지역은 모두 단군조선의 영역으로 보는 시각이 퍼져 있으나 일반적으로 미송리형토기, 탁자식고인돌 등이 동반되는 경우에서 단군조선의 영향권에 속한다고 보며, 그 이외의 비파형동검은 동호족(산융족) 등의 문화로 구분하기도 한다. 그런데, 평창의 비파형 청동검의 특징은 14기 묘에서 미송리 토기는 출토되지는 않은듯하지만 마제석기등 다수 매장품이 출토 되었으며 일반적인 고인돌에서 나온 것이 아니라 석실에서 출토된 점이다. 석실은 측벽을 석조가 아닌 호박돌등으로 쌓은 원시적인 상태이지만 2,500여년 시간에도 헐어짐도 없이 완벽하게 보존되었는데 당시 얼마나 과학적으로 성의있게 쌓았는가를 알 수 있다. 일반적으로 단군조선의 청동기 시대에 대한 견해는 비파형 청동검이 미송리 토기와 고인돌이 함께 존재하면 단군조선 청동검이라 보는 학자들의 일반적 견해로 해석해서 평창 하리 유적은 그러한 일반적 설명엔 포함되지 않는다. 그렇다고 산융족 청동검은 아니다. 단군조선의 비파형 청동검의 쇠락기로 세형 청동검으로 변형되기 전의 시기이며 이는 고인돌에서 석실로 전향되는 석실 초기의 시간대이기에 일반적인 설명으로 부족한 것으로 평창 하리 청동기의 시기적 변화와 초기적 석실의 학술적 자료와 증거로 보존적 가치를 높이해야 할 것이다. 지난 춘천의 중도 인공섬에, 1,000억의 영국계 자금을 들여와, 위락시설 공사도중 청동기 발굴은 400㎡정도의 섬자체가 청동기 유적지로 약 140여 기의 주거지와 40여개의 비파형 청동검등이 발굴되며, 우리나라 단일 유적으론 최대의 청동기 문화가 발견 되었다. 그런데, 뭔가 너무나 빠른듯한 9개월만에 출토 종료되었으며, 이젠 시민들의 잇달은 건의에 힘입어 출토지도 보존으로 가닥이 잡혀가며 중도 관광사업은 빨간불이 되는듯 하다. 여기에서도 보면 시민들의 의지가 중요한 요소로 작용하고 있다. 중도 유적은 160여 기 고인돌 중 90여 기가 넘는 고인돌에서도 유골의 뼈는 녹아 산화되어 젼혀 없고 동검은 녹슬은 상태이지만, 평창 하리 석실의 동검은 석실에서 유골과 함께 잘 보존되어있어 고대인들도 고인돌보다는 석실이 더 좋은것이란 점도 간파한듯 하다. 평창 하리 청동기 유적은 이러한 석실의 태동을 가져오는 초기적 석실의 역사의 현장인 것이다. 평창 하리 유적은 이러한 청동검과 무문토기인 미송리 토기가 출토되는 비파형 청동기 시기의 학계의 일반적 이론엔 없는 세형동검 시기로 넘어가는 과도기적 현상으로 중요한 학술자료일듯 싶다. 또한, 피장자의 인골은 古인골 학회로 넘겨져 DNA를 통하여 현대과학의 모든 정보를 가지고 측정하여 자료화 하게되며 청동기 시대의 표준으로 평창인이 단군조선의 표준으로 자리잡게 될 듯하다. 또한, 인골은 지역 박물관이 없을 시는 고인돌학회에 보관될듯 싶다. 요즘 DNA 자료는 개인이 머리카락이나 손톱등 신체의 일부를 소포로 보내면 샘플 표본에 의한 의학적 상태를 알 수 있는 시대로 정밀한 조사를 디지털화하여 보존하며 부여 구석기 박물관의 구석기인 영상자료같은 청동기시대 청동기를 가진 단군조선인들의 일상을 시뮬레이션화한 영상으로 제작이 될 스 있다. 이 제작의 자료엔 피장자의 DNA 검사자료로서 그의 식사, 그의 환경을 토대로한 단군조선인의 샘플의 표준은 평창산하의 평창인이 되는 것이다. 그러기에 평창인들은 평창지자체의 발의에 의한 지역 박물관과 이 유적지를 보존해야 할 사명을 지니게되는 것입니다. 만약 이러한 영상매체도 우리의 지역 박물관이 없어서 다른곳, 아마 강릉등지의 박물관에서 히트치면 평창은 또 한번 좋은 소재를 잃어버리고 평창을 자랑할 테마인 평창의 위상을 잃게되는 것입니다. 이렇게 타 박물관에 위탁되면 마치 한치 뒷산의 아리랑을 가져간 정선은 몇 해전 성마령에다가 이곳 정선에서 성마령을 넘어 미탄으로 아리랑이 전래되었다는 아주 샛빨간 공산당식 어거지도 통하게 되며 평창은 뒷머리를 한방 맞은 것입니다. 후일 이런 愚를 범하기보다는, 평창군민 스스로의 노력으로 우리 것을 갖추어야 할 것이다다. 평창단군조선(가칭) 박물관의 태동은 이곳 평창의 천동, 종부, 주진, 임하, 상리등지의 구석기 유물들도 함께 전시하여 이 고장의 역사를 통하여 과거에도 살기좋은 명품고장임을 증명함과 아울러, 주변지역의 영월, 정선보다 먼저 앞서 〈태백 영서의 고 유적 메카〉로 부상하게해야 할 것이다. 평창 하리유적은 지금도 문화재로서 앞으로 심의에 어떠한 귀결과 상관없이 이땅의 후손으로서 스스로가 보존하여 그 가치를 높여야 할 때입니다. 또한 매장자의 유골은 고인골학회의 검사 자료화와 결손 뼈인 대퇴부등이 보강될 것이다. 그러나 이 지역에 모실 박물관이 없으면 그는 평창인으로 죽어서도 영원히 평창에 묻혔지만 2,500여년지난 어느날 이 지역 후손들의 불찰로 고향을 등지고 유랑길에 오른다면 이 또한 좋은 모양새는 아니라고 생각합니다. 이 피장자의 유해를 이 고장의 선인으로 이땅에 모셔야 당연한 도리이며, 또한 우리는 먼 후대인으로 이땅에 전국에 하나뿐인 청동기 시대인의 가칭 〈단군조선인을 만나러 평창으로 가자!!〉는 등 단군조선의 정통성을 이어받는 선조에 대한 감사와 기념의 제를 지내게 하는 것과 함께, 또한 전 국민적인 단군조선 역사의 장으로 하는 평창의 테마로 자리잡게 노력해야 될 것이다. 이러한 "평창 하리 청동기 유적"에 대한 저의 소견으로 모든 평창인들은 중지를 모으고 군 지자체를 중심으로 하나가 되어 역사를 소명하고 아름답게 가꾸어 밝은 미래의 평창을 위한 도전에 전력을 다해야 할 때입니다. 감사합니다. ------ 일전 평창초교 100주년 기념사업으로 그 2년전 저의 글중엔 '현대사회가 존재하는 한 시대를 넘어선 지성으로 그 이름이 영원히 기억될 가산 이효석 선배님의 동상을 모교에 건립하여 모교의 동문으로 그 이름을 빛내며 또한 자라나는 후학들에게 희망의 메세지를 전하여 주기위한 모뉴먼트적인 기념상을 만들자'라는 글이 있습니다. 이 글을 보신 어느 선배님이 – 부족한 듯한 설명이지만 저의 이 제안으로 – 모교에 가산 이효석 선배님의 동상을 세우셨듯이... 저의 조그만 이 글 한 줄이라도 후일 평창에 영서의 역사의 메카인 역사 박물관 건립과 이로 인하여 평창은 영서의 기수로서 거듭나길 희망합니다.

97) 송부웅. 한민족상고역사연구회 연수원장. 역사전문칼럼니스트 글 참조.

98) 『단군세기檀君世紀』는 단군이 한사람 뿐인 것으로 교육박고 그렇게 잘못 알고 있는 한국인 및 주변국에 47분의 단군이 계셨다는 구체적 자료를 전해주기에 큰 충격이다. 발해에 있었던 책자료들을 근거하여, 고려말에 서적과 서한을 편찬 저술하던 편수관, 행촌杏村 이암李嵒 문정공이 편찬한 책으로, 아사달阿斯達에 도읍하여 조선朝鮮이라는 나라 이름을 사용한 47분의 단군님들의 이름과 행적을 실어 단군역사가 실존역사였음을 증명하는 귀한 서적이다. 1세 단군왕검檀君王儉으로부터 47세 단군 고열가高列加=古列加까지, 2096년 동안 각 단군의 재위 기간에 있었던 주요 사건들을 편년체編年體로 기록한 단군조선사檀君朝鮮史이다. 단군세기의 책이 위대한 것은 옛 역사를 비교 평가하는 데 판단 기준이 되고 있다.

99) 제일교포 40여 년간 일본내 자료 홀로 탐색 조사 – 정부는 한국어로 번역한다.(2018. 6. 21뉴우스)

100) 다양한 종교가 들어와 있고 들어 올 한국에서, 카톨릭은 서울거리만 예를 들어도, 종로1가 지하철 역 바로 입구 근처에 순교한 곳, 건너 또 외, 서대문역에 천주교순교지 및 증거한 곳 등 아직 제나라 역사 신앙 증거기념물도 제대로 못세웠는데, 가는 곳마다 눈에 거슬려하는 분들이 많다.

101) 비려의 30만 대군을 격파한 호태왕호태왕이 정벌한 상대가 공적비문에는 비려碑麗 또는 패려稗麗인 반면에, 〈고구리사초략〉에는 비리卑離라고 기록되어 있다. 글자는 서로 다르나 발음이 서로 비슷해 같은 나라를 시대별로 다른 글자로 적었던 것으로 보인다. 비려라는 나라는 호태왕 비문에만 있는 반면에, 비리는 여러 사서기록에 있는 소국이라는 점이 다르다. 사학계에서는 이 비려를 거란의 일족이라고 말하고 있다. 비리국卑離國은 남북 5만 리 동서 2만 리 강역의 환국桓國을 구성하는 12개국 중 하나이고, 또한 〈삼국지 위서 오환 · 선비 · 동이전〉에 한韓의 3종인 마한, 진한, 변한 중 마한을 구성하는 50여개 나라에 속해 있는 소국으로, 비리국 외에 감해監奚비리국, 내內비리국, 벽辟비리국, 모로牟盧비리국, 여래如來비리국, 초산도楚山塗비리국 등이 있어 다 합치면 결코 작은 나라가 아님을 알 수 있다. 지금까지의 통상적인 해석은 호태왕이 비려를 정벌한 이유를 不貢 즉 조공을 바치지 않았기 때문이라고 번역했는데, 그보다는 不息征旅로 읽히므로 비려가 끊임없이 침공을 했기 때문일 것이다. 단지 조공을 안 바쳤다는 이유로 대제국의 태왕이 직접 정벌을 나섰다는 것은 어패가 있으며, 비려가 끊임없이 고구리를 침공했기 때문에 호태왕이 친히 정벌을 결심했다고 봐야 그 이치에 합당할 것이다. 또한 일제식민사학의 영향을 받은 학자들은 3개 부족部族을 3개 부락部落으로 축소시켜 해석하고 있는데 이는 그야말로 억지라고 할 수 있다. 게다가 6~700영營의 규모에 대해서는 구체적인 설명도 없이 그냥 병영兵營이라고 해석하고 있다. 겨우 3개 부락과 병영을 정벌하기 위해 호태왕이 직접 친정을 했다는 것은 어불성설 아니겠는가? 지난 컬럼에서 언급했다시피, 8천 백제병사의 목을 벤 패수에서의 승

전도 공적비문에 들어갈 정도가 아니었음을 보면 잘 알 수 있다 하겠다. 호태왕이 비려를 공격해 격파한 전과가 6~700영營이라고 하는데, 영營은 현대의 군대편제상 대대급 부대로 병력은 약 500명이다. 따라서 호태왕은 비려를 공격해 6~700영 즉 30만 명 이상의 적군을 격파하는 대승을 거두었던 것이기에, 이는 가히 공적비문에 새겨질만한 엄청난 전과였던 것이다. 고대 군대의 운영제도는 십오제什伍制를 기본으로 하였고, 전투부대의 기본단위는 500명의 영營이었다. 영의 상급부대로는 5개 영의 2,500명을 1개 군軍이라 했고, 10개 군의 25,000명을 상廂이라 했다. 영의 하급단위로는 100명을 도都라고 했으며, 그 아래는 십장什長이라 하여 10명을 통솔했다고 한다. 참고로 일본군의 편제에도 분대장급인 십장과 오장이 있었다. 호태왕이 대승을 거둔 염수는 과연 어디일까? 단재 신채호선생은 "부산負山을 감숙성 서북쪽의 아랍선산阿拉善山이라 했고, 염수는 '몽고지지'에 의하면 소금기가 있는 호수나 강이 허다한데 아랍선산 아래에 길란태吉蘭泰라는 염수가 있어 물가에 늘 2자 이상 6자 이하의 소금덩이가 응결된다고 하였으니, 이로 미루어 보면 대개 광개토태왕의 발자취가 감숙성 서북에까지 미쳤음을 알 수 있으니 이는 고구려 역사상 유일한 원정이 될 것이다"라고 〈조선상고사〉에서 밝혔다. 그런데 〈고구려사초략〉의 기록에 의하면 5년 을미년(395)에 호태왕이 친히 염수까지 이른 때가 2월이며, 백제의 진무가 쳐들어오자 태왕이 직접 기병 7천을 몰아 패수浿水의 북쪽에서 8천여 수급을 벤 때가 8월이다. 불과 6개월 사이에 태왕의 친정이 두 번 있었다면, 두 지역은 서로 가깝게 위치하고 있었다고 보아야 할 것이다.(패수 위치= http://www.skyedaily.com/news/news_view.html?ID= 13624 참조)이 기록에 단재선생의 염수비정을 대입하면 호태왕이 2월에 염수에서 비려를 친정한 후, 8월에 패수에서 백제와 친히 전쟁을 치렀다는 말인 것이다. 개인이 감숙성 서부에서 하남성 패수까지 걸어간다면 6개월이면 되겠으나, 대규모 전쟁 그것도 태왕이 친정하는 전투부대가 2월에 감숙성 서부에서 싸운 후 8월에 하남성 패수에서 전쟁을 했다는 것은 현실적으로 불가능하다고 할 수 있다. 따라서 신채호선생의 감숙성 염수비정은 잘못 판단한 것으로 보인다. 그렇다면 과연 호태왕이 비려를 정벌하기 위해 간 염수는 어디일까? 중국에는 여러 곳에 소금이 생산되는 호수가 있다. 이 중 유명한 곳으로는 신강성 합밀시 이오현에 있는 염지향(新疆哈密市伊吾县盐池乡)과 단재 신채호 선생이 언급한 감숙성 서부 영하회족자치구 오충시에 있는 염지현(宁夏回族自治区吴忠市盐池县)과 산서성 남부 운성시에 염지가 있다. 이 중 6개월 사이에 호태왕이 친정할 수 있을 정도로 패수와 가까운 곳은 산서성 운성시 염지뿐이다. 필자가 비정을 했는데, 과연 옳을까? 비문에 새겨진 다른 지명으로 이 염수가 어디 부근인지에 대해 알아보도록 하겠다. 먼저 비문에는 호태왕이 비려를 정벌하고 개선한 길이 양평襄平도이고, 동쪽으로 오면서 후성候城을 지났다고 새겨져 있다. 이 양평과 후성은 〈한서지리지〉에서 유주의 요동군에 속하는 지명으로 기록되어 있다. 따라서 염수는 요동군에서 그다지 멀지 않아야 할 것이다. (辽东郡 요동군) 秦置。属幽州(유주)。户五万五千九百七十二, 口二十七万二千五百三十九。县十八 : 襄平(양평)。有牧师官。莽曰昌平。新昌, 无虑, 西部都尉治。望平, 大辽水出塞外, 南至安市入海。行千二百五十里。莽曰长说。房, 候城(후성), 中部都尉治。辽队, 莽曰顺睦。辽阳(요양), 大梁水西南至辽阳入辽。莽曰辽阴。险渎, 居就, 室伪山, 室伪水所出, 北至襄平入梁也。高显, 安市(안시), 武次, 东部都尉治。莽曰桓次。平郭, 有铁官、盐官。西安平(서안평), 莽曰北安平。文, 莽曰文亭。番汗, 沛, 水出塞外, 西南入海。沓氏。또한 호태왕이 비려를 치기 위해 지나간 곳이 파산叵山·부산富山·부산負山인데, 이중 부산富山이 어디였는지를 〈고구리사초략〉의 기록을 통해 알 수 있다. "중천대제 12년(259) 을묘 12월, 갑자기 위나라 군대가 쳐들어왔기에 위위장군 목원을 시켜 날랜 기병 5천을 추려서 양맥곡에서 대파했다. 위장 위지개의 목과 8천여 수급을 베었고 노획한 병장기와 마필도 셀 수 없이 많았다. 이를 양곡대전이라 한다. 황상은 목원을 현토태수로 삼고 부산富山공으로 봉했으며, 후에 마산馬山공으로 바꾸어 봉했다"즉 부산은 바로 현토군에 있는 지명이라는 것을 알 수 있다. 현재 산서성 남부 임분시 동남쪽에 부산浮山현이라는 지명이 있는데, 그곳이 옛 유주에 속한 현토군 지역이므로 그곳이 富山일 가능성이 아주 높다고 하겠다. 〈한서지리지〉에 의하면 현토군 지역에는 남소성이 있어야 하는데, 남소성은 신성인 곡옥(曲沃)현의 동북쪽이다. 서로 위치가 거의 일치하고 있다.(남소성 위치는 http://www. skyedaily. com/news/news_view.html?ID=29858 참조)(신성의 위치는 http://www.skyedaily.com/news/news_view.html?ID=30275 참조)비리국卑離『삼국지 三國志』 위서 동이전 한조韓條에는 우리 나라 고대 삼한의 여러 소국 이름이 열거되어 있다. 이들 나라 이름은 우리말의 나라 이름을 당시의 중국 상고음上古音에 따라 한자로 표기되어 있는데, 우리 한자음에 가까우므로 삼한소국의 위치 비정에 참고가 된다.한조에 열거된 소국의 이름에는 '비리卑離'가 붙은 것을 많이 볼 수 있다. 이를테면, '감해비리국監奚卑離國'·'내비리국內卑離國'·'벽비리국辟卑離國'·'모로비리국牟盧卑離國'·'여래비리국如來卑離國' 등이 그것이다. '비리'는 옛 지명 어미에 흔히 붙어 있는 백제의 '부리(夫里', 신라의 '벌伐'·'불弗'·'불[火]' 등과 같은 뜻이다. 즉, 평야를 뜻하는 '벌'에서 유래된 말로서, 읍락 또는 나라라는 뜻으로 쓰여졌다.그러므로 비리국은 위에서 예로 든 여러 비리국들처럼 '비리' 앞에 특정한 나라 이름을 나타내는 고유명사가 붙었을 것으로 짐작된다. 즉 '무슨 비리'라는 특정한 나라를 가리키는 이름이 붙었을 것이다. 혹은 일정한 지역의 '비리' 중 근본이 되는 '비리'이기에 특정한 이름을 붙지 않았을 수도 있다. 신라의 6부 이름에 양부梁部·사량부沙梁部·점량부漸梁部 등이 있는데, 이 중 근본이 되는 것만 양부라고 한 예와 마찬가지이다.그 위치에 대해서는 한조의 기록순서로 보아 지금의 충청남도 지역이었던 것으로 추정되지만, 오늘날의 지명에 비정하기는 어렵다. 이 소국은 마한연맹체의 일원으로서 맹주국과 여러 가지 형태의 결속관계를 유지하면서도 토착적인 세력기반을 그대로 간직한 채, 3세기 이

후까지 개별적인 성장을 지속하다가 백제에 복속되었다. → 마한

102) 비문의 내용은 세 부분으로 구성되어 있다. 첫째 부분(제1면 1행~6행)은 고구려의 건국신화와 추모왕(鄒牟王=동명왕), 유류왕(儒留王=유리왕), 대주류왕(大朱留王=대무신왕) 등의 세계世系와 광개토왕의 행장行狀을 기록해 놓았다. 둘째 부분(제1면 7행~3면 8행)에는 광개토왕 때 이루어진 정복활동과 영토관리(만주 정복, 백제 정벌, 신라 구원, 동부여 및 숙신 정벌)에 대한 내용들을 연대순으로 기록해 놓았다. 비문의 기록에 따르면, 광개토왕은 64개의 성(城)과 1,400개의 촌村을 공파攻破하였다. 왕의 외정에는 정토복속征討服屬과 토경순수土境巡狩가 있으며, 한반도 내는 전자의 대상이 되어 동일세력권으로 만들려는 의지가 표출되고 있다. 그러나 영락 10년(400)조의 기록에 의하면, 당시 왜는 축출의 대상이었고 정토의 대상은 아니었던 것으로, 일본이 주장하는 임나일본부와 같은 실체를 찾아볼 수 없다. 셋째 부분(제3면 8행~4면 9행)은 능을 관리하는 수묘인守墓人 연호烟戶의 숫자와 차출방식, 수묘인의 매매금지에 대한 규정이다. 이 부분은 고구려 수묘제守墓制의 실상과 함께 수묘인의 신분 등 사회사 연구에 중요한 자료이다.국강상 광개토경 평안 호태왕께서 살아계셨을 때 교칙을 내리신 말씀은' 시조왕과 선왕은 특별히 원근에 사는 옛 동족이 묘를 지키고 깨끗이 청소하도록 특별히 잘 가르치라' 하셨다. '나는 옛민족들이 터를 잘못바꿔버리게 되거나, 묏자리가 초라해질까 염려된다. 내가 만년 쯤 뒤에 수묘자는 어떻게 할 수 없으니, 특히 내가 몸소 인솔하여 챙기지는 못하였으나, 한예韓濊를 취하면 깨끗이 청소하고 술을 잘 준비하여 올릴 것이니" 라고 말씀하시며다음과 같은 가르침을 주셨다. " 좋은 때에 한예韓濊에서 220가를 취하여 두고, 그들이 법을 알지 못하거든, 바로 다시 옛 동족1백10가를 취하여 신구 수묘자와 합하여 국연 3백, 도합 3백 30가구를 두고, 우리의 조상과 시조와 선왕 이후까지 묘에 석비를 세우고, 수묘인과 연호들은 순서가 다르지 않게 할 것이고, 극진히 하라"하였다. 생각컨대, 국강상 광개토경 평안호태왕께서는, 조상과 선왕의 묘에 비명을 세우고 그 일을 하는 연호(烟戶: 연기가 나는 집, 제실)를 두고, 어김 없이 순서가 틀리지 않게 정성을 다하라 하신 것이다. (김덕중 역, 차옥덕 이 글에서 일부 윤문)

103) 삼한:韓, 맥貊은 수당 시기 이전이나 현대의 광동어로는 mak[막], 수당이전 막한은 '마한'으로 통한다. 현대의 북경어로는 mo[모어]로 발음한다.

104) 한민족韓民族의 기원과 형성에 대해서는 지금까지 만족할 정도로 밝혀지지 않고 있다. 실제로 민족의 종족적 구성과 문화의 기원이란 문제는 자료 결핍으로 말미암아 문헌 기록만으로는 인식하기 어려운 것이고, 고고학 · 인류학 · 언어학 · 신화학神話學 등 인접 과학의 종합적 연구가 있어야 되는 것이다. 그런데 고고학을 비롯한 이러한 과학을 원용援用한 한민족의 연구가 대한민국에서는 뒤늦게 시작되었고, 게다가 고고학 외에는 이 분야에 대한 업적이 적은 편이었다. 한편 일반사가一般史家들도 각기 전문 분야의 연구 과제가 산적山積하여 이 문제에 대한 연구는 일반적으로 적었던 듯하다. 그런 중에도 근년近年에는 고고학 · 인류학 등에 대한 연구에 진전을 보고 있으며, 또 이들의 연구 성과와 문헌 연구의 성과를 종합하는 경향이 보이고 있어 앞으로의 결과가 기대되는 것이다.한민족은 보통 단일 민족單一民族이라 불린다. 그러나 학문상으로 말하면 단일 인종만으로 구성된 것은 아니고, 적은 비중의 이민족 혈통이 포함되어 있다. 즉 한족漢人 · 몽골인 · 만주인滿洲人 · 일본인, 기타 남방 계통 민족 등의 요소가 포용된 것으로 여겨진다. 그렇다고 하여 혼잡다이混雜多異한 복합체라고는 할 수 없으며, 한민족으로서의 주主된 기본적 요소는 언제나 지배적 지위를 가지면서 여기에 다른 요소가 가미되었다고 볼 수 있다. 이러한 사실이 한민족을 다른 민족에 비해 순수한 단일 민족이라 할 수 있는 점일 것이다.한민족의 근간根幹은 몽골족 · 만주족 · 터키족, 즉 '우랄 알타이어語' 계통족系統族과 공통된 먼 공동조상共同祖上에서 분파分派된 일족一族이라고 여겨지며, 그것이 문헌상으로 한韓이나 예맥濊貊으로 나타난 것이라고 믿어진다. 이들은 중국 북방에서 만주와 한반도에 살던 선주민先住民을 구축하면서 동으로 이동하여 왔던 것 같다.여기에서의 선주민이란 구석기 시대인과 빗살무늬 토기 문화인이었던 것으로 추측되며, 한국의 구석기 문화 유적지로는 함경북도의 동관진潼關鎭과 굴포리屈浦里 · 부포리, 충청남도의 공주 석장리石壯里 등지에 불과하나 앞으로 한강과 낙동강 및 수원 · 안성 등지이다. 이 중 대표적인 것이 석장리의 유적이라고 최근에 논의되는바 이곳에는 전기 · 중기 · 후기의 선주민들이 거쳐 간 흔적이 보인다고 지적되고 있다. 이 유적의 4 · 5층의 것은 15만 년 이전의 전기 구석기로, 그 위층의 중기 구석기 문화는 4~10만 년 전으로 추정된다 하며, 또한 후기 구석기 문화층에 속하는 상층은 방사성 탄소 연대 측정법에 따르면 30,690년 전으로 추정할 수 있다. 물론 이 3기의 인종이 같다고 볼 근거도 없으며, 각 시기의 인종은 그때마다 멸망했거나 다른 곳으로 이동해 갔을 가능성이 있다. 이 같은 구석기 문화가 상당한 기간 지속되고, 그 후 신석기 문화를 가진 빗살무늬 토기 문화인들이 북쪽에서 이주하여 왔을 것으로 여겨진다.신석기 문화는 한국의 경우 약 5천 년 전에 시작되어 기원전 6~7백 년쯤에 청동기 시대로 들어간 것으로 추측된다. 이 신석기 문화를 대표하는 것이 빗살무늬 토기 문화이고 빗살무늬 토기는 기본적으로 바이칼 호湖 지역의 시베리아 토기 문화에 연결된다. 그 부족이 주로 하천 유역에서 어로漁撈를 생활 수단으로 하였던 점으로 보아 인종적으로 현재 시베리아에 남아 있는 고아시아족(古Asia族)으로 생각하는 견해도 있다. 그러나 이보다 일찍 만주와 한반도에 정착한 예맥인이 시베리아 토기문화의 영향을 강하게 받았던 데서 빗살무늬 토기를 사용하게 되었는지도 모른다. 이 빗살무늬 토기의 유적은 광범하게 분포되어 한때는 만주와 한반도 전역에서 번성하

였다. 빗살무늬 토기 문화와 민무늬 토기 문화와의 시간적 관계는 그 두 문화가 층위적層位的으로 발견된 유적이 없기 때문에 선후先後를 단정할 수는 없으나 현재까지의 연구로 보아 기원전 7세기경까지의 빗살무늬 토기인은 그 이전부터 서쪽에서 대량으로 이주하여 오는 민무늬 토기 문화인에게 정복되어 혹은 연해주沿海州나 시베리아 지역으로 구축되어 갔던 것으로 보인다. 이렇게 등장하는 민무늬 토기 문화인이 오늘날의 한국 민족의 근간이 된다 할 수 있으며, 이들이 예맥이라고 불린 종족으로 여겨진다. 지금까지 알려진 바에 따르면, 예맥의 원주지原住地는 중국의 북방이었으며, 이곳에서 허베이성河北省의 구청현固城縣 방면으로 옮겨 한 줄기는 중국 산둥 성山東省 방면으로 내려가고, 한 줄기는 다시 동으로 이동하여 만주와 한반도 일대에 분포되었던 것이다. 그리고 각처에 거주하던 예맥이 중국인들에게 동이東夷라는 범칭凡稱으로 불리었던 것이다. 이들이 동으로 이동하게 된 이유는 보다 생활조건이 좋은 곳을 찾게 되었다는 점도 있지만, 한편 서쪽으로부터 한족漢族의 동천東遷과 서북으로부터 흉노匈奴의 압력 때문인 것으로 추정된다. 이리하여 적어도 기원전 10세기 전부터 만주와 한반도 일대에 정착하기 시작한 예맥은 북방적 요소가 강한 청동기 문화를 수용하면서 각처에서 부족 국가를 건설하여 갔던 것이다. 그 중에도 가장 먼저 정치적 세력을 성장시킨 것이 대동강 유역에 정착한 예맥족이라 하겠고, 이들이 고조선의 일부가 된 것으로 보인다. 한편 중국의 산둥 방면으로 남하南下한 예맥의 일파는 산둥 반도로부터 화이쓰淮泗 유역에 걸쳐 거주하면서 진秦이 중국을 통일할 때까지 동이지역을 형성하고 있었다. 이때 이들이 남긴 신화나 설화說話가 산둥성 자샹현嘉祥縣의 무씨사당武氏祠堂 석실石室의 벽화와 서언왕 설화徐偃王說話였다. 무씨사당 석실의 벽화 내용은 고조선의 단군 신화와, 서언왕 설화는 고구려의 주몽설화朱蒙說話와 대비되며, 이들은 같은 계통의 신화로 여겨진다. 더욱이 고고학적으로도 민무늬 토기인의 분묘인 고인돌, 석상분石箱墳 · 독무덤의 분포는 만주나 한반도 및 산둥 반도 지방에 미치고 있어 이들과의 관련을 말해 준다. 인종한민족의 형성 과정에 대해서는 1930년 이후로 연구가 진행되었으며, 구석기 시대 이후의 한반도와 만주를 중심으로 한 민족의 이동에 대한 의견에 따라 혼혈론, 주민 교체설, 단혈성론 등의 입장이 맞서고 있다. 연구 방법으로는, 형질인류학적 방법, 문헌적 방법이 있다. 유전자 정보최근에는 유전자 검사를 응용한 연구가 진행되고 있다. 대체로 한국인은 일본인을 포함해 북방계 몽골인종집단으로 분류되어 있고, 남태평양 집단의 유전자와도 관련성이 있음이 밝혀져 있다. 그 후 제4빙하기 이후 우랄 산맥 서쪽 바이칼 호 근처에 살던 황인종인 북부 몽골로이드가 기원전 2만 년부터 진출하여 혼혈을 이루었다는 주장이 있다. 이들 몽골로이드의 특색은 빙하기 가장 추운 지방에서 생활하던 까닭에 얼굴에 두터운 지방층이 있고, 모든 포유류 눈에 있는 쌍꺼풀이 없으며, 검은색의 직모와 광대뼈의 돌출, 흑갈색의 눈동자와 유아기 둔부와 등에 나타나는 녹색의 점, 일명 몽고반점이다. 말레이 인종을 비롯한 다른 인종에 없는 이 몽고반점은 동유럽의 헝가리, 터키와 중앙 아시아, 시베리아, 만주, 몽골, 인도 북부의 부탄과 티베트, 중국 양쯔 강 이북 지역 그리고 한국과 일본 및 아메리카 대륙의 이누이트와 아메리칸 인디언과 인디오에게도 공통으로 나타난다. 또한 이들을 분류하면, 북방계와 남방계가 주류를 이루고, 그 밖의 소수민족으로서 내침족(침략하여 정착한 사람)과 귀화인의 네 종족으로 이루어져 있으며, 더 구체적으로 들어가 유전자를 따져보면 적어도 26개 혈통으로 이루어져 있다. 언어한국어를 쓴다. 이를 대한민국에서는 '한국어', 북조선에서는 '조선말'로 부르며, 중앙아시아 및 러시아 연해주 지역에서는 '고려말'이라고도 한다. 현재의 한국어는 삼국의 공통 언어에서 유래되었다는 견해 또는 신라어를 위주로 발전되었다는 견해 등이 있으나, 삼국시대 이전의 고대어는 자료가 극히 부족하여 발전 경로를 파악하기 어렵다. 한반도에는 고아시아어의 일종인 원시 한국어가 있었다는 의견, 퉁구스어의 일종이라는 의견 등도 제시되어 있다.

105) 수메르(Sumer)는 메소포타미아의 가장 남쪽 지방으로 오늘날 이라크의 남부 지역이다. 수메르 문명은 세계에서 가장 오래된 문명으로 그들이 어디서 왔는지는 정확히 모르지만, 수메르은 대략 기원전 7000년부터 수메르 지방에서 살기 시작하였다. 수메르 문명이 가장 융성했던 때는 기원전 제3천년기로, 역사학자들은 통상적으로 이 1000년의 기간을 크게 초기 왕조 시대(2900?~2350? B.C.E.), 아카드 왕조 시대(2350?~2150? B.C.E.), 우르 제3왕조 시대(2150?~2000? B.C.E.)의 세 시대로 구분한다. 그 후 기원전 2000년 쯤에 유프라테스 강의 서쪽 즉 아라비아에서 온 셈족 계통의 아모리인이 수메르 지방을 점령하고 고대 바빌로니아를 세움으로써 수메르 문명은 국가 형태로서는 완전히 사멸되었으나, 수메르 종교와 문화의 흔적이 바빌로니아인 · 아시리아인을 비롯한 다른 민족 및 문화 집단들의 신화와 종교 그리고 문화 속에 남아 있다. 수메르의 어원 "수메르인"이란 말은 그들의 뒤를 이은 아카드인이 메소포타미아 남부 지방에 사는 사람을 부르던 말이었다. 수메르인들은 자신들을 웅 상 기가(uĝ saĝ gig - ga, 음성학적으로 uŋ saŋ giga) "검은 머리 사람들" 이라고 불렀고, 그들의 땅은 키엔기르(Ki - en - ĝir) "수메르말을 쓰는 사람들의 땅" 이라고 불렀다. 아카드어 "수메르"는 아마도 이것의 방언이었을 것으로 추측되나, 왜, 아카드인들이 이 남쪽 땅을 "수메르" 라고 불렀는지는 알 수 없다. 성경의 "시날"(Shinar), 이집트의 "신그르"(Sngr), 히타이트의 "산하르"(Sanhar)는 모두 "수메르"의 서방 방언으로 볼 수 있다.

106) 중앙경제 수도권뉴스 종로일보 최 성식

107) 게자리(Cancer):추운 겨울의 기세가 조금 꺾일 무렵 저녁 동쪽 하늘에 게자리가 모습을 드러낸다. 봄이 오고 있음을 알려주는 별자리다. 게자리의 중심에는 별 넷이 사각형을 이루는데 그 안에는 깨알 같

은 별들이 모여 프레세페 성단을 이룬다.

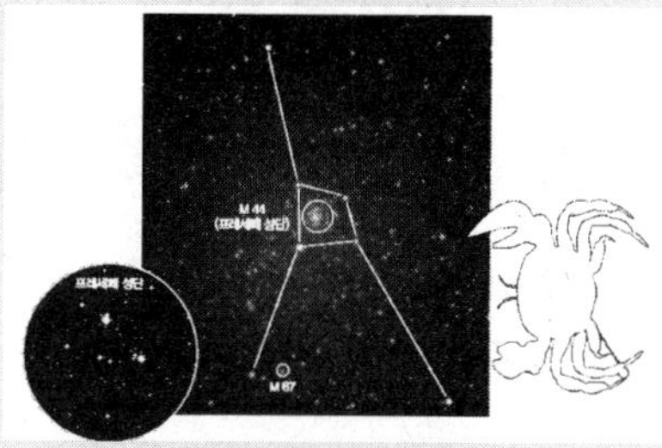

108) 21일 하지를 맞아 하지와 관련된 풍습과 음식물에 대해 관심이 높다. 하지는 24절기 중 10번째에 해당하는 절기로 일 년 중 낮이 가장 긴 날이다. 이에 하지를 맞아 먹는 대표 음식에도 관심이 모아지고 있다. 예로부터 하지 무렵에는 가장 맛있게 먹을 수 있는 식품으로 감자가 꼽혔다. 감자의 첫 수확시기가 하지 무렵이라 '하지 감자'라는 말도 있다. 이 때가 가장 맛있는 감자를 먹어볼 수 있는 때다.하지가 지나면 장마가 시작되는데 감자는 비를 맞고 수확하면 보관 중에 썩을 우려가 많아 장기간 저장을 위해 장마 전인 하지 무를 수확해 먹는 것이 일반적이다.감자는 열을 식혀주는 성질이 있어 여름철에 먹기 좋은 음식으로 꼽힌다. 가열해도 파괴되지 않는 비타민 C와 칼륨의 함량이 높아 기력을 회복시켜주기 때문에 예로부터 하지에는 감자를 먹었다.옥수수도 하지 대표 음식으로 꼽힌다. 옥수수는 보통 4~5월에 씨를 뿌리고 7월부터 수확을 시작하기 때문에 여름 제철 음식이라 할 수 있다. 탄수화물과 함께 섬유질, 비타민A 등의 천연 항산화물질인 토코페놀이 풍부하게 함유돼 콜레스테롤 수치를 낮추는데 도움이 된다. 하지에 즐겨 먹는 음식으로 마늘도 빼놓을 수 없다. 하지 바로 전에 수확하는 마늘은 연하기 때문에 장아찌를 담기에 좋다. 마늘 속에 '알리신'이라는 성분은 더운 여름철 떨어진 입맛을 증진시키고 소화와 혈액 순환에도 도움을 주기 때문에 하지 음식으로 즐겨 먹었다. 하지 이후에는 기온이 점점 높아져 본격적인 무더위가 시작된다. 예로부터 하지에 즐겨 먹었던 음식을 먹으며 기력을 회복하는 것도 하지를 건강하게 보내는 방법이 될 것이다.하지를 맞아 이와 관련된 민속 풍습에도 관심이 높다. 양력 6월 21일인 하지는 서양권에서도 남다른 의미를 갖는다. 특히 태양신 숭배에서 성 요한제로 이어져 많은 전통을 남겼다. 성 요한의 날인 하지에는 산 위나 들판, 십자로나 광장 등에 축하의 불을 피웠다. 태양에 가세해 농경지와 가축의 번영을 도모하고 악령을 쫓고자 한 이유에서다.하지에는 젊은 남녀가 손을 잡은 채 떼지 않고 뛰면 결혼할 수 있다는 속설도 있다. 높이 뛸수록 곡물이나 아마가 잘 자란다고도 한다. 가축을 불 속에 통과시키면 병에 걸리지 않는다는 말도 있고 불을 피운 차바퀴를 산 위에서 굴러떨어뜨리거나 원판에 불을 붙여 날리면 수확을 좋게 한다고도 한다. 여기에 하지에는 샘을 정결히 하는 행사를 비롯해 약초 찾기, 보물찾기, 점대찾기 등이 열리기도 했다. 특히 하지인 성 요한제 전야에는 요정, 마녀, 사령, 생령 등이 지상에 모습을 드러낸다고 여겨졌다. 셰익스피어의 '한여름 밤의 꿈' 또한 이러한 이야기를 모티브로 했다.〈인터넷뉴스팀〉

109) 이종호선생이 직접 찾아낸 벽화 – 훈족흉노의 침략을 기억하는 유럽인들이 남긴 것, 상생방송 강연에서

110) 고민형 기자입력 : 2017.07.10 16:06:19 | 수정 : 2017.07.10 16:06:42

111) 2017.08.29. 09:24 http://cafe.daum.net/AcademyofKorCulture/RwNd/1

112) 成住壞空: '십년 세도 없고 열흘 붉은 꽃 없다'權不十年 花無十日紅는 권력 무상을 잘 나타내는 말입니다. 요즘 불자들은 전직 대통령들과 그 주변 인물들에 대한 뉴스를 보고 들으면 "이 세상에 영원한 것은 없다"는 부처님의 가르침을 되새길 것입니다.내 몸이 내 것입니까?'무상 고 무아' 바로보면집착 떨어져 열반적정에그렇습니다. 아무리 대단한 권력과 부귀영화도 인연따라 왔다가 인연따라 사라집니다. 그래서 부처님께서는 '이 세상에 존재하는 모든 것은 무상하고 무상한 것은 괴로움이고 괴로운 것은 무아이다'라고 일러주셨습니다.*모든 것은 덧 없다諸行無常모든 것은 괴로움이다一切皆苦모든 것은 실체가 없다諸法無我이 게송은 불교의 세 가지 근본교의로 삼법인三法印이라고 합니다. 부처님의 깨달음을 나타낸 불변의 진리 삼법인은 법의 특성으로 불교인지 아닌지 판별하는 잣대입니다. 괴로움을 바르게 보고 청정에 이르는 삼법인의 가르침은 연기법, 사성제와 일치합니다.*제행무상: 일체 함이 있는 세간의 움직이는 모든 모습이 제행입니다. 유위有爲와 같은 뜻입니다.존재하는 모든 것은 순간순간 끊임없이 생멸변화합니다. 이 세상에 영원한 것은 없습니다. 그래서 모든 행은 덧없는 것, 제행무상입니다.마음은 생주이멸生住異滅하고육신은 생로병사生老病死하고우주는 성주괴공成住壞空합니다.〈금강경〉에서는 일체유위법을 꿈, 환상, 물거품, 그림자, 이슬, 번개와 같다고 했습니다.그런데 범부 중생은 항구불변을 바랍니다. 영원히 살 것처럼 재산과 명예와 권력 그리고 바라는 모든 것에 집착합니다.제행무상은 중생의 이러한 착각을 일깨워 주는 가르침입니다. 우리는 세상의 모든 것을 어떻게 보아야 할까요. 지혜의 눈으로 제행이 무상함을 바르게 보는正見 공부를 합시다.*일체개고: 제행이 무상한데 유상으로 착각하면 삶이 힘들고 괴롭습니다. 사성제의 고제苦諦에서 팔고八苦를 살펴 보았듯이 자기가

바라는 대로 되지 않았을 때 갈애가 생기고 집착이 일어나 괴롭습니다. 이 이치를 바르게 보고 알면 집착과 탐욕을 내려놓게 됩니다.*제법무아: 모든 법은 인연으로 생긴 존재이므로 나라고 할 실체가 없습니다. 나 또는 내것이라고 집착하는 자아自我는 조건에 의해 일시적으로 생겨난 무상한 오온色受想行識에 매달리는 현상입니다.내 몸이 내 것이면 늙고 죽음을 왜 내 뜻대로 못할까요. 모든 존재는 생멸하는 연기緣起만 있을 뿐 고정된 실체가 없으므로 제법무아입니다.*열반적정: 무상 – 고 – 무아의 이치를 깨달아 탐진치 삼독이 소멸되면 열반적정涅槃寂靜에 이릅니다. 삼법인에 더해 사법인이라 하거나 일체개고를 빼고 삼법인이라고도 합니다.최근 타계한 LG그룹의 구본무 회장은 무상과 무아를 바르게 알고 실천한 기업인이라고 생각됩니다.도덕적 기업 경영과 소박하게 떠난 마지막 길에서 그의 본지풍광을 엿볼 수 있었습니다.불자 여러분 무상과 무아를 잘 공부하여 완전한 행복에 이릅시다. © 현대불교신문 무단전재 및 재배포 금지, 성운 스님(삼천사 회주, 동국대 석좌교수): 현대불교신문(http://www.hyunbulnews.com)

113) 불교방송〈금강삼매경강의〉7월22일, 우승택보살교수의 탁견

114) 수록자료: 이이화의 한국사, 국립중앙도서관

115) elitehcs.tistory.com/1525 유유자적(悠悠自適), 2013.05.06. 다음

116) 주채혁 세종대 역사학과 교수 · 몽골사 2008 01 뉴스메이커 756호

117) 김대성 엮음, 『금문의 비밀』, 27~28쪽

118) 처녀작은 1920년 〈개벽〉 12월호에 발표된 〈희생화〉이고 주요 대표작으로는 〈빈처〉(1921), 〈술 권하는 사회〉(1921), 〈타락자〉(1922) 〈할머니의 죽음〉(1923), 〈운수좋은 날〉(1924), (1924), 〈불〉(1925), 〈사립정신병원장〉(1926) 〈고향〉(1922) 등과 함께 장편 〈무영탑〉(1938), 〈적도〉(1939) 등이 있다.

119) 조자용관장께선 잃어져가는 한국저통문화 특히 무속의 아름다움을 세계인들에게 알리고자 노력했고, 치우 도깨비에 대해 극진한 관심을 가지고 조각했다.

120) 빙허 현진건, 단군성적순례기|작성자 해모수 다음검색

121) [네이버 지식백과] 귀하고 어진 임금과 충성스러운 신하를 상징하는 동물들 – 열일곱 번째 이야기_삼국의 궁궐 이야기 (한국사 천자문, 2006.12.27, 포럼)

122) 내년 말 미군이 떠나는 용산기지에는 대규모 공원이 들어설 예정인데요. 개발 방식을 놓고 정부와 서울시가 충돌하면서 다음 달에 하려고 했던 확정안 발표가 미뤄졌습니다. 김성현 기자입니다. ◀ 리포트 ▶ 여의도 면적 1/3에 달하는 용산 미8군 기지. 내년 말 미군이 떠나면, 용산 기지의 20% 정도가 대규모 생태 공원으로 개발될 예정인데,우리나라에서 국가가 조성하는 첫 번째 공원입니다. 이를 위해 특별법까지 만든 정부는 용산공원의 첫 번째 청사진으로경찰박물관과 호국보훈광장 등 8개 전시 문화시설의 건설을 발표했습니다. 그런데 서울시가 반대하고 나섰습니다. 대규모 현대식 건물이 들어서면 난개발이 우려되는데다,청나라와 러시아, 미군이 주둔했던역사를 기억하고, 생태를 되살린다는 애초의 취지에 어긋난다는 겁니다. [최진석/서울시 도시계획과장] "중앙부처 여성부, 문화부, 미래부 등이 필요로 하는 기능들이 입지된 것이기 때문에 애초의 취지와 어우러지는지에 대한 설명이 필요하다(고 봅니다.)" 정부는 기존 건물 1200동 가운데 보존 가치가 있는 80동은 재활용해 역사성을 높이고, 나머지는 녹지로 되돌려 생태도 살릴 수 있다며난개발 우려는 억측이라고 반박합니다. [진현환/국토교통부 도시정책관] "박물관 벨트라든지 공원 전체 개념에 맞게 체계적으로 배치하려고 합니다." 정부와 서울시는 오늘 긴급회의를 열고각계 의견 수렴을 위해 다음 달로 예정됐던 확정안 발표를 연기하기로 했습니다. ■ 6월 22일 부동산 헤드라인 뉴스 ◇ 부동산 보유세 개편안 오늘 공개… 종부세 강화 유력집주인에게 매기는 종합부동산세 세율을 다주택자에 대해 최고 1%포인트 안팎 올리는 반면 1주택자에 대해서는 현 수준을 유지하는 방안이 추진됩니다.종부세를 매기는 기준금액인 과세표준이 일률적으로 올라 집주인의 세 부담이 전반적으로 높아지지만 보유 주택 수에 따라 세율을 차등 적용해 1주택자의 세부담을 줄여주려는 취지인데요.아울러 종부세 부과 대상 주택과 관련해 1주택자의 경우 9억 원 초과, 다주택자의 경우 6억 원 초과인 현 수준을 유지하기로 했습니다. 이명박대통령 '용산민족역사공원' 설립안에서 문재인대통령 '생태공원'으로 부동산개발안으로?[이슈in] 73년 만에 용산 떠나는 미군기지 주변 상인들 '동상이몽' 홍수영 인턴기자 (swimming@newscj.com) 승인 2018.06.29 15:00[천지일보=홍수영 인턴기자] 주한미군이 경기도 평택시에 새로 입주할 '캠프 험프리스'에서 공식 업무를 시작하기 하루 전인 28일 서울 용산구 이태원 거리의 모습. ⓒ천지일보(뉴스천지) 2018.6.29."악영향 없을 것" vs "당장 손님 없어"공원화될 시 '상권 부흥' 공감대는 형성기대심리에 임대료 상승 부작용도 있어[천지일보=홍수영 인턴기자] 주한미군사령부가 1945년 해방 이후 73년 만에 용산을 떠나는 가운데 미군기지 주변 상인들은 "악영향 없다" "공원 조성 기대된다" "손님 너무 없다" 등 제각기 다른 목소리를 냈다.주한미군이 경기도 평택시에 새로 입주할 '캠프 험프리스'에서 공식 업무를 시작하기 하루 전인 28일 만난 서울 용산 미군기지 주변 상인들은 미군기지 이전 후 부지가 개발될 것에 기대감을 품는

가 하면 당장 손님이 없다며 울상을 짓기도 했다.서울 용산구 이태원에서 잡화점을 운영하는 남인석(78, 남)씨는 미군기지 이전이 상권에 악영향을 준다는 생각은 시대착오적이라고 지적했다. 남씨는 "이태원은 이미 외국인들이 알아서 찾아오는 세계적인 명소이기 때문에 미군기지에 영향 받는 시절은 지났다"며 "오히려 장기적으로 기지 자리에 공원이 들어서면 더 상권이 살아날 것으로 기대된다"고 말했다.다만 남씨는 "개발하면서 임대료가 꾸준히 오르는 건 문제"라며"이태원에서 장사하는 상당수가 임대료를 감당하기 힘든 경우들이 많은데 사회적 합의가 필요한 부분"이라고 밝혔다.앞서 정부는 용산 미군기지 땅을 공원으로 만드는 방법을 검토한다고 밝혔다.문재인 대통령은 지난 대선 당시 용산 미군기지가 반환되면 뉴욕 센트럴파크 같은생태자연공원을 만들겠다고 공약했다.이후 만난 상인들도 미군기지 이전이 장기적으로 봤을 땐 이익이라는 의견이 많았다.꽃집을 운영하는 30대 이윤현(가명, 남)씨 역시 "미군 손님 보다는 한국인 손님이 더 많다"며 "미군기지가 떠나면 당장은 손님이 줄겠지만 공원이 생기면 오히려 더 손님이 늘어날 거란 기대가 있다"는 의견을 피력했다.카페를 운영하는 박서근(가명, 30대, 남)씨도 이태원의 명성에 주목했다. 박씨는 "미군기지가 이전한다는 소식이 들릴 때부터 손님이 조금씩 줄긴 했지만 이태원의 위치는 확고하고 주변에 사는 외국인도 많기에 매출에 큰 문제는 없다"고 설명했다.수제버거집을 운영하는 강유경(30, 여)씨는 "약간의 영향은 있겠지만 영업하는데 큰 무리는 없을 듯하다"며 "미군보다는 주로 관광객들이 많이 찾는다"고 말했다. [천지일보=홍수영 인턴기자] 주한미군이 경기도 평택시에 새로 입주할 '캠프 험프리스'에서 공식 업무를 시작하기 하루 전인 28일 서울 용산구 미군기지의 문이 닫힌 모습. ⓒ천지일보(뉴스천지) 2018.6.29.공원화 기대감에 상가 임대료가 오르는 부작용이 생기기도 했다. 실제 이태원 주변엔 경리단길, 해방촌 등 새롭게 주목받는 거리들도 위치해 임대료 상승을 이끌고 있었다.서울 용산구 해방촌에서 세탁소를 운영하는 50대 중반 김지향(여)씨는 "미군기지보다는 임대료가 문제"라며 "세탁소와 마주 보고 있는 상점도 여러 번 바뀌었다"고 설명했다.한 공인중개사사무소는 "미군부대가 이전한다는 이야기가 있기 시작하면서부터 주변 상가 임대료가 점점 오르기 시작했고 계속 오르다보니 수지타산이 안 맞아 상권이 죽었다"면서도 "공원 계획이 표면화되면 상권이 다시 살아날 것"이라고 분석했다.반면 미군기지 이전이 상권에 악영향을 준다는 의견도 있었다.해방촌에서 맥주집을 운영하는 이미연(가명, 26, 여)씨는 대부분의 손님이 미군을 포함한 외국인이라 타격이 크다고 말했다. 이씨는 "공원으로 바뀌면 새 손님이 올 거란 기대가 있지만그렇게 되기까지 시간이 너무 많이 남았다"면서 "다른 상점들도 비슷한 의견"이라고 밝혔다.다만 이씨는 "기대감 때문인지 주변에 가게를 내놓거나 한 사람은 아직 없다"며"외국인이 직접 운영하는 가게들도 많은데그런 곳은 거주하는 외국인을 상대로 소소하게나마 계속 장사하게 될 것 같다"고 말했다.미군기지 근처 이태원에서 옷 가게를 하는 김소연(50, 여)씨는 "여기 점포들을 자세히 보면 대부분 손님이 없는데 이게 장마 때문이 아니라 미군이 줄었기 때문"이라며 "기지 이전이 완료되는 올해 가장 장사가 안 된다"고 토로했다.삼각지역 인근에서 유리 · 철물점을 운영하는 김성식(가명, 60, 남)씨는"기지를 이전하면 유동인구가 눈에 띄게 줄 테니 상권이 죽을 것"이라면서"인근 아파트에 직업군인들이 월 수백만원씩 지불하며 살고 있었는데그 사람들이 다 빠져 아파트도 경매에 나오는 상황"이라고 말했다.치킨집을 운영하는 김덕순(60, 여)씨 역시 "미군뿐만 아니라 관련된 한국 직원들까지 안 오게 돼 장사에 지장을 받을 수밖에 없다"고 했다.6. 정치후계자들 및 서울시장은? ---- 67★ 돈의문을 세워 생활 속에서 義 인성교육 느끼게하자★ 속있는 문화관광을 위해 광화문 이순신장군동상앞에서 이순신이 난중에도 때 맞추어 제사지낸대로 지내게 허락해라!인류 제사문화의 본고향 한국 신교(일본신도의 뿌리)

123) 상생방송, 환단고기참조.

124) 예맥 관련 문헌들

125) 복기대 우실하 박원길 외

126) 본 책 2장 참조.

127) 김인희, "고구려와 노동교환혼勞動交換婚적 특징 연구". (동아시아고대학 제53집, 2019.3) 동아시아고대학회, 470쪽 참조. 고대 동북아지역 민족 계보에 대해 1980년대에는 예맥족계, 숙신족계, 동호족계로 나누었는데, 한족계를 취소하고 부여계를 예맥계로 바꾸었다. 현재 통용되는 것은 예맥계, 숙신계, 동호계다. 고대동북지역 민족의 계보를 처음으로 확립한 사람은 진위푸로 1936년『동북통사東北通史』에서 동북민족을 한족계, 숙신계, 부여계, 동호계로 구분하였었다.

128) 김인희, "고구려와 노동교환혼勞動交換婚적 특징 연구". (동아시아고대학 제53집, 2019.3) 동아시아고대학회, 470쪽 참조. 고대 동북아지역 민족 계보에

129) 박부원,"수원발 금강산 옛길의 복원과 활용연구". (동아시아고대학 제53집, 2019.3) 동아시아 고대학회, 579~580쪽 참조.

130) 2018. 06. 30 11:56 입력 | 2018. 07. 01 15:09 수정

131) " 3.1운동 100년과 임시정부 수립 100년을 기념하는 '3.1운동 100년 범국민대회'가 내일 서울 광화문

광장과 세종대로 에서 열린다. '3.1운동 100년 범국민대회'는 3.1운동 당시 온 겨레가 하나 돼 독립을 외쳤던 것처럼 정치, 종교, 성별, 세대의 갈등을 넘어 함께 평화로 나아가자는 의미에서 마련됐다. 이번 대회는 한국종교인평화회의의 7대 종단(개신교, 불교, 원불교, 유교, 천도교, 천주교, 민족종교협의회)과 시민사회단체연대회의, 범시민사회단체연합, 한국여성단체연합 등 진보와 보수를 아우르는 각계 민간단체로 꾸려진 '3.1운동 100년 범국민대회 준비위원회'가 마련했다. 행사는 3월 1일 정오부터 오후 6시까지 열리며 누구나 참여 가능하다. 정부공식행사에 이어 오후 1시부터는 국악과 악기 연주 등 사전 공연이 펼쳐지며 KBS 예능 프로그램 '남자의 자격'에서 결성된 후 활발히 활동하고 있는 '청춘 합창단'도 무대에 오른다. 특히 공연 후에는 한국과 일본의 시민단체 관계자들이 '한일 시민 동아시아 평화선언'을 발표한다. 양국의 시민단체는 좋은 이웃이 되려면 시민 주도로 한일 관계를 이끌어야 한다고 합의했고 한일 관계 개선을 위한 '한일시민동아시아평화선언'을 공동으로 작성했다. 선언문은 한국과 일본의 시민단체 관계자들이 함께 발표할 예정이다. 오후 2시에는 개회 선언과 함께 순국선열에 대한 묵념 후 기미독립선언서를 낭독한다. 낭독에는 한국YMCA전국연맹 김홍수 이사장, 한국진보연대 박석운 공동대표, 한국여성단체연합 백미순 상임대표, 새마을운동중앙회 정성헌 회장, 한국YWCA연합회 한영수 회장이 나선다. 종교계, 시민사회단체 등 각계 원로의 기념사도 이어진다. 한국천주교주교회의 의장 김희중 대주교, 6.15공동선언실천 남측위원회 이창복 상임대표, 시민사회단체연합 정강자 대표, 범시민사회단체연합 이갑산 대표가 참여해 3.1운동 100년의 의미를 전한다. 그 외에도 유교의 김영근 성균관장, 원불교 오도철 교무원장, 조계종 총무원장 원행 스님, 천도교 이정희 교령, 한국교회총연합 이영훈 대표, 한국민족종교회 박우균 회장은 영상으로 기념사를 전할 예정이다. 이어 3.1운동 100주년을 맞아 기미독립선언문을 이어갈 '3.1운동 100년 범국민선언문'도 발표한다. '3.1운동 100년 범국민선언문'은 윤경로 한성대 명예교수를 중심으로 종교계, 역사학계, 시민사회단체 등에서 추천한 15명의 인사들이 초안을 만들었다. 이후 정치적, 종교적 성향과 성별, 연령이 다른 100명의 시민이 원탁 토론을 통해 초안을 검토했고 토론에서 나온 의견을 수렴해 완성했다. 범국민선언문에는 민주주의가 실현되고 생명이 존중되는 나라, 한반도와 세계가 공존하는 미래, 일본에게 전하는 평화 연대의 제안이 담겼다. 발표에는 대회 참가단체들이 추천한 청년들이 나선다. 3.1운동 100년을 기념하는 큰 행사인 만큼 볼거리와 먹을거리도 풍성하다. 12시 반부터 오후 1시 반 사이 광화문 광장 지하 통로 부근에서는 '팔도 떡 나눔' 행사를 연다. 한반도 문양을 넣은 백설기, 약밥, 오메기떡, 찹쌀떡, 시루떡까지 1만 명이 먹을 수 있는 1톤 분량의 떡이 준비되며 참가자들에게 무료로 나눠줄 예정이다. 3.1운동의 의미와 한반도 평화의 바람을 담은 기념 노래도 무대에 오른다. 작곡가 류형선이 만든 '깍지손평화'라는 곡으로 가수 이정열과 오준영(풍납초 6년)군이 함께 노래한다. 세종대로에서는 문화예술 공연이 본격적으로 펼쳐진다. 정오부터 오후 2시까지는 북 연주와 해외 동포들의 공연이, 오후 2시에는 서울시에서 준비한 고종장례행렬이 재현된다. 이후에는 3.1운동의 당시의 외침을 대신해 만 개의 북을 울리는 '만북 울림' 한 마당이 벌어진다. 오후 4시부터는 6시까지는 온 시민이 함께 참여하는 '한겨레큰줄당기기'가 열린다. '한겨레큰줄당기기'는 영산 줄다리기(국가무형문화재 제26호)에서 유래한 행사로 파란 띠인 생명평화줄과 빨간 띠인 민족평화줄로 나눠 승부를 겨룬다. 줄은 영산줄다리기보존회와 시민의 자발적인 참여로 제작됐고 줄다리기에는 최대 3만 명까지 참여할 수 있다. 줄다리기 후에는 3.1운동 후 지난 100년의 역사를 되돌아보는 생명평화제전 열두 마당이 펼쳐진다. 탈춤, 노래, 마당극 등 다양한 놀이가 공연되며 민족미학연구소, 한국민족극운동협회 등 8개 단체가 참여한다. 대회 관계자는 "3.1운동은 자유와 평등을 실현해 모두가 존엄하고 행복한 세상을 열려 했던 평화 운동"이라며 "3.1운동 100년 범국민대회를 통해 우리 사회의 반목과 대립을 극복하고 한반도 평화로 나아가는 계기가 되길 바란다"라고 전했다. 김영동 기자 kyd7888@hkbs.co.kr © 환경일보,"

132) 충무공의 둑제

133) 충무공의 둑제

134) 무슬림들은 매일 다섯차례 기도합니다. 기도시간이 되면 이스탄불 어디든 기도문 즉 '아잔'이 흘러 나옵니다. 서로 마주하고 있는 아야 소피아 박물관과 술탄 아흐메드 사원. '아잔'을 부르는 사람을 '무에진(Muezzin)'이라고 합니다. 무에진은 매일 다섯번, 종탑위에 올라가 이슬람교 성지 메카를 향해 기도문을 읊습니다. 그 기도문을 아잔이라고 합니다. 그런데 수니파와 시아파의 아잔의 내용이 조금 다릅니다!!! 아래는 수니파의 아잔입니다.
God is greatest, God is greatest
I bear witness that there is no deity but God.
I bear witness that Muhammad is the Messener of God.
Hasten to worship.
Hasten to success.
God is greatest.
There is no deity but God. [출처] 이슬람교의 기도문 '아잔'|작성자 타미

135) 경주 문화재 新 화랑 풍류체험
2010 문화재 생생(生生)프로그램 진행

2010년 06월 13일 [경북신문사] ⓒ 경도일보
신라천년 도읍지 경주만의 특징을 살려 화랑을 테마로 화랑유적지 스토리텔링 답사, 재미있는 민속놀이 체험, 국악체험 등 문화재에 쉽게 다가가고 더욱 생생하게 체험해 볼 수 있는 '2010 문화재 생생(生生) 프로그램'이 큰 인기를 얻고 있다.신라문화원 주최하고 문화재청, 경북도, 경주시에서 후원하는 이 프로그램은 6월부터 11월까지 매월 둘째주 토요일 총 7회 운영되며, 주요프로그램으로는 문화재속에서 1시간에 끝내는 신라이야기 영상강의, 신라화랑을 통해 보는 신라정신이야기, 화랑유적지 답사, GPS로 신라보물찾기, 새총쏘기, 제기차기, 투호 등 민속놀이체험, 고택에서 국악공연, 떡메치기, 다도, 예절체험 등 다채로운 프로그램으로 구성돼 있다. 지난 12일 첫 진행된 이번 프로그램에는 울산, 포항, 서울 등에서 가족단위로 50여명이 참여해 경주 문화재의 참 모습을 실감 있게 체험했다. 이날 오전 10시 신라문화체험장에 모인 참가자들은 먼저 여섯부족으로 나눠 부족장을 선출한 후 6부족 깃발과 GPS, 교재를 지급받고 화랑이야기 영상강의에 이어 화랑유적 현장 답사후 계림에서 점심을 먹고 향교로 이동해 새총쏘기, 제기차기, 투호 등 민속놀이와다도, 신라복 체험 그리고 떡메치기, 미숫가루 먹기 등으로 나눠 재미있는 체험프로그램을 진행했다. 체험이 끝난 후 신라할아버지로부터 '화랑 세속오계로 본 나의 인생오계'라는 특강을 끝으로 전체 행사를 마무리했다. 특히, 택견 시범에는 예상치 못한 이색 체험에 다들 즐거운 표정이 역력했다. 행사를 주관한 진병길 원장은 "경주를 더욱 흥미롭게 느낄 수 있는프로그램 개발에 문화재청, 경북도, 경주시의 많은 후원이 있었다"며 "문화재속에 태권도의 원형이 남아있는 경주이고 화랑이 테마인 만큼 전국의 태권도수련관에서 꼭 참가했으면 좋겠다"라고 말했다. 행사에 참여하고 싶은 단체는 신라문화원(054-774-1950)으로 문의 하거나 홈페이지 www.silla.or.kr를 이용하면 된다. 송훙기 기자

136) 이승민 특파원 happydoors1@gmail.com | 2018. 02. 02

137) [저작권자ⓒ 로컬(LOCAL)세계. 무단전재 - 재배포 금지]주일오전예배대표기도문

138) 한윤정 기자 yjhan@kyunghyang.com

139) 경주신문 기자 / gjnews21@hanmail.net1314호입력 : 2017년 10월 26일

140) 한국지역신문협회 경북협의회, 경주신문 기자/gjnews21@hanmail.net1314호,2017년 10월 26일

141) gjnews21@hanmail.net1314

142) 조선시대 사간원司諫院의 으뜸 벼슬로 정삼품正三品 당상관堂上官이며, 정원은 1원이다. 임금에게 간언하는 일을 맡아보면서, 다른 사람의 상소를 임금에게 올리는 일도 맡아보았으므로 학식과 경험이 풍부한 사람이 임명되었다.

143) 맥적貊炙:고구려의 대표적인 음식으로 양념을 한 고기구이이다. 3세기 중국 진晉나라 때의『수신기搜神記』에서는 맥적을 만들 때 "장醬과 마늘로 조리하여 불에 직접 굽는다."고 기록되어 있다. 문화컨텐츠 용어사전

144) 上古 神人: 倧

145) 신선 이름: 佺

146) 김은수, 위의 책, 67~68쪽

147) 상생방송, 환단고기참조.

148) 도기현기자, 2014.08.18 10:19:31

149) 조옥구, 한자의 기막힌 발견, 학자원, 2017, 121쪽.

150) 태백 문화관광 http://tour.taebaek.go.kr 한국관광공사

151) 조향래기자 swordjo@imaeil.com

152) 안함로安含老는 신라 사람으로 속성은 김씨金氏이고, 다른 이름은 안함 또는 안홍이며, 이찬이었던 시부의 손자이다. 신라 진평왕때의 안홍법사, 안함태 화상이라고도 한다. 신라 진평왕 22년에 왕명으로 중국에 들어가 학문을 닦았던 도승道僧이다. 그는 물위를 걸었으며 공중을 날아다니는 등 많은 이적을 행하는 선승이었다고 한다. 이 같은 행적으로 보아 그는 신교神敎의 선맥을 이어받은 것으로 짐작된다. 선덕왕 9년 62세로 만선도장萬善道場에서 세상을 떠났다.

153 한강 漢江의 역사와 다리 참조 망실봉1| 2018. 한강의 옛이름 광개토태왕비에는 '아리수', 백제문헌에는 '욱리하', 신라때는 상류를 '이하' '북독', 하류를 '왕봉하', '한산하',(한산은 삼각산),백제때 한수, 한강으로 큰강이라는 뜻으로 불렀다...

154) 경주신문 기자 / gjnews21@hanmail.net1314호입력 : 2017년 10월 26일

155) 한국지역신문협회 경북협의회 경주신문 기자 / gjnews21@hanmail.net1314호입력 : 2017년 10월 26일

156) 내년 말 미군이 떠나는 용산기지에는 대규모 공원이 들어설 예정인데요. 개발 방식을 놓고 정부와 서울시가 충돌하면서 다음 달에 하려고 했던 확정안 발표가 미뤄졌습니다. 김성현 기자입니다. ◀ 리포트 ▶ 여의도 면적 1/3에 달하는 용산 미8군 기지. 내년 말 미군이 떠나면, 용산 기지의 20% 정도가 대규모 생태 공원으로 개발될 예정인데, 우리나라에서 국가가 조성하는 첫 번째 공원입니다. 이를 위해 특별법까지 만든 정부는 용산공원의 첫 번째 청사진으로 경찰박물관과 호국보훈광장 등 8개 전시 문화 시설의 건설을 발표했습니다. 그런데 서울시가 반대하고 나섰습니다. 대규모 현대식 건물이 들어서면 난개발이 우려되는데다. 청나라와 러시아, 미군이 주둔했던 역사를 기억하고, 생태를 되살린다는 애초의 취지에 어긋난다는 겁니다. [최진석/서울시 도시계획과장] "중앙부처 여성부, 문화부, 미래부 등이 필요로 하는 기능들이 입지된 것이기 때문에 애초의 취지와 어우러지는지에 대한 설명이 필요하다(고 봅니다.)" 정부는 기존 건물 1200동 가운데 보존 가치가 있는 80동은 재활용해 역사성을 높이고, 나머지는 녹지로 되돌려 생태도 살릴 수 있다며 난개발 우려는 억측이라고 반박합니다. [진현환/국토교통부 도시정책관] "박물관 벨트라든지 공원 전체 개념에 맞게 체계적으로 배치하려고 합니다." 정부와 서울시는 오늘 긴급회의를 열고 각계 의견 수렴을 위해 다음 달로 예정됐던 확정안 발표를 연기하기로 했습니다. 이명박대통령 '용산민족역사공원' 설립안에서 문재인대통령 '생태공원'으로 부동산 개발안으로? [이슈in] 73년 만에 용산 떠나는 미군기지 주변 상인들 '동상이몽'
• 홍수영 인턴기자 (swimming@newscj.com) • 승인 2018.06.29 15:00
악영향 없을 것" vs "당장 손님 없어"공원화될 시 '상권 부흥' 공감대는 형성 기대심리에 임대료 상승 부작용도 있어 [천지일보=홍수영 인턴기자] "이태원에서 장사하는 상당수가 임대료를 감당하기 힘든 경우들이 많은데 사회적 합의가 필요한 부분"이라고 밝혔다. 앞서 정부는 용산 미군기지 땅을 공원으로 만드는 방법을 검토한다고 밝혔다. 문재인 대통령은 지난 대선 당시 용산 미군기지가 반환되면 뉴욕 센트럴파크 같은 생태자연공원을 만들겠다고 공약했다. 이후 만난 상인들도 미군기지 이전이 장기적으로 봤을 땐 이익이라는 의견이 많았다. 꽃집을 운영하는 30대 이윤현(가명, 남)씨 역시 "미군 손님 보다는 한국인 손님이 더 많다"며 "미군기지가 떠나면 당장은 손님이 줄겠지만… [천지일보=홍수영 인턴기자]주한미군이 경기도 평택시에 새로 입주할 '캠프 험프리스'에서 공식 업무를 시작하기 하루 전인. 다만 이씨는 "기대감 때문인지 주변에 가게를 내놓거나 한 사람은 아직 없다"며

157) 2018. 11. 05 5:00

158) http://www.hani.co.kr/arti/economy/economy_general/868796.html#csidxa485e0e25b859e9777777933037f503b8ba

159) 박민기자, 이데일리 2019 - 03 - 24 오전 11:00:00

160) 시정일보(http://www.sijung.co.kr)

161) "(사진=연합뉴스)AUM&plink=COPYPASTE&cooper=SBSNEWSEND, 2018.11.02 16:04한승구 기자"

162) 위키백과, 우리 모두의 백과사전.

163) 블로그 청암스토리 (작명/풍수지리)

164) 출처: https://foresttour.tistory.com/436 [숲 여행 그리고 사람]

165) 2019.01.12일 방문.[출처] 노근리 평화공원 - 충북 영동|작성자 Blue stone

166) 김정헌 화가 前 서울문화재단 이사장, 2019.01.23 11:00

167) 저작권자 © 시사저널 무단전재 및 재배포 금지, 김정헌 화가 前 서울문화재단 이사장

168) 2018. 07. 06 dm칼럼〉이동한칼럼니스트 leedh@naver.com

169) %기사들: 미군 기지가 철수한 뒤에 그 자리에 용산공원을 조성하겠다는 계획은 언제 실현되는가? 국토교통부장관을 위원장으로 하는 용산 국가공원 추진위원회는 기획재정부,국방부,행정안전부,문화체육관광부,환경부,서울시,국무조정실 등 8개 기관이 참여하고 있다. 국토부는 여러 기관의 의견을 조정하고 지휘하는 기능을 발휘하지 못하고 있다. 미군 기지 이전이 끝난 후에도 미 주둔군 지위협정(SOFA)에 따른 기지 조사와 토양오염 등 환경 조사 절차가 남아 있기 때문에 4~5년이 지나야 시민에게 개방할 수 있다.

170) "화성휴게소 화장실은 깨끗함을 넘어 우리나라 전통미를 살린 분위기가 예사스럽지가 않습니다. 여느 화장실과는 달리 예스러움이 있는 사진들로 전시 화랑을 방불케 합니다. 화장실 벽면에 귀면와당鬼面

瓦當의 고풍스런 전통문양 액자가 많이 걸려 있습니다. 귀면와당은 귀신의 얼굴을 형상화한 기와의 마구리입니다. 귀면와당에는 잡귀나 재앙을 막는다는 뜻이 담겨 있다고 합니다. 웃음을 가득 머금고 있는 와당의 모습이 익살스럽고 정겹습니다. 볼 일을 보고 손을 씻는데, 세면기가 좀 남다릅니다. 항아리 모양의 특이한 세면기 그릇이 고급스러워 보입니다. 수도꼭지에서 나오는 물이 따뜻합니다. 따스한 물로 비누거품을 내어 손을 닦으니 개운합니다. 왕이 출입하는 화장실이라? 화장실 밖으로 나왔습니다. 출입문 위쪽에 '화성행궁華城行宮'을 형상화 상징물이 보입니다. 아까 본 문구가 이제 확실히 이해가 갑니다. '아! 행궁을 출입하는 것이니까 왕처럼 대접한다는 표현을 한 것이구나!' 어찌 되었건 생각이 거기까지 미치니 화장실을 다녀온 느낌이 매우 좋습니다. 화성華城은 경기도 수원시에 있는 조선조 말 축조된 성곽城郭입니다. 사적 제3호이며, 1997년에는 유네스코 세계 문화유산으로 지정되었습니다... 수원화성은 정조임금께서 그의 아버지 사도세자에 대한 효심으로 축성이 되었다고 합니다. 당쟁의 근절과 강력한 왕도정치의 실현을 위한 정조의 원대한 정치적 포부가 담긴 것이기도 하구요. 역사적 사실을 옮겨 놓으려는 화성휴게소의 착안이 신선합니다. 그런데, 화성휴게소 남녀 화장실 출입구가 문구는 다릅니다. 여자 화장실에는 남자화장실과는 달리 큰 문자로 '해우소解憂所'라고만 되어 있습니다. '이곳을 찾으시는 분은 누구나 왕비가 된다'라고 했으면 하는 생각을 해봅니다. 한 쪽을 왕이라 했으면, 다른 쪽은 왕비로 추어주면 여성들도 좋아하지 않을까요? ▲ 화장실 출입구. 여느 출입문과 달리 태극 문양의 대문에다 전광판이 있습니다. 전광판에는 화장실 이용 알림 현황이 있어 편리합니다. 화장실 출입구에는 화장실 이용 현황을 실시간으로 알려주는 친절한 전광판이 있습니다. 급한 나머지 무턱대고 화장실 문을 두드려야 하는 수고를 덜 수 있을 것 같습니다. 현대기술이 낳은 배려가 느껴집니다. 출입구 한편에 휴지통 없는 화장실이라는 입간판도 눈길을 끕니다.'화장지는 변기에, 생리대는 위생용품 수거함에!' 휴지로 인해 변기가 막히는 일이 없고, 자주 청소를 한다는 소리인 것 같습니다. 휴지통 없는 화장실, 좋은 발상입니다. 여러 사람이 쓰는 화장실에서 더러운 오물이 묻어 있는 수북한 휴지통의 휴지를 보면 기분이 별로일 때가 많습니다. 악취에다 눈에도 거슬립니다. 상 받을 만하네! ▲ 화장실 문화 품질 인증 획득과 국민행복 화장실 우수상을 받은 모양입니다...화장실에 나와 요모조모를 둘러보는 데, 뒤이어 나온 아내가 말을 꺼냅니다." "여기 화장실 정갈해서 너무 좋아요! 분위기도 좋고." "여긴 국민행복 우수 화장실이래! 화장실 문화 인증도 받았네!" "어쩐지!" "우리는 상 받을 만하다는 데 의견이 모아집니다. 상은 아무한테나 주는 것이 아닌 모양입니다... 휴게소는 운전자는 물론 여행객들에게 없어서는 안 될 소중한 장소입니다. 용변을 보고, 음식으로 허기를 달래고, 휴식을 취하는 시설입니다. 또 주유를 위해 들르기도 하는 곳입니다. 휴게소가 주는 편안함, 안전운전에 큰 보탬을 줄 것입니다. 나는 아내에게 말하였습니다." "이곳은 왕의 쉼터라는 생각이 들었네! 내가 마치 정조 임금처럼 말이야!" "... 다음 기회에도 또 들리고 싶은 참 좋은 휴게소입니다. 17.02.17 전갑남(jun5417), 저작권자(c) 오마이뉴스(시민기자)"

171) 이능화, 187쪽

172) 이능화, 이재곤역, 271쪽.

173) [출처] 〔뤄양〕낙양성을 가보자!|작성자 또또오빠, 다음.

174) 천지일보, 다음.

175) 글 노형석 기자 nuge@hani.co.kr 원문보기: http://www.hani.co.kr/arti/culture/culture_general/882867

176) 민족문화대백과사전, 다음.

177) [출처] 성주풀이 - 입춤 [한국 민요 / 중부지방 - 경상도 민요]|작성자 콩나물

178) 이능화, 162쪽

179) 성헌식(고구리역사저널 편집인)의 대고구리 스카이데일리(skyedaily@skyedaily.com), 2019 - 02.

180) 신용하, 박은식의 사회사상연구, 한국문화연구소편, 서울대학교출판부, 1986, 104쪽 참조.

181) 박은식(朴殷植, 1859~1925)은 본관은 밀양密陽. 자는 성칠聖七, 호는 겸곡謙谷 · 백암白巖. 황해도 황주 출생. 농촌 서당 훈장 박용호朴用浩의 아들이다. 민족사학의 개척자 조선의 자주독립을 싹틔우자. 국권을 잃은 후 중국에 망명해 독립운동...(한국민족문화대백과사전) 박은식은 주자학자로서 출발해 개화자강론자 · 애국계몽사상가 · 학자 · 언론인 · 독립투사로,민족이 처한 조건의 변동에 따라 자신의 사상과 행동을 발전시키면서 전생애를 민족의 해방과 독립에 바쳤다. 1904년 2월 러일전쟁이 일어나자 〈황성신문」을 통해 일제의...

182) 역주 안경전, 환단고기, 상생출판(2012), 85쪽 참조.

183) 김부식지음, 고전연구실 신서원 편집부 꾸밈, 신편 삼국사기 上, 2004, 104~5 참조.

184) 최치원 선생은 신라말의 유학자입니다. 당나라에 유학하여 관직에 오르고 귀국하여 시독겸 한림학사가 되었습니다. 그러나 골품제를 시행한 정계에 실망하고, 가야산에 들어가 신선이 되었다고 합니다. 최치원이 한문으로 번역하여 전한 천부경을 환단고기를 편술한 계연수가 1916년 9월 9일 묘향산에서 발견하였다. 이를 일명 묘향산 석벽본이라고 하는데 태백일사의 천부경과 일치한다. 천부경의 다른 본으로는 최문창후전집에 나와 있는 고운 선생 사적 본과 노사본이 있다. 전자는 고운 문집 뒷편에 붙어 있는데, 고운의 친필이 아니라 후손인 최국술이 다른 판본을 인용하여 편찬한 것. 묘향산 석벽본과는 일곱 글자가 다릅니다. 그런데 일곱 글자 모두 음은 같고 글자가 달라 어떤 사람이 암송한 것을 전한 것으로 보입니다. 문맥상으로 볼 때 석벽본이 더 정확하다고 할 수 있습니다. 후자인 노사본은 지금도 적지 않게 유포되어 있습니다. 석벽본과의 차이는 인중천지일의 지가 중으로 되어 있다는 점입니다. 노사계에서는 천부경을 흔히 전비문으로 부르고 있습니다. 그러나 세 본이 모두 최치원이 각비했다는 점에서는 일치합니다. 이 중 묘향산 석벽본, 즉 태백일사에 실린 것이 널리 통용되고 있습니다. 참고로 최치원이 발견한 고비에 천부경을 전문으로 표기한 신지와 환웅천황의 명을 받아 천부경을 녹서로 표기한 신지는 같은 인물이 아닙니다. 원래 신지는 사람 이름이 아니라 지금의 교육부장관 또는 문화부장관에 해당하는 배달, 단군조선 대의 관직명입니다.

185) http://blog.naver.com/baihongbo/220476489462

186) 최치원 선생은 12살에 당나라에 유학하여 관직에 오르고 신라 진성여왕때에 귀국하여 시독겸 한림학사가 되었다. 그러나 골품제에 얽매인 정계에 실망하고, 전국을 돌며 도행을 닦고 가야산에 들어가 신선이 되었다고 한다. 최치원이 한문으로 번역하여 전한 천부경을 환단고기를 편술한 계연수가 1916년 9월 9일 묘향산에서 발견하였다. 이를 일명 묘향산 석벽본이라고 하는데 태백일사의 천부경과 일치한다. 천부경의 다른 본으로는 최문창후전집에 나와 있는 고운 선생 사적 본과 노사본이 있다. 전자는 고운 문집 뒷편에 붙어 있는데, 고운의 친필이 아니라 후손인 최국술이 다른 판본을 인용하여 편찬한 것. 묘향산 석벽본과는 일곱 글자가 다르다. 그런데 일곱 글자 모두 음은 같고 글자가 달라 어떤 사람이 암송한 것을 전한 것으로 보인다. 문맥상으로 볼 때 석벽본이 더 정확하다고 할 수 있다. 후자인 노사본은 지금도 적지 않게 유포되어 있다. 석벽본과의 차이는 인중천지일의 지가 중으로 되어 있다는 점. 노사계에서는 천부경을 흔히 전비문으로 부르고 있다. 그러나 세 본이 모두 최치원이 각비했다는 점에서는 일치한다. 이 중 묘향산 석벽본, 즉 태백일사에 실린 것이 널리 통용되고 있다. 참고로 최치원이 발견한 고비에 천부경을 전문으로 표기한 신지와 환웅천황의 명을 받아 천부경을 녹서로 표기한 신지는 같은 인물이 아니다. 원래 신지는 사람 이름이 아니라 지금의 교육부장관 또는 문화부장관에 해당하는 배달, 단군조선 대의 관직명이다.

187) 삼성의 역사, 다음

188) 삼일신고 서문, 인간을 위한 완벽한 가르침을 말하다. 장영주국학원장(代)

189) 장영주, 코리안스피릿(http://www.ikoreanspirit.com) 참조.

190) 다음검색 출처 :한민족역사정책연구소 원문보기▶글쓴이 : 참으로

191) "한국민족문화대백과사전,한국학중앙연구원. 다음. 참고문헌『전북문화재대관(全北文化財大觀) - 도지정편(상) - 』(전라북도, 1997)『문화재지文化財誌』(전라북도, 1990) "

192) 부도지, 위의 책, 1장 참조.

193) 최치원지음, 이상현 옮김,『孤雲集고운집』, 한국고전번역원, 2009년,최고운 난랑비서문 및 삼국사 105쪽.

194) 최치원이 한문으로 번역하여 전한 천부경을 (환단고기를 편술한) 계연수가 1916년 9월 9일 묘향산에서 발견하였다. 이를 일명 묘향산 석벽본이라고 하는데 태백일사의 천부경과 일치한다. 천부경의 다른 본으로는 최문창후전집에 나와 있는 고운 선생 사적 본과 노사본이 있다.

195) 일제시대 1925년에 김용기에 의해 출간된 책으로, 전체가 14장으로 구성되어있는데, 환단고기 단군세기 대동사강 등과 비슷한 내용을 담고 있다. 104쪽

196) 진흥왕의 본 성명은 김삼맥종彡麥宗 / 김심맥부深麥夫라하였다.

197) 김부식지음, 고전연구실 신서원 편집부 꾸밈, 신편 삼국사기 上, 2004, 104~5 참조.

198) cafe.daum.net/chunbooi/f5pt/143 우리철학 아카데미

199) 成住壞空: '십년 세도 없고 열흘 붉은 꽃 없다'權不十年 花無十日紅는 권력 무상을 잘 나타내는 말입니다. 요즘 불자들은 전직 대통령들과 그 주변 인물들에 대한 뉴스를 보고 들으면 "이 세상에 영원한 것은 없다"는 부처님의 가르침을 되새길 것입니다. 내 몸이 내 것입니까? '무상 고 무아' 바로보면 집착 떨어져 열반적정에 그렇습니다. 아무리 대단한 권력과 부귀영화도 인연따라 왔다가 인연따라 사라집

니다. 그래서 부처님께서는 '이 세상에 존재하는 모든 것은 무상하고 무상한 것은 괴로움이고 괴로운 것은 무아이다'라고 일러주셨습니다.*모든 것은 덧 없다諸行無常모든 것은 괴로움이다一切皆苦모든 것은 실체가 없다諸法無我이 게송은 불교의 세 가지 근본교의로 삼법인三法印이라고 합니다. 부처님의 깨달음을 나타낸 불변의 진리 삼법인은 법의 특성으로 불교인지 아닌지 판별하는 잣대입니다. 괴로움을 바르게 보고 청정에 이르는 삼법인의 가르침은 연기법, 사성제와 일치합니다.*제행무상: 일체 함이 있는 세간의 움직이는 모든 모습이 제행입니다. 유위有爲와 같은 뜻입니다.존재하는 모든 것은 순간순간 끊임없이 생멸변화합니다. 이 세상에 영원한 것은 없습니다. 그래서 모든 행은 덧없는 것, 제행무상입니다. 마음은 생주이멸生住異滅하고 육신은 생로병사生老病死하고 우주는 성주괴공成住壞空합니다.〈금강경」에서는 일체유위법을 꿈, 환상, 물거품, 그림자, 이슬, 번개와 같다고 했습니다.그런데 범부 중생은 항구불변을 바랍니다. 영원히 살 것처럼 재산과 명예와 권력 그리고 바라는 모든 것에 집착합니다. 제행무상은 중생의 이러한 착각을 일깨워 주는 가르침입니다. 우리는 세상의 모든 것을 어떻게 보아야 할까요. 지혜의 눈으로 제행이 무상함을 바르게 보는正見 공부를 합시다.*일체개고: 제행이 무상한데 유상으로 착각하면 삶이 힘들고 괴롭습니다. 사성제의 고제苦諦에서 팔고八苦를 살펴 보았듯이 자기가 바라는 대로 되지 않았을 때 갈애가 생기고 집착이 일어나 괴롭습니다. 이 이치를 바르게 보고 알면 집착과 탐욕을 내려놓게 됩니다.*제법무아: 모든 법은 인연으로 생긴 존재이므로 나라고 할 실체가 없습니다. 나 또는 내것이라고 집착하는 자아自我는 조건에 의해 일시적으로 생겨난 무상한 오온色受想行識에 매달리는 현상입니다.내 몸이 내 것이면 늙고 죽음을 왜 내 뜻대로 못할까요. 모든 존재는 생멸하는 연기緣起만 있을 뿐 고정된 실체가 없으므로 제법무아입니다. *열반적정: 무상 – 고 – 무아의 이치를 깨달아 탐진치 삼독이 소멸되면 열반적정涅槃寂靜에 이릅니다. 삼법인에 더해 사법인이라 하거나 일체개고를 빼고 삼법인이라고도 합니다.최근 타계한 LG그룹의 구본무 회장은 무상과 무아를 바르게 알고 실천한 기업인이라고 생각됩니다.도덕적 기업 경영과 소박하게 떠난 마지막 길에서 그의 본지풍광을 엿볼 수 있었습니다.불자 여러분 무상과 무아를 잘 공부하여 완전한 행복에 이릅시다. © 현대불교신문 무단전재 및 재배포 금지, 성운 스님(삼천사 회주, 동국대 석좌교수): 현대불교신문(http://www.hyunbulnews.com)

200) 불교방송〈금강삼매경강의〉7월22일, 우승택보살교수의 탁견

201) 출처: http://backwoo1001.tistory.com/475 [백우의 산을 찾아 가는 길]

202) '배메'(所山. 梨山. 舟山. 巴山) 일제에 의하여 주산舟山 이 산의 높이는 비록 231m에 지나지 않으나 변산에서 동으로 떨어져 나와 평야지에 우뚝하여 주산면과 보안면 상서면의 접경을 이루고 있긴 하나 그 몸통의 대부분이 주산에 몸담고 있다. 그 밑에 사산제와 북두지의 큰 방죽을 이루며 동남으로 묵방산墨房山과 장지산藏智山을 거느리며 부안김씨. 태인허씨. 전주최씨 전주이씨 등의 선산을 안고 있다. 장지산에는 옛날 장지암藏智庵이란 암자가 있었다고 한다. 김형주, 부안독립신문.

203) 하도겸의 '문예노트', 간송특별전 대한콜랙숀, 명품만 있고 간송은 없었다. 2019.03.05, 시사위크, 다음.

204) 박종진기자 truth@etnews.com

205) "내삶의 특별한 중국산 여행기"

206) http://cafe.daum.net/hanryulove?t__nil_cafemy=item 원영진칼럼 게오르규 한국 찬가 "대통합의 리더십으로 통일의 대통령 기대한다" 기사입력: 2017/05/12 © 매일종교신문 원영진 – "이제 우리는 빛의 나라, 한국의 주인으로 우뚝 섰다. 인류의 구원사상 홍익의 철학으로 세계인을 평화平和와 사랑으로 품고 가자. 하느님이 세운 나라 우주를 향한 태극기를 휘날리자. 남북통일을 넘어 세계가 한 가족으로 만 종교가 한 나라로 귀일되는 한류의 문화와 역사의 르네상스시대를 높이 세우고 신천지를 개벽하자. 대통합의 리더십으로 통일의 대통령을 기대한다. 이것이 이 시대의 사명이 아닌가!(원영진 단군정신선양회장 · 전 대종교 총전교)

207) 이 석관은 일제 시대에 고려자기의 발굴을 목적으로 여기저기 흩어져 잇던 고분들을 캐내던 일본도굴대에 의하여 발굴된 것을 박물관에서 매입한 것으로 지금은 창경궁에 보관되어 있다.

208) 중국 대륙에 태극 문양:(중국이 이런 문양이 생긴건 오래되지 않았다.(이 문양조차도 한족이 아닌 동이족이 전해져 변형됐을 가능성이 있다. 잘보면 순수한 색상이 아니라, 양쪽으로 섞여 혼합돼있습니다. 사실 이러한 문양은 동아시아 공통의 요소와 변형의 요소가 있을수 있지만, 문양 자체는 중국이 훨씬 늦게 나왔단건 확실합니다.그리고 문양자체는 후세에 해석이기때문에 어떤 의미인지는 정확히 알수가 없습니다.. 현재 태극기 문양자체는 한국 고유 맞습니다..)그리고 현재 태극 문양은 몽골과 티벳의 국기에도 나타나고 있습니다.. 그리고 일부 서양에서도 변형된 태극 문양이 쓰인 것 같다..)

209) 송호수, 위대한 조국, 147쪽 참조.

210) 송호수, 위의 책, 145~6쪽 참조.

211) '학문이 넓고 깊은 사람'을 의미한다고 한다. 다시 말해 석학이란 '자기 학문에 대한 깊은 연구를 통해 학문과 세계를 볼 수 있는 학자'를 말한다. 이러한 석학이 주장하는 한국역사문화론 이라면 현재한국문화에 대한 객관성과 정확성이 누구보다도 높다 하겠다. 여기에 선택의 이유가 있다 하겠다.'문화'의 의미를 '한 사회의 생활양식'으로 본다면 문화의 주체는 다름 아닌 그 사회의 사람이 되겠다. 그런데 한 사회의 사람을 보면 여러 사람이 공감할 수 있는 사상을 가지고 있으며 이 사상이 문화의 주체가 됨을 생각할 수 있다. 문화의 제재가 가능한 정부가 이 공식적인 문화의 주체가 정부도 된다. 그래서 정부가 먼저 고칠점이나 기대의 제안이 필요하다.

212) 유라시아 대륙 중앙부(중앙아시아)에 있는 고원. 히말라야 산맥, 톈산 산맥, 카라코람 산맥, 힌두쿠시 산맥 등 지구상에서 가장 높은 고산지대가 모여서 이루어져 있다. '세계의 지붕'이라는 별명이 있다.여러 나라에 걸쳐 있는데, 타지키스탄, 키르기스스탄, 아프가니스탄, 파키스탄, 중국에 걸쳐 있다. 좁은 의미로 칭할 때는 이 5개국 중 국토 대부분이 포함된 타지키스탄 쪽을 말한다.세계에서 가장 격해도가 높은 내륙지역인 만큼 극도의 대륙성 기후를 띤다. 평균 고도가 5,000m를 넘어 인류가 살기에는 별로 좋지 못한 환경으로 인구밀도도 낮은 편이다. 최고봉은 이스모일 소모니 봉이며 그 외의 높은 산으로 레닌 봉, 코르체네프스키 봉 등이 있다.파미르 고원을 지나는 유럽 고속도로 E008가 가장 높은 유럽 고속도로 기록을 가지고 있다. 최상의 자연 현상이나 뛰어난 자연미와 미학적 중요성을 지닌 지역을 포함할 것 생명의 기록이나, 지형 발전상의 지질학적 주요 진행과정, 지형학이나 자연지리학적 측면의 중요 특징을 포함해 지구 역사상 주요단계를 입증하는 대표적 사례 흔히 이들을 묶어 광역 히말라야라고 칭하기도 한다. 티베트 고원도 바로 옆이기 때문에 이 지역의 해발고도는 무시무시하게 높다. 키르기스스탄 동부 지역을 관통하는 도로를 파미르 하이웨이라고 부른다. 사실 하이웨이(고속도로)라고는 하지만 제대로 포장도 되지 않은 길이다. 고원 동쪽에 위치한 쿤구르 산을 파미르 고원 최고봉으로 보는 경우가 있다.

213) 내삶의 특별한 중국산여행기

214) BY pichy91 ON 2. 24, 2009. 다음.

215) 한국학중앙연구원, 다음.

216) 월서 스님, 대한불교조계종 원로의원, [출처 : 법보신문], 다음.

217) 2018년, EBS 한국여행 평창기행

218) 2018년, EBS 한국여행 평창기행

219) 21세기의 특징: 21세기를 맞이한 지금 지구라는 생명의 별은 지구촌(Global Village)이라는 하나의 문화를 만들어 가고 있다. 지구는 과학의 발달과 더불어 교통과 통신에 의해 지구라는 공간성과 이에 제약을 받아온 시간성을 한 동네처럼 축소하기에 이르렀다. 이제 세계는 다른 나라의 일들을 한 동네처럼 들여다보며 살게 되었다. 뿐만 아니라 무역 등의 경제 문제와 국제관계 등의 외교 정치 문제가 얽히게 되면서 우리는 지구적 차원에서 하나의 언어와 각 나라의 문화를 인정하는 하나의 사상을 원하게 되었다. 이를 지구적 기준(Global Standard)이라 하며 현재로는 '영어'와 '민주주의' 사상이 중심이 되고있다. 그런데 이와 더불어 지구에는 다음과 같은 해결을 요구하는 문제가 있다. 첫째, 과학의 발달은 생명의 생존 기반인 공기와 물과 땅을 더럽혔으며 생명을 죽음으로 몰아넣고 있다. 사람들은 자연을 더럽혀서는 안 된다는 생명 사상이 싹트고 있으나 충분하지 못한 것이 지금의 현실이다. 둘째, 과학의 발달은 인간의 수명 연장에는 공헌하고 있으나 인구의 증가로 지구에는 현재 60억이 넘는 인구가 살고있다. 이 사람들은 매일 먹고 마셔야 함으로 지구의 자원을 무진장이라고 보았던 과거와는 달리 이제 지구의 자원을 계산해야하며 더욱 개발하지 않으면 안 되게 되었다. 셋째, 지구상에는 약 233개의 나라가 분포되어있다. 이 나라들은 종교 사상 등을 중심으로 한 생활 문화가 가지각색이다. 언어는 영어를 공용어로 어떻게 해결할 수 있을지 모르겠으나 문화는 하나의 문화로 만들기에는 각 문화의 뿌리가 너무 깊다. 그래서 오히려 민족이나 국가의 문화를 더욱 보존하고 개발시키는 것이 지구 차원에서 볼 때 더 쉬우며 인간 심리로 볼 때 다양해서 생존의 흥미를 유발한다고 본다. 또한 다양함을 존중하는 민주주의 사상에서 볼 때도 바람직하다고 생각한다. 그러나 세계 각국의 문화가 공개되었을 때 흥미와 편리를 주지 못하는 문화는 자연도태 되는 문화의 진화현상이 일어나며 이것이 비교문화의 원리가 된다. 이 원리 속에 자기의 문화를 재구성하지 않으면 안 되는 과제가 주어진다고 하겠다. 위와 같은 지구적 문제를 해결하기 위한 해답을 우리는 대부분 알고 있다. '지구를 위하는 방향으로 과학이 발전하지 않으면 안 되며 그러기 위해서 인간은 사랑과 평등 및 자유 속에 서로 협력이라는 높은 도덕을 갖춘 성인(saint) 같은 인간이 되지 않으면 안 된다'는 것이 해답이 되겠다. 그러면 이러한 21세기에 있어 와쓰지로가 말하는 일본 문화의 미래는 어떠한가? 일본의 자연은 일본인에게 「이중적인 수용적 · 인종적 · 태풍적 성격」을 갖게 하며 이를 일본의 몬순적 풍토라고 했다. 이 몬순적 풍토는 일본인으로 하여금 '수용' '반항' '체념'을 되풀이하는 가운데 '조용한 사랑 속에 거리감 없이 결합하는 마음가짐'을 갖게 했으며 이 '마음가짐'은 남녀의 연애감정에서 가족관계로 나아가 가족국가로 일본인의 구조

를 확대하여 일본 특유의 '가족문화'를 이루었다. 다시 말해 천황가를 어버이로 한 가족국가는 일본 창조신을 어버이 신으로 한 가족 국가를 만들고 현세의 가족국가와 내세의 가족국가를 하나로 연결한 완벽한 '대일본 가족'이라는 일본만의 문화를 만든다. 그런데 '대일본 가족 문화'를 드려다 보면 거기에는 중심 정신이 있다. 천황가는 부모이기에 자식인 신민을 걱정하는 마음이 대단하다. 즉 신민은 천황가가 나도 너도 사랑하기에 나를 사랑하는 천황가의 마음을 헤아려 너를 사랑하는 다시말해 '너의 입장을 나의 입장처럼 생각하여 너를 이해하려는 마음가짐'을 가지게 된다. 이 마음가짐을 일본에서는 오모이야리思遣라고 하며 이것이 일본인의 중심 정신이자 중심 도덕이 된다. 이 도덕을 일상의 말속에 잘 표현하기 위하여 '혼내(본심을 나타내는 말)와 타테마에(형식적으로 내 세우는 말)'가 생기며 '우치(자기 편)와 소토(상대 편)' '인사(보통 인사, 선물, 연하장, 관혼상제, 이사 등에서의 인사)' '마츠리(축제)' '내마와시(內定으로 결정하는 것)' 등의 생활문화가 만들어진다. 이러한 문화가 '일본의 틀'이 되는데 그러면 이와 같은 일본문화가 21세기에 있어서는 어떻게 되는가? 이에 관하여 생각해보면 다음과 같이 두 가지를 언급할 수 있다. ① 일본문화가 자연이라는 열쇠로 작동된 풍토성에 의해 만들어진 것이라면 미래가 어떻게 달라지던 일본의 풍토가 달라지지 않는 한 일본 문화는 변하기 어렵다고 생각할 수 있다. 미국의 동물행동학자 윌슨(Edward O. Wilson)은 같은 행동을 천년간 반복하면 DNA에 설계된다는 천년설을 내세우기도 했다. 일본의 문화가 오랜 기간 속에 되풀이 해왔으니 일본인들의 생명설계도에 설계되어있지 않나 생각할 수 있다. ② 그러나 일본인은 세계의 자연과 일본의 자연에 대해 과학적으로 잘 알고 있으며 나아가 일본의 문화에 대해서도 일본인 자신이 잘 알고 있으므로 이러한 일본인의 지식은 일본의 문화를 발전시키지 않을 수 없다고 하겠다. 즉 지금의 일본에는 일본문화의 중심도덕인 '오모이야리'가 일본인만을 중심으로 전개되고 있는 너무 폐쇄적 도덕임을 알고 있다. 이러한 본능적인 오모이야리를 인식 속의 오모이야리로 발전시키는 데에는 많은 갈등이 존재하며 여기에는 많은 노력과 여러 가지 방법론이 요구될 것이다. 바로 금세기 초두에 발표된『21세기 일본의 구상』17)은 하나의 노력이자 방법론이라 하겠다. 장달수의 한국학 까페, 다음.

220) "서울특별시의 원효대교 및 원효로, 경산시의 원효로가 바로 이 원효에서 이름을 따왔다. 서울 원효로는 원래 일제가 붙인 '모토마치元町'라는 이름이었는데, 이를 광복 후 개명하는 과정에서 같은 한자(元)를 쓰는 원효로로 바꿨다.[19] 경산 원효로는 진짜로 원효대사에서 따온 이름이다."

221) 원효의 무애사상無碍思想은 자신의 사생활에서도 잘 나타나고 있다. 원효는 어디에도 걸림이 없는 철저한 자유인이었다. "일체에 걸림이 없는 사람은 단번에 생사를 벗어난다一切無碍人 一道出生死."라고 한 그의 말을 보더라도 원효의 무애사상은 짐작된다. 원효는 부처와 중생을 둘로 보지 않았으며, 오히려 "무릇 중생의 마음은 원융하여 걸림이 없는 것이니, 태연하기가 허공과 같고 잠잠하기가 오히려 바다와 같으므로 평등하여 차별상差別相이 없다."라고 하였다.

222) 원효대사와 일본 정토종|작성자 byunsdd, 다음.

223) 〈저작권자 © 이코노믹리뷰 무단전재 및 재배포금지〉 구동진 칼럼니스트

224) 서양 역사의 맏형 격인 영국의 버킹엄 궁전은 런던 웨스트민스터 시에 있는 영국 왕의 관저로 18세 초에 버킹엄 공작가문을 위해 지었기 때문에 이런 이름이 생겼다. 쉽게 말해 버킹엄 공작의 집이라는 의미다. 예술의 나라 프랑스의 베르사이유궁은 루이 14세가 당시 막강 권력의 재무장관 니콜라 푸케의 성인 '보 르 비콩트'를 시기해서 전 유럽을 압도할만한 새 궁전을 짓게 했는데, 그게 베트사이유에 지어졌다. 미국의 백악관은 워싱턴에서 가장 오래된 건물로 펜실베니아가에 있는데, 1800년 제2대 대통령 J. 애덤스 때 완성되어 1814년 대영전쟁 때 소실되었다가 재건 후 외벽을 하얗게 칠한 데서 명칭이 생겼다. 그러다 제26대 루스벨트 때 정식명칭이 됐다. 하얀집이다.동양에선 자금성이 유명한데 직역하자면 '자색의 금지된 성'이다. 명나라 3대 황제인 영락제 때 난징에서 베이징으로 수도를 이전하고 1407년에서 1420년까지 대규모 공사를 감행하여 성을 지었다. 다행이 청이 불살라 없애지 않고 그대로 사용했기에 남아 있다. 자금성은 9,999칸으로 알려져 있지만 사실은 8,886칸이다. 규모가 경복궁의 10배니 하면서 엄청난 것처럼 얘기를 하는데, 실제 경복궁의 2배 정도의 크기인데, 건축물 구조상 뻥 뚫려 있기 때문에 넓어 보일 뿐이다. 왕이 공식 업무를 보는 외전과 왕과 왕비의 사생활과 관련된 내전으로 분류되는데, 외전에는 태화문, 태화전, 중화전, 보화전으로 구성되고, 내전은 건청문, 건청궁, 교태전, 곤녕궁으로 구성된다. 이런 명칭은 황제의 권한에서 기인했다고 한다. 일본 황거는 천황과 가족들이 살고 있는 궁성으로, 원래 에도성으로 메이지유신 뒤부터 천황이 살기 시작했다. 성곽은 제2차 세계대전 때 무너진 것을 1986년에 다시 지었다. 1457년 오기가야츠 우에스기 가문의 가신 오타 도칸이 축성했다. 도요토미 히데요시가 간토지방을 평정한 후에 에도로 입성한 도쿠가와 이에야스는 1603년 세이타이 쇼군이 되었고, 그 후 에도성을 근세 성곽으로 개축했다. 도쿠가와 이데타다, 이에미츠 3대에 걸쳐 전국의 많은 다이묘를 동원하여 성의 중추부에서 외곽을 둘러싸며 축성했고, 그 결과 장대한 성이 되었다. 결국 에도에 있는 성이라는 뜻이다.

225) 19세기 중반 자본주의 열강의 외압은 덴노를 정치화시켰고, 유한 세력이 이와 연결되면서 도쿠가와 체제는 분열되었다. 바쿠후 측도 덴노와 손을 잡고 정국 주도권을 장악하려 했다. 그러나 1858년 바쿠후와 조정은 충돌했고, 1867년 12월 9일 왕정복고파가 바쿠후 타도파와 결합해 왕정복고 쿠데타를 단행

하여 메이지 신정권을 수립했다. 신정부의 제1목표는 봉건체제 해체였으며, 징병제도, 통일적인 조세 · 화폐 정책 등을 실시했다.혁명적 조치들이 1870년대 중반부터 반발에 부딪히자 정부는 1890년까지 헌법을 제정한다는 성명을 발표했다. 1889년 헌법이 공포되었고 제한선거에 의해 양원제 의회가 설립되었다. 메이지 유신의 목표는 20세기초 대부분 달성되어 일본은 근대 산업국가로 순조롭게 나아갈 수 있었다. 메이지 유신의 지도자들에 의해 덴노의 이름으로 수행되던 혁명적 조치들은 1870년대 중반이 되면서 점차 반발에 부딪히게 되었다.신정부의 정책에 불만을 품은 무사계급들이 반란을 자주 일으켰는데, 그중에서 가장 유명한 것은 메이지 유신의 지도자 가운데 한 사람인 사이고 다카모리西鄕隆盛가 이끈 반란(세이난 전쟁西南戰爭)이었다. 이들 반란군은 새로 구성된 신정부군에 의해 가까스로 진압되었다. 한편 신정부를 불신하고 농업정책에 불만을 품었던 농민들도 반란을 일으켰으며 이는 1880년대에 절정에 달했다. 동시에 서구 자유주의 사조의 도입으로 고양된 자유민권운동은 점차 헌정(憲政)의 창출과 민선의회를 통한 폭넓은 정치참여를 요구했다.정부는 이러한 압력에 대응해 1890년까지 헌법을 제정한다는 성명을 발표했다(1881). 이어 1885년에 내각제도를 창설했으며 1886년부터 헌법제정작업을 시작했다. 결국 1889년 덴노가 국민에게 하사하는 형식으로 헌법이 공포되었고 제한선거에 의해 양원제 의회가 설립되었으며, 1890년 첫 의회가 소집되었다. 메이지 시대에는 정치적 변혁과 더불어 경제적 · 사회적 변화도 이루어졌다. 아직 일본 경제는 농업의존적이었지만 정부는 '산업화'라는 목표 아래 전략산업과 교통 · 통신 산업 등을 발전시켰다. 1872년 최초로 철도가 개설된 이래 1890년까지 2,250㎞의 철도가 부설되었으며 전국 주요도시에 전신선이 가설되었다. 정부의 재정지원과 1882년 도입된 유럽식 은행제도에 힘입어 사기업의 활동도 활발하게 이루어지기 시작했다. 한편 이러한 근대화를 이루기 위해서는 서구의 과학기술이 필요했는데, 이에 따라 '문명개화'의 기치 아래 사상에서 복식 · 건축에 이르기까지 서구 문화가 널리 장려되었다. 그러나 1880년대에는 일본의 전통적 가치가 재평가되면서 대대적인 서구화정책은 다소 주춤해졌다. 이러한 양상은 근대적 교육제도의 발전에서 엿볼 수 있으며 서구의 이론과 양식에 영향을 받기는 했지만 무사들의 충성심과 사회적 조화라는 전통적 가치도 중요시되었다. 이와 같은 경향은 예술과 문학에서도 두드러져 초기에는 서구 양식들이 모방되었지만 점차 서구 양식과 일본적 취향을 조화있게 융합해 나가기 시작했다. 메이지 유신의 목표는 20세기초가 되면서 대부분 달성되어 일본은 근대 산업국가로 가는 길을 순조롭게 걸어 나갈 수 있었다. 서구 열강에 치외법권을 인정했던 종래의 불평등조약들은 1894년에 개정되었다. 영 · 일동맹(1902) 및 청일전쟁(1894~95)과 러일전쟁(1904~05)을 통해 주요열강으로 세계 무대에 등장했다. 이러한 변혁의 시대는 1912년 메이지 덴노의 죽음으로 일단락되었다.bada3347.blog.me/221419630696

226) 남북한 인구의 세계 위상: 최근 한국은 급속한 고령화와 인구 감소로 성장 잠재력이 약화되는 문제점이 나타나고 있다. 남북한의 인구구조를 감안하면 이러한 문제점을 완화할 수 있을 것으로 분석된다. 남북한 총인구는 2008년 현재 7,191만 명으로 세계 18위인 것으로 분석된다. 남한 인구는 2008년 현재 세계 25위이다. 현대경제연구원, 다음.

227) SBS 2013.06.06

228) 출 처 : 실시간 일본인구통계 JapanPopulation(2018)-Worldometerswww.worldometers.info

229) 2019.02.04

230) 동경에서 김수종 (한겨레), 2003. 01. 31 오후 10:18:28.

231) 글|소재영(숭실대 명예교수, 연변대한국학연구소장),Copyright ⓒ 2014 lionpress. All rights Reserved.

232) 김호동 지음, 아틀라스 중앙유라시아사, 사계절, 2017, 010~011쪽 참조.

233) 김호동, 위의 책, 010쪽.

234) 메일발송처 http://pori.jinbo.net FREE_BOARD, 민권공대위 1999년 11월 21일(일) 15:50

235) 심백강 이덕일, 박정학 공저, 미래로 가는 바른 고대사1, 98~100쪽 참조. 사) 유라시안 네트워크, 2016.

236) 한서 지리지, 낙랑군 조선현에 대해서, 송나라때 태평환우기,

237) 한종섭, 앞의 책, 121쪽.

238) 일 반상식-우리대한민국의건국이념을잊지말자.http://kim25.net/kim/?mid=d07&document_srl=10419&d=0 by 김영사

239) 이한빛기자(hblee@skyedaily.com) 기사입력 2019. 02. 16 03:17:00

240) 이정선 기자 jslee@g-enews.com, 2019. 03. 22 06:05.

241) 김우중회장을 사랑하는 모임 까페, 다음.

242) 출처(아이콘:두산백과), 다음백과.

243) 오랜 기간 써 온 글이라 미처 저작권을 확인하지 못하여 글에서 제외한 부분도 있으나, 혹 실수하여 제대로 못한 부분이 있으면, 바로 연락주시면 상의하겠습니다.

244) ▲ CNB저널, CNBJOURNAL, 씨앤비저널

245) https://news.imaeil.com/Society/2019012415423127316

246) ▶ 이슈인팩트 트위터▶ 이슈인팩트 네이버 블로그 이완재 기자 newsif@naver.com

247) 2019. 02. 22 18:32:38

248) 박선옥 기자 / 판단이 깊은 신문 ⓒ스카이데일리

차옥덕車玉德 문학박사

부산 경남여자중고등학교 졸업.
1973 이화여자대학교 문과대학생회장. 전국학생대표 (문교부선정 전국학생방위성금 학생호 진수자)
1974 이화여자대학교 국어국문학과 졸업 (논문: 한국인 나의 뿌리 – 단군역사 연구)
1986 이화여자대학교 대학원 여성학과 석사 (한국여성의 향기 – 허난설헌연구)
1999 성신여자대학교 대학원 국어국문학 박사 (미래의 이상향 특히 양성평등한 후천세계: 백년전의 경고 방한림전연구)

- 한국 성폭력상담소창립교육자문위원
- 한양대, 인천대, 세종대, 성신여대, 연변과기대 등등 출강
- 전국 지자체(여성지도자)소서노리더쉽 및 문화관광역사 강의
- 여성학회, 여성문학회, 여성고전문학회
- 국어국문학회, 민속학회, 한국무속학회 등등 학술회원
- 서울시 KBS 제1 TV 여성학 강사
- 국민당(정주영대통령진영) 여성정책실장
- 서울시 문화사학회 이사 겸 학술분과위원
- 동아시아고대학회 평의원.
- 2004년부터 – 소서노기념사업회장
  – 현재까지 칠석제보존회회장으로 칠석제 (한중일 공동문화로 지키기)
- 제 1회 한국연인의 날:칠석제 제정 및 축제
  ~ 제 15회 칠석제: 연인의 날 (한민족칠석제보존회이사장 – 유네스코 등재 준비)
- 2005 세계여성학자대회(이화여대 유치) 총괄기획위원
  소서노석상 건립 및 제막식(세계120개국 지도자 동반)(충북음성 큰바위얼굴공원)
- 2012 만년 환단 개천제 대회장(서울시청).
- 2013 세계 마고 여성신학자 한국대회 –'칠궁제' 대회장
- 2013 유네스코아태무형유산센터, 아태 9개국 무형문화대회 자문위원
- 2014 문화재청 무형문화전문가, 민족회의상임공동의장

현재)
- 서울시법인 한국여성향토문화연구원장
- 사) 백제문화연구회공동대표
- 한국신교협동조합 이사장
- 춘천맥국중도유적지보존 전국협의회 상임대표
  ~ 춘천맥국중도유적지보존 전국협의회 상임대표로서 제대로 일하기
  ~ 114년만에 광복 용산역사민족공원 제대로 민간단체 추진위원장 역할하기
- 소서노어라하기념사업회장
- 한민족칠석제보존회장
- 용산역사민족공원 제대로 추진위원장

블사구름의 한국역사문화학 2

초판인쇄 환기 9216(2019)년 9월 19일 1쇄 발행

지은이 차옥덕
펴낸곳 한국예맥기획
펴낸이 연 디자인
편 집 김하연
맥/출판사 새김 고암 정병례
그 림 유종회 화백
출판등록 2004년 3월 11일 제2004-000013호
주 소 04315 서울시 용산구 백범로 87길-22
전 화 T.F: 02-713-6465 H: 010-3205-6438
메 일 soseono51@hanmail.net
계 좌 국민은행 015-21-1178-167

이 책의 이익금은 만년역사문화 찾기에 기금으로 쓰입니다.